产业高质量发展研究丛书
产业研究三部曲

REBUILD GROWTH DRIVERS

重塑增长动力

上海产业结构优化战略与政策

SHANGHAI INDUSTRIAL STRUCTURE OPTIMIZATION
STRATEGY AND POLICY

芮明杰 等 著

上海财经大学出版社
SHANGHAI UNIVERSITY OF FINANCE & ECONOMICS PRESS

上海学术·经济学出版中心

图书在版编目(CIP)数据

重塑增长动力：上海产业结构优化战略与政策/芮明杰等著．—上海：上海财经大学出版社，2024.5
（产业高质量发展研究丛书．产业研究三部曲）
ISBN 978-7-5642-4372-2/F·4372

Ⅰ.①重… Ⅱ.①芮… Ⅲ.①区域产业结构-研究-上海 Ⅳ.①F269.275.1

中国国家版本馆 CIP 数据核字(2024)第 089900 号

□ 丛书策划　王永长
□ 责任编辑　李成军
□ 封面设计　贺加贝

重塑增长动力
——上海产业结构优化战略与政策

芮明杰　等 著

上海财经大学出版社出版发行
(上海市中山北一路 369 号　邮编 200083)
网　址:http://www.sufep.com
电子邮箱:webmaster@sufep.com
全国新华书店经销
上海锦佳印刷有限公司印刷装订
2024 年 5 月第 1 版　2024 年 5 月第 1 次印刷

710mm×1000mm　1/16　35.5 印张(插页:2)　544 千字
定价:98.00 元

产业高质量发展研究丛书

主编 芮明杰

编委会主任

芮明杰

编委会成员

芮明杰　复旦大学
陈　宪　上海交通大学
干春晖　上海社会科学院
骆品亮　复旦大学
余东华　山东大学
杜传忠　南开大学
霍春辉　辽宁大学
李玲芳　复旦大学
孙　霈　曼彻斯特大学（英国）

前　言

（一）

本书是《构建核心优势——上海产业高质量发展思路与措施》的姐妹篇,同样由我和上海市决策咨询研究基地芮明杰工作室与上海市哲学社会科学创新研究基地团队撰写和提交的研究报告编辑而成,并列入我主编的"产业高质量发展研究丛书"之中。考虑到书的篇幅,我精选了过去12年间主持的2014年至2020年的六篇重点研究报告。这些研究报告以前从未公开发表与出版,尽管成果现今才发表,但依然可以从这些研究报告中看出我与研究团队的认真付出,以及我们的许多真知灼见。我以为出版这么一本书,既是对自己这么多年来在复旦大学从事教学科研与行政工作之外,为政府与社会开展决策咨询研究的一个方面的回顾,也是对自己开展对上海产业结构优化调整、上海产业发展问题关注与研究的一个总结。读者也可以从书中观察到上海产业结构调整与产业发展的一些历史与现实的轨迹。

这六篇报告涉及上海经济与产业发展的"十二五"时期与"十三五"时期,这个时期是上海改革开放进入新阶段的时期,也是上海四个中心建设、科创中心深入建设以及产业结构优化升级的重大转型发展时期。这7年也是2008年全球金融危机余波不断、新一轮技术发展和新型产业发展风起云涌的时期,特别是近几年中美贸易摩擦导致的全球产业链变化、产业分工体系整体调整,导致我国经济与产业发展战略的调整等都给全球以及中国巨大冲击,也给上海经济与产业高质量发展带来了重大的挑战。有挑战有风险就有机会,上海如何在这样的挑战与机遇并存的情况下,迎难而上,认真研究、积极思考探寻未来高质量发展方向与路径,这也应该是从事产业经济研究的学者的责任之一。应该说,能够有这个机会参与上海经济与产业发展的研究,既是我的幸运,也是我们研究团队的幸运。

(二)

本书的书名为:"重塑增长动力——上海产业结构优化战略与政策",内容包括2014年至2020年的六篇重点报告,按照撰写时间先后顺序编排。本书内容要点为:

(1)上海战略性新兴产业发展战略思路与对策。报告认为中国经济已进入增长速度换挡期、结构调整阵痛期和前期政策消化期,经济运行中不确定性、不平衡性和脆弱性凸显,上海应正确把握全面深化改革的新机遇,充分发挥中国(上海)自由贸易试验区建设的引领带动作用,围绕"改革、创新、转型、提升"的发展主线,坚持制造业高端化、服务业现代化"双轮驱动"战略,以推进战略性新兴产业为引领,加快提高上海工业发展水平,为全市经济发展提供强力支撑。上海要成为中国综合实力领先、在若干领域跻身世界前列的战略性新兴产业集聚区,战略性新兴产业成为上海国民经济和社会发展的重要增长力量,引领产业结构优化升级。上海市战略性新兴产业实现跨越式发展的目标是产业国际竞争力。产业国际竞争力表现为全球价值链控制力、全球市场控制力与自主创新发展能力的提升。为此,上海应该一是通过加大创新投入,提高科技原始性创新能力、集成创新能力和引进消化吸收能力,从而拥有一批核心自主知识产权。二是坚持对外开放,创新合作方式,利用好国际创新资源,增强对外合作主动权。三是支持企业"走出去",探索国际合作新模式。四是积极参与国际标准制定,增强合作的主动权。

(2)上海全球城市建设与产业体系结构中长期战略研究。上海未来要成为综合性全球城市。综合性首先表现在城市结构的完整性,经济、社会、文化、生活休闲诸多方面的多样化;其次表现在产业体系的主次分明、相对完整,服务业、高端制造业、都市农业并存;再次是城市功能的多元和多样,社区、文化、旅游、商业服务、医疗保健、教育都有相对完整、良好的发展等方面。我们认为上海未来作为综合性全球城市,可能有以下特征:①拥有全球视野的领导力;②全球性要素流动与配套中心;③全球性机会与吸引力;④全球性的基础设施及联通能力;⑤全球性的知识氛围与创新文化;⑥全球性的身份标识。与上述特征相符合,一个综合性全球城市的产业体系与结构,必然符合其资本、服务与信息掌控者的角色,对其打造全球生产、销售、服务和科技创新中心起到支撑作用。对应未来全球化、互联网、智能化、数字化的浪潮,其产业体系应当具有全球资源配置体系、智能化互联生产服务体系和创新产业组织体系。

(3) 上海工业互联网发展研究。工业互联网的核心是信息物联网和服务互联网与制造业的融合,将智能技术、网络纳入其中。这一系统希望利用物联网、信息通信技术与大数据分析,把不同设备数据交互连接在一起,为消费者快速大批量提供个性化定制产品,最终形成一种新生产方式。经过多年积累,上海高技术工业产业的产值规模、创新投入迅速膨胀,均位居全国前列,应该说有发展实施工业互联网,开发"工业4.0"发展智能制造业的基础与条件。我们的研究认为:上海发展工业互联网的基本思路是通过使用人工智能、工业云计算、工业大数据、工业机器人、知识自动化、3D打印、工业网络安全、虚拟现实等新技术手段,推动企业的设备、系统、决策、物流和服务的智能化改造,优化生产和消费领域的平台建设,基于CPS网络在制造领域的所有因素和资源间达到全新的社会－技术互动水平,全面提升上海现有的制造业水平,成为全国工业互联网发展的标杆和样板。

(4) 上海"十四五"期间产业政策设计要点。上海的产业体系、产业发展至今取得的巨大成绩和新形势下的不足都与过去的产业政策有很大的相关性,基本的问题是选择性产业政策为主,功能性产业政策不足。因此在上海"十四五"经济社会发展规划制定之际,研究与探讨上海"十四五"期间应该制定什么样的产业政策以推动上海未来产业高质量发展就十分必要。我们认为:"十四五"期间上海的产业体系发展应努力形成"以现代服务业为主体,战略性新兴产业为引领,先进制造业为支撑的现代产业体系"这一目标。达成这一目标,上海产业发展政策总体设计思路为:实施混合型产业政策,以功能型产业政策为主导,兼顾选择型产业政策。功能型产业政策主要是指上海要建立和完善市场制度,促进市场公平竞争,优化市场环境,加强人力资本培养与引进,施行开放与推动自由贸易政策等。选择型产业政策主要是上海要制定新型基础产业、先进制造业某些重大领域以及发展高端生产服务业发展的政策，投入资源，重点发展，进行技术替代。

（5）上海数字新基础产业发展思路与对策研究。数字新基础产业即支持未来社会高质量发展、满足人们美好生活需要、支持传统产业转型升级、新型智能产业发展的现代基础产业，可以划分为"硬、软、联"三个方面：一是以5G基站、数据中心等为代表的所有产业发展的"硬基础"；二是以大数据、人工智能、IT软件等为代表的产业发展的"软基础"；三是以工业互联网、智能物联网等为代表的"互联性基础产业"。上海虽然在发展数字基础产业方面起步不晚，甚至某些方面已经国内先进，但对比发达国家以及我国"数字中国"战略的要求，特别是上海数字经济与现代产业体系建设的要求来看还是有不小差距。为此，上海数字基础产业发展的总体思路为积极努力采取"跨越式发展"模式，谋求数字基础产业发展的全球领先，开放合作，形成共生繁荣的数字经济创新生态。两个领先是指在上海发展数字基础性产业，以及以其为基础的数字经济在全球范围内的领先性。发展的目标应该是培养这些产业成为我国与上海产业结构调整和升级的技术推动性产业，成为未来产业体系中基础性支柱产业，同时也能够在现在与未来全球数字基础产业群落中成为领先的产业门类，有比较强大的国际竞争力。上海应该在本次数字基础产业发展中把握机会，在区域内实现创新的聚集，形成创新生态，例如以张江人工智能岛为核心的创新产业群，进一步培育具有核心技术实力并能够构建自己数字产业生态的领军企业。

（三）

参与本书研究的主要为本人与本工作室研究团队的研究人员，包括老师与博士研究生、博士后，此外也有个别临时加入的研究人员。他们分别是复旦大学管理学院的芮明杰、刘明宇、张洁、罗云辉、伍华佳、李玲芳、姚志勇、伏啸等教授，华东师范大学商学院的胡金星、陈贵孙教授，苏州大学经济系杨锐教授，上海理工大学管理学院赖红波教授，复旦大学管理学院毕业博士生赵小芸、张群、杨丰强、马昊、王明辉、袁博、韩自然、肖翾等，博士后王子军、胡军、陈之荣、付永萍、刘翾、钟榴、潘闻闻、郭进等，博士研究生韩佳玲、李笑影、施婧婧、徐睿、张子勰、孙成、赵敬陶等。在此书出版之际,我十分感谢他们曾经的付出!特别需要感谢的是复旦大学产业经济学系科研秘书吴晓琳老师,这么多年来她还特别担任我工作室与社科研究基地的秘书,许多工作联系、研究报告编辑、专报编排、每两个月的工作室简报编写、年度工作报告编写等工作都由她一人完成。她工作勤勤恳恳、认真负责。在本书的编撰过程中,她也协助我承担了部分文字工作。

芮明杰
于家中小书房
2022 年 4 月 19 日

目　录

第一篇　上海市战略性新兴产业跨越式发展新模式（2014年）

第一章　绪论/3
一、研究背景/3
二、战略性新兴产业的研究价值和意义/11
三、国内外研究综述/13

第二章　战略性新兴产业跨越式发展的理论基础/17
一、产业发展相关理论/17
二、战略性新兴产业相关理论/22

第三章　战略性新兴产业发展政策与模式的国际借鉴/28
一、国外战略性新兴产业发展政策/28
二、国外战略性新兴产业发展模式/34
三、各国发展战略性新兴产业的经验借鉴/41

第四章　上海市战略性新兴产业的发展现状和面临的问题/43
一、上海市战略性新兴产业发展的目标及方向/43
二、上海市战略性新兴产业发展成果及存在的问题/48
三、上海市产业创新的内在因素与内生性动力机制/56

第五章　上海市战略性新兴产业实现跨越式发展的新思路/60

　　一、上海市战略性新兴产业实现跨越式发展的目标：产业国际竞争力/60

　　二、上海市战略性新兴产业发展的总体思路/64

　　三、上海市战略性新兴产业发展的重点/67

　　四、上海市发展战略性新兴产业的路径/71

第六章　上海市战略性新兴产业实现跨越式发展的新模式/75

　　一、基于技术创新推动战略性新兴产业跨越式发展的模式/75

　　二、基于市场拉动的战略性新兴产业跨越式发展的模式分析/82

　　三、基于政府扶植的战略性新兴产业发展模式/88

第七章　战略性新兴产业发展的政策创新设计/92

　　一、发展战略性新兴产业过程中政府的定位/92

　　二、推动战略性新兴产业发展的公共创新服务体系/96

　　三、上海市战略性新兴产业自主创新的政策建议/101

本篇参考资料/107

第二篇　上海综合性全球城市新型产业体系与产业布局研究（2015年）

第八章　综合性全球城市功能定位对上海未来产业体系与结构的要求/113

　　一、全球城市的概念与特征/113

　　二、与全球城市相适应的产业体系与结构/117

第九章　影响上海全球城市新型产业体系与空间布局的中长期要素分析/121

　　一、影响产业体系的中长期因素及其作用/121

　　二、影响上海新型产业体系中长期因素变化趋势/126

　　三、未来新型产业体系的可能变动/142

第十章　上海未来新型产业体系的战略构想/145

一、产业体系应与城市发展、环境友好协同/145

二、上海未来新型产业体系构建的目标导向/146

三、上海未来产业体系总体思路与目标模式/148

四、新型产业体系基本特征与运行逻辑/153

五、上海综合性全球城市新型产业体系具体构造：五大功能性平台＋四大功能性集成产业/155

六、与城市发展匹配的上海新型产业体系演化路径/156

第十一章　上海未来新型产业体系空间布局设想/165

一、未来上海产业空间布局的目标/165

二、现行上海产业空间布局调整的原则/165

三、未来上海产业空间布局的战略设想/168

附录：纽约、伦敦城市发展与产业体系动态演化的协同研究/179

本篇参考资料/193

第三篇　上海供给侧结构性改革与产业创新联动研究（2016年）

第十二章　供给侧改革与产业创新/199

一、供给侧结构性改革的核心是创新/199

二、产业创新是供给侧改革成功的关键/200

三、产业创新图谱/203

第十三章　上海产业供给侧现状与问题/205

一、影响上海产业供给结构的主要中长期因素/205

二、上海产业运行与三大需求总体概况/207

三、上海主要行业发展状况/213

四、上海供给侧面临的主要问题/228

第十四章　上海产业创新推动供给侧结构性改革的战略对策/233

一、上海应该进行制造业与服务业的供给侧结构性改革/233

二、以"高端高效"为目标特征鼓励产业转型发展是供给侧结构性改革的关键/234

三、重新认识产业创新,重新认识再创新的价值/235

四、大胆进行体制机制的深化改革,在国有企业混合所有制改革方面取得突破,强大产业创新主体的创新动力/236

五、建立与维持开放性的有效公平竞争性市场/237

六、完善金融体系与产业创新生态环境/237

七、加大教育制度深化改革,培养产业创新人才资源/238

八、迅速完善上海的产业创新服务体系/238

本篇参考资料/239

第四篇　上海工业互联网发展研究（2017年）

第十五章　工业互联网的发展趋势/243

一、"互联网＋""＋互联网"及其发展趋势/243

二、工业互联网及其发展趋势/248

三、工业互联网影响下的服务业发展趋势/258

四、发达国家的主要政策举措/261

第十六章　工业互联网的内在逻辑研究/265

一、工业互联网的含义/265

二、核心:信息物联网和服务互联网与制造业的融合与一体化/266

三、基本构造:智能设备、智能生产、智能供应实现万物互联/268

四、大数据支撑智能制造/274

五、工业互联网的技术要素/277

六、工业互联网带来的变革与机遇/280

七、小结/282

第十七章　上海发展工业互联网的现实基础/283
一、上海发展工业互联网的条件分析/283
二、上海工业互联网发展现状分析/325
三、上海工业互联网发展的成功个案与经验启示/332
四、上海进一步发展工业互联网的问题与困难/336

第十八章　上海发展工业互联网的思路和对策建议/339
一、发展思路/339
二、发展原则/340
三、发展框架和路径/341
四、对策建议/345

本篇参考资料/349

第五篇　上海市"十四五"期间产业发展政策研究
——战略思路与实施举措（2019年）

第十九章　"十四五"期间上海产业发展政策设计的基点与思路/355
一、上海市产业发展现状分析/355
二、"十四五"期间上海市产业发展国内外环境分析/359
三、不同类型产业政策的现实功能分析/363
四、"十四五"期间上海产业发展政策设计思路/366

第二十章　"十四五"期间上海新基础产业发展与政策设计/373
一、新基础产业的概念/373
二、发展新基础产业的政策思路要点/375
三、发展新基础产业的对策和举措/389

第二十一章 "十四五"期间上海先进制造业发展政策设计要点/395

一、"十四五"期间上海先进制造业发展思路/395

二、上海"十四五"期间先进制造业选择性重点发展的领域/398

三、上海市发展先进制造业重点领域的产业链与对策和举措分析/401

第二十二章 "十四五"期间上海高端生产性服务业发展政策设计/413

一、上海市高端生产性服务业发展的基本判断/413

二、"十四五"期间上海发展高端生产性服务业的思路和目标/418

三、上海高端生产性服务业选择性重点发展的领域/421

第二十三章 "十四五"期间上海产业发展的功能性政策要点/439

一、营造良好的产业和民营经济发展市场环境的政策要点/439

二、进一步扩大开放,培育上海产业国际竞争优势的政策要点/441

三、实现生产性服务业和先进制造业互动发展的政策要点/446

本篇参考资料/449

第六篇　上海数字基础产业发展思路与对策研究(2020年)

第二十四章 数字经济与数字基础产业:本质、内容与发展/453

一、数字经济定义/453

二、数字基础产业定义/458

三、数字新基础产业构成与内容/459

四、中国数字基础产业发展现状/463

第二十五章 上海发展数字基础产业的现实基础/485

一、上海数字经济的发展现状/485

二、上海数字基础产业的发展现状/494

三、上海发展数字基础产业的主体分析/514

四、上海数字基础产业现状总结及问题分析/524

第二十六章　上海发展数字基础产业的思路及对策/530
　　一、上海发展数字基础产业的定位和目标/530
　　二、上海发展数字基础产业的原则与战略/537
　　三、上海数字基础产业跨越发展的对策建议/543

本篇参考资料/549

第一篇

上海市战略性新兴产业跨越式发展新模式(2014年)

随着新一轮科技革命的到来,全球正进入一个创新密集和新兴产业快速发展的新时期。谁能在前沿技术和新兴产业中处于引领地位,谁就能在国际科技和产业竞争中占据主导权。美、日、德、韩等国家制定实施了一系列经济产业发展新战略或新规划,纷纷把发展新能源、信息网络、智能制造、低碳经济等新兴产业作为新的突破方向和经济增长引擎,力图抢占未来科技和产业发展的战略制高点。

在如此日趋激烈的国际科技与产业发展的竞争背景下,上海作为中国经济产业发展的重镇,作为成长中的国际大都市,在发展国际金融中心、国际航运中心、国际贸易中心的过程中,正在面临经济结构、产业结构的重大转变,而发展适合上海未来产业体系的战略性新兴产业一定是上海在"十三五"期间经济与产业转型发展的重要内容。为此上海必须面对挑战、抓住机遇、赢得主动,抢占战略性新兴产业发展的新赛道,实施战略性新兴产业的跨越式发展战略,深化体制机制改革,促进营商环境不断优化完善,提高创新效率,实现上海经济社会的高质量发展。

第一章 绪 论

一、研究背景

(一)战略性新兴产业发展的必要性

1. 第三次工业革命的出现

20世纪70年代初期,美国开始进入对第三次工业革命(The Third Industrial Revolution)的探讨。一些学者较早分析了第三次工业革命对员工、收入和研发等微观层面的影响。赫尔夫戈特(Helfgott,1986)分析了新技术对工人在企业中地位的影响。他认为,新技术正风靡美国产业,正让工作场所转型。在团队中工人变得更加重要和自治,更加对绩效攸关,以及承担更多的责任。格林伍德(Greenwood,1999)认为20世纪70年代初期开始,信息技术的发展推动经济体系进入第三次工业革命,而且信息技术的快速变革初期会降低生产率和加大收入差距。莫维利(Mowery,2009)分析了这次革命对产业研发结构带来的变化,他认为自1985年起,美国的产业研发结构由大企业主导式的封闭式创新走向了以中小企业为主的"开放式创新"。非制造业企业成为研发投资很重要的源泉,美国企业正在以稳定的速度增加离岸研发活动。

然而,第三次工业革命概念的兴起和全球化传播,与全球可持续发展面临的压力息息相关。具体来说:一是至20世纪80年代,石油和其他化石能源的日渐枯竭及全球气候变化为人类的持续生存带来了危机。二是化石燃料驱动的原有工业经济模式不能再支撑全球的可持续发展,需要寻求一种使人类进入"后碳"时代的新模式。三是第三次工业革命概念的全球化深入,离不开欧盟的推动和媒体的传播。从 2000 年起,欧盟开始积极推行大幅减少碳足迹的政策,以加速向可持续发展经济时代的转变。如欧盟要求成员到 2020 年可再生能源提供 20%的电力。如欧盟的《成长愿景:欧洲领导新工业革命》、英国的《能源市场变革白皮书》、荷兰的《不可再生能源控制》等研究报告与著作的出版与传播。全面分析第三次工业革命全球性影响的是享有国际声誉的未来学家里夫金(Rifkin,2006,2012),他提出互联网、绿色电力和 3D 打印技术正引导资本主义进入可持续的分布式发展时代,即第三次工业革命时代。

新一轮工业革命(即所谓第三次工业革命)实质是以新能源、计算机、信息和互联网技术的重大创新为代表的能够导致生产制造、产业乃至社会发生重大变革,它不仅会导致一批新兴产业的诞生与发展以替代已有的产业,更重要的是它将导致社会生产方式、制造模式甚至交易方式等方面的重要变革。事实上,新能源、计算机、信息与互联网已经使得生活方式发生了变化,今天获取信息和互联沟通、复杂计算变得非常方便,交易方式也发生了巨大的转变,例如电子商务发展创新迅速,网络成交量大幅度提高。而整个社会生产方式也正在悄悄发生着人们可能不注意但是非常重要的变化。

这场新工业革命是以社会生产方式、制造模式及由此导致的交易方式与人们的生活方式发生重大变化为核心的,全新的生产方式可以叫作以互联网为支撑的智能化大规模定制生产方式(芮明杰,2012)。具体来说,第一,今天的互联网既是信息平台,又是交易平台和生产控制平台,当然它还是娱乐平台和社交平台,比如脸书(Facebook),以后在我们的生活和生产中扮演什么角色还可以继续大胆想象。但是在今天,人们通过互联网,通过计算机控制的联网智能化制造设备在收到指令后,就可以自行分析、决策,进行操作上的变化。毫无疑问,未来的新生产方式必然依托互联网。第二,智能化意味着智慧型计算机嵌入制造设备后能够使生产设备更快地感知、自我反应、计算判断、分析决策和操作。第三,符合个性化需要的个性化产品的大规模定制生产成为可能,部分已经成为现实。比如大规模的定制西装已经成为现实,成千上万的个性化数据输进去,计算机排版激光剪裁,快得不得了。又如德国大众的辉腾汽车,开设的是定制店,只要消费者说出需求,总有满足其需求的车。

这样的生产方式首先将导致今天"工厂"生产组织形态发生重大变化,今天的生产组织方式叫作"集中生产,全球分销",我们现在生产产品是先圈一块地盖厂房,全世界原料买进来,生产产品后运到全世界销售,结果是来往运输量大、成本高,搜寻信息与交易成本都很大,而且浪费不少资源。新的生产组织方式则不一样,它叫作"分散生产,就地销售",这样的生产组织方式可以真正做到销地产,不需要今天这样的工厂,只需要在有需求的地方放上几台互联网连接的3D打印机,需要什么样的产品直接把原料拉到商店,打印后直接拿走就可以了。这样运输量与成本就大大减少了,因为是定制,所以交易成本也大大节约,另外定制也没有库存、没有多余产品的浪费等,整个社会资源就得到了很大的节约。

此时,我们的生活方式也将随之改变,人们已经没有必要去购物中心,可能的购物是到3D打印店,按照自己的要求打印自己需要的东西,实现真正的体验消费。所以,在今天化石能源日渐枯竭的状态下,新能源、互联网和数字化、信息化、智能化很有可能就是新一轮工业革命的导火线。基于信息、计算机、数字化、互联网技术融合创新变革的制造业生产方式以及它给我们的生活与交易方式带来的极大变化定义成新一轮工业革命或"第三次工业革命"是正确的。

表1.1比较了工业社会四种制造范式的技术经济特征。

表1.1　　　　　工业社会四种制造范式的技术经济特征比较

制造范式	特　点	典型案例	竞争的关键资源	技术基础	战略决策的关键维度	产业组织特点
单件小批制造范式	丰富的产品多样性,单件或者小批生产;客户拉动型的商业模式;通用机械、高技能的工人;第一次工业革命的结果	19世纪末出现以手工方式生产汽车	技能工人通用机床	1876年磨床的出现;1882年电站的开发	客户喜好	技术能力主要体现为个人技能,大量小规模的手工作坊
大规模生产范式	有限的产品种类;大批量的产品数量;生产推动型的商业模式;尽可能用机器替代人工;标准化的设备和流水线;相对低技能但高熟练度的工人;第二次工业革命的结果	福特型车的流水线生产	大规模的流水线	可更换的高质量的零部件	成本、产能和主导的消费需求	产业资本不断向大企业集中,高度一体化

续表

制造范式	特 点	典型案例	竞争的关键资源	技术基础	战略决策的关键维度	产业组织特点
大规模定制范式	丰富的产品组合;相对低价;商业模式兼具生产推动和需求拉动的特点;生产管理的作用和复杂程度提高;用人员的技能弥补机器本身的不足;第三次工业革命孕育阶段的产物	戴尔的大规模定制	柔性制造系统运营管理能力;工人技能	模块化设计;计算机和信息技术的广泛应用	产品组合和细分市场质量	产业链逆向分解,非核心模块和制造环节大量外包;产业链合作变得更加重要
全球化个性化制造范式	满足个性需求进一步解决了产量和生产成本之间的矛盾;生产系统本身可以重构,从而满足产能和产品功能的任意调整需求;产品、工艺、商业模式一体化;第三次工业革命取得突破和深入发展后的产物	3D打印在航空和汽车制造业的应用	可重构生产系统;技术平台;人的技能和知识	基于模块的开放架构;人工智能数字制造、工业机器人、添加制造技术	对多样化多变市场需求的快速反应	产业组织向网络化和生态化发展;研发、设计的社会化参与

资料来源:黄群慧和贺俊(2013)。

2."再工业化"战略的提出

20世纪80年代至今,世界制造业格局发生了较大变化。变化的一个主要特点是美国和欧洲经历了一个"去工业化"过程,工业增加值占GDP的比重不断下降后逐步趋稳(见图1.1和图1.2),但制造业比重还在下降。劳动力迅速从第一、第二产业向第三产业转移,制造业占本国GDP的比重和占世界制造业的比重持续降低,制造业向新兴工业化国家转移,发展中国家尤其是中国制造业快速崛起,发达国家汽车、钢铁、消费类电子等以往具有优势的制造业面临严峻挑战。

世界制造业增加值从1980年的27 900亿美元增加到2010年的102 000亿美元。其间,美国制造业增加值从5 840亿美元增加到18 560亿美元,占世界制造业增加值的比重从20.93%降低到18.20%。德国制造业增加值从2 490亿美元增加到6 140亿美元,占世界制造业增加值的比重从8.91%降低到6.02%。法国制造业增加值从1 400亿美元增加到2 680亿美元,占世界制造业增加值的比重从5.02%降低到2.63%。英国制造业增加值从1 260亿美元增加到2 310亿美元,占世界制造业增加值的比重从4.52%降低到2.26%。与之形成鲜明对比的是,中国制造业增加值从1 330亿美元增加到19 230亿美元,占世界制造业增加值的比重从4.78%增加到18.85%。过去几十年间,中国制造业经历了一个在规模上追赶和超过主要发达经济体的过程。1980年中国制造业增加值远远低于美国和德国,与法国、英国相当。但1990年以来,中国制造业增长较快,制造业增加值先后超过德国、美国等世界制造业强国,2010年成为世界制造业第一大国。

	2003年	2004年	2005年	2006年	2007年	2008年	2009年	2010年	2011年
—— 工业增加值占国内生产总值比重	21.6	22.0	22.2	22.2	22.0	21.1	19.6	19.8	20.2
---- 服务业增加值占国内生产总值比重	77.2	76.6	76.7	76.7	76.9	77.6	79.3	79.0	78.6

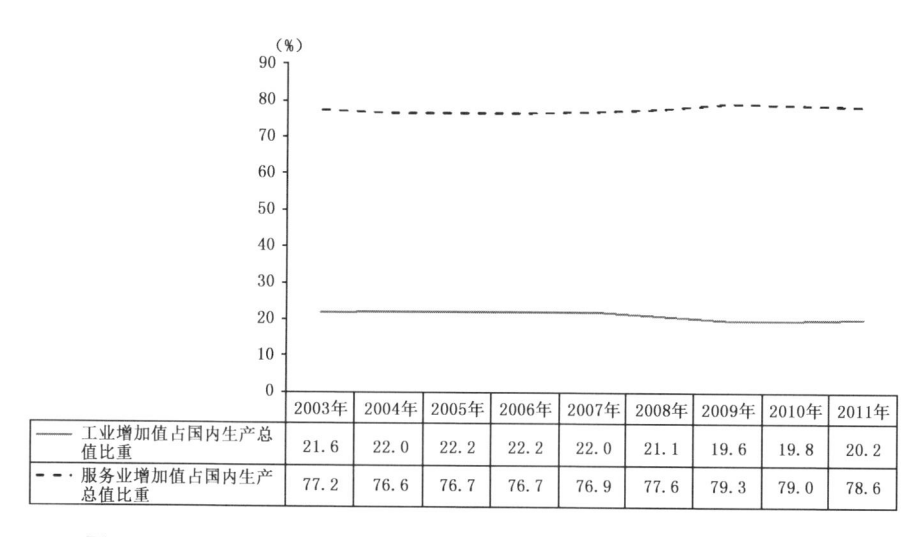

图1.1　2003—2011年美国工业增加值、服务业增加值占国内生产总值比重

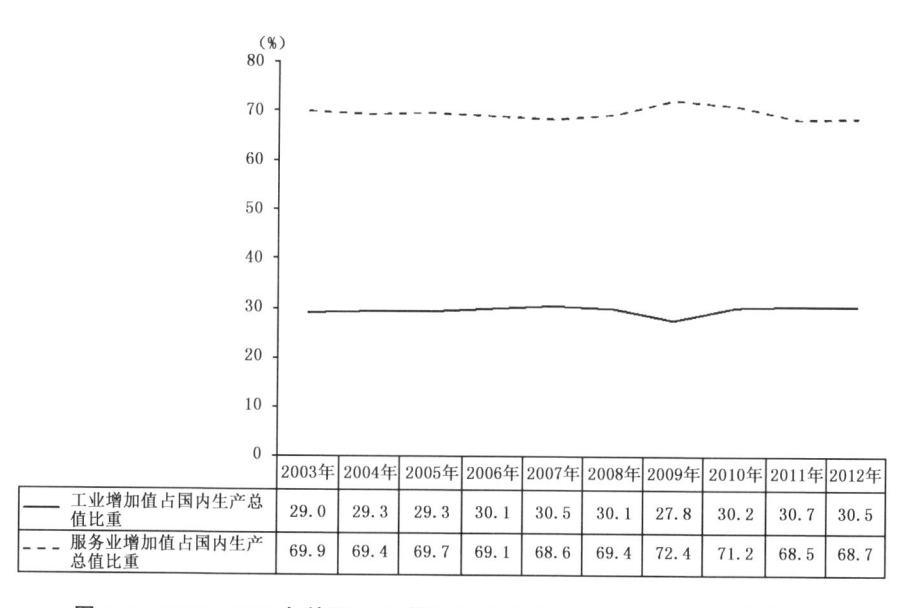

	2003年	2004年	2005年	2006年	2007年	2008年	2009年	2010年	2011年	2012年
—— 工业增加值占国内生产总值比重	29.0	29.3	29.3	30.1	30.5	30.1	27.8	30.2	30.7	30.5
---- 服务业增加值占国内生产总值比重	69.9	69.4	69.7	69.1	68.6	69.4	72.4	71.2	68.5	68.7

图1.2　2003—2012年德国工业增加值、服务业增加值占国内生产总值比重

"去工业化"不仅削弱了制造业的国际竞争力,也对国内就业产生了很大的消极影响。1980年至2010年,美国制造业增加值占GDP比重从21.1%降低到11.7%,制造业就业人数占总就业人数比重从21.6%降低到8.9%。最近几年,虽然制造业占GDP的比重大体稳定在11%以上,但制造业就业人数占总就业人数比重仍然呈现下降趋势。截至2010年,美国总就业人数为12 982万人,制造业就业人数仅为1 152万人。由于"去工业化"现象普遍存在于欧盟大部分成员国,尤其是汽车制造业、纺织与服装等行业,据其统计局的数据,欧盟国内生产总值(GDP)中工业的占比已从1996年的21%降至2007年的18%,而工业部门所吸纳的就业人数也从1996年的20.9%降到2007年的17.9%,这一系列数据表明"去工业化"导致欧盟丧失了将近300万个就业岗位。

过度依赖以金融业、房地产业为代表的虚拟经济,使美欧等发达国家在此次金融危机中受到了沉重的打击,市场大幅萎缩。2009年我们参观了英国诺丁汉大学一个新校区,据介绍这个新校区以前是一个自行车厂房,现在牌子还是英国的,但是生产环节全部在中国。英国"去工业化"后剩下来的支柱产业是什么呢?是金融、教育、文化产业。但金融危机一爆发,财富就缩水了。现在他们重新提出"再工业化",说明他们确实感受到了危机,觉得在特殊时期,没有实体经济还是很危险的,容易受到很大的冲击。美国的情况也类似,所以也提出要"再工业化"。2008年金融危机全面爆发后,"去工业化"致使发达国家抗危机能力不足这一弱点充分暴露,因而重归实体经济,推进"再工业化"战略被发达国家提到产业结构调整的议事日程上来。

2012年年初美国总统奥巴马发表国情咨文,强调为了让美国经济"基业长青",美国需要重振制造业,并表示将调整税收政策,鼓励企业家把制造业工作岗位重新带回美国。日本财务省最新发布的统计数据显示,2011年日本出现自1980年以来的首次贸易逆差。虽然出现逆差的部分原因是地震、海啸等临时性因素,但从长远来看,产业转移造成的制造业空心化是日本出现贸易赤字的趋势性因素。因此,日本政府将出台措施,着力扭转制造业流失局面。虽然欧债危机让整个欧洲经济不景气,但是德国、英国、法国等国家依然积极投入,旨在调整产业结构,重振制造业。

发达国家的这些计划与行动传递了一个重要信息,即20世纪七八十年代至今是发达国家"去工业化"、产业转移的时期,包括我国在内的发展中国家抓住了机遇,通过改革开放承接了制造业的转移,制造业得到大规模发展,直接带动经济的高速增长。但这一进程可能会逆转,未来十年可能是美欧等发达国家"再工业化"、在新一轮技术进步与工业革命中夺回制造业的十年。发达国家的"再工业化"战略必然会对全球产业(尤其是制造业)活动的空间分布,以及各国产业结构的调整产生影响。

对于全球经济今天正向第三次工业革命推进的背景下,网络经济与实体经济的相互融合程度日趋加深,生产能力的复苏与增长必是奠基于新的生产方式之上,即以互联网为支撑的智能化大规模定制的生产方式。这是理解当前"再工业化"的关键。从"工业化"到"去工业化"再到"再工业化"这样一个循环的过程,表面上反映了从实体经济到服务经济再到实体经济的回归,实际上体现了服务经济真正服务实体经济的发展战略,符合经济形态螺旋式上升的发展规律。但是,后面的实体经济与前面的实体经济是不一样的,这是一个更加强壮、稳定、能够抗击经济衰退的实体经济,着重发展高端制造业,谋求产业结构的高级化。如果说"去工业化"去掉的是低附加值的加工制造环节,那么,"再工业化"实际上是对制造业产业链的重构,重点是对高附加值环节的再造。

(二)第三次工业革命和"再工业化"对我国制造业的影响

新一轮工业革命起来,发达国家会不会首先推进这个进程?如果推进,对中国有没有影响?发达国家的"再工业化"实质上是在新一轮工业革命的基础上制造业的全新回归,他们这个过程不像我们是政府高调推进,而是市场机制选择的过程(芮明杰,2012)。发达国家已经具备了新一轮工业革命的条件,并对我国现行产业体系与制造业发展产生重大影响。

第一,发达国家总的工业品消费,包括总量和品质的平均需求肯定高于我国和广大的发展中国家,发达国家的信息渠道通畅、分销网络广泛合理、市场环境好、交易便捷。而且发达国家居民总体富裕,更具备个性化消费的条件。这就为他们的新一轮工业革命及制造业生产方式的变革创造了市场条件,也为他们反过来进入我国高端消费市场创造了先机,就像最早的家用电器制造业、今天的汽车制造业。

第二，发达国家的"去工业化"使大量的制造生产环节外包到发展中国家，原因是此前的制造生产方式是大批量标准化生产，发展中国家劳动力廉价，制造设备精良后对劳动力技能要求不高，而全球运费也不是很贵，所以制造环节外包以获得更大收益是自然而然的。今天则不一样了，类似3D打印的制造生产方式对土地等要素的占用很少，不需要很大的厂房，总部通过互联网发送的指令，完全可以在客户家门口给他打印制造，直接"销地产"，这就大大超越了传统的"以销定产"模式，在销售地直接生产是最节约成本的。因此这样的新技术革命就可以导致新型制造业重新流回发达国家，形成国际竞争力，使美国等发达国家继续成为新一轮产业全球分工体系中的控制者，我们依然成为全球产业体系与产业链中的被控制者。

第三，我国劳动力价格总体虽然便宜，但是我们劳动生产率还是低于美国和日本等发达国家，制造业劳动生产率、增加值率约为美国的4.38%、日本的4.37%和德国的5.56%；再加上运输成本、市场成本、税收等，企业核算下来会发现目前生产成本不比美国企业低多少。据美国波士顿咨询公司的研究报告预测，中国沿海地区和美国低成本地区的劳动成本的差异到2015年前后将缩小到40%以下。美国企业已经发现如果制造技术革命后生产效率提高，在本国生产既节约运输费用又更能适应市场需求，制造成本不一定比中国高，出于就业等经济考虑，完全有可能使新一代制造业倒流回发达国家，而这对我国以出口依赖为主的现行制造业体系是重大的冲击。

第四，美国等发达国家创新往往以市场为导向，市场导向的创新容易产业化并产生经济效益。并不是所有的研发都要市场化，但是就工业来讲，市场导向是很重要的。这个过程中政府也应该出面，但是不是指定发展的方向，而是说"我为你企业创造什么条件"，这是非常重要的。美国政府这次的"再工业化"首先想到拿钱出来投资教育和培训，这是对的。未来的工业革命也好技术革命也好，人力资本都是最重要的。美国制造业协会提出的四大目标之一就是使美国制造商拥有符合21世纪经济需求的劳动力，美国制造业如果想保持其在世界上的主导地位，必须拥有国内外最优秀的高技能人才，这些人才必须精通科学、技术、工程和数学等领域的知识，掌握制造商所需要的技能，世界级的制造业需要世界级的人才。

二、战略性新兴产业的研究价值和意义

回顾历史是为了吸取经验和教训,把握历史发展规律。英国依靠第一次工业革命成为世界上第一个工业化国家;美国借助第二次工业革命,稳稳坐在了20世纪世界头号强国的位置。这深刻印证了邓小平同志"科学技术是第一生产力"的科学论断,充分证明了科技创新是推动历史进步和国家发展的根本动力。

英国、美国和德国的崛起都是依靠在新领域、新产业内的科技创新。历史经验告诉我们:国家的崛起必须依靠在新领域、新产业内的科技创新,新兴产业发展是推动经济社会发展的火车头和动力引擎。我们要实现中华民族伟大复兴也必须遵循这条历史经验。但同时我们也不能忽视英国、德国和美国科技创新背后的社会大环境的支撑,比如英国的皇家学会、德国的近代大学以及美国的大科学体制,它们为科技创新提供了源源不断的人力资源和生存环境。

从2003年到现在,国际国内的环境发生了巨大变化。从国际环境来看,2008年爆发的经济危机对我们的粗放式发展方式和低技术附加值传统产业提出了严峻挑战;从国内情况来说,改革开放至今,30多年形成的出口导向型和粗放型的经济发展模式已经很难继续维持高速发展的势头。在这种大背景下,发现新的经济增长点,培育新的核心竞争力,构建新的发展战略,就成了当前最为紧迫的任务。而新的发展格局,其基本要求是不再依靠出口导向和人口红利,而是要转移到依靠科技进步、内生增长的道路上来,"战略性新兴产业"由此应运而生。

在以上的现实背景、历史经验下,大力发展战略性新兴产业是经济发展和民族崛起的内在需求和大势所趋,因此,发展战略性新兴产业具有极其重要的战略意义。

第一,发展战略性新兴产业是实现经济转型的重要突破口。虽然我国早在"九五"计划中就提出了转变经济增长方式,但是,时至今日,仍没有改变过度依靠土地、资源和资金投入来带动经济增长的状况。世界工厂的发展模式在生产要素成本日益上升,环境、资源受到约束以及全球竞争格局改变的现状下,早已难以为继,经济结构进一步调整、转变发展方式是摆在各国面前的唯一道路。

战略性新兴产业的特点是知识密集、技术密集和人才密集，是一种特殊的高科技产业。在未来提升产品附加值、提高经济增长质量和发展绿色低碳经济的过程中，战略性新兴产业将发挥重要的作用。

第二，发展战略性新兴产业将促进经济增长。战略性新兴产业对经济的促进作用，短期内主要体现在投资上，并不能完全支撑起我国的经济构成。但伴随着战略性新兴产业的逐步规模化，从中长期的角度看，该类产业有望发展成为我国未来经济增长的重要引擎。根据国务院发展研究中心"重点产业调整转型升级"课题组的测算，到2015年环保产业产值预计可以达到2万亿元，而信息网络及其应用市场的规模超过万亿元大关，数字电视终端与服务今后的五年里预计累计可带动超过2万亿元的相关产值。广义上的生物产业市场规模在2020年预计将达到6万亿元。

第三，战略性新兴产业会在改善民生、提高资源利用效率方面发挥作用。战略性新兴产业的健康发展，将极大改善群众的生活环境，从而提升广大人民的生活品质。例如，新医药产业的发展，会大大提升我国医疗卫生服务的质量和水平，从而实现造福社会、群众的功能。还有，物联网在环境监测、地震监测、安防、电网、物流、交通、医疗和教育等领域的推广，会极大地提高生产效率，在降低成本和改善生活水平等方面发挥重要作用。而太阳能、风能等再生性能源的开发利用对环境保护、低碳社会建设和可持续发展非常重要。电动汽车业的发展，则会对有效利用低谷电量和发电能力产生积极影响。再比如，生物育种行业的发展，将关系到我国粮食安全。随着在粮食和食品领域推广转基因技术，农业将得到显著的发展。

由此可见，加快培育发展战略性新兴产业具有重要战略意义。从国际经济发展形势看，加快培育发展战略性新兴产业是我国努力掌握国际经济竞争主动权的必然要求；从国内发展转型需要看，加快培育发展战略性新兴产业是我国加快转变经济发展方式、建设创新型国家的必然要求（张晓强，2011）。

三、国内外研究综述

(一)国外研究综述

关于产业选择方面:赫希曼(1958)提出了"战略性产业"概念,认为发展中国家应优先发展后向关联度较高的最终产品产业,以此来影响和带动其他产业的发展,称之为"赫希曼基准";美国罗斯托(1960)提出了"主导产业"概念,认为应优先发展"主导部门",进而带动整个经济"起飞"和可持续发展;日本筱原三代平(1960)提出了主导产业选择应遵循产业收入弹性系数和生产率上升率两条基准。

关于产业发展方面:特拉坦伯格(Trajtenberg,1990)依据比较优势理论,认为国家或地区应通过发展比较优势产业带动整个产业结构发展,形成具有区域优势或区域特色的产业结构;克雷默(Kremer,1993)强调竞争力,认为有竞争力的产业才会有持久的生命力,对经济社会有更大的影响;克莱伯和格雷迪(Klepper and Graddy,1990)通过政府规范和创新传统市场运营模式发展新兴产业;凯泽尔(Keizer,2002)认为主导产业具有较大的产业关联性和就业效应,应通过发展主导产业带动整个产业发展;迈克尔·波特(2002)在研究产业集群时提出了"菱形架构",其中概括了产业发展所需具备的种种要素,并认为最关键的是要有一系列的制度安排。

(二)国内研究综述

国内学者从不同角度对战略性新兴产业进行了研究,包括战略性新兴产业概念界定及特征、培育和发展战略性新兴产业的条件、战略性新兴产业发展要素及路径等方方面面的内容。

1.战略性新兴产业的界定及特征方面:万钢(2010)强调了战略性新兴产业有别于其他产业的"创新性"特征;朱瑞博(2010)强调其"战略性",认为它在国民经济和产业结构调整中具有重要意义;也有学者强调其"导向性"功能,如张和平(2010)指出,战略性新兴产业对产业结构优化升级具有引导和带动作用;

冯长根(2010)认为,战略性新兴产业代表着科技创新和产业发展的方向;邓江年(2010)强调了战略性新兴产业的"动态性"特征。

2. 培育和发展战略性新兴产业的条件方面:万钢(2010)主要强调了科技创新是关键要素;钟清流(2010)指出应当找准方向以激活创新动力、掌握核心技术和创造成长条件;李朴民(2010)认为各地区在战略性新兴产业具体实施过程中应充分考虑自身现有的经济基础和已有的产业结构特点,选择本地区最有基础、最具优势条件、能率先突破的产业发展;张和平(2010)认为,产业基础、技术基础、资源条件和政策环境等是我国发展战略性新兴产业不可缺少的条件。

3. 传统产业与战略性新兴产业发展的关系方面:辜胜阻(2011)结合中国的实际情况得出在工业化尚未完成的中国更需要把传统产业高新化放在首位的结论;厉以宁(2005)比较中印两国产业发展情况后认为,如果不与中国传统产业相结合,中国的高新技术产业与传统产业发展将始终很有限;郭连强(2011)从传统产业和战略性新兴产业的共性角度阐述如何将传统产业改造升级为战略性新兴产业;刘洪昌(2011)认为要将传统产业与战略性新兴产业有机结合起来,使之形成系统合力,促进形成有效衔接、相互促进、共同发展的良好局面。

4. 战略性新兴产业发展方面:肖兴志(2011)从我国发展战略性新兴产业的优势、劣势和形成路径入手,分析考察了中国发展战略性新兴产业的客观基础和路径,并梳理了战略性新兴产业发展中的政府和市场关系,设计了扶持战略性新兴产业发展的较完整的框架;付广军(2011)以我国特定省份和特定产业为例,总结了税收扶持战略性新兴产业的现状,并提出了政策建议,丰富了税收扶持政策理论;熊勇清(2013)构建了战略性新兴产业与传统产业耦合发展模型,对我国传统产业未充分发展条件下如何发展战略性新兴产业提出了新的思路和见解。此外,近几年以战略性新兴产业发展为主要内容的学位论文也较多,首都经贸大学牛立超博士(2011)对战略性新兴产业的行业发展现状、产业变迁、区域布局、金融政策等多角度进行分析,在当时刚刚提出发展我国战略性新兴产业背景下具有重要意义;哈尔滨商业大学的蔡德发博士(2012)以黑龙江产业升级为视角,研究了战略性新兴产业税收激励政策,并提出了具有针对性的税收政策框架。

5. 关于战略性新兴产业影响因素方面,经济学界专家学者纷纷提出了各自不同的观点。贾剑锋等(2011)通过以沈阳市战略性新兴产业的形成发展动力与主要影响因素的案例进行分析,认为市场需求推动、科技创新拉动、资源优势支撑和产业政策促使力的四大合力推动使沈阳战略性新兴产业得以形成和发展,因此沈阳战略性新兴产业的培育必须综合考虑科技基础实力、市场环境、政府引导、资金投入、金融支持及产业自身发展等方面的因素的影响;黄幸婷和杨煌(2010)指出,科技创新的掌握与应用是战略性新兴产业发展的关键因素;顾新和姜大鹏(2010)分析认为,科技创新可以推动产业发展,因此提出以产业创新联盟来推动发展战略性新兴产业的对策建议;牛立超(2011)分析指出,战略性新兴产业需要资本投入与健全的金融机制作基础保障,同时还受到主导产业变迁因素的影响。有的学者从市场角度分析战略性新兴产业的影响因素。例如,王新新(2011)认为,战略性新兴产业的形成和发展应当以市场作为导向,一切按照市场需求为原则;陈锦其和徐明华(2013)从发展历史角度分析,认为战略性新兴产业的发展是建立在市场需求基础之上的,从发展趋势上分析,又指出战略性新兴产业是由科技与市场的双向互动融合而产生,战略性新兴产业既代表市场需求方向,又代表科技创新方向。有的学者认为体制机制和政策是战略性新兴产业的重要影响因素。顾新和姜大鹏(2010)通过研究指出,企业规模是影响战略性新兴产业的因素之一,同时发展战略性新兴产业还需要实行有效的人才培养机制并同时完善风险投资机制;姜江(2010)研究认为,强调体制机制改革是发展战略性新兴产业的重要着力点,同时加强国际合作也是非常有必要的;张嵎喆和王俊沣(2011)通过研究指出,影响战略性新兴产业的政策因素包括投融资政策、市场培育政策、产业技术政策、税收政策、国际合作政策、专项政策等,并分别对近年来各部委制定和出台的各项支持战略性新兴产业的相关政策进行了总结和评价。

还有一些学者从其他研究角度来探讨战略性新兴产业的影响因素,有的学者用产业生命周期理论来解释战略性新兴产业受到产业发展因素的影响。刘红玉等(2013)分析指出,战略性新兴产业的形成与发展是内因与外因共同推动作用的结果,即自身逻辑演变与社会形塑互动作用产生的。也就是说,战略性新兴产业发展既受到自身生命周期演变的规律特征使然(例如产业基础、资源禀赋等是基本前提),同时又离不开外在的市场需求、科技创新与社会的良性互动作用。在战略性新兴产业萌芽阶段需要政府的宏观引导；在战略性新兴产业形成阶段需要政府政策与市场的联合推动；而在其成熟阶段，战略性新兴产业必须通过自身的发展形成产业集群效应，这时市场作用的发挥是必要的。李勃昕和惠宁（2013）选取自然资源禀赋条件、科研创新能力、产业基础水平、市场需求潜力、政策保障力度五个维度的十项指标建立地方战略性新兴产业选择评价指标体系，以熵值法计算各项指标权重，构建基于灰度关联理论的地方战略性新兴产业选择评价模型，结果表明，要培育新能源汽车产业，必须将产业发展条件与现实基础的耦合情况作为产业选择的根本出发点，站在国家层面合理布局，并充分利用产业链的纵深度。刘明远（2012）在探讨我国战略性新兴产业发展现状基础上，按照产业竞争优势的要求构建了钻石理论模型，分别从产业体系、政策扶持、服务平台等方面构建了我国战略性新兴产业的支撑体系。分析指出，首先战略性新兴产业的形成有其内在规律，技术突破是内生动力。其次，战略性新兴产业有自身的生命周期，其成长过程一般分为形成、发展、成熟、衰退四个阶段，目前战略性新兴产业处于形成期，在这个阶段，产业技术尚不成熟，需要在不断试验纠错中渐变突破前行，于是产业也沿着自身的发展路径不断前行。杨英等（2012）通过对广东省的分析，认为由于科技资源、市场条件、现有产业基础等条件差异，广东发展战略性新兴产业应当因地制宜，打造当地经济发展的新增长极。

国外对产业发展的研究较早，已经形成了比较完善的产业发展理论，可以为我国发展战略性新兴产业提供一定的理论依据及借鉴作用。但是在全球经济发展不平衡的前提下，国外的研究多数都是基于某一个国家发展问题，且大多是以发达国家为例，缺乏一定的普遍性。在中国这样一个面对经济结构转型升级和国内传统产业发展不平衡的地区如何实现战略性新兴产业的跨越式发展，这还是一个较新的课题。

近几年国内理论界兴起了一股战略性新兴产业研究热潮，对于战略性新兴产业的概念及特征等基本方面形成了较全面和一致的认识。但关于战略性新兴产业跨越式发展模式的研究是学术界较为新颖的一项研究课题。所以，本篇主要是从战略性新兴产业的跨越式发展模式角度进行研究。

第二章 战略性新兴产业跨越式发展的理论基础

一、产业发展相关理论

(一)产业和产业选择理论

产业是指国民经济中生产相同或相近产品的生产单位的总称。产业选择是指一个国家或地区政府为了发展全局和长远利益主动选择和扶持某些产业,使其快速成长为国民经济发展中的重点产业。

1. 比较优势理论

18世纪的英国古典经济学家亚当·斯密(Adam Smith,1723—1790)最早提出了比较优势相关理论。斯密的"绝对优势理论"认为,一个国家或地区必然具有在某种商品生产方面的绝对优势,国家之间通过生产自己的绝对优势产品进行国际分工和国际贸易。英国另一位古典经济学家大卫·李嘉图(David Ricardo,1772—1823)发展和修正了"绝对优势理论",提出了依照生产成本的相对差别而实行国际分工和贸易的"相对优势理论"。按照该理论,发达国家应将产业结构重点放在发展资本密集型和技术密集型产业,而不发达国家,只能重点发展农业、原材料等初级产业。后来日本的经济学家将以上理论统称为"静态比较优势理论",并在此基础上提出了"动态比较优势理论",从长远发展角度提出当前不具备比较优势的产业将来具有转化为优势产业的可能性,政府必须扶持和保护这些具有未来发展潜力,对国民经济有重要意义的产业,使这些产业以后发展成为国际贸易中具有竞争力的产业。

比较优势理论说明一个国家或地区应优先发展在劳动生产率上具有优势的产业,使其成为主要的经济力量,同时,地区的比较优势不是一成不变的,有些产业在发展初期阶段虽然比较弱小,在市场竞争中不具备优势,但代表先进的产业发展方向,必须加以扶持。因此,比较优势理论对各地区在完善产业结构时如何将短期和长期相结合,如何发展现阶段相对优势产业的同时兼顾未来产业发展方向,培育和发展战略性新兴产业等方面具有一定的理论和实践意义。

2. 罗斯托的经济发展阶段论

美国经济学家华尔特·惠特曼·罗斯托(Walt Whitman Rostow,1960)在《经济增长阶段》一书中根据一定的技术标准将人类社会发展阶段分为传统阶段、为"经济起飞"准备阶段、"起飞"阶段、向成熟推进阶段和大量消费阶段。

1971年,罗斯托在其《政治和成长阶段》一书中又追加了一个"追求生活质量"阶段。他认为,经济社会处于传统阶段时,科技、生产力水平相对低下,以农业部门为主导产业;为"经济起飞"准备阶段,工业和农业中处处渗透着近代科学技术,主导产业更替为轻纺工业,多数劳动力也向工业与服务业转移;而第三阶段(即经济起飞阶段)则相当于产业革命时期,这时的主导产业演变为以原材料、燃料等基础工业为中心的重化工业;向成熟推进阶段,生产中已经普遍运用现代科学技术,使技术密集型产业快速发展,精密仪器加工、石油化工、智能机械、电子产品等技术要求高且附加值高的产业得到快速发展并成为国民经济主导产业;大量消费阶段,高度发达的工业技术使主导部门转移至耐用品消费和服务部门;在追求生活质量阶段,耐用品消费部门已经不是主导部门,主导部门将转移至文教娱乐、医疗保健、文化旅游等提高生活质量的部门。此外,罗斯托还认为,任何国家都要经历由低级向高级发展的过程,主导部门序列不可任意改变。

根据罗斯托所阐述的经济发展每一阶段特征,目前中国正处于起飞阶段,战略性新兴产业具有高科技含量,代表先进的发展方向,在将来能够作为主导部门带动其他产业及整个国民经济的发展。因此,借鉴罗斯托的经济成长阶段论中主导部门的理念,培育和发展我国战略性新兴产业,对于在将来实现经济起飞有着重要的理论指导意义。

3. 赫希曼的不平衡发展理论

赫希曼(1958)在《经济发展战略》中提出了"战略性产业"概念,发展中国家由于资源稀缺,不可能将资源同时投入国民经济各部门使其发展,而是按一定的优先顺序或不同的速度发展,使有限的资源最大限度地发挥促进经济增长的作用。赫希曼用"关联效应"说明不平衡增长过程。所谓关联,是指经济运行中一个部门在投入和产出上与其他部门之间的联系。在发展过程中,先发展后向关联度较高的最终产品产业,即指一个部门和向它提供投入的部门之间的联系,以此来影响和带动其他产业的发展,称之为"赫希曼基准"。如果一个产业与其他产业有较强的前向和后向关联关系,那么该产业的率先发展有利于带动其他产业从而推动整个国民经济的发展。

该理论对我国各地区在发展战略性新兴产业过程中,如何选择适合该地区发展的产业,通过其充分的发展带动其他产业,具有重要的意义。

4. 筱原三代平的两条基准理论

日本筱原三代平(1960)提出了主导产业选择的"产业收入弹性系数"和"生产率上升率"两条基准。收入弹性基准表示应将社会主要资源和积累投入收入弹性较大的行业或部门。生产率上升基准则指资源应流向生产率上升最快的行业或部门,因为在没有资金和技术约束,各生产要素能够自由流动的前提下,这些行业由于生产率上升速度较快,每单位产品成本投入下降速度随之增加,而成本相对稳定条件下其利润率增加幅度也较多。该理论也为我国各地区如何选择战略性新兴产业方面提供了理论依据。

(二)产业结构优化理论

产业结构指国民经济中各个产业的比重及地位。产业升级主要是指产业结构的优化和改善,产业素质与效率的提高,提升产业层次,转变发展模式。具体表现为产业从低附加值升级到高附加值、从高能耗高污染升级到低能耗低污染,从粗放型向集约型升级。产业升级包括产业发展升级概念、产业升级路径、产业升级动力、产业升级方向和产业结构发展演变路径等内容。

1. 熊彼特的创新理论

1912年美国经济学家约瑟夫·阿罗斯·熊彼特(Joseph Alois Sehumpeter,1883—1950)首次在《经济发展理论》中提出了创新理论。"创新"起源于拉丁语,原意有三层含义:更新;创造新的东西;改变。熊彼特认为"创新"是经济生产过程中的内生变量，"创新"是经济增长的源泉和驱动力，并在《经济周期》《资本主义、社会主义和民主主义》中加以运用和发挥。熊彼特以动态发展理论为基础，认为"创新"是生产体系中生产要素和生产条件的新的组合，具体有五种组合方式，即引入一种新的产品或提供一种产品的新质量，采用一种新的生产方法，开辟一个新的市场，获得一种原料或者半成品的新的供给来源，实行一种新的企业组织形式。其最大特点是强调生产技术的革新和生产方法的变革在经济发展中的重要作用。

战略性新兴产业具有创新性和发明性的特征，符合经济发展的内在要求。战略性新兴产业在生产方法、产品原料、新能源的利用、市场需求、产品生产组织形式等方面都有创新的因素。因此，熊彼特的创新理论在我国战略性新兴产业发展升级过程中具有重要借鉴意义。

2. 赤松要提出的"雁行形态学说"

日本经济学家赤松要根据当时日本经济二元结构明显的特征提出了经济较落后国家如何实现产业结构优化的雁行形态模型。该模型认为，经济发展较落后国家的产业，应当遵循"进口—国内生产—出口"模式，用以促进国内产业结构的高级化，发展的进展及过程就像三只大雁在飞翔。除了这一基本模型之外，还有其他有关生产发展次序的引申模型，即从消费资料产业到生产资料产业、从农业到轻工业再到重工业的进展过程，消费资料产业的产品从粗制品向精制品转化，生产资料产业的产品不断从生产生活用品到生产用品的转化等，进而使产业结构实现升级的过程。这一模型的提出背景和我国现阶段二元经济结构明显的特征较相近，对我国发展战略性新兴产业、实现经济起飞有重要的理论指导意义。

3. 波特的竞争优势理论

1990年，哈佛商学院著名战略管理学家迈克尔·波特（Michael Porter）在《国家竞争优势》中提出了"国家竞争优势理论"，认为国家的产业竞争力决定要素有四个：生产要素条件（包括人力资源、天然资源、知识资源、资本资源、基础设施），需求条件（主要是本国市场需求），相关产业和支持产业的战略（即这些产业与相关上游产业是否具有国际竞争力），企业的战略、结构与竞争。这种价值体系也被称为"钻石体系"或"钻石模型"（Michael Porter Diamond Model）。

竞争力提升的关键是增强产业实力。如何通过培育战略性新兴产业的生产要素条件,开拓市场需求,增强其与其他产业的关联度,对企业注入创新管理理念等手段使战略性新兴产业成为国家未来竞争优势的主要力量,波特的竞争优势理论提供了较完整的理论基础。

4. 贝恩的产业结构优化理论

美国产业经济学家贝恩(J. S. Bain,1966)在《产业结构的国际比较》中认为,产业结构是指产业经济整个系统的内部构成,而产业结构优化是推动产业结构向高级化和高度化发展的过程。高级化过程中包括了产业结构素质提高、产业间优势地位的更迭和产业结构系统从较低级形式向较高级形式的转换过程,是创新的结果。产业结构的高度化是指产业结构高知识化、高技术化、高加工度化和高附加值化的过程,即动态优化过程。

(三)产业发展演变理论

随着经济发展,产业也会相应实现进化与演进。从各个国家历史发展经验来看,产业的发展演进是一种长期动态的过程,在其发展各个阶段,具有明显的特质和差别。有很多学者曾对产业发展演变规律做出研究,具有代表性的是英国经济学家克拉克、美国经济学家库兹涅茨和德国经济学家霍夫曼。他们的产业发展相关成果为我国战略性新兴产业发展演变提供了理论基础。

1. "配第-克拉克"定律

早在17世纪英国古典政治经济学家威廉·配第就描述了产业间资源流动的现象,他认为,制造业比农业,进而商业比制造业能够得到更多的收入。这种产业间的相对收入差距导致劳动力在产业间的流动。克拉克在配第的研究成果基础上,将全部经济活动分为第一次产业、第二次产业和第三次产业,并考察了产业发展中劳动力在三次产业间的分布规律后提出了著名的"配第-克拉克"定律。该定律认为,随着经济的发展和国民收入水平的提高,劳动力首先由第一次产业向第二次产业移动;当人均国民收入水平进一步提高时,劳动力便向第三次产业移动,此时第一次产业中的劳动力将减少。

2. 库兹涅茨的产业演变理论

美国经济学家库兹涅茨在继承克拉克研究成果的基础上,更侧重于产业发展演变诱因方面的探讨。他进一步阐明了劳动力和国民收入在产业间分布结构演变的一般趋势。他根据国民收入和劳动力在产业间分布两个方面,将三次产业依次称为"农业部门""工业部门""服务部门",并发现随着时间的推移,农业部门实现的国民收入占整个国民收入的比重和农业劳动力在全部劳动力中的比重将不断下降。而此时工业部门占国民收入的相对比重大体是上升的,劳动力相对比重大体不变或略有上升。服务部门的劳动力相对比重则呈现普遍上升趋势,国民收入相对比重却未必和劳动力相对比重同步上升。

3. "霍夫曼定律"

上述两个学者所描述的实质上是一个国家走向工业化的过程和动因,即"工业化"进程。而德国经济学家霍夫曼则进一步研究了工业结构演变规律并对此做出了开拓性的贡献。他根据近20个国家的时间序列数据,分析了制造业中消费资料工业的净产值和资本资料工业净产值的比例关系,发现在工业化进程中这一比例关系是递减的,称之为"霍夫曼定律"。

二、战略性新兴产业相关理论

(一)战略性新兴产业的内涵及特征

1. 战略性新兴产业的内涵

从战略性新兴产业的字面含义来看,需要界定"新兴产业"和"战略性产业"两个概念。首先,"新兴产业"是从产业发展阶段来界定的,是指正处于产业生命周期曲线中成长阶段的产业。学界对新兴产业有如下分析:一是将新兴产业定义为新建立的或重新塑型的产业,其出现原因包括科技创新、相对成本结构的改变、新的顾客需求,或是因为经济与社会上的改变使得某项新产品或服务具备开创新事业的机会。二是认为新兴产业是充满未知性的产业,通常由一个新的产品或创意所形成,处于发展的早期阶段,存在大量的不确定性,如对产品的需求、潜在的增长潜力以及市场条件都不确定,而且没有原有的轨迹可循。三是认为新兴产业要符合四个特征:(1)与突破性创新(Disruptive Innovation)相关联;(2)创新需要发展的核心能力;(3)对应于产业生命周期的前期;(4)具有高不确定性。战略性新兴产业的另外一个关键词是"战略性"。战略性新兴产业的"战略性"所体现的经济学性质主要体现在以下两个方面：(1)产业所基于的主导技术的未来性和突破性；(2)产业所面向的现实的和潜在的市场需求规模巨大。第一个特征决定了主导技术的投资具有长期性和不确定性，因而需要更加"耐心"的投资和更加多样化的高强度学习和探索；第二个特征决定了战略性新兴产业的发展绩效涉及一国发展的深层次经济利益。

国内研究者对战略性新兴产业的概念界定更多强调的是产业的"战略性"特征，代表性的观点可归纳为表2.1。

表2.1　　　　　　　　　国内战略性新兴产业概念界定简表

学者	概念界定的要点
万钢 (2010)	"战略性"是针对结构调整而言的，在国民经济中具有战略地位，对经济社会发展和国家安全具有重大和长远影响，这些产业是着眼未来的，它必须具有能够成为一个国家未来经济发展支柱产业的可能性
肖兴志 (2011)	战略性新兴产业是前沿性主导产业，不仅具有创新特征，而且能通过关联效应将新技术扩散到整个产业系统，能引起整个产业技术基础的更新，并在此基础上建立起新的产业间技术经济联系，带动产业结构转换
程贵孙和 芮明杰 (2013)	"战略性"是指这些产业对经济和社会发展及国家安全具有全局性影响和极强的拉动效应；"新"是相对当前的经济发展阶段，这些产业的产品服务或组织形式是以前没有的；而"兴"就是指刚刚崭露头角，未来可能会高速增长，规模扩大，对经济发展有主导作用
刘洪昌 (2011)	战略性新兴产业是指在国民经济中具有重要战略地位，关系到国家或地区的经济命脉和产业安全，科技含量高、产业关联度高、市场空间大、节能减排优的潜在朝阳产业，是新兴科技和新兴产业的深度融合，既代表着科技创新的方向，也代表着产业发展的方向
贺俊和 吕铁 (2012)	"战略性"所体现的经济学性质主要体现在以下两个方面：一是产业所基于的主导技术的未来性和突破性；二是产业所面向的现实的和潜在的市场需求规模巨大
剧锦文 (2011)	战略性新兴产业是一个国家或地区因新兴科技与产业的深度融合而催生出的一批产业。尽管尚未形成市场规模，但掌握了核心关键技术，是具有广阔市场前景和科技进步引导能力的产业。它关系到国民经济长远发展和产业结构转型升级，代表着未来经济和技术的发展方向，对经济社会发展和国家安全具有重大和长远影响，是政府产业政策重点扶持的产业

资料来源：作者根据有关文献资料整理而得。

2. 战略性新兴产业的特征

战略性新兴产业具有以下主要特征：

(1) 发展先导性。作为着眼未来、超越传统的新产业形态,其深度融合新兴科技和新兴产业,体现先进生产力的发展方向,是引导未来经济社会发展、推动人类文明进步的重要力量。其特点一是引领发展趋向;二是代表科技前沿;三是引导转型升级。

(2) 全局带动性。战略性新兴产业体现了国家战略需要,不是一般的产业概念,而是为了解决重大紧迫的经济社会发展问题、抢占未来发展制高点而科学选择的特殊产业,"正外部效应"明显,超越经济意义,带动全局,影响社会,关联度高。

(3) 创新依赖性。创新是战略性新兴产业的内源驱动。战略性新兴产业既没有定型设备和标准体系,也缺乏显性需求和配套政策,无论技术工艺还是产品市场,都需要从头做起,"无中生有",特别依赖创新驱动。其特点一是依靠重大技术突破;二是需要体制机制变革;三是要求商业模式创新。

(4) 较高成长性。战略性新兴产业具有良好的经济技术效益和长远盈利特征,产业成长性强,在市场需求、增长速度、经济效益等方面大大超出行业平均水平,发展前景远大。其特点一是市场空间大;二是发展速度快;三是综合效益好。

(二) 战略性新兴产业发展的指导思想、基本原则及发展目标

1. 战略性新兴产业发展的指导思想

在2012年7月9日国务院发布的《"十二五"国家战略性新兴产业发展规划》(以下简称《规划》)中明确提出了我国发展战略性新兴产业的指导思想,即以邓小平理论和"三个代表"重要思想为指导,深入贯彻科学发展观,把握世界新科技革命和产业革命的历史机遇,面向经济社会发展的重大需求,以改革创新为动力,以营造良好的产业发展环境为重点,以企业为主体,以工程为依托,加强规划引导,加大政策扶持,着力提升自主创新能力,加速科技成果产业化,推动战略性新兴产业快速健康发展,抢占经济科技竞争制高点,促进产业结构升级、经济发展方式转变和经济可持续发展。

"指导思想"体现了国家发展战略性新兴产业的总体思路,为以后的战略性新兴产业发展指明了方向。"指导思想"中包含了以下几点内容:

第一,把握战略性新兴产业的发展方向。我国战略性新兴产业的发展是深入贯彻邓小平理论和"三个代表"重要思想的重要体现,要把握历史机遇,以科学发展观和可持续发展为理论基础取得世界新科技革命的胜利。

第二,明确战略性新兴产业发展的目标。我国战略性新兴产业发展是抢占经济发展制高点的重要手段,通过我国战略性新兴产业的发展达到促进产业结构升级、实现经济发展方式的转变,取得经济可持续发展的目标,是国家在"后危机"时代所做的重要战略决定。

第三,指明战略性新兴产业发展的动力。战略性新兴产业代表了先进技术发展方向,具有广阔的市场前景,而"创新"是其主要驱动力。"创新"不仅包括技术科技的创新、生产工艺的创新、企业经营管理理念的创新,还包括产业发展环境的创新、需求主体的消费理念的创新等。

第四,确定战略性新兴产业实施的主体。培育与建设战略性新兴产业的微观主体是企业,必须明确各企业(包括高新技术企业和传统企业)的职责、权利和义务,充分发挥其生产和革新的积极性和主动性,才能保证战略性新兴产业规划的顺利实施。

第五,提供了战略性新兴产业发展的保障。政府是战略性新兴产业培育和发展的坚强后盾。通过统一规划、政策扶持等完善的配套体系建设,"产学研"结合,政府使战略性新兴产业的培育和发展有步骤、有规划地进行,进而避免各地区发展过程中出现资源浪费、重复投资、盲目建设等问题。

2. 战略性新兴产业发展的基本原则

《规划》明确了我国发展战略性新兴产业的基本原则是市场主导、政府调控;创新驱动、开放发展;重点突破、整体推进和立足当前、着眼长远。

首先,充分发挥市场的基础性作用与政府引导推动相结合。在市场经济条件下,市场作为资源配置的主要手段,代表着"效率",只有通过市场的价格机制、供求机制和竞争机制才能充分发挥市场的作用,达到资源的充分配置。

然而市场不是万能的,尤其当战略性新兴产业在刚开始培育阶段由于投入大、收益不确定等问题存在诸多风险时,由政府出面,加以引导和扶持,达到市场与政府的充分结合,才能保证战略性新兴产业建设的顺利进行。

其次,创新发展模式和改善、创新市场合作方式。在战略性新兴产业发展各个环节都要注入"创新"要素,完善体制和机制,调动企业主体的生产创新积极性,推进产学研结合。通过创新机制,提高在国际分工协作中的地位,实现产业链的低端向高端的转变,改善国际贸易条件和环境,我国在纷繁复杂的国际关系中时刻保持有利的地位。同时,创新市场合作方式,能够更广泛地吸收和学习先进的生产技术及管理理念,增强创新资源。

再次,重点领域实现跨越式发展与整体推进相结合。我国由于历史和资源因素,地区间经济发展不平衡现象较严重。有些相对发达地区传统产业得到充分发展,而相对落后地区面临传统产业没有充分发展的情况下发展战略性新兴产业的难题,国家或地区需要统筹规划,有顺序有步骤地规划。要在最有优势和条件的领域有所突破,促进优势区域率先发展,再通过形成产业集群或通过产业或地区的辐射带动作用,推进整体产业的发展。

最后,要解决当前难题和提升国民经济长远竞争力相结合。立足当前,要解决国民经济发展中的主要障碍和瓶颈制约,加快发展主导产业及支柱产业,解决燃眉之急的同时要着眼长远,把握科技发展新方向,关注重大前沿性领域,积极培育符合经济发展规律的先导产业。

3. 战略性新兴产业的发展目标

我国通过战略性新兴产业发展使产业创新能力大幅提升,完善创新创业环境,稳步提高国际分工中的地位。

第一,提升产业创新能力。能够掌握具有先进地位的关键核心技术,构建达到国际先进标准的创新平台,企业的科技成果转化能力大幅提高,增加发明专利数量,提高专利技术标准水平及质量,战略性新兴产业骨干企业研发投入支出占销售收入的比重达到5%以上。

第二,完善创新创业环境。政府通过改革创新战略性新兴产业的重点领域和关键环节,改善商业模式、市场准入条件等机制,完善配套政策体系,以及财税激励政策、投融资机制、知识产权及技术标准、人力资本建设等提供良好的创新创业环境。

第三,提高国际分工中的地位。打造国际化企业,能够掌握关键核心技术、拥有自主品牌、开展高层次分工,摆脱国际分工中处于低端锁定的困境,提高具有自主知识产权的技术、产品和服务的国际市场份额,在部分领域成为重要的研发制造基地。

第四,加强战略性新兴产业的引领带动作用。有步骤、有顺序地发挥战略性新兴产业的引领带动作用,保持20％的战略性新兴产业规模年均增长率,到2015年战略性新兴产业增加值占国内生产总值的比重达到8％左右,到2020年将这一比重增加到15％的水平,再经过十年的努力,使其整体创新能力和产业发展水平达到世界先进水平,为经济社会可持续发展提供强有力的支撑。

第三章 战略性新兴产业发展政策与模式的国际借鉴

一、国外战略性新兴产业发展政策

2008年世界金融危机之后,欧美发达国家纷纷提出了"再工业化"的口号,并采取了一系列发展实体经济的措施。仔细分析可以发现,欧美发达国家从20世纪80年代到21世纪的今天,它们走过了从"工业化"到"去工业化"再到"再工业化"这样一个循环的发展过程,表面上反映了从实体经济到服务经济再到实体经济的回归,实际上体现了服务经济真正服务实体经济的发展战略,符合经济形态螺旋式上升的发展规律。但是,后面的实体经济与前面的实体经济是不一样的,这是一个更加强壮、稳定,能够抗击经济衰退的实体经济,着重发展新兴高端制造业,谋求产业结构的高级化。如果说"去工业化"去掉的是低附加值的加工制造环节,那么,"再工业化"实际上是对制造业产业链的重构,重点是对高附加值的战略性新兴产业的发展。

(一)美国:以新能源、互联网为核心的战略性新兴产业发展战略

近年来,美国通过多种措施大力发展新能源、节能环保、新一代信息与网络技术、生物技术、航天航空及海洋等新兴产业,抢占国际金融危机催生下的世界新一轮科技与产业革命的制高点,努力实现宏观经济的战略转型。

1. 催生全新的能源产业

发展新兴产业,奥巴马政府首选新能源产业,主张依靠科学技术开辟能源产业发展的新路径,其"能源新政"要通过大力发展清洁能源和低碳技术,一方面确保美国的能源安全,实现美国"能源独立";另一方面,通过发展新能源产业实现美国产业结构的战略转型,为长期的经济增长和繁荣打下坚实基础。

新能源革命将成为美国整个工业体系中新的标志性能源转换的驱动力:奥巴马政府2009年在新能源发展方面加大拨款,预计到2025年美国电力总量的25%将来自风能、太阳能等可再生能源;到2020年汽车燃油经济标准从现在的每加仑汽油行驶27.5英里提高到35英里;18年内要把能源经济标准提高1倍,在2030年之前将石油消费降低35%,化石燃料在美国能源供应中的比例将下降到79%;进口石油依存度将从2007年的58%下降到41%,天然气进口依存度从16%下降到14%。

2. 信息网络产业领跑全球

美国的创新议程提出,要继续支持信息技术基础和应用研究,利用量子计算和纳米电子技术等全新的手段显著提高计算机通信能力。重点是发展下一代宽带网络,以适应21世纪商业与通信的需要;普及宽带网络使用,优先使学校、图书馆、医院和家庭广泛接入宽带网络,确保所有公民能够有效利用这个现代化的基础设施并削弱网络提供商的垄断以鼓励创新。

3. 重振制造业,向实体经济回归

重振"美国制造"是美国国会两党相对能形成共识的为数不多的领域之一。2009年年底,美国总统奥巴马发表声明,美国经济要转向可持续的增长模式,即"再工业化"。美国"再工业化"并不是恢复原有传统制造业,而是在新的技术平台上,实现新兴产业发展。为了保障"再工业化"战略的顺利实施,美国政府推出了《美国制造业促进法案》等政策和措施,投入规模达170亿美元左右,鼓励科技创新,支持中小企业发展,以"确保21世纪仍然是美国的世纪"。

4. 发展生物医疗产业

美国高度重视生命科学的研发,在联邦政府的研发预算中,投入生命科学研发的经费达到民用研发总投入的50%。为推动健康信息技术领域取得突破,政府拨款190亿美元用于卫生信息系统的现代化建设。同时,在健康研究方面的投入也扩大到100亿美元。这些措施将推动技术创新和医保系统的现代化步伐,确保其在这一新兴产业的领先地位。

5. 巩固航天和海洋"王者"地位

在航空航天领域要实施新的太空探索计划,研制新一代载人飞船"猎户座"探索飞行器;鼓励各类私人公司建造和发射多种航天器;进一步开展月球、火星和其他星球深空探索;研发即插即用"积木卫星";实施太空武器计划;尽快完成国际空间站建设,并使其使用年限扩展到 2016 年;切实推动远、近地轨道的太空探索,力争在 2020 年实现重返月球,在 21 世纪 30 年代中期实现人类往返火星轨道的目标。在海洋产业领域奥巴马政府提出要大力提高美国海洋产业的国际地位,采用全面、综合和基于生态系统的方法,制定新的有效的海洋空间规划框架,寻求海洋可再生能源领域等取得更多突破。

美国是一个以市场为主体选择与培育主导产业的典型国家,是市场主导型产业发展模式。美国的市场机制比较健全,基本上主导产业各阶段的成长过程都依赖市场自发完成。但是,在主导产业成长过程中,政府还是起到关键的作用。首先,通过金融、财政、产业等杠杆,美国政府对经济进行整体调节,最终由市场选出最有发展潜力、最有活力的产业。其次,美国政府通过与企业、大学签订订货与科研合同,大量投资研究与发展,实现政、学、企三者相结合发展尖端技术。再次,重视尖端技术和强调基础研究,美国一直从多方面扶植尖端技术,根本上是抓教育抓人才。最后,以大学为中心兴办工业园、科技园,以高校的智力资源吸引企业过来,从而使高校的新成果、新知识迅速转化为现实的生产力。著名的硅谷就是围绕斯坦福大学兴建的产业园。

(二)德国:以"绿色技术""智能制造"为核心的战略性新兴产业发展战略

第一,积极发展再生性能源产业。德国政府制定了国家长期的能源目标:到 2050 年一次能源的总消费量中可再生能源至少要占 50%。为此德国政府大力发展再生性能源产业以替代化石能源。德国政府先后制定了国家经济发展的能源政策,其政策目标包括提高能源效率、发展替代能源、节约能源和保护环境。为了发展再生性能源,德国政府给予再生能源发电新设备投资补偿。补偿幅度根据设备投产年度来定,补偿的期限为 20 年,而设备的功率和所使用的原料及技术性能(发电和供暖)决定补偿幅度的大小。其中特别为了鼓励民众使用再生能源,政府对小型设备给予较高的补偿,而为促进企业不断创新,提高这些设备利用率,降低生产成本,政府给予补偿幅度是每年降低的,直至不再补偿。

第二,在机械和装备制造业方面继续保持领先。德国在机械和装备制造领域之所以始终保持领先地位,是因为在产品质量和高端技术方面投入大、成效高,用德国人自己的话说,就是在高价值上做文章。未来德国进一步在智能机械、智能装备、智能生产与数字服务方面投入巨资进行研发创新,保持原有的领先优势,使德国制造成为世界最好的制造。

第三,大力发展ICT产业。ICT产业与互联网技术、信息技术、数字计算技术等密切相关,是未来新兴产业发展的基础性产业,德国把此产业看作重要的产业来发展。德国ICT产业中最有前途的领域是云计算、嵌入式系统和IT安全。2010年,德国云计算市场达到了6.5亿欧元,预计到2025年,这一数字将达到204亿欧元(年平均增速为26%)。嵌入式系统市场增长速度与云计算相比较小,平均增速将为8.5%左右。但考虑到2011年,该领域市场规模达到了190亿欧元,那么到2020年前,这一数字将会达到424亿欧元,份额占到国家ICT产业总规模的15%左右。IT安全领域在2010年的市场规模为56亿欧元,预计到2025年将会达到250亿欧元。

第四,2010年,德国通过了一项"面对消费者"高新技术发展新战略。该战略确定了未来面对消费者的五个重要需求:气候变化和能源、卫生和食品、移动性、安全性和通信。该战略为每一个上述行业需求列出了技术类型和实施创新的基础条件,同时也引入了几项10~15年的长期发展项目。例如,致力于发展创新发电技术和二氧化碳分离技术;地球观测、发展高分辨率卫星系统和卫星数据市场推广的技术;基于互联网的知识工程(THESEUS)技术;等等。

第五,创新联盟是促进科技和产业界合作的重要机制。德国政府通过财政资金资助鼓励企业和科研单位结成战略合作关系、建立创新联盟,使创新覆盖整个产业链的所有重要环节。产学研创新联盟的设立提高了创新成果产业化的可能性,加上先期与后期的风险资金投入,大大提高中小企业研发投入积极性。目前,德国已经成立了若干个重要产业领域创新联盟并投入资金:如电动汽车创新联盟、有机发光二极管(OLED)创新联盟、有机太阳能电池(OPV)创新联盟、锂离子电池创新联盟、分子成像创新联盟、欧洲网络技术100GET创新联盟等。

(三)日本：以新能源、新材料为核心的战略性新兴产业发展战略

金融危机后，日本在考虑经济振兴与未来发展时特别重视扶持以新能源、新材料为代表的新兴产业。

第一，高度重视新能源技术开发。2008年，日本出台了《低碳社会行动计划》，提出大力发展高科技产业，以核能和太阳能等低碳能源为重点发展，为产业科研提供政策支持和资金补助（如财政关税等）。为了根本性地提高资源生产力，《新经济成长战略》提出采取集中投资，使日本向低碳社会和资源节约型社会转型，实施"资源生产力战略"。日本是世界第三核能大国，核能电化率近40%，核能占能源供给总量的15%。日本是世界上太阳能应用技术强国和太阳能开发利用第一大国。根据风力资源极其丰富的特点，日本政府补助风电设备，大力支持风力发电，剩余风电可卖给电力公司。

第二，大力发展新兴产业领域。2009年，日本政府公布了到2020年的"增长战略"基本方针，着重拓展额外增长的六大领域：能源及环境、科学技术、医疗及护理、旅游、促进就业及人才培养。此外，宇宙航空、信息通信、节能和生物工程、海洋开发等产业也是日本政府发展的重点领域。

第三，用技术创新推动新兴产业发展。2009年，日本出台了为期3年的信息技术发展计划，侧重于促进在行政、医疗等领域的IT应用。着眼于2025年，日本制定和实施信息技术、工程技术、医药等领域的长期战略方针《技术创新25战略》，通过开放和创新的姿态试图给日本经济注入新的活力。

(四)韩国：将低碳与绿色发展作为重点的战略性新兴产业发展战略

1. 提出"绿色增长"的经济振兴战略

韩国政府于2009年发布了《新增长动力前景及发展战略》，将绿色技术、尖端产业融合和高附加值服务三大领域共17项产业确定为新增长动力产业，其中有6项属于绿色技术领域。同时，韩国环境部还提出了加速绿色经济发展的十大绿色技术，知识经济部则表示要加大对新能源和再生能源的研发投入。这三大战略涉及绿色能源、绿色产业、绿色国土、绿色交通和绿色生活等领域的政策方针，确定了韩国发展"绿色能源"的道路：在未来5年间累计投资107万亿

韩元发展绿色经济,争取使韩国在2020年年底前跻身全球七大"绿色大国"之列。同年7月,韩国公布了《绿色增长国家战略及五年行动计划》,指出要发展绿色环保技术和可再生能源技术,以实现节能减排、增加就业、创造经济发展新动力三大目标。

2. 重视新一代信息技术产业的发展

进入21世纪后,根据信息产业的发展需要,韩国在2000—2004年将4万多亿韩元集中用于互联网、光通信、数字广播、无线通信、软件和计算机6个新兴产业的技术研发,同时,投资5 000多亿韩元用于开发以互联网技术为基础的核心设备及备件。2009年9月发布了《IT韩国未来战略》,决定未来5年内投资189.3亿韩元发展信息核心战略产业。

3. 将新材料发展作为国家竞争力的六项核心技术之一

在新材料领域制定的相关计划和政策有《2025年构想》《新产业发展战略》《纳米科技推广计划》《纳米技术综合发展计划》《G7计划》《生物工程科学发展计划》《重点国家研究开发计划》《原子能开发计划》等。此外,将下一代高密度存储、生态、生物、自组装的纳米、未来碳素、高性能高效结构材料、智能卫星传感器、仿生材料作为未来重点发展领域。

表3.1展示了各发达国家新兴产业的政策动态。

表3.1　　　　　　　　2009年各主要经济体新兴产业的政策动态

经济体	时间	发展产业	主要文件
美国	2009年2月17日	新能源、环保等	《2009年美国复兴与再投资法》
美国	2009年6月	新能源	《美国清洁能源安全法案》
欧盟	2009年3月	能源、信息	欧盟成员国领导人布鲁塞尔峰会
欧盟	2009年4月	绿色产业	发展"环保型经济"的中期规划
欧盟	2009年12月	节能环保	欧盟首脑会议
日本	2009年3月	IT	信息技术发展计划
日本	2009年4月	环保	第四次经济刺激计划
日本	2009年12月	节能	新经济刺激计划
韩国	2009年7月	绿色产业	《绿色增长国家战略及五年行动计划》

续表

经济体	时间	发展产业	主要文件
韩国	2009年9月	信息产业	《IT韩国未来战略》

资料来源:作者根据相关资料整理。

二、国外战略性新兴产业发展模式

(一) 美国战略性新兴产业——信息产业发展模式

20世纪60年代末到80年代中期,美国劳动生产率一直增长缓慢,滞胀一直困扰着美国经济。而进入20世纪80年代以后,美国制造业由于投入的减少,阻碍了生产设备和技术的升级换代,抑制了劳动生产率的提高,导致单位商品生产成本相对提高,严重削弱了美国企业的国际竞争力。然而到了20世纪90年代,奇迹再一次出现,美国经济迅速从经济危机中走了出来,并开始了此后10年稳定、持续、较快地增长。而这次促成美国经济创造奇迹的正是当时刚刚兴起而日后又成为美国主导产业的以信息通信技术为代表的战略性新兴产业。

美国信息产业的发展根据其高度市场化的特征,实行以市场需求牵引和自由调节为主,以政府调控为辅,即把市场自由调节与政府宏观调控结合起来的模式,以企业作为技术创新主体,从基础研究抓起,全面实施应用研究、技术开发和市场开发,通过环境和要素资源的长期积累,努力实现信息技术的产业化,从而推动国民经济的发展。

1. 重视基础研究,全方位开展信息技术研究与开发活动

美国一贯重视耗资大、费时长、风险高的基础研究,从1955年到1961年政府共投资2 690万美元用于半导体器件的改进,促进了半导体产业的迅速扩大,1970年美国R&D经费投入为15 339亿美元,1980年为29 739亿美元,1995年为31 711亿美元。R&D密集度20世纪50—60年代为14%,70年代增长至22%,80年代以后保持在23%以上。从1992年以来,经济增长中有1/3来自信息产业的贡献,信息产业增长速度是GNP的3倍。

美国信息产业研究与开发由四个方面的力量组成:联邦政府下属的科研机

构;私人企业(公司)的研究机构;高等院校的研究机构;非营利性研究机构(私人基金会等)。它们组成美国信息技术研究的完整体系,交叉承担基础研究、应用研究、技术开发研究等不同方面的技术创新任务,保证美国在信息技术创新、开发方面的领先优势。1950年,美国成立了国家科学基金会,主要支持各个领域的基础研究,从而使美国的基础研究得到了进一步发展。同时,美国民间数量众多的私人企业基金、风险投资基金向国内许多非营利性研究机构和大学实验室提供大量基础研究资助,在相当程度上促进了基础研究的长盛不衰。

2. 大力支持应用与开发研究,注重信息技术的商品化与产业化

美国在克林顿政府时期开始重新调整和企业界的关系,扩大政府与企业界的合作,拟定了一系列电子信息开发计划,积极引导大公司围绕经济繁荣、国家安全、生活质量、环境保护等国家目标从事信息技术的应用开发活动。这类企业大多设有实验室,主要从事科研与开发工作,一些大的实验室也根据市场的需求开展针对性很强的基础研究。同时,美国企业特别注重产品的市场开发,依据市场的要求与企业本身条件制定信息产品的产业化发展战略。例如,美国的 IBM 公司在开发 IBM360 系列时在公司内建立了强大的销售队伍,在拥有 32 万名职工的数据信息部中,有 8 500 名销售工程师;在 50 亿美元的研发经费中,有 35 亿美元是用于市场开发的。

3. 发挥政府对信息产业的宏观调控,运用一系列政策措施促进信息产业发展

在这一模式中,政府的宏观调控主要体现在战略引导、制定政策法规、采取财政税收优惠政策、兴建国家信息基础设施、签订科研合同和政府采购合同等方面。早在 20 世纪 90 年代,美国就相继制定并实施了"国家信息基础设施建设"(NII)、"全球信息基础设施计划"(GII)、"高性能计算与通信计划"(HPCC)、"下一代网络计划"(NGI)等一系列重大信息科技项目。这些战略性、前瞻性的科技项目促进了美国信息基础设施的建设,也指明了信息产业的发展方向。

与此同时,美国政府通过采购的方式大力扶持战略性新兴信息技术产业,目前美国政府采购每年在 2 000 亿美元以上,其中包括相当大规模的信息技术产品的政府采购,形成了一个庞大的特殊的政府采购市场,拉动了信息产业的快速发展。美国政府采购对信息产业早期的发展起了关键作用:1995 年美国联

邦政府采购了 40％的半导体产品，1960 年为 50％；1960 年政府购买了 100％的集成电路产品，1962 年为 94％，1964 年之前联邦政府实际上是美国制造的集成电路产品的唯一用户。正是由于政府的鼓励与支持，20 世纪 80 年代以来美国对信息产业的投资年均增长 20％以上。

（二）日本战略性新兴产业——汽车产业发展模式

第二次世界大战后，日本汽车产业用不到 30 年的时间就取得了举世瞩目的成就，发展到可与欧美国家相抗衡，并出现了以丰田、本田、日产、马自达、三菱为代表的极具竞争力的一批跨国公司。发展初期，日本汽车企业对政府与产业的依赖度相对较高；在获取国际地位后，其市场化、自由化的色彩明显加强。相比其他国家汽车产业的发展历程而言，日本汽车产业发展离不开三大法宝，即企业的有效竞争、市场的有序开发、政府的有力保护与前瞻规划。

1. 企业的有效竞争

日本企业在进入汽车产业时大多定位为生产小型汽车，这主要缘于日本政府长期以来对小排量微型车实行了较多的税收优惠政策。但同构的产品类型使日本汽车企业陷入恶性竞争状态。一方面，新开工汽车企业设备投资巨大，实际市场需求却相对不足，生产力过剩、资源设备闲置状况屡见不鲜；另一方面，新产品与新技术的更新频率过高、运用周期缩短，研发新产品和引进新技术的成本都有所抬升，这种不断增加的成本压力极大地挫伤了汽车企业主动创新的积极性。

1961 年 5 月，日本汽车产业对有效竞争模式进行了初步尝试。将日本当时的 8 家汽车制造厂，分别重组为 3 个集团，各自从事大型车、小型车和特种车的生产，争取以企业规模化运作、专业化经营、精细化开发和标准化管理来避免无序竞争，同时禁止其他企业进入汽车行业，保护现有企业安心修炼内功。这种分工协作、整合发展的新格局，为日本汽车产业的发展注入了活力，推动汽车生产企业重新进入良性运营阶段。日本汽车企业顺势而为，形成了独特的组织结构。其中有两个特点相当突出：其一是稳定的竞争型寡头垄断市场格局；其二是灵活有效的分包协作制。以丰田汽车公司为例，它不仅在企业内部专设了电子技术开发团队，而且获得了松下电器公司的技术支持。这样，通过业务合作、技术创新、信息互通等多种渠道,日本汽车企业相互之间、汽车企业与上下游企业之间,乃至汽车企业内部都形成了良好的互动关系,为它们的竞争局面添加了和谐元素。这种互利式的竞争关系,既可以发挥合作的优势,又可以提高竞争的效率,对加快日本汽车产业社会化、国际化步伐至关重要。

2. 市场的有序开发

在日本汽车企业生产能力相对充裕后,日本政府开始转向有条不紊地推进实施国民化汽车消费工程。首先,转变消费观念。从 1955 年开始,鼓励国民消费汽车的相关政策陆续出台。日本政府务实地提出"国民车"生产概念,要求汽车厂商发展"超小型、大众化、低价格,并且可以出口的汽车",这种符合日本国情的建议初步消除了消费者和生产者对汽车产品的陌生感,赢得了消费者的信任。其次,提高消费能力。日本政府在 1960 年提出"国民收入倍增计划",通过提高消费者现实购买力的方法促使小汽车逐渐进入国民家庭,成为生活必需品;1961 年,《分期付款销售法》的出炉,进一步提升了消费者间接购买力,加快小汽车普及化进程。

3. 政府的有力保护与前瞻规划

日本政府对民族汽车工业的保护和支持主要包括以下三个方面:第一,限制汽车及零部件产品的进口,限制国外资本向本国汽车工业渗透。在 1965 年前,日本政府为汽车工业创造了一个保护性的封闭体制,限制外国汽车的车体和部件进口,保护民族汽车产业。1951 年,政府明确提出限制外国汽车厂家对国内的投资和进口,对欧美汽车进口施以高额关税,其中小轿车税率高达 40%。第二,对本国汽车制造企业提供资金、税收、贷款等方面的支持。1952 年,日本政府制定《企业合理促进法》,指出汽车生产的关键设备可加速折旧,增加企业自留利润。1957 年,日本政府实施《租税特别措施法》,允许企业对符合条件的机械设备计提特别资产折旧。1954—1960 年,丰田汽车公司根据《租税特别措施法》计算,特别资产折旧达到 37 亿日元。第三,扶植本国汽车零部件企业,为整车制造业的发展奠定基础。1956 年,日本政府为扶植本国汽车零部件产业,根据《机械工业振兴临时措施法》,把零部件工业作为"特定机械工业"之一,连续扶植 15 年,为整车行业的大力发展奠定了坚实的基础。

2002 年日本政府就意识到了节能减排、环保低碳的发展理念,制定了《汽车再利用法》。该法律规定了汽车所有者、汽车制造企业、汽车业相关者、汽车业进口者应尽的详细义务和责任,希望从各个环节实现汽车零部件的循环利用,降低废旧汽车的垃圾处理率。经过在实践过程中的不断完善,修正后的法律于2005年1月正式实施,推动了日本建设节约型社会的进程。同样,在敏锐地意识到重要能源的瓶颈作用后,日本政府于2006年6月正式出台了"2030年能源战略",其中严格规定了汽车制造业的能耗要求,为节约使用能源做了提早规划。此战略规划力求将日本的核电消费比重提高到能源消费的30%～40%,石油消耗比重则从80%下降为40%。正是缘于日本政府对这些关键问题制定了前瞻性规定和先导性纲领,日本汽车产业才能及时调整发展思路、树立节能环保理念,提高新能源车的安全标准,从而能在日新月异的国际汽车市场竞争中抢占先机,更胜一筹。

(三)韩国战略性新兴产业——半导体产业发展模式

韩国作为"东亚奇迹"的典型代表,在短期内取得了辉煌的经济发展成就。韩国采用的是政府积极干预经济与产业的发展模式。政府主导是韩国产业发展模式的重要特点,即首先由政府全面参与经济规划,制定宏观经济发展战略和产业政策,或采用间接诱导政策,或直接干预,扶植、引导有前途的产业,鼓励大企业集团积极开拓市场,在市场中进一步增强竞争力。

韩国半导体产业的发展过程,表现为三星、现代和LG等大企业的发展历程,即从早期对国外技术的依赖,过渡到自主创新能力的形成,进而通过公司内部研究开发和外部技术源的有效结合,实现公司核心技术能力的形成,从积累自身技术能力到形成自主研究开发能力进而形成核心能力的发展过程。

1. 大企业集团在经济发展中占据主导地位

韩国的半导体产业可追溯到20世纪60年代中期,当时几个跨国半导体公司西格尼蒂克斯(Signetics)、仙童(Fairchild)、摩托罗拉、控制数据(Control Data)和AMI以及东芝开始在韩国设立装配厂,从事简单的装配工作,全部的零部件从母国进口,再出口给委托人,这一时期几乎没有技术转移,但对于韩国的半导体产业却有很大的影响,不仅为韩国训练了一批熟练工人,并且把半导体的观念带进了韩国。

1974年，韩国第一家本地半导体公司由具有半导体设计经验的韩裔美籍科学家建立。1975年，该公司被三星收购，三星从而逐渐开始生产各种晶体管和集成电路。1982年，三星决定大规模进入半导体业，并建立了一个半导体R&D实验室，主要集中于双极的和金属氧化物半导体（MOS）的逆向工程和技术知识吸收。

1983年，三星公司开始生产64K DRAM，当时落后美、日近四年之久，三星从单纯的技术模仿开始，通过积极主动的技术学习，不断积累技术能力、进行技术创新，历经256K（落后两年）、1M（落后日本一年）、4M（落后六个月）、16M（落后三个月），到64M时与美日同步，到256M时超前美、日半年推出，由后进到追赶而迎头赶上，三星公司仅用了10年时间。到1994年，三星成为世界上排名第一的DRAM制造商和第七大半导体制造商，其他韩国厂商（如现代、金星等）也位居世界前列。1996年，成功开发出世界上第一个1GB DRAM。1999年，成功推出网络可视手机CDMA手表式手机等。

韩国企业开始介入大规模集成电路行业，也是从对国外企业的技术依赖开始的，无论是64K DRAM还是256K DRAM的生产，技术都是来自国外公司的技术许可，但是在这个过程中，韩国的企业把形成自身的自主创新能力视为发展的关键，没有仅仅停留在依靠国外技术许可生产的层面，而是逐渐积累自身的自主创新能力。

在韩国半导体产业的发展过程中，一直可以看到三星、现代和LG等大企业的作用，韩国半导体产业的发展史，正是这些大企业逐渐积累自身技术能力到形成自主研究开发能力进而形成核心能力的发展过程。从早期对国外技术的依赖，过渡到自主创新能力的形成，进而通过公司内部研究开发和外部技术源的有效结合，这些公司形成了核心技术能力。

2. 政府积极介入半导体产业发展，出台支持半导体产业发展的专项计划，大力度税收优惠、资金投入和人才培养

1975年，韩国政府制定了推动半导体产业发展的六年计划，为了培养半导体方面的人才，政府建立了韩国高级科学技术研究院（KAIST），1976年政府又建立了韩国电子技术研究所（KIET），研究超大规模集成电路。

在1983年至1987年的半导体工业振兴计划中投入3.46亿美元的贷款，

激发了20亿美元的私人投资。20世纪80年代中期到90年代初,韩国政府在"超大规模集成电路技术共同开发计划"中投入大量经费;1986年,韩国政府制订了半导体信息技术开发方向的投资计划,每年向半导体产业投资近亿美元。

半导体每下一代的研发费用都在呈指数规律增长。为了避免企业之间重复投资,迅速提高本国企业的技术能力,1986年10月,韩国政府将4M DRAM列为国家项目。韩国三大半导体制造商(即三星、LG、现代)结盟开发,由一个政府研究所[即电子与电信研究所(ETRI)]作为这三大厂商和6所大学的协调者。目标是到1989年开发出和规模生产4M DRAM,完全消除与日本公司的技术差距。三年中(1986—1989年)R&D共花了1.1亿美元,政府承担了其中的57%,远超其他国家项目。1988年,三星在三大企业中第一个宣布完成4M DRAM设计,只落后日本6个月。三星共申报了4M DRAM的56项专利,LG申报了40项,现代申报了38项,大学申报了3项,ETRI申报了11项。后来三星成功开发出16M DRAM,落后日本时间缩短为3个月。韩国政府也将64M和256M DRAM的开发列为国家项目,并组织了类似的联盟。

20世纪80年代初,韩国为了促进民间企业开发高技术产业于1981年对财税体制实行了改革,制定了《对技术开发先导物品实行特别消费税暂定税率制度》,实行对半导体等重点发展产业免征特别消费税和对进口设备实行关税减免等优惠措施。为改进电子生产技术推行"逆向工程",政府提供税收和财政上的优惠;从2001年起设立了半导体关税减免工厂指定制度,对半导体设备制造企业和修理企业进口用于半导体设备制造的零部件和原材料实施减免关税等优惠;2002年将半导体元器件生产企业也纳入同一制度的受惠范围。

在产业发展初期,韩国政府建立了韩国高级科学技术研究院(KAIST)和韩国电子技术研究所(KIET),不仅为半导体产业的发展起到了重要的作用,更重要的是培养了大批人才。虽然韩国大企业逐渐积累了一定的研究开发能力,但是面对国外的竞争者仍然处于劣势地位,政府发挥了关键的作用,以政府为主导,政府研究所和三大企业成立的联合研究开发项目,对于韩国整体半导体行业的技术升级起到了关键的作用,使得韩国企业不仅能够在4M和16M DRAM实现自主开发的突破,而且能够得以在国际市场上形成强有力的竞争地位。

一个国家要想取得经济发展的成功,须有符合本国国情的产业发展模式。

韩国在短期内取得辉煌的成就就是因为有符合国情的发展模式。作为"东亚奇迹"的典型代表,韩国采用的是政府积极干预产业与经济的发展模式。政府主导是韩国经济发展模式的重要特点,即首先由政府全面参与经济规划,制定宏观经济发展战略和产业政策,或采用间接诱导政策,或直接干预、扶植、引导有前途的产业,鼓励大企业集团积极开拓市场,在市场中进一步增强竞争力。

三、各国发展战略性新兴产业的经验借鉴

(一)市场导向下的强有力产业扶持是战略性新兴产业发展的必要保证

在其发展初期,战略性新兴产业大多为弱势产业,缺少竞争优势。战略性新兴产业发展面临着各种各样的不确定性,对其投资具有一定的风险性,促使它们快速发展的重要条件是对这些产业进行必要的培育和扶持。目前来看无论是政府主导型经济的日本,还是市场主导型经济的欧美国家,都给予战略性新兴产业发展必要的培育和扶持。扶持的重点一方面是对这些产业的技术研发、配套体系建设等的资金投入和人才引进;另一方面是相关配套政策体系的建立。同时,各项政策、措施有机配合、互相协调,以形成一个完整的产业发展支撑体系。如美国对战略性新兴产业除了政府财政直接投资,还通过税收补贴等手段撬动社会资本,扶植中小企业科技创新;欧盟和日本在发展低碳产业的同时,不仅重视科研计划的制定,还注重机制、法律等的保障作用,形成了国家发展战略到科技研发再到市场应用的完整产业链条。其中,通过市场的培育,逐步让企业成为这些产业发展的真正主体,使之有市场竞争力是关键。

(二)拥有自主知识产权的核心技术是战略性新兴产业可持续发展的第一要素

在金融危机的背景下,不少国家都高度重视依靠科技的引领作用培育和发展战略性新兴产业。如美国国会批准了奥巴马政府 2010 年财政预算,使 2009—2010 年联邦科技投入达到 GDP 的 3%,为美国历史上最大的科技投入。根据世界经济论坛的《全球竞争力 2010—2011》数据,美国大学与产业界的研发合作在世界排名第一,"2011 年技术先锋"企业有半数以上来自美国;欧盟 2009

年财政预算加大了对科技创新、就业和区域发展的支持力度,根据《欧洲创新记分牌 2009》的数据,欧盟 27 国的创新绩效增长速度为 3.17%,远大于美国的 1.63%和日本的 1.16%。今天谁拥有了自主知识产权的核心技术,实际上就可以成为该产业的领先者,可以成为该产业价值链的控制者,从而掌控市场。

(三)以新能源和低碳经济为主的绿色经济是战略性新兴产业的重要内容

面对国际金融危机及气候变迁威胁,欧美发达国家的新兴产业战略都有一个明显的政策导向——以新能源革命和低碳经济为主的绿色经济引领新兴产业发展。这既是国际市场上传统化石能源产品价格高昂压力所致,也是人类可持续发展的客观需要。联合国环境规划署(UNEP)《全球绿色新政》报告研究团队的资料显示,截至 2009 年 6 月,全球经济振兴方案中有 15.4%的财政支出投入"绿色经济"相关领域。当美国、德国、日本等发达国家较早摆脱了对化石能源的依赖,转而变为主要使用再生性清洁能源的时候,实际上它们的产业体系、社会结构、人们生活方式等已经发生了重大变化,使其拥有了可持续发展的能力。目前,发达国家实际上已经开始了拥有可持续发展能力的竞争。

(四)信息网络环境建设是战略性新兴产业发展的坚实基础

传统产业的升级和新兴产业的发展都离不开信息网络技术的强力支撑。美国、德国、日本均高度重视信息网络技术的开发与应用,通过人才、技术、资金多种要素的投入促进信息网络技术与相关产业的融合,智能化生产、清洁能源运用、智慧型城市建设都离不开信息网络技术的发展进步。据统计,信息网络产业对欧盟生产力增长的贡献率达 40%,对欧盟 GDP 增长的贡献率达 25%。目前,从产业发展基础看,我国的 IT 产业与发达国家研发基本同步,并在某些领域形成了一定的竞争优势;从市场容量看,新应用不断涌现,产品升级换代速度加快,互联网日益普及,两化融合持续深化仍将给 IT 产业带来巨大的成长空间。从产业关联角度看,IT 产业与节能环保、新材料、新能源、新能源汽车、高端装备制造等其他战略性新兴产业的关系十分密切。

第四章 上海市战略性新兴产业的发展现状和面临的问题

一、上海市战略性新兴产业发展的目标及方向

（一）上海市战略性新兴产业发展的规划目标

国内外的经济形势都表明,世界经济结构的深度失衡并没有简单地消除,世界经济和中国经济都进入深度调整周期,各国都在寻找一种能够有效带动和促进经济复苏和发展的新型模式。在这样的背景下,绝大多数国家开始意识到并积极地优先发展新型产业,尤其是战略性新兴产业,中国也是一样。

2014年,世界经济仍处于危机后的恢复期,总体态势趋于稳定,美、日等主要发达经济体复苏趋势得到进一步确认,发达国家再工业化和新产业革命的演进将进入深化阶段,新技术、新产业、新模式和新业态将成为国际产业竞争的制高点,在推动全球经济进入新的增长周期中发挥重要作用。同时,中国经济已进入增长速度换挡期、结构调整阵痛期和前期政策消化期,经济运行中不确定性、不平衡性和脆弱性凸显,在这个深度调整的周期中,上海作为中国产业转型升级的"龙头",应该采取何种策略,需要有自己的特色。

上海应正确把握全面深化改革的新机遇,充分发挥中国(上海)自由贸易试验区建设的引领带动作用,围绕"改革、创新、转型、提升"的发展主线,坚持制造业高端化、服务业现代化"双轮驱动"战略,以推进战略性新兴产业为引领,加快提高上海工业发展水平,为全市经济发展提供强力支撑。

2013年,全市战略性新兴产业总体上呈平稳发展态势,战略性新兴产业总规

模达 13 000 亿元。其中,规模以上制造业总产值达 7 743.53 亿元,实现可比增长 1.4%;服务业板块继续保持较快增长,软件和信息服务产业规模达到 4 317 亿元,同比增长 19%;研发、设计、检测等专业服务业规模达 1 076 亿元,同比增长 9.8%。其中七大战略性新兴产业实现总产值表现不同,有增长也有下降(见图 4.1)。

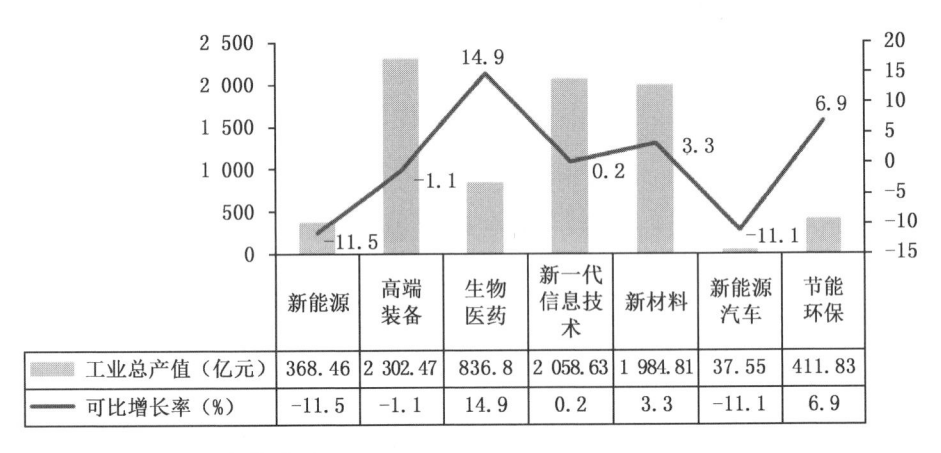

	新能源	高端装备	生物医药	新一代信息技术	新材料	新能源汽车	节能环保
工业总产值(亿元)	368.46	2 302.47	836.8	2 058.63	1 984.81	37.55	411.83
可比增长率(%)	-11.5	-1.1	14.9	0.2	3.3	-11.1	6.9

资料来源:上海市统计局。

图 4.1　2013 年上海七大战略性新兴产业工业总产值及可比增长率

2012 年发布的《上海市战略性新兴产业发展"十二五"规划》(以下简称《规划》)中指出,到 2015 年,上海拟培育 10 家产值超 100 亿元、具有国际影响力的战略性新兴产业领域龙头企业,战略性新兴产业增加值翻一番。《规划》还提出,到 2015 年,上海要成为中国综合实力领先、在若干领域跻身世界前列的战略性新兴产业集聚区,战略性新兴产业成为上海国民经济和社会发展的重要推动力量,引领产业结构优化升级。政策的颁布,足以表明战略性新兴产业的重要性和上海市对战略性新兴产业的重视程度。

(二)上海市战略性新兴产业发展的方向

在上海产业创新转型步伐加快的背景下,虽然在国际市场的竞争优势还处于形成过程中,还需要积极探索有效的发展路径,但通过培育和引进,已形成了一些值得关注的发展领域和颇具活力的企业。

1. 从制造到智造——新技术新模式推动制造业升级

智能机器人引领智能制造新趋势。利用最新智能技术提升制造业能级,将成为上海提升高端装备产业能级、塑造全球制造竞争实力的突破口。目前已吸引集聚 ABB、库卡、发那科等国际知名企业总部以及新松、沃迪、新时达、未来伙伴等国内领军企业。新松机器人致力于工业机器人、伺服电机、控制器及系统集成的研发生产,将在金桥开发区、临港建设集团核心总部和产品研发生产基地,项目达产后可生产各类产品 62 210 台(套),其中机器人 18 600 台(套)。

新型显示成为新一代信息技术产业重要支撑。上海在这些领域已形成产业化体系,部分产品技术及装备国内领先,但在核心领域突破和应用推广方面仍须加强。典型企业如上海三思科技,是国内 LED 行业龙头,年均增长超过 30%。其可变信息标志 LED 智能交通显示产品遍及全国百余条高速公路(市场占有率达 60% 以上),实现中国制造 LED 显示屏首次在世界顶级商圈(纽约时代广场)成功应用。

3D 打印改变传统"制造决定设计"模式,可实现低成本高效率的数字化、服务化、个性化制造。上海出现了一批如福斐科技、光韵达、通江科技、联泰科技、智位机器人等 3D 打印制造企业,3D 打印处于初步萌芽发展阶段,未来还须加大技术产业化投入力度,加快开展应用示范及相关检验检测。福斐科技可为客户企业提供新产品开发过程中的 3D 打印设计咨询、逆向工程、样件制作、小批量产品试制咨询和加工服务,并建立了面向个人消费者的 3D 打印个性化定制线上平台。

再制造推进传统制造向绿色低碳生态方式转变,是传统制造产业链延伸形成的新模式。上海在汽车零部件、机电产品再制造领域形成技术和规模领先优势,初步形成专业化回收、拆解、清洗、再制造等完整产业链,拥有代表国家先进水平的卡特彼勒(上海)、上海大众幸福瑞贝德、上海电科院、上海宝钢设备维修等龙头企业。上海孚美从事汽车变速箱再制造,获国家发改委颁布的"汽车自动变速箱再制造企业试点单位"授权,年维修、再制造自动变速箱近 1 万台次。未来 5 年将累计达 9 万台自动变速箱。

2. 从制造到"制造+服务"——制造业服务业融合开拓新领域

M2M(机器对机器)推动智慧制造与智慧服务创新融合。依托无限传输实现机器和机器之间智能化、交互式通信，以及信息数据资源高效应用，推动制造和服务模式革命性改变，广泛应用于工业控制、智能电网、智能家居、医疗、交通等领域，并带动无线频谱资源高效利用，推动频谱经济发展。当前上海M2M产业及频谱资源利用尚未形成完整体系，但已有部分企业在开拓M2M应用，未来须推动其从消费领域应用向装备制造、智慧制造模式应用等方面拓展，培育引进应用设备制造商、M2M服务商等，并推动无线频谱资源优化配置和提升经济效益。联影医疗重点发展远程医疗，制造的X线和磁共振机器均实现远程医疗诊断功能，并在嘉定区实现应用，2013年实现销售13台，预计2014年销售60～80台。金陵智能电表、协同科技(生产远程数据采集设备)为电力公司实现无线远程抄表改造提供设备。上海移动依托移动通信资源开展车务通、行车卫士、家庭网关、物联通等服务。卫星导航依托"北斗"系统开创导航技术、制造与应用服务融合新领域。

上海目前主要聚焦于重点高精度领域，初步建立涵盖核心芯片、应用终端、系统集成、运营服务等环节的产业链，集聚企业近百家，2012年、2013年行业产值分别达30亿元和36亿元，同比增长10.8%和20%。未来须在北斗高精度应用、授时守时以及海洋海事应用等方面，加大应用示范和市场推广。上海华测导航专注于涵盖高精度测地型GNSS接收机、GIS数据采集终端、无线数传设备、系统集成等各种系统解决方案和相关软件开发应用；上海北斗卫星导航建成覆盖上海全区域且满足军民两用的北斗高精度增强网络示范系统，为北斗推广应用提供支撑。

车联网推进汽车智能化应用及信息服务系统集成。物联网、汽车电子、云计算等新技术与汽车产业融合衍生的多领域应用新业态，成为重要发展方向。上海初步建立涵盖核心芯片、车载终端、应用软件、信息增值等核心环节的产业链(截至2012年整车前装配套量占国内市场规模90%，实现服务收入突破8亿元)，未来还须加强重点产品自主研发和关键技术突破，以整车带动配套、应用促进服务。钛马信息打造基于车联网服务的TSP(Telematics Service Provider)平台，为车主提供车联网平台与在线运营、云数据、行车电脑记录服务等；安吉星形成以安全为特色的Onstar模式，博泰悦臻形成以信息娱乐为特色的InkaNet模式，上汽商用形成为商用车服务的"行翼通"模式。

生命健康产业推动高端生物医药制造与生命健康服务相结合。向抗体技术、3D生物打印、医疗穿戴设备、健康大数据、研发服务外包等环节的延伸，将成为获取未来科技经济竞争优势的重要领域。上海目前已形成中信国健、迪赛诺、扬子江和凯宝等一批年产值超10亿元的创新型医药企业，但在拓展健康服务应用、创新商业模式上尚存不足。如复星医药产业链延伸至医疗服务领域，已收购多家外省市专科医院，形成医和药互动机制[持有国药控股约30%，收购以色列飞顿激光（Alma Lasers）公司，与瑞典赛勒斯（Sellas）公司签订知识产权转让协议，获得3.88亿欧元研发新药海外权益收入]；药明康德致力于向全球提供从药物发现到推向市场全方位的实验室研发、研究生产外包服务。宝藤生物医药科技公司建设以临床应用为导向的生物信息医学云计算平台，建立中国人群全基因组数据库、医学生物信息与临床信息数据库。

3. 从服务到服务——跨界融合应用催生服务新形态

互联网金融推动网络条件下的金融服务创新。互联网金融是高效集聚资金流、信息流的金融新业态。上海互联网金融门类较全，培育引进了一批面向金融领域具有国际竞争力的软件企业（如易保软件、花旗软件），一批具有全球服务能力的专业金融资讯平台（如大智慧、万得资讯、东方财富），54家获央行颁发第三方支付牌照的支付企业（如汇付天下、立佰趣），规模效应明显，但在互联网与传统金融深度对接、创新模式上还须加强。快钱公司与国内50多家金融机构，以及VISA、Master等各大国际卡组织和PayPal等国际领先支付公司达成战略合作，为B2B领域企业提供流动资金管理解决方案，是国内领先的独立电子支付及清结算企业。

云计算和大数据挖掘整合信息资源推动创新应用。上海是国家云计算创新发展试点城市，在云计算和大数据方面发展初具规模，一批以大数据技术为支撑的新兴企业脱颖而出，但在综合云计算服务平台建设，面向公共服务和互联网等领域的大数据示范应用上尚存不足。聚盛万合汇聚广告主、网站主、代理商和消费者的海量数据信息，实现对目标消费群体的精细分类和定向广告效果的动态优化，覆盖电子商务网站超过4万家；克而瑞拥有中国唯一的房地产全产业链信息数据库，覆盖全国100多个城市的住宅地产、商业地产、土地市场等数据信息，并提供数据评估、监测等相关服务。

大宗商品交易平台整合产业要素推动传统商贸模式创新提升。大宗商品交易平台可极大提升商贸交易效率并实现定价功能,将成为上海经济转型重要引擎之一。上海目前在部分行业领域集聚了一批大宗商品交易信息服务提供商,但仍未成为各类大宗商品国际国内交易中心和定价中心。易贸集团依托大宗商品现货电子交易平台,实现对大宗商品交易和第三方服务机构的高效配置,构筑全新的大宗商品商业"生态系统",提供涵盖线上线下综合交易服务。

移动互联网融合移动通信与互联网开创全方位应用服务,引领未来全方位移动生活应用的新模式。上海移动互联网具有丰富的门类和企业,包括芯片领域(联芯科技)、终端领域(艾麒信息)、软件领域(新致软件、微创软件)、平台领域(盛趣信息、腾讯科技、天翼视讯、众源网络)、应用领域(花千树信息、心动、万丰文化、合合信息)等,并拥有徐汇易园、黄浦宏慧盟智园、金桥由度创新园、宝山博济园4个产业基地。未来还须拓展移动支付、移动娱乐、移动资讯等多种应用模式。大众点评网通过移动客户端提供包括商户信息、消费点评及消费优惠等信息服务,团购、电子会员卡及餐厅预订等O2O交易服务,成为本地移动生活必备工具。

智能语音交互开创新一代人机交互服务新模式。它用能够理解用户指令并完成一项完整任务的高智能技术,提供语音助手和机器人等服务,将成为移动互联网时代应用的重要入口之一。上海在这一领域刚刚起步,未来须推进智能语音技术从核心平台产品向语音导航、语音合成等各智能化领域全面应用。上海智臻科技的小i机器人占据国内智能客服领域近九成市场份额(微信公众号中最受欢迎的招商银行客服由其提供),为企业节省95%客服成本,并已正式对外发布"iBot Cloud"智能云服务平台,从最初仅做"2C"(面向消费者)全面转型到"2B"(面向企业用户),所提供的服务从单一智能机器人产品提升到多渠道交互模式、知识库构建管理、数据挖掘分析等综合应用解决方案。

二、上海市战略性新兴产业发展成果及存在的问题

(一)上海市战略性新兴产业发展成果

2013年,上海市战略性新兴产业围绕新一代信息技术、智能制造、海洋工程

装备、生物医药、新能源、新材料和新能源汽车等重点领域,加大产业发展推进协调力度,加快创新突破,取得了一批重要成果(见表 4.1)。

表 4.1　　2013 年上海市战略性新兴产业重点领域进展及成效

重点领域	进展及成效
新一代信息技术	中芯国际 45/40 纳米先进工艺已进入量产,32/28 纳米工艺也开发成功; 上海华力微电子 55 纳米 CMOS 工艺进入量产,45/40 纳米 CMOS 工艺已通过质量认定; 物联网应用示范工程初具规模,已累计培育出 5 个百万终端规模的应用示范工程
智能制造装备领域	新松机器人公司总部园项目已落户金桥开发区及临港金桥园区; 新时达公司发挥全球电梯控制器龙头及控制、驱动技术方面的积累和竞争优势,拓展进入工业机器人领域; 卡斯柯公司已完成 CBTC 信号系统的自主研发,这是国内第一个最高安全等级证书,获得了进入国际市场的资格
海洋工程装备领域	外高桥造船公司签订了 16 000TEU 世界第七代集装箱船的建造合同,打破了韩国船厂在该领域的垄断地位; 上海船厂已将 12 缆物理勘探船打造为全国领先的拳头产品,总包建造的 Tiger 系列钻井船在设计和建造中尝试多项技术创新,实现国产设备的突破; 振华重工自主研发的自升式平台升降机构、起重铺管设备等海工核心配套设备不断取得市场突破
民用航空制造领域	中国商飞公司总部基地和"五大中心"建设,研发中心周边配套设施已完成建设,人员入驻启用; 中航商发公司闵行研发基地一期完成建设并入驻启用,全力支持民用涡扇发动机科研装配试车项目加快实施; 全力支持中国航空研究院上海分院开展航空发动机相关的预研和工程研究工作; 卫星导航领域举办上海首届以"创新、融合、发展"为主题的"上海国际导航产业与科技发展论坛暨展览会"; 上海华测中标高精度全球卫星导航定位系统接收机国外订单 520 台套; 远景、申贝、泰坦等公司在开发基于北斗/GPS 的多模卫星同步时钟系统、高精度同步时间测试仪、高精度同步授时信号仿真系统、同步时间实时在线监控系统等方面走在全国前列
新能源领域	上海森松研制成功 36 对棒高效多晶硅还原炉系统,还原棒数增加,还原能耗大幅下降; 凯世通研制成功高效太阳能电池制程量产用离子注入机,使上海太阳能晶硅电池制造设备处于国内领先; 艾郎风电研制成功 6 兆瓦风电叶片; 上海重型机器厂有限公司研制成功首个 CAP1400 主泵项目电机壳样机锻件; 上海电机厂自主研制成功大型核电发电机集电环装置,打破了国外垄断

续表

重点领域	进展及成效
新材料领域	宝钢汽车用先进超高强钢项目上半年已完成980兆帕级别Q&P钢的首次批量生产并实现供货； 晶盟硅材料有限公司的8英寸低温CAP硅外延片项目上半年共销售了70多万片相关产品，产品已被广泛用于华虹NEC、华润微电子、台积电等国内外多家知名半导体公司
新能源汽车领域	荣威550插电式轿车在广州车展上市，采用世界领先的全时全混系统，以三核驱动、EDU智能电驱变速箱，实现了2.3升/100千米油耗以及长达500千米的续航里程； 上海申沃已经实现纯电动客车的批产和销售，国内市场占有率位于前三； 捷新电池加强系统集成能力，已形成年产3 000套系统产能； 上海电驱动产能规模达到年产3万套以上
节能环保领域	举办国际再制造产业（上海）高峰论坛，扩大中美再制造对话效果，提升上海再制造产业影响力； 合同能源管理方面，上半年推进实施43个重点项目，年节约标煤2.3万吨

资料来源：上海经济和信息化委员会。

1. 新一代信息技术

新型显示已形成产业化体系，部分产品技术及装备国内领先。AM-OLED方面，逐步形成"设备—OLED面板—应用"产业链，上海天马5.5代、和辉光电4.5代两条生产线预计2015年量产；TFT-LCD方面，天马、中航的中小尺寸产品产量位居国内第一；LED方面，基本建立较完整的"外延片—芯片—封装—应用—设备"产业链，集聚三思、蓝光、映瑞、亚明等国内知名企业；核心设备配套方面，理想能源MOCVD设备正式进入试量产阶段，蓝宝石生长炉开始的生产；激光显示方面，上海三鑫、仪电电子已基本形成较完整的研发基础，并实现小规模量产。

2. 智能制造装备领域

装备重点领域高端突破成效显著，核电、微电子装备、新能源高端装备、工业机器人等总体保持国内先进水平，轨道交通CBTC信号系统和制动系统自主化取得突破；民用航空领域，C919大型客机研制进展顺利，首批ARJ21-700支线飞机成功下线，大型客机强度试验项目获得工业和信息化部批复；船舶和海洋工领域，16 000TEU集装箱船、液化天然气船（LNG）、液化乙烯运输船

(LEG)、特种化学船、集装箱滚装船等高新技术船舶占比显著提高,海洋工程装备自动化控制系统自主化研制取得突破;汽车领域,上汽集团全年产销量突破500万辆,上海成为首批国家电动汽车示范城市,荣威E50插电式轿车实现批量化生产和销售。

3. 海洋工程装备领域

2013年国际原油价格高位震荡,海上油气勘探、开发需求不断上升,全球海洋工程装备市场继续保持活跃,成交兴旺。面对传统船舶市场的低迷和海洋工程装备市场的火爆,上海在自升式钻井平台、钻井船、起重铺管船、物探船、FPSO海工模块等海洋工人装备市场持续获得订单,成为传统船舶市场和港机市场不景气形势下的有力补充。

上海船厂是全国唯一有能力建造多缆物探船的船厂,2013年上半年新接一艘订单,保持物探船生产线的持续生产;正在建造的具有锚泊定位功能的新型Tiger系列钻井船进展顺利,作为国内首款具有自主知识产权的钻井船,该船在设计和建造中取得了多项创新,某些试验项目还填补了国内空白。在此基础上,上海船厂首次承接了钻井驳项目,不仅进一步丰富了该公司海洋工程产品种类,还将进一步增强其在海洋工程市场的影响力和竞争力。

4. 生物医药领域

技术创新成果不断涌现。截至2013年年底,上海有国家级企业技术中心5个、市级企业技术中心27个,生物医药的高新技术企业超过350家。自2009年以来,上海共获得艾力沙坦酯、重组人尿激酶原、重组抗CD25单抗、海姆泊芬等国家一类创新药物生产批文6个,重组人肿瘤细胞凋亡因子、可利霉素等8个产品完成临床研究,异噻氟定、希明替康、基因重组白介素-22等30个创新药物获得临床研究批文,获得生产批文及临床研究批文数量位居全国第一。

生物医药创新网络快速发展。依托重点产业园区,促进企业研发中心、高校和研究机构以及创新型企业的产业链配套和急剧发展,已成为上海生物医药产业发展的重要特征和突出优势。张江生物医药产业已成功发展为由"二校、一所、一院、十八个公共服务平台、四十多个中心"构成的企业、高校、科研院所的研发创新产业群,国际医学园区、张江东区两个医疗器械集群,以及国际医学园区的高端医疗服务业集群雏形。吸引了罗氏、诺华、辉瑞、阿斯利康等12家跨国医药研发中心,聚集了中科院上海药物所、国家新药筛选中心、国家新药安评中心等一批国家级科研机构,汇聚了上海中医药大学、复旦大学医学院等高校,培育了中信国健、微创医疗、睿星基因、艾力斯医药、复旦张江等一大批明星企业,并有罗氏制药、勃林格殷格翰、葛兰素史克等大型生产企业,300余家研发型科技中小企业、40余家CRO公司落户张江,形成了国内最为完善的生物医药创新网络。

5. 新能源领域

技术创新取得积极进展。上海森松研制成功36对棒高效多晶硅还原炉系统,还原棒数增加,还原能耗大幅下降。凯世通研制成功高效太阳能电池制程量产用离子注入机,使上海太阳能晶硅电池制造设备处于国内领先。艾郎风电研制成功6兆瓦风电叶片。上海重型机器厂有限公司研制成功首个CAP1400主泵项目电机壳样机锻件;上海电机厂自主研制成功大型核电发电机集电环装置,打破了国外垄断。

产业化应用有序推进。2013年上海完成青草沙陆上风电项目本体建设,东海大桥海上风电二期、宝钢"金太阳"示范工程等新能源项目开工建设。推进崇明绿色能源示范县建设,实施崇明县"阳光工程"。颁布了新一轮《上海市天然气分布式供能系统和燃气空调发展专项扶持办法》,虹桥商务区能源中心进入试运行,国际旅游度假区核心区分布式能源站等一批分布式供能项目开工建设。

6. 新能源汽车领域

受上海市新能源汽车产品结构调整、发展重点由天然气汽车向电动汽车的转型影响,新能源汽车生产出现下降,全年新能源汽车制造业完成工业总产值37.55亿元,比上年下降12.8%。生产各类新能源汽车1.24万辆,下降23.3%。需要关注的是,以公共交通领域为主的新能源客车生产形势较好,全年完成各类新能源大客车0.25万辆,增长20.7%。但个人新能源轿车市场仍未打开,存在新能源轿车生产制造研发成本偏高、使用配套不健全、购车补贴政策不连续等问题,影响了新能源轿车的市场开发推广。

新能源汽车技术创新取得重要进展,荣威550插电式轿车在广州车展上市,采用世界领先的全时全混系统,以三核驱动、EDU智能电驱变速箱实现了2.3L/百千米油耗以及长达500千米的续航里程。上海申沃已经实现纯电动客车的批产和销售,国内市场占有率位于前三。捷新电池加强系统集成能力,已形成年产 3 000 套系统产能。上海电驱动产能规模达到年产 3 万套以上。

7. 新材料领域

技术创新亮点涌现。2013 年以来,一批战略性新兴产业新材料项目的创新和产业化进程不断加速,形成了一批技术成果并推向市场。宝钢汽车用先进超高强钢项目上半年已完成 980 兆帕级别 Q&P 钢的首次批量生产并实现供货 260 吨。与上海通用汽车公司联合进行的 Q&P 钢全面认证工作正式启动,进展良好,950 兆帕级别的 TWIP 钢实现大生产研制,产品性能完全满足设计要求,至此宝钢成为国内首家可同时供应第一代、第二代和第三代先进高强钢的企业。晶盟硅材料有限公司的 8 英寸低温 CAP 硅外延片项目截至 6 月共销售了 70 多万片相关产品;产品已被广泛用于华虹 NEC、华润微电子、台积电等国内外多家知名半导体公司。上海玻璃钢研究院有限公司的大型风力机复合叶片材料上半年完成产值 5 000 万元,其 2 兆瓦/48.3 米的风力叶片已累计生产 40 余套,并在江苏国华东台风场成功安装,运行良好。

(二)上海市战略性新兴产业发展存在的问题

世界经济复苏情况仍不确定,发达国家再工业化对上海高端产业形成冲击。在这种背景下,上海上半年产业发展稳定、结构调整展现了良好的开局:战略性新兴产业和重点产业占比提升,企业创新活动加速,高科技企业表现出良好的绩效。同时,传统制造业受金融危机和成本冲击下滑明显,而战略性新兴产业和先进制造的发展基础并不稳固,表现为占比提升主要由于传统产业的比重下降,先进制造增长乏力。

究其缘由,主要是上海的新兴产业尚未处于价值链高端,自主创新能力不强,产业链集成者缺乏,对产业转型升级的带动力不足。

1. 世界经济复苏仍不确定,再工业化加剧高端竞争

2012 年以来,美国经济出现复苏迹象,美国就业市场、零售销售和制造业情况不断改善,美国由于内部经济情况推出第三轮量化宽松政策的可能性降级。3 月整体制造业商业景气指数从 2 月的 10.2 升至 12.5,为 2011 年 4 月以来最高水平。

发达国家再工业化政策使得产业高端竞争加剧。美国致力于战略性新兴产业，吸引全球资本回流美国。美国由"去工业化"到"再工业化"的转变，并非简单回归"美国制造"，而是全面技术进步的工业化。2012年3月9日，美国总统奥巴马在弗吉尼亚州发表演讲，提议拨款10亿美元设立全美制造业创新网络。近期以"投资美国"为口号，美国正在通过一系列优惠政策努力促进资本回流。

发达国家"再工业化"政策可能引起新一轮技术封锁，加强自主创新迫在眉睫。在技术引进中，外方称"猫教老虎，不教爬树"。以前国内的大企业可以通过资本甚至市场换技术，如今用钱也买不来技术，这就逼着中国的技术创新迈上新台阶。

2. 科技成果本地转化率不高的问题

上海虽然研究能力很强，但是有相当一部分科研成果都是拿到外地转化的。例如医药方面，大约70%都是在外地转化。分析原因，主要是上海的转化成本较高，相关孵化的空间也不够，而江苏、浙江的民营企业可能更有积极性。

《规划》还指出了其他问题，比如"产、学、研"结合成效不显著，科研优势未能充分转化为产业优势；技术成果的发现、评估、筛选、转移机制尚待完善；技术交易、科技信息服务等科技中介服务体系发展较慢，市场化的创新成果产业化中介机构缺失。

一份内部调研报告显示，上海市高新技术产业产值占工业产值的比重，从2000年的14.5%上升到2009年的23.3%，但百元产值实现利润却从9.18元下降到1.31元。这份调研报告指出，利润率偏低表明上海高新技术制造业缺乏核心竞争力。

"未来应该把相关资源向企业集聚，让企业真正成为战略性新兴产业投资、研发和应用的主体。"有专家表示。

世界经济复苏情况仍不确定，发达国家再工业化对上海高端产业形成冲击。在这种背景下，上海上半年产业发展稳定、结构调整展现了良好的开局：战略性新兴产业和重点产业占比提升，企业创新活动加速，高科技企业表现出良好的绩效。同时，传统制造业受金融危机和成本冲击下滑明显，而战略性新兴产业和先进制造的发展基础并不稳固，表现为占比提升主要由于传统产业的比重下降,先进制造增长乏力。

究其缘由,主要是上海的新兴产业尚未处于价值链高端,自主创新能力不强,产业链集成者缺乏,对产业转型升级的带动力不足。传统产业在外需下降、成本上升夹击下产能普遍过剩,改造升级和产业转移成为必然选项。

3. 政府扶持对象和手段单一,缺乏灵活性和多元化

战略性新兴产业选择与培育的技术风险很大,因此需要制订面向各种企业的普惠性的产业政策。目前政府的扶持手段主要关注大企业,以及对重大项目的支持,而忽视了其他中小企业。在信息化时代,有些技术创新恰恰是中小企业完成的。事实上,即使是在大型企业十分强盛的美国,80%以上的技术创新成果仍然来自中小企业。另外,政府的扶持手段也很单一,在对七大战略性新兴产业的扶持上,未能根据具体情况做到区别对待,全面铺开,没有聚焦,重点不突出,支持力量分散。

究其缘由,上海和其他地方政府在国家统一规划的指导下,纷纷将节能环保、新一代信息技术、生物、高端装备制造、新能源、新材料和新能源汽车等确定为战略性新兴产业范畴,并相继出台多项措施来保证新兴产业的发展。在7个产业上与全国均形成了竞争态势,甚至在部分领域不及外省市,在产业选择上做得不够精细,未能体现上海现有的基础和优势。

4. 自主创新能力不强,缺乏核心技术

以生物医药行业为例,该行业已形成以研发外包服务为核心的全产业链创新价值网络。随着全球创新分工的不断细化,在新药开发领域,创新链条被拉长。为了使企业创新具备可持续发展的动力,张江药谷在研发外包和服务平台两方面提供支撑,初步形成了生物医药产业创新价值网络。

2012年1—2月,上海生物医药产业完成106.37亿元,增长6.8%。生物医药产业虽然快速发展,但是缺乏创新药物和关键设备。在全球生物医药领域,美国、欧洲、日本的专利申请数量分别占全球专利申请总量的53%(79 989件)、19%(28 646件)和14%(20 565件),中国专利申请基数较小,仅占全球专利申请总量的7%(11 011件)。截至2011年3月,我国公开的生物医药领域专利申请为31 844件,其中国外来华申请14 930件,所占比重为46.9%。

同时,上海部分涉及战略性新兴产业的国有企业创新动力不足,而民营企

业实力亟须增强,原创能力不足导致许多重要技术和装备依赖进口。其他行业的情况也大致类似,例如,新兴信息产业虽然取得明显成长,但在高端芯片和基础软件等领域受制于人。

三、上海市产业创新的内在因素与内生性动力机制

战略性新兴产业作为一种"特殊"的产业,仍具有其他产业所共有的特征,即演化性。它会随着生产力水平特别是技术水平的不断提高,而呈现出不断演化的趋势,即从较落后的技术水平向先进技术水平不断演化。因此,可以说技术进步和发展是战略性新兴产业不断演化的核心推动力。

战略性新兴产业的演化过程,不仅会受技术进步的影响,还会受到下列因素的影响:

第一,知识要素,特别是高级知识要素的积累,它的多寡会直接影响战略性新兴产业的演化进程,因为该产业的发展需要大量的高级知识要素作为支撑。战略性新兴产业作为一个知识密集型的产业,区别于一般产业最重要的特征就是其极高的知识集中度。如果没有知识要素,特别是高级知识要素的积累,一个产业就称不上是战略性新兴产业。

第二,社会需求层次结构、全球市场的变化。战略性新兴产业作为一个新兴产业,所生产出来的产品一般都是比较超前的,这些产品能否获得市场的接受,特别是全球市场的接受,与此同时又可以不断维持和提高国际市场竞争能力,是战略性新兴产业能够不断演化的重要前提。市场需求是任何一个产业得以产生、存在和发展的基础。同时,战略性新兴产业因其具有超前性和高端性,自产生以来就伴随着高风险性,如果没有得到有效的市场需求的支撑,就很容易中途夭折。

第三,政府干预的影响。战略性新兴产业在演化过程中,由于外部性、协调失灵、在位者惰性等原因,会导致市场失灵。根据经济学原理,在市场失灵,导致依靠其本身的机制不能有效运行的时候,需要政府进行干预,从而保证市场的有效运行。当然,即使在市场能够有效运行的时候,政府也可以通过适当的干预,使其能够更加有效地运行。

从国际来看，加快培育和发展战略性新兴产业是上海提高国际竞争力、掌握发展主动权的迫切需要。当前，全球经济与竞争格局正在发生深刻变革，科技发展正孕育着新的革命性突破。世界各主要发达国家和经济体均选择了生物、新能源、新材料、物联网、云计算等不同的新兴产业作为突破口，提出以复兴制造业为核心的"再工业化"的战略思路。这既增加了上海发展战略性新兴产业的竞争压力，也有利于推动上海发挥较强的科技和人才优势，在新一轮全球产业变革中赢得先机。

从国内来看，加快培育和发展战略性新兴产业是上海服务国家战略、率先构建新兴产业体系的重大举措。党中央、国务院做出了加快培育和发展战略性新兴产业的重大决策。按照国家总体部署，上海必须着力提高自主创新能力，率先构建新兴产业体系，把加快培育和发展战略性新兴产业放在推进产业结构升级和经济发展方式转变的突出位置，推动节能环保、新一代信息技术、生物、高端装备制造、新能源、新材料、新能源汽车等战略性新兴产业跨越式发展，为我国战略性新兴产业在若干领域跻身世界前列做出积极贡献。

从上海自身来看，加快培育和发展战略性新兴产业是上海转变发展方式、调整产业结构的必然选择。上海是我国重要的国际港口城市和经济中心城市，肩负着建设"四个中心"、推进"四个率先"的历史使命。但资源环境的约束日益突显，可用建设用地十分有限；水环境和大气容量也十分有限，资源环境的约束对产业结构调整、转变发展方式提出了更为迫切的需求。上海必须加快培育和发展知识密集度高、资源耗费量少、环境友好、综合效益明显且具有较强成长潜力的战略性新兴产业，形成新的经济增长点，提高人民生活质量和水平，促进资源节约型和环境友好型社会建设。

根据对战略性新兴产业发展的制度原因与知识创新环境状况的分析，可以依据上海市的具体情况，对上海产业创新的内在因素与内生性动力机制进行更进一步和深入的分析和研究。

1. 先进的生产力和技术水平

上海市地处长三角经济圈的中心，也扮演着长三角经济圈的领头羊，在生产力和技术水平方面，不仅在长三角，更是在全国处于领先的地位。上海近几年的高速发展，更是巩固了其领先地位。

生产力和技术水平的发展是一个很漫长的过程,需要一个积累的过程。全球各国各地区的生产力和技术水平各异,落后国家和地区也一直在全力发展经济,但是与发达国家和地区的差距并没有明显缩小,甚至有不断拉大的趋势。同样,这种差距在我国各个省市也存在并不断扩大着。

2013年,上海市规模以上工业企业办科技机构数目为1 404个,机构人员数10.21万人,机构经费支出370.35亿元。统计显示,本市认定的市级以上企业技术中心达403家,其中国家级43家,占全国总数的5%;各区县已认定企业技术中心近700家,工业企业科研经费支出占全市研发投入比重约60%,已成为技术创新过程中最积极的因素。

这种得天独厚的优势,使得战略性新兴产业在上海发展水到渠成。

2. 丰富的人才资源

上海市拥有十分丰富的高等院校、研究机构和公共服务平台资源。上海在985、211和其他高等院校,以及科研机构的质量和数量上是除北京以外其他省市所难以企及的,每年为上海培养和输送大量的高级人才。同时,上海市还积极与异地、他国的高等院校、科研机构进行产学研合作,也取得了丰富的成果。同样,上海拥有十分丰富和高效的公共服务平台,为高等院校和科研机构的人才供给,及各产业,尤其是战略性新兴产业的人才需求牵线搭桥,发挥了极其重要的中介作用。

当然,我们同时也必须认识到,上海市对高级知识分子的政策以及上海市整体的环境还存在一些不利因素。首先,上海的户籍政策过度严格(这方面,深圳就相对宽松很多),很多无法直接落户的人才就会另寻他处,成为地方吸收人才的阻碍。其次,上海过度高昂的生活成本,尤其是高企的房价,令一些人才(尤其是应届毕业大学生)离开上海,前往周边的一、二线城市,这就是近日社会上所热议的"逃离北上广"现象。

虽然上海每年有很大的人才供给,但是相对于更加庞大的人才需求,尤其是高级人才需求,供求缺口还是很大。如何制定更加适宜的政策、建设更美好的环境,对战略性新兴产业乃至整个上海经济和社会发展具有长远的战略意义。

3. 超前的消费需求

战略性新兴产业一个很重要的特性就是"新"。"新"意味着这些产业具有超前性和高端性,同样,创造的产品和服务也具有超前性和高端性,需要有相应超前和高端的需求来吸收。举一个比较形象的例子,一个做 Apple 产品的商家,绝不会在偏远、贫穷的地区选址,因为那里很少有这样的需求和市场,这样的选址注定会失败。

同样,战略性新兴产业的发展,需要有相应的社会需求来支持。上海市统计局 2014 年 7 月 25 日公布的数据显示,2014 年上海城镇居民人均可支配收入为 24 312 元,比去年同期增长 9.3%。根据经济学原理和常识我们都可以判断,不同的需求结构需要相应的收入结构来支持,因此,超前和高端的需求需要相应的高收入水平来支持。所以,我们可以说,战略性新兴产业在上海的快速发展,是符合相应的经济学原理的。

当然,我们同时必须考虑价格因素和增长率水平。据国家统计局的数据,从增幅来看,上海的增幅尚未超过全国的平均水平。物价因素我们体会得就更为明显了。所以,如果同时考虑以上两个因素,我们还是要有危机意识,上海市战略性新兴产业的发展依然任重道远。

4. 政府的积极支持

上海市委、市政府以及中央都对上海战略性新兴产业发展的推动发挥着重要作用。《上海市战略性新兴产业发展"十二五"规划》《关于进一步推进科技创新加快高新技术产业化的若干意见》等一系列文件的发布,充分体现了上海市委、市政府的信心和决心。

同时,中央也一直特别重视上海市的经济和社会发展,2013 年 8 月,国务院正式批准设立中国(上海)自由贸易试验区,是中国境内第一个自由贸易区。2013 年 9 月 29 日,上海自由贸易试验区正式挂牌成立。上海自由贸易试验区以外高桥保税区为核心,辅之以机场保税区和洋山港临港新城,成为中国经济新的试验田,实行政府职能转变、金融制度、贸易服务、外商投资和税收政策等多项改革措施,并将大力推动上海市转口、离岸业务的发展。

第五章　上海市战略性新兴产业实现跨越式发展的新思路

在传统工业面临规模扩大受限、产能严重过剩以及资源环境制约的背景下,要获得经济的可持续增长,就必须调整原先的发展方式,寻找新的经济增长点,培育和发展有长期稳定而又广阔的国内外市场需求,有良好的经济技术效益、能够带动一批相关及配套产业发展、体现国家未来产业重点发展方向的战略性新兴产业。

在全球金融危机中,发展新兴产业成为各国的共识,后危机时代抢占科技制高点的竞赛已经开始,全球将进入空前的创新密集和产业振兴时代。经过多年的发展,上海的各种创新资源已经比较丰富,提高自主创新能力、加强企业的创新主体地位也成为众多政策关注的核心目标,上海发展战略性新兴产业已经具有良好的创新氛围,这就为从体制和机制上探索和尝试适合战略性新兴产业发展的新思路提供了有利时机。

在第三次工业革命浪潮袭来之际,上海的战略性新兴产业发展必须充分借鉴历史经验,依托巨大的国内市场规模优势,从价值链高端入手,加强自主创新,从而实现跨越式发展。

一、上海市战略性新兴产业实现跨越式发展的目标:产业国际竞争力

上海市战略性新兴产业发展的目标应该是培养这些产业成为我国产业结构调整与升级的战略性引领性产业,成为未来产业体系的主导与支柱产业,同时能够在未来全球产业体系及全球经济体系中有比较强大的国际竞争力,这样

才能够使我国摆脱工业大国而不是工业强国的尴尬状况，才能真正实现中国梦。培养上海战略性新兴产业的国际竞争力，应该从以下三个方面入手。

（一）全球价值链控制力

今天来看，一个有国际竞争力的产业不在于它的产业规模，不在于它的资源基础和价值链的长度，而在于其在全球同类产业中是否控制了关键的价值环节，是否位于价值链的高端环节。

1. 形成产业链的国际水平分工与周边垂直分工的产业格局

为了实现静态比较优势向动态比较优势的转变，要认识到现在的全球化分工不再仅仅是产品上的分工，而是产业链环节上的分工，掌控产业链优势环节，实现从产业链垂直分工向产业链水平分工的转变，需要对具体产业链进行深入研究，建立产业链模块化分工模式，发挥优势能力。同时，注重基础能力的培育，充分发挥知识经济对工业经济的推动作用。实现这一转变的关键是技术创新。上海与周边乃至全国其他省市形成良好的产业互动关系，在产业链层次上形成梯度，充分利用上海的地缘优势，在国际产业转移中发挥重要作用，通过上海的发展带动周边的发展，通过周边的支持形成上海的中心地位。

2. 大力发展战略性新兴产业价值链的高端环节

关键是要通过打造自主品牌，开发自主知识产权，实现技术引领；通过融合发展，实现价值链引领。在布局方面要实现上海战略性新兴产业空间布局与城市建设的良性互动，坚持产业集聚，推动产业、资源、人口、基础设施和环境的协调发展。以产业基地和市级以上工业区为主要载体，按照存量调整优化，增量集中提升，产业集聚升级，聚焦高端装备、船舶、航空、航天四大新兴产业基地发展。

（二）全球市场控制力的提升

市场是选择和发展战略性新兴产业的基本力量，尽管许多战略性新兴产业还处于技术突破和商业试用的阶段，但由于其市场潜力巨大，正日益得到全球范围的高度重视，各发达国家都重点围绕新兴产业开始了新一轮的全球布局，寄望于谋取战略性新兴产业的市场竞争优势。上海的战略性新兴产业要取得实质性进展，需要基于全球背景来考虑新兴产业的创新和市场竞争。国际市场的检验是上海战略性新兴产业发展的试金石，也是国内市场的有效补充。加强国际性的市场合作是发展战略性新兴产业的必由之路。

(1) 以用户为导向形成全球市场竞争优势。任何一项产品或服务都是以市场许可为终极目标，产业发展的生命力在于紧紧围绕市场需求开展技术和产品创新。为此，要以用户为导向开展产品研发和创新，在技术先进和用户适用性之间，优先选择用户适用性。积极研究未来需求发展的变化，根据未来需求的变化积极调整技术路线，使创新产品适应甚至引领全球市场需求的发展。

上海在智能医疗领域，以用户为导向聚集于远程健康管理平台的建立和示范应用，涌现出一批具有市场竞争力和整体解决方案的服务提供商。金仕达卫宁软件基于对物联网技术的吸收和应用，业务重点转为医疗领域的移动支付、医院内部用药闭环处理以及移动医生站和移动护士站(Doc Touch)等一系列新型应用。东软集团在远程健康管理方面推出了熙康远程健康管理云平台，集成了其自我品牌(如熙康智能腕表)和其他健康终端(如欧姆龙血压计等)以提供整体的健康管理服务。上海万达全程健康服务有限公司自主研发的"物联网家庭健康信息平台"重构以慢性病患者为中心的医疗服务提供体系，为社区全科医生和居民架起实时监测和沟通的桥梁。目前健康服务覆盖上海9个区22个社区，覆盖慢性病人群达到53.04万人。

(2) 政府扶持和培育国内市场需求。发展战略性新兴产业在很大程度上并不是国内需求升级引起的内源推动型产业升级，而主要是国际市场竞争诱发下的政府推动型产业跨越，这就要求政府必须承担起拓展新兴产业市场的责任。培育新兴产业的市场需求，既需要增强新兴产业对传统产业的替代性，还需要更新全社会消费观念。增强新兴产业的替代性，政府要着力弥补产业化初期规模优势尚未显现、产品成本高的缺陷，加大针对新兴产业的消费补贴力度，降低进入市场的价格门槛，形成相对于传统产品的价格优势，更新社会消费观念，强化舆论引导，加强对新兴产业的普及宣传工作，提高公众对新兴产业的理性认知，培养使用新兴产品的消费习惯。

(三) 自主创新发展能力的提升

战略性新兴产业是利用先进技术革命成果建立起来的一系列对经济发展

具有战略意义的产业,普遍采用先进的生产技术,是科技创新最为集中的领域,也正是因为其创新性突出,掌控关键核心技术对于形成全球价值链控制力至关重要。

一是通过加大创新投入,提高科技原始性创新能力、集成创新能力和引进消化吸收能力,从而拥有一批核心自主知识产权,不断增强核心竞争力,从而获得持续竞争优势。例如,上海通过云计算专项及对接国家重大专项,累计投入4.67亿元支持云计算研发与产业化,在跨平台、支持多操作系统的虚拟化技术,具有资源管理、资源调度、计费等功能的云计算管理平台,研发软硬件一体化的云存储平台、云中间件、云安全,基于云计算平台的软件产品等关键技术取得一定突破。普华基础软件、东方通泰、中标软件、达梦数据库、运软网络、华存数据、颐东网络、格尔软件、优刻得、华东电脑等在虚拟化技术、云存储技术、云计算管理平台、云安全管理、海量数据处理等方面,取得突破的云计算关键技术研发企业面向市场推出了一批自主创新的云计算产品,在云计算国产化平台市场应用方面取得了令人瞩目的成绩。

二是在战略性新兴产业合作日趋紧密、竞争日益激烈的新形势下,坚持对外开放,创新合作方式,利用好国际创新资源,增强对外合作主动权。国际合作应更加注重技术合作,形成政府间、行业间、企业间多层次、多渠道的国际合作机制,巩固和扩展政府间技术合作的范围与深度。例如,利用气候变化清洁发展机制(CDM)等多边机制推动发达国家向我国转让低碳技术;鼓励和支持我国企业与国外企业开展技术深度合作,实现由产业链分工向创新链分工的升级,提高国际产业分工地位;引导和鼓励外资投向战略性新兴产业,鼓励境外企业和科研机构在我国设立研发机构,引导其开展核心创新活动;支持符合条件的外商投资企业与内资企业、研究机构合作申请国家科研项目。

三是支持企业走出去,探索国际合作新模式。支持企业走出去发展战略性新兴产业,扩大企业境外投资自主权,改进审批程序,加大外汇支持;鼓励和支持企业到国外购买技术和品牌、购买技术型公司、联合开展研究开发、在境外设立研发机构和建设产业园区。

四是积极参与国际标准制定,增强合作的主动权。支持行业协会、学会、产业联盟、企业和研发机构等积极参与国际标准制定,力争在深度参与甚至主导国际标准制定方面有更大突破。可在移动通信、下一代互联网和新能源汽车等领域,利用我国市场和技术能力的优势,积极部署技术和产品标准的国际化战略,提早谋划标准规范的制定和应用,加大投入支持标准制定和国际交流,推动我国标准的国际化。大力支持自主知识产权技术标准在海外的推广应用。加强企业和产品的国际认证合作,推进标准的国际互认。

二、上海市战略性新兴产业发展的总体思路

(一)大企业引领,中小企业协同创新发展

1. 大企业是技术创新的主要力量,是进行产业链整合的关键资源

相对美国成熟的风险资本市场和多元化人才市场,中国的创新在相当长的历史时期将由大企业扮演不可或缺的重要角色。这主要表现在大企业能为创新持续投入规模资金、新技术孵化和试验平台。即使在创新资本和创业资本丰裕的美国,许多大企业,如思科、谷歌等,都是通过持续并购中小型创新企业并通过大企业自身平台的完善和推广获得重大的技术和产品创新。大企业作为整个产业链的组织者和整合者,能通过提高创新资源的集成能力,最大限度地集聚创新资源,推动产业链不同环节间的交互式学习和互动,有效整合中小企业的创新资源(见表5.1)。

表 5.1　　　　　　　　　　大中小企业创新情况

企业规模	技术改造经费支出占所有企业类型中比重(%)	技术引进经费支出占所有企业类型中比重(%)	购买国内技术支出占所有企业类型中比重(%)	R&D经费内部支出比上年增长(%)	R&D经费内部支出占主营业务收入比重(%)
大型	80.1	90.9	95.2	31.3	1.4
中型	14.2	7.0	4.5	1.7	1.2
小型	5.7	2.1	0.3	0.6	0.7

资料来源:《上海统计年鉴(2013)》《上海统计年鉴(2014)》。

2. 促进"小而精"的中小企业协同创新发展

从国际上看,中小企业在技术创新方面较大企业有其独特的优势。中小企业技术创新大多是以市场需求的变化为基础,即根据客户的实际需求进行技术创新活动。美国和日本55%以上的技术创新是中小企业实现的,美国高新技术领域中,中小企业就业人数达38%,中小企业人均创新发明是大企业的2倍。上海科技型中小企业不乏创新激情和努力,但是一直处于弱势,政策歧视、体制约束、市场准入难和融资难等瓶颈仍没有克服,创业环境仍需大力提升,不少创业者在较高的创业风险和创业成本面前进退两难。因此,上海需要千方百计地促进"小而精"的中小企业协同创新发展,为战略性新兴产业发展提供基础性力量。

(二)推进支撑战略性新兴产业发展的体制和机制创新

1. 机制创新要遵循市场经济规律,发挥市场机制

市场经济是人类社会生产力发展到一定阶段的产物,虽然存在一定的局限与缺陷,但仍处于发展与完善的过程,是一个体现了效率与公平、利益与公益、市场机制与政府调控相统一的完整的经济(社会)形态,特别是市场经济从本质上内生的各种机制,如供求调节机制、资源配置机制、利益均衡机制、风险共担机制、公平竞争机制和行业约束机制等,给了市场经济持久的充满活力的发展动力和自我修复功能,对经济社会的协调持续发展发挥着基础性作用。

战略性新兴产业在市场对现有产业进行自然选择的情况下,依靠自身的素质和优势,在与其他产业的生存竞争中获取必需的生产要素、经济资源和市场份额,并逐渐赢得有利条件,博得市场自发的倾斜式支持和拉动,从而逐渐形成、成长和发展的方式与过程,具有优胜劣汰的特征,能够提高产业的整体素质和国际竞争能力。

2. 认真研究和探索符合产业发展特点的机制创新

创新是驱动新兴产业发展的根本动力。发展战略性新兴产业,应重点研究科技制度层面上的创新。例如,企业研发实验室是19世纪末最重要的科技制度创新,在20世纪为西方大多数发达国家所采用,成为产业获取新知识、开展技术创新的主导模式,并与占支配地位的垂直一体化产业组织相适应,一起构成了支撑美欧经济繁荣的创新体制。20世纪末,通信与互联网技术的发展使创新网络逐渐

成长为支撑信息技术产业的主导模式。在网络式创新体制下,企业、高校、科研机构、政府、中介机构等是网络的节点,信息、技术、人才、资金和政策等资源的流动构成节点间的连线,从而将整个社会的创新潜力充分调动起来。

新体制的运行必然有不同的要求。以往曾对创新活动具有极大推动作用的体制和政策,在新的产业环境中可能演变为阻碍产业创新的因素。但是,体制和机制创新并非通过一个简单的设计过程就能实现。只有创新体系中的各种力量都积极参与自主创新活动,通过大量频繁的互动交流、试错性学习和试验,才可能孕育出最适合产业成长的制度。

当前,作为制度创新重要参与者的政府,应当协调和组织创新体系中的各种力量,勇于开展制度创新,并推广民间成功的制度试验成果,使战略性新兴产业在资本、人力、基础设施、知识产权保护和市场环境等各方面得到支持和保障(见图5.1)。

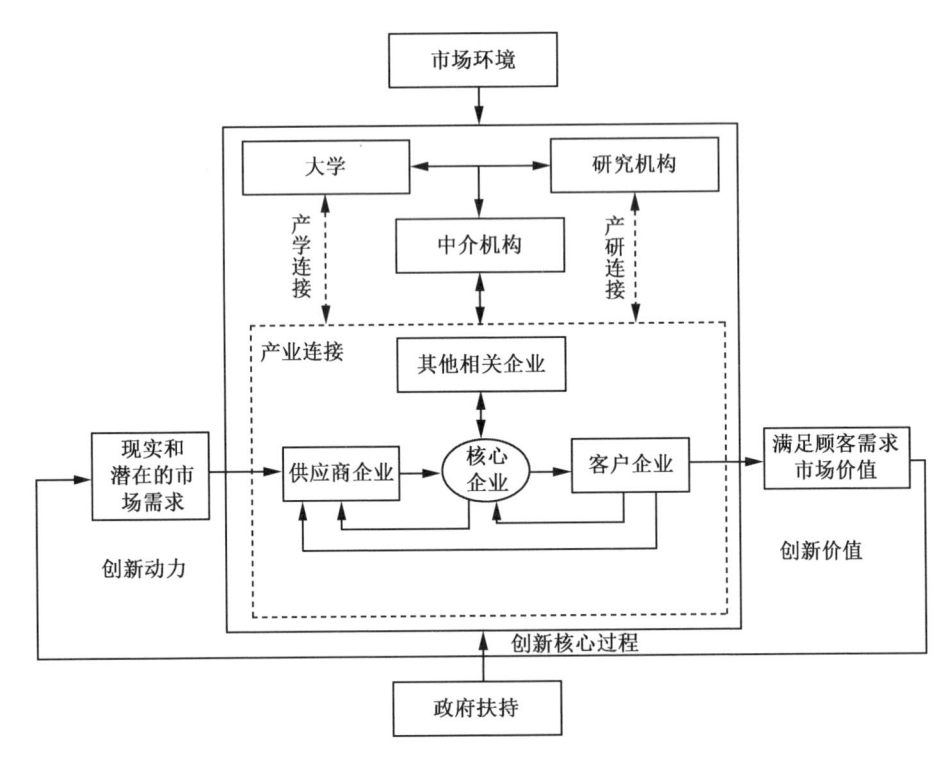

图 5.1 大企业创新生态系统

三、上海市战略性新兴产业发展的重点

到 2015 年,上海要成为我国综合实力领先、在若干领域跻身世界前列的战略性新兴产业集聚区,战略性新兴产业成为上海国民经济和社会发展的重要推动力量,引领产业结构优化升级;打造全方位、多层次、高效能的政府服务体系,形成支撑战略性新兴产业发展的优良服务环境;初步形成创新要素活跃、创新能力突出、成果转化迅速、产业特色鲜明的良好格局。

上海市战略性新兴产业发展的重点是:

(一)新一代信息技术产业

上海电子信息产品制造业应紧紧抓住上海自由贸易试验区建设机遇,以信息消费发展为契机,继续积极落实产业政策,推进重大项目建设,促进产业链垂直整合,聚焦发展新一代信息技术领域,全面促进转型升级,创新发展。

积极对接国家集成电路产业发展计划,主动参与国家产业投资基金的设立工作,落实地方产业投资基金设立方案,为上海市集成电路制造业发展寻找投资。推动"集成电路设计业并购基金"的设立。继续综合运用好上海市在人才、土地、资金、税收、应用市场、宣传平台等方面的产业政策和举措,聚焦重点行业发展导向,争取取得更多突破。

推进上海市新型显示产业向高端发展,提升产业能级。推动跨行业交流合作,推动中小屏显示与智能终端、汽车电子等产业的联动发展。围绕"宽带网络产业链完善、智能终端价值链提升"思路,支撑信息基础设施升级,夯实信息消费的产品基础,推进国家下一代互联网示范城市建设工作,落实国家 TD-LTE 的商用部署。重点围绕转型升级任务迫切的通信制造业,研究制订上海市智能终端品牌培育发展战略,推动智能终端向价值链高端发展。

推进民生和重点行业的物联网应用示范工程。协调扶持 MEMS 和智能传感器等方面研发设计企业,继续推进金融 IC 卡和移动支付芯片等重点项目。培育完善产业链,加快突破物联网核心技术并实现产业化。组织推进物联网应用示范工程。继续深化推进健康物联网应用示范工程建设,形成规模化的应用

示范效应,探索基于物联网的全时空健康管理和医疗服务新模式。

持续推动上海市汽车电子产业向网络化、智能化、安全化的方向深度发展,在提升智能数字仪表、车灯控制模块、无钥匙系统等技术国产化水平的基础上,促进自主核心产品更加多样化,产业规模进一步提升。组织推动上海市车载终端企业提升通信、导航、娱乐、诊断等功能,并和通信运营商、智能交通服务商及整车厂商对接;推进车联网和智能交通联动发展,带动车载终端技术向集成化、智能化方向发展。

(二)高端装备制造产业

上海装备制造业争取在全国率先实现智能制造、绿色制造和服务型制造,率先走向高端,成为我国装备制造业转型升级、由大变强的先行者和世界高端装备制造的重要基地。具体而言,重点推进"四个一批":一是组织一批重大专项,聚焦高端装备重点方向,继续实施装备重大专项工程。加大政府聚焦支持力度,突破核心共性技术,推进重大装备首台(套)突破及应用,聚焦龙头企业、重大项目、保障条件和支持政策。二是实施一批示范应用工程,力争在机器人、新能源汽车、太阳能光伏、城市轨道交通(含有轨电车)、智能电网等高端装备推广应用上取得突破。三是培育一批装备"四新"领域,关注装备领域新技术(如3D打印)、新产业(如机器人、新一代核电、燃气轮机、卫星导航)、新业态和新模式(如高端系统集成、再制造、工程总承包、融资租赁),力争形成产业集聚效应。四是搭建一批创新平台,围绕高端装备重点方向,支持企业和科研院所建设一批国家级检验检测、试验认证和关键技术研发平台。

(三)生物医药产业

优化产业发展模式与业态,促进企业多元化发展。探索符合新模式、新业态特点的医药行业发展模式。要充分抓住当前中国(上海)自由贸易试验区的契机,创新医药商业发展模式,鼓励医药企业在保税区内建设医药经营企业,进一步扩大进出口业务。

鼓励CRO(合同研发外包)、VIC(风险投资+知识产权+新药研发项目公司)和CMO(合同加工外包),使其成为市场化运作的专业化和高效医药研发创新力量,在国际医药创新领域形成比较明显的群体竞争优势。

推动医药电子商务网络成为上海实施大物流战略的重要组成部分,并加快相关部门立法程序,确立医药电子商务第三方平台的合法地位。

以健康大数据和健康物联网建设为抓手,鼓励、促进、支持社会力量开展以智慧应用为核心的新型健康管理服务,满足市民多样化的健康服务需求,促进上海大健康产业的发展。

依靠新技术催生新领域,形成新的经济增长点。上海要依靠新技术拓展新领域,形成新的经济增长点。构建和完善产业技术创新体系。强化企业技术创新主体地位,引导各种要素向创新型企业集聚,实施有效的战略创新模式,通过建立"技术联盟",促进产学研医协同创新;实施创新产品应用示范工程。通过战略性新兴产业等专项资金的支持,上海在医疗机构中加强对创新产品的示范应用,鼓励上海市医疗机构与企业合作开展面向全国市场的产品应用示范研究,优化重大项目布局,加强创新平台建设,加快突破一批共性关键技术,研发一批创新产品;促进生物医药与其他高新技术产业融合发展。促进生物医药与无线传感器、基因组学、成像技术、医疗信息系统(HIT)、移动终端、互联网、社交网络、大数据等多技术融合发展,形成新的移动医疗模式。

(四)新能源产业

重点完善并提升高端新能源装备产业链,在产业集聚和集群化发展方面实现新的突破。重点推进光伏、核电、风电和燃气轮机关键设备自主设计和制造,N型、双面发电等太阳电池生产技术;推进核电制造业和服务业的产业链协作和整合,进一步发挥上海核电产业的综合优势,加大对核电服务产业发展的扶持力度,加强对新一代核电技术研发的支持力度;5兆瓦以上大型风电整机和叶片等关键部件技术开发;燃气轮机发电机高效燃烧技术、集成控制技术开发等方面取得突破。加大对光伏、核电、风电服务产业发展的扶持力度,在浦东、闵行等区形成国内领先的高端光伏生产设备、核电和风电核心设备产业和龙头企业集聚,建设较为完整的新技术产品产业链,进一步发挥上海光伏、核电、风电产业的综合优势。

重点推进新能源示范应用,建立相关方面协作的工作机制。上海市政府应制订促进光伏建筑示范应用实施方案,明确总体目标,确定工作计划,落实推进措施。选择松江、浦东等一批有条件的工业园区,重点支持高效、新型光伏发电设备示范应用,通过示范应用促进光伏新技术发展。配合上海分布式光伏应用总体规划的实施,带动高端光伏产业在上海的健康发展。

重点跟踪关注并积极对接国家重大专项。积极争取核电、燃气轮机等一批国家科技重大专项和创新工程,通过新机制新办法,筛选支持一批战略性新兴产业重大项目和重点项目,在地方配套资金方面给予滚动支持,争取在一批核心技术、关键技术方面实现新的突破。

重点支持一批前沿技术、新兴业态和创新模式。面向未来,面向市场,重点跟踪、关注和支持新一代核电、燃气轮机、光伏电池、海上风电等前沿技术,关注制造业服务化发展产生的新业态,对接自贸区加快政策创新,积极探索新的商业模式,力争在新能源产业创新体系上实现新的突破。

(五)新能源汽车产业

支持氢能源技术基础研发和示范工程,推动可再生能源与氢能技术融合发展。燃料电池汽车已经实现从无到有,取得重大突破,但要实现产业化,未来10~20年还要在制氢、储氢和输氢及燃料电池的基础研究方面投入大量精力。同时,结合上海可再生能源资源条件,在低碳制氢、储氢等方面开展基础研究、工程开发和示范。要注意将发展 LPG、CNG 汽车技术与氢燃料汽车技术相结合,为实现氢燃料电池汽车技术的突破奠定基础。

加快各类混合动力技术发展,包括可插电的混合动力,并在示范运行的基础上选择最优化的混合动力类型。对电池等技术研发给予重点支持,力争几年内得以突破。结合可再生能源、天然气发电等清洁能源调峰电力建设和智能电网发展,逐渐推动小型、短距离的电动车的开发和推广。

支持二甲醚、醇类、生物柴油等清洁能源汽车技术本地研发和示范,扩大异地使用与产业发展。依托上海研发和示范基地,进一步加强对发动机等汽车技术的基础研究、能源供给设施等系统集成技术开发、配套的相关技术标准制订或修订。根据国内其他地区资源和城市基础设施条件,结合东西部互动发展,对口援建契机,构建能源金融服务平台,因地制宜选择时机走出去发展。

以试点示范项目提升管理水平,推动汽车能源服务向专业化方向发展。就上海而言,应发挥已有节能与清洁能源汽车人才和技术高地的作用,建立专业的节能与清洁能源示范运营服务公司,设定示范运营区域,进行专业营运管理和汽车能源服务。

(六)新材料产业

2011—2013年,上海新材料产值占全市原材料工业产值的比重分别达到26.2%、27.1%和29.9%。化工及钢铁新材料增长仍是支撑上海新材料产业发展的主流,并且在今后相当长的时间内将保持这一格局。新型金属材料、有机材料比例过大,虽然利润可观,但是前期投入巨大,能耗、环境风险等问题将成为制约这两大领域材料进一步发展的障碍。

对于创新性强、投入规模大、符合上海产业总体布局和发展规划的重大新材料项目,落实土地利用绿色通道政策,加快新材料项目在相关产业基地的落户和建设进程。对技术含量高、产品附加值大的新材料建设项目给予有效的资金和政策支持。立足当下,加大在运行项目的推进力度。以新建项目的建成投产作为新材料产业持续稳定增长的重要支撑。

坚持把产业振兴和技术改造投资作为转变经济发展方式和推进产业转型升级的有力抓手,将固定资产投入较大的部分新材料建设项目纳入技改项目。改造提升传统材料性能,不断提高新材料产品比例,推动产业结构优化升级,促进经济平稳较快增长。

四、上海市发展战略性新兴产业的路径

在经济调整时期,政策面临既要稳增长,又要调结构的双重压力,如何在两者之间取得平衡?针对上海市战略性新兴产业的现状以及原因分析,并结合上海产业创新的内在因素与内生性动力机制,我们认为可以通过以下政策促进本市战略性新兴产业的健康、快速发展。

（一）支持传统制造技术改造和先进制造的能级提升

第一，加大力度，支持传统制造技术改造和先进制造的能级提升，主动淘汰低端产能。上海通过严格节能减排和环境标准，对高能耗、高污染、无竞争力的企业征收环境税，淘汰落后产能，加快传统制造业转移。

第二，鼓励企业加强技术升级，支持企业进行新设备和研发投入，提升技术水平，避免低端的同质化竞争，提高盈利水平。

第三，鼓励一些传统行业，如钢铁、化工行业，发展新能源、新材料等战略性新兴产业，既实现了本行业的升级，也增加了战略性新兴产业的发展途径。

（二）重新整理重大产业，优先发展反经济周期产业，尤其是战略性新兴产业

在经济衰退阶段中，传统产业，特别是装备产业处于收缩阶段，缺乏投资动机。资源应聚焦于一些反经济周期的产业项目，短期可促进增长，长期可收产业升级之效。在2013年上市的预警、预减、预亏的24家企业中，各类机械、装备、设备制造企业共有11家，占比接近50%。这充分表明目前实体经济整体状况持续下滑，设备等受经济周期影响显著的企业普遍没有扩产动机，相应地对上游机械、装备、设备的增量需求很小。根据上海发改委公布的2012年重大项目建设计划表，上海在2012年启动建设95个大项目，涉及总投资额达5 783.5亿元。其中，涉及战略性新兴产业有953亿元的总投资规模，节能减排项目共计18项，总投资额368亿元。需要根据产业特点和经济周期阶段，统筹安排今后三年启动的重大项目，对经济周期不敏感甚至存在反周期发展机遇的行业应该提前上马，而另外一些亲周期产业的项目投资应该延后等待复苏周期的到来。将资源集中使用，才能收获最大的稳增长与产业升级效果。反经济周期产业主要包括服务业、轻工业等民生相关产业，部分有终端需求的战略性新兴产业也具有反周期或者弱周期的特点。

（三）完善产业创新的价值网络，形成支持战略性新兴产业发展的创新服务体系

聚焦战略性新兴产业重点领域，充分发挥知识创新在价值网络中的核心作

用,大力发展知识创新服务并加快创新服务平台建设,使创新服务与战略性新兴产业和先进制造形成良性互动。

一方面增强民营企业创新能力,为战略性新兴产业领域的民营中小企业和留学生创业企业提供财税支持和针对性、个性化服务。另一方面强化国有企业创新导向。创新国有企业管理者绩效激励和考核模式,鼓励企业增加对新技术研发和引进技术消化吸收的投入。提高科技成果本地转化率,加快产学研结合,将科研优势充分转化为产业优势。善于发现并培育具有自主创新能力的产业链集成者,以大企业为主体,通过对产业链的重组实现战略性新兴产业的跨越式发展。

(四)大力发展生产性服务,兼收促增长和产业升级之效

产业转型升级过程中,产生大量的生产性服务需求,生产服务业的规模扩张比制造企业所需时间要短,可以更快获得促增长的效果。在目前业绩预增的10家企业中,5家属于生产性服务业,其他5家为制造业,生产性服务业占了业绩良好企业的50%。这说明目前的经济周期并没有给生产性服务企业造成很大冲击,反而在竞争压力下,制造业的转型升级产生了更多的服务需求,推动了生产性服务企业经营业绩的提升。

生产性服务,包括创新服务,是产业转型升级的重要助力。2014年上半年,上海创业投资引导基金与17家创投基金企业签订合作协议,承诺参股出资约14亿元,带动募集资金总规模76亿元,投资专注于战略性新兴产业、文化领域和高技术服务业的种子期、早期创业企业,对于战略性新兴产业的发展起到了助推器的作用。只有产学研紧密结合,才能出成果并提高科技成果的转化率。需要引导科研机构、中介服务机构、高等院校的科研力量为企业实践创新驱动和品牌领导提供支持,提高科技成果转化和产业化水平。需要利用服务业增值税改革契机,简化手续、降低税费,大力促进制造业和战略性新兴产业的服务外包,促进生产性服务业的发展。

(五)培育产业化领军人才,加强创新型人才培养和激励

不断完善产业化领军人才的引进和培育体系。一是发挥高校和科研院所

的支撑和引领作用,改革人才培养模式,制定鼓励企业参与人才培养的政策,建立企校联合培养人才的新机制,促进创新型、应用型、复合型和技能型人才的培养。健全国有及国有控股的院所转制企业、高新技术企业自主创新和科技成果转化的激励分配机制,鼓励研发人员向企业流动。二是设立人才发展专项基金,实施促进创业人才和团队发展的政策。三是建立以项目、金融、政策等相关服务为一体的创业支撑体系,吸引有科技成果和良好产业化前景的人才和团队创业。四是实施高端人才工程和产业紧缺人才工程,推动领军人才的引进和集聚。

第六章　上海市战略性新兴产业实现跨越式发展的新模式

随着全球新一轮科技革命的到来,世界主要国家培育新兴产业、抢占科技制高点的角逐之势已正式展开。在一系列战略和行动计划的推动下,部分重要领域和前沿方向已经呈现高速增长态势,新一代信息技术、新能源汽车、生物医药、高端装备、新材料等领域技术不断取得突破,新兴产业逐渐成为主导经济发展的主要领域。全球金融危机和经济衰退发生以来,发展新兴产业成为各国的共识,后危机时代抢占科技制高点的竞赛已经开始,全球将进入空前的创新密集和产业振兴时代。但是从全球看,发达国家多处在新兴产业的选择、关键技术的预研阶段,对于新兴产业采取何种发展模式也多在尝试和探索中。

一、基于技术创新推动战略性新兴产业跨越式发展的模式

战略性新兴产业基本特征之一是创新依赖性。新一轮科技密集突破正在催生以新兴产业为先导的产业革命。发达国家利用已有技术积累,加大研发资金投入,以期继续引领未来社会经济发展。如欧、美、日掌握先进材料和高端装备的核心技术,以英特尔为代表的国际企业巨头占据高端集成电路制造和封测的领先地位。

新兴产业的发展给新兴经济体带来了重要的发展契机,提供了一次在更高层次参与全球竞争、实现"弯道超车"的战略机遇。根据联合国教科文组织2010年报告,金砖国家研发投入占全球比例已经提高到15%。中国主导的新一代移动通信技术 TD-SCDMA 成为第四代移动通信的国际标准。所以要想实现赶超发达国家的目标,一个最主要的挑战就是实现技术赶超。

(一) 产业技术创新的演化阶段分析

1. 产业技术突变和多样化发展阶段

第一阶段是技术突变和多样化发展阶段。产业内频繁有新企业进入和退出,市场上存在多种不同的竞争性技术选择方案,每个竞争方案均有一个较小的市场份额(Nelson,1994;Utterback and Fernando,1993)。这个过程竞争的结果具有很强的不确定性,创新者主要是产品创新,面临着诸多的挑战。创新技术和原有技术为取得占优或支配地位而激烈竞争,原有技术由于拥有固定的设备、技术人员、专家和熟悉的人群,总是迟迟不愿退出,使用老技术的企业总是顽固地改进老技术,增加老技术的效率,延长老技术的使用寿命(见图6.1)。此阶段,如果一项技术建立在全新的知识基础之上,那么,用这种技术开拓市场将比强化原有技术要花费更多的费用和更长的时间。战略性新兴产业中的新能源汽车产业就处在这样一个阶段,在此阶段技术具有很多潜在的不确定性,创新技术的各项性能指标是不清楚的,因为创新企业和用户都不能肯定新产品的关键特征。

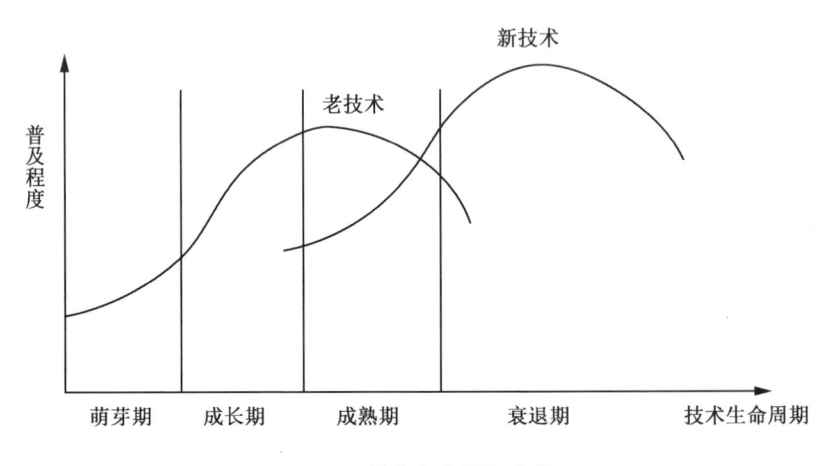

图 6.1 技术生命周期曲线

2. 产业占优设计形成与发展阶段

伴随着产业的演化,第二阶段开始于占优设计形成之后。占优设计被认为是引领一个产业从定制化生产到标准化大规模生产的转折点。这个从灵活性到专一性的变化过程由一系列步骤构成。首先,它是具有广泛吸引力的产品设计,虽然不是一个根本性的创新,但却是由以前独立的技术变异所引发的多项技术创新整合而成的新产品(或一系列特征),可以满足大量使用者的需求;其次,它能够吸引大量的市场份额从而激发大量的设计竞争活动;最后,竞争者将被迫仿效具有广泛吸引力的设计,否则就会从产品市场上退出。占优设计允许各个企业设计标准的和可互换的部件,这为大批量生产和提高效率创造了条件。各个行业开发行业规程、规范、惯例等,为迅速解决技术难题和提高行业工作效率打下了基础。占优设计可以使上下游企业和消费者建立稳定和可靠的联系。这个过程的创新以工艺改进为主,另外的主要特征是市场增长,产业内的新进入者逐渐变少。

表 6.1 展示了不同生命周期产业发展特点。

表 6.1　　　　　　　　　　不同生命周期产业发展特点

产业	萌芽期	成长期	成熟期	衰退期
市场结构和竞争状况	分散(完全竞争或局部垄断)	分散到集中(垄断竞争)	集中(寡头竞争)	集中(寡头或垄断)
基础科学与应用成熟差距	较大差异	差距缩小	差距极小	基本无差距
技术	相互竞争的技术;快速产品创新;技术风险高;学习效果明显	主流设计为主导的标准化;快速的制造创新	技术扩散;追求技术改良	少有产品或流程创新
竞争优势和进入障碍	产品功能及研发能力;研发和制造技术	市场需求和接受度;制造技术和占有率	低成本制造技术和全球占有率;制造技术、财力和品牌	市场接受度和顾客忠诚度;没有明显进入障碍

3. 上海战略性新兴产业发展选择

当前,上海正处于产业结构急剧变动的发展阶段,产业的兴衰更替无数次淘汰了未能成功转型的企业。上海企业转型与发达国家相似,具有跨越式的特点,并建立在技术转型的基础上。

上海发展战略性新兴产业,在产业技术突变和多样化发展阶段,竞争重点是技术本身和技术专家。这个阶段应着力增强自主创新能力,完善以企业为主体、市场为导向、产学研相结合的技术创新体系,发挥国家科技重大专项核心引领作用,结合实施产业发展规划,强化企业技术创新能力建设,建设产业创新支撑体系,加快培养造就高素质人才,集中力量突破一批支撑战略性新兴产业发展的关键共性技术。同时,着力深化国际合作,坚持"引进来"和"走出去"相结合,以更加有效的措施推进广泛和深入的国际科技交流合作,更好地利用全球科技成果和智力资源,引导国际相关领域的企业投向战略性新兴产业,推动形成合作发展新格局。

在产业占优设计形成与发展阶段,在新的全球市场竞争环境中,通过有效运用企业内外的各种创新资源,建立新的技术平台或改变核心技术,并取得自主知识产权,不断增强核心竞争力,从而获得持续竞争优势。要真正把自主创新做成全球性的自主创新,变成中国主导的模式。新形势下,要把握主导权。打造中国自主的国际顶尖企业,就必须积极开拓国际合作渠道,整合全球创新资源,走开放式发展道路。后发国家要发展新兴产业,必须立足国情,发挥市场优势,在开放合作中坚持自主研发,培育内生技术能力,打破领先国家的技术垄断,这是后发国家发展新兴产业的必由之路。要积极参与国际标准制定,增强合作的主动权,支持行业协会、学会、产业联盟、企业和研发机构等积极参与国际标准制定,力争在深度参与甚至主导国际标准制定方面有更大突破。

(二)基于技术领先的战略性新兴产业发展模式分析

1. 增强原始创新能力,成为产业技术领先者

技术领先的发展模式要求产业有较强的、自主的原始创新能力,即领先者需要不断通过创新活动创造新的技术和产品摆脱追赶者,继续保持自己的优势,而且这种创新最好是革命性的,如采取完全不同于以往的技术路线,从而使追赶者在旧技术路线上积累的知识和经验失效。这种产业发展模式是建立在完善的技术研发体系和支撑体系等前提下的。

产学研联盟的发展模式是较好的选择。这种模式要求政府、企业和学术部门之间以合资、技术联盟、研发联合体等创新的组织形式主导产业技术的进步,通过技术联盟实现产学研间的联合创新,有效整合资源,加快促进企业技术进步和创新能力的提高。这种模式一方面可以分担各主体的投资风险,另一方面

可以促进资源互补和多学科之间的交流与融合,促进技术知识的快速扩散。

技术领先者发展模式,主要通过大量的基础研究从而创造或发现新知识,然后再将这些新知识应用到开发新的产品和制造方法上,产生技术创新(见图6.2)。其产业技术研发主要集中在产业链上游,大多属于产业核心技术。作为技术领先者,可以通过所控制的核心技术,周期性地提升产品的性能,从而能够基本上控制全球产业的发展进程,同时控制整个市场的利润流向。因为拥有技术和产品标准的公司,可以利用垄断的优势不断推出新产品;同时,越来越多的公司通过合同生产网络将生产以及与生产相关的程序委托给企业外部的合作方生产和管理,公司集中力量进行技术开发和市场营销,从而获得产业链中80%的利润。

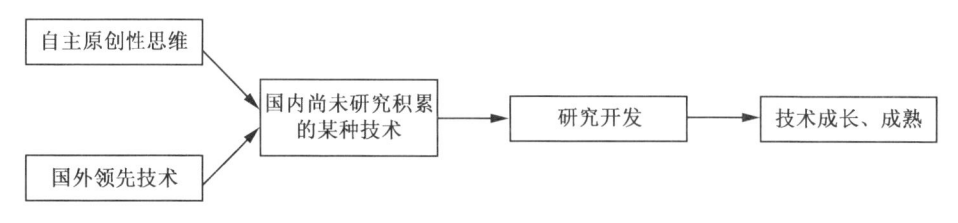

图6.2 技术领先模式

2. 政府的支持是产业发展的重要助推力

政府在基础研究和公共服务平台搭建上发挥重要作用。基础研究是原始创新的原动力,基础研究一旦取得突破,它对产业发展所起的巨大推动作用就是无可比拟的。但基础研究属于典型的公共产品,投资者无法获取全部研究收益,因而私人资本不愿进入。在这种情况下,国家的组织与资助就是保持基础研究活动可持续的必不可少的条件。在高技术产业领域,美国是采用技术领先发展模式的典型,美国在电子信息、航空航天等领域长期居于领先位置,而从近年美国政府的研发预算看,其中有近30%的经费用于支持基础研究。政府对研究开发的支持还表现在对研究开发基础设施的投资上,如通过对教育体系的支持为产业界源源不断地输送大批科技人才,通过投资大型实验设施装置为产业界提供研发创新的公共服务平台,建立技术信息系统使产业界随时能够了解到世界各地最新的科学与技术成就,通过建立知识产权保护制度,以保证创新者能够从自己的创新活动中获利。

政府提供积极的市场支持。政府可以通过公共采购为技术创新企业提供一定的市场空间,并为处于市场化初期的技术创新成果创造可观的市场需求。如电动汽车、新能源等产业,产业发展初期的市场需求只是对原有同类需求的替代,即它们并没有给消费者带来新欲望的满足,如电动汽车在满足"出行"基本需求方面与传统能源汽车并无本质差异,而消费者如果通过电动汽车获取这样的需求将付出更多的成本,显然如果没有外部干预,这类交易行为就很难发生。因此,在这类产业发展初期,需要通过政府干预,弥补消费者接受替代需求的成本。

3. 先发制人,控制技术发展方向

上海在一些新兴技术领域与发达国家相比差距相对较小,有些领域具有同发优势、处于同等水平,甚至局部领域取得领先优势。如在生物产业上,在生物信息学、基因组学、蛋白质工程、生物芯片、干细胞等生命科学前沿领域具有较高研究水平,一大批生物技术成果已申报专利或进入临床阶段或正处于规模生产前期阶段。在这类具有领先优势的产业领域,可选择技术领先的发展模式,即依靠在基础研究中的优势,沿着"研发—应用—产业化"的轨迹前进,不断发明创造出新的产品和工艺方法,从而控制技术的发展方向,占据技术发展的制高点。技术领先的发展模式由于有先发制人的优势,通常能较早占据市场优势。

(三)基于技术追随的战略性新兴产业发展模式分析

1. 提高再创新能力,促使产业快速发展

在战略性新兴产业中,我们还有很多领域没有掌握产业的核心技术或技术水平处于国际先进水平之下,在这些领域适宜采用技术追随发展模式(见图6.3)。技术追随者一般并不是某项产品或工艺的首创者,主要是通过知识的传播、设备的进口,接受直接投资和技术贸易等方式获取技术领先者的先进知识。技术追随者面临的首要问题是如何应用这些知识,然后才是改进、发展这些知识,因而技术追随的发展模式是沿着与技术领先模式相反的运动轨迹前进,即"产业化—应用—研发"。

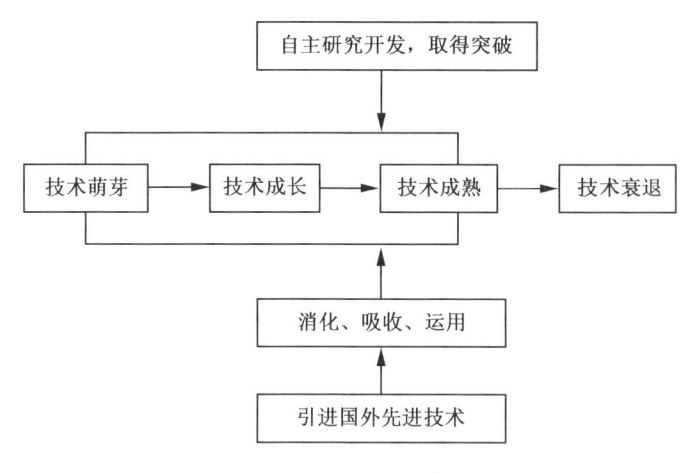

图 6.3 技术追随模式

在技术追随发展模式中,后进国家顺着发达国家技术发展的路径一步一步追赶,呈现出三种状态:一是追赶的每一个阶段所用的时间较之以前明显缩短;二是追随者顺着先进技术的发展路径发展,但是在发展过程中跨越了某个或某些阶段,如直接由阶段 A 进入阶段 C,或者直接由阶段 A 进入阶段 D,而省去了中间的某些阶段,节约了时间;三是追随者顺着先进技术的发展路径发展,发展到一定阶段不再顺着原来既定的路径往下走,而是开创出一条新的发展路径并且顺着这条新的轨迹走下去。

不论哪种方式,技术追随者在获取领先者的先进知识时虽然会付出一定的代价,但一般而言这种代价要小于首创成本,并且技术追随者在劳动力、土地等生产要素的成本方面往往低于技术领先者,因而在生产成本方面往往具有某种优势,这使他们有可能在产品市场的竞争中占有一席之地。对技术追赶者而言,由于面对的是技术领先者的技术与市场优势,首先需要一个能够充分动员资源的机制来获取生产能力与市场份额;其次要想在成熟产品市场上战胜技术领先者,甚至转变为技术领先者,除了在价格因素上,最终还必须在产品性能上超越领先者。这就要求技术追赶者提高引进消化吸收能力和再创新能力。消化吸收能力是成功的基础,而再创新能力是实现跨越式发展的关键。

2. 政府战略性引导与企业的发展有机结合

随着新技术革命浪潮的来临,战略性新兴产业技术变化越来越快,中国企业面临强大的竞争压力,但同时开放的技术机会使后发企业以较低的学费进入这一产业。现实表明,越是新兴的产业,后发国家越可以利用本土市场优势,成功的可能性越大,因为在这种动态的市场演化中,会给中国企业进入市场提供更多的机会。中国电信产业和手机产业的发展充分说明了这一点。由于技术追随者已经观察到技术领先者技术的发展轨迹,能够确定哪些是产业关键、核心的技术,因而政府在确定技术的发展方向上能够发挥很大的作用,这种模式下政府的战略性引导是促使产业快速发展的重要因素。只有将政府的干预支持、企业的发展战略有机地结合起来,中国在这些新兴产业才会实现快速追赶。

政府要通过一系列制度安排,如减免税收、提供优惠长期贷款、发放补助金、保证外汇供给、颁发重要产业进入许可证等措施,保证经济资源能够向战略性新兴产业和企业流动。在研究开发领域,政府不仅要加强基础研究,更要重视对应用研究和产品开发的支持。政府的学术机构在早期传播技术知识、培养技术人才方面也要发挥重要作用。政府的另一个作用是提供市场保护,日本和韩国在其工业发展的早期都对其战略性产业实行过比较严格的保护。对进口和外资进入都实行了严格的控制,以进口替代促进其产业发展,在基本实现工业化后,日、韩才逐步实现贸易与投资自由化。

二、基于市场拉动的战略性新兴产业跨越式发展的模式分析

(一)战略性新兴产业的市场周期分析

1. 战略性新兴产业的市场崛起

新兴产业的发展离不开市场需求的有效拉动。在经济全球化和世界工业化格局发生深刻转变的情况下,一个新兴产业能否成长为支柱性产业,不仅取决于技术上的突破和生产能力的增长,更取决于产品的市场需求。波特(Porter,1997)指出,新兴产业是新形成的或重新形成的产业,其形成得益于经济和社会变化将某个新产品或服务提高到具有潜在可行的商业机会的水平,该产业往往具有较大的潜在市场空间。埃丽卡凯克和沃茨(Erickcek and Watts,

2007)也认为,新兴产业是销售收入和雇员数都快速增长的新产业,具有广阔的市场前景,通常等同于范式转变(Paradigm Shift),市场面临着需求结构的重大调整。由于新兴产业一般处于产业生命周期的萌芽期,其产业技术还不成熟,技术路线还有多种选择,形成主流产品和商业模式还需市场的筛选,如电动汽车、新能源等产业,产业发展初期的市场需求有的只是对原有同类需求的替代,即它们并没有给消费者带来新欲望的满足,如电动汽车在满足"出行"基本需求方面与传统能源汽车并无本质差异,而消费者如果通过电动汽车获取这样的需求将付出更多的成本,显然这类交易行为很难发生。所以,新的重大需求培育是中国战略性新兴产业发展的重要任务之一,形成有效的市场需求,是战略性新兴产业最终能否发展壮大的必备条件。

我国现阶段新能源汽车、物联网、高性能复合材料产业等都处于市场开始崛起阶段。2012年我国新能源汽车生产12 552辆,销售新能源汽车12 791辆,约占当年全部汽车销量的0.7%。进入2013年我国新能源汽车产销比2012年有较快增长。截至2013年6月生产新能源汽车5 885辆,比2012年同期增长56.3%;销售新能源汽车5 889辆,比2012年同期增长42.7%。在物联网产业,截至2013年年初,市场规模已达3 650亿元,比2012年增长38.6%,移动电子商务市场交易规模达到965亿元,同比增长135%。新兴产业一般前期的技术研发投入力度大,然而市场接受程度低,难以形成有效的回报,需要政府加大对新兴产品的集中采购力度来引导市场取向,创造产品需求。同时,该阶段的产品技术稳定性较低,多数产品不掌握核心技术,在市场化过程中处于被动地位,因此国内产品要得到消费者认可仍需要在技术创新方面多做努力。

2. 战略性新兴产业市场的成长期

在成长期的市场,适合不同类型技术、不同类型企业、不同商业模式的市场结构和政策环境已初步形成,新产品在市场上有很大的吸引力,并已普遍被消费者接受。产品已基本定型,大批的生产能力已经形成,生产成本在不断下降,销售量增长迅速。由于大量竞争者的加入,仿造品和代用品大量增加,市场竞争日趋激烈。

我国生物制药、新能源、节能环保、云计算等产业处于这一阶段,2013年1—5月,我国生物制造子行业的销售收入同比增长16.99%,利润总额同比增长

19.71%,远高于医药行业的增速。子行业利润和收入增速基本保持在13%～20%,疫苗和血液制品等细分领域已进入稳定增长阶段。随着新能源汽车产业进入市场孕育期,2013年锂离子电池产业表现出良好的增长势头。从进出口状况来看,2013年上半年比2012年上半年出口同比增长216%,仅在惠州检验检疫局就共检验出口电池5.4亿块,货值达1.5亿美元,产品出口全球82个国家和地区。从需求增长来看,在消费电子和电动车保持较快增长的背景下,2013年对锂离子电池的需求增速将达32%。锂离子电池作为一种新能源电池将会逐渐取代铅酸电池,展现出广阔的市场应用空间。与锂离子电池产业市场良好发育的情况不同,风能、光伏产业却陷入发展瓶颈期。2012年我国多晶硅产量达到6万～7万吨,同比下降10%以上,但仍占据全球总产量的27%。太阳能组件产量达到23GW,同比增长10%,占全球总产量的60%,然而出口量同比下降了42%。2012年风电新增累计装机为1 296万千瓦,同比增速为－16%,首次出现负增长。在节能环保行业,环保装备制造业进入战略机遇期,预计2013年全行业增长率将超过25%。2013年,云计算已经逐渐被IT企业与用户所接受,云计算大规模落地的时机已经日渐成熟,2011年到2013年间平均复合增长率达到91.5%。处于市场逐步发育阶段产业的技术已具有一定的稳定性,可实现产品规模化生产。同时,该阶段市场状况波动起伏,市场培育不确定性较大,部分产业陷入发展瓶颈期,只有实现消费观念的转变才能从根本上打开新兴产品市场。

3. 战略性新兴产业市场成熟期

进入战略性新兴产业市场成熟期,行业结构将呈现出由几个巨型企业所统治的趋势——也许是质量领先者、服务领先者和成本领先者。其余的细分市场则被大批中小型企业所占领,竞争激烈。竞争者之间的价格趋于一致,市场上不断出现各种类似产品和仿制品。销售规模虽然仍有增大,但已达到饱和程度,增长率呈下降趋势。企业利润开始下降。这个阶段持续的时间比较长,在实际情况下,市场上大多是成熟期的产品。

我国高端装备制造业、新一代信息技术业处于该阶段。2013年中国机床市场将增长14.2%至3 890亿元,强劲的增长势头将巩固中国作为世界最大机床消费国和生产国的地位。2012年下半年,随着国家"节能惠民工程"政策的实施,一批大中型重点基础设施工程批复,以及移动互联网所带动的智能化设备渗透率的提高,中国集成电路市场规模呈现出逐步扩大态势。2013年中国集成电路市场将实现较平稳增长,预计市场增速有望达到7%以上。2012年我国IC市场总额高达8 558.5亿元人民币,占同期全球半导体市场的46.7%,已成为全球最大集成电路应用市场。处于市场基本形成阶段的战略性新兴产业部门,其市场培育并非"零起点"。这些产业部门与传统产业或高新技术产业有着密切关系,通过渐进式技术创新获得产业的升级改造或发展到更高层次,市场培育也将伴随着对传统产业技术的改造升级。同时,该阶段市场培育的主要任务在于扭转对国外产品的依赖,增强国内消费者对本土产品的信心。

(二)基于国内市场领先的发展模式

1. 发挥国内市场的优势,促进持续技术创新

中国市场已经成为全球最值得投资的新兴市场,国内市场为战略性新兴产业提供了广阔的发展空间。

国内持续的需求为持续的技术创新提供了市场条件(见图6.4),因为技术难题的攻克和不断的尝试—纠错—尝试过程就是持续的技术创新。在这个过程中,各个创新阶段不同技术水平和功能的产品需要有国内市场的支持,如果没有国内需求的支持,各个创新阶段的产品就很难销售出去,很难进行不断的尝试—纠错—尝试的循环,也就难以促进持续的技术创新。

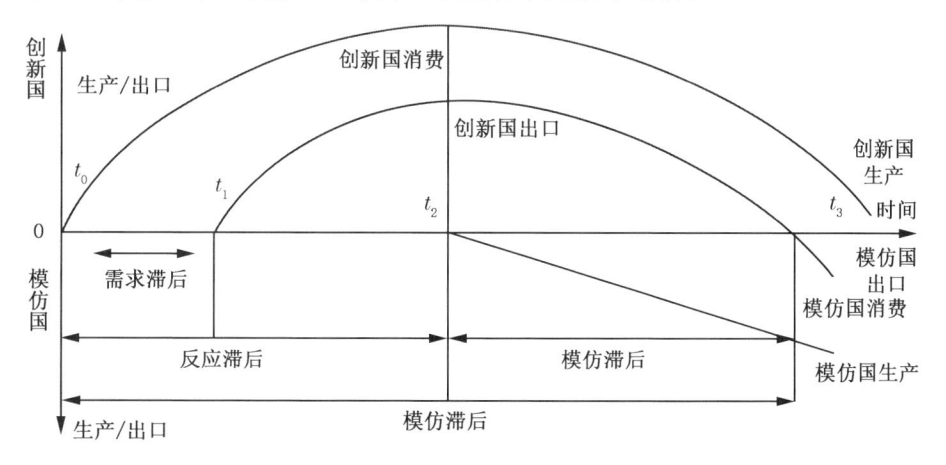

图6.4 国内市场需求对创新的影响

国际市场需求往往倾向于技术和功能比较成熟的产品，国际市场需求的特点决定了不同技术创新阶段产品，特别是处于尝试—纠错—尝试阶段的技术创新产品，如果一开始就面向国际市场，由于其技术和功能的相对不成熟，很难在国际市场上销售，企业难以收回成本和实现利润。没有外部补贴的情况下，创新企业往往无法完成尝试—纠错—尝试的技术创新过程。

可见，从动态的角度看，战略性新兴产业在发展的初期，往往处于技术、市场和生产方式的探索阶段，产业发展缓慢，因此基于国内市场需求进行技术创新的发展模式，会对技术创新产生拉动和导向作用，并且会减少技术创新过程中的不确定性。

2. 利用细分市场，积累技术能力

由于中国各地区发展不平衡，在地理、文化和经济等因素上存在较大差异，出现市场需求的多元化，因此诞生出许多细分市场，这些市场往往有着独特的需求特征。国内市场和国际市场尽管同处于一个大市场背景之下，但国内市场往往有特殊要求，而我国企业或研究机构一般说来更了解国内需求，并且常常已做过较长时间的研究，具备了满足需求的基础和能力。

当一项新兴技术在诞生之初由于某方面的缺陷而不能全面推广时，在这些千差万别的细分市场的某一局部却很可能存在机遇。在这些市场的率先应用可以帮助企业积累技术和市场经验，并待条件成熟之时向更广阔的主流市场迈进。

（三）基于国际市场领先的发展模式

战略性新兴产业是一个世界性的产业，国际化发展是必要的条件，要想在国际市场竞争中取得领先地位，必须以更加开放的思维，推进智力、资本和市场的深度合作。

1. 进入国际市场，大企业发挥主导作用

我国战略性新兴产业在 2011—2015 年要实现 24.1% 的年均增长速度，2016—2020 年要实现 21.3% 的年均增长速度。而作为国民经济支柱产业的新一代信息技术、节能环保、生物和高端装备制造产业还将快于此增长速度。因此，完全满足国内市场是无法达到发展目标的，需要大力拓展国际市场。国际市场的竞争更多表现为大企业、大公司的竞争，全球竞争条件下对企业的规模经济要求远远高于国内竞争对规模经济的要求,中国的企业要想在国际市场上和其他国家跨国公司一争高下,首要的条件是具备与对手大体相当的规模,至少也不能相差太远。因此必须明确支持大企业的发展。

一般而言,大企业竞争主导的市场的形成和发展大致存在两种基本模式:一种是以英、美为代表的通过企业自发竞争促进市场集中,进而形成大企业主导的市场;另一种是以日、韩为代表的主要通过政府产业政策的推动迅速实现企业规模扩张和市场集中,进而形成大企业主导的市场。第一种模式充分发挥了市场机制在产业转型升级中的作用,有利于培育企业自身的创新能力和应对各种环境风险的能力,但通过这种方式实现市场结构由分散型向大企业主导的转换往往要经历较长的过程。第二种模式尽管也是建立在市场竞争的基础上,但政府力量在其中发挥了重要作用。

政府作用主要表现在政府通过各种财税、投融资优惠政策,促进大企业的快速形成和发展,迅速提高大企业规模,从而较快促进大企业主导的市场形成,但要按照市场机制的资源优化配置原则,促进中小企业在合适的领域继续发展,加强大企业与中小企业之间的分工协作。在这种大企业为主导、大中小企业分工协作的集中型产业体系中,实现大企业与中小企业合作共生,形成自立型的基于国内市场的价值链(National Value Chain)分工生产体系,有利于大企业应对环境风险能力和核心竞争力的提升,从而提升产业国际竞争力。

2. 扩大和深化国际合作,吸引更多国际人才

目前许多新兴产业领域的发展,企业开展国际合作的形式比较单一,不注重前期技术合作,也没有利用国际资本市场,国际合作发展渠道不畅。目前战略性新兴产业的关键核心技术主要还掌握在发达国家手中,部分资源主要依靠进口,光伏、风电等一些产品主要市场还在国外,深化国际交流合作对产业发展非常重要。中国企业在开拓国际市场中面临的最大瓶颈还在于技术劣势,导致出口产品的国际市场竞争力不强,国际市场话语权有待提高。以新材料产业为例,尽管中国占据全球 96.77% 的稀土矿,但缺乏国际市场资源定价话语权。2008 年 10 月以来,受国际金融危机影响,稀土氧化物及稀土金属等产品价格一直处于下行趋势。其中稀土矿产品价格降幅近 40%,稀土应用产品的生产和销售企业也受到了明显影响(崔卫杰,2010)。上海是我国国际化程度最高的城市

之一,对外经济贸易和科技文化交流广泛深入,跨国企业集聚度较高,吸引力较强,尤其是战略性新兴产业近年在吸引外资上呈现高速发展势头。因此,可以进一步加大对战略性新兴产业国际交流与合作的支持范围与力度;加大战略性新兴产业核心技术引进和合作的支持力度,尤其是加大对引进消化后的突破性技术创新的激励,促进关键核心技术的重大提升与突破;支持科研院所、企业等与国际知名院校、机构、企业、专家等开展战略性新兴产业领域的深层次交流与合作;根据本地区重点打造的战略性新兴产业领域,着力引进国际领先的国外龙头企业,通过利用境外资本,引导其将研发中心向中国转移,并在合作中掌握核心技术;鼓励国内的优秀企业到国外建立工厂和研发中心,在战略性新兴产业领域打造世界知名品牌,扩大国际市场;积极"走出去"引进国际化的战略性新兴产业领军人才和关键人才,进一步优化完善人才发展的相关政策环境,吸引更多国际人才。

三、基于政府扶植的战略性新兴产业发展模式

(一)产业发展初期:政府干预直接推动战略性新兴产业发展

1. 制定切实可行的产业发展战略和发展目标推动产业发展

战略性新兴产业不同于传统产业,具有全局性、长远性、导向性和动态性等特征,需要遵循特定的发展规律。特别是这些产业在发展的初期成长速度缓慢,由于存在众多可能代表未来产业发展方向的尝试,市场分散狭小,发展前景和路径尚不明确,政府政策、规划直接推动产业发展的模式要求政府通过制定产业发展战略、规划等政策措施,积极干预各种要素资源的配置,从而推动产业发展。政府出台的政策,一是要有超前性,紧紧跟踪世界新兴产业发展的新动向、新水平,分层次、分步骤搞好共性技术的研究工作。二是要有连贯性,根据国民经济发展的需要不断补充和充实各项产业规划,发挥国家的总体优势。

目前,《上海市战略性新兴产业发展"十二五"规划》提出"十二五"期间,上海市战略性新兴产业发展将聚焦"5+2"的重点领域:重点发展新一代信息技术、高端装备制造、生物、新能源、新材料五大主导产业,积极培育节能环保、新

能源汽车两大先导产业。同时,选择具有突破性引领带动作用的重点领域,实施民用航空、物联网、智能电网、云计算、生物医药与医疗器械等专项工程,进一步加大政府聚焦力度,通过科技攻关、应用示范和模式创新,力争突破一批重大关键成果,加快培育一批行业龙头企业,努力实现战略性新兴产业发展新跨越。发展目标是到2015年,上海市战略性新兴产业七大领域制造业总产值超过10 700亿元,服务业实现经营收入超过4 300亿元,共计实现增加值占上海全市生产总值比重超过15%。

2. 政府积极引导产业资金流向

政府通过直接投资、政策性金融支持等手段引导产业资金流向。当前,资金缺乏是制约战略性新兴产业发展的一大瓶颈,政府应通过政策调整充分发挥资本市场对战略性新兴产业的支撑作用,为企业融资拓展渠道。应积极推进创业板市场建设,培育更多的有活力、有发展前途的创新型小企业上市,建立适合我国国情的多层次的资本市场支撑体系,发挥对资金的引导和杠杆作用,加大对风险投资发展的引导力度。鼓励有关部门和地方政府设立新兴产业投资引导基金,以政府示范性引导社会资本参与战略性新兴产业的投资,帮助和推动具有较强自主创新能力的企业上市融资,扩大风险投资的资金来源,增强风险投资机构的资金实力,促进自主创新成果产业化。

3. 政府主导的产学研联盟的发展模式

在起步阶段,这种模式要求政府、企业和学术部门之间以合资、技术联盟、研发联合体等创新的组织形式主导产业技术的进步,通过技术联盟实现产学研间的联合创新,有效整合资源,加快促进企业技术进步和创新能力的提高。这种模式一方面可以分担各主体的投资风险,另一方面可以促进资源互补和多学科之间的交流与融合,促进技术知识的快速扩散。在产学研联盟的组织形成过程中,政府要直接参与合作组织,形成政府、产业、高校之间的多方合作,其作用在于通过政府的沟通,解决合作组织形成过程中的信息不对称问题。此外,政府还可以选择将税收补贴和资助更多集中在联盟间合作研究上,以强化对联盟合作研究的激励。中国台湾地区微电子产业的发展是应用这种模式的一个典型案例。有关当局出面建立工业研究院,培养技术人才,特别是鼓励与美国硅谷的技术交流和跨洋合作,吸引华裔科学家和企业家到中国台湾地区创业,进行自主创新,研发成果及时向产业转移,形成了官产学研紧密结合的良好机制,推动了产业的快速发展。

(二)产业成长阶段:减少直接干预,重视对中小企业扶持

1. 减少直接干预,促进新产业发展和新技术的应用推广

要完善产业发展的组织机制与利益协调机制,统筹协调部门、地区、行业关系,打破部门、地区、行业壁垒,形成发展合力,促进新产业发展和新技术的应用推广。着力吸引社会资本进入,实现"以政府投资为主"向"以社会投资为主"的有序衔接。减少政府对企业的直接干预和相关补贴性政策,加大对前沿性、关键性、基础性技术研究的支持力度,把政策的着力点聚焦到支持产品研发的前端和推广应用的后端上来,创新适应新兴产业发展的商业模式。

2. 重视对大量中小企业、新兴企业的政策扶持

进入产业成长阶段,产业中各个相互竞争的公司可以利用共性技术进行后续的应用研究及商业开发,进一步降低技术和市场风险,并产生原型产品;厂商则进一步改善产品性能和工艺,以满足特定的市场需求,产业市场规模不断扩大。在这个阶段政府不能只将眼光聚集于规模较大的国有企业,而应当同样重视对大量中小企业、新兴企业的政策扶持,为中小企业发展提供重要保障。因为中小企业虽然具有很强的技术创新动力,却极大地受制于自身较弱的技术创新能力。围绕提高中小企业技术创新能力,政府要重点完善以下政策:一是产业标准化政策,其目的是防止大企业垄断技术标准而形成对中小企业专有性应用技术的市场进入壁垒;二是中小企业创新服务政策,如设立创业孵化器、提供技术信息服务、管理咨询和培训等;三是融资政策,如设立中小企业担保计划、提供种子基金,考虑采取有针对性的税收补贴政策,引导风险投资等。

(三)产业成熟阶段:保护国内竞争格局,提高大企业的国际竞争能力

1. 保护国内竞争格局、保障市场的运行规则

进入该阶段,产业的关键核心技术已经被市场上的公司广泛掌握,技术壁垒已经基本消失。大量的公司涌入,产业利润率开始降低,之后少数公司经过良好的市场运作或消灭或合并其他公司,最后形成垄断竞争的格局。这时维持

公平合理的市场竞争是促进产业发展的重要因素。对于那些没有竞争力的有问题的行业和企业,政府要取消保护,让其自生自灭。政府主要运用经济政策、法律手段引导企业的活动,保证市场的竞争,并推动市场体系的建立和保障市场的运行规则。

2. 提高大企业的国际竞争能力

这一阶段产业发展的各种资源(资金、劳动力、技术)的集中度高,主要掌握在大企业集团手中,发展的动力主要来源于规模经济和不断适应市场需求的创新。

政府一方面要维护和支持大企业的利益,另一方面又不使其行为破坏自由竞争的环境,影响经济效率的发挥。在国内竞争中,当可能形成垄断时,应使用法律和行政手段打破垄断,以鼓励竞争。在国际竞争中,为了保护大企业的利益(见表6.2),政府应支持大企业的合并重组。例如,按美国的反垄断法,波音和麦道的合并是不允许的,但出于与欧洲"空中客车"的竞争需要,其合并得到了政府的默许。

表 6.2　　　　　　　　　　　　　　政府扶植

产业发展初期	制定切实可行的产业发展战略和发展目标推动产业发展,积极引导产业资金流向,主导产学研联盟的发展
产业成长阶段	促进新产业发展和新技术的应用推广,重视对大量中小企业、新兴企业的政策扶持
产业成熟阶段	保护国内竞争格局,提高大企业的国际竞争能力

第七章　战略性新兴产业发展的政策创新设计

一、发展战略性新兴产业过程中政府的定位

(一)发展战略性新兴产业过程中政府的角色

战略性新兴产业关系国家大局,政府在发展战略性新兴产业过程中究竟应该扮演怎样的角色是一个非常重要的问题。战略性新兴产业的发展,现时完全靠市场的话,发展会比较缓慢,但也不能说完全不发展。因为战略性新兴产业现在市场需求相对较小,而短期投入要求可能较大,所以政府可以提供一些支持和补贴。不过,怎么补贴? 这就值得研究了。

政府过去的补贴和支持,可以称之为招商式的补贴和培育产业规模的补贴,即为了把投资项目招过来,就给企业土地优惠、财税优惠。此外,为了培育企业产出规模,比如企业投资多少,政府给多少补贴,企业产能扩大多少,给企业多少优惠。

政府目前基本采取这两种方式培育战略性新兴产业。这两种方式有没有优点? 答案是肯定的。第一,招了商,引进了投资,可以拉动 GDP 增长,也解决了劳动力就业甚至成为将来政府的税收来源。第二,企业规模形成了,税收增加了,就业问题也解决了,当地 GDP 也增加了,对当地的城市发展、经济发展、社会发展都有益。由于这两个优点,地方政府一般都采取这种措施。但是如果所有地方政府都这样做,该战略性新兴产业很快就会产能过剩,光伏产业就是前车之鉴。

所以,政府扶植战略性新兴产业发展的政策要改变,不应该再提供所谓产能扩张的补贴。产能扩张的问题要和市场挂钩。应该把战略性新兴产业产能扩张的补贴改变为培育战略性新兴产业市场的政策。例如,美国政府在光伏产业上既有扶植政策也有政府补贴,但不是把补贴给生产光伏电池的企业,而是给消费者。你买了太阳能电池安装在家里,政府给你所得税的抵扣,于是消费者愿意买了。更多的消费者买太阳能电池,市场需求扩大了。市场需求扩大后,企业自己可以根据对市场需求的判断决定产能扩大与否。又比如智能装备生产出来没人要,怎么办?那就补贴买智能装备的企业。用好了,给你一点补贴。我们的政府过去是把钱直接补贴给生产企业,于是这些企业拼命扩张产能,市场需求对它们反而不重要了。

目前各地政府都在大力推进战略性新兴产业,各地都有补贴,如果谁改变了原有的补贴方式,会不会导致政策洼地的出现?笔者认为不会。反而是先改革者有先发优势。即便是光伏产业,改成像美国的补贴,居民购买、使用光伏电池以后,政府也给一定的补贴。这样补贴之后,市场需求就大了。市场需求规模越大,光伏企业进一步发展的可能性就越大,市场充分竞争还能更好地提升产品与服务质量,而且长期来看,这才是培养产业国际竞争力的关键,国际竞争力只有在国际市场竞争中才能真正培养起来,从来没有通过政府的不断补贴有国际竞争力的产业可以持续发展的。当然,我们还可以设计其他的补贴政策。比如光伏企业,它如果能够在市场卖掉一个产品,政府就补贴一些成本。这样,企业就有一定动力开发市场,提高服务质量,结果也把企业的市场竞争力培育起来。

(二)政府对现有产业转型的政策思路

目前,虽然我们大力发展战略性新兴产业,但现有的传统产业尤其是传统制造业遇到了极大的困难,产业过剩、产业结构低端化,成为当前经济发展中的关键问题。为此,我们需要通过发展战略性新兴产业来带动传统产业的转型升级,这方面也需要政府做很多的工作。那么政府对我国传统制造业转型究竟应该起到什么作用?这是一个大问题。我国的市场不成熟,这个几乎可以断定。从逻辑上讲,市场不成熟状态出现,政府就应出面干预了。问题在于"干预什么？怎么干预？干预的范围和干预的层面，什么才算是合适的，什么是不合适的？"从这个意义上讲，我们可以借鉴和考虑美国的做法。

美国政府的具体做法是政府不明确具体的产业选择。虽然美国提出"再工业化"，但是产业选择实际上是不明确的，因为政府想让市场发挥功能，而不是政府替代市场做出决定。从政府层面来说，把制度搞好、完善市场、使其更透明化。美国政府目前做四件事：一是提供制度环境。二是提供能够保护私人财产和促进有效竞争的法律体系，这不仅是单单颁布几个法律，要让大家认识到这个法是要执行的，认识到有很高的违法成本。三是支持基础研究，提供平等的教育机会，加强人力资源的开发。研究开发、培训教育有很大的外部效益。四是政府不是要做所有的事情，但是要把做的事情做好。

看来，产业结构转型升级、制造业转型升级，政府应该更多地考虑我国产业结构调整、制造业转型升级的制度设计问题。改革开放以来我国所取得的经济与制造业发展巨大成绩，本质上是制度改革与市场机制建设的结果。今天我国制造业要转型，要发展成为先进制造业，从某种意义上说，我们应该认真地思考先进制造业发展背后的制度环境与政策环境是不是需要进一步改善，这是最关键的。我们现在提倡发展服务经济、发展现代生产服务业，重要的不是数据上的提升，而是服务业的水平和效率应该达到发达国家水平，能够推动制造业转型升级。我国产业结构转型升级、制造业转型升级的基本对策有以下几个方面：

1. 更大胆地进行创新的制度建设和知识产权制度的改革

前者的关键在于创新激励机制能否建立。现在很多个人的发明创造，发明者所在的单位都会声称这是发明者的职务发明。此时如果发明者要开公司，单位不出资，就要求成为大股东，而发明者辛辛苦苦只占小部分股份，如此创新者的创新动力就不足。经济学告诉我们，只有创新者分享到了创新带来的红利，才能有更大的动力投入下一步创新，要形成正向的反馈。我国的知识产权保护需要更准确的界定和更严格的执法，例如，在国外很多商业模式都可以申请专利，而国内的定义是很狭隘的。

2. 进一步深化教育制度改革，有效使用人才资源

这个非常重要。现在的教育分两块：一块是普通教育；一块是职业教育。

美国的普通教育很强,大学教育很强,不过它的职业教育没有德国好。我们常说德国制造非常精良,原因就在于它有一支庞大的熟练技术工人和工程师队伍。我们现在还有谁想当技术工人呢?孩子们都想去银行工作。职业教育做不好,我国制造业升级肯定做不好。教育是一方面,另一方面是如何做好产学研合作,最大限度使用好人才资源。2011年美国在产学研协同振兴制造业,有效使用人才资源合作创新方面推出一项重大举措,即"高端制造合作伙伴"(Advanced Manufacturing Partnership,AMP)计划。该计划由道氏化学公司和麻省理工学院共同领导实施,而非政府部门直接负责实施,主要致力于四方面的工作:建设国家安全关键产业的国内制造能力;缩短先进材料从开发到推广应用的时间;投资新一代机器人;开发创新型节能制造工艺。

3. 支持制造业转型升级,特别支持新制造模式创新

我国实体经济发展的未来,应该是在价值链上有控制力,占据附加价值高的制造业。我们应该抓住新一轮工业革命的历史机遇,从现在主要依赖发达国家产业体系,进行创新变革,使我国未来的制造业成为产业价值链上的领导者,成为真正的工业强国。如此,今天我们就应该围绕这个目标进行制度改革与政策设计,要支持企业争取价值链的控制权。比如一个企业从前没有品牌,现在开始打造品牌,有点起色,那么我们可以考虑帮助它,让它逐步超越国外品牌。政府优惠政策导向应该是引导企业大胆创新,引导企业围绕大规模定制化生产方式展开,开展新制造模式创新,进行商业模式创新。应该要有一个新的更有效的评估机制,有一系列产业的专业委员会,让资深的专家和行业人士参与评价,甄选被支持企业,使之成为未来具有国际竞争力的创新企业。

4. 迅速完善我国的创新服务体系

我们国家一直提倡自主创新,这是对的,也开始有了政府支持的公共创新服务平台,比如生物医药行业中的检测检验机构、孵化器、公用的实验装备等。但是据我们调研,这些公共创新服务目前存在效率不高、不方便、服务不到位的情况,其中信息文献共享方面的问题尤其突出,各个单位都有数据库但是不连通,检索很不方便,加上我们的互联网速度慢,使得搜寻信息与文献的成本非常高,浪费了许多宝贵的时间,阻碍了知识积累与知识创新的效率。所以,面对新一轮工业革命,如何把公共创新服务体系建成一个有机的体系,让用户感到使

用很方便,成本也低,就成为一个关键的问题。今天我们已经进入了速度经济时代,速度决定了创新竞争的成败,决定了在新一轮工业革命过程中我们在未来全球产业新分工体系中将会占据什么样的位置。

二、推动战略性新兴产业发展的公共创新服务体系

在全球科学技术革命迅猛发展、科技与经济一体化进程不断加快的今天,战略性新兴产业的发展与创新活动已不仅是单纯的企业行为,而是需要政府推动和引导的职能化、社会化行为。政府的培育和扶持已是战略性新兴产业快速成长的必要保证。国内外开展平台建设的实践证明,公共创新服务平台充分利用了现有和潜在的技术及产业基础优势,实现技术创新资源的整合集成,促进了产学研的紧密结合,搭建了企业创新支撑环境,有助于实现关键核心技术的突破,有利于促进创新驱动与产业的结合。因此,技术创新服务平台建设应当成为政府引导扶持战略性新兴产业发展的重要抓手。

战略性新兴产业发展需要公共服务平台的支撑。在新一代信息技术、新能源、新能源汽车、新材料等领域的一些关键技术环节,仅靠一两家企业是很难取得突破的,要整合各部门现有的资源,加大财政资金对新兴产业自主研发创新的支持力度。政府通过建设公共技术服务平台,对开放式、专业化共性技术研发予以资金补助。要建立健全以企业为主体、产学研用紧密结合的创新机制,调动社会力量创新、创业的积极性。

(一)公共服务平台支撑的重要作用

1. 公共创新服务平台是支撑关键核心技术突破和提升企业技术创新能力的有效载体

公共创新服务平台是产业层面上技术创新资源系统集成和共享的网络化支撑体系,是技术创新链上各环节信息和资源交汇、流动的纽带,是产学研各方围绕产业关键核心技术的突破等重大目标开展长期战略合作的载体。公共创新服务平台建设有助于解决资源分散、共享不畅、公共产品供给不足等实际问题。在战略性新兴产业不同的发展时期,公共创新服务平台都将发挥重要的

作用。

在战略性新兴产业培育阶段,产学研各方可以采取契约联合的形式,依托公共创新服务平台整合各方创新资源联合攻关,通过信息化手段实现实时交互,采取共享机制有效降低创新风险、节约创新成本,为核心关键技术的突破奠定基础。

在战略性新兴产业的发展壮大阶段,公共创新服务平台一方面通过服务网络开展对成熟适用共性技术及产品的扩散推广,加快战略性新兴产业的产业化速度;另一方面为广大企业提供设备仪器、产品检测、信息检索以及人才培训等公共服务,支撑企业专有技术的研发,整体提升企业自主创新能力;与此同时还可以收集凝练分析企业需求,为政府出台相关产业政策和支持措施提供决策依据。

2. 公共创新服务平台建设是发达国家培育发展战略性新兴产业的重要形式

主要发达国家都已经从多方面对战略性新兴产业的培育发展给予积极支持。尽管国外并不一定明确提出"公共创新服务平台"的概念,但相类似的政策理念已被运用到政府对战略性新兴产业的扶持措施当中。

例如,1994年以来,韩国为支持生物产业发展,逐渐形成了一个由政府部门、中介机构、科研机构、企业和投资机构组成的推动生物产业发展的网络支撑体系,包括科研支撑体系和生物技术成果转化服务体系等。2005年,为帮助企业应对经济和社会的重大挑战,进行有目标、有针对性的技术创新,英国技术战略委员会(Technology Strategy Board,TSB)启动了创新平台计划。借助创新平台,英国技术战略委员会广泛邀请来自产业和政府的利益相关者参与,分析未来的需求,确定平台支持的新兴技术和新兴产业(Emerging Industry),以应对环境污染、能源短缺、交通拥堵以及人口老龄化等社会重大创新问题,同时开拓新的市场。

实质上各国通过公共创新服务平台的建设与功能的发挥,一方面可以降低企业等研究机构各自建设研发平台的费用,提高企业等机构创新和研发的积极性,另一方面也可以通过公共创新服务平台集聚众多为了同一目标研发或创新的机构或企业,提高效率,多出创新成果。公共创新服务平台的服务水平与效率已经是各国政府在建设公共创新服务平台时的重要目标,也是为了适应新技术新兴产业发展的内在要求。实践证明,有效的公共创新服务平台非常有利于创新的开展,有利于创新成果的产出,对战略性新兴产业的自主创新与发展提升有重要的作用。

(二)自主创新的公共服务平台集成建设政策建议

1. 建立、完善相关运行机制以营造鼓励创新的环境

建立和完善相关运行机制,以及监督这些机制的运行来营造鼓励的创新环境,是政府的首要职能之一。政府不仅制定创新活动的相关规则,也直接参与创新活动。上海自主创新公共服务平台的加快构建与发展,首先就需要发挥和完善政府在环境营造方面的积极作用,建立和完善科技创新和产业发展的竞争和协同机制,建立和完善产业聚集、风险投资和人才的培养教育等相关机制。

积极发展科技类中介服务机构。要组织和鼓励有能力的专业技术机构创办科技类中介机构,通过和科技体制改革的紧密结合,促进一批科研机构发展或转为科技类中介机构;进一步提升科技情报机构在信息采集、分析和加工方面的能力,和技术交易机构一道,发挥区域性质的技术转移中心的积极作用;组织和鼓励有能力的科研机构、高等院校充分发挥技术、人才优势,创办各种类型的科技中介机构。同时,充分利用社会资源,充分引导政府和公共性质的政调研和科学研究类事业单位,改革运行机制,更大限度地发挥其社会功能,不仅为政府决策提供专业服务,也面向全社会提供科技咨询、开展评估活动,鼓励和引导国企、民企和科研单位联合开展和提供科技中介类服务。

2. 建立和完善支撑科技创新的人才体系

人才,尤其是科技创新人才,早已成为一个区域乃至国家经济社会发展的战略型资源。因此,必须在牢固树立以人为本的正确观念的基础上构建科技创新公共服务平台,逐步向以人才为中心的创新方式转变,避免出面"见物不见人"的问题。政府在人才问题上的一个重要作用就是构建和完善鼓励科技创新的环境,不断提供合适的创新服务并营造创新文化,以充分发挥人才的科技创新作用。

3. 优化资源配置以充分发挥上海的科技创新潜力

市场通过配置科技创新活动资源改变科技创新的速度、方向以及规模,这是市场影响科技创新活动最主要的机制。

资金、人才、知识、信息和技术等资源,是构建和完善科技创新公共服务平台的基础性支撑条件,因此,要提高技术引进和投入的力度,加快建设科技创新公共服务研发平台;要加快信息网络建设,加快实现科技创新公共服务平台的数字化建设;同时还要加大知识产权的保护力度,以促进科技创新公共服务知识平台的建设。

1990年以来,世界各国纷纷采取一系列措施,加快和完善科技公共服务平台的建设。例如,美国实行了国有科学数据的共享开放政策,同时设立专项资金支持相关数据中心的建设和维护,并利用强有力法律手段保障信息的畅通。

我国在科学技术的基础建设以及科技资源的共享开放等方面虽然已取得较大的进步,但和西方发达国家相比,依然存在较大的差距。一方面,我国相关科技数据资源严重匮乏,绝大多数科技数据资源都被西方发达国家所掌控,例如,美国占到了全球数据库容量的63%,而亚洲仅有4%,中国拥有的更少,甚至不足1%。另一方面,即使拥有有限的资源,也没有得到充分利用。由于缺乏共建共享理念,我国现有的科学数据的利用率和共享程度极低,可以为重大科技创新提供相关和有效支撑的数据库不足已有数据库总量的10%。与此同时,政府层面也缺乏有效的统筹规划和相关共享政策、法律体系,进一步加大我国科技基础建设的难度,不能有效推进资源共享。

科技创新公共服务平台的定位是整合分散在各地政府、科研机构、高等院校和企业的各类资源,以形成"合作、共享、服务"的综合体系,优化供给专业化的服务,最大限度降低科技创新、自主创业的风险和成本。

正是由于公共服务平台如此重要,近几年来上海一直努力推进公共服务平台的建设,为本地区的战略性新兴产业和政府部门、科研机构、高等院校、科技企业以及社会各界提供全面、系统、便捷、高效的与科研活动相关的服务,涉及科技创新的各个环节和产业发展的各个阶段,发挥了技术支撑、发展引领的积极作用。

例如,上海市科学技术委员会着力布局、打造了61家专业技术服务平台、12家产业创新平台,在上海研发公共服务平台的具体统筹、协调下,服务内涵不断突破、拓展。此外，研发平台还集聚了100余家专业技术服务加盟机构，也成为科技公共服务平台体系的重要组成部分。

在研发平台服务企业近七年的时间里，上海科技公共服务平台体系已具备一定的规模和服务体量，正在各个高新技术领域为推动企业创新、产业发展发挥着重要的作用。

另外，为了更好、更进一步地发挥公共服务平台对战略性新兴产业的支持作用，我们还可以从以下几方面规划和改革。

平台建设需要从转变观念、政府引导和完善法制等方面予以基本的保障。政府通过不同手段积极宣传"共建、共享、共同受益"的观念，向科技人员以及社会公众宣传共享资源的思想，加强政府部门共享资源的意识，营造良好的社会、文化环境。因为只有在"共建、共享，共同受益"的思想成为整个社会的共识时，才能发展公共服务平台，发挥其对科技研发的基石作用。

第一，政府要建立自身主导、各方参与的资源共享协调管理工作体系。成立由市政府有关领导和相关"委、办、局"主要负责同志组成的"指导协调小组"，协调跨部门的工作和制定有关政策。第二，持续支持，增加经费投入，保障平台正常运转。政府是投资最主要的来源和渠道，政府应提供持续稳定的资金支持。第三，统一技术标准，以实现平台建设的规范化。技术标准与规范的不同会直接影响能否充分共享公共服务平台的资源服务。对此，政府可以通过公开招标或者委托研究，吸引有研究开发能力和有相关工作经验的单位参与相关技术、数据标准的分析和制定工作，逐步在平台的建设过程中优化和完善相关技术、数据标准，从而通过共享服务在相关领域、行业里使用和推广该技术和数据标准。第四，培养专业化的人才，培育专业化的中介服务机构，推广平台服务的应用。

同样，公共服务平台充分发挥作用，需要有相关法律的支持和保护。相关的法治建设是维持公共服务平台持续和充分发挥作用的保证。现在的情况是，绝大部分科学技术资源是通过各级政府以及相关部门购置、生产和积累的国有资产。而作为国家基本资源和重要的战略资源，这类资源可以并且应当由全社会所共享。所以，应该通过法律法规的形式有效地利用国有科技资源。制定相关的法律法规规范上海市范围内与科技资源的使用、投入以及管理等相关的行为;推动数据共享、仪器设备的共用以及运行服务的评估,界定各类科技资源拥有者、使用者与管理者之间的关系,从而明确相关各方的权利、义务。

三、上海市战略性新兴产业自主创新的政策建议

对一个国家真实经济实力的客观衡量,应该着眼于该国实体经济所控制和应用的知识与技术水平,而不应该仅仅依靠GDP等量化的经济指标,这是发展战略性新兴产业成功的基本条件。如果将现代国家的经济活动视为一个整体,那么高端产业的存在和发展对其具有十分关键的意义,所有生产所需的要素投入、技术知识、组织制度、人才素质都要依靠实体经济部门来提供、培养或改进。

战略性新兴产业作为支柱产业,不仅是提高国民经济所有部门生产力水平的基础,而且还在良性循环的经济发展中居于核心地位。战略性新兴产业可以提供巨额技术创新租金,这就为企业家、投资者、工人以及政府合理分享技术创新租金提供了前提条件。随着生产效率的迅速提高,更高的实际工资带来更高的需求和更大的市场规模,从而有利于发展规模经济与范围经济,有利于实现更高的投资和更高的利润,同时人力资本的上升有利于推进劳动节约型的技术创新。整个社会收入的增加促进了税基的扩大和税收的提高,这使政府有能力改善基础设施、教育水平和社会保障,而这又进一步促进了企业投资、科技发展和人才培养。因此,发展战略性新兴产业是上海经济转型升级的关键,上海应该在开放条件下实现技术自主创新,加快战略性新兴产业发展需要有新思路新对策。

(一)加快财政税收制度的改革,加大对战略性新兴产业的倾斜力度

上海的节能环保产业等七大战略性新兴产业,对促进我国经济转型意义重大,而财税政策也将逐步向其倾斜。"要完善财税政策,大力推进结构性减税,扩大增值税范围。"分析人士认为,相比货币政策,积极的财政政策将成为中国经济最大的"强心剂",无论是直接的财政支出还是间接的税收优惠,都将成为盘活经济的重要棋子,结构性减税的步伐或将加速。

除了结构性减税外,财政支出方向也可能会有针对性地转移,财政需要更

加青睐战略性新兴产业。财政政策的配套,逻辑上是配合总量调节,仍然要继续积极试行;另外,要更多强调增加有效供给的重点选择和重点强化。

战略性新兴产业恰好是一个很好的支点。所以,上海市委、市政府可以制定相应扶持战略性新兴产业发展的税收优惠政策,如减免企业所得税等措施。除税收优惠外,财政支出未来也应当发挥更大的撬动作用,以加速战略性新兴产业市场化的步伐。例如,市委、市政府可以对节能产品与环境标志产品实行优先采购;对部分节能效果、性能等达到要求的节能产品实行强制采购。

之所以要实施以上建议的政策,是因为发展战略性新兴产业是竞争"胜负手",大力支持新兴产业发展有利于把握重要战略机遇,保持上海在全国的领先地位,并缩小与主要发达国家差距,掌握产业发展制高点。

(二)完善对战略性新兴产业发展支持的金融政策

1. 创新商业银行对战略性新兴产业的支持形式

我国金融体系中占据主导地位的是商业银行,上海也不例外。如果战略性新兴产业完全失去商业银行的信贷支持,就必然缺乏足够的资金支持而难以快速发展,商业银行也会错失分享新兴产业高额回报的机会。因此,商业银行对战略性新兴产业适时、适度介入是一种双赢的选择。可供选择的途径有:

(1)明确方向,区别对待。宏观层面上,各商业银行不仅要主动把握和顺应国家和上海市在经济结构改革和产业结构升级优化的趋势,在有效控制相关风险的基础上,适当向战略性新兴产业倾斜,积极维护优质客户群。与此同时,商业银行还要发挥主观能动性,积极主动判断战略性新兴产业的发展前景,针对不同产业应采取不同的信贷策略。例如,对于处于创新初步阶段的生物、新能源和新材料产业应谨慎对待,而对发展相对成熟、信贷空间较大的新能源、节能环保、高端装备制造业和新一代信息技术产业,则应重点关注。

(2)针对新兴产业有形资产少、无形资产比例高、可抵押物资缺乏的状况,一是开展无形资产抵押方式;二是适应新兴产业各个阶段的不同特点,改革信贷管理办法,创新对新兴企业和项目的贷款形式,积极探索灵活多样的金融支持形式。

(3)根据战略性新兴产业自身特点,有针对性地设立能够科学合理反映贷款风险的信用评价体系。事实上，对战略性新兴产业，更应看重的是企业管理团队的道德品质和专业素质，这些特征在财务报表中很难准确体现，故在构建战略性新兴产业信用评价体系时应选用定量和定性相结合的综合评分法。

除此之外，上海市委、市政府也可以在银行与战略性新兴产业之间发挥牵线搭桥的作用，促进商业银行对战略性新兴产业的融资支持。

建立完善政银企融资沟通机制。加强政银企沟通，积极争取银行的支持，与银行签署授信协议，组织企业与银行对接落实协议融资项目。主动为银行机构提供产业规划布局等方面的信息，定期推荐财务制度健全、发展状况和信用记录良好的企业。在企业与银行之间逐步建立信息对称沟通机制，促进融资合作。政府搭建银企沟通交流的平台，通过召开银企衔接座谈会、银企合作洽谈会等多种形式，促进银企衔接，拓展企业融资渠道，扩大银企合作空间。

构建社会征信系统。以中国人民银行上海市分行现有征信系统为基础，突破条块分割，使信息覆盖面逐步向社保、税务、公安、法院等各个非银行领域扩展，通过归集、整合相关职能部门分散的信用信息，建立信用信息共享平台。

2. 充分发挥风险资本的"发动机"作用

首先，应制定相应的法律法规，规范私募资金行为，提高私人投资的积极性，引导私人资本进入风险资产投资业。其次，完善风险投资的退出机制。风险资本追求的是高回报，能否成功退出是实现风险资本增值的基本前提。从风险资本的角度看，股票上市和被外部机构收购是较为理想的退出方式，尤其是股票上市。应该进一步完善资本市场，发挥出创业板市场的积极作用。

3. 建立战略性新兴产业的保险机制

保险具有融通资金和风险防范等功能，在支持新兴产业发展方面具有独特作用。目前我国科技保险试点刚刚启动。战略性新兴产业从技术开发、产品研制到产品的商业化和产业化，每个阶段都面临着不同的风险。应尽快建立新兴产业保险机制，并针对新兴产业不同阶段的风险特征和风险水平开发不同的保险产品，如关键研发设备保险、高新技术企业产品研发责任保险、出口信用保险、高新技术企业营业中断保险、关键研发人员和高管人员团体健康保险和意外保险等，为战略性新兴产业的发展提供保障，以分散和转移风险。

4. 完善科技企业孵化器融资机制

在融资中介服务上，孵化器可利用网络信息的传递建立融资平台。政府通过企业孵化器与风险投资、天使投资、银行等机构合作，建立通畅的政策性融资、股权融资、债券融资等渠道；公布业务申请条件、流程以及最新信息等，方便在孵企业网上办理各种业务；通过整合中介服务和政策支持，提供在孵企业融资过程中所需的各种服务，包括知识产权评估、法律咨询等，通过组建专业化的团队和网络体系，实施在线服务，使在孵企业得到专业化的支持。

5. 拓宽企业融资渠道

鼓励符合国家产业政策、效益好的企业上市融资，建立拟上市企业跟踪服务机制，引入强有力的执行机构，帮助企业上市。引导企业通过发行公司债券、企业债券、中期票据、信托产品、短期融资券和租赁、股权融资、知识产权质押融资等方式筹资。积极引入国内外产业投资基金、创业风险基金、私募股权基金来上海投资。探索资产证券化和发行中小企业集合债券，鼓励典当企业采用生产资料质押、动产质押等灵活方式为中小企业融资。

（三）完善人才培育机制，创新人才激励机制

1. 建立以产业引导的人才引进机制

设立紧缺人才开发目录，完善人才引进政策，大力度、多渠道、跨领域引进国内外高级专业人才，特别是掌握核心技术、具有持续研发能力，并能实施重要产业化项目的海内外高层次人才和创新领军人、创新团队。鼓励高层次人才带项目、带成果、带技术来上海创新创业。完善柔性引才机制。吸引更多人才落户上海、扎根上海，着力解决人才引进中的住房、配偶工作、子女入学、创新创业扶持等实际问题。加快产业发展和科研载体建设，促进高层次人才的集聚。

2. 围绕产业需求创新人才培养方式

实施紧缺型人才培养工程。利用本地高校资源和国内外的高等教育资源，开展多渠道的创新型高级人才培养。采取多种形式对重点企业经营管理人员进行培训，着力培养造就一批具有国际战略眼光、开拓创新意识、现代经营管理水平和社会责任感的创新型企业家。大力发展中高等职业教育和企业职工、广大农民的技能培训，着力培养一大批具有高技能的生产一线人才。鼓励企业与高校、机构联合培养复合型人才和高技能人才。

3. 创新人才激励机制

对优秀专业人才实行"智力资源资本化",鼓励知识、管理、专利、商标、科技发明和原创科研成果等生产要素参与投资与分配。设立市级优秀人才奖,及时奖励在科研、教育、生产、经营、管理、服务等工作中成绩显著、贡献突出的各类人才。

4. 推进人才市场建设

培育和发展各类人才市场,加快网上人才市场建设,完善人才市场服务功能,努力形成布局合理、种类齐全、网络健全、服务规范、规模经营的统一开放的人才市场体系。

(四)鼓励和推进绿色生产

1. 大力发展循环经济

积极采用低投入、高产出、低污染或无污染的经济运行模式,促进能源、原材料的循环利用。大力发展循环型产业,按照减量化、再利用、资源化的原则,构筑循环经济产业体系与空间格局,建立起比较完善的发展循环经济的机制。重点从企业、区域和社会三个层面推进循环经济,打造一批循环经济示范园区,推广一批循环经济示范点,实施一批循环经济重点项目,形成资源高效利用、循环利用产业链。大力发展生态产业,全面提高废弃物回收、污水处理回用水平。强化对废弃物多、污染重的行业管理,提高废渣、废水、废气的综合利用率。

2. 推进节能减排

落实节能减排目标责任制,严格实施新建项目节能评估和审查制度。结合区域、行业和企业特点,突出抓好重点耗能行业和年耗能 5 000 吨标准煤以上重点耗能企业的节能工作。节能减排的重点是要节约和替代传统石油燃料、改造燃料煤工业锅炉、区域热电联产、电机系统节能、余热余压利用、能量系统优化、建筑节能、绿色照明、技术服务以及节能监测等项目,逐年增加节能减排项目的数量。加强减排工作,切实将主要污染物削减措施落到实处。控制新增排污总量,抓好规划环评,提高环保标准,严格环保执法,使新增污染物排放量得到有效控制。

3. 推进清洁生产

围绕水、大气两个环境系统,突出抓好印染、冶金、造纸、化工、电镀、建材、医药等重点行业,在大中型企业全面推进清洁生产。每年开展"千家企业清洁生产"活动,形成一批资源消耗少、环境污染小的清洁生产企业,建成一批"零排放"企业。

4. 通过立法来强化

一项政策或者措施的执行,不能缺少道德方面的规范,但同时,仅仅依靠道德来约束也是远远不够的。法律的强制约束力在推进绿色能源的发展过程中应该发挥出强有力的作用。

上海市在环境方面的立法并不完善,专门针对绿色能源的立法就更少了,但近来上海市委、市政府在这方面日渐重视起来。例如,"十二五"期间,上海着手研究《上海市市政泵站污染物排放规范》《上海市实施固废法若干管理办法》等相关法律和法规。

在专门的绿色能源立法方面,上海可以参考许多发达国家的经验。例如,德国是欧盟中推行低碳方面法律最领先、最完善的国家,早在 20 世纪 80 年代就出台并修改了《废弃物限制及废弃物处理法》,2002 年出台了《节约能源法案》,两年后又出台了《国家可持续发展战略报告》。美国于 2009 年提出了《绿色能源与安全保障法案》,该法案构成了美国向低碳经济转型的法律框架。英国于 2007 年 3 月通过了《气候变化法案(草案)》,2008 年年末正式颁布,并在 2009 年开始实施其中的碳预算等主要制度和政策。除此之外,日本早在 2008 年就制定和通过了《低碳社会行动计划》,并把低碳作为未来社会的发展方向。

(五)加强与周边区域的合作

加快推进与周边区域,特别是长三角区域的同城化发展,按照长三角一体化来布局产业发展,通过错位发展、资源共享、优势互补,构建产业发展合作共赢格局。重点围绕汽车、石化、生物科技、电子信息、金属材料、机械装备和金融、物流、会展、旅游等产业加强合作,联手打造世界先进制造业基地和区域性现代服务业中心。同时,发挥投资成本较低的优势,利用周边港口、机场、铁路站、总部经济、科技、人才、资讯、消费等资源为上海产业发展服务。

同时,还可以加强与周边城市在基础设施、环境保护、资源利用和产业等方面的合作,做到资源充分利用,促进产业互补互促、协调发展。

本篇参考资料

[1] Greenwood, Jeremy. The Third Industrial Revolution: Technology, Productivity, and Income Inequality[M]. American Enterprise Institute, 1997.

[2] Mowery, David C. Plus ca change: Industrial R&D in the "Third Industrial Revolution"[J]. Industrial and Corporate Change, 2009, 18(1).

[3] Helfgott, Roy B. America's Third Industrial Revolution[J]. Challenge, 1986, 29(5).

[4] Hirschman, Albert O. The Strategy of Economic Development[M]. New Haven Yale University Press, 1958.

[5] Keizera, Jimme A., Johannes IM Halman, and Michael Song. From Experience: Applying the Risk Diagnosing Methodology[J]. Journal of Product Innovation Management: An International Publication of the Product Development & Management Association, 2002, 19(3).

[6] Klepper, Steven, and Elizabeth Graddy. The Evolution of New Industries and the Determinants of Market Structure[J]. The Rand Journal of Economics, 1990.

[7] Kremer, Michael. The O-ring Theory of Economic Development[J]. The Quarterly Journal of Economics, 1993, 108(3).

[8] McGahan, Anita M., and Michael E. Porter. How Much does Industry Matter, Really? [J]. Strategic Management Journal, 1997, 18(S1).

[9] Nelson, Richard R. The Co-evolution of Technology, Industrial Structure, and Supporting Institutions[J]. Industrial and Corporate Change, 1994, 3(1).

[10] Porter, Michael E. The Competitive Advantage of Nations[J]. Harvard Business Review, 1990.

[11] Porter, Michael E., and Mark R. Kramer. The Competitive Advantage of Corporate Philanthropy[J]. Harvard Business Review, 2002, 80(12).

[12] Rifkin, Jeremy. The European Dream[M]. NewYork: Tarcher/Penguin, 2006.

[13] Rifkin, Jeremy. The Third Industrial Revolution: How Lateral Power is Transforming Energy, the Economy, and The World[M]. London: Macmillan, 2011.

[14] Rostow, Walt Whitman. The Problem of Achieving and Maintaining a High Rate of Economic Growth: A historian's View[J]. The American Economic Review, 1960, 50(2).

[15] Rostow, Walt Whitman. Politics and the Stages of Growth[M]. Cambridge: Cambridge Books, 1971.

[16] Rostow, Walt Whitman. The Stages of Economic Growth: A Non-communist Mani-

festo[M]. Cambridge:Cambridge University Press,1990.

[17]Shinohara,Miyohei. Growth and the Long Swing in the Japanese Economy[J]. Hitotsubashi Journal of Economics,1960,1(1).

[18]Trajtenberg,Manuel. A Penny for Your Quotes:Patent Citations and the Value of Innovations[J]. The Rand Journal of Economics,1990.

[19]Utterback,James M. ,and Fernando F. Suárez. Innovation,Competition,and Industry Structure[J]. Research Policy,1993,22(1).

[20]蔡德发.战略性新兴产业税收激励政策研究[D].哈尔滨商业大学,2012.

[21]陈锦其,徐明华.战略性新兴产业的培育机制:基于技术与市场的互动模型[J].科技管理研究,2013,33(2).

[22]崔卫杰.战略性新兴产业国际市场开拓的现状、问题与对策[J].国际贸易,2010(10).

[23]邓江年.探索战略性新兴产业的"广东路径"[N].南方日报,2010.

[24]冯长根.选择培育战略性新兴产业的几点建议[J].科技导报,2010,28(9).

[25]付广军.税收与战略性新兴产业[M].北京:中国市场出版社,2011.

[26]辜胜阻.转型与创新是后危机时代的重大主题[J].财贸经济,2010(8).

[27]郭连强.国内关于"战略性新兴产业"研究的新动态及评论[J].社会科学辑刊,2011(1).

[28]黄群慧,贺俊."第三次工业革命"与中国经济发展战略调整——技术经济范式转变的视角[J].中国工业经济,2013(1).

[29]黄幸婷,杨煜.后危机时代战略性新兴产业发展研究——基于核心技术联盟知识创造过程的视角[J].中国科技论坛,2010(8).

[30]贾建锋,魏艳霞,运丽梅等.沈阳市战略性新兴产业的发展现状与对策研究[J].冶金经济与管理,2011(2).

[31]姜大鹏,顾新.我国战略性新兴产业的现状分析[J].科技进步与对策,2010,27(17).

[32]姜江.主要发达国家发展战略性新兴产业的情况及对我国的启示[J].领导之友,2010(5).

[33]李勃昕,惠宁.战略性新兴产业指标体系的省际区别:新能源汽车例证[J].改革,2013(3).

[34]李朴民.如何培育战略性新兴产业[J].中国科技产业,2010(7).

[35]刘红玉,彭福扬,吴传胜.战略性新兴产业的形成机理与成长路径[J].科技进步与对策,2012,29(11).

[36]刘洪昌.中国战略性新兴产业的选择原则及培育政策取向研究[J].科学学与科学

技术管理,2011,32(3).

[37]刘明宇,芮明杰.价值网络重构、分工演进与产业结构优化[J].中国工业经济,2012(5).

[38]牛立超.战略性新兴产业发展与演进研究[D].首都经济贸易大学,2011.

[39]牛立超.主导产业变迁规律对战略性新兴产业发展的借鉴与启示[J].商业时代,2011(30).

[40]芮明杰.新一轮工业革命正在叩门,中国怎么办?[J].当代财经,2012(8).

[41]万钢.把握全球产业调整机遇 培育和发展战略性新兴产业[J].求是,2010(1).

[42]王新新.我国战略性新兴产业发展策略研究[J].商业研究,2012(1).

[43]吴晓波,陈宗年,曹体杰等.技术跨越型企业的技术吸收能力探究[J].自然辩证法研究,2005(3).

[44]肖兴志主编.中国战略性新兴产业发展研究[M].北京:科学出版社,2011.

[45]熊勇清,李世才.战略性新兴产业与传统产业耦合发展研究[J].财经问题研究,2010(10).

[46]杨英,张浩良.广东战略性新兴产业空间布局研究——基于因子分析法和聚类分析法[J].中国发展,2012,12(2).

[47]张和平.对于大力发展战略性新兴产业的思考与建议[J].经济界,2010(3).

[48]张晓强.在中国经济年会(2011—2012)上的发言[J].经济研究参考,2012(21).

[49]张嵎喆,王俊沣.培育战略性新兴产业的政策述评[J].科学管理研究,2011,29(2).

[50]钟清流.战略性新兴产业发展思路探析[J].中国科技论坛,2010(11).

[51]朱瑞博,刘芸.我国战略性新兴产业发展的总体特征、制度障碍与机制创新[J].社会科学,2011(5).

第二篇

上海综合性全球城市新型产业体系与产业布局研究(2015年)

未来30年上海的产业体系与产业空间格局是什么状况并不十分依赖目前上海的产业体系与产业空间的现状,因为30年是一个比较漫长的时间。根据未来学的加速回报定律,可以大胆预计在这一时期,全球财富状况与消费者行为将发生重大变化,因此,先导性科学技术将发生重大创新,城市发展、城市功能以及人居环境将发生巨大变化,未来的产业体系与产业结构也必将焕然一新。本篇将从上海未来综合性全球城市目标与功能出发,把握影响上海未来新型产业体系与空间布局的中长期关键要素,对上海未来新型产业体系与空间布局进行战略性构想与论证。

第八章　综合性全球城市功能定位对上海未来产业体系与结构的要求

随着全球化与信息化浪潮的愈演愈烈,城市被不断赋予新的功能。全球化不仅对产业体系提出了资本与贸易流动的要求,也使城市的资源配置功能越发突出。同时,信息化则给城市带来了"流动空间"。资源配置功能使全球市场体系对城市产生了需求,信息化为城市参与全球管理提供可能,而这两种力量共同推动了城市参与全球管理体系。在此背景下,城市的"国际化",也就是其影响力出现阶段的划分:都市国际化是其初级阶段,国际大都市是其中级阶段,而全球城市,或者称世界城市,是其高级阶段。

一个全球城市的产业体系与结构,必然要适应全球发展的趋势,以支撑其全球领先的经济、政治、文化地位。上海的发展目标是成为一个综合性全球城市,其产业体系发展演进必然要与其相适应。

一、全球城市的概念与特征

"全球城市"的概念是顺应世界发展的情况,从"巨型城市"与"世界城市"的概念中发展而来。全球城市概念的发展本身隐含了全球经济与产业体系及结构的发展历程。

(一)全球城市的由来与概念

20世纪70年代,贾妮斯·佩尔曼(Janice Perlman)提出了著名的"巨型城市计划"(Mega-cities Project),也让这一概念为人所知。巨型城市关注的是大量人口聚集在某个城市区域的现象。最初的定义为800万人以上的大城市,

20世纪90年代以后提升到1 000万人。在20世纪50年代,世界上达到巨型城市标准的只有纽约,因此这一概念从一个侧面反映了城市的发展情况。然而人们逐渐发现,城市在区域、国家、全球的地位和等级是从其经济、政治、文化等领域作用体现出来的,而不是人口。一个重要的证据是在2000年以后,巨型城市的增长主要在发展中地区。"世界城市"概念最早是帕特里克·格迪斯(Patrick Geddes)1915年提出的。英国学者彼得·霍尔(Peter Hall)在其1966年出版的《世界城市》一书中,从多个角度对这一概念进行了深入定义,从世界中心的角度来阐述世界城市的意义。

约翰·弗里德曼(John Friedmann)于1986年进一步提出了"世界城市假说",可以说是之后"全球城市"概念的雏形。他以新国际劳动分工在空间组织上的表现,提出了七个彼此相关的论断。在产业体系层面,他认为城市与世界经济的融合程度与融合形式,将决定城市结构的转型;全球资本把某些关键城市作为空间组织的"基点",以及生产和销售的"节点",这些关键城市即世界城市;世界城市成长的推动力来源于少数快速增长的部门,例如公司总部、国际金融部门、全球运输及通信部门以及高层次商业服务业(生产性服务业);世界城市是国际资本的主要汇聚地点。

1991年,美国芝加哥大学社会学系的学者丝奇雅·沙森(Saskia Sassen)基于全球化背景下城市经济基础、空间组织及其社会结构做进一步的分析,在其《全球城市:纽约、伦敦、东京》(The Global City:New York,London,Tokyo)中提出了"全球城市模型",正式将全球城市的概念摆上舞台。在沙森的理论中,全球城市掌控资本、服务与信息的能力伴随着国际化的脚步越来越强,逐渐成为全球城市中的节点,并对全球经济发挥举足轻重的作用,这与世界城市的概念类似。不同的是,沙森的全球城市模型中,企业代替宏观的"城市"与"国家",成为区位选择的主要分析对象。她的论断包括:(1)经济的全球化程度越高,跨国公司就要在不同的国家开展业务,同时催生中心管理的需要,且这个需要越来越复杂。全球城市具有提供这种专业化服务的能力,中心功能就倾向于向它们集中。(2)金融业、生产性服务业也同样向全球城市集中。一方面,生产性服务业集聚彼此受益,容易形成服务联合体。另一方面,尽管全球贸易的发展和制造业的分散使得跨国公司总部选址灵活性增强,但是由于专业生产性服务业的需求,跨国公司依然倾向于选择那些具备生产性服务业产业优势的地区,也就是全球城市。(3)跨国公司的经济活动全球布点,生产性服务业提供的必然也是全球化的服务。同时,随着贸易壁垒的弱化,城市逐渐代替国家,构建新的网络层级体系,彼此依赖,获利。(4)伴随着制造业分散,金融业集中,城市的产业结构和人才结构为之变化。整个城市的高级专业人员占全部从业人员的比重不断提高。从事服务业的临时工同样相应上升。劳动力市场两极分化。

全球城市概念不再局限于宏观经济,而是以跨国企业呈现的生产分散、管理集中的特征为基础,研究城市的经济、社会和空间组织变化。生产性服务业被突出强调,城市资本与货物的掌控能力往往由此而来。这使得全球城市替代世界城市,成为更加准确的城市评判标准。

(二)全球城市的现代特征

由于信息化的普及,全球城市理论在原有基础上不断更新。文化、知识、人才等概念被融入全球城市的特征,而全球城市的掌控力则有了更加准确的体现,也就是其对资本、服务、创新、信息、文化等的资源配置。这之中,在信息、创新与文化的资源配置能力上,领先者与落后者的差距更加明显。

沙森的全球城市理论提出于1991年。当时,互联网信息技术还未普及,全球化主要发生在资本流动、货物运输和服务输出层面。因此,在全球城市的概念中,她强调的特征主要集中在资本与服务层面,包括:(1)世界经济组织高度集中的控制中心;(2)金融机构和专业服务公司的主要集聚地;(3)高新技术产业的生产和研发基地;(4)产品和创新的市场。

2001年,伴随着信息化趋势的明显,沙森更新了其理论,进一步强调世界网络化特征,拓展了资源的概念。服务性公司的地位被进一步提升,尽管这类服务性公司的位置(区位)选择具有集中化倾向,但为了能够在全球范围内提供服务,其仍然在全球遍设子公司、分部,从而形成全球性的网络。网络中的每一个子公司、分部都代表着其服务在全球的具体分配,这是其位置(区位)决策在全球范围内实施的结果。从这一角度讲,世界城市可以看成众多的服务性公司实施其全球位置决策的聚合作用的结果。其下各种子公司、分部构成的"公司塔",正是网络中的节点。而流动的也不局限于资本和商品,还包含与城市相关的创新、信息、文化。

发展中国家的大城市与全球城市领先者之间的差距正是在信息、创新与文化能力上。在周振华的著作《崛起中的全球城市》中，引用黄鹤绵（Yeung H. W.）和萨德升（Olds K.）提出的概念，将具备相应基础条件，并朝着全球城市发展的国际大都市定义为崛起中的全球城市。基础条件主要是融入全球城市的网络与节点，而这一融入首先发生在资本与货物领域。而除了经济发展本身，周振华强调由文化创造能力与治理模式构成的全球城市的气质决定全球城市的地位。这些能力决定了信息资源、人才资源、文化资源的掌控力，而全球城市的领先者往往在这些方面的优势较大。

由此推断，上海未来作为全球城市，可能有以下特征：(1)拥有全球视野领导力；(2)全球性要素流动与配置中心；(3)全球性机会与吸引力；(4)全球性的基础设施及联通能力；(5)全球性的知识氛围与创新文化；(6)全球性的身份标识。

（三）当前全球城市排名

目前，世界城市的概念下，对全球的城市进行排位较多，且往往按照类型进行一定的分类。2009年，国际"全球化和世界城市研究小组"将全球242个世界城市分成5级12段。处于顶级的世界城市被公认的有纽约、伦敦和东京。世界城市在世界城市体系中相互关联、互为依存。但由于各个世界城市自身制度、文化结构的差异，以及全球化经济格局中职能分工的差异，世界城市在类型上也表现出多样性或差异性。也就是说，世界城市不仅仅有分层，在不同层次上各个城市的内涵和职能也不尽相同，有些城市是综合型的中心，如纽约、伦敦、东京、巴黎；有些城市是金融中心，如阿姆斯特丹、中国香港；有些城市是物流信息中心，如芝加哥、米兰、法兰克福；有些城市是历史文化中心，如马德里、罗马、柏林。

而在全球城市概念下，最早，沙森把生产性服务业的国际化程度、集中度和强度作为判别一个城市是否属于"全球城市"的重要标尺。经济全球化带来的生产性服务业和金融业发展，使得某些主要城市成为全球生产、销售、服务和创新中心。这些城市形成最重要的原因是生产者服务部门的快速增长以及不断的专业化和集聚化。不过,她仅指出纽约、伦敦、东京是三大顶级全球城市,并未对其他城市进一步排序。

由沙森的理论延伸,比沃斯托克(Beaverstock)、泰勒(Taylor)等人将会计、广告、银行以及法律服务四个行业作为衡量一个城市高级生产性服务业发展程度的指标来判定全球城市。他们选择那些在多个国家、多个城市具有分支机构的全球主要生产性服务企业作为研究对象,对比各个城市拥有的数量,评定相应的高级生产性服务业发展情况。最终,他们归类出55个全球城市。这些城市按照分数被分为阿尔法、贝塔和伽马三级。当时,北京与上海分别以5分和4分处于伽马等级。

随着全球城市概念的拓展,包含创新、信息、文化在内的资源配置能力逐渐成为全球城市判断的主要标准。全球资源配置能力通常被定义为城市在全球范围内吸纳、凝聚、配置和激活城市经济社会发展所需要的战略资源的能力。它反映了一个城市在全球范围内进行资源配置的规模、质量和效率,是一个"全球城市"取得经济社会发展的决定性因素。上海财经大学陈信康教授将全球城市的资源配置能力分解到包括资本、服务、信息、创新与文化在内的五大维度,构建了53个具体测试构成全球资源配置能力的指标评级体系。如果以纽约为100分对比,那么伦敦为98分,巴黎为85分,东京为82分,上海为52分。

无论是过去的指标还是现在的指标,总体而言,上海距离全球城市还有一定的距离,而与全球城市领军者的差距相当大。

二、与全球城市相适应的产业体系与结构

一个全球城市的产业体系与结构,必然符合其资本、服务与信息掌控者的角色,对其全球生产、销售、服务和创新中心起到支撑作用。对应当下国际化与信息化的浪潮,其产业体系应当是具有资源配置体系、智能化互联生产服务体系和创新产业组织体系支撑的。

(一)全球资源配置中心

资源配置能力是现代全球城市的重要组成部分。一个全球城市的产业体

系的相当部分产业在全球分工条件下,必然具有产业链、价值链的控制力,其资源配置创新能力强,附加价值高,成为全球标识。

全球城市所能配置的资源包括资本、服务、创新、信息、文化等方面。资本主要是指经济资源、金融、贸易资源与物流资源,资金流与物流的配置能力是全球城市的基础要求。服务指对资源配置能力实现的保障以及对其他资源配置效率的影响,包括对生产和基础服务有支撑作用的生产性服务业,与传统意义上的服务有一定区别,更强调对资源配置效率的提升。服务配置是城市吸引力的基础。创新代表城市的技术资源与发展潜力,与资本一起能发挥主导作用,且更难获取。信息包含了信息技术、媒体信息与组织信息的配置能力,影响生产与服务的效率,也影响城市的吸引力。文化则代表城市的软实力与文化消费的引领力,是城市影响力的重要体现。

在全球化、信息化的当下,全球城市在完整的产业价值链中,从上游到下游历经研发、设计、生产、销售、服务等环节,能够实现从原材料到最后制成品的转变,保证该产业价值链中人、物、信息、资金的畅通以及价值的生成和积累。作为全球资本、服务与信息掌控者,全球城市必然成为金融机构和专业服务公司(如广告、会计师事务所),进而成为世界创新、信息与文化中心,支撑其在资源配置中的话语权和控制权。在信息化愈演愈烈的浪潮中,创新带来的技术配置能力,信息带来的知识配置能力,文化带来的影响力与消费高端化,越来越重要。

上海目前在资本的资源配置能力上已经比较出众。在"四个中心"目标下,上海已经拥有一定的金融资源、贸易资源配置能力。但在其他资源配置能力上,上海依然与全球领先者有差距。

(二)现代服务业体系

全球城市是服务中心,其生产性服务业发展是其重要指标。参考公认全球城市纽约、东京、伦敦的服务经济,主要标志是"两个80%",即第三产业的比重应该占GDP的80%,而在所有服务业贡献的GDP当中,生产性服务业又应该占到服务业比重的80%。服务中心不仅代表着生产结构的改变,也代表着人才结构高端化,消费素质提高。

生产性服务业是提供中间需求性质服务产品的企业集合,其服务对象是面向企业而非最终消费者的。它能保持工业生产过程的连续性、促进各行业技术的进步,同时能促进产业升级,保障服务与生产效率的服务行业。生产性服务业的发展决定了城市管理能力、控制能力与创新能力的大小。其是全球城市最重要的竞争力指标。反向来看,由于生产性服务业的集聚效应与网络效应,一个城市若想提升自己的功能定位,进阶到全球城市,那么如何发展生产性服务业,提升其在产业结构中的比例,也是最关键的问题。生产性服务业在全球城市产业结构中,应当是重中之重。

现代服务业体系的构建也意味着城市生活者的消费结构的改变。城市民众的消费与全球化、信息化的趋势相适应,这同时代表了人才的集聚。包括医药健康、环保和信息网络,文化在内的消费比例将相应提高,而人才将进一步提供创新与文化发展的动力。

(三)低碳环保智能化的生产体系

尽管全球城市主要承担资源配置的作用,但其依然是世界生产的中心。支撑其生产体系的是互联网、信息技术与实体产业的融合一体化发展,并以互联网为基础的大规模智能化定制生产方式为主导,也就是定制的生产体系。在这个生产体系中,全球城市扮演着技术引导者和品牌掌控者的角色。

随着全球化与信息化的快速发展,生产方式更需要及时的信息交流、处理与沟通,包括人跟人、人跟机器、机器跟机器之间的信息交流与沟通,以支持定制化的生产。这些都需要通信技术,需要互联网和信息的贯通,需要高端的人力资本和高级人才。再由于生产性服务业大规模介入下新的生产组织方式将使得运输成本大为减少,定制交易成本也大为节约。加上定制也没有库存,没有多余产品的浪费,相比于传统制造业,其在能源消耗与环境保护上有着天然的优势。低碳环保智能化的生产体系必然能掌控全球生产的主导权。

生产体系的改变下,技术与品牌将越来越成为评判产品好坏的标准。而这些正是新生产方式的领先者(即全球城市)所掌控的。因而,尽管制造业大规模外迁,规模缩减,但全球城市依然是全球的生产决策中心,根本原因正是现代生产体系的变革。而全球城市也应当发展起符合其需求的一定的生产中心,其真正的核心是在生产性服务业支撑下,信息互联互通的智能化的定制生产体系。

(四)产业组织体系

根据生产性服务业的发展规律,全球城市的产业组织体系是以平台为基础的大企业主导的群、中小企业组织群等有序有效组织体系。这个体系效率高,构成跨产业,且具有较强的创新性,支撑全球城市不断向前发展。

全球城市的发展往往首先形成一系列大企业,而后围绕这些大企业形成了一系列中小企业的集群,从整体上带动了经济的发展。大企业是资本、服务和信息掌控者,而中小企业大部分将从事生产性服务业或在高新技术研发和产业化领域具有强大潜力,以支撑这些掌控者的地位。

中小企业具有一定的灵活性。如今,在当下一、二、三产业融合的情况下,这种灵活性将提供价值网络构建的良好条件。中小企业能够对市场趋势做出快速反应,同时进行技术、生产与服务的调整,引领创新。

这些中小企业能够帮助城市的智能化生产体系发展,并帮助企业提升在产业价值链上的地位。在全球城市的产业组织角色分配中,大小企业必然是一个有序的组织,大企业掌控方向,并与小企业联合开拓创新。

第九章 影响上海全球城市新型产业体系与空间布局的中长期要素分析

全球城市的特征对产业体系与结构的变化提出了一系列领导性与现代化的要求。与此同时,在这些要求的背后,我们应当注意到,全球城市的产业体系与结构必然符合产业体系的发展规律,处在世界的领先地位。伴随着消费者需求的变化,近年来,产业体系内的中长期要素相互作用,整体出现了升级。我们通过产业体系与空间布局的中长期要素分析,得出未来新型产业体系的可能变动,进一步完善了上海全球城市新兴产业体系与空间布局的目标,并为实现路径提供了参考。

一、影响产业体系的中长期因素及其作用

产业体系是一国国民经济中产业因各种相互关系而构成的整体,是消费需求引导下的生产供给体系,是经济发展模式的重要支撑,具备动态演变的特征。一个国家或城市的产业体系及其演变趋势,往往代表着其发展的阶段与其自身在开放经济条件下的竞争力。上海以全球城市为自身的发展目标,必然需要推断未来全球城市所需要的新型产业体系,并将其作为自身的目标,把握其作用规律。这就需要我们对影响产业体系的中长期因素及其作用做出综合、系统性的分析。

(一)产业体系的动态演进

理论研究表明,产业体系的变化和发展是有规律的,与经济的发展一同呈

现动态演进的特征。这一动态演进的实质,是产业体系本身的组成要素与经济发展息息相关,且存在着相互依赖和相互作用的关系。

产业体系的动态演进从克拉克、库兹涅茨、霍夫曼等学者有关三次产业结构与劳动力演变趋势的研究中得到体现。产业结构是产业体系内产业之间的联系方式、产业间的比例关系等,它是产业体系的一个重要表征。澳大利亚经济学家费歇尔首先提出了三次产业分类法及分类依据。第一产业为农林牧渔业,第二产业为工业,第三产业为其他产业。英国经济学家克拉克在配第的研究成果基础上深入分析研究了劳动力在三大产业间分布结构的演变及趋势,他提出:随着经济发展和人均国民收入水平的提高,劳动力首先由第一产业向第二产业移动,当人均国民收入水平进一步提高时,劳动力便向第三产业移动。美国经济学家库兹涅茨在克拉克研究成果的基础上,将国民收入纳入分析,进一步肯定与深化了克拉克的结论。库兹涅茨根据当时的数据,发现农业提供的国民收入比重与劳动力比重都呈现下降趋势。第二产业国民收入的相对比重总体趋势是上升的,而劳动力比重大体不变或略有上升。第三产业劳动力比重总体上升,劳动收入比重则大体不变或略有上升。

在各个产业的内部,也存在具体的演变趋势。如德国经济学家霍夫曼就针对轻重工业分类,并用数据体现在工业化的进程中,资本资料工业的净产值不断扩大,消费资料的比重不断下降。而在服务业方面,日本经济学家鹤田俊正、伊藤元重提出在工业化后期,技术进步主要依靠知识主导的活动,这些活动主要指设计和造型、基于专业知识的咨询决策以及各种经营管理等,也就是我们现在所说的生产性服务业。美国经济学家波拉特定义了第一、二、三产业中的信息与信息活动,并将其分离出来,测算美国数据,发现美国一百多年来的四大产业就业人口结构变动趋势表现为农业明显下降,工业先上升后下降,曲线呈山形,服务业缓慢上升,递增率很低,信息业显著上升。波拉特的研究认为信息产业将成为重要的现代产业体系发展方向。

产业结构及产业体系的演进与经济增长的联系基于供给与需求的互动。产业体系的基础是企业,企业所从事的工作是生产,也就是供给。根据库兹涅茨的研究,产业结构的改变与国民收入的上升直接相关。经济增长以按人口平均的物品供应不断上升为开始,人均收入同时不断上升,消费者的需求结构会发生变化。需求结构的变动又引起创造新产品的技术革新与发明，促进新产业的形成与发展，而产出更多的满足人们需求的产品，又会促进经济增长。

在不同产业之间，这一产业结构与经济增长的循环基于技术革新的扩散。由于技术革新是在个别或少数行业首先出现，它的影响随着时间推移从某一部门或行业逐步向另一部门或行业传递。一项发明形成了一系列与之配套的发明和改进的基础，从而引起产业结构的整体变动。每一项发明又对应满足新的需求，促进了经济增长，供给与需求变动由此推进。

在国际化的背景下，国际贸易与国际资本流动也是产业结构动态演进的重要影响因素。而在上海发展成为全球城市的背景下，上海需要成为具有物质与资金、资本、资源配置能力的领导城市，这一目标已经涵盖了相应的影响过程，因此不再过多讨论。

产业体系的动态演进可以由产业结构来体现，而产业结构的演变过程又与经济增长有直接联系，这一联系之中的中长期影响因素就是我们要具体探寻和把握的"变量"。

（二）产业体系的中长期影响因素

产业体系的动态演进是供给生产体系在多种因素的推动与影响下，不断改变自身以适应满足社会和消费者变化的需求，提供产品与服务的过程。产业体系的中长期影响因素，实际上就是对社会和消费者需求变化响应的中长期影响因素。由此，我们将之分为两大类：一类是内生性因素，一类是外生性因素。内生性因素推动产业整体影响供给与需求的变化。外生性因素则对供给与需求的发展方向产生约束。

1. 内生性因素

内生性因素主要包括：

（1）知识与技术。知识与技术是产业体系动态演进中对于劳动生产率的重要影响因素，也是供给与需求在产业体系上联系的重要环节。它带来了生产力的上升，降低了生产成本。

配第-克拉克法则所提出的产业结构的变化中，第一产业到第二产业再到第三产业的劳动力与收入转移，反映了工业革命后知识与技术带来的生产效率的提高。知识与技术将人力从农业与低级手工业中解放出来，又进一步将人力从单纯使用机器转出，转而投入知识的推进中。这一过程反映了人力资本从一般体力劳动中逐步解放，单个生产力增强的过程。在现今领先的产业体系中，信息技术的作用是将人类思维的冗余过程进一步整理、解放，提高生产力，其在产业结构中占据越来越大的比重，正体现了新技术对产业体系的引领作用。同时，技术的进步还会使产品生产的成本不断下降。产品成本的下降将带来需求的扩大，需求的扩大将使得投资进一步加大，从而完成供给的进一步扩张，由此形成供给与需求的循环。

(2) 人才结构。人才结构指的是劳动力质量，也就是劳动力总体的受教育程度。受教育程度决定了人才的多少，直接影响产业演进的阶段，也在一定程度上影响人的收入，进而影响需求。

随着产业体系的动态演进，分工专业化的程度也相对提高，尤其是在服务业领域的趋势更加明显。一个经济体中，若劳动力的质量不高，那么由于产业技术的发展，产业体系就只能集中于处于价值链低端的部门，报酬相对较低。而若劳动力的质量总体上升，那么相对的劳动力分工演进就能导致第二、第三产业，尤其是生产性服务业为主的现代服务业比重上升，进而推进产业体系的演进。

同时，由于需求与国民收入有着直接的联系，人才结构与需求结构挂钩。当人的受教育程度较低，收入较低时，需求也只能停留在满足基本的生存需要上。伴随着整体人力资本结构的上升，生产力的提升使得收入获得增长，需求自然更加丰富，且范围也进一步扩大。

(3) 生产方式。生产方式是指供给的组织方式，是将以技术与人为代表的生产力与生产关系组合统一而形成的生产过程。生产方式与供给的成本存在着紧密的联系。

最早的生产方式是分散的、自给自足式的生产。农耕社会的各个生产力独立生产农作物或制造手工制品，商人负责收购和运输。伴随着工业时代的到来，机器生产机器，大规模标准化的生产方式开始普及。劳动力聚集到一处，操作机器以及后来的流水线，进行大规模的生产。相较于过去的生产方式，大规模生产有利于减少生产成本，使得企业通过规模经济获益成为可能。产品价格的下降也促进了需求的扩张，使得产业体系—经济增长的循环得以持续。

生产方式的改进仍在持续，继续适应需求的变化，提供更有效的供给方式。伴随着信息化时代的到来，大规模标准化的生产已经扩展到了全球。每一个生产环节都经过细化分工，呈现全球性生产的状态。

(4) 生产组织方式。生产组织方式对应生产方式，是原材料与产品流通的组织方式。生产组织影响供给满足需求的效率。

生产组织方式的改进目标是提升产品的质量，降低原料成本。受限于技术条件，最早的生产组织方式是"销地产"。伴随着技术的发展，大规模、有质量的运输成为可能，规模效益推动了市场组织方式向集中化生产、大范围销售发展。需求也对产品质量的保障与提升给予认可。

对应生产方式的演进，全球化分工下，现今的生产组织方式已经是"集中生产，全球分销"。原材料从全世界采购，运输到一处或多处加工，进而又分散到全世界销售，一方面能够获得相对低的原料成本，另一方面生产者由于规模与熟练效应，产品各部件的质量也相对固定。

2. 外生性因素

外生性因素主要包括：

(1) 自然禀赋。自然禀赋在很大程度上制约着一个国家的产业体系。自然资源丰富的国家往往首先发展本国可以利用的自然资源，这部分资源相关的需求也易满足。而资源匮乏的国家，则无法形成资源开发的产业，只能进行资源加工。自然禀赋对产业结构的影响是相对的，随着科技水平的提高，将使之前难以采掘或开发的资源得到开发，并能开展综合利用或创新生产出可以代用的新材料，从而改变自然禀赋对产业体系的影响力度与范围。

(2) 人口数量与年龄结构。人口数量与年龄结构决定了经济的体量，同时决定了劳动力数量的供给程度与产业的需求情况。

劳动力是最主要的生产要素，劳动力的资源状况及其变化是决定和影响产业结构形成和变动的重要因素。其中，劳动力质量可以内生改变，但数量与年龄结构往往是人力资源的一种约束，因而外生。人口较多、年龄结构年轻的国家劳动力供给量大，价格低廉，使投资者更倾向于能充分利用劳动力资源的产业，即劳动密集型产业。而劳动力相对贫乏的条件下，技术与资金投入对劳动力的替代是不可避免的。

（3）产业政策。产业政策是政府通过经济杠杆和行政手段对资源在各产业间配置过程的干预。这种干预在一定程度上影响了产业的发展速度以及对应的生产方式与市场组织方式。

政府制定产业政策，目的往往是对全产业或其中某些产业予以支持、保护、扶持或限制，直接调整产业结构来达到既定的政策目标。产业结构政策、产业调整政策、重点产业部门的选择和复制政策等，都能对一个国家或地区的产业结构产生直接的影响，从而改变原有的产业结构。同时由于产业政策具有波及效果，往往一个国家或地区的需求结构与供给结构，都将受到其影响而被相应改变。

（4）国际贸易与资本流动。全球城市的重要背景是经济全球化和国际化分工，资本的国际流动与国际贸易自然是产业体系的重要约束。这一约束已经隐含在全球城市目标中。

全球城市产业体系中的相当部分产业在全球分工条件下，必然具有产业链、价值链的控制力，其资源配置创新能力强、附加价值高，成为全球标识。与之相关的国际市场和国际贸易自然成为重要的产业体系约束。国际市场对全球城市资源配置能力的需求，自然会影响劳动力、资金、技术在产业体系内的重新配置，进而影响产业结构的变动。这就要求新的产业体系具有全球领先的水平。

资本流动同样也受到国际化的影响。资金供给状况在产业体系内受一国经济发展状况、社会发展水平、储蓄率等影响。而在全球城市下，国际投资显得越来越频繁。国际资本可以直接投资或间接投资的方式流动，自然使得产业升级得以顺利进行。因而，产业体系和与之对应的供给与需求结构受到国际资本偏好的约束。

二、影响上海新型产业体系中长期因素变化趋势

随着"工业 4.0"的概念火热，产业体系新的变革与演进越来越明显。技术变革日渐成熟，全方位的响应需求端产生的变化，进而推动产业体系演进的脚

步。"工业4.0"所代表的产业革命实际上并不如同一般所认为的那样仅仅是制造业的革命,更是供给端基于众多新技术支撑下,对消费需求与消费变化的认识,对交易方式变化的响应,对生产方式、生产组织方式以及社会组织方式变革的反应,导致新型产业体系的形成。

(一)需求与供给变化趋势

供给与需求是产业体系与经济增长互动的基础。本次产业体系的演进,消费者需求的变化趋势已经较为明显,而供给体系的变化也伴随着3D打印机与"工业4.0"在多种路径上逐步展开。我们首先概括需求与供给的变化趋势,进而分析影响产业体系的中长期变化因素的现状与趋势。

1. 需求的变化趋势

我们认为本次产业体系变化是随着人类知识的增加,人均收入的提高,以及人类对新生活方式、幸福生活的追求,人类的消费需求、消费理念、消费习惯正在发生的巨大变化带来的。这些变化我们认为有三个重要的方面,消费需求的个性化、集成化与便利化。

(1)个性化是指消费者按照自己的需求与消费偏好,追求仅仅为自己个人定制的产品与服务,这是消费质量的追求。个性化消费是人们最终最高的追求,也是幸福与满意的最高级阶段。迄今为止,人类生产方式与技术仅仅是尽可能满足大众化一般的需求,至于个性化那是非常奢侈的个别。在大规模生产的前提下,产品的成本才能够下降,进而满足普适大众的需求。这是供给端的限制,也是个人追求的约束。

现在,由于互联网与智能系统的成长,在互联网既是信息平台、娱乐平台和社交平台,又是交易平台和生产控制平台的情况下,海量消费者的不同需求信息能够被快速收集与处理,进而由智能化的生产系统完成快速的个性化生产。如此满足个性化需要的个性化产品的大规模定制生产在技术上已经成为可能,部分已经成为现实。

一个典型的例子是Web1.0到Web2.0的变化。Web2.0是相对于Web1.0的概念,指的是一个利用Web的平台,由用户主导而生成内容的互联网产品模式,区别于传统的由网站雇员主导生成内容的Web平台。Web2.0概念的典型应用如博客、维基百科,相较于其过去的对应应用个人站点、大英百科全书来说,其主要的特性利用了用户的主导,也就是每个用户的个性化想法,从而满足每个用户的个性化需求。Web2.0所提出的以人为本的创新以及之后的火热发展,事实上就是个性化需求的最好反映。

(2)集成化是指对产品与服务需求的集成,使消费者的需求能够一揽子得到满足,是消费效率的追求。产业体系演进至当下,生产与服务的细化分工日益深化,各类企业提供专业化的产品与服务,的确使效率提高了。但由于分工的过于细化,对应某一需求的产品或服务环节也相对增多,对消费者的需求而言,在单个需求上提供的选择环节过多,对应的是缺乏选择的精力与能力。

应对消费者需求的变化,企业可能需要一次性、多方面提供满足消费者单个需求的全方位服务。伴随信息技术、数据分析技术的发展,产品服务的横向与纵向均趋向融合,越来越倾向于集成。对于消费者而言,单个这样的服务更有效率,更有利于体验。对于企业而言,这就要求某一需求对应的环节上的企业中,出现有信息统合能力与组织统合能力的企业。

消费者集成化在很多方面都有所体现,比如房地产业、金融行业。在房地产业中,地产商开始尝试对房屋提供一站式服务,在消费者购买后,由地产商协调相应的装修服务、搬家服务与管理保障服务。在金融业中,期货、股票、保险与理财产品大量融合,服务整体提供。

(3)便利化是指消费者追求有效率且方便的消费方式,是消费过程的追求。传统的消费过程目前仍然存在集市的概念,产品仍然是集中生产,全球分销的。在这样的背景下,消费者就必须面对获取商品信息、选择适合自己商品与成功购买商品的消费步骤的挑战。

在传统消费方式的基础上,由于信息技术与智能互联服务系统等的进步,消费者在消费步骤上花费的经历可以大大减少。通过网站的广告与介绍,以及相应的产品评论,消费者能够便捷地获取想要的商品信息,了解自己的需求并做出选择。或是更进一步,消费者可以快速直接定制商品。购买商品不再像过去那样,必须在某一特定的地点,现在可以通过互联网等工具在家方便地完成。若是为了消费体验,出行消费,那么信息系统也能准确根据消费者的需求推荐最适合的地点与商品。消费者能够在智能城市中生活,最有效地获取自己想要的商品。

消费者便利化需求目前已经得到大范围的重视,网购方式的兴起是最直接的佐证。作为传统消费方式的补充与替代,以淘宝网为代表的网站为消费者提供了更完整的商品信息,并通过消费习惯的分析,向消费者推荐适合的商品,进而通过物流完成消费。这大大领先于传统消费方式,其成功也不难理解。

2. 供给的变化趋势

由"再工业化",第三次工业革命的提出与讨论,再到德国提出的"工业4.0"与美国的CPS概念,表面上看,这些概念是重新考虑实体经济发展,再造制造业,解决当前的经济与就业问题,但仔细分析,不难发现这一系列概念是对以互联网为支撑的智能化大规模定制的生产与制造模式方式的布局,是针对供给层面,对新的需求方式变革的适应,是产业体系中供给的变化趋势。

2009年,以美国为代表的发达国家开始正式执行"再工业化"战略。这一次的"再工业化"不是简单的制造业回归,而是以新型生产方式为核心,致力于抢占下一轮制造业上最高端、最多附加价值的领域,实现制造业由传统、常规技术向广泛使用以数控、低耗和洁净生产为重点的先进制造技术转变。他们也更强调在这一轮的"再工业化"中用新的信息技术、互联网,重新定义、整合发展传统的劳动密集型制造业,以此来提高传统制造业的劳动效率,降低劳动成本,满足消费者个性化、集成化、便利化需求,提高国际竞争力。

从现在的视点来看,新工业化事实上是发达国家对于新工业革命的布局和开始,反映了供给端现在的升级方向。

2012年,随着《经济学人》在其4月刊上发表《第三次工业革命:制造业与创新》专题报道,"第三次工业革命"概念真正进入大众视野。在这篇专题报道中,描述了当时正在发生的技术引领制造业的变化,认为3D打印技术将与其他数字化生产模式一起构筑的"增材制造技术",相比于传统的"减材制造技术",具有制造成本低、生产周期短等明显优势,被誉为"第三次工业革命标志性的生产工具"。事实上,3D打印技术所代表的制造技术与模式变革是这次革命的一部分,可再生能源、互联网信息技术与制造模式革命一起构成其基本要素,将引领一批新兴产业的诞生与发展,导致制造业生产方式、制造模式甚至交易方式等方面的重要变革。变革的本质,是新的生产组织方式诞生以替代线性大规模、大批量、标准化生产组织方式,是可再生能源替代了化石能源作为人类生存发展的能源基础,而互联网信息技术使上述转变具有了实现的可能性。最终,将使得产业体系进一步演进。

随着时间的推移,智能化大规模定制的生产与制造模式方式的叩门声越来越清晰。2011年,在汉诺威工业博览会开幕式致辞中,德国人工智能研究中心负责人和执行总裁沃尔夫冈·瓦尔斯特尔(Wolfgang Wahlster)教授首次提出"工业4.0"这一词。2013年,德国成立了"工业4.0"工作组,并于同年4月在汉诺威工业博览会上发布了最终报告《保障德国制造业的未来:关于实施"工业4.0"战略的建议》(Securing the Future of German Manufacturing Industry: Recommendations for Implementing the Strategic Initiative Industry 4.0)。这份报告认为"工业4.0"的核心就是下一代工业革命,是信息物联网和服务互联网与制造业的融合创新。报告指出,"工业4.0"会将智能技术和网络投入工业应用,从而进一步巩固德国作为生产地以及制造设备供应国和IT业务解决方案供应国的领先地位。相比于第三次工业革命,"工业4.0"概念从生产角度将IT与互联网技术进行区别。但两者的本质是接近的。

美国于2005年年末2006年年初曾对信息物联网和服务互联网与制造业的融合做出综合性的概括,称之为信息物理系统(Cyber-Physical System, CPS)。美国面对制造业未来,选择软件作为突破口。相比于德国关注的硬件生产设备与互联网基础设备的建设,美国则在设计通用的生产软件。两者的实质都是针对消费者个性化消费需求的新一代智能制造生产方式的组成部分,这一新的生产方式响应了第三次工业革命的潮流,代表了未来工业或者制造业发展的未来,也象征着新工业革命迈出的坚实一步。

综上所述,供给的变化趋势是以互联网为支撑的智能化大规模定制的生产与制造方式,而具体的实施路径有三条:

一是模块化的生产方式。这是响应需求,对传统的生产方式改良的一种模式,是美国再工业化的改革实质。企业通过产品生产的模块化分工,将数控技术、互联网技术等相互融合,能够做到按照个性化要求集成组合产品模块,进而提供给消费者足够多的选择,满足个性化、集成化、便利化的消费需求。

二是3D打印的生产方式。3D打印一旦普及,工厂承担的就只是设计与原材料发放的工作,甚至工厂不再需要存在。个人在自己的家中或3D打印店中就能一步完成个性化生产的过程,进而得到需求的满足。3D打印机代表的数字化叠加式制造是快速成型、一次成型,可以"打印"出来。制造模式变革不仅涉及制造母机,还涉及材料等方面的重大革命。这样的制造模式可以大大节约材料、能源,节约仓储与物流运输成本,降低污染。

三是定制流水线的生产方式。这是"工业4.0"及美国CPS所提供的生产方式概念。工厂的流水线能够智能变化,自动分析消费者需求的变化,进而完成个性化产品的大规模生产。这种制造模式将对整个产业体系造成变革性的影响。

(二)内生性因素变化趋势

供给与需求的联系及其变化,需要通过产业体系的影响因素来传导。在这之中,内生性因素提供了产业进步所需的动力。

1. 知识与技术因素的变化趋势

知识与技术是实现产业体系发展、需求变化、生产满足的基本因素。按照德国人在"工业4.0"的说法,人类社会即将来临的恰恰是以信息物联系统为代表的新技术新工业革命。信息物联技术是目前与未来众多技术变革引导下的产物。这些技术又可归为两大类:基础产业类新技术与智能制造类新技术。这些技术变革及其将来发展的趋势将决定新工业革命的走向,也将决定未来产业体系的演化方向。

(1)基础产业类新技术。基础产业类新技术构成了新工业革命制造设备的技术与产品基础,包括:

①互联网与物联网信息技术。传统的认识中,互联网信息技术仅仅是人与人沟通的工具。随着互联、数字、智能化的融合,智能工厂将孕育而出,成为新工业革命的发展方向,而其核心正是互联网信息技术。互联网信息技术下的物联网、Wi-Fi技术、云计算技术打破了人指挥机器的传统模式,让机器学会学习、学会交流、学会自主变化,人只要提要求,机器就能自己完成制造。

②信息、大数据分析技术及其影响。工业生产中的大数据称之为工业大数据,它是由产品制造流程或者工业体系带出的数据。工业大数据使得产品带来

更高的价值，每一个出产的产品最后都能回馈信息至生产者手中，从而反过来影响之后的生产者决策与行为，也能提前为生产者应对突发情况做出提示，使得生产过程中不再存在不确定的信息。工业大数据的数据系统对制造设备的要求越来越高，逐步成为新一代智能制造装备或工厂。

③新能源技术及其影响。我们目前的经济与社会发展模式、人们的生产方式与生活消费方式基本依赖于化石能源的生产与使用，然而目前化石能源已经逐步进入枯竭期。以太阳能、风能、海洋能、核能技术为代表的新能源技术正逐渐发挥作用，替代原有的产业结构与产品。除用新能源发电之外，新能源汽车、新能源住房等领域都带来了新的应用领域，且正成为主流的消费品。

④新材料技术及其影响。新一代的产品材料将选用诸如碳纳米管、陶瓷基纳米复合材料和新型碳纤维等新材料，可用于添加式的一次定型生产方式。添加式生产方式的实现关键就是新型材料技术。新型材料会使未来的产品比现有制成品更硬、更轻、更节能、更耐用。如分子材料与制造技术将可以在原子精确度的条件下操控分子。物质可以轻易被准确操作，进而连接起来，由此带来成本的大幅度降低。

基础产业技术的革新改变了制造的方式，由人指挥机器向人提出要求，变为机器智能自行生产转变，使得产品的制造更简单、更高效。

(2) 形成新型生产服务系统的核心的智能制造类新技术。这类技术包括：

①智能制造装备技术。智能制造装备是实现定制化生产的基础"工人"。目前，智能制造装备的前沿是3D打印技术以及高端机器人技术。以3D打印技术为例，零部件是通过在三维模型中融化材料的连续层制成的——叠加材料而不是减去材料。用于生产这些零部件的3D打印技术使用的是动力金属、塑料液滴和其他材料——类似于激光打印机的色粉盒。这一技术可在不使用任何工具或固定装置的情况下制造物品。制造过程不会产生任何废料，也不会因为产品复杂而产生额外费用。

②嵌入式电子、智能系统与软件控制。智能化生产系统及过程，以及网络分布式生产设施的实现需要嵌入式电子、智能系统与软件控制的帮助。它们是智能制造装备的"指挥"。未来，各个工厂将具备统一的机械、电器和通信标准。以物联网和服务互联网为基础，配备有感测器、无线和RFID通信技术的智能

制造设备可以对生产过程进行智能化监控。由此,智能工厂能够自行运转,且工厂间零件与机器可以相互交流。结合大数据技术,智能工厂还能对生产与修理做出可能的提示。

③智能定制生产与在线控制体系。智能定制生产体系与在线控制技术是通过基础设施(如互联网技术、大数据技术等)综合而成的软件控制系统,是智能制造设备的质量"监控者"。每一个产品将承载其整个供应链和生命周期中所需的各种信息。设备将由整个生产价值链所继承,可实现自组织。产品本身将成为信息的载体,产品能够自动记录其生产过程的一切。同时,它还能够辅助操作步骤与监测周围环境,其工厂可以实现全产业链的智能生产,实现生产的自我调整,透明化生产,预测性制造。

④资源与产品、服务配送技术与系统。未来,"配送系统"将与定位技术结合得更加紧密,实现资源与产品服务的运转监管,进而实现零库存,以及实时响应的送货系统。这一系统是物联网的进一步运用,可以帮助监控实物的具体数据、运输的具体位置,实现实时生产、快速送达的目标。与之对应,交通系统也会受其影响,产生相应的革新,与智能城市的发展目标相互呼应。

我们必须关注与深入研究这些新技术新方式目前的发展变化,以及未来的发展变化由此可能带来未来产业与产业体系的变化。

2. 其他内生性因素的变化趋势

在技术革新的推进下,人才结构、生产方式与市场组织方式也呈现对应的变化趋势。具体表现为:

(1)人才需求的变革。在新的产业体系下,劳动力要素的含义将发生改变。在生产领域,低端劳动力的需求将越来越少,而人从事的工作更加偏向于研发设计与软件管理,高端人才的需求不断变化。

传统的产业体系人才需求结构是金字塔型的。目前的产业体系中,不可避免地还存在大量人力无法得到有效替代的工作。无论是调查统计,还是机器操作,甚至是精密组织,都需要依靠劳动力完成。在这之上辅以一定的管理及支援人才,最顶端的才是高端管理类的人才。

随着产业体系的变革,人才的需求结构可能变为沙漏型。在生产领域,简单的机器操作也将由机器完成,人需要从事的是对消费者个性化需求的分析,进而对产品进行研发设计,对生产系统进行软件管理。无论是何种工作都需要相应的知识与技能。只不过根据工作的要素,分为相对简单的工作与相对复杂的工作。因而在产业体系中,高端人才需求的数量将进一步增加,低端人才则从事保障性的支援工作。这一人才结构与全球城市的人才结构需求趋势是相呼应的。

(2)生产方式的变革。前文已经描述,生产方式对供给层面的影响有三条路径:模块化、3D打印与定制流水线。综合来看,新生产方式的基础是消费者收入上升、个性化集成化消费需求时代的到来。这个新型生产方式就是以互联网为支撑的智能化大规模定制生产方式,以适应消费者个性化消费时代的到来。很显然,相比较工业经济时代的生产方式,该生产方式有诸多优势,例如:

①资源节约,表现在原材料使用仅为传统生产方式的十分之一;能源消耗也远低于化石能源消耗。

②生产成本低,表现在利用互联网信息成本低和自己动手生产,导致产品生产成本低下。

③低交易费用,通过网络平台直接定制进行交易,交易费用几乎为零。

④低的流通费用,分散生产、就地销售可以节约大量的流通费用,节能减排。

⑤提高了消费者的满意度。

(3)生产组织方式的变革

生产组织方式也将变革。现今的生产组织方式为"集中生产、全球分销"。比如产品生产是先圈一块地盖厂房,全世界原料送进来,生产后运到全世界销售,结果是来往运输成本量大、成本高,搜寻信息与交易成本都很大,而且浪费不少资源。

在新型智能生产体系发展的背景下,新的生产组织方式则是"分散生产、就地销售",它不需要今天这样的工厂,只需要3D打印机这样的生产点,就可以真正做到销地产。产品的物流方式也不再是集中的、大批量的运送,而是"分散取送、网格配置"。未来的工作者也不需要集中办公,只需要有相应的设备,就可以在家中完成工作。

生产方式的变革预示着新科技带来全球制造业、服务业全面的格局变化,这对于上海目前的产业结构来说是巨大的冲击。

(三)外生性因素变化趋势

产业体系的外生性因素对供给与需求的发展方向提出了限制,因而有关外生性因素的分析必然需要结合上海本身的情况来进行。全球城市的建设目标隐含了产业政策与资金和国际贸易约束的考量,因而我们重点关注自然禀赋的约束与人口结构与数量的约束。

1. 环境、能源、空间对产业体系的约束

随着时代的发展,自然禀赋不再局限于过去的资源与能源方面,而有了更加丰富的含义。环境保护、能源消耗等因素成为世界范围内公认的话题。上海希望成为全球城市,必然要在这些领域付出自己的努力。这自然构成了上海自然禀赋的一部分。

环境是一个重要因素。良好的生活环境是产业结构发展的重要约束,它决定了发展的质量,也决定了居民对发展的认可度。上海目前的环境质量情况不容乐观,需要通过产业转型提升环境质量。因此,环境保护就成了产业结构转型的重要约束。

上海所面临的环境约束包括:

(1)传统产业的传统污染排放——减排问题。以钢铁、化工石化行业为代表,钢铁行业的污染物排量大。2012年,全市烟尘排放总量和二氧化硫排放总量分别为8.71万吨和22.82万吨。尽管相较过去有明显下降,但煤烟型和光化学烟雾型构成上海的主要污染物特征。

(2)发展新兴产业带来的新型污染问题。新兴污染物的影响不明,与常规污染物相比,具有作用对象广泛、作用方式复杂、危害潜伏等特点,需要加以关注。最近较受重视的一个污染物类别是工业挥发性有机物 VOC。它被认为是形成 PM2.5 及有机污染物的重要来源,且不仅来自传统行业,也来自新兴产业。

(3)现阶段能源消费结构与环境挑战。目前,中国的能源消费结构仍然是以煤为主,上海也不例外,这导致了巨大的环境压力。清洁煤技术的脱硫脱硝能使排放得到一定程度的缓解,但由于发达国家技术保护、排放成本的原因,清洁煤技术在中国发展相对落后,且企业不愿意采用。如何实现清洁型的能源消费与生产是一个重要问题。

目前,上海的经济和产业整体结构中,第二产业的比重依然很高,而其中,重工业又占到很大的比重。根据2013年上海市统计数据,2012年第二产业的比重为39%,其中,工业约为35.2%。这一比例远远高于东京、纽约、伦敦等其他世界城市(见图9.1)。

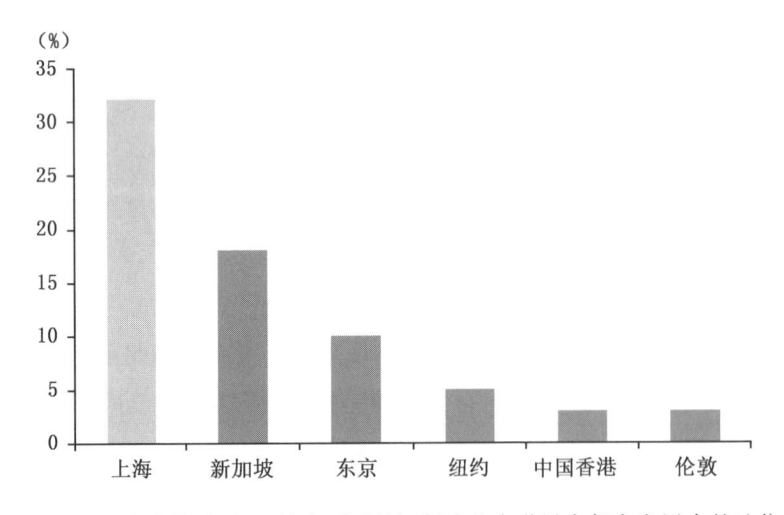

资料来源:上海市统计局;江曼琦,席强敏.制造业在世界大都市发展中的地位、作用与生命力[J].南开学报,2012(2)。

图9.1 上海与部分国际大城市制造业占GDP比重

可见,加速产业结构升级,降低工业尤其是重工业在经济结构中的比重,是空气污染治理的必然要求,也是发展的重要约束。

能源结构约束往往在产业体系不同的发展阶段提出不同的要求。上海既面临能源消费的总量约束,也面临能源效率提升的压力。2012年,上海市的能源消费量依旧处在11 362万吨标准煤,相较2010年、2011年略有上升。尽管单位产出能源消耗有所下降,但能源消费的压力依然存在。上海计划通过进一步关闭黑色金属冶炼及压延加工业,石油加工、炼焦及核燃料加工业,化学原料及化学制品制造业,电力、热力的生产和供应业,非金属矿物制品业这些高耗能行业的相关企业,进一步减少单位产出能耗,控制能源消费。

同时,经过若干年产业结构调整的努力,上海相关产业已经处于较高的技术能级。这带来了一个更大的难题:在上海一些相对高能耗行业节能已达到先进水平的情况下,例如宝钢和上海的石化工业,还有多少节能空间?

与此同时,人类正在经历历史上首次以省资源、省空间、省劳力为基础展开的新工业革命,其实质是以数字制造技术、互联网技术和再生性能源技术的重大创新与融合为代表的能够导致工业、产业乃至社会发生重大变革的事件。如何提高科技创新和研发能力以顺应新工业革命,从而达到生态和谐、绿色低碳、可持续发展的经济发展模式,对上海而言也是一大挑战。

上海市"十二五"规划要求 2015 年可再生能源在一次能源消费中的占比达到 12%。同时根据我国对外界承诺的可再生能源比例标准(RPS)要求,2020 年可再生能源占一次能源消费比重应该达到 15%。根据世界发展情况(见图 9.2),这一目标应当尽量提高。

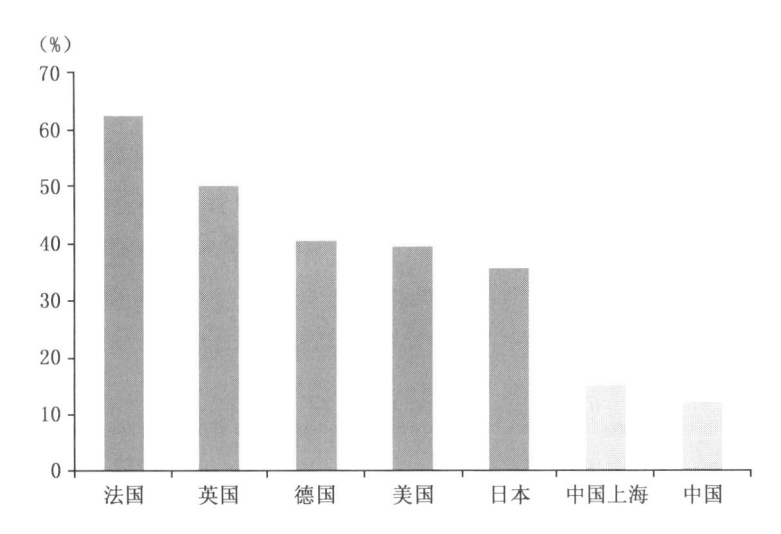

资料来源:BP《2012 世界能源统计回顾》《上海市"十二五"能源规划》(2011)。

图 9.2 不同国家和地区清洁能源占一次能源消费的比例:近年数据

能源与环境约束还需要通过能源的生产与组织方式变革来实现。在新的理念、技术、资源配置、消费习惯等因素的影响下,能源需要满足分散生产、分散消费的需求。如杰里米·里夫金所构想的,这个能源生产与使用模式可能具有几个显著的特点(见图 9.3)。

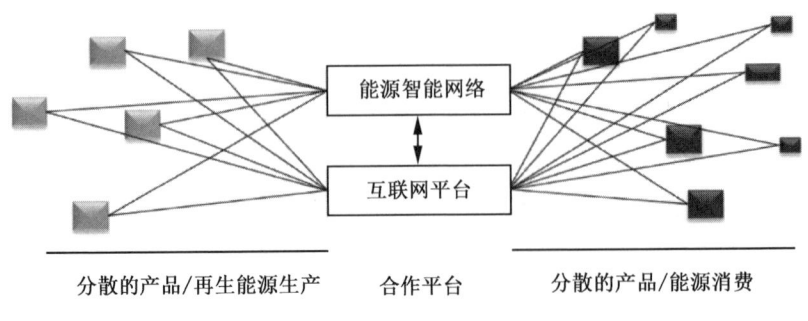

图 9.3 能源生产与使用模式

①分散生产,首先自用;
②基于能源智能互联网;
③交易费用近乎为零;
④知识、信息分享成本为零;
⑤生产力真正成为社会性的,而非单个人或企业的。

目前,美国智能电网的发展,正是这一技术的实际应用雏形。

(4)上海已经不可逆转地发展成为一个巨型城市,其土地资源的禀赋限制开始突出,土地利用率有待提高。由于上海土地资源有限,加上耕地红线限制,上海可以发展战略性新兴产业与先进生产性服务业的土地越来越少,进而导致产业转型发展成本上升。产业结构转型要求上海提高低效和闲置土地的占有成本,鼓励低效和闲置土地的二次开发,提高土地使用效率。

以产业园区的土地资源利用情况为例。产业园区是上海培育先进制造业与生产性服务业的重要载体。但不同级别产业园区的土地效益相差太远,国家级漕河泾新兴技术开发区的单位土地工业总产值达 127.65 亿元,而市级南翔高科技园区的单位土地总产值仅为 6.54 亿元。上海产业园区集约利用的上升空间还很大。

2. 上海人口结构与数量对产业体系的约束

上海市的人口变化包含以下一些约束,将影响全球城市目标下未来的产业体系建设:(1)上海想要成为全球城市,就要求具备大量从事服务业与生产性服务业的人才,因此人口素质的提高将会成为重要的趋势,需要上海做好引导。

(2) 以现有的情况看,人口的老龄化将不可避免,产业体系必须对此做好准备。
(3) 人口数量有进一步增长的风险,上海的人口数量将达到前所未有的数字,进而迎来超巨型城市的挑战。

上海须做好准备,迎接老龄化的挑战。2010 年全市常住人口中,人口的年龄构成为:0～14 岁的人口占 8.63%;15～64 岁的人口占 81.25%;65 岁及以上的人口占 10.12%。同 2000 年第五次全国人口普查相比,0～14 岁人口的比重下降 3.63 个百分点,15～64 岁人口的比重上升 4.97 个百分点,65 岁及以上人口的比重下降 1.34 个百分点(见图 9.4)。2012 年,上海市统计年鉴显示,在户籍人口中,0～18 岁的人口仅占 10.56%,而 35～59 岁及 60 岁以上人口分别占 41.02%与 25.74%。从 2005 年到 2010 年,出生率有所增加,死亡率有所下降,自然增长率已经增加至 2‰(见图 9.5)。2010 年,外省市来沪人口达到 897.7 万人(见图 9.6),主要集中于浦东(202 万人)、闵行(120 万人)、松江(93 万人)等近郊区。从表 9.1 中可以看出人口老龄化的空间分布情况:中心城核心区和边缘区的人口老龄化最为严重,并依次向郊区递减(崇明情况特殊,因此单列),由于新增常住人口主要集中于郊区,郊区老龄化程度相对下降较慢,但这并不能掩盖上海人口的老龄化程度。老龄化必然带来夕阳产业的发展,也对产业体系的用工提出了一定的要求,可能需要更多集中于生产创新领域。

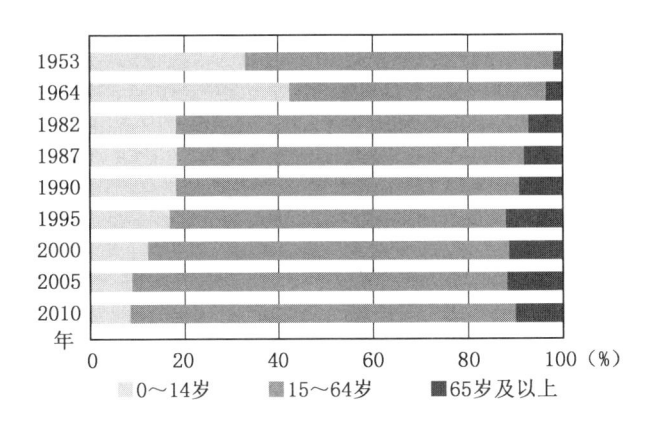

资料来源:上海市第六次人口普查数据。

图 9.4 上海历年人口结构变化

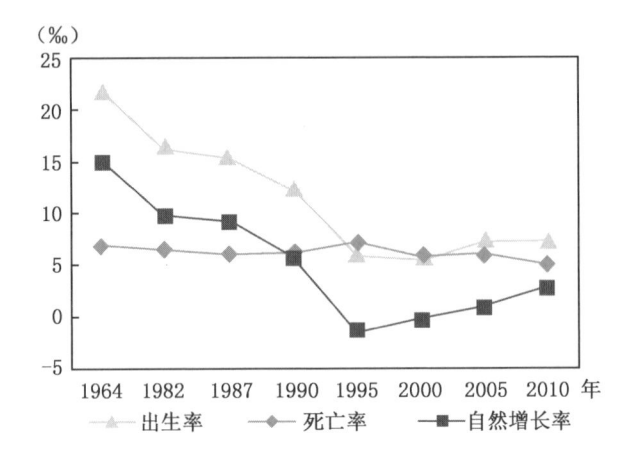

资料来源：上海市第六次人口普查数据。

图 9.5　上海人口自然增长变化

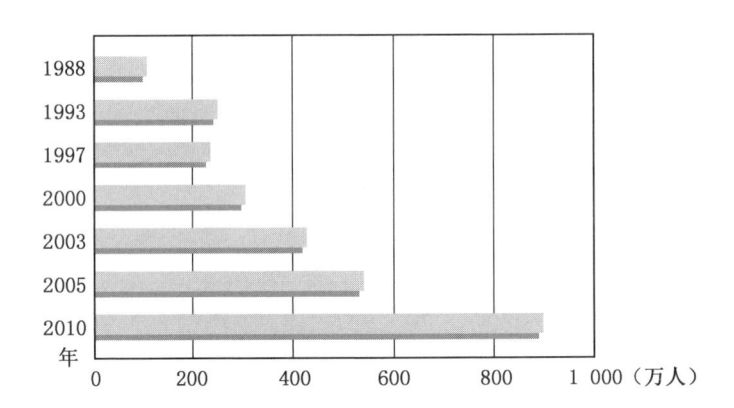

资料来源：上海市第六次人口普查数据。

图 9.6　外省市来沪常住人口

表 9.1　　　　　　　　　　上海老龄化人口的区域分布

	2005 年		2010 年	
	60 岁及以上老年人口数（万人）	60 岁及以上老年人口数占比（%）	60 岁及以上老年人口数（万人）	60 岁及以上老年人口数占比（%）
中心城核心区	43.02	21.40	36.92	20.77

续表

	2005 年		2010 年	
	60 岁及以上老年人口数（万人）	60 岁及以上老年人口数占比(%)	60 岁及以上老年人口数（万人）	60 岁及以上老年人口数占比(%)
中心城边缘区	82.99	20.00	99.82	19.17
近郊区	76.23	19.02	141.35	13.03
远郊区（崇明除外）	49.00	17.93	50.96	11.38
崇明	15.12	21.57	17.91	25.45
全市	266.36	19.58	346.97	15.07

资料来源：上海市第五次、第六次人口普查数据。

人才结构与老龄化的约束带来的必然结果是上海市人口的进一步上升。考虑在人口自由流动的经济中，人口总量与经济增长之间存在着严格的正相关关系。有证据表明，在一个经济体中，某个地区的人口占总人口的比重与该地区的 GDP 占总 GDP 的比重之间存在高度一致性。例如，2010 年加州的 GDP 占美国 GDP 的 13.34%，而人口占美国人口的 12%，GDP 排名前五的州占美国 GDP 的 38.61%，人口占美国人口的 36.73%。

目前上海的 GDP 比重和人口比重匹配度还不够协调。最近 30 年上海的发展趋势是 GDP 比重在不断下降，人口比重在不断上升。2013 年上海的 GDP 约占全国 GDP 的 3.80%，但是常住人口只占全国的 1.77%。一个比较合理的判断是，随着户籍制度的改革、市场化程度的加深和城市化进程的推进，上海 GDP 占全国 GDP 的比重将趋于稳定，而人口比重将会继续提高并逐渐接近 GDP 比重。我们假设，在经过四分之一世纪之后到 2040 年，上海和纽约、东京、悉尼一样，其 GDP 比重和人口比重基本匹配。这样，如果上海的人口占全国比重达到 3%，以 2013 年 13.60 亿元的数据计算，意味着上海要有 4 000 万人口；如果占 4%，就意味着上海要有 5 000 万人口。以现有的人口结构（见图 9.4）和自然增长率（见图 9.5）来看，2040 年上海的常住人口总量极可能超过 4 000 万。如果届时上海 GDP 比重提高，则人口总量会更高。

在 4 000 万人口的巨型都市中，对基础型设施产业的建设有着极大的需求，而产品与服务的定制规模也将受到极大的挑战,因而产业体系将可能为此进行一定的调整。

三、未来新型产业体系的可能变动

上海目前的产业体系距离当前领先的产业体系还有一定的距离,而要想发展成为全球城市新型产业体系,就需要把握未来新兴产业体系带来的综合变化,梳理新型产业体系的可能变动,进而制定出相应的产业政策。

新型产业体系的新首先是因为需求变化的巨大影响,消费者个性化时代的到来。消费者的个性化如果能够成为普遍现象,一方面需要供应商能够生产提供符合消费者个性偏好的产品或服务,另一方面需要社会提供消费者有个性化消费的空间与过程。由于消费者众多,每个人的需求不同导致需求的具体信息也不同,加上需求的不断变化,就构成了供应商的大数据。对这些数据进行处理,进而传递给智能设备,进行运算、设备调整、材料准备与自动加工等步骤,才能生产出符合个性化需求的产品。

随着消费者个性化的发展,新技术革命将可能导致社会组织方式发生变化,消费的同时就是生产。消费者可以安装太阳能发电板,生活方式实现能源自给自足,消费者可以买一部家用3D打印机,食品制造可以自给自足,生活用具可以自己设计。人们可以通过互联网与云计算在家里办公,分散工作,互联互通。社会交流也更加自由,根据兴趣导向,组建虚拟社团。在这种生产方式下,交通道路、能源消耗都得到了节约,城市潮汐式生活的模式将发生根本性变化,这一改变可以称作反城市化。

在技术发展引领消费者个性化、集成化、便利化的背景下,消费与生产同步将使得产业之间的边界消失,虚拟与现实相互连接,内生性因素发生重大转变。这些转变可能导致三次产业划分的困难,新的消费导向的大功能性集成产业的构成与智能互联生产服务体系的形成。全球城市作为全球的领导者,必然会最早迎来这些变革。

过去的产业体系分类标准(见图9.6),如三次产业分类法及其细分等,其依据是代表经济活动发展阶段的工艺技术的相似程度,偏向于供给,整体的分类方式是纵向的。这个分工体系中,基于使用的生产要素和产品的使用对象等,可以观察到这些产业之间的相互关联性及关联程度,纵向类似,横向区分,产业之间存在明显边界。

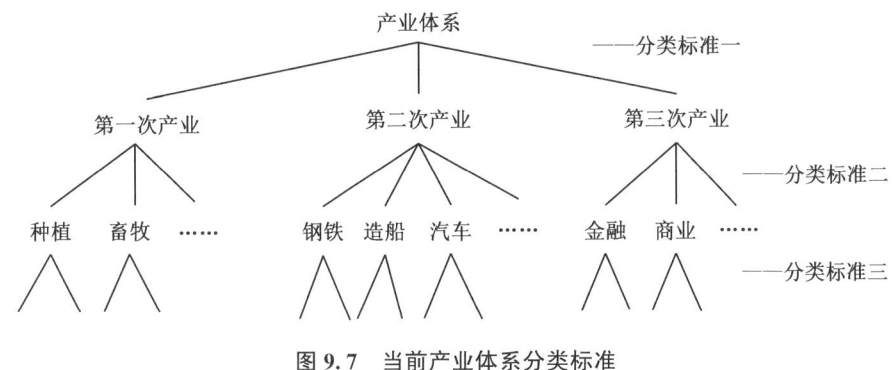

图 9.7　当前产业体系分类标准

基于上述技术与产业体系动态演进的规律、需求与生产变化的趋势,生产服务体系也可从工艺技术分类的角度转为消费者产品需求与服务需求满足角度考虑。具体而言,生产体系能够按照当下需求的发展趋势动态演化,逐步做到:当时的需求的满足以及下一轮需求的满足;当时与未来的需求的满足以及相应的准备;未来需求变化的满足与相应的准备。

伴随着需求变化、技术进步以及生产体系的演化,产业之间的边界愈发模糊,生产、服务不能分割,过去的三次产业分类标准也越来越不适用或仅能提供一定参考。

未来新的产业体系应当划分为以消费需求为导向的大功能性集成产业(见图 9.8)。需求可按功能性分界为公共产品与服务、私人产品与服务。逆向推断,产业体系可分为大生产资料产业、大消费资料产业。区别于传统的生产与服务划分,这里的每一个产业均同时具备生产与服务功能。大生产资料产业又可分为基础设施和生产设备与设施。基础设施包括原料、交通、能源、电信互联网等领域。而生产设备则是基础设施的组合,能够进一步提供更为丰富的产品与服务。大消费资料产业负责生产资料的进一步加工,可直接由基础产业产生,也来源于设备设施制造所得的产品。大消费资料产业最终直接转化满足消费者的需求。

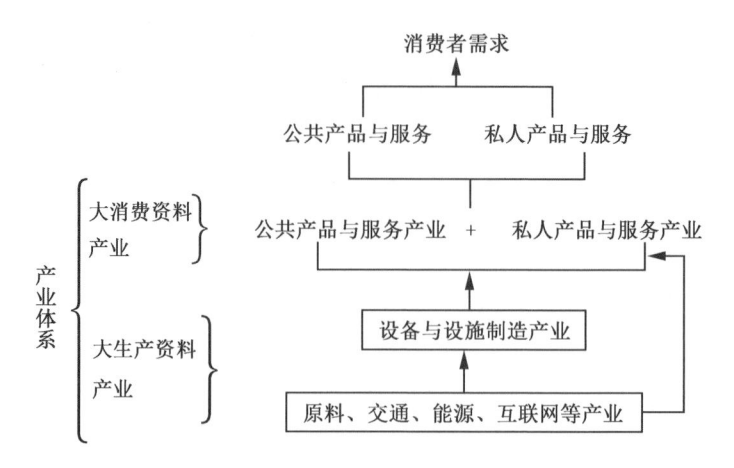

图 9.8　未来新型产业体系

　　未来,在这一大功能性集成产业体系下,将以产业体系演进形成新的生产与需求融合的运行逻辑:消费者需求个性化、集成化、便利化的趋势在行为过程中产生相应的数据。这些数据又通过互联网收集,由云计算处理,反映给智能生产系统。智能生产系统一方面反馈工业大数据给云计算处理,完善自身生产系统,另一方面,由智能分析与数据控制服务,经由智能工厂提供的互联生产服务设计产品并改变生产线,服务系统进而引领智能服务,完成个性化的产品生产与服务,满足消费者需求。

第十章 上海未来新型产业体系的战略构想

未来的产业体系是在受到中长期要素影响下而形成的供应体系、生产体系。其主要受到需求变化(人口变化、消费偏好变化)、技术及生产体系变化、外部禀赋(环境、资源、空间)的影响。这些因素是推动新型产业变革的驱动力。

上海未来新型产业体系的发展要与其全球综合城市的定位以及友好的环境发展具有协同性。上海需要以全球综合城市的目标为依据,引导、布局、发展新型产业体系;要构建良好的生态、人文、社会环境吸引未来产业体系的高端人才。

上述两个方面,一推一拉,共同促进上海未来新型产业体系发展。

一、产业体系应与城市发展、环境友好协同

上海未来新型产业体系的构建必须与其城市发展、环境友好紧密联系,三者相互制约、相互促进。只有从系统层面整体推进,上海未来的新型产业体系才能构建成功。

在城市发展层面,政府推动具有发展潜力的生产性制造业发展,加大生活性服务业和生产性服务业投资,推动健康经济、绿色经济、互(物)联网的平台经济、智能生产的发展。生产性服务业的发展提升产业升级,生活性服务业的发展改善环境、吸引人才。双管齐下,推动城市发展与新型产业体系相互促进发展(见图10.1)。

环境友好表现在以下几个方面:一是需要政府针对环境、能源制定标准清晰、切实可行的政策规范,加强能源的集约化利用、环境的生态保护。二是政府

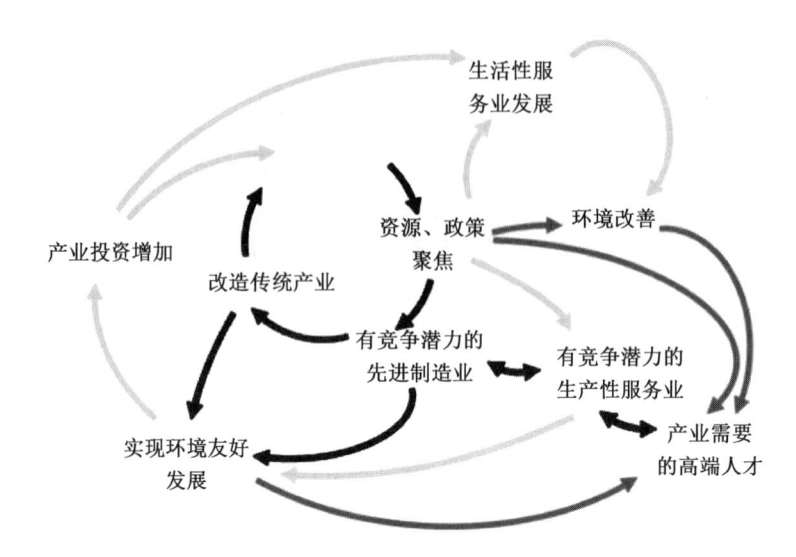

图 10.1 "上海城市发展、环境与产业体系协同"系统动力学模型

通过提升文化产业发展,突出海派文化的吸引力,以打造中西方文明交流中心为目标大力发展文化产业。三是提升教育资源、医疗资源的国际化水平。以此全面改善生态、人文、社会环境,从而吸引更多高端人才来沪就业、发展。而高端人才的吸纳会进一步改善原有产业体系,尤其是生产性服务业将得到更快发展,而相关产业正是环境友好、能源集约型产业。以此正向循环,推动环境友好与新型产业体系的互动发展。

在新型产业体系层面,政府通过政策引导、市场培育,聚焦有竞争力的先进制造业,进而带动有竞争力的生产性服务业协同发展,从而吸引高端人才来沪发展,同时相关产业主要以高端人才的技术与知识为核心,降低了对能源的依赖。这将极大改善以往石化与钢铁带来的环境与能源问题,从而推动产业体系的整体升级,提升城市的环境质量,以此来实现环境友好、城市与产业体系的协同发展。

二、上海未来新型产业体系构建的目标导向

上海要建成与全球城市相符合的新型产业体系,其核心就是要建立具有国

际竞争力的产业体系,具体表现为具备全球产业链价值链控制力、产业持续自主创新能力和产业空间均衡发展能力,这三位一体的能力的构建是上海实现由现行体系向未来新型产业体系转变的目标(见图10.2)。

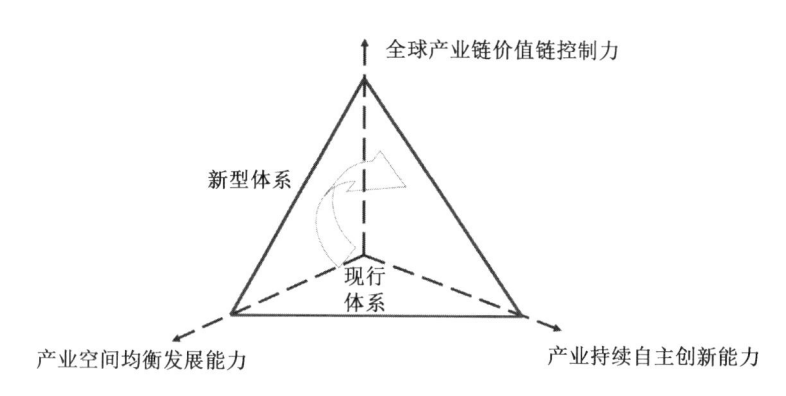

图 10.2　上海新型产业体系国际竞争力表达

随着国际分工由产业间分工向产业内分工和产品内分工转变,企业掌握产业链价值链的控制力非常重要。产业链价值链的控制力是企业参与产业链分工时利用自身的核心能力或核心优势而控制产业链中关键资源和关键节点的程度大小。上海一方面需要在已有比较优势的产业中掌握全球产业链价值链控制力,另一方面需要在未来新型产业中提前布局,研究掌握相关核心技术,为今后取得产业链控制力储备力量。

新型产业体系国际竞争力可以通过产业链价值链的控制力反映出来,而此项核心能力的构建越来越依托于产业持续自主创新能力,只有持续不断的创新才能保证对于关键资源和关键节点拥有核心能力,才能保证该产业在全球范围内处于领先水平。上海必须以科技创新中心为目标,从教育培养、科研投入、企业研发、市场机制等多方面入手,切实提高产业创新能力。

同时建立具有国际竞争力的产业体系,上海需要与之相匹配的空间载体,对于建立全球综合城市的目标而言,其产业必然是多元化的,如何有效地布局相关先进制造业、高端生产性服务业、综合生活性服务业等,使之既有利于产业发展,也符合全球城市规划,是产业空间均衡发展能力的重要体现,同时是上海构建新型产业体系能否成功的重要因素。

三、上海未来产业体系总体思路与目标模式

新工业革命下,众多技术的变革很有可能对未来产生重大影响,可能涉及能源生产与使用、生产方式、生产组织、制造模式和生活方式等多个方面。多个方面的影响可能产生多种定制生产方式、新的生产组织方式以及生活方式的变革。

在新的发展趋势上,一个全球城市必然需要成为全球资本、服务与信息的掌控者,对其全球生产、销售、服务和创新中心起到支撑作用。

(一)总体思路

围绕建设全球城市的长远目标,以打造具有全球影响力的要素配置中心、科技创新中心为基本途径,以发展战略性新兴产业为重要手段,充分发挥市场的主导作用,建立与城市地位相匹配的、具有综合性服务平台功能的新型产业体系是上海未来产业体系及其结构升级的总体思路(见图10.3)。

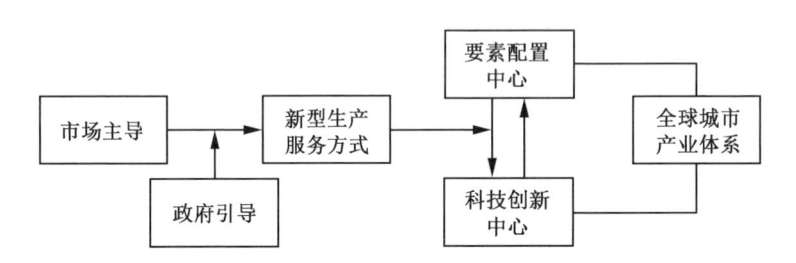

图 10.3 上海未来新型产业体系的构造思路

上海未来新型产业体系应该是以市场为主导的,在政府的引导下形成的新型生产服务方式,在此基础上形成要素配置中心和科技创新中心,最终形成全球城市产业体系,具体表现在以下几个方面:

第一,上海未来的产业体系应当与全球城市的发展目标相一致。全球城市的首要特征就是具有全球领导力,而产业实力是城市领导力的基础。未来上海的产业体系也应当与城市地位相匹配,具有全球领导力和影响力。产业的领导力主要体现在占据全球产业体系的核心地位,具有引领产业发展方向、配置资

源要素的能力。产业发展是经济进步的基础,而经济进步又是文化繁荣的根本保证。因此,建设具有全球领导力和影响力的产业体系是建设具有经济硬实力和文化软实力的全球城市的必然要求。

第二,以打造具有全球影响力的要素配置中心和科技创新中心为基本途径,不断提升上海产业的竞争力和领导力。在当今社会,生产要素不仅包括土地、资本、劳动力,也包括信息、技术、人才这些不可或缺的资源要素。目前上海产业发展的方向是打造经济中心、金融中心、航运中心和贸易中心四个中心,产业发展目标在于提升上海在货币资本和商品贸易中的影响力和竞争力。然而,随着新一轮工业革命和"工业4.0"的进一步发展,资本和贸易在产业发展中的地位和作用逐渐下降,信息、技术作为未来产业发展不可或缺的生产要素,越来越发挥着基础性和引领性作用。因此,未来上海产业发展重点应从资本、商品的中心逐渐向信息、技术、人才中心过渡,掌控未来经济和产业发展的基础性要素,从而提升上海产业在全球产业体系的影响力和领导力。同时,科技创新能力是长期保持要素配置能力的决定性因素。打造科技创新中心,与要素配置中心协同发展,以信息、人才配置支持科技创新,以科技创新带动技术要素进一步集聚,共同形成上海未来产业体系的核心竞争力。

第三,上海通过发展新型生产服务方式,带动要素配置中心和科技创新中心的建设。要素配置中心和科技创新中心的建设最主要的是对信息资源、技术资源、基础能源和基础材料的控制,这表现为对生产服务的需求。新型生产服务方式的发展具有广阔的市场空间,比如,发展以物联网为代表的新一代信息产业,为信息资源的获取和交流奠定产业基础;发展大数据技术和云计算技术,为信息的处理和知识的交流搭建良好的平台。政府通过新型生产服务的支持,带动相关产业的协同发展,从而吸引和集聚信息资源和科技资源,带动要素配置中心和科技创新中心的建设。

第四,充分发挥市场的主导作用和政府的引导作用。要充分发挥产业升级过程中市场的主导作用,让市场筛选有竞争力的技术和产业价值链环节。相关研究证明,财政支出占GDP比重越高,能源效率越低,经济效率越差,说明限制政府在资源配置中的作用,更大限度发挥市场作用,对提高整个经济的运行效率具有重要意义。因此,上海需要通过提升市场效率,引领产业结构转型升级,实现未来新型产业体系的建设。

(二) 目标模式

1. 建立"集成生产服务、模块化分工、互联互通"的新型网络状产业体系

上海未来新型产业体系的模式需要实现与城市发展相匹配的产业结构转型升级目标，建立"集成生产服务、模块化分工、互联互通"的新型网络状产业体系，这是上海产业结构转型升级的目标模式，也是上海建设全球城市的必然要求。

建立新型网络状产业体系必须打破对产业体系和产业结构的传统认识。传统的产业划分以价值链的纵向视角为前提，按照产业特性将产业划分为第一产业、第二产业和第三产业。然而，随着产业的发展，三次产业间的边界越来越模糊，跨产业边界的经济活动越来越广泛。如果继续使用三次产业的划分方法，就不免有失恰当，而且也不能准确地反映城市发展对产业发展的新要求。新型产业体系应该从消费者产品需求与服务需求的满足角度考虑，在此基础上，对于上海未来新型产业体系目标模式的建立，我们建议从价值链和价值网络的横向视角，重新梳理产业体系，从而准确描述上海未来产业体系的目标模式。

网络状产业体系以满足消费者的综合性需求为根本目的，对消费需求进行模块化划分，按照衣、食、住、行、教育、文化、医疗等功能性和价值性需求，通过消费服务业、消费品产业、装备设施产业和基础产业的模块化分工和互联互通，实现综合性、个性化生产和服务（见图10.4）。

网络状产业体系的"集成生产服务"体现在通过生产和服务的集成满足消费者的综合性、个性化需求。消费者既有衣、食、住、行等私人服务的需求，也有教育、医疗、文化等公共服务的需求，既有低端需求，也有中高端需求。网络状产业体系的存在就是为了满足消费者的各类需求，同时根据消费者的意愿实现个性化服务。

网络状产业体系的"模块化分工"体现在针对消费者的不同需求，有一系列分工合作的功能模块来满足。未来上海的基础性产业模块为其他产业模块提供基本的能源、材料和技术；装备、设施产业模块为生产服务提供设备和场地；

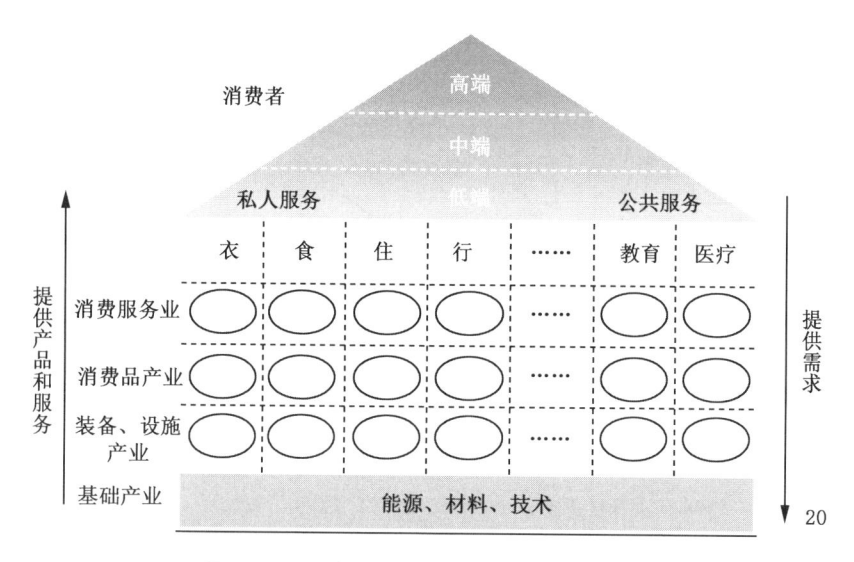

图 10.4 上海未来新型产业体系的目标模式

消费品产业模块利用材料和设备，生产相应的消费产品；消费服务模块基于其他产业模块，为全球、全国、上海消费者提供服务，满足其最终需求。

网络状产业体系的"互联互通"体现在产业网络中功能模块的融合互动。基础产业和生产性服务业是互联互通的重要基础。未来上海的基础性产业中以互联网、物联网、智能电网等为主要代表，为其他功能模块提供融合互动的信息和技术，是模块互联互通的桥梁。而生产性服务业为其他模块提供融合互动的基础服务，是模块互联互通的黏合剂。

对于以建设全球城市为己任的上海来说，建设网络状产业体系既要满足消费者的综合需求，也要重点满足消费者的高端需求。具体来说，在消费服务业和消费品产业领域，上海应重点发展高端服务业和高端消费品；在装备设施产业领域，上海应重点发展智能化、数字化制造；在基础产业领域，上海应着力发展新能源、新材料等"硬基础"，大数据、云计算等"软技术"，以及互联网、物联网、智能电网等"互联性产业"。

这种网络状产业体系的内在构造逻辑见图 10.5，围绕消费者个性化、集成化和便利化的消费需求，在生产制造过程中应用互联网、大数据、智能生产系统等高科技成果，提供个性化的产品和服务，同时接收消费需求的变化信息数据，形成正反馈,促进符合多样化需求的智能生产。

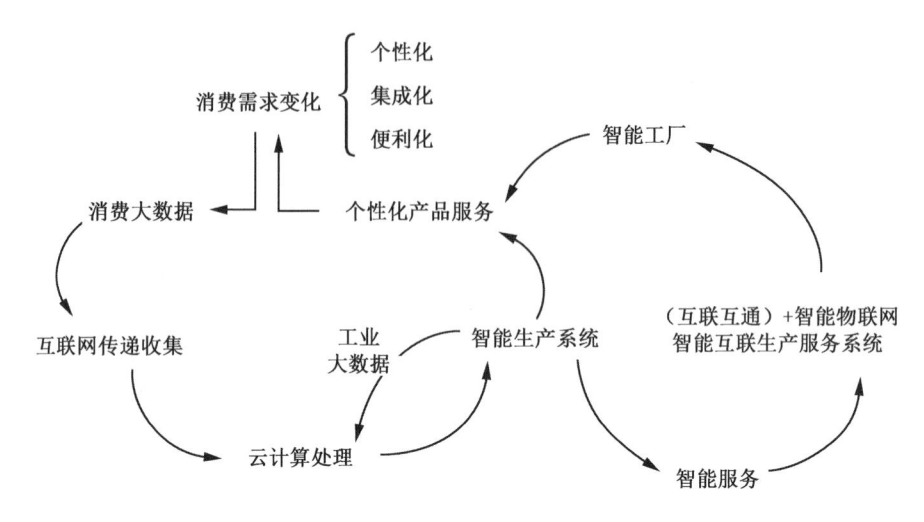

图 10.5　新型产业体系的内在构造逻辑

2. 未来新型产业结构表达

在网络状产业体系的目标模式下,上海未来新型产业结构应该建立在以服务经济为主导、"三二一"产业融合发展的基础上(见图 10.6)。传统的服务认识仅仅指满足于居民消费的商业服务,而未来的服务业还将包括高端制造业的服务化、生产性服务业的发展、高技术成果产业化中的创新服务,以及教育卫生等社会服务,这些将成为未来服务业的重要组成部分。

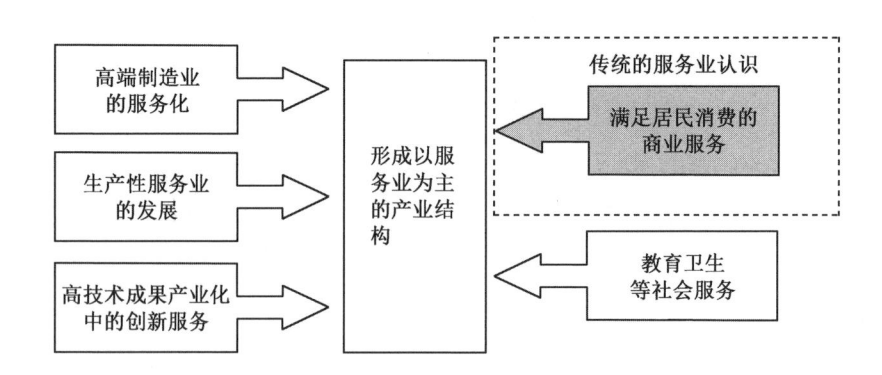

图 10.6　未来新型产业体系目标模式下的产业结构

这种以服务经济为主的产业结构,其外在表现为服务产出、服务业就业、服务贸易、服务消费、服务业投资等所占比重的提高,内在实质则体现了"三二一"产业的融合发展,即服务经济在经济中发挥的主导作用是"三二一"产业高端化发展过程,也是产业创新、产业融合、产业分化的结果。

四、新型产业体系基本特征与运行逻辑

(一)新型产业体系的基本特征

上述构想的上海未来新兴产业体系应当具备以下基本特征,以符合全球城市的建设目标:

(1)全球资源配置中心之一,产业体系中的相当部分产业在全球分工条件下,具有产业链、价值链的控制力,创新能力强,附加价值高,成为全球标识。其中全球城市所能配置的资源包括了资本、服务、创新、信息、文化等方面。在完整的产业价值链中,从上游到下游历经研发、设计、生产、销售、服务等环节,上海作为全球城市需要具备关键环节的核心竞争力,能够作为"链主"掌握产业链。

(2)以现代服务业为主的产业结构特征,制造业服务化,服务业制造化。全球城市是服务中心,其生产性服务业发展是重要指标。参照纽约、伦敦、东京这些以服务经济为主的公认全球城市,今后上海的服务业应占到整个GDP的80%,而生产性服务业占到服务业的75%。同时随着生产性服务业的发展,制造业与服务业的融合同样是未来全球城市的主要特征。

(3)低碳、环保、智能化、互联网化的生产体系,互联网、信息技术与实体产业的融合,一体化发展,并以互联网为基础的大规模智能化定制生产方式为主导。上海未来新型产业体系的构建与环境友好、城市发展相互依赖,其必须是以低碳、环保为特征的生产体系;同时随着全球化与信息化的快速发展,互联网已成为基础性产业,渗透到各个产业,同时生产方式需要及时的信息交流、处理与沟通,包括人跟人、人跟机器、机器跟机器之间的信息交流与沟通,从而支持定制化的生产模式。

(4)产业组织体系形成以资源配置平台为基础的跨国大企业主导的生产服务集成群、中小企业组织群等有序有效组织体系,效率高。根据生产性服务业的发展规律,全球城市的发展往往首先形成一系列跨国大企业,而后围绕这些跨国大企业形成一系列中小企业的集群,从整体上带动了整体经济的发展。大企业提供了资本、服务和信息掌控者的基础,而中小企业大部分将从事生产性服务业或在高新技术研发和产业化领域具有强大潜力,以支撑这些掌控者的地位。

(5)创新服务体系完整、效率高,成为全球创新与高技术产业发展高地。上海作为全球综合城市的产业体系构建是以先进制造业与高端生产性服务业为主要依托,而只有完善的、高效的创新服务体系才能推动先进制造业和高端生产性服务业不断发展,才能有力提升产业科技研发水平,推动上海成为科技创新中心,使上海成为全球创新与高技术产业发展的高地。

(二)新型产业体系的运行逻辑

上海未来新型产业体系运行的逻辑以具有比较优势的人力资本为基础,凭借高端人才这一内生比较优势参与各产业的国际分工,通过产业持续自主创新取得产业链关键资源和关键环节的核心竞争力,从而获得产业链的控制力以及价值链的高端地位,进而在全球价值链治理中获得更佳的位置,甚至成为"链主",以此来获得更好的收益,从而吸引更优秀的人力资本进入该产业链,形成正向循环,不断推动上海新型产业体系发展、升级,助力上海向综合性全球城市的目标不断迈进(见图 10.7)。

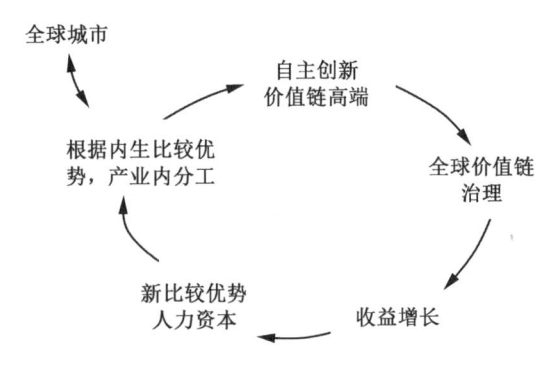

图 10.7 新型产业体系运行的基本逻辑

五、上海综合性全球城市新型产业体系具体构造：五大功能性平台＋四大功能性集成产业

根据新型产业体系的内在结构和构造逻辑，为了满足人口快速增长带来的生活服务需求的增长，以及智慧型城市发展的要求，上海应当围绕建立平台型网络状产业体系的目标，积极打造五大功能平台，分别是全球资本交易与流通配置平台、全球货品和服务交易与流动配置平台、全球科技创新与服务平台、全球信息知识技术交换与服务平台、全球文化娱乐创意及服务平台。

具体来说，五大平台的建设由四大类功能性集成产业来支撑。

第一，资源要素配置功能性集成产业。主要包括大金融产业，如银行、保险、资产管理和各类外汇、资本、证券交易中心等相关产业；大贸易产业，如跨境贸易、服务贸易、大宗商品现/期货交易中心、文化贸易、供应链管理等相关产业；大航运产业，如航运交易、货物流动配送、航运金融服务等相关产业。

第二，智能装备生产与服务功能性集成产业。这类功能性集成产业主要包括高端消费品生产装备制造与服务业，涵盖衣、食、住、行各个领域；智能生产设施与工具以及相关服务产业，如机器人生产与服务、3D打印设备与服务网络等；智能系统、软件生产与服务产业。

第三，基础性、网络型功能性集成产业。该类功能性集成产业主要包括互联网、物联网（工业）以及相关服务业；泛能源、环保、回收生产与服务产业；新材料生产与服务事业，如新型碳材料、纳米材料、高分子材料、生物材料等；信息、知识、技术创新及服务集成性产业。

第四，生活服务功能性集成产业。主要包括大健康产业，如养生、健康、医药、医疗等相关产业；大娱乐产业，如影视、游戏、动漫、旅游等产业；大文化生产与服务业，如文学、艺术、美术、思想、哲学、教育等产业。

六、与城市发展匹配的上海新型产业体系演化路径

(一)阶段目标:与城市发展匹配的产业结构转型升级

上海向全球城市的发展是一个长期而漫长的过程,大致可以划分为四个阶段:工业城市阶段、综合性城市阶段、国际城市阶段和全球城市阶段。前两个阶段主要体现在三次产业总量的变化:工业城市阶段工业产值比重高;综合性城市阶段第三产业产值比重上升,占据主导。后两个阶段是城市影响力和领导力提升的过程:国际城市是城市逐渐融入世界的一个阶段,在一个或几个领域具有国际影响力,成为国际化大都市;全球城市是城市展现领导力的一个阶段,主要体现在引领城市的发展方向,领导产业的转型升级。全球城市的领导力核心是成为全球的资源要素配置中心和科技创新中心,领导要素分配和技术进步(见图10.8)。

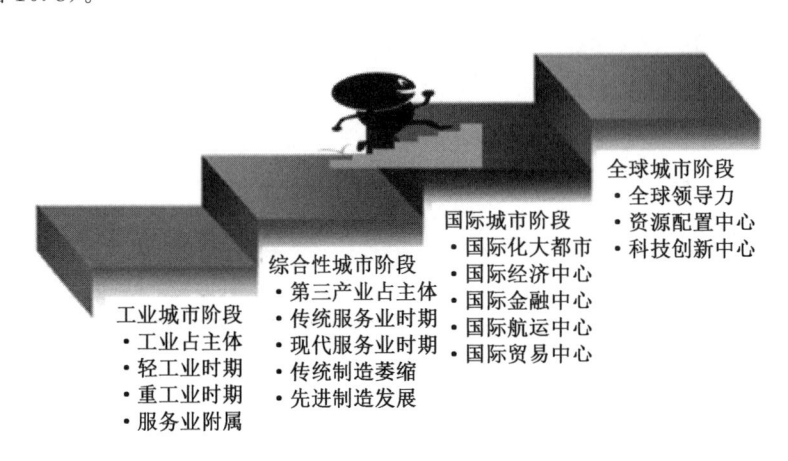

图 10.8 上海城市发展阶段

目前,上海正处于综合性城市的阶段,第三产业比重虽然超过50%,但是地位不稳固,现代服务业的比重还比较低,经济社会正在经历艰难的转型,城市的综合服务能力有待进一步提高。未来,国际城市和全球城市将成为上海发展的长期方向。

产业结构的转型升级与城市的发展阶段是紧密相连的,既是城市发展的源动力,同时又受制于城市的发展阶段。因此,未来上海产业体系及其结构升级的阶段性目标应充分考虑城市发展阶段的现实,与城市发展阶段的目标相匹配。

1. 综合性城市的产业体系目标:服务价值链的升级与创新服务的发展

目前,上海正处于综合性城市的发展初期。近期来看,上海产业结构应朝着综合性城市的高级阶段发展,通过产业调整,实现产业结构转型升级,实现城市功能完善。具体来说,上海可以通过综合性服务业的升级和完善带动产业升级。第一,消费服务业向高端方向发展。作为综合性城市,上海不仅要有完善的基础消费服务业,还应有完善的高端消费服务业,如高端教育、高端医疗等,以满足不同层次消费者的消费需求。第二,进一步巩固和发展生产性服务业。特别是针对先进制造业和战略性新兴产业服务的生产性服务业,如研发外包、专业咨询、金融服务等,通过生产性服务业的发展和升级带动制造业以及其他产业的转型和升级,从而进一步完善城市的生产和服务功能。此外,大力支持创新服务产业的发展,为未来科技创新中心的打造与产业化发展形成重要支撑。

2. 国际城市阶段的产业体系目标:促进工业互联网与智能生产系统发展,形成四个中心,提升城市影响力

国际城市是上海成为全球城市的必由之路。在这一阶段,打造四个中心、提升城市国际影响力是产业发展的根本目标。四个中心的建设离不开上海服务业和制造业的共同发展。金融中心、航运中心和贸易中心是前一阶段综合性城市打造的延续,该阶段进一步发展和提升生产性服务业和消费服务业,扩大其服务范围,逐渐将服务业的服务对象由国内转向国际,以此提升服务业国际影响力。国际经济中心的建设不仅要依赖服务业的发展,更要依赖制造业以及其他相关产业的发展。特别是在新一轮工业革命和"工业 4.0"时代,制造业的回归成为产业发展的必然趋势。因此,上海建设国际经济中心必须重视制造业的发展,特别是高端化、数字化、智能化、个性化的先进制造业。

3. 全球城市阶段的产业体系目标:通过产业体系建设确立全球城市领导力

全球城市是上海产业结构发展的长期目标。为了实现全球城市的发展目标,上海应当建立与之相匹配的新型产业体系。在这一阶段,上海的产业体系

打造应当以基础性和平台性产业为主,充分利用"新工业革命"的技术,大力发展以物联网、云计算等为代表的新一代信息技术,以光能利用为代表的新能源产业,以及为其他先进制造业和服务业的发展提供信息、能源、材料基础和互动平台。

同时,上海应利用新一代信息技术等科技成果,进一步提升高端消费服务业的服务能力和服务水平,以此吸引和积累更多的高端人才向上海集聚。上海通过基础性和平台性产业以及高端服务业的打造和升级,建立起网络状的新型产业体系,为要素配置中心和科技创新中心奠定产业和人才基础。

(二)由现行产业体系转向新型产业体系的路径设计

改革开放以来,上海产业的发展路径基本是由"轻"入"重",逐渐放弃和淘汰轻工业,不断增加和发展重工业。旧的发展路径过分重视制造业,带来了严重的社会和环境问题,环境污染不断加剧,产业与城市矛盾逐渐凸显。

目前,上海新型产业体系应实现产业由"重"入"轻"的战略转型。这里的"重"和"轻"不再是指传统的重工业和轻工业,而是指由以化工、金属冶炼、大型设备为代表的资金密集的"重资产"行业,向技术密集、知识密集的生产服务经济与功能性产业相配合的"轻资产"行业发展。技术密集和知识密集的生产服务性产业具有占地少、能耗低、运输量小、污染低和附加值高等特点,其核心要素禀赋为高素质的人力资源,这正好与上海目前拥有的比较优势相符合,因此,前文设计的四大生产服务功能性集成产业应当成为上海未来产业体系中的主导产业。

具体来说,上海目前产业体系与结构的战略升级路径可以概括为"加、减、除、乘"四种升级模式。

1. "加"模式:提高产业科技能级

"加"模式主要针对传统产业,其核心是推动管理和技术升级,用新组织生产方式和先进实用技术改造传统产业,从而提高产品竞争力,提高产业附加值,最终实现产业升级。

如图10.9所示,实现传统产业的升级可以从两个方面努力,一个途径是管理升级——在现有产业技术条件下,通过生产组织的重新安排,质量标准的严格控制,推动产品和服务的精品化,提高产品、服务附加价值;另一个途径是技术升级,用新技术、新材料改造传统产品,用新一代信息技术改造传统服务,提高产品和服务的科技含量,提升产品、服务竞争力。

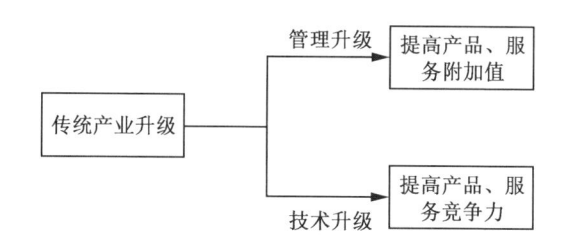

图 10.9　产业升级的"加"模式

2."减"模式:去制造业与服务业低端化

去低端化的实质是做价值链上上海有比较优势的高端高效环节,放弃技术含量低而同时又能耗高、污染高的制造加工组装环节以及以简单劳动为主的低端服务业环节。

上海的能源耗费相对集中于一些传统的高载能行业,如钢铁、石油化工,从价值链上看能源耗费和污染集中主要在加工、组装和围绕生产的运输环节。这些成熟产业的制造环节已经实现标准化,不需要很高的技术,比拼的是劳动力成本以及资金密集,这一类制造上海已经失去优势。

即便在战略性新兴产业,并非所有环节都是高端环节。一般来说,加工组装环节技术含量低,是价值链的低端环节;研发设计、品牌营销等生产性服务环节科技含量高、技术门槛高,是价值链的高端环节。以属于新能源的光伏产业为例,中国缺乏核心技术。由于电池片和组件生产的技术门槛较低,各地区在产业更替思维的主导下,一窝蜂地上马光伏生产项目。这使得该行业迅速产能过剩,进入比拼成本的阶段。对于缺乏技术门槛的低端环节,不管是属于传统产业还是新兴产业,上海都应该放弃一般加工和组装环节,转而做产业链的上游或者下游环节。以光伏产业为例,上海在放弃低端制造的同时,应该以发展能源服务为重点,切入价值链的高端环节。上海的生产性服务环节也并非全都是高端环节,物流运输、低端批发零售等竞争门槛低、价值含量低,也属于服务业的低端环节,应当适时退出。因此,去低端化的实质是做价值链上上海有比较优势的高端、高效的生产性服务环节,放弃缺乏技术含量的高能耗、高污染的加工组装等环节(见图10.10)。

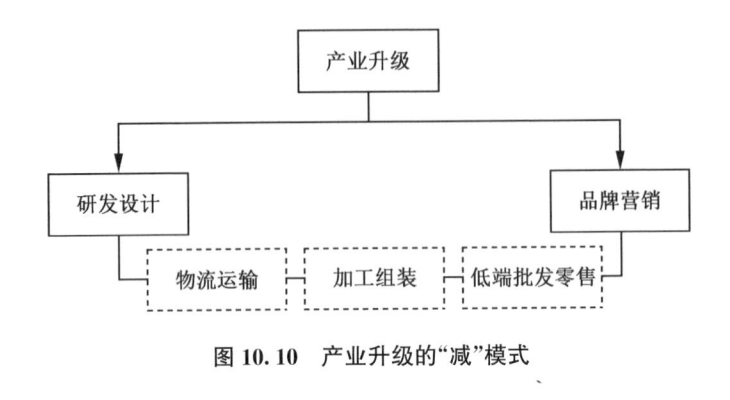

图 10.10 产业升级的"减"模式

3. "除"模式:战略性新能源、新材料产业替代

上海通过新能源、新材料等新兴产业的发展,替代传统能源、材料,从而解决现行产业体系下产业发展遇到的能源和环境瓶颈,以此从根本上实现产业与城市的协调发展。

如图10.11所示,过去在使用碳氢能源和传统的生产方式的情况下,能源和环境是城市发展的最大约束,生产过程和使用后的废弃物处理都是开放的,直接投放于环境造成污染的外部性,因而造成了产业发展目标与城市发展目标的不一致。利用再生能源、建立循环经济体系后,形成闭环结构,生产和使用过程的热能和废弃物会作为能源和可再利用的原材料,重新进入生产体系。在这个过程中"静脉产业"不再仅仅是进行产品回收的下游产业,而是为第一、二、三产业提供能源和材料供应的上游产业。上海这类新兴产业的发展会使得产业发展目标与城市发展目标再次统一,对全球城市的建设意义重大。

4. "乘"模式:"互联网+""+互联网"

"互联网+"或"+互联网",实际上是互联网产业与实体产业本身的转型。原来的互联网只涉及服务、社交、娱乐领域,这些领域中为我们消费者服务,但是今天互联网慢慢地要转到生产过程当中去,这就是所谓"工业4.0"的概念。而"+互联网"是实体产业的转型发展新态势。但这个"+"不是简单的相加、简单的叠加,实际上是一种融合,是融合之后的一种创新,这种创新将会给我们带

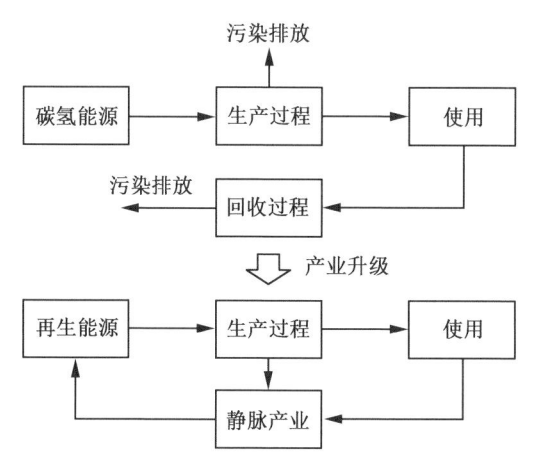

图 10.11　产业升级的"除"模式

来新的业态、新的模式甚至很多新的产业。

未来上海可以通过"互联网＋"或"＋互联网"、新能源替代、智能化定制新生产方式及下一代信息技术的应用,发挥乘数效应建立新型产业体系,完全跳出传统发展模式,使上海率先在"新工业革命"过程中布局,在全国的产业转型升级中发挥战略引领作用。构建基于工业互联网、物联网的新一代生产体系是上海在未来国际竞争中保持竞争优势的基础和保障。

(三)新型产业体系的重点突破

1. 借助互联网推动智能互联生产系统的发展

随着新一轮工业革命的推进和深入,以物联网、云计算等为代表的新一代信息技术正在改变着传统的生产模式,推动产业链的重构。首先,物联网、云计算和大数据技术的应用可以实现实时采集、实时监控,感知生产过程中产生的大量数据,使得信息获取更加便捷;其次,生产数据高速、泛在传输,促进了生产过程的无缝衔接和企业间的协同制造,导致信息传输速度成倍加快;再次,信息处理技术发展带来了海量多样生产数据的快速处理,实现了生产系统的智能分析与决策优化。新一代信息技术的广泛应用使得柔性制造、网络制造、绿色制造、智能制造日益成为生产方式变革的方向;同时工业互联网"工业 4.0"等一大批新的生产理念不断涌现。新一代信息技术正在不断地向制造业的各环节渗透,扩散到整个产业链,引领了新的产品、服务、生产体系和产业,并颠覆了过去的技术经济范式,开创新的发展模式。

对于上海来说,发展新一代信息技术是支持未来制造模式改变的核心,是构建新型产业体系的重中之重。上海应当积极布局下一代通信网络、物联网、云计算等信息产业,通过新一代信息产业的发展推动信息技术在农业、制造业和服务业的应用,促进信息在不同产业领域的快速传递和共享,促进产业间的分工协作和融合创新。在新一代信息技术的推动下,现代服务业将更加紧密地嵌入农业、制造业生产制造的各个环节,从而进一步促进产业间的深度融合和互联互通,促进个性化、网络化、智能化的新兴网络状产业体系的建立。

2. 培育以企业为主体的市场经济制度

未来全球城市的发展必须具备成熟的市场经济体制,这也是建立新兴产业体系的关键。一方面,成熟的市场经济可以为企业营造公平的竞争环境,督促企业完善内部制度环境,帮助具有核心竞争优势的优质企业发展壮大,淘汰效率低下的劣质企业。另一方面,政府通过市场的实际需求引导企业的生产模式变化以及促进企业的自主创新,培育具备创新活力的大型企业,或通过改革激发国有企业的发展活力,充分发挥其市场带头作用,通过产业关联性带动上下游中小企业的发展,相互促进、共同发展,形成企业群体的良性互动,优化相关产业结构,最终实现整个产业体系的转型升级。

3. 以高端人才为核心的"四轮驱动"的发展方式

未来全球化城市应该具备良好的产业创新发展的公共服务和优质的城市环境与生活品质,上海未来的新型产业体系是以服务经济为主的、"集成生产服务、模块化分工、互联互通"的新型网络状产业体系,而这个体系应该是能够形成环环相扣、正向促进的良性互动,即"四轮驱动"的发展方式(见图 10.12)。"四轮"是指先进生产性服务业、智能先进制造业、高端人才集聚和新生活服务业,其中,"高端人才集聚"是核心。高端人才的汇聚将带来技术的提升和生产附加值的提高,从而推动先进生产性服务业和智能先进制造业的快速发展,进一步促进上海产业创新发展和公共服务的完善。与此同时,高端人才也为人们的生活方式带来了多样化的需求和新的创意,人们日益丰富多彩的交往活动为新生活服务业带来了巨大的发展空间,也间接推动了城市环境与生活品质的提升。

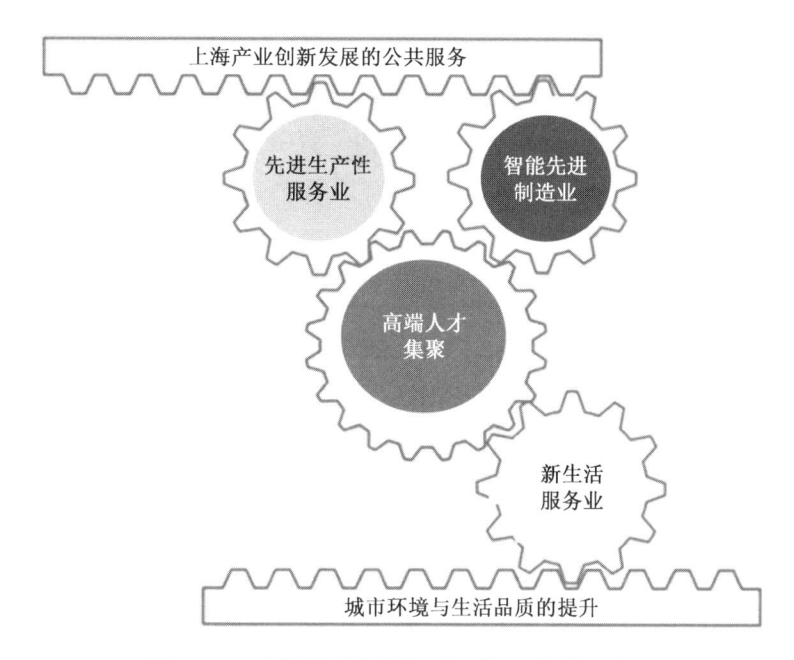

图 10.12　上海新型产业体系"四轮驱动"发展方式

"四轮驱动"是指以高端人才集聚为核心,通过产业体系中的先进生产性服务业、智能先进制造业和新生活服务业三大主要产业的带动,促进产业创新发展公共服务的完善和城市环境与生活品质的提升,从整体上形成良性的循环互动,实现顺畅、迅速、高效的发展模式。

4. 通过产业政策协同实现新型产业体系与城市可持续发展

政府政策在构造符合全球城市要求的新型产业体系中发挥着重要作用,通过在不同城市发展阶段制定相应的产业政策,引导和促进新型产业体系的建立和城市的可持续发展,从而为全球城市的发展提供后续动力。

在每个不同的城市发展阶段,产业政策的侧重点也不同(见图 10.13)。在综合城市阶段,主要针对缓解能源与环境矛盾的问题,产业政策可主要围绕控制性调整政策和制造服务化政策;在国际城市阶段,要为全球城市的发展做好准备,形成持续的发展基础,产业政策主要集中于新能源产业政策和绿色产业政策;而在全球城市阶段,为了建立起与全球城市的新关系,应关注新技术革命下的下一代制造服务融合政策。

- 综合城市阶段
  - 控制性调整政策
  - 制造服务化政策
- 国际城市阶段
  - 缓解能源与环境矛盾
  - 新能源产业政策
  - 绿色产业政策
- 全球城市阶段
  - 形成持续发展基础
  - 建立与全球城市的新关系
  - 新技术革命下的下一代制造服务融合政策

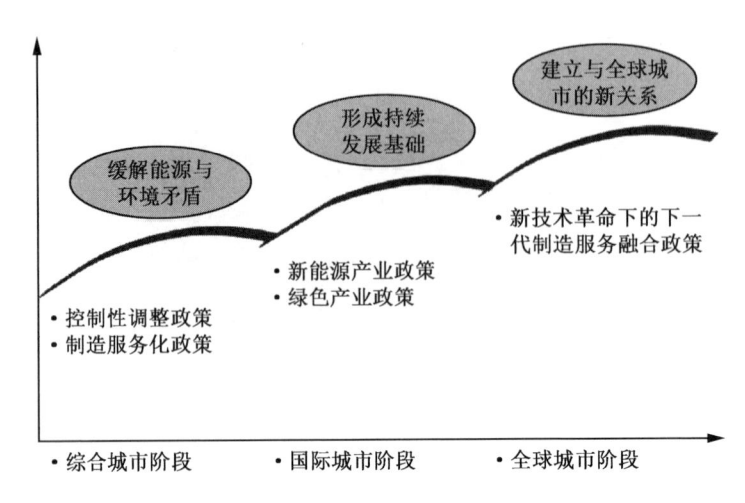

图 10.13　不同城市发展阶段的产业政策侧重

第十一章 上海未来新型产业体系空间布局设想

产业布局是产业体系的空间形态形成方式。产业布局引导形成产业体系，起到实现产业体系快速发展的目标。我们基于对上海未来新兴产业体系的研究，提出与新型产业体系匹配的产业空间布局规划设想。

一、未来上海产业空间布局的目标

在全球城市建设与新兴产业体系建设的背景下，产业布局能够帮助上海成为全球战略性资源、通道和产业控制中心，全球跨国公司集聚中心，全球重要金融中心，制造业和高科技结合的市场中心，世界文明融合与交流的多元文化中心。上海成为全球城市网络中主要节点，具有较强的全球资源空间控制能力和配置能力，代表中国的国际话语权。上海要布局绿色产业，发展低碳经济，布局未来"五大平台与四大功能性集成产业"，在新工业革命中把握主动权。

二、现行上海产业空间布局调整的原则

现行产业空间布局调整的原则包括：

（一）"服务型经济"已经到来，要求上海存量调整优化，空间布局更趋合理，"腾笼换鸟"，给未来城市空间布局留出更多空间

目前，上海工业用地不仅布局分散，而且这些工业用地的土地利用绩效水平差异较大。如198区域（即规划产业区外、规划集中建设区以外的现状工业

用地,面积为 198 平方千米)工业用地,占全市工业用地的面积比重接近 1/4,但工业总产值占比不到 10%。即使是 104 区域(即全市现有的 104 个规划工业区块),也存在高低不均的情况。104 区域的地均工业总产值是 65 亿元/平方千米,其中 75 个工业区块低于均值水平。

此外,上海工业建设用地占比达 29%,与国外综合性城市工业用地平均占比 15%～17%相比,明显偏高。上海中心城市还存在大量工业用地性质的老厂房、老仓库,而伦敦、纽约、东京等国际大都市的工业用地占建设用地比重一般在 5%以下,上海与之相比差距更大。这与上海"四个中心"的发展定位明显不符。近 10 年来,工业用地占年供地总量比重始终在 50%左右,给整个城市的生态环境建设带来严峻的挑战。

从世界经济发展的经验来看,当经济发展到一定阶段之后,产业结构一般会由第二产业为主向第三产业转型。可以说,经济服务化是当今世界经济发展的一个趋势。上海第三产业(即服务产业)发展的比重日益上升正是这种客观规律作用的结果,经济发展开始具有较为明显的后工业化社会的特征,"服务型经济"的方向更加符合上海产业结构转型升级的需要。更好地发展"服务型经济",就需要更多、更大的空间发展现代服务产业,特别是生产性服务业。为此,在土地资源紧缺的上海,只有向那些土地产出效率过低、生产附加值低的工业企业要地,实行"腾笼换鸟",才能整理出更多低效或闲置的土地用以发展现代服务业。

(二)整理整顿污染严重、能耗强度大的第二产业,加大上海产业转型、转移力度,促进上海产业空间布局质的提升

虽然目前上海产业结构中第三产业比重最高,但第二产业仍是环境污染和能源消耗的第一大来源。在能源与环境的双重约束下,产业转型是上海当前的一项重要任务,而转型的关键在于实现以"内涵式发展"为核心的产业结构升级。此外,产业结构的升级与转型又对能源和环境产生重要影响。近年来,上海能源呈现双重特点:降低能耗强度仍存在一定空间;各产业的能耗强度下降速度在递减。由于各产业能源消耗强度的下降空间已经不大,产业结构调整、优化、升级与转型成为降低工业总体能源消耗强度的主要渠道。

在能源、环境约束下，上海现行产业调整应该遵循"由重入轻"的战略路径，不仅是数量的调整，更是质量的提升。主要从以下各方面入手：在不同产业之间，"有进有退、结构优化"，重构产业空间布局。从宏观层面，可以将34个工业行业分为五类属性，其相应的产业发展思路是"发展优势产业，扶持准优势产业，稳定平势产业，控制准劣势产业，压缩劣势产业"。具体来说，对于上海具有比较优势的一些战略性新兴产业，如生物医药、航空航天、节能环保等产业，在市区104地块建立重要的产业基地，实行战略性扩张政策，引导这些产业参与国际分工，更好地嵌入国际产业链，并逐渐从全球产业链的低端向中高端迈进。对于纺织、食品等上海具有长期发展优势的传统产业，则通过空间的重新布局，将这些产业转移，更多地在外地建立生产基地，发挥上海的技术优势和品牌优势，实现两头在沪，从生产加工型产业向以技术、品牌为依托的总部型产业的转变。对于石油加工、炼焦及核燃料加工等行业，由于这些行业对于上海节能减排的贡献不太大，可通过到外省市发展，提高产业升级步伐和减少上海本地的环境能源压力。对于化学原料及化学制品制造等行业，可通过兼并、合作、收购和淘汰等手段，进行空间重新布局，促使分散在各地的化工企业逐步向工业园区集聚，并在化工园区推行循环经济，推广绿色工艺和清洁生产方式，大力普及应用节能减排新技术和设备，提高化学原料及化学制品制造业的节能减排技术水平。同时，限制发展化工原料产业，大力发展精细化工、化工物流等生产性服务业，逐步退出低附加值、污染严重的传统化工领域，向专业化和特色化方向发展，实现产业转型升级。对于钢铁等高能耗的产业，则通过产能转移等方式，将一部分生产能力转移到外省市，从而减少上海的能源消耗和污染排放。

（三）在空间布局上，制定上海人口空间布局优化策略，实现就业与居住的空间匹配，"产城融合"与"产城分离"协调进行

目前，人口和就业的空间分布与城市发展和新产业体系的空间布局不匹配。在人口的空间分布上，上海中心城区的人口密度过高；在就业的空间布局上，城市的经济中心功能与生活中心功能并不统一，尤其在近郊，生活中心功能尚不完备。

为此，优化上海人口空间布局的主要任务，是降低上海中心城区人口密度，并提高郊区的人口密度。这一过程要通过两个方面进行：一是实现中心城区人口向郊区转移，特别是人口由旧城区向新城新镇转移；二是新进入上海人口主要进入郊区新城新镇。这一过程既表现为"产城分离"，也表现为"产城融合"：人口随着城市经济中心和生活中心功能的重新调整转移，在中心城区，随着某些经济中心的转移和生活中心功能的部分弱化，人口布局调整的主要特征表现出"产城分离"，而在郊区尤其是近郊区，随着产业体系的发展和产业布局的合理化，以及郊区生活中心功能的完善，人口布局调整的主要特征表现为"产城融合"。

这种转移和引入要从整个上海乃至上海—苏州—昆山—南通—杭州等长三角部分区域整体协调的角度加强规划和引导。首先要严格控制中心城区住宅供应量，与此同时加大郊区建设的投入，加快新城新镇的建设，完善郊区尤其是新城新镇的生活基础设施。其次要加速郊区轨道交通建设，强化新城新镇与中心城区之间的交通，更重要的加快新城新镇之间的轨道交通投资和建设步伐，同时在轨道交通无法迅速达到的区域发展其他交通工具，使得郊区人口在居住区域和就业区域之间的位移能够迅速、便捷地实现，大幅度节省出行时间是城市人口空间布局优化最重要的体现之一。新城新镇的建设、轨道交通和其他交通网络的建设，要与产业发展和产业空间布局保持一致，是促进人口就业与居住的协调、促进人口合理的流动，从而实现人口空间分布优化的基本原则。

三、未来上海产业空间布局的战略设想

建立以"集成生产服务、模块化分工、互联互通"的新型网络产业体系是上海产业结构转型升级的目标模式，也是上海建设全球城市的必然要求。随着产业的发展，三次产业间的边界越来越模糊，跨产业边界的经济活动越来越广泛。未来上海产业空间布局将在2020年产业布局的基础上构建，重点是以建立创新型全球城市为指向，以创新产业科技发展为目的，力争成为具有国际话语权的全球创新型城市。为此，我们必须抓住新工业革命、新技术革命给我们带来的机遇，注重绿色环保，开发绿色能源，发展低碳经济，考虑上海在长三角经济区域中的经济带动作用，科学布局未来上海的产业空间结构。

根据前文构想的上海未来全球城市产业体系与结构变化,在目前的产业发展和空间布局的基础上,我们战略性设想了上海未来产业体系与结构的功能空间分布与大集成产业空间布局(见图 11.1)。

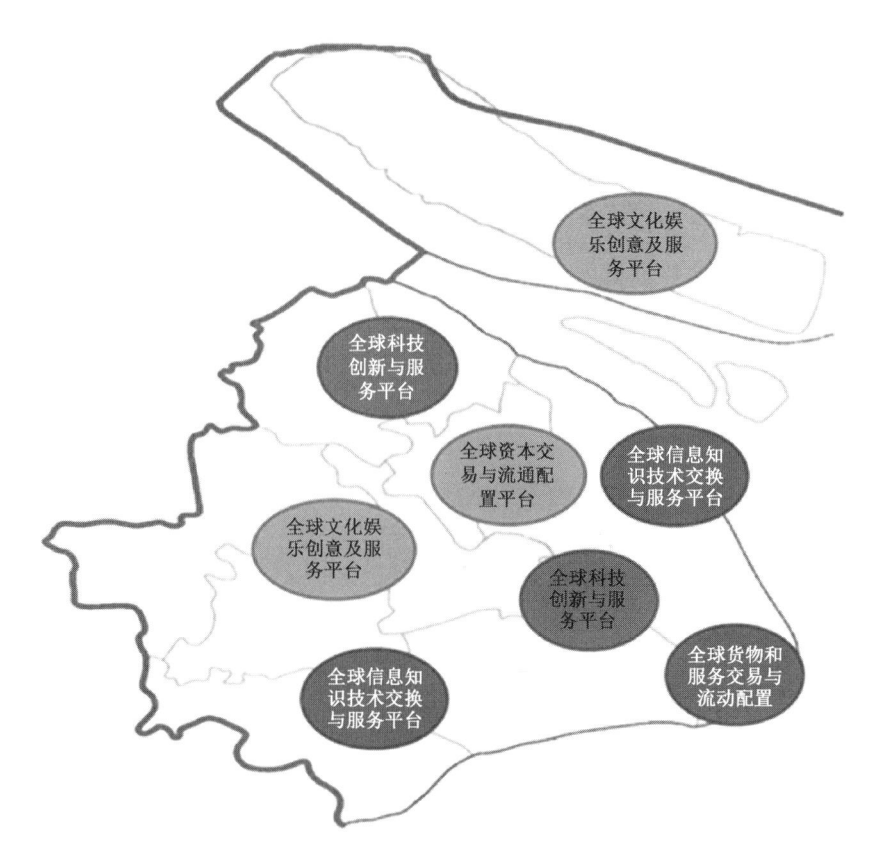

图 11.1 未来产业体系五大功能平台布局

(一)未来产业体系五大功能性平台布局设想

未来上海产业体系五大功能性平台的空间功能分布基本思路为:五大功能性平台布局方面,市中心区承担资金流动平台的核心功能,将成为金融产业的核心区域。同时,市中心承担五大功能平台的核心功能,影响全球货物流动、资金流动、科技创新、信息流动与文化创意。同时五大平台功能的空间延伸至上海的远郊区县。

一是市中心以目前的陆家嘴金融区为核心,建设相应的全球资本交易与流通配置平台。同时,作为核心区,也承担汇聚其他平台信息,统筹建设其他平台的作用。

二是以临港新城、浦东机场为核心,辅以相应的服务配置,全球货物和服务交易与流动配置平台将主要由目前的东南地区承担。

三是北部嘉定、宝山两区,与南部浦东川沙、奉贤、闵行航天技术开发区可在现有工业及技术研发基础上,进一步发展成为全球科技创新与服务平台。

四是全球信息知识技术交换与服务平台则分别由目前浦东北部的软硬件技术园区与转型后的金山工业区实现。金山工业区可转型发展工业信息知识技术交换,与张江地区的软硬件开发功能形成互补。

五是崇明岛与青浦、松江地区则可形成一南一北两大全球文化娱乐创意及服务平台。

(二) 四大功能集成产业的空间布局设想

未来上海产业体系构成的四大功能集成产业的空间布局设想见图11.2。

上海的城市中心区主要配置全球资源要素配置功能性集成产业,如大金融服务业、各类商品交易中心、跨国公司总部、大航运服务业、信息网络技术产业、大文化娱乐产业、高端生活服务业等。

北部崇明地区维持生态环保的目标不变,利用环境基础,可发展大健康产业与绿色环保研究。南部松江、闵行两区则可在松江大学城、欢乐谷与漕河泾技术开发区的基础上,发展建设大娱乐、大文化、高新技术研发区。青浦地区结合淀山湖的农业与旅游资源,发展都市农业与旅游产业。

装备生产与服务功能性集成产业分布在嘉定、奉贤与金山三地。由于汽车制造,嘉定可进而发展包括新能源汽车、可穿戴设备在内的高端消费品生产。奉贤、金山两个老工业区则可升级转型,奉贤发展机器人、3D打印等智能生产设施与工具,重点承担技术创新功能。而金山则可以智能系统、大数据信息系统的"工业4.0"生产技术设备为核心,发展成为工业信息技术生产核心。

基础性、大功能性基础产业则分布在宝山、浦东两地。宝山由宝钢转型,可带动新材料开发、智能生产与服务事业。浦东则可分为南、北、中三个部分。在

图 11.2　大集成产业布局

北部张江高科技园区原有的基础上,发展互联网信息技术软硬件开发;南部以临港新城为核心发展临海新制造、新能源与航运服务;中部则发展综合性的知识与技术创新,形成综合基础产业联动。

以上产业基本布局形成四大功能性集成产业的增长极与长三角地区浙江的互联网产业、电子、纺织、装备产业、旅游、生产服务业等优势产业,江苏的汽车制造、材料产业、装备、芯片制造、信息技术、供应链管理、国际贸易等优势产业形成空间联动,推动长三角整体产业的转型升级。

（三）上海近期未来城市与产业空间布局的细化设想

我们细化了近期未来上海城市与产业空间布局的设想，以便与上述未来上海综合性全球城市新型产业体系空间布局战略设想衔接。具体主要为"一核三环五片七极十一大创新基地"。

1. 一核

为高端现代服务集聚区，该核为市中心，以改善商务环境为核心，加快建设以高端商务楼宇集聚为主的现代服务集聚区，也是高端生产性服务业，包括跨国公司总部、金融、贸易、会展集中区。同时也是大娱乐产业（如影视、游戏、动漫、旅游等产业）和大文化生产与服务业（如文学、艺术、美术、思想、哲学、教育等产业）集聚区。同时，应充分利用城市地下空间，尤其是地铁周边的地下空间，发展地铁商业街（见图 11.3）。

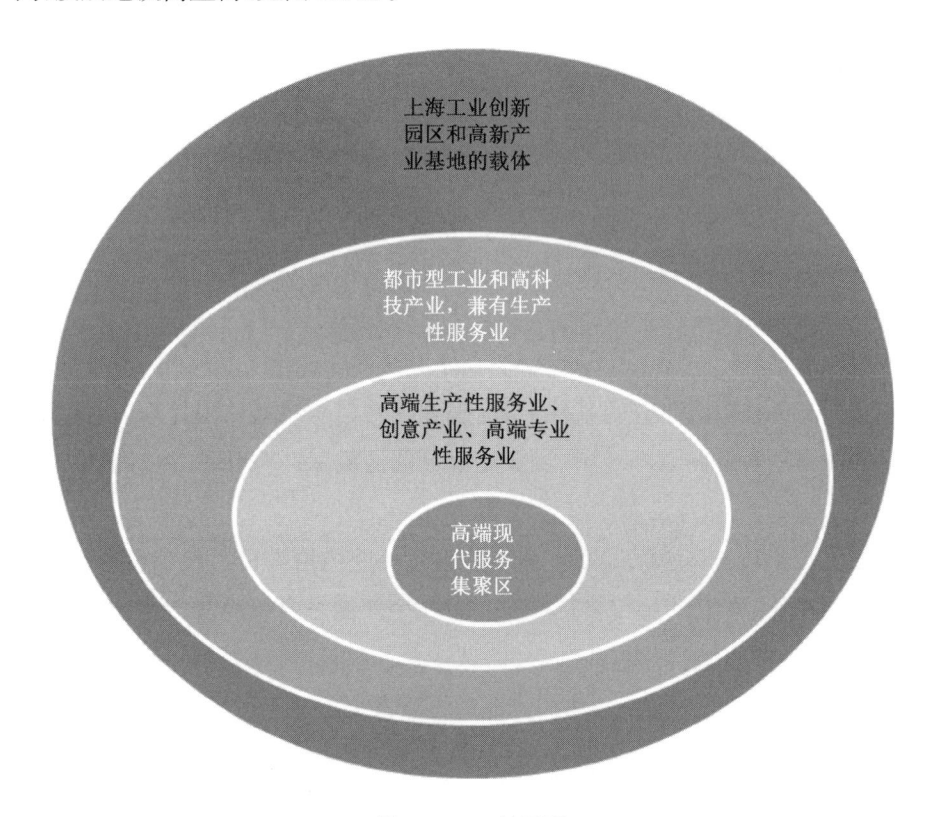

图 11.3　一核三环

2. 三环

根据距离城市中心的距离将上海划分为内环、中环、外环。其中内环为中心城区，也可称为核心区，如上所述，主要发展高端生产性服务业、创意产业以及高端专业性服务业，辐射上海各工业园区、长三角乃至世界制造业。中环即上海边缘与近郊，主要发展都市型工业和高科技产业以及生产性服务业。届时，桃浦、吴泾、吴淞这些老工业基地都将转型为都市工业和本地、本国与跨国公司总部集聚区，成为上海都市工业的集聚区和总部经济的新高地。外环即上海市远郊区县，作为上海新型工业发展的主战场，以工业创新园区和高新产业基地为载体，布局高新技术产业创新、研发基地，集聚生产性服务业，配套各工业产业的创新发展。

3. 五片

五片主要指上海市外环具有农业生产功能的区县农业产业的空间布局（见图 11.4）。

图 11.4 五片

(1) 三岛绿色优质粮食生产片区。包括崇明、长兴和横沙三岛,农业生产用地约占市郊的3/4。以粮为纲,保持粮食生产适度规模,同时在横沙布局粮食加工企业和生态高值农业研究基地,主要研究农产品安全、可持续农业、智能农业和高值农业。

(2) 杭州湾北岸特色蔬菜生产片区。包括金山中东部地区、松江浦南地区、奉贤区和浦东南部地区,农业生产用地占市郊的30%。重点强化常年蔬菜基地的基础设施建设,引进自动控制玻璃温室、自动充气双层薄膜温室、食用菌生产和产品真空包装、蔬菜育苗等自动化流水线。布局生产性服务业,建立蔬菜育苗研究基地和蔬菜加工企业,实现产加销一体化。

(3) 黄浦江上游地区瓜果生产片区。包括青浦、松江、金山区西部的黄浦江上游地区,农业用地约占市场的14%,主要生产瓜果等产品,提高生产的基地化、设施化建设。建立瓜果深加工基地和种子研发基地,提升高值农产品水平。将瓜果生产和古镇、水乡、江南农家风貌结合,开发具有江南水乡特色的农业旅游。

(4) 沪北远郊经济作物生产片区。包括青浦区北部地区、嘉定区西北部地区和宝山区西北部地区,这三个地区农业生产用地约占市郊的6%。重点种植经济作物,推进适度规模化经营,提升农产品高值化水平。建立农产品深加工企业,布局种子研发中心。

(5) 环城都市田园花卉发展片区。包括中心城区外围区域,呈东北—西南向半椭圆状分布,多数区域垦殖指数低于20%,农业生产用地约占市郊16%。以各类花卉、园艺生产组合为主,重点抓好各季花卉的种植,拓展多元化园艺业,产品面向上海市、长三角地区和国际市场。在浦东地区建立上海花卉、园艺专业物流集散中心。布局花卉深加工企业和花卉研发基地。

4. 七极

七极指中心城之外的七大新兴城市(见图11.5)。嘉定新城、松江新城、青浦新城、浦东临港新城、奉贤南桥新城、金山新城、崇明城桥新城这些新城区不仅形成农业和绿色先进制造业的生产性服务业集聚区,而且也是现代商贸服务集聚区,并且通过物联网、互联网等平台,将各新城与中心城区互联互通,成为未来产业发展的创新网络节点、上海新CBD地标。它们承载着中心城区就业人口向外纾解的主要区域。

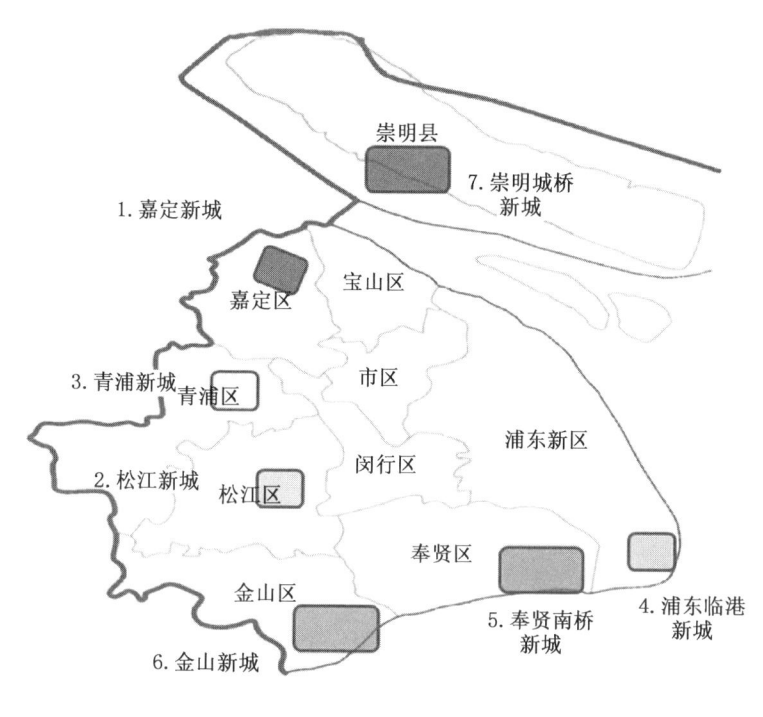

图 11.5 七极

（1）嘉定新城综合功能集聚区是以新能源汽车产业、信息产业和以生产瓜果为主的农业生产片区的生产性服务业为支撑，配以生活性服务业、文化产业的综合功能集聚区。

（2）松江新城综合功能集聚区是以高新技术新兴产业及生产瓜果的生产性服务业为主要支撑，配以生活性服务业、文化产业的综合功能集聚区。

（3）青浦新城综合功能集聚区是以高新技术新兴产业、都市农业、旅游产业为主导产业，以生产经济作物为主的农业生产片区的生产性服务业为支撑，配以生活性服务业、文化产业的综合功能集聚区。

（4）浦东临港新城综合功能集聚区是以先进制造业、新能源与航运服务业以及生产蔬菜为主的农业生产片区的生产性服务业为支撑，配以生活性服务业、文化产业的综合功能集聚区。

(5) 奉贤南桥新城综合功能集聚区是以新能源产业及高端装备制造产业和生产瓜果为主的农业生产片区的生产性服务业为支撑,配以生活性服务业、文化产业的综合功能集聚区。

(6) 金山新城综合功能集聚区是以新材料、智能生产设备研发与制造以及以生产瓜果为主的农业生产片区的生产性服务业为支撑,配以生活性服务业、文化产业的综合功能集聚区。

(7) 崇明城桥新城综合功能集聚区是以大健康产业和静脉产业及以生产粮食为主的产业生产片区的生产性服务业为支撑,配以生活性服务、文化产业的综合功能集聚区。

5. 十一大创新基地

十一大创新基地见图 11.6。

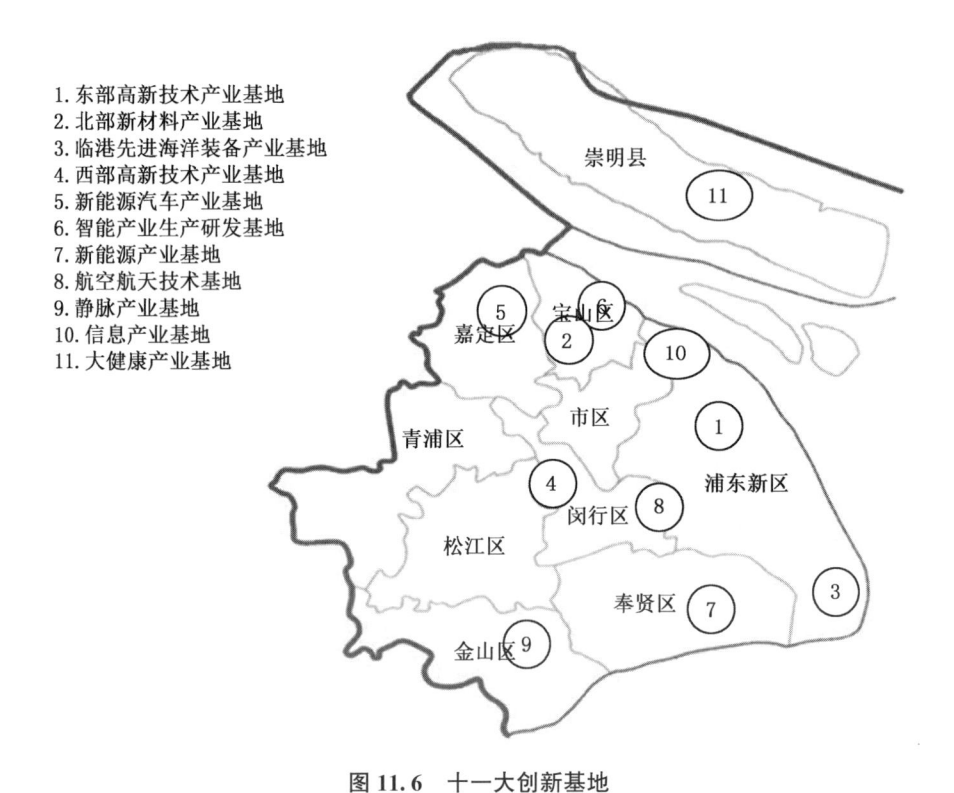

1. 东部高新技术产业基地
2. 北部新材料产业基地
3. 临港先进海洋装备产业基地
4. 西部高新技术产业基地
5. 新能源汽车产业基地
6. 智能产业生产研发基地
7. 新能源产业基地
8. 航空航天技术基地
9. 静脉产业基地
10. 信息产业基地
11. 大健康产业基地

图 11.6 十一大创新基地

(1)东部高新技术产业基地:以张江高科技园区与金桥出口加工区为核心,大力布局生物医药、半导体、绿色智能设备制造产业的研发,进行知识、技术创新及服务。

(2)北部新材料产业基地:先进材料的研发和应用是未来国际市场竞争非常激烈的领域,先进材料的应用是3D打印、定制生产的关键。在此,以宝山区、漕河泾新兴技术开发区为核心,布局先进材料研发基地,力争使基础绿色原材料制造水平国际领先,高品质绿色先进材料自给力达到90%。

(3)临港先进海洋装备产业基地:空天海洋能力新拓展是未来我国制造业重点发展领域,届时,海洋装备的先进与否直接影响我国在该领域的国际竞争力。为此,上海必须充分利用优势地理区位,大力发展绿色海洋装备的制造能力,布局绿色海洋装备研发基地和自动化生产基地,引领中国海洋技术装备走向世界。

(4)西部高新技术产业基地:以漕河泾新兴技术开发区、闵行经济技术开发区与松江科技园区为主体,集合松江出口加工区、青浦工业园区,大力发展3D打印机设备的研发和生产。

(5)新能源汽车产业基地:以安亭汽车基地、上海国际汽车城与金桥、临港汽车基地联合建立中国自主品牌新能源汽车产业基地,大力布局新能源汽车研发基地,引领中国自主制造的绿色新能源汽车的走向。

(6)智能产业生产研发基地:"再工业化"是在物联网的基础上进行智能化生产,智能产业在未来工业发展中具有举足轻重的作用。为此,在未来的产业结构中,智能产业仍将是战略性产业。为此,宝山区应在现有的基础上加大布局智能产业的研发和品牌营销,建立宝山绿色智能产业创新基地。

(7)新能源产业基地:风力发电技术、太阳能光伏发电技术、海洋能发电技术、太阳能热发电技术以及生物质能发电技术是未来新能源主要发展方向,上海在未来产业布局中一定要加大发展力度,建立新能源产业创新基地(地处现在奉贤的上海化学工业区)及临港新城,集聚国内外优秀研发人员,形成集聚效应,研究、开发太阳能、风力能和海洋能等新能源。

(8)航空航天技术基地:跨越张江高科技园、浦东机场、宝山大场、闵行紫竹、临港新城等多个空间,形成产业链式的大飞机、商用飞机产业带。

(9)静脉产业基地:在未来产业中,静脉产业在国民经济中将起到非常关键的作用。建立节约资源、保护环境、舒适宜人的环境是上海成为全球城市的一个重要内容。在未来产业的布局中,我们应大力布局静脉产业,以使它在未来城市建设中起到循环经济、净化环境、提供各类再生资源的重要作用。为此,设想在金山建立绿谷,成为静脉产业生产与研发集聚地,使绿谷辐射上海各区及长三角地区。同时,在上海产业布局中,应将动脉产业与静脉产业合理设置,将使工业、农业、服务业产生的污染得以有效控制并再生产为有用资源供给上海及长三角各产业。

(10)信息产业基地:未来产业中,信息产业对全市经济与文化、生活的影响力仍然是巨大的。建立智能城市与创新城市离不开物联网、互联网等信息产业,特别是信息产业中的硬件设备的生产和创新,在未来上海产业结构中将占有较高的比例。为此,在嘉定、浦东新区建立信息产业生产集聚区将非常重要。

(11)大健康产业基地:以崇明岛为主要空间布局,发展大健康产业的生产与研发,形成以创新药物研发和先进医疗设备制造为龙头的规模化医药研发产业链,提升上海生物医药产业的国际竞争力。

附录

纽约、伦敦城市发展与产业体系动态演化的协同研究

一、全球城市概念、特征、功能定位与发展趋势

全球城市（Global City），又称世界级城市，是指在社会、经济、文化或政治层面直接影响全球事务的城市。"全球城市"一词由丝奇雅·沙森于1991年的作品中首创，与巨型城市（又称超级城市，Megacity）相对。英国伦敦、美国纽约、法国巴黎和日本东京传统上被认为是"四大世界级城市"。同时，它们也被视为全球资本主义的象征。当然，近些年亚洲部分城市高速发展，某些观点也把诸如中国香港、新加坡等列为全球城市。

已有的研究中，处于顶级的世界城市被公认的有纽约、伦敦（既有研究如国际"全球化和世界城市研究小组"将全球242个世界城市分成5级12段）。除了两个顶级城市之外，还有顶级B段的世界城市，如东京、巴黎、芝加哥、法兰克福、中国香港、首尔、洛杉矶、新加坡、上海等。当然，不同人会有不同的标准，这取决于评判人的文化背景、价值观和阅历。在某些发达国家，其郊区的迅速发展，加上制造业向发展中国家的不断迁移，导致城市中心区域明显衰落。

也就是说，世界城市不仅仅有分层，在不同层次上各个城市的内涵和职能也不尽相同，有些城市是综合型的中心，如纽约、伦敦、东京、巴黎；有些城市是金融中心，如阿姆斯特丹、中国香港；有些城市是物流信息中心，如芝加哥、米兰、法兰克福；也有些城市是历史文化中心，如马德里、罗马、柏林。

世界城市在世界城市体系中相互关联、互为依存。但由于各个世界城市自身制度、文化结构的差异，以及全球化经济格局中职能分工的差异，世界城市在类型上也表现出多样性或差异性。各国、各个城市的产业结构和文化的差异性，导致世界城市出现了分形，即各个世界城市形成的路径是有差距的。

全球城市是城市发展的高级阶段，是国际城市的高端形态。这一阶段、这种形态可以概括为：一个结点，两大能力，三个基本特征。

（1）一个结点。现代意义上的世界城市是全球经济系统的中枢或世界城市网络体系中的组织结点。世界成为一个巨大的网络空间。网络时代是一个整

合的时代。整合的过程和本质是现代市场资源，包括人流、物流、资本流、技术流和信息流在全球网络中的充分流转和合理配置。国家之间、区域之间、城市之间现实力量、资源要素的综合对比与配置组合，特别是以城市为载体，在全球网络中形成了资源要素流转和配置的一个个节点。这些节点根据等级高低、能量大小、联系紧密程度等要素集结成一个多极化、多层次的世界城市网络体系。其中，对全球政治经济文化具有控制力和影响力的主要节点城市就是世界城市。

（2）两大能力。世界城市的两个核心能力是控制力和影响力，也就是对全球政治经济文化具有控制力与影响力。世界城市的控制力主要表现为能够占有、使用、收益和再分配全球战略性资源，进而把握战略性通道，构建全球战略性产业，对全球经济起到掌控的作用。世界城市掌控的关键性资源包括货币、信息和贸易资源。

除了对战略资源的控制力，影响力也是世界城市实力一个很重要的体现方面。影响力是一个城市对其他国家和地区的经济辐射能力。控制力是对一国经济、军事与资源要素的控制力和扩张力，影响力是一国经济、文化、制度与意识形态所体现的综合吸引力和说服力。控制力和影响力是相辅相成的。控制力是影响力的基础，影响力是控制力的综合延伸。从本质上讲，世界城市是全球战略性资源、战略性产业和战略性通道的控制中心，是世界文明融合与交流的多元文化中心，也是城市控制力与影响力的统一体。

（3）三个特征。世界城市的基本特征可以概括为三个方面：一是经济存量大。主要表现为经济总量大，人均GDP程度高，以现代产业体系为核心的后工业化经济结构明显，国际总部聚集度强。二是经济往来的流量大，也就是说具有巨大的国际高端资源流量与交易。从某种意义上说，世界城市就是一个面向知识社会创新2.0形态的流动空间、流动过程。这种国际高端资源的流量与交易主要表现为高端人才的集聚、信息化水平、科技创新能力、金融国际竞争力和现代化、立体化的综合交通体系。三是具有很强的集聚和辐射能力。大量高端的生产性服务业和知识服务业集聚在城市的中心区域，形成强大的产业集聚区，在集聚的基础上为周边地区提供服务，实现对周边地区的辐射。

二、纽约城市发展、产业体系与空间的历史演变分析

纽约位于纽约州东南哈得孙河口，濒临大西洋。它由五个区/郡组成：曼哈

顿、布鲁克林/国王郡、布朗克斯、皇后区和史坦顿岛,面积780平方千米,市区人口700多万人,包括郊区在内的大纽约市人口为1 800万。纽约是美国第一大都市和第一大商港,它不仅是世界的经济中心,也是世界三大金融中心之一(另外两个为伦敦和中国香港)。据财经日报《辛科迪亚斯》统计,截至2008年年底,纽约控制着全球40%的财政资金,是世界上最大的金融中心。纽约证券交易所拥有全球最大的上市公司总市值,市值为15万亿美元。有超过2 800家公司在此上市。2010年,纽约的财产所有总值为813万亿美元。

纽约在19世纪末至20世纪初期已经成为一座世界瞩目的工业化城市。世界各地移民持续不断地涌向纽约,其中来自东欧的移民数量最多。在这一时期城市规模不断地扩大,城区之间不断地合并,形成了纽约大都市区。至1956年,纽约大都市区约有1 537.5万人,纽约主城区约有823.6万人。其中,曼哈顿区约有181.1万人;纽约近郊约有457.3万人;纽约外层郊区约有256.6万人。其中,从就业人数来看,纽约大都市区总就业人数约为669.98万人,纽约主城区总就业人数约为430.15万人,曼哈顿区总就业人数约为217.75万人;纽约内层郊区总就业人数约为157.23万人;纽约外层郊区总就业人数约为82.6万人。

与此同时,从20世纪初期至20世纪60年代末期,纽约经历着去工业化的过程。具体表现为,人口和产业不断地向郊区迁移。大量的工厂或是面临倒闭,或是通过跨国公司迁往发展中国家。许多坐落在市中心的老城区持续衰败,形成了一个又一个贫民窟。从1970年至2000年,纽约市制造业就业人数从18%降到4%,据美国商务部2002年人口普查报告统计,2002年纽约制造业就业人数仅为25万人。

从第二次世界大战后到20世纪90年代,纽约市的产业结构处在一个转型阶段,加工制造业不断减少,生产性服务业在纽约市产业结构中的比例不断增大。所以,1960年至1990年是纽约由工业社会向后工业社会的转型期。在此期间,纽约基本完成了去工业化的进程,金融、保险和法律咨询等生产性服务业大量集聚在纽约大都市区,信息产业异常繁荣,跨国公司总部的作用也持续增强。与此同时,纽约产业结构发生了巨大的变化,纽约由一座以工业为主的城市转变为以后工业为主的城市。在城市功能上,纽约在19世纪已经成为美国的金融中心。纽约发达的金融产业为纽约成为后工业化城市奠定了基础。

(一)纽约产业结构的演变及其主导因素

作为美国首位城市的纽约,在产业分离和专业细化的背景下,产业结构发生了巨大的变化,城市从工业化向后工业化转变,城市中的工厂通过区位选择转向了地价低廉的郊区或劳动力廉价的发展中国家,而中心商务区则变为以商业、服务业和跨国公司总部为主的后工业化场所。与此同时,纽约也成为全球城市网络中的重要节点,在经济全球化的作用下,影响着全球的经济发展。

自从20世纪以来,有几个主要的因素主导着纽约的经济发展。第一,20世纪之前的工业化进程使得纽约在资本聚集的推动下成长为工业经济中心。第二,20世纪60年代以来制造业的全面下滑、制造业跨国公司总部的撤离,纽约开始由工业化阶段向后工业化阶段转变。第三,由于科技创新,纽约迅速实现后工业化,生产性服务业成为经济发展的主要推动力。从20世纪70年代至80年代,金融产业和其他生产性服务业发展迅速,并且主要集中在曼哈顿商务区。第四,贸易自由化、资本全球化和生产全球化。这几个因素也是导致纽约快速成长为全球城市的重要原因。

其中,特别需要提及的是生产性服务业的迅速崛起。丝奇雅·沙森认为,生产性服务业和金融资本集聚是全球城市产生的原动力。跨国公司和生产性服务业在纽约的集聚是纽约全球城市产生的重要原因。生产性服务业在纽约的不断集聚是纽约确立全球城市地位的关键因素,也是纽约实现全球性功能的主要途径。布鲁斯·F.伯格(Bruce F. Berg)的研究表明:"从20世纪80年代至90年代,纽约市的生产性服务业朝着国际化方向发展。"在经济全球化的作用下,跨国公司和生产性服务业在纽约的集聚增强了纽约全球化功能。

在纽约产业结构变化的同时,纽约城市中的社会结构也出现了极化的现象。从1970年至1997年,纽约市的收入差距持续加大,纽约市产业结构变化是收入差距加大的主要原因。首先,在此期间,纽约市高收入产业就业人数增多。例如,FIRE(金融、保险、房地产)、公司总部、营销和商务服务等部门。其次,非技能或半技能就业人数大量减少。

(二)制造业为主导产业阶段

1890年纽约已有人口151.53万人,拥有2.54万家工厂共生产299种工业产品。1900年,纽约成为美国100家最大公司中69家公司的总部所在地。

至1956年,纽约大都市区就业总人数为669.98万人。其中,曼哈顿商务区就业人数最多,占总就业人数的37%;其他商务区就业人数占总就业人数的27.2%;近郊占23.5%,远郊占12.3%。不难看出,曼哈顿商务区在纽约大都市区的就业人数中占有绝对的优势。其中,曼哈顿商务区制造业就业人数占纽约大都市区制造业总就业人数的27.4%,零售业就业人数占纽约大都市区零售业总就业人数的58.3%,金融行业就业人数占纽约大都市区金融业总就业人数的66.7%,办公人员就业人数占纽约大都市区办公人员总就业人数的59.3%,消费者服务业就业人数占纽约大都市区消费者服务业总就业人数的29.7%,建筑业就业人数占纽约大都市区建筑业总就业人数的22.5%,其他雇工就业人数占纽约大都市区其他雇工总就业人数的30.2%。

(三)去工业化阶段

从20世纪60年代开始,纽约制造业就业情况与工作岗位开始不断下降。纽约市制造业经历着全面的缩减,产业结构发生了巨大的变化,纽约市开始了其去工业化的进程。

1. 生产性服务业的扩张

从经济的角度来分析,服务产业在美国社会中的全面扩张,特别是生产性服务业在美国城市经济中的快速发展是美国社会进入后工业化时代的最直接表现形式。"从1970年至1980年,纽约市曼哈顿商务区制造业就业人数逐年减少,取而代之的是服务行业的兴起,尤其是生产性服务行业的繁荣。"金融行业、零售行业和办公人员在曼哈顿商务区的就业比例最大。金融等行业在曼哈顿商务区的高度集中体现了服务行业在纽约大都市区的集聚。在同一时期,美国总就业的增长率低于生产性服务业就业的增长率。

美国许多后工业化城市的空间结构也发生了变化。美国传统的工业城市多为高密度的单中心城市,中心城市始终在大都市区中占据主导地位;而在后工业化时代,大都市区往往呈现出低密度的多中心结构,大都市区多中心化成为后工业化城市空间结构的主要特征。毋庸置疑,20世纪70年代至90年代是美国生产性服务业快速增长的时期,也是美国社会由工业化向后工业化转型最显著的时期。

2. 科技创新

如同前文所述,科技创新不仅是工业化的推动力,也是去工业化的推动力,同时还是后工业经济形成的主要原因。而后工业经济更注重理论创新对科技创新的指导作用。第二次世界大战后,美国政府对科技创新投入了大量的资金(见附表1)。毋庸置疑,美国政府对科技创新资金的大量投入是美国进入后工业社会的间接原因。

附表1　　　　1970—1990年美国政府对工业研究与开发的资金投入　　单位:百万美元

年份	1970	1975	1980	1985	1987	1988	1989	1990
资金	18 067	24 187	44 505	84 239	92 155	97 889	101 854	104 344

(四)服务业高度发达的阶段

生产性服务业是后工业化时代的主要行业,生产性服务业在纽约都市区的集聚是纽约成为全球城市的一个重要原因,生产性服务业在纽约集聚的数量是衡量纽约全球城市等级的重要指标。美国的去工业化现象和后工业经济的形成是由许多复杂的因素共同促成的。最主要的两条因素是科技创新和市场经济的自我调节功能。

从科技的角度讲,科技创新是去工业化和产业结构变化的主导因素。科技创新不仅提高了劳动生产率,同时也改变了生产方式,是产业转移、升级的直接因素。

从经济的角度讲,自由放任的市场经济是去工业化和产业结构变化的又一重要原因。在全球化的作用下,商品、资源、资金和企业都可以在全球范围内自由流动,全球各地要素的彼此竞争是许多企业转产、转移和倒闭的另一个重要原因。

在20世纪50年代至90年代,纽约市的生产性服务业经历了迅猛增长。制造业的就业份额从28%降到了12%。而生产性服务业的就业份额不断地增多,其中FIRE(金融、保险和房地产)和专业服务的增长幅度最大,分别由7%和6%增长到了12%和20%。1977—1985年,纽约市的法律服务业就业岗位增长了62%,商业服务业就业岗位增长了42%,银行的就业岗位增长了23%。与此相反,制造业就业岗位下降了22%,交通运输业就业岗位下降了20%。

1953—1980年,纽约市在制造业和建筑业中减少了50万个工作岗位,而信息产业增加了65万个职位。

生产性服务业通过区位选择大量集聚在纽约。1986年,纽约、伦敦、东京三个全球城市控制了世界上80%的流动性资本,其中纽约控制了40%。纽约金融服务及其辅助产业占其总产值的30%。从20世纪80年代到20世纪末,纽约的金融业年均增长率为8.9%,高于全部行业6.6%的平均增长率。1997年,纽约的银行、金融和保险的就业比重为8.8%,全美为3.4%。金融业的繁荣,不仅使得纽约成为全球的金融中心,也为纽约成为全球城市奠定了基础。

纽约是一座全球城市,也是一座信息化城市。纽约市的信息产业十分发达。20世纪80年代,纽约市信息产业就业岗位占城市信息产业就业岗位的31%,洛杉矶占17.8%,芝加哥占20.3%,美国其他城市信息产业的就业岗位占城市总就业岗位的15.1%。

(五)全球城市地位的具体体现

1. 国际政治中心

纽约在当代世界政治经济体系中具有重要影响,在世界著名的国际经济中心城市中,纽约属于为数不多的非首都城市,因而在相当长时期内它在国际政治事务中的影响不大。第二次世界大战后,美国成为世界上最强大的国家,加上本土未受战争的打击,因而联合国成立后决定将总部设在美国。由于纽约虽非美国的首都,却是世界最大的商业之都,1946年联合国将总部设在纽约。随着联合国在国际政治中的影响日渐增大,机构日益增多,纽约因此而受益匪浅。联合国主要机构共有6个,其中5个在纽约,常设辅助机构12个,有5个在纽约,这使纽约成为拥有联合国主要机构数最多的城市,纽约的国际政治中心地位大大提高。

2. 国际金融中心

纽约与伦敦、东京并列为全球三大金融中心。虽然伦敦在外国金融机构数、外汇交易量两方面居第一,东京曾在证券市场规模、银行资产规模上取胜,但全球最重要的金融中心仍是纽约。其根本原因是美国为当今世界第一经济大国。纽约证券交易所道琼斯30种工业股票价格平均指数的波动左右着东京、伦敦及其他证券市场,而美元的地位影响全球外汇市场。另外,由于美国是全球最大的对外投资国,纽约得以集中了全球投资总额业务的44%。

20世纪初,美国联邦储备系统将总部设于纽约,从而奠定了纽约作为全美"银行之都"的地位。此后随着美国的经济发展,纽约的大银行执世界银行业牛耳长达数十年。然而20世纪80年代以来发展中国家特别是拉美国家的债务危机,使美国一些大银行受到严重打击,加上1980年的《银行法》和1982年的《存款机构法》产生了新的金融环境,许多新的金融组织和金融手段夺走了原先属于银行经营的业务,使美国银行在国际银行业中的地位不断下降,20世纪80年代后期以来美国大银行不再列入世界前10大银行的排名中。

3. 国际经济控制和决策中心

全球500强企业总部的数量。在资本主义国家中,美国历来以大公司数量众多而著称。1955年,全球500家大公司中有128家总部设在纽约市。按纽约大都市区计,则有161家,接近1/3。20世纪70年代后,日本大公司崛起,使500家大公司中的美国公司逐渐减少,设在纽约的500家大公司总部也逐渐减少,至1988年仅剩48家,在纽约大都市区范围内减少至74家。但是,就美国大公司而言,同期撤出纽约大都市区的公司总部只有24家,这表明纽约仍然是美国大公司总部最集中的城市。与大公司总部逐渐撤离纽约的趋势相反,大银行仍然集聚在纽约。美国9家主要银行中有6家在纽约,即花旗银行、大通银行、摩根公司、银行家信托公司、制造商汉诺威公司和化学银行。需要指出的是,这些银行都是著名的跨国银行,花旗银行更是世界最大的跨国银行。这些公司总部和银行在纽约的集聚,使纽约成为国际经济的控制和决策中心。

4. 国际贸易和航运中心

纽约港曾是仅次于鹿特丹的世界第二大港,近年来货物吞吐量有所下降,但仍是世界十大港口之一。加上纽约航空港的货物运输,纽约年进出口额达1 000多亿美元,它是重要的国际贸易中心城市。纽约是世界最大的航空枢纽,拥有3个航空港,即肯尼迪国际机场、纽瓦克国际机场、拉瓜迪亚机场。3个机场的年旅客进出人次均超过2 000万人次,1990年合计达7 480万人次。

5. 国际文化中心

通常认为纽约是国际金融中心,很少有人注意纽约也是国际文化中心。伦敦规划咨询委员会曾对世界著名城市的各项文化功能进行评分,结果纽约的平均分居第一位,超过了伦敦、巴黎等城市。评分的标准最高为 10 分,最低为 1 分。结果纽约在电视、戏剧、音乐、广告 4 项中居第一位,在电影、设计、时装 3 项中居第二位。平均为 9 分,高居榜首。在这次评分中,伦敦居第二位,东京则落在巴黎之后。

三、伦敦城市发展、产业体系与空间的历史演变分析

伦敦是欧洲最大的城市和最大的经济中心,世界三大金融中心之一,位于英格兰东南部的平原上,跨泰晤士河,距离泰晤士河入海口 88 千米。伦敦的行政区划分为伦敦城和 32 个市区,伦敦城外的 12 个市区称为内伦敦,其他 20 个市区称为外伦敦。伦敦城、内伦敦、外伦敦构成大伦敦市。大伦敦市又可分为伦敦城、西伦敦、东伦敦、南区和港口。伦敦城是金融资本和贸易中心,西伦敦是英国王宫、首相官邸、议会和政府各部所在地,东伦敦是工业区和工人住宅区,南区是工商业和住宅混合区,港口指伦敦塔桥至泰晤士河河口之间的地区。整个大伦敦市面积 1 580 平方千米。伦敦的发展沿革分为四个时期:(1)工业革命前的伦敦——英国的政治和商业中心;(2)工业革命后的伦敦——全球殖民体系中的霸权城市;(3)第一次世界大战后的伦敦——活力如故的国际大都市;(4)后工业社会条件下的伦敦——全球"金融首都"。

(一)伦敦发展定位

1. 综合性的具有全球主导地位的城市

伦敦是一个综合性的具有全球主导地位的城市,它的功能是整个世界、欧洲、英国,以及伦敦大都会区四个层面城市功能的综合统一体。具体来说:

世界城市:伦敦是世界上少数拥有全球主导地位的城市之一,集聚了国际性的金融、商务和专业服务产业,也是世界交通枢纽,同时还是多样化的城市,包括文化、旅游、教育和政府机构。

欧洲的主导城市:根据欧洲空间发展战略,伦敦是欧洲核心区域的重要组成部分,该区域被认为是世界经济的"动力源"之一。

英国的首都:伦敦作为英国的首都,不仅拥有强大的经济,而且在政府机构、旅游、文化和教育等领域发挥重要作用。伦敦作为英国的门户,接待了 75% 的国际到达客流。

大都会区域的中心:伦敦作为拥有 1 800 万人口的大都会区域的中心城市,

不仅是就业岗位的集聚地,还是文化、休闲和商业中心。

2. 伦敦的过去和现在

独特的历史使伦敦具有鲜明的空间特征。作为英国的首都,伦敦位于英格兰东南部的平原上,横跨泰晤士河。伦敦是一个低密度的开放城市,拥有良好的城镇中心体系,各个区域空间具有明显的差异性。伦敦也面临一些新的问题,如城镇中心受到郊外购物中心的削弱、公共交通品质不高导致严重的交通拥挤、陈旧的基础设施无法满足未来的发展需求等。

自20世纪90年代以来,伦敦的就业岗位增长呈现出持续的空间分布模式。金融和商务产业的就业岗位增长集中在中部和西北区域,而消费性服务业的就业岗位增长则是遍布伦敦的。零售业、创意产业、计算机相关产业和旅游业的就业岗位增长也开始出现在伦敦郊区。伦敦东部和南部近来发展势头很快。

3. 伦敦未来变化的影响因素

就伦敦的未来变化而言,包括经济转型、环境制约、生活方式、技术变化和社会公正几大影响因素。

经济转型:在过去30年中,伦敦产业结构的最重要变化是金融和商务产业的就业岗位增加了60万个,而制造业的就业岗位减少了60万个。消费性服务业也有明显增长,包括休闲业、零售业以及与旅游相关的旅馆业和餐饮业。根据预测,过去30年中就业结构的变化趋势还会继续下去。2001—2016年,伦敦会新增85.4万个就业岗位和失去21.8万个就业岗位,导致净增63.6万个就业岗位。金融和商务产业是就业岗位增长最为显著的。2001—2016年,金融和商务产业预期增加44.0万个就业岗位,占伦敦新增就业岗位总数的50%以上。其他的就业增长产业是消费性服务业,特别是娱乐业、休闲业和零售业。在过去30年中新增了18万个就业岗位,在2001—2016年期间新增17.8万个就业岗位。另一个就业增长产业是与旅游业相关的旅馆业和餐饮业。在制造业经历结构重组的地区,高附加值的设计、创意和绿色产业将是重要的。相反,公共管理、公用事业和制造业的就业岗位将会减少。

从1971年至1981年,伦敦减少了80万个工作岗位,有超过40万的工作岗位来自制造业地区。很显然,在此期间,伦敦由一座工业城市转变成了一座后工业化城市。这个时间节点与纽约类似。在后工业社会条件下,伦敦具有四个基本特征:(1)产业结构的全面服务化;(2)全球最大的金融中心和生产要素配置中心之一;(3)全球性经营决策管理中心和高技术产品生产中心之一;(4)全球性知识和技术创新中心,全球信息枢纽之一。

具体表现为后工业化社会特征明显,服务业成为主导经济部门;金融保险业发展迅速,是全球最大的金融中心;专业服务业一枝独秀,成为新兴支柱产业;制造业地位日益下降,但仍是世界重要生产基地,具有生产指挥与控制中心的功能。《金融时报》1988—1989年度评出的英国1 000家最大公司中(不包括金融与法律服务公司),有204家制造业公司的总部位于伦敦,其中外国资本的制造业公司总部有73家。这些公司总部中又有146家位于伦敦中心区,只有58家位于中心区以外的地方。最后,伦敦文化产业发展迅速,伦敦成为国际文化中心。

(二)伦敦的全球金融中心地位

作为全球城市,纽约与伦敦有许多共同的特征。金融产业的集聚是纽约和伦敦确立全球城市地位的重要特征。至1997年,25个城市控制着世界上83%的股票。其中,纽约、伦敦和东京掌控世界1/3的股票和58%的外汇市场份额。

英国大部分金融服务业都集中在总面积仅为一平方英里的伦敦城。伦敦城是全球性金融中心之一,其拥有数量最多的外国银行,是全球最大的国际保险市场、全球最大的外汇市场以及全球最大的基金管理中心等。国际银行业务、欧洲货币业务、欧洲证券交易、保险业务、外汇业务、资金管理和公司财务咨询等都汇集于此。作为后起之秀的伦敦金融衍生品市场也是世界主要的金融衍生品市场之一,并且伦敦已成为全球最大的场外金融衍生交易市场。伦敦作为全球领先国际金融中心地位的崛起受益于19世纪英国在世界上的经济霸主地位。当时,英国政府实施了诸如自由贸易、保持政府清偿能力和金本位下稳定的货币基础等一系列有利于伦敦的政策,这促进了伦敦金融中心的发展。当时,英国几乎主导了世界上主要的国际经济活动和金融活动,作为主要的国际支付手段,英镑成为名副其实的国际货币。在两次世界大战期间的30年间,由于英国在世界总产出和世界贸易中的比重下降,伦敦作为全球领先国际金融中心的地位受到了纽约的挑战,在各个金融市场上的领先地位大多数被纽约所取代。

20世纪50年代末期,部分由于美国对金融业的管制,伦敦国际金融中心借助欧洲美元市场重新焕发出生机。此段时间内,伦敦吸引了许多美国金融机构开设分支机构来经营海外美元业务,并以此为基础逐渐发展起一个规模日益庞大、层次日益丰富的欧洲货币市场。到60年代中期,伦敦的海外银行数量再次超过其他金融中心。70年代的两次石油危机期间,大量的石油美元充盈于欧洲美元市场,又为伦敦国际金融中心的发展提供了一次机遇。1986年,伦敦证券市场实行"大爆炸"(Big Bang)改革,"大爆炸"的主要结果是,很多外国金融公司来伦敦设立分支机构开展业务,并且很快成为行业内的强有力竞争对手。一系列的改革措施促进了伦敦全球金融中心地位的巩固,使其在与纽约的竞争中逐渐占据上风。

伦敦是国际银行业的中心。伦敦城的国际银行业务占全球银行业务总额的1/5左右。2005年,伦敦城共有银行600家左右,其中外国银行近500家,银行数居世界各金融中心之首。2005年,伦敦银行业的总资产达17 439亿英镑,跨国借贷业务居世界各国际金融中心之首。世界500强的企业中有4/5左右都在此设立了分公司或办事处。

伦敦作为证券业务的中心,早期的崛起主要受益于其他金融中心一定程度的管制政策,这样导致大多数欧洲美元、欧洲日元、欧洲加元等国际债券都汇聚于伦敦发行。据不完全统计,欧洲债券一级发行的60%~70%在伦敦,全世界70%~80%的外国债券在伦敦交易。另外,伦敦城也是全球股票交易的主要中心。从20世纪80年代到21世纪初,伦敦证券交易所的股票市值多数情况下位居全球第二,仅次于纽约,但伦敦证券交易所的国际化程度最高,其外国上市股票市值占总市值的50%~70%。

在保险业方面,伦敦仍然是世界上最大的国际保险市场,经营着来自世界各地的几乎任何类型的保险业务。世界上第一家保险市场就诞生在此。目前全球20家顶尖保险公司都在这里有自己的分公司。其中国际保险业务在伦敦市场上的交易额占很大比重,一般在一半以上到七成。尤其是在海上和航空保险方面,伦敦具有独一无二的优势。

在外汇市场方面,伦敦长期以来一直是世界上外汇交易量最大的中心,交易外汇票据的伦敦贴现市场仍然是世界上最大的贴现市场。国际清算银行三年一度的调查显示,2007年伦敦每天的外汇市场交易额为1.36万亿美元,英国市场在全球外汇交易额中所占比例从2004年4月的31.3%提高至2007年4月的34.1%,是美国市场的两倍多。伦敦还管理着全球近3万亿美元的资产。这标志着伦敦在全球外汇市场的主导地位继续上升。

除了外汇市场的繁荣,1982年成立以来,伦敦国际金融期货期权交易所的金融衍生品交易也十分活跃。在20多年的时间里,伦敦国际金融期货期权交易所已发展成为欧洲第一、全球第二大期货交易所。伦敦还是全球最大的金融衍生品场外交易市场,2007年分别占据了全球外汇衍生品市场和利率衍生品市场38.6%和44.1%的份额。伦敦也是世界上最大的有色金属期货交易市场,全球有色金属期货交易的90%在此进行。

在21世纪初,伦敦金融业市场在五个领域位居全球第一,这样的总体领先情形超过全球任何一个单一城市。这五个领域分别是:跨境贷款市场占有全球19.5%的份额;外汇市场占有全球32%的份额;资产管理市场的总资产规模为2.6万亿美元,超过纽约的2.4万亿美元;外国银行和代表处的数量最多,为481家,而纽约为287家;欧洲债券市场发行量的60%和国际债券市场发行量的90%都是在伦敦进行的。此外,在交易所金融衍生品市场上是全球第二,次于芝加哥,但场外市场上的交易量位居全球第一;伦敦股票市场市值排名第二,仅次于纽约,但伦敦的外国证券交易量占到45%,在各大型国际金融中心中最高,而纽约为22%。

(三)伦敦的全球政治中心地位

从1992年伦敦和纽约全球和地区的航班次数的角度分析,伦敦依然具有很大的优势。如果从跨国公司总部在城市中集聚的数量的角度分析,伦敦的全球性功能略弱于纽约。

当然,无论历史发展状况如何,全球性控制功能始终是全球城市最重要的特征。全球性控制功能不仅体现在经济上,往往也体现在政治上。国际组织的产生是全球化最直接的表现形式。国际组织在促进经济全球化的进程中起到了至关重要的作用。与此同时,国际组织集聚的多寡也是衡量全球城市等级的一个指标。通过对世界1万个国际组织(IGOs and NGOs)的分布情况分析表明,有三分之二的国际组织分别分布在73座城市中。伦敦和纽约在其中都占据了显著的地位,分别排名第3和第6位(见附表2)。

附表2　　　城市等级排名(依据国际组织在城市中集聚的数量)

城　市	数　　量	级　别
巴黎	886	1
布鲁塞尔	862	2
伦敦	495	3
罗马	445	4
日内瓦	397	5
纽约	232	6

最后,一个城市要想成为全球城市,基础条件和设施是必须具备的,如合适的区位条件、交通基础设施、通信网络、专业人才和相关辅助产业等。合适的区位条件以及发达的陆路交通和水路交通网络有助于国内外货物的集散;而当大都市进入后工业化时期后,各类服务业在经济总量中所占比重越来越高,此时便捷广泛的通信网络就变得很重要了。莫斯(Moss,1986)的研究表明,通信技术的进步大大加强了"世界性城市"在金融中心和信息服务中心方面的功能。专业人才集聚对全球城市发展的重要性也是不言而喻的,在全球化背景下,大量专业人才的集中有助于创新的产生和发展,而巨大的熟练员工"蓄水池"为全球城市随时获得可资利用的人力资本进行业务扩张和多样化经营提供便利。

根据前文研究分析,可以发现纽约与伦敦作为全球城市的成长过程与其产业体系的演化发展密切相关,其产业体系基本上是从以制造业为主的结构,转变为以服务业为主的结构,再到全面以服务业为主的结构,在这个过程中城市功能也从一般的生产、消费、旅游等为主转变成全球最大的金融中心和生产要素配置中心之一,全球性经营决策管理中心和高技术产品生产中心之一,全球性知识和技术创新中心,全球信息枢纽之一,以及全球文化中心之一。

然而这是纽约与伦敦过去至今的城市发展与产业体系演化的历程,未来上海发展成为全球城市未必还会是这样的历程,这是因为上海今天面临的未来机遇与挑战已经完全不同,我们需要寻找上海自己的道路。

本篇参考资料

[1] Beaverstock J V, Smith R G, Taylor P J. A roster of World Cities[J]. Cities, 1999, 16(6).

[2] Cainelli G. Spatial. Agglomeration, Technological Innovations, and Firm Productivity: Evidence from Italian Industrial Districts [J]. Growth and Change, 2008, 39(3).

[3] César Camisón, Ana Villar-López. On How Firms Located in an Industrial District Profit from Knowledge Spillovers: Adoption of an Organic Structure and Innovation Capabilities[J]. British Journal of Management, 2012, 23(3).

[4] Geddes P. Cities in Evolution: an Introduction to the Town Planning Movement and to the Study of Civics[M]. London: Williams, 1915.

[5] Kuittinen H, Kylaheiko K, Sandstrom J and Jantunen. A Cooperation Governance Mode: an Extended Transaction Cost Approach[J]. Journal of Management of Governance, 2009(13).

[6] Leibenstein, Harvey. Economic Backwardness and Economic Growth[M]. NewYork: Wiley, 1957.

[7] Peter Hall. The World Cities[M]. Boston: St. Martin's Press, 1984.

[8] Sassen S. The Global City: New York, London, Tokyo [M]. Princeton: Princeton University Press, 1991.

[9] Schumpeter J. A. Business Cycles: A Theoretical, Historical and Statistical Analysis of the Capitalist Process [M]. New York: McGraw-Hill, 1939.

[10] Simmie J and Martin R. The Economic Resilience of Regions: Towards an Evolutionary Approach [J]. Cambridge Journal of Regions, Economy and Society, 2010(3).

[11] Special Report: Manufacturing and Innovation(A third industrial revolution); The Economist, Apr. 21st 2012.

[12] Tanriverdi H, Venkatramaw V. Knowledge Relatedness and Performance of Multibusiness Firms [J]. Strategic Management Journal, 2005(26).

[13] 杰里米·里夫金. 第三次工业革命：新经济模式如何改变世界[M]. 北京：中信出版社，2012.

[14] 李金滟，宋德勇. 专业化、多样化与城市集聚经济——基于中国地级单位面板数据的实证研究[J]. 管理世界，2008(2).

[15]刘明宇,芮明杰,姚凯.生产性服务价值链嵌入与制造业升级的协同演进关系研究[J].中国工业经济,2010(8).

[16]刘明宇,芮明杰.价值网络重构、分工演进与产业结构优化[J].中国工业经济,2012(5).

[17]刘伟,张辉.中国经济增长中的产业结构变迁和技术进步[J].经济研究,2008,43(11).

[18]刘元春.经济制度变革还是产业结构升级——论中国经济增长的核心源泉及其未来改革的重心[J].中国工业经济,2003(9).

[19]刘志彪,安同良.中国产业结构演变与经济增长[J].南京社会科学,2002(1).

[20]刘志彪.我国产业结构调整升级的理论与政策取向——为"十一五"规划而作[J].中国经济问题,2005(1).

[21]芮明杰.第三次工业革命与中国的选择[M].上海:上海辞书出版社,2013.

[22]芮明杰,刘明宇.上海产业高端高效的评价与升级路径研究[J].科学发展,2011(8).

[23]芮明杰,王子军等.产业发展与结构转型研究第一卷:后金融危机时代上海先进制造业发展战略与政策[M].上海:上海财经大学出版社,2012.

[24]芮明杰,张琰.产业创新战略——基于网络状产业链内知识创新平台的研究[M].上海:上海财经大学出版社,2009.

[25]芮明杰,赵小芸等.产业发展与结构转型研究第二卷:基于价值链重构——上海先进制造业与生产性服务业动态匹配研究[M].上海:上海财经大学出版社,2012.

[26]芮明杰.第三次工业革命的起源、实质与启示[N].文汇报,2012-9-17.

[27]芮明杰.发达国家"再工业化"的启示[N].时事报告杂志社,2012-8-1.

[28]芮明杰.金融高利润导致制造业"空心化"吗[N].解放日报,2012-10-10.

[29]芮明杰.能不能建中国的软件中心[N].东方早报,2013-1-29.

[30]芮明杰.欧美"再工业化"对我国的挑战与启示[N].中国社会科学报,2013-3-6,B07版.

[31]芮明杰.破解上海生产性服务业两个独立循环圈[N].东方早报(上海经济)专刊,2012-4-24.

[32]芮明杰.上海制造业结构的控制性调整构想[J].科学发展,2010(12).

[33]芮明杰.响应第三次工业革命的中国企业是谁[J].瞭望·东方周刊,2012(42).

[34]芮明杰.新一轮工业革命正在叩门,中国怎么办?[J].当代财经,2012(8).

[35]芮明杰.制造业变革孕育重大突破[J].人民论坛,2013(6).

[36]芮明杰.中国产业发展的战略选择[M].上海:格致出版社,上海人民出版社,2010.

[37]芮明杰等.第三次工业革命,明天的世界与中国[N].文汇报,2012-10-28.

[38]芮明杰等.跨过低谷 中国经济寻路新通道[N].文汇报,2013-1-26.

[39]张昕,李廉水.我国城市间制造业劳动生产率差异的解释[J].中国软科学,2006(9).

[40]张昕,李廉水.制造业聚集、知识溢出与区域创新绩效——以我国医药、电子及通讯设备制造业为例的实证研究[J].数量经济技术经济研究,2007(8).

[41]张元智,马鸣萧.企业规模、规模经济与产业集群[J].中国工业经济,2004(6).

[42]赵煦.英国城市化的核心动力:工业革命与工业化[J].兰州学刊,2008(2).

[43]中国社会科学院工业经济研究所课题组,李平."十二五"时期工业结构调整和优化升级研究[J].中国工业经济,2010(1).

[44]中国社会科学院工业经济研究所课题组.第三次工业革命与中国制造业的应对战略[J].学习与探索,2012(9).

[45]周勤,吴利华.产业结构、产业竞争力和区域就业差异[J].世界经济,2008(1).

[46]周绍东.新国际分工体系中的产业链治理模式选择[J].财经科学,2011(1).

[47]周振华.崛起中的全球城市[M].上海:上海人民出版社,2008.

[48]周振华.上海迈向全球城市——战略与行动[M]上海:上海世纪出版集团,2013.

第三篇

上海供给侧结构性改革与产业创新联动研究(2016年)

推进供给侧结构性改革是我国适应和引领经济发展新常态的战略举措。按照党中央、国务院的决策部署,全国各省市正在抓紧因地制宜地制定推进供给侧结构性改革的方案或意见。释放科技创新动能,大力发展新兴产业,增强有效新供给是推进上海供给侧结构性改革的重要方面。近年来,上海不断强调产业结构调整、推动科技创新成果产业化,大力发展新兴产业,但实际情况依然不尽如人意,结构转型依然较困难,供给侧结构性改革任重道远。因为上海在加快产业结构转型、科技创新能力建设中,比较注重新兴产业投资发展、注重基础科学研究和应用技术创新投入,而企业对技术创新成果产业化实现效果不佳,战略性新兴产业发展依然比较困难。

第十二章 供给侧改革与产业创新

一、供给侧结构性改革的核心是创新

供给侧结构性改革自然首先是要解决现实经济中产业供需矛盾突出,供给过剩与供给不足同时存在的问题。而事实上上述问题是存在的而且还十分严重,供给过剩主要体现在传统工业行业,包括煤炭、汽车、钢铁、水泥、纺织、电解铝等行业。供给不足则表现在新兴制造业、新型服务业方面,尤其是新材料、高端装备、供应链管理、金融服务、互联网信息数据服务和医疗服务业等方面。

供给侧结构性改革同时还面临着另外一重含义:改革的同时又遇到了全球新经济下的产业革命——新技术革命,其代表就是智能制造和互联网、工业互联网和大数据这样的发展变化。

因此在供给侧改革的时候,不是简单地把现有的产业体系中低端的产品淘汰掉一点,高端的产品发展一点就可以了;而是我们现有的整个实体经济的体系,必须跟上全球发展的要求、全球技术和发达国家未来的趋势的转变。我们的供给侧改革还要酝酿着跟上新一轮产业革命和技术进步,要培育所谓的新型实体经济和培育出新的动力机制出来,这是我们理解供给侧结构性改革非常关键的一个方面。我国现行的供给侧结构性改革,除了要对我国现行的产业体系、产业结构进行转型升级外,一定还需要通过产品创新、业态创新、产业创新等,形成面对消费需求变化、面对未来市场和符合我国未来在全球产业体系中定位的一批战略性新兴产业,形成经济新动能,进而改变现行的产业体系与供给结构,这就是供给侧结构性改革必须与产业创新联动的理由。

我国当下供给侧结构性改革的任务艰巨,"三去一降一补"只是短期措施,供给侧结构改革的根本目标是要建立适应未来需求变化的新型供给体系,而这一体系在我们看来就是要建立面对未来全球产业分工具有国际影响力的、符合我国未来全球市场定位的新型产业体系与产业结构。建立这样的体系当然与我国具有全球影响力的科技创新实力分不开,也与产业创新分不开。这样我们一方面要关注和推进科技创新,其中包括基础科学研究创新和应用技术研究创新;另一方面应该积极关注和推进科技创新成果的产业化。

然而这样的一个认识,却隐含着一个假设:如果没有科技成果创新,何来产业化的结果?于是许多人把我们产业化结果不尽如人意的事实,主要解释为产学研结合方面有问题,于是所有的政策设计与制度改革都朝着产学研结合的机制与方式上去。而我们的研究认为,产业化是形成新兴产业的重要方式,它固然与产学研结合有关联,但产业化的成功绝对不仅仅是产学研结合的机制与方式问题,因为产业化实质是一个复杂的连续创新过程,是再创新的过程。

二、产业创新是供给侧改革成功的关键

我国供给侧结构性改革正在进行中,困难很大。但是困难中也有机遇:一方面,我国人均收入水平有了较大的提高,其中一部分消费者已经到了消费升级的转折点,他们希望能够按照其消费偏好有更好的个性化消费品和服务,因此新型消费品与服务业有了潜在的巨大市场,可以培育这方面新兴产业健康成长;另一方面,以"工业4.0"与互联网信息技术、大数据为代表的新一轮重大技术进步将开创一系列原创性产品,如人工智能技术、新材料技术、智能制造技术、物联网技术、生命健康技术等的突破性发展必然推动一系列原创性产品诞生,而在一些优秀创新型企业努力下,可以在新产品创新基础上,通过产业创新的其他三个环节(工艺创新、组织创新和市场创新)的再创新实现新兴产业成长与发展。目前发达国家的许多创新型企业均在新技术、原创性产品上进行连续性的再创新,将其形成新产业并成功开拓新市场,如谷歌、GE、西门子、东芝等。一旦这些企业成功,就会在新兴产业方面占据领先地位、成为产业标准、竞争规则的制定者,我们则可能又被锁定在新兴产业全球价值链的低端环节,被它们控制。

所以上海供给侧结构改革过程中必须大力推进上海的产业创新,产业创新是供给侧结构性改革成功的关键。

产业创新是一个连续性的创新,产业创新的成功是在把握消费需要变化的前提下,在重大技术创新的基础上进行产品创新、工艺创新、组织创新和市场创新这四个连续性的创新,而且是一环扣一环的创新,缺一不可。本质上看,这四个环节的创新都是再创新,即在前一环节创新基础上的进一步创新。这种再创新的主体是企业,而且主要是具有强大创新能力的优秀企业。当下,笔者以为必须鼓励更多的上海企业与企业家投身于产业创新过程之中,以产业创新成功推动新兴产业的健康成长,形成国际竞争力,从而成为我国与上海经济发展的新动能。

(一)产品创新

关于产品创新的研究文献汗牛充栋,新兴产业之所以形成与成长自然离不开原创性的产品,如智能手机产业离不开苹果 iPhone 的原创创新,也正是如此,我们对乔布斯的创新才能非常佩服。但在这个巨大光环下,很少有人看到那些能够把 iPhone 天才创新设计付诸生产、成形,成为消费者欢迎的高品质新产品的细节。没有产品原创以及对原创产品之后的不断改进式创新,也就不会有新产业的成长与发展,产品创新是产业创新的源头,这是毋庸置疑的。产品创新的背后是重大的技术创新,例如人工智能技术的发展,可能导致一系列智能产品包括智慧机器人产品的问世。产品创新的重要性我们不去更多讨论,从产业创新的链条和创新的全过程来看,下面三个环节常常被我们所忽视,其实它们同样十分重要。

(二)工艺创新

能否实现产品创新到工艺创新的完美过渡,也就是说产品创新成功不见得就能够生产出来,因为生产工艺如果不能够因新产品要求进行再创新,新产品就只能留在实验室。所以工艺创新十分重要,仔细研究工艺创新,可以发现工艺创新是一种再创新,它是在对新产品的功能构造、生产技术要求、设备与材料、加工方式可能等全面评估后的再创新,使之把新产品高品质、低成本、精益生产加工出来。尽管产品创新是产业创新的源头,但如果工艺创新能力不强,那么一定是有新产品创新而没有新产业形成。例如,如果我们的模具设计加工不行,不能设计加工出新产品要求的模具,那么工艺创新中的第一环就失败了。富士康虽然被定义为代工企业,似乎没有什么技术含量,是劳动密集型企业,但它却有极为先进的模具设计加工子公司,再创新能力极强,曾经夸下海口:只要你产品设计出来,我就一定可以高品质制造出来。可见,工艺创新在产业创新过程中的重要性。这一重要性的关键是工艺创新本质上是再创新。再创新虽然是别人创新的基础上再开展,但一点不比产品创新简单。

(三) 组织创新

新产品、新工艺的创新成功,并不能够保证新产品能够呈现在消费者面前,因为在社会分工的条件下,新产品的制造成功还有赖于其他合作产业、合作企业,这样的合作总是基于现有产业链、价值链,并在其基础上进行再创新。这就是组织创新。产业创新链上的组织创新是指完成新产品创新与工艺创新后的生产协作组织的创新。这个创新内容包括产品创新、工艺创新对合作厂商的相应要求与传递,由此导致产业链、价值链更新和产业链、价值链组织治理的创新。因为首先新产品、新工艺、新技术的实施对原有各产业链、价值链环节厂商提出了新要求,如果现有厂商创新能力能够胜任新产品、新分工要求,则可能在新产品成功中获取更多价值;如果原厂商创新能力不能胜任新要求,则可能面临技术改进要求及价值链进入壁垒,降低获得的价值甚至被淘汰。其次,新产品、新工艺、新技术诞生可能促使新厂商进入价值链,以及现有厂商向相关价值链延伸和转移。再次,新产品需求的新价值链形成还面临调整、压缩、分拆、增加原来价值链、合作网络等问题。最后形成的新产业技术标准将对现行产业价值分配带来不同影响。当新产业产生时,其产业链、价值链、协作网络也面临创新、组织变革等过程。这个环节的创新,仔细来看本质上也是再创新,即围绕着新产品、新工艺创新的新要求进行延展性的再创新。

(四) 市场创新

新产品创新成功,工艺创新成功,产品生产出来了,是否产业创新就成功了呢？我们的答案是否定的，因为产业创新的成功离不开新产品在市场上的成功。所谓市场上的成功，不光是该产品被消费者关注甚至认可，还需要该产品被广大消费者看作十分喜爱的愿意为之埋单的产品，而这离不开市场创新。所谓市场创新是指根据产品特性、消费者偏好对产品的品牌设计、分销方式、渠道构建、定价、售后服务设计等的一揽子创新，其目的可以有多样性，但核心是把市场做大，实现市场上的领先与利润获得。市场创新弱，可能导致有好产品却需求不旺的状况，如此产业创新就不能算成功。我们观察苹果 iPhone 的成功实际上离不开苹果公司"饥饿营销"的创造。这里的市场创新显然与创新的新产品有关，因此也可以将其看作再创新。

三、产业创新图谱

产业创新图谱见图 12.1。

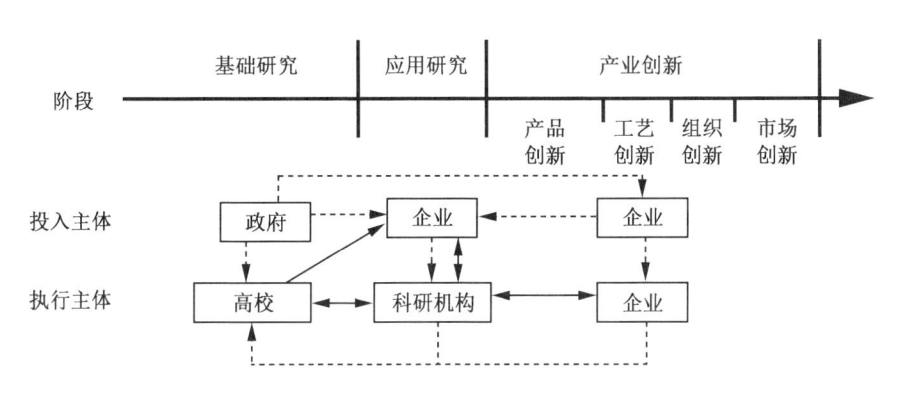

图 12.1 产业创新图谱

从图 12.1 可以看出：

第一，产业创新有四个主要环节，产品创新、工艺创新、组织创新和市场创新，这四个环节环环相扣，缺一不可。尽管新产品创新是产业创新的源头，是最重要的创新，值得重视与投入，但其他三个环节的创新及其成功对新产业成长与发展也十分重要，忽视这三个环节，往往导致产业创新失败。更为重要的是，产品创新和工艺创新又会通过原来的或改革的协作网络、产业链价值链压迫相关合作厂商进行相关的再创新,形成创新的波及效果,这就是主导产品创新与工艺创新的企业在微观上获得创新租金的动力,宏观上表现为推动产业结构的转型升级。

第二,产业创新是过程性创新,产业创新的成功需要以上四个创新环节交替发力,动态演进,最终形成伟大的新兴产业,甚至改变人类的生活方式。除了产品创新是产业创新的源头创新外,其他三个环节本质上是帮助新产品实现市场成功的再创新。所谓再创新是指在前一次创新的基础上更进一步的创新,完善或帮助实现原创新的创新。

第三,市场创新的成功打开了新兴产业的市场需求空间,培养了巨大的市场规模,也正是如此,才会导致其他产业中的企业有巨大兴趣进入此产业,并以低成本或差异化的方式攻占这个市场,而要做到产品低成本或差异化,其背后也需要再创新,也正是如此的竞争,直接推动了该新兴产业的发展与演化。在这个意义上,三星公司的存在、华为公司的进入、小米公司的低成本智能手机的发展,挑战了苹果公司,给它以巨大的压力,迫使产业内所有的企业必须创新、必须重新审视消费者需求的变化,重新审视技术进步与人类社会发展的变化趋势,这样的竞争压力必然导致新的原创性新产品或现有产品和工艺甚至市场上的再创新。

第四,产业创新成功离不开前期的基础研究和应用研究,也离不开市场竞争机制的存在。新兴产业的健康发展离不开市场竞争机制的存在,竞争迫使企业需要在上述四个环节上同时创新才可能脱颖而出。可见,良好的市场竞争机制形成与维护对我国而言是深化开放改革的重要任务之一,应该也是创新驱动发展、新兴产业成长壮大、供给侧结构性改革成功的关键。

第十三章 上海产业供给侧现状与问题

一、影响上海产业供给结构的主要中长期因素

产业创新是面向未来的供给,与未来发展趋势有十分密切的关系。

(一)需求条件

随着人类知识的增加,人均收入的提高,以及人类对新生活方式、幸福生活的追求,人类的消费需求、消费理念、消费习惯正在发生巨大变化。

消费的个性化、集成化、便利化需求对于生产体系提出了新的要求。个性化是指消费者按照自己的需求与消费偏好,追求仅仅为自己个人定制的产品与服务,是消费质量的追求。个性化消费是人们最终最高的追求,也是幸福与满意的最高级阶段。集成化是指对产品与服务需求的集成,使消费者的需求能够一揽子得到满足,是消费效率的追求。便利化是指消费者追求有效率且方便的消费方式,是消费过程的追求。这些消费需求变化要求生态体系具有大规模定制、分散生产、即时响应和制造业服务化等特点。

由于上海具有较高的经济发展水平,个性化、集成化、便利化消费趋势在上海将表现得更为明显,也对上海目前的供给体系提出了较大挑战。

(二)生产条件

技术的发展使得上述消费的需求能得到满足。在新一代信息技术的飞速发展与应用范围不断拓展的情况下,新的生产方式开始从设计理念变为可能。

2011年,在汉诺威工业博览会开幕式致辞中,德国人工智能研究中心负责

人和执行总裁沃尔夫冈·瓦尔斯特尔教授首次提出"工业4.0"这一词,之后德国发布了《保障德国制造业的未来:关于实施"工业4.0"战略的建议》,将信息物联网和服务互联网与制造业的融合新型工业生产方式列为国家计划。美国也在2005年提出CPS,开始朝着智能生产方向努力。

在需求变化和技术的双重推动下,生产组织方式也逐渐发生改变。为大规模生产、提高生产效率设计的层级化组织结构变得难以为继。能够快速响应需求变化和注重沟通交流的扁平化组织和网络型组织受到企业的欢迎。此外,随着消费者个性化趋势的进一步凸显,平台组织的出现在一定程度上解决了供需不匹配的问题,提升了供给效率,而全员参与、量化分权、模块化切割的阿米巴模式为满足个性化需求的同时提高生产效率提供了可能。

在生产方式与组织变革方面,上海目前还处于起步阶段。但科创中心的定位以及相应的政策倾斜为上海这方面的发展奠定了良好的基础。

(三)要素条件

在新的产业体系下,核心生产要素将发生转变,知识成为核心生产要素与稀缺资源,资本追逐知识,高素质人力资本将成为最重要的生产要素,对高素质劳动力的需求将不断增加。

与全国其他地区相比,上海在这方面具有明显的比较优势。一方面,上海具有较为丰富的教育资源。另一方面,上海具有较强的人才凝聚力。此外,据第九次中国公民科学素质报告显示,上海公民科学素养全国居首。2015年,上海主要劳动年龄人口(20~59岁)中接受过高等教育的比例高达35%,高于全国平均水平近20个百分点,体现了显著的人力资本优势。

上述中长期因素对上海的供应体系提出了新的要求,也为上海今后的发展方向提供了重要参考。分析上海现有产业供给体系的情况对于上海未来发展战略以及产业创新方向具有重要的意义。

二、上海产业运行与三大需求总体概况

(一) 上海经济维持中高速运行,在全国经济总量中的比重由降转升

2015年,上海生产总值为24 965亿元,占全国生产总值的3.64%。近年来,上海在全国经济中的比重经历了先升后降的过程。2012年,上海GDP占全国的3.72%,之后降至2015年的3.64%(见图13.1)。之后,上海在全国经济中的占比有所上升,截至2016年第二季度,上海生产总值12 957亿元,占比为3.8%,比上年同期上升了0.18个百分点。从增长率方面看,近年来,上海GDP增长率先增后降,维持在6%~8%,低于全国GDP增速。2015年开始,上海经济增速与全国持平,保持在6.7%(见图13.2)。与全国其他主要地区相比,上海经济增速处于较低水平(见表13.1)。

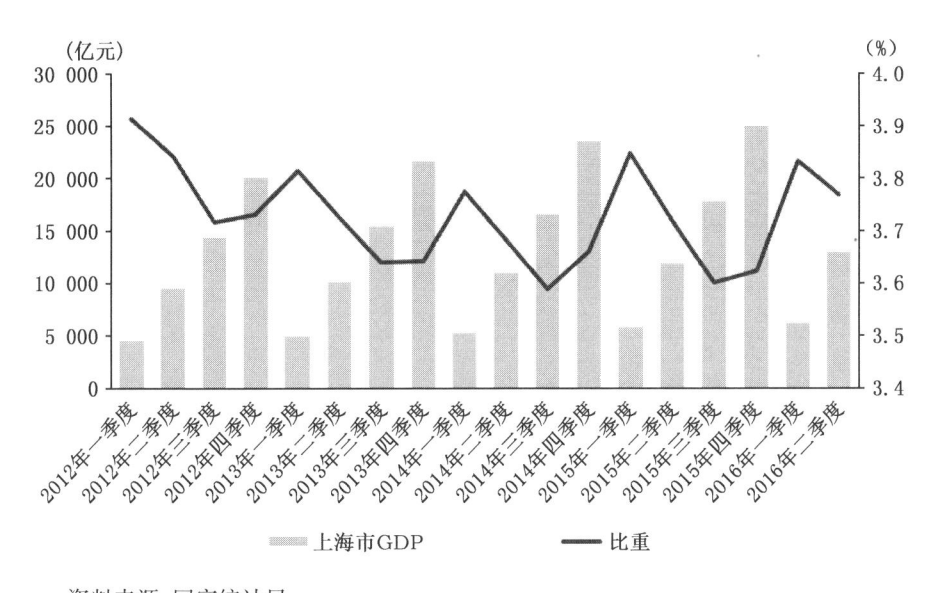

资料来源:国家统计局。

图13.1 上海GDP及占全国比重

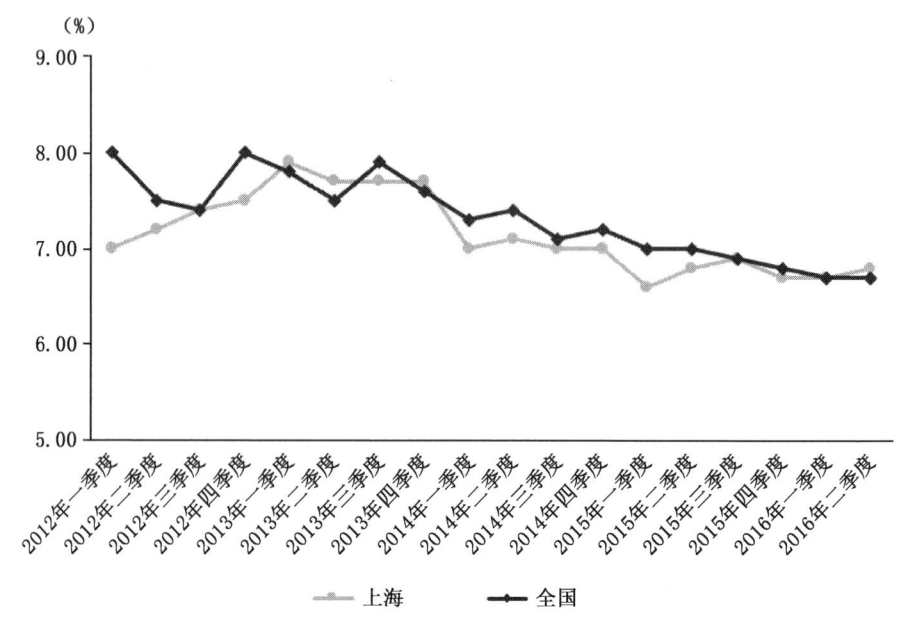

图 13.2 上海与全国季度 GDP 增长趋势

资料来源：国家统计局。

表 13.1　　2015 年、2016 年上半年上海、全国及主要城市 GDP 增速　　单位：%

	2016 年上半年 GDP 增速	2015 年上半年 GDP 增速	增速回落
全国	6.7	7	0.3
上海	6.7	7	0.3
北京	6.7	7	0.3
天津	9.2	9.4	0.2
江苏	8.2	8.5	0.3
浙江	7.7	8.3	0.6
山东	7.3	7.8	0.5
广东	7.4	7.7	0.3

资料来源：国家统计局。

(二) 第三产业为上海经济的主要构成,引领上海经济发展

近年来,上海第三产业增速维持在10%以上,并且增速逐年上升,占比稳定增长。2015年,第三产业占比为67.7%,增速维持在10.6%。2016年上半年,上海第三产业占比上升至70.8%,增速上升至11.6%,三次产业比重为0.3:28.9:70.8。第二产业占比逐年下降,由2014年的34.7%降至2016年上半年的28.9%。此外,第一产业和第二产业增速较低,且逐年下降,2015年以来均为负增长状态,2016年上半年增速分别为-15.3%和-3.3%(见图13.3)。

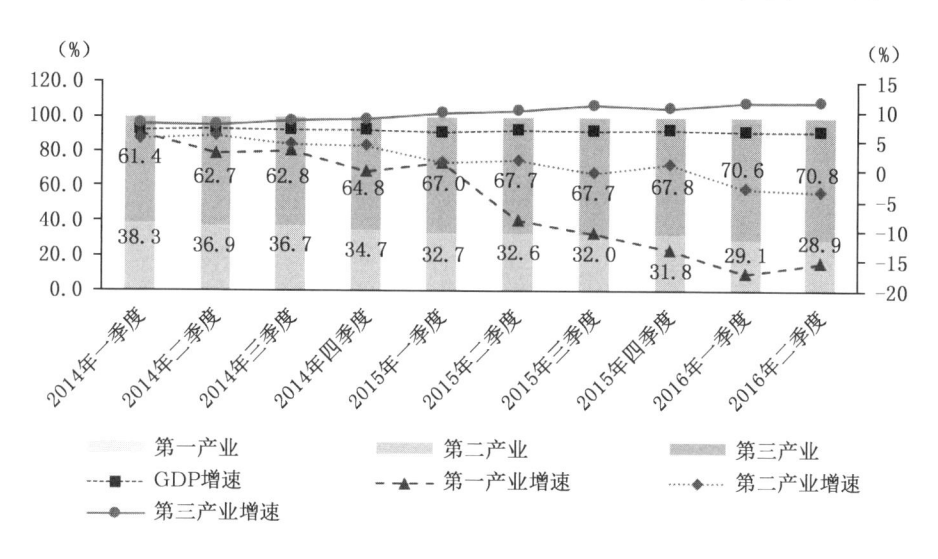

资料来源:国家统计局。

图13.3　2014—2016年分季度上海三次产业比重及增速

与全国主要地区相比,上海第一产业和第二产业比重小,增速低,而第三产业比重大,增速快,服务业为上海经济的主导(见表13.2)。其中,金融业和批发零售业为第三产业的主要构成。2016年上半年,两者分别占第三产业增加值比重的36%和29%。

表 13.2　　2016 年上半年上海、全国及主要城市三次产业比重及增速　　单位:%

	第一产业 比重	第一产业 同比增速	第二产业 比重	第二产业 同比增速	第三产业 比重	第三产业 同比增速
全国	6.5	3.1	39.4	6.1	54.1	7.5
上海	0.3	−15.3	28.9	−3.3	70.8	11.6
北京	0.4	−11.1	17.6	3.2	81.9	7.6
天津	1.1	2.7	44.9	8.6	54.0	9.9
江苏	3.7	0.3	45.8	7.6	50.5	9.4
浙江	4.0	1.7	43.9	6.1	52.1	9.7
山东	7.4	3.7	44.7	6.3	47.9	8.9
广东	4.1	3.0	43.9	6.3	52.1	8.7

资料来源:国家统计局。

(三) 最终消费需求是拉动上海经济增长的最主要动力

近年来,上海最终消费在总需求中的比重基本保持在 50% 以上,并且占比逐年上升。居民消费占最终消费的绝大部分,在 75% 左右浮动。资本形成在上海经济构成中比重呈下降趋势,从 2006 年的 46.1% 持续下降至 2014 年的 37.2%,2015 年小幅回升至 38%。净出口占比最小,在 2%～5% 浮动。2015 年,三大需求比重为 59.1∶38∶2.9(见图 13.4)。最终消费支出为 14 854.5 亿元,其中,居民消费支出为 11 089.56 亿元,占消费总支出的 74.7%。

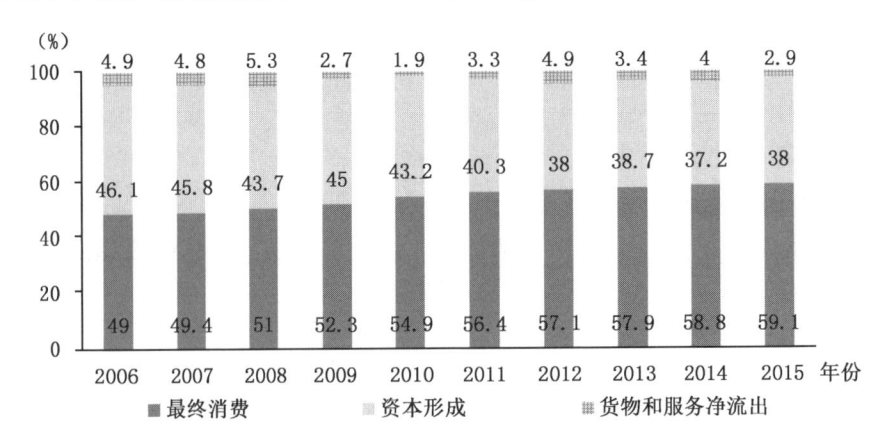

年份	最终消费	资本形成	货物和服务净流出
2006	49	46.1	4.9
2007	49.4	45.8	4.8
2008	51	43.7	5.3
2009	52.3	45	2.7
2010	54.9	43.2	1.9
2011	56.4	40.3	3.3
2012	57.1	38	4.9
2013	57.9	38.7	3.4
2014	58.8	37.2	4
2015	59.1	38	2.9

资料来源:上海统计年鉴。

图 13.4　上海三大需求占比

消费平稳运行,社会消费品零售增长率低于全国水平。从总量看,上海社会消费品零售额占全国的比重较为稳定,在3.2%~3.4%浮动。从增速看,与全国相比,上海社会消费品零售额增长率较低,低3~5个百分点,但增速较为平稳,近年来增速一直稳定在7%~9%(见图13.5)。2016年上半年,上海社会消费品零售总额为5 247.13亿元,占全国社会消费品零售总额的3.36%,同比增速7.2%,低于全国增速3.1个百分点。

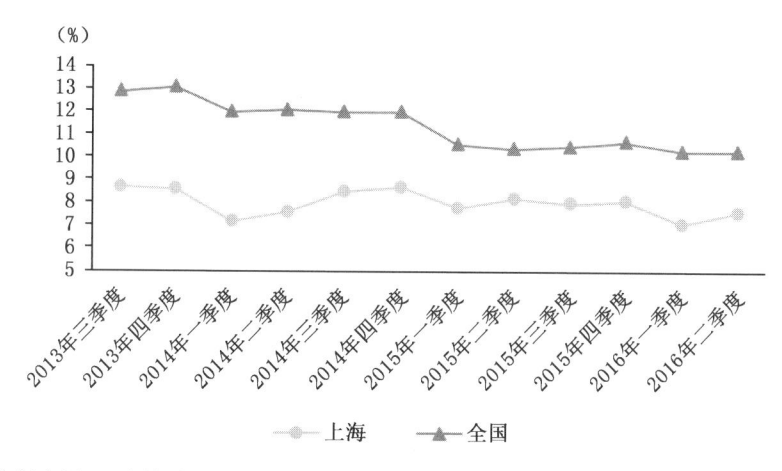

资料来源:国家统计局。

图13.5 社会消费品零售总额增长趋势

投资增速仍低于全国水平,三次产业有所分化。上海固定资产投资增速低于全国增速,但相对于全国不断下降的增速,上海固定资产投资增速无明显下降趋势,与全国增速的差异在不断缩小(见图13.6)。2016年上半年,上海固定资产投资增速为7.9%,与全国增速差距缩小至1.1个百分点。从行业构成看,上海固定资产投资结构与全国相比有较大差异,第三产业固定资产投资占绝大部分,且增速远高于第二产业,基本在7%以上(见图13.7)。第二产业投资增速持续负增长。

贸易逆差持续扩大,总体增速仍维持在低位。在对外贸易方面,上海表现出贸易逆差,出口额小于进口额,且贸易逆差不断增加(见图13.8)。2015年,上海市进出口总额为4 517.33亿美元,其中,进口2 547.64亿美元,出口1 969.69亿元。上海对外贸易增速高于全国,2016年增速开始稳步上升,下半

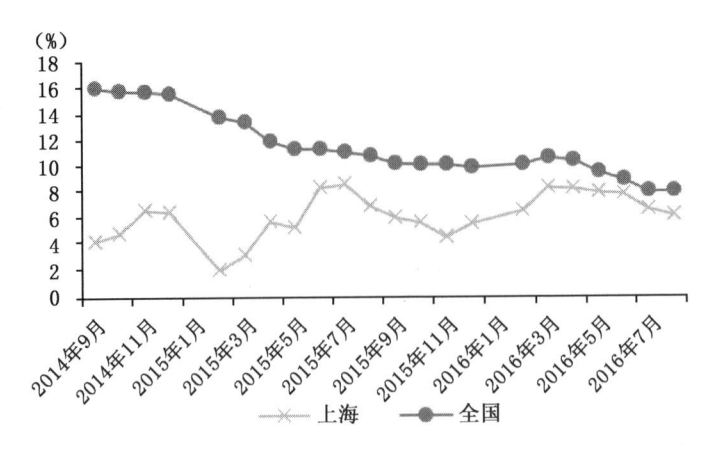

资料来源：国家统计局。

图 13.6　固定资产投资增长趋势

年开始呈正增长态势，但仍维持低速运行。

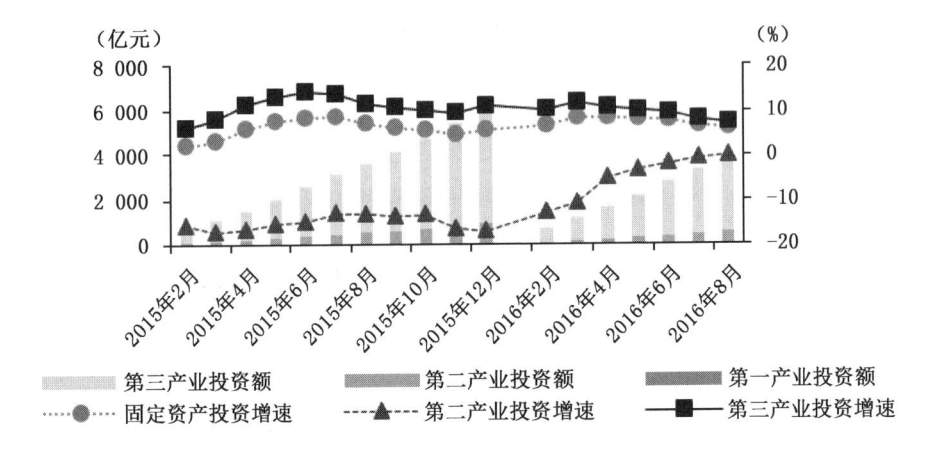

资料来源：上海统计年鉴。

图 13.7　上海分行业固定资产投资增速

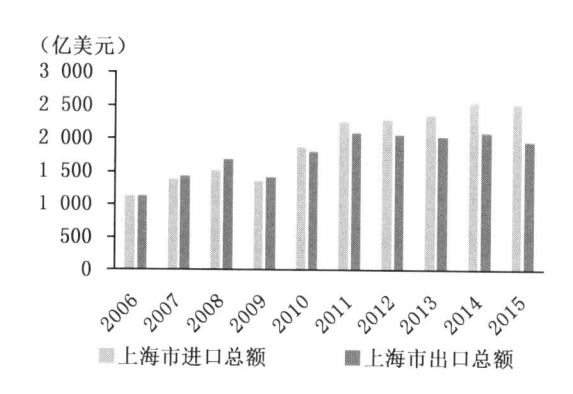

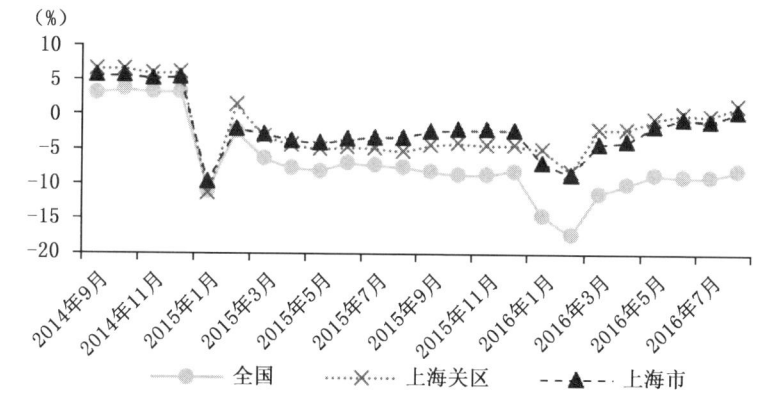

资料来源：上海统计年鉴、海关总署。

图 13.8　上海与全国进出口总额增长趋势

三、上海主要行业发展状况

（一）金融业

金融业是上海的主要产业之一，近年来在 GDP 中的占比始终保持在 10%以上，远高于全国平均的 6%～8%，并且维持 10%以上的高速增长，占比不断上升。同时，上海金融业在全国金融业中也有较大的份额，在 6%～8%浮动（见图 13.9）。2015 年，上海金融业增加值为 4 162.7 亿元，同比增速为 22.9%，占上海 GDP 总额的 16.6%，在全国金融业中的占比为 7.1%，比上年降低 1.3 个百分点。

图 13.9 上海金融业发展状况

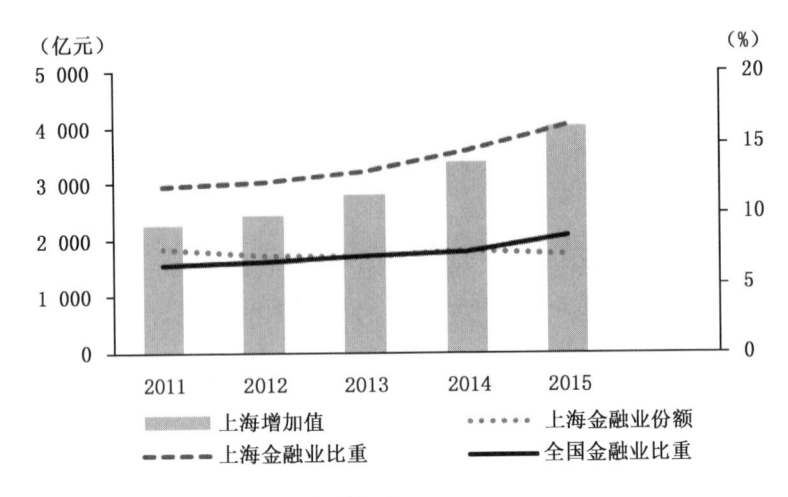

资料来源:上海统计年鉴、国家统计年鉴。

从供给层面看,受益于良好的金融环境以及自贸区建设,上海金融机构数量不断增加。其中,货币金融机构(主要包括银行和小贷公司等)占将近一半;保险公司占比将近1/3;其他金融机构占比在1/6左右。2015年上海金融业单位有1430家,同比增加7%(见表13.3)。其中,货币金融机构有618家,同比增长2.8%;基金、券商等金融机构有350家,同比增加19.9%;保险机构有382家,同比增加5.2%。

表 13.3　　　　　　　　上海金融业单位数　　　　　　　　单位:个

指标	2011年	2012年	2013年	2014年	2015年	2015年同比增加
金融业单位数	1 048	1 124	1 240	1 336	1 430	7.0%
♯货币金融	160	510	564	601	618	2.8%
资本市场	149	193	252	292	350	19.9%
保险业	333	347	347	363	382	5.2%
♯外资金融单位数	173	208	215	216	230	6.5%

注:金融业单位数统计中,货币金融单位统计至市分行及持牌运营中心;资本市场单位统计至证券公司市分公司、基金公司、期货公司、证券投资咨询公司、资信评级机构、证券市

场机构和登记结算机构;保险业统计至保险公司市分公司、专业保险运营中心和保险中介机构。此外,金融单位统计包括各金融监管部门。

资料来源:上海统计年鉴。

除了传统的银行以及非银行金融机构,互联网金融业在上海快速发展。上海的互联网金融呈现出电商平台拓展产业链金融、传统龙头企业积极布局"互联网产业链金融"两大趋势。在"互联网金融生态"方面,金融科技与基础设施、行业自律协会、产业功能园区、法治环境成为构建互联网金融生态的重要环节,为上海互联网金融发展保驾护航。

从企业经营情况看,金融机构具有较高的利润水平。2015年,注册归属地为上海的公开披露财务信息的84家金融机构中,营业总收入为18 441亿元,同比增长28.6%,利润总额为5 709亿元,同比增长29.9%。营业利润率由上年的30.65%上升至2015年的31%。2015年,金融机构存贷比上升至1.94(见表13.4)。

表13.4　　　　　　　　　　上海金融机构存贷状况　　　　　　　　　单位:亿元

指标	2011年	2012年	2013年	2014年	2015年
金融机构存款余额	58 186.48	63 555.25	69 256.32	73 882.45	103 760.6
金融机构贷款余额	37 196.79	40 982.48	44 357.88	47 915.81	53 387.21
存贷比	1.564 288	1.550 791	1.561 308 16	1.541 922	1.943 548

资料来源:上海统计年鉴。

然而,金融业过高的利润率意味着实体产业高昂的资金成本。此外,2015年快速上升的金融机构存贷比可能说明实体经济缺乏良好的投资机会,或企业经营状况不佳,金融机构收紧银根。

(二)批发零售业

批发零售业是上海另一重要的产业,近年来,上海批发零售业增加值占GDP的比重始终保持在10%以上(见图13.10),高于全国3~5个百分点,2012年达到16.2%,之后逐渐下降至2015年的15.3%。2015年,上海批发零售业增加值为3 824.22亿元,占全国批发零售业增加值比重的5.8%。同比增长

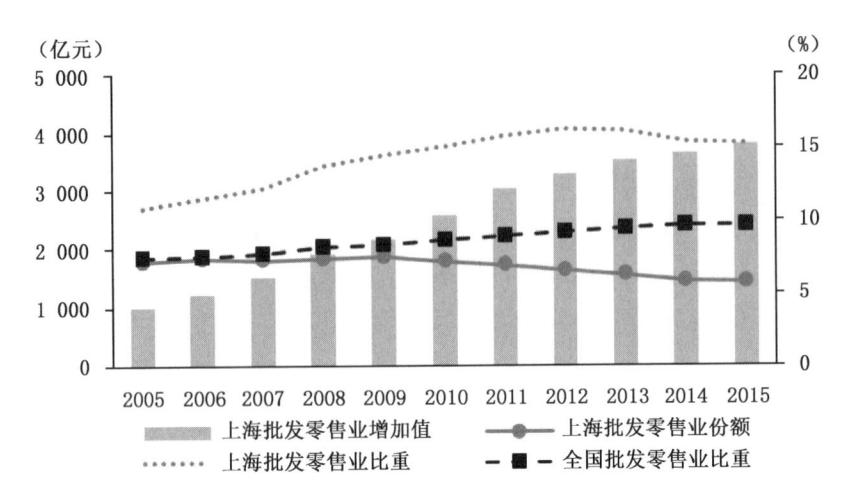

4.3%,比上年同期下降了2.6个百分点。

图 13.10　2005—2015 年上海批发零售业发展状况

资料来源:上海统计年鉴、国家统计年鉴。

在电子商务的影响下,实体商品交易市场成交情况受到较大冲击,出租摊位数和成交额持续下滑(见表 13.5)。2015 年,上海实体商品交易市场出租摊位个数 148 247 个,同比下降 2.83%,成交额 9 318.51 亿元,同比下降 6.12%。在成交额前 8 位的产品品类中,服装鞋帽类以及日用品类等需求波动较小的生活必需品且电商渗透率高的品类的摊位出租数和成交额大幅度下滑,成交额分别较上年下降了 7.8% 和 15.98%。同时,受宏观经济的影响,石油及制品类以及汽车类商品成交额下降较为明显,2015 年分别下降了 19.35% 和 26.97%。

表 13.5　实体商品交易市场成交情况

	出租摊位数(个)	成交额(亿元)	出租摊位增速(%)	成交额增速(名义%)
2013 年	163 988	10 959.15	0	0
2014 年	152 570	9 925.82	−6.96	−9.43
2015 年	148 247	9 318.51	−2.83	−6.12
粮油、食品、饮料、烟酒类	63 192	1 025.12	−1.71	4.08
服装、鞋帽、针纺织品类	23 367	97.05	−4.48	−7.80

续表

	出租摊位数（个）	成交额（亿元）	出租摊位增速（%）	成交额增速（名义%）
日用品类	4 245	200.15	−7.23	−15.98
石油及制品类	591	1 140.35	−16.05	−19.35
化工材料及制品类	788	132.88	−11.16	52.05
金属材料类	3 563	5 959.77	−20.45	−4.47
建筑及装潢材料类	18 208	266.16	0.42	7.00
汽车类	4 208	251.54	2.94	−26.97

资料来源：上海统计年鉴。

从商品销售情况看，上海近年来商品销售额呈稳步增长态势，但增幅有所下降，批发额占到商品销售总额的85%以上。2015年，上海商品零售总额为93 406.57亿元，同比增长6.4%（见表13.6），增速较上年下降了约40%，降幅较大。其中，零售总额为9 045.17亿元，同比增长8.9%，批发总额为84 361.4亿元，同比增长6.1%，占商品销售总额的90.3%。

表13.6　　　　　　2011—2015年上海商品销售情况　　　　　　单位：亿元

指　　标	2011年	2012年	2013年	2014年	2015年	同比增长
商品销售总额	46 075.87	53 795.1	60 496.05	87 829.31	93 406.57	6.4%
零售	6 018.57	6 598.46	7 170.82	8 305.94	9 045.17	8.9%
批发	40 057.3	47 196.64	53 325.23	79 523.37	84 361.4	6.1%
年末库存总额	2 357.55	2 805.57	3 927.55	5 071.99	4 367.59	−13.9%
存货周转率	19.54	19.17	15.40	17.32	21.39	—

资料来源：上海统计年鉴。

分产品类型看，主要批发产品中，食品、纺织服装在批发总额中的占比有明显上升趋势，而石油、矿产品、建材及化工产品、金属及金属矿产品则出现明显下滑（见表13.7）。其中，矿产品、建材及化工产品与金属及金属矿在批发总额中的占比最高。2015年，这两类产品的购、销、存总额分别为31 484亿元、32 972亿元、828亿元以及19 586亿元、20 471亿元、387亿元。从周转情况看，纺织服装类、计算机类以及贸易经纪与代理类周转速度呈明显下降趋势，可能存在库存积压风险。而主要投资品类产品周转率则出现上升趋势,但这种运营效率的提升可能是以总量的下降为代价的。

表 13.7　　　　　　　主要批发产品存货周转率和购、销、存总额　　　　　单位:次,亿元

	2011 年	2012 年	2013 年	2014 年	2015 年	商品购进额	商品销售额	商品库存
食品烟草类	11.2	11.4	9.0	13.1	14.5	3 143	3 700	254
纺织服装类	9.7	10.1	9.5	8.4	7.9	3 072	4 443	560
文体类	8.4	12.5	13.0	10.0	8.9	1 065	1 160	130
医药及器材类	9.8	7.5	8.3	2.9	7.5	1 910	2 355	312
矿产品、建材及化工类	24.1	26.9	28.0	34.4	39.8	31 484	32 972	828
石油及制品	42.4	47.7	49.8	66.7	57.3	5 813	6 007	105
金属及金属矿	19.9	24.7	35.0	45.2	52.9	19 586	20 471	387
机械设备、电子类	14.7	18.4	16.0	15.3	16.9	14 474	16 616	982
#汽车	16.7	29.0	21.2	17.0	17.2	5 769	6 751	393
计算机类	18.6	15.3	13.1	12.9	12.5	1 037	1 086	87
贸易经纪与代理	14.7	11.8	13.1	10.2	12.9	992	1 112	86

资料来源:上海统计年鉴。

在零售中,综合零售在零售总额中的占比总体呈下降趋势(见表 13.8)。在各品类零售产品中,汽车、摩托车、燃料及零配件专门零售占比最高,约在 30%,且占比呈上升趋势。接下来是纺织服装类和食品烟草类、家用电器类,前者占比也在不断上升。从运营效率看,汽车类有下降趋势。2015 年,汽车类产品零售购、销、存总额分别为 1 636.44 亿元、1 745.53 亿元、178.02 亿元,存货周转率为 9.81,比上年略有上升。总体而言,零售类产品构成和运营效率均较为稳定。

表 13.8　　　　　主要零售产品存货周转率和购、销、存总额　　　　单位:次,亿元

	2011年	2012年	2013年	2014年	2015年	商品购进额	商品销售额	商品库存
综合零售	17.21	10.30	14.02	9.66	10.15	1 247.96	1 585.99	156.24
食品烟草	12.38	22.01	9.66	11.47	15.28	103.78	132.06	8.64
纺织、服装	5.69	4.79	4.66	4.79	3.37	625.08	1 039.11	308.54
文体类	5.47	2.33	4.81	4.78	2.97	149.94	184.52	62.2
医药及器材类	9.65	12.63	12.67	12.75	12.59	191.93	225.28	17.9
汽车类	16.40	11.05	10.23	8.61	9.81	1 636.44	1 745.53	178.02
家用电器类	20.80	7.61	14.20	2.69	10.73	336.06	398.46	37.15
五金、家具类	8.63	7.92	8.14	5.89	6.96	52.04	85.57	12.3

资料来源:上海统计年鉴。

从企业经营情况看,2015年,限额以上批发零售业企业流动资产和存货周转率均出现较大幅度下滑,存在库存积压问题,资产负债率高达70%以上(见表13.9),不断增加的主营业务成本、财务费用以及综合税率不断挤压企业的利润空间。

表 13.9　　　　　限额以上批发零售贸易业主要财务指标　　　　单位:次,%

	2005年	2010年	2011年	2012年	2013年	2014年	2015年
流动资产周转率	3.836	3.466	3.534	3.242	3.394	3.608	3.298
存货周转率	15.546	15.932	15.034	14.946	16.504	17.797	13.847
资产负债率	0.695	0.698	0.743	0.720	0.731	0.739	0.724
利润率	1.988	2.427	2.256	2.158	2.230	1.570	1.629
主营业务成本率	87.878	92.141	94.464	92.676	91.581	92.529	92.158
财务费用率	0.214	0.182	0.194	0.255	0.078	0.230	0.354
综合税率	0.090	0.154	0.156	0.139	0.160	0.147	0.179

资料来源:上海统计年鉴、海关总署。

(三)房地产业

房地产业为上海服务业的第三大产业,占上海地区总产值的比重在5%以

上,且近年来比重不断上升,2013年起高于全国房地产业增加值在全国GDP中的比重(见图13.11)。上海房地产业在全国房地产业中所占份额稳步上升。2015年,上海房地产业增加值1 699.78亿元,占地区总产值的6.8%,比上年上升了0.3个百分点。

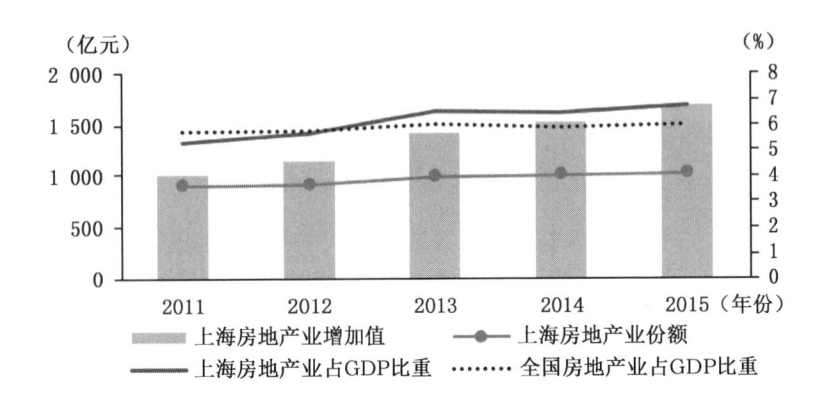

资料来源:上海统计年鉴、国家统计年鉴。

图13.11 房地产业增加值

从房地产供给情况看,近年来,上海房地产投资保持较快增速,在全社会固定资产投资中所占比重快速上升。2015年,上海房地产业固定资产投资3 486.71亿元,同比增长8.1%(见图13.12),占固定资产投资总额的54.9%,比上年增加了1.3个百分点,比"十二五"初期增加了8.4个百分点。从供给数量来看,施工面积稳步上升,但增速低于投资增速。2015年,上海房地产企业房屋施工面积15 095.33万平方米(见表13.10),其中住宅占比55.5%,办公楼占比13.1%,商业营业用地占比12.9%;商业地产(包括办公楼和商业营业用地)占比增加了11.09%,维持较快增速。

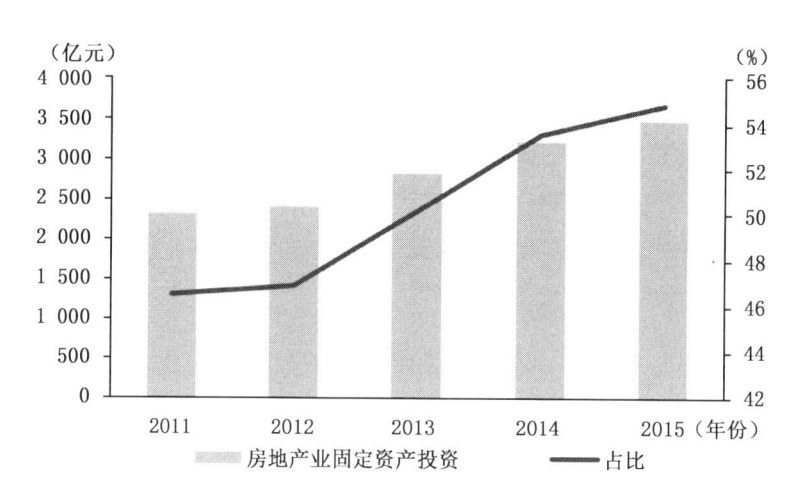

资料来源:上海统计年鉴。

图 13.12 房地产固定资产投资

表 13.10 房地产企业房屋建筑面积 单位:万平方米

指　　标	2011 年	2012 年	2013 年	2014 年	2015 年
房屋施工面积	12 983.32	13 249.97	13 516.58	14 690.38	15 095.33
同比增速(%)	14.9	2.1	2.0	8.7	2.8
住宅	8 386.26	8 315.68	8 125.74	8 525.85	8 372.12
办公楼	1 158.34	1 284.68	1 431.73	1 779.04	1 978.49
商业营业用房	1 365.89	1 449.91	1 500.72	1 751.99	1 944.02
其他	2 072.83	2 199.69	2 458.39	2 633.3	2 800.7
房屋新开工面积	2 240.62	2 724.05	2 705.95	2 782.02	2 605.08
同比增速(%)	15.4	21.6	−0.7	2.8	−6.4
住宅	1 549.66	1 563.39	1 643.09	1 547.29	1 560.28
办公楼	174.33	303.91	264.06	365.25	304.87
商业营业用房	231.8	365.17	274.96	388.03	307.57
其他	284.83	491.58	523.84	481.45	432.36
房屋竣工面积	1 011.57	2 305.06	2 254.44	2 313.29	2 647.18
同比增速(%)	29.7	127.9	−2.2	2.6	14.4

续表

指　标	2011年	2012年	2013年	2014年	2015年
住宅	646.06	1 609.13	1 417.41	1 535.55	1 588.95
办公楼	118.45	206.87	176.01	165.03	219.23
商业营业用房	137.63	177.65	253.45	208.36	306.45
其他	109.44	311.41	407.57	404.35	532.55

资料来源：上海统计年鉴。

快速上升的投资以及供应量的小幅上升意味着房地产的供应成本持续上升。其中，地价的不断上升是房地产供应成本上升的一个重要原因。近年来，上海房地产企业土地购置面积持续下降，而土地购置费用持续上升。2015年，上海房地产土地购置面积为263.4万平方米，土地购置费用达1 004.4亿元，单位平方米地价上升至3 813元，是2011年的近6倍（见表13.11）。高昂的资产负债率也增加了上海房地产企业的运营成本。另外，企业数量不断减少，而行业规模不断扩大，行业集中度不断增加，整个市场竞争较为激烈（见表13.12）。

表13.11　　　　　　　　房地产企业土地开发及购置情况

时　间	2011年	2012年	2013年	2014年	2015年
待开发土地面积(万平方米)	318.0	350.2	708.3	648.2	682.1
购置土地面积(万平方米)	636.4	300.6	421.7	313.2	263.4
土地购置费用(亿元)	422.0	390.5	588.8	873.6	1 004.4
土地单价(元/平方米)	663	1 299	1 396	2 789	3 813

资料来源：国信房地产信息网。

表13.12　　　　　　　　　房地产企业基本情况

	企业个数(个)	资产总计(亿元)	资产负债率(%)
2010年	3 247	26 121.83	67.6
2011年	3 300	28 986.07	67.3
2012年	3 132	32 316.42	66.9
2014年	2 938	41 122.87	68.7
2015年	2 758	43 457.65	67

资料来源：国信房地产信息网。

从需求情况看，商品房销售和出租波动幅度较大（见表13.13）。在销售和出租面积中，住宅比重持续上升，而商业地产占比下降，其中，商业用房中自持比重较大。2015年，上海房地产企业商品房租售总面积中，住宅占比为58.6%，商业地产占比为32.5%。2015年，上海房地产企业销售商品房2 431万平方米，其中，住宅占比为82.6%，办公楼和商业营业用房分别占8.1%和4.7%。出租商品房1 202.42万平方米，其中，住宅占比为10%，办公楼和商业营业用房分别占41.7%和30.5%。商业用房中自持和出售比约为2.8∶1。

表13.13 商品房销售和出租情况

指标	2011年	2012年	2013年	2014年	2015年
商品房销售面积（万平方米）	1 771.3	1 898.46	2 382.2	2 084.66	2 431.36
同比增速	−13.8%	7.2%	25.5%	−12.5%	16.6%
住宅	1 473.72	1 592.63	2 015.81	1 780.91	2 009.17
办公楼	147.4	111.73	161.22	120.28	197.41
商业营业用房	95.57	120.01	116.47	102.86	113.7
其他	54.61	74.1	88.71	80.61	111.08
商品房销售额（亿元）	2 568.88	2 669.49	3 911.57	3 499.53	5 093.55
同比增速	−13.2%	3.9%	46.5%	−10.5%	45.5%
住宅	1 981.91	2 208.96	3 264.03	2 923.44	4 319.93
办公楼	371.81	234.62	380.85	300.43	488.68
商业营业用房	181.66	194.62	224.71	226.44	227.89
其他	33.49	31.29	41.98	49.22	57.05
商品房出租面积（万平方米）	1 305.47	1 355.2	1 206.37	1 142.46	1 202.42
同比增速	3.4%	3.8%	−11.0%	−5.3%	5.2%
住宅	87.68	92.43	75.32	72.16	120.59
办公楼	578.23	643.83	558.19	502.65	501.86
商业营业用房	392.7	396.45	364	373.99	367.02
其他	246.86	222.48	208.87	193.66	212.95

资料来源：上海统计年鉴。

从供需匹配情况看,上海房地产行业存在一定的供需错配问题。虽然建筑面积中商业地产的比重仍然小于其在租售面积中的比重,但两者出现相反的趋势。在建筑面积中,商业地产比重持续上升,而在租售面积中,商业地产比重已经在下降。同时,商业地产的销售单价已经开始下降,2015年,在销售的商业地产中,办公楼销售单价为2.47万元/平方米,同比下降了1%,商业营业用地销售单价为2万元/平方米,同比下降了9%。上海商业地产可能存在过剩风险。

(四)工业

与全国平均水平相比,上海工业在地区生产总值中的占比较低,且不断下降(见图13.13)。同时增速基本在5%以下,且近年增长率不断下降。2015年,上海工业增加值为7 162.33亿元,同比增长0.5%,在上海地区生产总值中所占比重为28.5%。

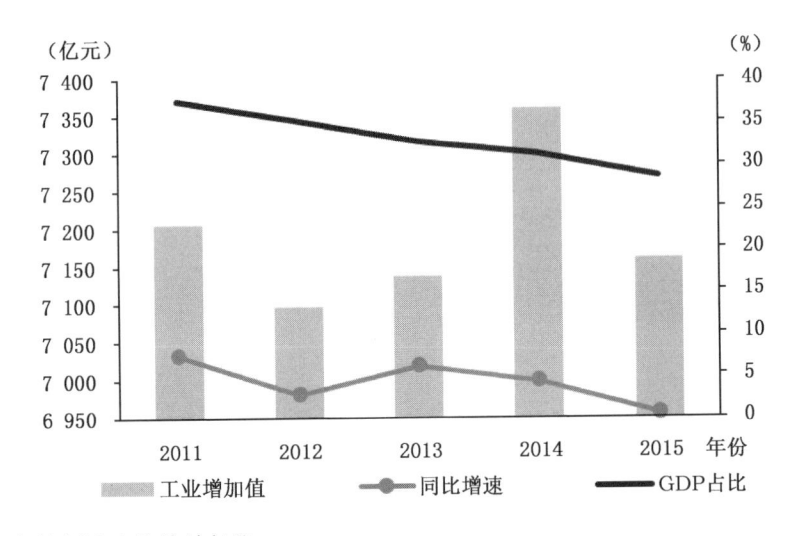

资料来源:上海统计年鉴。

图13.13 上海工业增加值

从行业构成看,电子信息产品制造业、汽车制造业、石油化工及精细化工制造业、精品钢材制造业、成套设备制造业以及生物医药制造业为上海重点发展的六大行业。2015年,六大重点工业行业总产值为20 964.36亿元,同比下降了 0.2%,占工业总产值的 63.1%。其中,电子信息产品制造业、汽车制造业以及精品钢材制造业出现较大幅度下降。

在主要工业产品中,近年来,生铁、集成电路、发动机、汽车产量总体呈上升趋势,而粗钢和微型计算机产量则下降。2015 年,生铁和粗钢产量分别同比增长 26% 和 0.5%,而成品钢材产量下降了 4.6%。微型计算机产出 3 651.98 万部,出现大幅下降,下降了四成以上。从产销情况看,近年来,上海集成电路和成品钢材产销率有所下降,发动机产销率上升,而汽车和微型计算机产销情况较为稳定(见表 13.14)。上海生产的生铁和粗钢主要用于生产产品钢材,直接销售比重较小,而成品钢材近年来产销率持续下降,可能存在库存积压问题。发动机自用和销售各占一半左右,而近年来销售占比逐渐上升。

表 13.14 主要工业产品产销率

	生铁	粗钢	集成电路	成品钢材	发动机	汽车	微型计算机
2015 年产量	1 686.66 万吨	1 783.77 万吨	217.36 亿块	2 202.72 万吨	24 816.94 万千瓦	242.97 万辆	3 651.98 万部
同比(%)	2.6	0.5	−2.7	−4.6	−0.1	−1.8	−42.0
2011 年	0.08	1.57	99.43	100.49	45.19	99.12	99.16
2012 年	0.06	1.62	99.38	99.46	45.87	101.82	99.99
2013 年	0.05	1.79	98.87	99.60	53.81	99.93	98.72
2014 年	0.06	1.68	99.21	99.82	56.60	99.84	100.70
2015 年	0.06	1.66	99.04	98.83	62.34	99.96	100.21

资料来源:上海统计年鉴。

从企业运营情况看,近年来,上海规模以上工业企业总产值增速较低(见表 13.15)。2015 年,工业总产值为 33 212 亿元,比上年下降了 0.5%,实现工业销售产值 31214 亿元,产销率比上年下降了 1.27 个百分点,而同时,工业产品的销售量则出现小幅上升,比上年增加了 0.28 个百分点。随着主营业务成本率的下降,企业利润率有所上升。然而,企业总体运营效率下降,流动资产周转率和存货周转率均出现较大下降,存在库存积压的风险。同时,虽然企业杠杆水平不断下降,但财务费用率不断上升,综合税率也在不断上升中,整体运营成本增加。此外,近年来,上海规模以上工业企业亏损面持续扩大,2015 年,亏损额为335亿元,亏损率达到0.98%,比上年上升了0.16个百分点。

表13.15　　　　　　　　　规模以上工业企业主要效应指标

	2011年	2012年	2013年	2014年	2015年
工业总产值(亿元)	33 834	33 186	33 899	34 071	33 212
增速(%)	6.6	−0.3	4.3	1.6	−0.5
工业销售产值(亿元)	32 085	31 560	31 786	32 458	31 214
产销率(%)	94.83	95.10	93.77	95.26	93.99
工业产品销售率(%)	98.89	98.94	99.06	99.37	99.65
资产负债率(%)	52.28	50.62	50.35	50.29	48.55
流动资产周转次数(次)	2.03	1.93	1.82	1.77	1.65
存货周转次数(次)	8.07	8.09	7.73	7.75	7.49
主营业务成本率(%)	83.96	84.29	84.05	82.83	82.10
财务费用率(%)	0.25	0.39	0.23	0.29	0.43
综合税率(%)	4.55	4.87	5.24	5.29	5.88
利润率(%)	6.93	6.61	7.59	7.92	8.32
亏损率(%)	0.53	0.92	0.81	0.82	0.98

资料来源:上海统计年鉴。

分行业看,2015年,在工业总产值前10的行业中,设备制造业具有较高负债率,达到50%以上。而汽车制造业利润率较高,达到16.4%(见表13.16)。

表13.16　　　　2015年主要行业规模以上工业企业主要效益指标

	单位数(个)	从业人员(万人)	工业总产值(亿元)	资产负债率(%)	流动资产周期次数(次/年)	利润率(%)	综合税率(%)
烟草制品	2	0.39	1 027.26	12.73	1.06	24.66	78.46
专用设备制造	622	11.28	1 041.77	56.49	0.95	5.59	2.75
电、热生产供应	36	1.96	1 102.86	35.29	3.56	8.33	4.56
石油加工	37	1.73	1 156.47	40.36	8.43	4.31	26.40
黑色金属冶压	108	3.68	1 186.7	41.81	1.78	1.17	1.93
电气制造	860	19.45	2 150.84	54.58	1.29	6.85	2.09

续表

	单位数（个）	从业人员（万人）	工业总产值（亿元）	资产负债率（%）	流动资产周期次数（次/年）	利润率（%）	综合税率（%）
化学制品制造	738	11.49	2 467.06	45.49	1.87	6.71	3.18
通用设备制造	1 171	22.61	2 515.04	58.60	1.08	6.24	2.84
汽车制造	522	22.71	5 223.8	43.84	2.04	16.4	5.56
电子设备制造	475	37.35	5 323.39	57.96	2.17	2.13	−0.25

资料来源：上海统计年鉴。

（五）新兴产业与高技术行业

战略性新兴产业包括新能源、高端装备、生物医药、新一代信息技术、新材料、新能源汽车、节能环保等产业。近年来，上海战略性新兴产业增长较为缓慢。2015年，上海战略性新兴产业制造业总产值出现下降。全年战略性新兴产业制造业完成总产值为8 064.12亿元，比上年下降1.1%，占规模以上工业总产值的比重为26.0%，比上年提高0.8个百分点。但其中，新能源、生物医药、新材料和新能源汽车实现了增长。2016年上半年，战略性新兴产业制造业完成总产值为3 853.75亿元，比上年同期增长0.7%。其中，新能源增长22.1%，新能源汽车增长38.3%。

知识密集型服务业包括信息服务业、科技服务业、法律服务业、金融服务业、市场服务、管理咨询业等。近年来，上海知识密集型服务业快速增长。2015年，上海知识密集型服务业增加值上升至32%，科技服务业、信息服务业营收亿元以上企业数量从2010年的333家增长到719家。2015年上海科技服务业总产出占服务业总产出比重为17.5%；科技服务业增加值占GDP比重为12.2%。其中创业孵化、科技中介、知识产权等科技推广及相关服务增加值的增速达到13.20%，科技金融服务增速为12.05%。

高技术产业包括信息化学品制造、医药制造业、航空航天器制造、电子及通信设备制造业、电子计算机及办公设备制造业、医疗设备及仪器仪表制造业。近年来，上海高技术产业无明显上升趋势。利润水平低于工业平均水平。2015

年,上海高技术产业总产值为 6 810 亿元,在工业总产值中占比 20.5%,比上年增加 1 个百分点(见表 13.17)。利润率为 4%,比上年下降 0.3 个百分点。

表 13.17　　　　2011—2015 年高技术产业主要产出指标　　　　单位:亿元,%

	2011 年	2012 年	2013 年	2014 年	2015 年
工业总产值	7 060.5	6 825.0	6 631.0	6 648.3	6 809.9
增加比率	20.9	20.6	19.6	19.5	20.5
工业销售产值	6 950.7	6 714.2	6 500.0	6 603.5	6 776.7
主营业务收入	7 106.2	6 941.7	6 692.8	7 081.3	7 213.0
利润总额	225.1	212.1	236.3	304.1	285.0
产品销售率	98.4	98.4	98.0	99.3	99.5
利润率	3.2	3.1	3.5	4.3	4.0

资料来源:上海统计年鉴。

四、上海供给侧面临的主要问题

(一)服务业对部分行业依赖较高,受环境影响大

金融业、批发零售业、房地产业是推动上海第三产业乃至全市经济增长的主要力量。然而,这三个产业受政策以及宏观经济环境的影响较大,难以起到经济稳定器的作用。

就金融业来说,银行和证券是金融业中最主要的两个行业。银行受国家货币政策的影响较大,货币政策的宽松/紧缩都将影响行业增长。而证券行业受到国家宏观经济走势和宏观调控政策的影响,随着经济周期呈现明显的波动性。

在房地产行业,国家房地产调控政策明显影响房地产走势,当政府房地产市场政策紧缩时,房地产交易明显枯萎;而当房地产市场政策宽松时,市场交易量将明显恢复。在刚性需求、投机需求并存的房地产市场中,宏观政策的取向仍是影响市场走向最为重要的因素。同时,由于房地产受稀缺资源——土地的

影响,上海房地产行业必将迎来发展瓶颈。相关数据显示,在上海市中心,新房成交水平已经明显下降,出现有价无市的情况。

批发零售业环境也不容乐观。2015年以来,工业、投资、进出口等行业下行压力增大,需求不足,生产资料价格、销量明显回落。受此影响,上海批发和零售业所面临的环境没有明显改善,仍面临结构调整的压力。上海生产资料批发企业主要通过控制销售规模,降低赊销率、慎重发展新顾客、减少高风险品类的购进和销售等措施防范风险。此外,新批发零售业态——电子商务的快速发展以及房租等运营成本的快速上升也给上海的实体商品交易市场造成了较大冲击。

(二)高技术含量产品以净进口为主,高端产业国际竞争力不强

近年来,上海持续出现贸易逆差。从进出口主要产成品类型看,机电产品出口大于进口。在高新技术产品中,除了计算机与通信技术为净出口外,其他类别产品(包括生物技术、生命科学技术、光电技术、电子技术、计算机集成制造技术、材料技术、航空航天技术)均为净进口(见表13.18)。集成电路、汽车、医疗器械、医药等产品也均为净进口。

表 13.18　　　　　　　　　上海主要商品进出口情况

	出　口		进　口	
	人民币(万元)	同比(%)	人民币(万元)	同比(%)
全商品合计	122 285 555.07	−5.325 1	158 323 266.43	0.512 4
机电产品	85 735 275.67	−4.138 3	81 853 724.04	−4.273 8
高新技术产品	53 546 618.99	−2.097 2	52 666 581.23	4.628 2
生物技术	35 399.53	3.046 1	97 643.95	−8.952 9
生命科学技术	2 279 111.76	6.581 8	6 302 571.81	13.991 7
光电技术	1 764 771.06	−21.102 7	2 538 925.44	−5.954 9
计算机与通信技术	33 897 667.99	−7.171 6	9 171 046.16	1.774 6
电子技术	13 820 907.46	15.244 6	26 049 501.21	6.721 5
计算机集成制造技术	1 094 411.90	−8.759 2	3 384 091.27	−6.648 3

续表

	出　口		进　口	
	人民币(万元)	同比(%)	人民币(万元)	同比(%)
材料技术	226 977.96	−14.225 3	365 269.40	2.655 5
航空航天技术	409 771.40	38.649	4 713 777.72	3.326 1
集成电路	10 460 483.30	21.703 7	22 176 194.93	8.302 7
汽车	376 756.70	−32.682 1	6 874 641.93	−30.589 5
医疗仪器及器械	911 697.54	5.947 3	2 097 898.08	9.003 2
医药品	1 465 119.26	2.028 2	4 794 264.85	10.264 5

资料来源：上海海关。

(三) 依然存在一定供需错配问题，有效需求难以满足

以房地产行业为例，从供应角度看，商业地产施工面积在房地产中的比重持续上升，而从供应角度看，在租售面积中，商业地产比重则已经开始下降。同时，商业地产的销售单价出现下滑趋势，而用地成本则不断增加。相反，由于人口的净流入，上海对于住宅的需求持续扩大，但供应量有限，导致价格快速上升。据链家数据统计，上海2016年2月商品住宅的供应量为15.5万平方米，同比下滑73.3%，几乎创下近10年新低；而成交量却是71.3万平方米，同比上涨68.6%。

再从居民消费角度看，随着消费水平的提高，人们对于产品的质量需求有所增加，上海现有生产体系无法满足消费者的需求，而海外高品质的化妆品、食品等受到广大消费者的青睐。2015年，上海化妆品和护肤品进出口比重约为4∶1，而乳品进口比重达到3∶2左右，且进口额表现出远高于出口的增速。此外，进口食品受到上海的欢迎，2015年，上海进口粮食2 333 277万元，同比增速高达62.6%，而出口额占比则不到进口额的1%，仅为1 465万元。

(四) 新兴产业发展缓慢，工业转型发展面临"空笼待鸟"困境

上海工业目前处在转型升级时期，传统重点行业的支撑作用不断减弱，市场不断变化，产能持续外迁。近年来，上海主要工业集团新增产能主要在市外，

汽车、电子等重点行业市外子公司对工业产能贡献比重持续扩大,市内制造业比重持续降低。以电子制造业为例,电子信息产品制造业结构性矛盾突出,行业资源面临重组。随着上海制造业转型升级,简单代工生产线加速转移,重点企业持续加大转移力度,结构性矛盾的持续存在加剧了电子信息行业下行的压力。

然而,新兴产业仍不足以支撑上海经济的发展。虽然上海新能源、物联网、生物医药等行业正在兴起,但增速较低,有些行业甚至出现负增长,难以抵补传统产业的规模收缩。高端研发与创新仍然较为薄弱,领先水平的生产线尚未实现量产。因此,在目前工业转型的情况下,上海工业经济产量和增速下降,新兴产业增量不足,面临"空笼待鸟"的困境。

(五)企业运营效率降低,财务费用高企

无论是服务业还是制造业,2015年以来,上海企业的运营效率出现下降。除金融业外,其他主要行业的利润情况无明显增长。尤其是工业,2015年以来,工业持续低迷,企业利润总额由增转降,利润结构发生较大变化。年初,投资收益对全市工业利润影响较小,利润增长主要依靠工业生产活动的盈利实现。从5月开始,工业主营业务利润增长率的下降带动全市利润总额增速下降,随着工业生产活动的进一步萧条,企业开工不足,而工业机器运转成本和维护成本居高不下,工业品价格低迷,8月开始利润进入负增长。

此外,财务费用高企是上海产业面临的主要问题之一,资本市场的相对繁荣以及房地产的发展增加了企业的综合成本,不利于企业竞争力的提升。

(六)企业创新投资占比下降,小微企业创新意愿不强

2010—2015年,上海R&D投入不断增加,其中,企业是创新主体。然而,近年来,企业创新占比不断下降,由2010年的66.7%下降至2015年的60.8%,其大中型工业企业创新占比由49.4%下降至43%,下降了5.4个百分点(见表13.19)。而从资金来源看,企业的创新资金投入占比下降更快,由2010年的66.1%下降至59.5%,不到六成(见表13.20)。而政府在创新方面的投入持续增加,由2010年的29.6%上升至2014年的33.9%,平均年增长率高达

18.4%。

表 13.19　　　　　上海近年 R&D 按执行部门分类　　　　　单位:%

	2010 年	2013 年	2014 年	2015 年
总计	100	100	100	100
科研机构	21.9	24.8	26.9	28.3
高等院校	9.5	9.2	8.3	9.3
企业	66.7	64.7	63.4	60.8
工业企业	56.9	52.1	52.1	50.7
大中型工业企业	49.4	45.1	44.0	43.0
其他	1.9	1.3	1.4	1.7

资料来源:上海统计年鉴。

表 13.20　　　　　　　上海近年 R&D 资金来源　　　　　　单位:%

	2010 年	2014 年	增减
总计	100	100	—
政府资金	29.6	33.9	4.3
企业资金	66.1	59.5	−6.6
境外资金	1.4	1.9	0.5
其他资金	2.9	4.7	1.8

资料来源:上海统计年鉴。

同时,上海小微企业创新覆盖率低于全国平均水平。2013—2014 年全国企业创新调查数据显示,上海开展创新的制造业企业占制造业总数的 40.6%,高于全国平均水平。然而,从企业规模看,上海开展产品创新和工艺创新活动的小型制造业仅占小型制造业总数的 32.5%,远低于全国平均水平的 72.5%,不利于其持续发展。

此外,一份针对上海科创中心的问卷调查结果显示,目前,上海的科技成果转化过程中存在诸多问题:科技成果转化缺乏风险投资推动,科技成果转化激励机制不完善以及科技成果转化资金短缺且投入比例失衡,一些科研成果不接地气,难以被企业直接应用,部分科研成果见效慢且获利不高,难以规模化发展,部分尖端科研成果引进成本太高,企业难以承受支出大量资金的风险等。

第十四章　上海产业创新推动供给侧结构性改革的战略对策

上海建设具有全球影响力的科技创新中心,产业创新很重要,不仅是因为它是科技创新中心建设的组成部分,而且是上海建设全球城市进行产业结构转型升级,经济焕然一新的内在需要。从微观上说,上海的企业不愿意或没有能力进行产业创新,企业本身就没有转型升级的可能;从宏观上说,没有上海产业创新,也就没有产业的转型升级,也就没有产业结构的转型升级。上海目前正处在迈向全球城市、建设5个中心、新增长点增长比较乏力、产业结构面临重大调整的时期,因此,上海的企业是否有效开展产业创新,形成上海的新一代互联网＋高新技术产业与产品,真的非常重要。

上海作为一个国际大都市,在整个"十二五"期间,经济发展的速度放慢且经常成为全国所有省市GDP增长速度排名的后几位,期间产业结构的变化也很大,上海的第二产业(即制造业)衰退十分明显,原来的"六大产业"或"九大产业"几乎全部亏损,艰难维持;而第三产业(即服务业)虽然也有内在的结构性问题,但总体上发展比较快,2015年服务业占GDP的比重已经超过70%,其中金融产业的贡献很大。在全国目前的供给侧结构改革中,上海的供给侧结构是否有问题?是否需要进一步改革?产业创新的方向是什么?这是上海目前迫切需要研究解决的问题。

一、上海应该进行制造业与服务业的供给侧结构性改革

一个城市的制造业衰落并不等于一个国家的制造业衰落,因为一个城市的制造业仅仅是国家制造业的一部分;反之,一个国家制造业的问题也不一定就

会在这个城市的制造业中表现出来。如果一个国家制造业问题同样也是一个城市的制造业问题,那只能说明这个城市的制造业本来与其他省市的制造业水平相差无几,也就是没有差异性和竞争力。不巧的是,上海的制造业情况就是如此,这些年上海的制造业并无特别的竞争力和竞争优势。也正是如此,上海的制造业及其制造业结构必须进行结构性改革与调整,尤其在新一轮技术革命来临之际!

这些年上海的第三产业有了长足的发展,对上海GDP的贡献、对上海市财政收入的贡献不断增加。这一方面表明上海的工业化水平在不断提升,另一方面也表明上海"四个中心"建设取得了成绩。但仔细分析,服务业内部结构方面还有许多问题,如生产性服务业发展虽然比较快,但占整个服务业GDP的比重还不大,业态以及服务技术含量还有极大上升空间,另外在消费服务方面,产能过剩与供给不足的状况同时并存。

面对未来,上海进行自身供给侧结构性改革是必要的。供给侧结构改革的背后是创新,是再创新,上海应该以建立具有全球影响力的科技创新中心为契机,一方面要关注和推进科技创新,其中包括基础科学研究创新和应用技术研究创新;另一方面还应该关注和推进科技创新成果的产业化,即产业创新。必须鼓励更多的企业家投身于产业创新,因为我国目前已经到了消费升级的转折点,上海的人均GDP水平比较高,上海的科研院所、科技人才以及新技术进步也为此做好了准备。上海应该可以大规模实施产业创新,加快培育和发展知识密集度高、以高新技术为核心、资源耗费量少、环境友好、综合效益明显且具有较强成长潜力的新型产业,形成新的经济增长点,实现产业结构的转型升级,提高人民生活质量和水平,促进资源节约型和环境友好型社会建设。

二、以"高端高效"为目标特征鼓励产业转型发展是供给侧结构性改革的关键

面对新一轮产业革命,上海未来的产业体系应该是以先进制造业为扎实基础的与金融、贸易、物流、供应链管理等现代生产性服务业互相融合的产业体系。因此上海应该针对性实施"率先加快转变经济发展方式、建设新型产业体

系、进一步提升国际竞争力"的战略,以"高端高效"目标特征作为产业发展导向,在提升产业核心竞争力上求突破,而这首先需要客观、科学、前瞻地评价产业。

产业高端的内涵可以从三个方面理解:(1)高级要素禀赋,指要素禀赋从传统的资源禀赋到知识禀赋,而知识禀赋在企业多体现为在核心技术和关键工艺环节有高的技术密集度。如目前 ICT 产业中的云计算、物联网等。(2)高的价值链位势,如制造业价值链形如"微笑曲线",高的价值链位势就是在"微笑曲线"两端,而动态维持高价值链位势需要具有高的自主创新能力。(3)高的价值链控制力,从在价值链上所处的环节位置判断,实质就是对价值链关键环节——核心技术专利研发或营销渠道、知名品牌等——的控制力,高价值链控制力对于产业也具有高战略引领性。

产业高效是指产业资源配置效率高,具有良好的经济效益和社会效益。产业高效的内涵也有三方面的内容:(1)高的产出效率,如单位面积土地产出效率、人均产出效率等。(2)高的附加价值,如利润率高,工业增加值率高,税收贡献大等。(3)高的正向外部性。指产业与环境和谐友好,生产过程产生污染少、符合低碳经济要求,还有就是对就业的促进和产业链上其他企业的带动作用等。产业创新的成功是建立新型产业体系、调整现行产业结构、产业转型升级、发展新实体经济和经济焕然一新的内在需要。而这正是进行供给侧结构改革的原因。

三、重新认识产业创新,重新认识再创新的价值

产业创新是过程性创新,产业创新的成功需要产品创新、工艺创新、组织创新和市场创新四个环节交替发力,动态演进,最终形成伟大的新兴产业,甚至改变人类的生活方式。除了产品创新是产业创新的源头外,其他三个环节本质上是帮助新产品实现市场成功的再创新。所谓再创新是指在前一次创新的基础上进行更进一步的创新,完善或帮助实现原创性的创新。

今天,我们可能更要关注和支持再创新,大力鼓励企业(包括中小企业)在别人创新的基础上进行改造、再创新,千万不要造成这样的误解:一谈创新就一

定是原创！再创新能力比较强的是日本企业，汽车不是日本的原创，但日本丰田等企业可以在欧美汽车的基础上大胆再创新形成特色，成就日系汽车产业的成功。甚至可以这么说，后起国家跨越式发展成功的关键，就是这个国家的再创新能力与再创新实效。

四、大胆进行体制机制的深化改革，在国有企业混合所有制改革方面取得突破，强大产业创新主体的创新动力

应该说建立新型产业体系的关键之一是再创新。创新的关键在于创新激励机制能否建立。现在很多个人的发明创造，发明者所在的单位都会声称这是发明者的职务发明。此时，如果发明者要去开个公司，单位虽然不出资但要求占大头，而发明者辛辛苦苦只拿小头，如此创新者的创新动力就不足。经济学告诉我们，只有创新者分享到了创新带来的红利，才能有更大的动力投入下一步创新，才能形成正向的反馈。

创新与知识产权保护密切相关。我国的知识产权保护今天需要更准确的界定和更严格的执法。例如，国外很多商业模式都可以申请专利，而国内的定义是很狭隘的。我们写的文章是应该受知识产权保护的，这和专利是一个性质，但是现在还存在作者的著作在网上随便下载现象，如此谁还肯创作呢？在国家知识产权保护制度以外，地方能不能推动地方性的一些法规建立？例如北京、上海如果成为全国最好的知识产权保护区，这对北京、上海制造业创新、科技创新，甚至对文化艺术创新与繁荣是大有好处的，也能够集聚大量的高端创新人才。如果做好了，广大的企业、学校、个人才有创新的动力；否则，创新一无收益、二高成本、三高风险、四高税收，那还创新什么？这必须要加快改变。

为此我们需要深入研究我国科技创新成果及其应用、产业创新不足的总体状况，通过分析我国产业创新主体（即民营企业、国有企业）的状况，找到这些主体在产业创新应用及所谓"产学研"合作中的困惑及背后的体制与机制难点，进行大胆的体制机制创新。笔者认为，国有企业混合所有制的改革必须深化，改革的关键是经营者的利益如何更加有效与企业中长期的成长和业绩挂钩，而不是简单地说什么允许创新犯错，因为如果不能够从经营者内在的利益机制设计

上使得他在经营企业时有内在的约束力,允许犯错就会成为下一轮寻租的一个方面。

五、建立与维持开放性的有效公平竞争性市场

科技成果转让市场是要开展全球资源配置条件下的科技创新与产业创新的关键,产业创新成功既然是市场导向与市场需求成长的结果,在科技创新成果市场的建设发展过程中,如何使市场成为配置资源的主导力量,就需要有效和公平竞争的市场,因为此时市场机制才比较有效。科技成果创新固然以科学技术导向为主,但只有存在良好的科技成果市场,科技成果未来的市场价值才能得到比较好的鉴定,企业购买科技成果不是简单地看科技专家的鉴定结论,而是需要判断该成果未来的市场价值。

科技成果得不到市场的鉴别,所谓产学研合作就是空话,因为大家都看不到前景。更何况建立这样的开放性市场,能够让全球的科技成果到我国来交易、鉴别,笔者以为这也是成就全球影响力科技创新国家的重要条件。开放才能使全球创新资源流入我国,知识产权保护才能使全球创新资源留在中国,公平竞争才能促进企业有动力有意愿创新。

六、完善金融体系与产业创新生态环境

金融体系建设与创新生态环境优化,是建设具有全球影响力的科技创新国家的另外一个重要条件。例如,上海建设国际金融中心这么多年,在金融机构数量、交易数量、资本流量等方面有了许多进步,但在服务体系、金融产品的创新,尤其在产融结合、产业创新的服务方面尚需要检讨。是否具有良好的创新生态环境,判断的标准是我们在科技成果创新、产业创新推进的现行政策及其效果是好的、是有利的,是我们创新服务体系令企业满意,创新的合作网络开放且便利合作发展。我国各地已经建立许多研发中心、创新平台,政府投入也很大,其效果究竟如何,恐怕要探讨其背后的设计逻辑,以及可能存在的问题、可能的影响要素。建设过程中如果忽视市场需求的因素,忽视企业产业创新的要求,那么这些

平台、中心对产业创新的支持就非常有限,或仅仅对科研创新有帮助。

七、加大教育制度深化改革,培养产业创新人才资源

我们需要有效平衡普通教育与职业教育,最大限度地培养优秀的创新人才资源。目前普通教育与职业教育,不是以未来新型产业体系发展为导向,专业设置比较短视,只注重当前,不考虑未来,导致创新人才、工程师与技术工人资源稀缺。2011年美国在产学研协同振兴制造业,有效使用人才资源合作创新方面推出一项重大举措,即"高端制造合作伙伴"(Advanced Manufacturing Partnership,AMP)计划。该计划由道氏化学公司和麻省理工学院共同领导实施,而非政府部门直接负责实施,主要致力于四方面的工作:建设国家安全关键产业的国内制造能力;缩短先进材料从开发到推广应用的时间;投资新一代机器人;开发创新型节能制造工艺。而麻省理工学院过去就一直培养计算机软件与制造业等方面的双硕士人才,培养先进制造业复合人才,成效显著。可见,美国教育体系对未来新型产业的应对非常及时,培养复合人才就是培养创新人才的一个好办法。应该反思上海的教育体系,加大教育改革力度,从未来新型产业体系发展所需要的人才总量、人才结构、智力资本要求出发,从复合人才培养、产业学校合作入手,培养面向未来的新一代产业发展人才,这不仅仅是教育本身的任务,也是我国全社会应该努力的,只有如此,才能改变我国现行产业发展比较优势的基础。

八、迅速完善上海的产业创新服务体系

我国一直提倡自主创新,科技成果包括专利均有了大规模增长,但我们缺乏真正在市场上成功的新产品、新技术,这说明我们在产业创新方面没有经验与能力。产业创新是一个过程性、连续性的创新,对创新主体的企业有更高的要求,对创新的公共服务也有比较高的要求。一方面是因为许多企业在创新投入方面非常少,往往满足短期利益,同时限于人才创新能力不足,创新的效果也不佳。另一方面,虽然这些年上海发展了一些政府支持的公共创新服务平台,

比如生物医药行业中的检测检验机构、孵化器、公用的实验装备等都是其中的要件,开始建立创新服务体系。但是这些公共创新服务目前存在效率不高、不方便、服务不到位的情况,其中尤其在信息文献共享方面问题很大,各个单位都有数据库但不连通,检索很不方便,加上互联网速度慢,使得我们搜寻信息与文献的成本非常高,浪费了许多宝贵的时间,阻碍了知识积累与知识创新的效率。未来,上海政府需要帮助建立良好的产业公共创新服务体系,让创新主体使用很方便,成本也低,从而提高高新技术创新、产业创新的速度与效率。

创新成果产业化水平偏低、新兴产业发展缓慢等问题是上海加快供给侧结构性改革需要着力补齐的短板。而在此过程中,上海需要强化产业创新能力建设,尤其是要强化基于产品创新的再创新和市场创新。一方面,要强化基于产品创新的再创新,包括工艺、产业组织等方面的创新,尤其是要更加关注和支持企业基于重大技术创新开展的再创新,促进原始技术创新和产品创新得以实现。另一方面,要强化以市场为导向的市场创新。创新需要市场竞争的有效性,针对新产品生产或新产品市场培育,上海要进一步强化需求侧引导,通过市场引导机制的创新,激发新产品市场消费潜力,并建立新产品消费反馈机制,帮助企业便捷获取市场反馈信息,以及为企业分析市场信息提供公共服务支撑。此外,要维护良好的市场竞争机制,形成促进各类创新主体能健康发展、自由竞争的良好环境。

本篇参考资料

[1]《第九次中国公民科学素质报告》,https://crsp.org.cn/xinwenzixun/yaowenbobao/0922152H015.html.

[2]陈劲.创造力、管理创新与供给侧结构改革[J].清华管理评论,2016(11).

[3]邓立丽.供给侧改革与上海制造业发展[J].江南论坛,2016(4).

[4]韩凤芹.以科技创新引领供给侧结构性改革[J].公共财政研究,2015(6).

[5]金海年.新供给经济增长理论:中国改革开放经济表现的解读与展望[J].财政研究,2014(11).

[6]厉以宁.调整供给侧,国有企业改革要跟上[J].中国经济周刊,2015(50).

[7]刘光清.财政金融政策助力供给侧结构性改革[J].金融经济,2016(24).

[8]权衡.供给侧结构性改革的经济学理论与上海实践分析[J].科学发展,2016(5).

[9]芮明杰."工业4.0":新一代智能化生产方式[J].世界科学,2014(5).

[10]芮明杰.产业经济学[M].上海：上海财经大学出版社,2016.

[11]芮明杰.上海供给侧结构性改革的关键是产业化创新[J].科学发展,2016(11).

[12]芮明杰.上海未来综合性全球城市产业体系战略构想[J].科学发展,2015(8).

[13]陶小龙,杨先明,胡君辰.人力资本结构优化与我国比较优势动态化[J].工业技术经济,2012,31(8).

[14]王晓芳,权飞过.供给侧结构性改革背景下的创新路径选择[J].上海经济研究,2016(3).

[15]岳叶.从"供给侧结构性改革"看产业链金融[J].商,2015(49).

[16]张文明,黄丽宏.上海科创中心建设一年来科技企业问卷调查报告[J].科学发展,2016(9).

第四篇

上海工业互联网发展研究（2017年）

上海在建设具有国际影响力的科创中心，加快创新驱动发展过程中，十分重视互联网信息技术发展与高技术产业的培育和发展，经过多年积累，上海高技术工业产业的产值规模、创新投入迅速膨胀，均位居全国前列，应该说有实施开发"工业4.0"、发展工业互联网推动制造业转型升级的基础与条件。然而，与北京、广东、江苏等省市相比，上海制造业尤其高技术工业产业发展近年来却呈现"大而不强""投而低效"的局面，高技术工业产业的质量和效益，不但没有明显提升，反而呈现不同程度的减缓和下降，高技术工业产业发展后劲堪忧。上海工业已经到了转型发展的关键时刻，上海能否抓住本次工业智能互联系统技术大变革的历史机遇，积极发展工业互联网，推动上海工业转型升级进入国际领先水平，是当前迫切需要研究的重大课题。

第十五章　工业互联网的发展趋势

一、"互联网＋""＋互联网"及其发展趋势

（一）"互联网＋"与"＋互联网"

1. "互联网＋"与"＋互联网"的区别

不论是"互联网＋"还是"＋互联网"都已成为当前的热词，与互联网相关的各类应用已经开始深入我们生产生活的方方面面。"互联网＋"和"＋互联网"都是互联网与其他产业相结合的应用，从产生的方式看，两者的根本区别在于立场不同，即"互联网＋"是站在互联网企业的立场，而"＋互联网"是站在传统行业的立场（见表15.1）。

表 15.1　　"互联网＋"与"＋互联网"的区别

	"互联网＋"	"＋互联网"
主导	互联网企业	非互联网企业
技术基础	互联网技术	传统非互联网技术
作用方式	通过互联网对其他行业进行直接冲击，创造新模式	利用互联网技术和理念，解决线下遇到的问题，变革旧模式
数据获取	直接从互联网上获取	存在一个数据"搜集"的过程
例子	互联网金融	工业互联网

"互联网＋"由互联网企业主导，以互联网技术为基础，通过互联网对其他行业进行逆向的冲击，是从线上到线下的过程。在这个过程中，互联网企业利

用自身信息与客户基础优势,积极拓展线下领域。例如互联网金融,许多互联网企业在这一领域进行了多种尝试,众筹等方式纷纷出现。

"+互联网"是在其他行业的基础上,以非互联网企业为主导,通过利用互联网的技术和理念,对原有的生产经营进行改造,是线下到线上的过程。德国的"工业4.0"战略、美国的"工业互联网"模式也都属于"+互联网"的范畴,它们都是通过互联网技术对工业生产进行改造,为工业生产服务。

由于立场不同引发的一个重要区别是,"互联网+"的数据可以直接从互联网上获取,而"+互联网"的数据存在一个"搜集"的过程,对技术和设备要求更高。例如,对工业而言,一个工业系统内有多种设备和不同的传感器,传递数据的协议可能各不相同,保密需求差别也非常大,产生的数据量往往也很大。这个过程中,不仅要求传感器、传输协议等基本技术,还要求甄别、分析数据,技术要求高,这就在很大程度上导致工业互联网的发展要受到更多技术上的限制,从而发展速度落后于"互联网+"的应用。

2. "互联网+"与"+互联网"的联系

"互联网+"与"+互联网"在本质上是相通的,都强调互联网与其他产业的"融合",最终目的都是促进全产业升级进而带动社会升级。虽然由于所融合的产业特征不同,这种融合的程度往往也存在差异,但融合的本质并不受这种差异的影响。因此,这两个词语常常出现相互结合、难分彼此的情况,在使用中也常常被混同使用。

2015年7月国务院在《国务院关于积极推进"互联网+"行动的指导意见》中,认为"互联网+"是把互联网的创新成果与经济社会各领域深度融合,推动技术进步、效率提升和组织变革,提升实体经济创新力和生产力,形成更广泛的以互联网为基础设施和创新要素的经济社会发展新形态。阿里研究院《互联网+研究报告》认为,"互联网+"就是指以互联网为主的一整套信息技术(包括移动互联网、云计算、大数据技术等)在经济、社会生活各部门的扩散和应用过程。这两个定义实际上都包含了此前提到的"互联网+"和"+互联网"共同的含义,强调互联网在当今与未来社会提高创新能力与生产力的重要作用。这表明互联网已经成为时代发展的重要基础,正渗透到生产生活的方方面面,与传统产业融合程度加深,通过互联网实现产业升级和社会升级的作用初现。

(二)互联网应用的发展趋势

"互联网+"和"+互联网"都是互联网的应用。当前,互联网的应用很多都集中在消费领域,就在消费领域的互联网方兴未艾之际,工业领域的互联网也开始兴起。

1. 互联网在消费领域的应用日趋成熟,进入稳步升级阶段

以电子商务平台为代表的消费领域互联网应用,在经历多年的发展之后,开始日趋成熟,消费者也已经接受这一新的消费模式。据国家统计局的数据,2016年我国全年社会消费品零售总额为 332 316 亿元,比上年增长 10.4%,扣除价格因素,实际增长 9.6%。全年网上零售额为 51 556 亿元,比上年增长 26.2%。其中网上商品零售额为 41 944 亿元,增长 25.6%,占社会消费品零售总额的比重为 12.6%。网上零售额增长率是社会平均水平的 1.5 倍左右。

不论是美国等发达国家还是我国,电商平台都已经较为成熟。我国的BAT以及京东等平台,都在不断探索中取得了很大发展,市场格局基本稳定,重点转向各自的生态圈建设,生态圈建设工作稳步展开。例如,在消费电商平台产生初期,平台企业主要注重平台的搭建,这导致平台上的商家市场进入门槛低,缺乏有效监管,支付安全影响消费者网络购物意愿。针对买卖双方网上交易过程中由于交货与交款时间的不一致性导致的信任问题,阿里推出了支付宝业务,有效改善了这一问题,极大地影响了人们的消费习惯,并使支付宝成为中国最大的第三方支付平台。又比如,在物流方面,最初的平台企业以第三方物流配送为主,很多情况下是由卖家自行联系物流,物流水平参差不齐,物流过程中出现的延迟、损坏等问题时有发生。为解决这一问题,为用户提供良好的购物体验,京东在自建物流方面进行了长期的努力,取得了很好的成绩。目前,总部设在北京的京东商城在全国范围内拥有北京、上海、广州、沈阳、西安、武汉、成都七大物流中心,仓库遍及全国 50 个城市,配送网络覆盖两千余个区县,初步形成了覆盖全国的物流体系。阿里也通过创建菜鸟网络、投资圆通速递,为顾客提供更为全面和便捷的服务。总体上看,我国互联网在消费领域的应用正逐步完善,各方面建设稳步推进。

2. 互联网在生产制造领域的应用正在开发,对智能制造的服务成为代表性

的发展方向

生产本身复杂多样,互联网在生产领域的应用也是如此。在生产制造上,互联网在承接订单以及物料跟踪、产品跟踪等辅助方面已经得到较大范围的应用,例如许多大型 B2B 网站的出现使企业的原料有了更多的来源,产品也有了更多的销路。又比如一些第三方物流公司已经可以为制造业企业提供供应链管理一体化物流服务,包括保税、清关、运输、装卸、仓储、采购、分拣、配送、包装、资金垫付等一系列服务,为制造企业提供了极大的便利。

但在直接的生产过程方面,互联网在许多制造企业生产中的应用程度不高,互联网与生产制造的融合仍有待开发。这一方面与生产过程本身的复杂性相关,另一方面也与互联网在生产制造领域应用所要求的技术基础相关。互联网在生产领域的应用需要相关计算机与制造技术的高度发展以及生产流程的整体整合,我国制造企业目前还普遍欠缺这方面的能力。

根据目前普遍的看法,互联网在生产制造领域的发展方向是智能制造,或者说是对智能制造的"服务",并且在这个过程中伴随着智能工厂、智能产品等产物。智能制造是一种由智能机器和人类专家共同组成的人机一体化智能系统,它在制造过程中能进行智能活动,诸如分析、推理、判断、构思和决策等,具有高的生产效率和柔性,其中最基础的是要使每个产品与嵌入式的芯片整合在一起,产品的整体或者各个细分模块能够被表示、追踪、管理,在这个基础上建立起完全新型的产品设计库和数据库,进而进行智能生产。这些过程都需要来自互联网提供的服务,正是互联网的加入使得智能制造成为可能。智能制造通过智能的方式生产出大规模的个性化产品,能满足大规模个性化生产的需要,是互联网在生产制造领域的重要发展方向。

事实上,不仅在制造领域,在许多其他领域,"智能"也已经成为发展的重点方向,并且发展迅速。例如能够模仿人类智能、在运输调配过程中独立解决某些问题的"智能物流",就已经得到较好的应用。通过智能物流,企业在库存水平的确定、运输路线的选择、自动导向车的作业、自动分拣机的运行、物流配送中心经营管理等方面都节约了大量成本并得到了优化,根据目前统计的数据,我国智能物流设备市场的容量到 2014 年已经达到了 496 亿元,增长了 28%,2015 年已经达到 684 亿元,预计到 2018 年智能物流装备市场容量将达到 1 360

亿元,年增速将超过20%。[①]

3. 互联网的应用将从消费侧扩展到供给侧

从总体上看,互联网的应用正在从消费侧扩展到供给侧。消费侧互联网应用已经较为成熟,其基础还会不断巩固和拓展,而供给侧互联网应用的基础近年来也得到了发展,在需求、技术与政策等方面都显现出将互联网应用到产品生产等的大趋势。

在需求上,互联网在消费领域的应用使人们对利用互联网获得商品更加熟悉,培养了消费习惯,能很容易与生产的互联网对接。根据必能保(Pitney Bowes)最近发布的2016年全球网络购物报告,调查发现网络购物已经成为很多消费者的一种生活方式,近1/3的消费者每天或者每周网购,而在中国每天或每周网购的消费者占2/3。[②] 近年来,我国互联网平台零售额占社会零售总额的比重不断上升。根据中国电子商务研究中心的数据,2016年上半年中国网络零售市场交易规模占到社会消费品零售总额的14.8%,较2015年上半年的11.4%,增幅提高了3.4%。网上零售额增长率远高于社会平均水平,人们对利用互联网改善生产生活熟悉程度加深。在人们通过互联网购物的同时,表现出的是人们对个性化的消费追求,通过互联网交易平台,各类商品在平台上集中展示,人们能够较容易地找到种类丰富的产品并且选择,个性化需求逐步显现,那么接下来如何通过个性化生产,从而更迅速、有效地满足人们的个性化需求成为关注的焦点。

在技术上,智能制造只有在如芯片、自动化、云计算等基本技术允许的条件下才能展开,对技术要求高。目前,这几个领域都取得了进展。芯片方面,芯片处理能力不断提高。例如,自2006年以来,英特尔基本上每隔一代产品就会采用全新制造工艺生产芯片,英特尔65、45、32、22和14纳米工艺芯片都符合这一节奏,并且计划在2020年推出5纳米芯片。[③] 不断发展和普及的数字芯片将

[①] 搜狐公众平台.工业4.0智能物流4个万亿级市场[EB/OL]. http://www.sohu.com/a/120190049_545630,2016-11-29.

[②] 中国国际电子商务网.2016年全球网购报告:跨境电子商务已成为流行趋势[R].2016-12-31.

[③] 腾讯科技.工艺问题已解决?英特尔将在2022年推出5纳米芯片[EB/OL]. https://tech.china.com/news/company/892/20160124/21277548.html,2016-1-24.

成为物联网,形成工业互联网的基础。自动化方面,柔性制造系统等自动化制造技术迅猛发展。例如,以丰田和福特公司为代表,汽车行业率先推出了"柔性制造系统",开始将计算机控制系统和生产系统相融合,并且在生产上开始应用人工智能技术,实现自动化柔性制造。云计算方面,商业领域的云计算技术取得了成功的经验。在数据量日益庞大的情况下,云计算拥有的分布式处理、分布式数据库、云存储和虚拟化技术等特点表现出明显的优势。

在政策上,德国的"工业4.0"、美国的CPS或工业互联网、《中国制造2025》等,都希望在生产领域有所突破。"工业4.0"是由德国政府《德国2020高技术战略》中所提出的十大未来项目之一,其技术基础是网络实体系统及物联网,在制造和销售方面实现数据化和智慧化,同时满足个性化的个人需求。美国于2005年年末2006年年初曾对信息物联网和服务互联网与制造业的融合做出综合性概括,提出CPS计划,从信息技术的角度强调制造的智能化,并陆续出台相应政策措施。《中国制造2025》提出通过"三步走"实现制造强国的战略目标,提出到2020年,制造业重点领域智能化水平显著提升,试点示范项目运营成本降低30%,产品生产周期缩短30%,不良品率降低30%,到2025年,制造业重点领域全面实现智能化,试点示范项目运营成本降低50%,产品生产周期缩短50%,不良品率降低50%。这些政策措施都表明,世界对未来互联网应用到工业生产的发展方向已经具有了初步的共识。

二、工业互联网及其发展趋势

(一)工业互联网

1. 工业互联网是智能服务网络的重要形式

"工业互联网"是美国GE公司提出的概念。根据GE公司的定义,工业互联网是"工业革命的成果及其带来的机器、设施和系统网络与互联网革命的成果相融合"的结果,是全球工业系统与高级计算、分析、传感技术及互联网的高度融合。GE的核心目标是建立工业数据分析体系,并实现工业设备到工业系统再到工业群体智能化的有效整合,通过最终建立起工业设备的全生命周期信息服务和闭环的设计回路,提升产品价值和客户满意度。这实际上是针对生产企业的生产能力与管理能力提升,GE自身也将成为大范围制造业企业的服务商。此后,AT&T、英特尔、思科、IBM等公司也相继加入工业互联网的行列,共同成立工业互联网产业联盟(IIC),从大数据应用等软服务的方面切入,最终实现全生产环节的优化提升,在工业互联网的功能、使用、标准以及商业化等领域达成初步共识。

总结起来,工业互联网的核心是基于互联网技术,使制造业的数据流、硬件、软件实现智能交互,实现信息物联网和服务互联网与制造业的融合。它将工业生产与先进生产制造技术、互联网信息技术等深度融合,把不同设备的数据交互连接到一起,实现个性化定制,产生新的工业经济组织活动。

工业互联网是信息技术发展到深层次阶段的一种新的工业生产模式,其核心目的在于不断增强企业、行业甚至国家的整体竞争力,其本质是利用以互联网为代表的新技术对传统工业生产进行改造升级,要建立面向未来的新生产方式。智能服务网络是针对工业设备、制造业产品的全生命周期的产业链服务网络,其中包含设计、运行维护、信息管理、产品更新维护以及智能服务等内容。借由智能服务网络,生产企业的生产组织与管理能力将提升,复杂的定制产品生产标准将被确定,相应的集成能力、分工选择能力将得到明确。工业互联网正是这种智能服务网络的重要形式。通过工业互联网,企业的生产组织和管理将产生质的飞跃,企业分工与对市场需求的满足能力将大大提升,而这些是以往企业传统生产过程无法完成的。在未来,工业互联网还将通过智能产品与服务,深入人们生活的方方面面,成为包含互联网、物联网和服务网在内的超级网络。

2. 工业互联网的实现离不开生产的"设备"和"产品"

从目的上看,工业互联网是要提高生产力,是对旧的生产方式的改造和新生产方式的建立。因此,"生产"必然离不开设备等硬件以及产出的产品,或者说是由这些智能设备与工业互联网组成的"智能工厂"以及它们生产出来的"智能产品"。智能工厂是在数字化工厂的基础上,通过物联网技术和监控技术,实现生产过程的信息管理和服务的统一优化,提高生产过程可控性,人工干预生产,合理计划、安排生产流程,充分利用智能设备与智能系统等新兴智能生产技

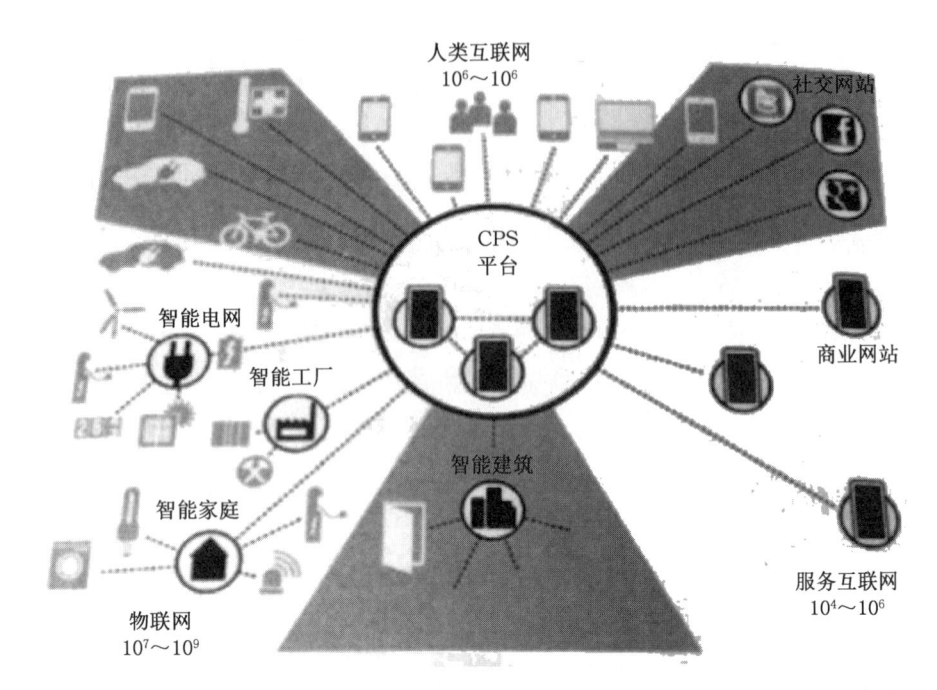

资料来源：许正.工业互联网：互联网+时代的产业转型[M].北京：机械工业出版社，2015，24—37。

图 15.1　未来工业互联网的全貌

术，实现高效节能、绿色环保、个性化与柔性化生产的工厂。同时，在这种生产过程中，一些企业还进一步生产出包含了智能技术的智能产品。在这样的工厂中，人机交互程度大幅加深，生产方式得到了大幅改变。

从实现基础上看，工业互联网本身就是建立在智能制造设备基础上的服务。从 GE 公司的定义看，互联网革命的成果包括智能设备、智能系统和智能决策，这三者都与智能制造设备等生产的"硬件"相关。其中，智能设备指具有计算处理能力的设备、器械或者机器。智能设备搜集的信息可以供决策者实时使用，也可以在机器、系统网络、个人或群体之间分享。智能系统包括了各种传统的联网系统，但它的定义更宽泛，包括整合广泛的机器仪器仪表与设施和系统网络上部署的软件，利用智能系统可以实现网络优化、维护优化、系统恢复、机器学习等功能。智能决策是利用了智能设备和智能系统中的信息，在分析、推理、判断、构思的基础上进行机器的自动决策。三者本身就体现了互联网与智能制造设备的紧密联系。

(二)工业互联网的技术发展趋势

在技术领域,出现了普遍认同的九大核心技术:超级计算终端、被软件定义的机器、知识工作自动化技术、跨企业标准制定、系统安全、机器人、分布式生产和3D打印、人类意识与机器的融合、虚拟世界。[①] 未来各国将争取在这些方面取得突破。

1. 基础层面:组织之间的技术标准尝试统一,系统安全日益受到关注

工业互联网的基础层面包括"标准"以及"系统安全"两个方面,整个工业互联网的发展都依赖于这两个方面。

"标准"是行业内各个企业以及工业互联网的使用者们对话与对接的基础。生产制造领域包括多个模块,不同模块间的接口与功能的集成都需要标准的协调,而这些模块很可能来自不同的公司甚至不同的国家,企业和国家之间达成标准的对接至关重要。

目前,各个国家和组织之间的技术标准仅实现了小范围的整合,并未达到全面统一。在德国,从提出"工业4.0"开始,德国迅速成立"工业4.0"标准化工作小组,建立跨企业的标准。在美国,GE、AT&T、思科、IBM、英特尔等互联网巨头组成联盟,制定跨企业标准,GE公司推出Predix,试图成为事实上的工业标准。这一方面反映出统一标准的迫切需要,另一方面也说明各个组织的技术标准尚未统一。此外,国际电工委员会(IEC)、中国智能制造标准工作组等组织也正开展标准制定工作。

尽管关于标准的争夺还在继续,但人们已经意识到标准不统一带来的问题。2016年3月,德国"工业4.0"和美国的IIC签署合作协议,做了功能性的对接。后续会在标准、实施和具体的解决方案的研究和开发方面,逐步推进深层次的对接。

"系统安全"在工业互联网中十分重要,但是在工业互联网发展的初期并没有得到重视。一些技术的发展受到制约,例如系统安全领域,一定程度上是由

[①] 许正.工业互联网:互联网+时代的产业转型[M].北京:机械工业出版社,2015:112.

于各个体系之间标准不统一。如何保证系统安全成为工业互联网发展的关键点,而因为系统安全得不到保证使工业领域陷入巨大风险的可能性将成为制约工业互联网应用的现实问题。卡巴斯基2016年扫描了全球170个国家的近20万套ICS工业控制系统,其中92%都存在安全漏洞,有遭遇黑客攻击、被接管、被破坏的风险。[1] 实际上,工业互联网时代的系统安全问题至少面临三个困境:一是检测能力的困境,对于一些可能带来重大损失的安全威胁无法做到及时发现,甚至是出现误报;二是响应能力的困境,由于企业网络边界的扩大,安全人才的匮乏,在发生安全事件时响应能力更是大打折扣;三是应用安全的困境,工业控制、管理系统复杂、更新不及时,导致了应用的漏洞百出,以及攻防的不对称。[2] 随着工业互联网的不断发展,这些系统安全问题也逐步得到重视。

2. 技术组件层面:步入快速发展的轨道,未来将大规模应用

工业互联网的技术组件层面是紧接着基础层面之上的一个层面,包括超级计算终端、软件定义的机器、知识工作自动化。

超级计算终端是指新的具有强大的芯片、传感器和软件,以及由此产生的强大计算能力的智能化设备。超级计算终端的核心是芯片。根据"摩尔定律",当价格不变时,集成电路上可容纳的元器件的数目,每隔18～24个月便会增加一倍,性能也将提升一倍。事实表明,这一定律在今天依然适用。新材料的发现与应用是芯片得以升级换代的关键,例如,有报道显示,已有科学家研究出一维半导体材料,使用这种新材料可使电路减小到纳米大小,同时加快电子仪器的工作速度,改变其结构和设计。[3] 此外,IPv6的超大寻址空间的应用,让每个终端都能被赋予一个地址,超级计算终端将持续快速发展。

软件定义机器即在硬件无差异的情况下,机器的价值依靠服务等"软件"来定义。它取决于技术和产品的模块化程度和原有的技术与生产壁垒。为此企业要将产品生产与嵌入式软件和自动化系统整合,企业无差异的硬件产品配合

---

[1] 新浪财经. 齐向东:工业互联网化需要高度重视大数据安全[EB/OL]. http://finance.sina.com.cn/meeting/2017-2-23/doc-ifyavvsk2841683.shtml,2017-2-23.

[2] 中国新闻网. 360推出国内首个工业互联网安全态势感知系统[EB/OL]. https://www.cac.gov.cn/2017-1/22/c_1120352022.htm,2017-1-22.

[3] 俄罗斯卫星新闻网. 俄科学家研发新材料,可让电子产品更小巧运行更快[EB/OL]. https://tech.huanqiu.com/article/9CaKrnKOdbO,2017-2-4.

不同的软件功能组合出售给客户。这一点在手机领域已经有明显体系,例如苹果手机的硬件与其他品牌手机差异并不明显,但在软件上苹果公司提供的 App Store 具有绝对的优势,这种优势成为苹果手机全球畅销的一个重要原因。

互联网信息交互、模式识别、人工智能、机器学习等知识工作自动化的应用迅速铺开,尤其是对人工智能的研究取得进展。人工智能是人们试图理解并模仿人类思维的产物,本质上是一种新的能以与人类智能相似的方式做出反应的智能机器,融合了机器人、计算机、生物学、语言学、心理学等多个领域的专业技术。当前,人工智能已经在个人助理、安防、自驾领域、医疗健康、电商零售、金融、教育等领域得到了较多应用,而 AlphaGo 在围棋领域的惊人表现则显现出了人工智能的巨大潜力。在工业互联网时代,通过计算、自主控制和互联网,人、机器和信息能够互相联接,计算机的智能决策将帮助实现更高的制造效率与更大的生产灵活性。

3. 工业生产设备层面:工业机器人和 3D 打印正处于技术突破的关键时期

工业互联网两个代表性的生产设备是工业机器人和 3D 打印。现阶段,工业机器人在德国已成熟应用在汽车制造、金属加工、电气电子等多个工业领域,日本的机器人也得到大范围应用。作为高端智能装备,机器人在生产线中得到不少应用。早在 2015 年 1 月,深圳的富士康工厂已开始部署"机器工人"生产苹果产品,iPhone 耳机工作车间配备的 100 名"机器工人"能将工作效率提升 140%。根据国际机器人协会预测,2016 年至 2017 年全球机器人年均增长率达 12%,中国年均增长率甚至达 26%。预计 2018 年年底,世界各地工厂配置的工业机器人数量将达到约 230 万台,其中中国预计配置 61 万台。然而,这并不意味着机器人的发展已经达到一个高的水平。实际上,当前大部分工业机器人从事着搬运、分拣等低技术含量工作。未来的智能工厂是人与机器共同协作的工厂,新一代工业机器人需要在柔性、安全性、便利性等方面取得突破,同时达到高速和精确,这在技术上是很大的挑战,也是机器人今后能否实现进一步突破应用的关键。

3D 打印实际上是"增材制造"技术的总称,是通过堆叠材料来直接形成最终产品的一种制造理念,它在接入互联网后得到迅猛发展,尤其是在工业领域,近年来一直保持着较高的增长率。2014 年,全球 3D 打印产品和服务产值已经达到 41.03 亿美元,同比增长 35.2%,实现了 18 年以来的最快增速。2015 年,全球增材制造和 3D 打印市场销售额达到 51.65 亿美元,与 2014 年相比增长了 10 亿美元出头,增长率达到 25.9%。[①] 但是,在高速发展的同时,3D 打印也面临打印精度、材料等方面的问题。材料的局限性致使 3D 打印在各行各业没有得到深入应用,材料要求高,数量少。尽管目前应用在 3D 打印领域的材料已达上千种,但是与传统制造业比较,还有很大差距。同时,增材制造的制造方式也使得 3D 打印在打印精度上难以达到很高水平。这些都是 3D 打印将来能否实现大规模应用的关键突破点。

4. 高级层面:工业互联网的远期图景

脑波技术等技术方式,未来可能实现用人类控制机器生产。这一技术在近年已经取得了一定的突破。例如,2013 年,日本 NeuroMini 猫耳朵产品采用 NeuroSky 的脑电采集及分析技术,通过干电极采集人脑前额脑电数据。所有数据通过芯片处理,芯片内集成情感运算库,能够分析出人的注意力和放松度并量化为 0~100 的数值,电脑接收这些数据后,将其作为对玩具或其他外界互动产品的操作指令,脑电波猫耳朵上的传感器在探测到人的具体脑电波后会做出相应的反应,实现耷拉或直立。[②]

在物理世界之外,工业互联网时代会逐渐形成一个虚拟世界。这个世界是对物理世界的映像或镜像,同时它涵盖了更多的复杂因素和信息,是对物理世界更多相关因素和历史因素的综合,是在物理世界之外的一个"新的"世界。这其中就涉及许多与数据的搜集和处理有关的技术和手段,通过这些技术和手段实现对世界的"虚拟"。例如,GE 公司航空发动机的生产、使用、监控中就涉及大量数据的收集、模拟和处理。这个虚拟世界以其高度的综合性和虚拟性,能帮助我们更好地理解、预测和改变整个工业生产乃至整个真实世界。

---

① 新材料在线. 3D 打印材料的重要性已经日渐显现[EB/OL]. http://www.3diso.cm/news/show.php?itemid=583,2017-11-29.

② 搜狐网. 日本 necomimi,随心而动的猫耳,脑电波感应猫耳朵[EB/OL]. https://www.sohu.com/a/213019674-468252,2017-12-27.

(三)工业互联网影响下的制造业发展趋势

1. 服务与生产融合程度加深,制造业服务化

首先,制造业的投入服务化。生产性服务作为中间产品的投入加大,制造企业对生产性服务依赖性增强。例如,工业互联网对生产的统一协调和制造资源云化,通过构建工业云,逐步把设计、供应、采购以及制造等融合在某种平台上,通过平台为生产提供服务。GE 公司是其中的典型代表。目前 GE 公司正在打造面向制造设备的 App 平台,首先实现产品的智能化,产品能够记录自身各种状态信息,之后通过统一的开放操作系统,供开发者收集和分析产品的数据以改进运用、维护和设计,再通过应用商店将全球的开发者和行业用户连接起来,完善对企业的服务。又如,智能物料运载技术快速发展,在结构设计、路径规划、自主导航方法和选择最佳路径的方法等方面取得突破,已经成为许多制造企业生产过程中的关键一环。

其次,制造业的生产和产出服务化。通过工业互联网,产品可以直接与消费者和制造商连接,企业可以根据消费者的个性化需求生产产品,或根据数据分析按消费者的需求生产,服务和生产同时进行,难以明确区分;通过制造智能产品,企业可以实现订货、生产制造、后期服务等一系列连续的生产服务流程的串联,生产在一定程度上也是为了服务,服务统筹和帮助生产,生产和服务互为彼此的一部分。随着产品的同质化加深,企业开始注重所提供的服务,思考产品如何在客户的价值体系中创造出更大的价值,最终会达到企业出售的不再是产品,而是服务,或者说是产品与服务的结合。当前社会经济发展的驱动力已由传统的物质产品生产转变为面向客户需求的产品服务生产,工业服务在企业利润中的比重不断提高。同时,制造企业的管理模式也从面向生产制造过程的管理转变为面向产品服务系统的管理,即在产品创新的同时,借助产品的服务增值,实施适合自身的服务战略,促进传统制造业与服务业融合。例如,专门生产牛仔面料的北江纺织有限公司开发了针对客户定制的移动客户端,客户可以通过该移动客户端查看最新面料技术指标并完成下单,也可在任何时间地点利用手机拍照将最新面料式样上传,向厂商定制,从而实现远程设计开发和异地按需生产。这种生产方式大大提高了生产效率和市场满意度,公司业绩大幅

提升。

2. 生产组织形式多样化,集中的智能化生产与分散化生产并存

在智能化方面,集中的智能化生产是工业互联网时代的工厂生产发展的趋势。通过智能设备,企业可以实时正确地搜集生产线数据,以及合理编排生产计划与生产进度,利用大数据分析不同客户群的需求,将消费大数据与生产大数据相结合,进行智能化的工业生产,制造出可以承载信息、感应环境、自我检测的智能化产品,提升生产品质。生产的柔性增强,通过消费者直接下订单生产,大规模个性化定制生产,或者根据大数据分析结果灵活迅速地调整生产,实现消费与生产的整合。随着智能化成为新一代机器人的主要特征,机器人将成为工业生产的核心,是智能制造设备的基础和保障。工业机器人通过计算机控制,可以实现自动化、智能化,更高效地利用大数据资源,并代替人从事某些单调、重复的工作以及某些危险性的工作。例如,当前,富士康公司已经开始进行机器换人的尝试,2016年已经在中国各大生产基地安装了4万台机器人,并且正在关注更智能化的机器人的使用。

在分散化生产方面,互联网和3D打印的出现使分布式生产可以展开。在工业互联网时代,线上线下高度融合,个人可以同时是自己产品的生产者和消费者,每个人都可以自己设计、制造、消费产品。"创客"是这一生产模式的代表性生产者之一。"创客"一词来源于英文单词"Maker",是指出于兴趣与爱好而把各种创意转变为现实的人,最初起源于麻省理工学院的一个制造实验室。在工业互联网时代,某些原先只能由大型工业设备集中大规模生产的产品,在个体那里也可以实现。"创客"正是这样一种生产者,他们通过分布式的生产工具,将自己在传统工业时代只能通过工厂来实现的想法,在自己的小空间里通过互联网以及计算机程序、3D打印等生产设备就能生产。这种小规模的生产方式,通过消费者个人的生产来满足小规模的个性化需求,从而使个性化的生产出现分散化。

3. 大数据成为日益重要的生产要素

在工业互联网时代,对大数据的分析和应用成为企业竞争力的重要来源之一。企业的竞争力已经超越单纯的设备技术和应用,对大数据的分析已经成为企业竞争力越来越重要的源泉(见图15.2)。在企业的计划、采购、物流、生产、

仓储、销售等环节,都会产生大量的数据。目前,对于数据的应用主要集中在除生产以外的其他方面,对生产方面的大数据挖掘和应用还有相当大的空间。通过传感器收集数据,进而进行数据分析,然后反馈到原有的设备,工业互联网将大数据的搜集、分析和应用集合到了一起,实现数据的价值,生产全方位优化,从而促进企业收益的提升。

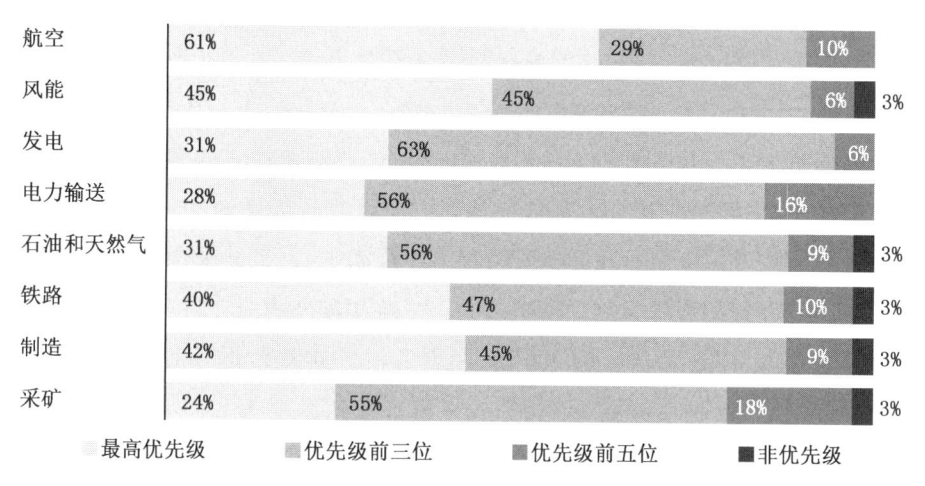

行业	最高优先级	优先级前三位	优先级前五位	非优先级
航空	61%	29%	10%	
风能	45%	45%	6%	3%
发电	31%	63%	6%	
电力输送	28%	56%	16%	
石油和天然气	31%	56%	9%	3%
铁路	40%	47%	10%	3%
制造	42%	45%	9%	3%
采矿	24%	55%	18%	3%

资料来源:埃森哲、GE公司.2015年工业互联网洞察报告[R].2015:17。

图15.2 大数据在制造企业中的重要程度调查

消费大数据与生产大数据的融合,也促使企业生产能力和服务能力的提升。大数据在工业互联网领域的一个重要作用是能够使企业以较低成本满足用户定制化的需求。企业通过对产品销售和市场监测环节的数据搜集汇总和挖掘分析,不但可以更加全面地把控产品产量和销售情况,更为精准地"预测"市场需求,提前准备和精准营销,满足客户个性化需求,加速生产向大规模个性化转变,能改善生产和企业库存等,还能促使企业在满足市场需求方面取得优势。

4. 创新方式向客户共创方向转变,创新更加开放和分散

客户将能参与产品的设计和改进。智能设备本身的升级和功能的进一步提升,是与客户共创的结果,更是企业对其过程进行深度洞察的结果。随着对工业系统中的设备、装置信息的捕捉,企业可以更加深入地了解客户的使用习

惯、产品的运行状况、故障出现的频次和地点，以及备件更换的过程和使用状况，从而更深刻地洞察客户行为，以及产品使用情况。在这些信息的基础上，企业可以深入了解客户潜在需求，在这个基础上更快地对产品设计进行改型。从2010年起，GE 就在全球创建了三个客户创新中心，尝试建立与客户共创的崭新工作方式。目前，GE 位于成都和西安的两个中国创新中心已经相继成立，创新中心实行"客户协同创新"模式，通过"引进来、走出去"的方式将客户全方位引入公司内部的创新流程，以实现快速满足客户需求、与客户共同创造新价值的目标。

创新更加开放和分散。工业互联网时代，随着线上线下的融合与互联网的高度发达，更多的企业和个人具备了创新的条件和创新的便利，创新朝着更加开放和分散的方向发展。除了互联网和工业技术本身，创新平台的开放有力促进了创新的分散化和开放化。GE 公司自 2015 年向所有企业开放有"工业互联网操作系统"之称的 Predix 操作系统，帮助各行各业的企业创建和开发自己的工业互联网应用，在上面开发应用的企业都成了创新的源头，开放和分散的创新有了实施的平台。这类似于苹果公司的 App 应用开发平台，来自世界各地的开发者可以在平台上开发自己的应用软件，甚至可以实现苹果公司 App Store 那样的应用市场，供世界各地的使用者选择和使用。GE 公司对 Predix 操作系统的开放，对于工业互联网应用的开发创新是一个有利的刺激，促使相关的应用创新与应用的使用更加分散和开放，这也是工业互联网时代创新形式的一个重要发展方向。

三、工业互联网影响下的服务业发展趋势

1. 生产性服务业迅速发展，服务业制造化

工业互联网的发展本身就是生产性服务业的一种发展。生产性服务业是与制造业直接相关的配套服务业，与制造业相伴而存在。我国国家统计局将生产性服务业界定为为生产活动提供研发设计与其他技术、货物运输仓储和邮政快递、信息、金融、节能与环保、生产性租赁、商务、人力资源管理与培训、批发经纪代理、生产性支持等服务的行业。工业互联网时代，工业企业利用互联网开

展远程运维、远程监控等信息服务,实现制造服务化转型,这种转型产生的服务业本身就是生产性的。例如,装备制造企业利用互联网开展装备的远程运维业务,提供工程承包等典型的生产性服务。GE公司利用工业互联网提供一套工业服务的整体解决方案,也属于生产性服务业的范畴。

服务业出现制造化的发展趋势。互联网信息产业依据自身的技术优势,成为服务业中率先进入制造业领域的产业。例如,针对制造业,谷歌在提出Google for Work的整套解决方案的同时,提出了"做联网的制造者"(Be a Connected Manufacturer)的口号(见图15.3)。该整体解决方案包括了谷歌搜索服务器、谷歌邮件、谷歌无限云储存、谷歌文档、谷歌视频会议、谷歌浏览器、谷歌地图等一系列谷歌服务产品,旨在利用自身的互联网与客户资源优势,为客户提供更加良好的深度沟通服务,促进全生产环节的效率提升。

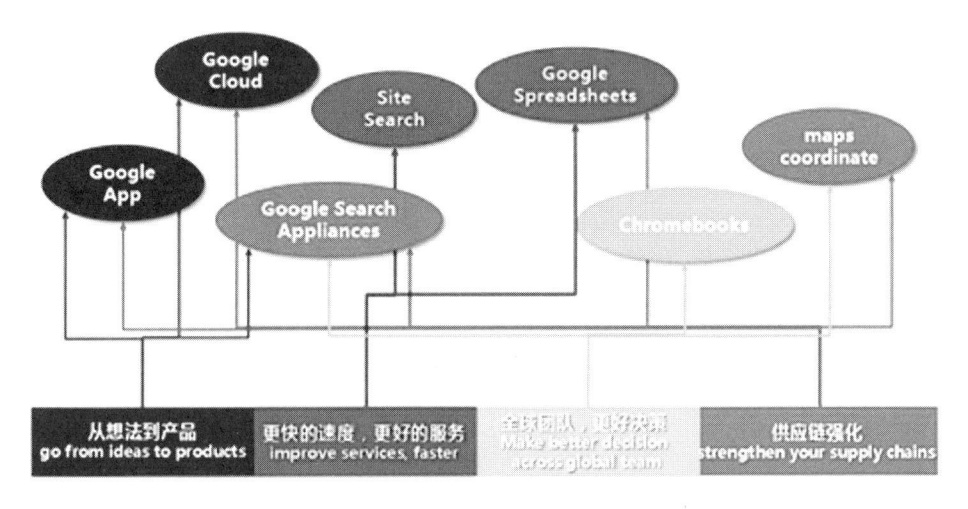

资料来源:腾讯研究院。

图15.3 "做联网的制造者"

2. 新技术与新需求催生服务业新业态

服务业新业态的产生首先得益于技术的进步。当前,大数据、云计算、物联网、移动互联网等新一代网络技术迅猛发展,世界各国都将这些技术视为新时期技术发展的前沿。例如,自十年前亚马逊公司推出第一个云计算服务开始,云计算逐步得到人们的重视和发展,并已经深入人们生产生活的方方面面,技术更新与种类完善速度加快。根据中国信息通信研究院发布的数据,2015年全球以IaaS、PaaS和SaaS为代表的典型云服务市场规模达到522.4亿美元,增速为20.6%,预计2020年将达到1 435.3亿美元,年复合增长率达22%。同时,云服务的技术与应用不断更新,近十年内全球云计算关键的虚拟化技术专利申请量已达1.3万件。

随着技术的发展和工业互联网本身的需要,许多与工业互联网紧密结合的服务业新业态应运而生。与传统产业广泛融合,工业大数据服务、供应链金融服务、工业云计算服务、融合应用解决方案成为工业互联网情境下催生的四大新业态。[①] 例如,在供应链金融服务业态中,基于信息技术的数据挖掘、仿真模拟等新工具的应用推进了金融服务产品的创新,产业链上物流、管理、ERP等各方合作,为中小企业提供从订单到发货、收货,最终到付款、融资的一系列服务。又如,物流业借助于EDI(电子数据交换)、GPS(全球卫星定位系统)和RFID(射频识别)等新兴信息网络技术,促进运输、仓储、配送等业务流程改造,提高了制造业的供应链管理水平。[②] 这些新业态的出现,不仅丰富了服务业的内涵,而且能反过来促进工业互联网的有序发展与协同建设,从而推动生产与服务的转型升级。

3. 服务方式云化,服务提供分散化,服务内容个性化

企业通过工业互联网和云服务,可以实现服务方式的云化和服务提供的分散化。服务提供的分散化首先要得益于云服务的发展,正是由于云服务的发展和开放,分散的服务提供和获取触手可及。例如,GE公司的Predix工业互联网云平台提供了底层软硬件和操作系统,以及一些专门性的应用,开发者可以在任何时间、任何地点很方便地基于此开发自己的应用,可以给自己用,也可以发布到类似Apple Store的GE Store上,供其他企业使用并收取授权费用,这相当于在分散的时间和地点为平台上分布在世界各地的用户提供相应的服务,实际上是实现服务提供的分散化。

在服务提供分散化的同时,服务内容的个性化也随之产生。服务在云端分

[①] 新华网.互联网与工业融合将催生四类新服务业态[EB/OL].http://www.cac.gov.cn/2015-5/31/c_1115460589.htm,2015-5-30.

[②] 吴伟萍.培育生产性服务业的新增长点[N].南方日报,2014年5月19日.

散提供，丰富了用户选择的多样性，甚至可以实现"定制"服务，从而满足个性化的需求。个性化的服务首先出现在消费领域，通过包括互联网在内的各种渠道，商家可以对消费信息、消费者偏好等资源进行收集、整理和分类，从而实现精准推荐和定制化的服务，以满足客户的需求。这种方式发展到生产领域，同样具有巨大的市场。企业通过搜集分析和梳理生产过程中的数据，能够实现对生产者的个性化服务，例如设备保养提示等，这种生产性的服务能够为客户节省大量的成本，优化生产活动安排，将成为未来服务的发展方向。

四、发达国家的主要政策举措

（一）与其他举措有机结合，确立综合性长期规划

德国"工业 4.0"的概念是在 2011 年"汉诺威工业博览会"上提出的，是德国政府确定的面向 2020 年的国家战略。2006 年和 2010 年德国政府提出《高科技战略 2006—2009》和《高科技战略 2020》两个全国性的高科技政策，旨在提高高科技领域的竞争力。其中，《高科技战略 2020》提出之后，经过反复讨论修改，最终确立了十个"未来项目"，分别是二氧化碳中性，高能源效率和适应气候变化的城市，作为石油替代的可再生资源，智能能源转换，个性化的疾病治疗药物，通过有针对性的营养保健获得健康、在晚年过独立的生活，持续的移动性，面向经济的互联网服务，"工业 4.0"和安全身份。"工业 4.0"作为其中的重要组成部分，将与其他项目有机结合，构建完整的发展体系。

2008 年金融危机后，美国的智囊团进行了深刻的检讨，并启动了再工业化战略，2010 年美国总统奥巴马签署《美国制造业促进法案》，2012 年推出《美国先进制造业国家战略计划》，在 2013 年进一步推出《重振美国制造业政策框架》《先进制造伙伴（AMP）计划》。2015 年 10 月底白宫发布的《美国创新战略》中，先进制造及与其相关的精密医疗、大脑计划、先进汽车、智慧城市等都名列其中，政府对发展先进制造的支持由政策予以明确，并鼓励创新，促进合作。2016 年，奥巴马宣布了新的制造业振兴方案，通过刺激智能制造业的方法推动美国制造业的复兴。美国的工业互联网实际上就是先进制造的有机组成部分，而先

进制造就是美国再工业化进程中的重要一步。

(二)建立跨组织的研究平台,鼓励跨组织研发合作

为推进"工业4.0"计划的落实,德国三大工业协会——德国资讯技术和通信新媒体协会、德国机械设备制造业联合会以及德国电气和电子工业联合会共同建立了"工业4.0平台"办事处,以吸引并协调各方资源。同时,政府也支持企业、大学、研究机构联合开展研究,包括自律生产系统、基于人工智能系统与智能传感器的生产管理等都是支持的重点。在实践方面,在德国政府的牵头引导下,西门子、博世等德国先进制造企业联合试点智慧工厂项目,共同构建"工业4.0"的样板工厂模型,建立跨组织的实践体系。

早在2012年,奥巴马政府就提出由联邦政府出资10亿美元,在10年内创建15个制造业创新研究所,每个创新研究所将由一个非营利性组织独立运行,组成公私伙伴关系,旨在充分利用现有资源,促进产业界、大学和政府机构之间的合作投资。2013年根据形势发展,奥巴马政府又提出了10年内创建45个制造业创新研究所、组成国家制造业创新网络、布局未来制造业创新增长点的倡议并逐步实现。例如,由美国国防部牵头成立的数字制造与设计创新机构研究所,参与机构运营的单位就包括超过70家全美顶尖制造商与软件设计商、30余家大学或社区学院、非营利组织,组织之间合作关系密切。

(三)引导企业进行标准化建设,鼓励大企业的引导作用

德国政府非常重视标准建设,并且强调由企业牵头,成立"工业4.0社区",以自下而上的方式发展行业标准。2013年12月,德国电气电子和信息技术协会发表了德国首个"工业4.0"标准化路线图,首先就"工业4.0"涉及的技术标准和规格取得一致,为所有参与方提供概览和规划基础。美国的GE、AT&T、Intel等公司也成立产业联盟,制定标准。目前,两国企业正在讨论双方的标准问题,试图在建立共同的统一标准上取得共识。

德国的西门子公司、美国的GE公司都对工业互联网的具体实行起到了重要的引导作用。两家公司均将自己的主业转变为工业互联网开发建设,并希望成为该领域的系统提供商。西门子公司是德国"工业4.0"的智慧工厂实践的领

导者。不同于以往单纯依靠电气工程技术，西门子极为关注大数据、云计算、物联网等技术，在生产管理系统方面大幅优化，着眼生产过程中相关联的各类软硬件设备，打造安贝格-成都样板工厂，在工业自动化与数字化领域取得实质性突破。GE公司是美国工业互联网的首先倡导者，它提出在未来的制造业中，通过互联网把工厂、管理者、用户关联起来，管理者通过网络对每一个环节进行监控，实现互联和定制。在 GE 公司的带动和美国政府的支持下，包括 IBM 等在内的大型美国企业参与到互联网当中来，促进了美国工业互联网的迅速发展。

（四）加大在基础和应用研究上的投入

德国政府十分注重产业创新体系的发展，对基础研究和应用研究同样重视。德国的应用科学创新体系具有鲜明的特色，也是其制造业成功的关键。弗劳恩霍夫协会是德国最著名、是最重要的应用研究机构，定位于基础研究和工业研发之间，聚焦支撑产业发展的共性技术研发，为企业特别是中小企业开发新技术、新产品、新工艺，协助企业解决创新发展中的组织和管理问题，协会为中小企业提供合同科研服务，每年为3 000多客户完成约1万项科研开发项目，而该机构每年从事民用技术研发的资金中，有约 30% 来自德国联邦和州政府。[①] 此外，支撑德国制造业创新的研究中心、大学、企业和研究共同体等研究机构，也都不同程度地受到德国联邦和各州政府的支持，满足一定条件的普通公司也可以向国家申请研究补助。

奥巴马政府在近几年联邦财政紧缩情况下仍增加对先进制造业研发计划拨款，支持创新性制造流程，加强对纳米制造、生物制造、工业机器人、3D 打印、先进设计、新一代信息网络、物联网、先进材料及国防科技工业等领域的投资，这些投资都与工业互联网直接相关。在 2012 年 2 月提出的《先进制造业国家战略计划》中，奥巴马政府又将完善创新政策作为发展先进制造业的首要目标，通过税收减免、加大对研发方面的设备和基础设施投入等手段，支持各类基础与应用性研究的开展。此外，奥巴马政府还在改革制造业税制、简化审批手续、加强政府与社区的联系等为美国企业注入活力。

[①] 刘民义.来自德国弗劳恩霍夫协会的启示[N].科学时报,2009 年 8 月 12 日,第 A3 版.

(五)重视人才培养和引进

德国相当重视人才培养,培养体系独具特色。在基础研究领域,德国的许多综合性大学都有良好的研究传统和雄厚的研究实力。此外,德国的"双元制"教育被视为德国制造业的基石。在德国"双元制"职业教育中,职业学校的学生同时也是企业的学徒,企业培训和职业学校学习交替进行,而且以企业培训为主导,不但培养企业需要的专业性技术人才,还能与行业和职业变化有机结合,根据技术需求变化灵活调整。不仅在技术人才领域,在德国的高等教育领域也渗透了"双元制"的思想,许多大学还是以企业实践为导向的应用大学,具有极大的市场环境适应性。这些都为德国迈向"工业4.0"提供了坚实的人才基础。

美国则通过改革教育、签证制度,确保美国制造业获得所需人才通道畅通。奥巴马政府提出,要在迅速变化的经济环境中确保每位公民都具有就业技能,并开展相关的职业技能培训。奥巴马在第二任期注资20亿美元于社区大学职训计划,其中有半数是训练制造业相关技能,在解决美国民众就业的同时,为发展新型制造业培养人才。在移民方面,美国长期以来对移民持欢迎态度,尤其是对一些拥有技术能力的移民的政策更加便利。虽然近年来移民政策受到一定程度的阻碍,但从以往的经验看,美国对于技术人才的引进相当积极。例如,增加由美国移民局签发的、针对受美国公司雇用从事专业性工作的外籍人士的短期非移民工作签证,调整永久居留签证发放对象,简化技术工人及企业家签证过程,等等。这些措施都为美国吸引具备高技术的人才创造了有利条件。

第十六章　工业互联网的内在逻辑研究

一、工业互联网的含义

虽然美国和德国对于前几次工业革命的定义略有不同,但是二者都一致认为第三次工业革命或者"工业4.0"时代已经到来,并且这个时代所具有的特征相当清晰。

以GE公司为代表的美国企业认为,随着智能系统和智能决策在企业中的逐步推进,工业生产中的传统机器、设备、机组和网络,将被这些新兴的互联网技术和设备重塑,通过数据传输、多数据应用和数据分析,重新整合在一起,创造一个称为"工业互联网"的新时代。

而德国人认为,"工业4.0"时代的基本特征是,企业将建立全球CPS网络。当CPS发挥作用时,所有的智能机器、存储系统、生产设施,乃至生产零部件,都能够独立运行和相互控制,这将从根本上改变工业流程,包括传统的制造工程、材料使用、供应链和生命周期管理。在智能工厂中,由于智能产品有唯一的特征被识别,因此可以完整记录它的发展历程、使用现状、目前状态,并且进行分析。从通过物流下订单的一刻起,纵向与工厂内部的业务流程联网,横向则可联系到更大的价值网络系统,这种全新的智能生产方式,将彻底改造传统意义上的工业生产模式。

从这两种不同的定义不难看出,美国人和德国人对于新一轮工业革命的认知有类似的地方,也有些许不同。美国人更关注的是设备的互联、数据的分析和在数据基础上对业务的洞察和模式的创新。而德国人以他们在制造领域里的深厚功底,在关注系统的同时,更加关注生产过程智能化和虚拟化的深刻改变。

对这一轮新的工业革命,我们认为工业互联网的内容似乎更加宽泛。它涵盖的不仅是"工业4.0"所关注的企业内智能化生产的智能工厂,以及整合企业间价值网络的智能制造,它将与消费和服务互联网,乃至人类的社交网络进行更大范围的整合,形成包含人类互联网、物联网和服务互联网在内的超级网络。这也正是李克强总理提出的"互联网+"这一宏大愿景的方向所在。

二、核心:信息物联网和服务互联网与制造业的融合与一体化

"工业互联网"的概念最早是由美国通用电气公司(GE)于2012年提出的,随后联合四家IT巨头组建了工业互联网联盟(IIC),从而将这一概念大力推广开来。工业互联网联盟成立的目的在于通过制定通用的工业互联网标准,利用互联网激活传统的生产制造过程,促进物理世界和信息世界的融合。

我们认为,工业互联网的核心是基于互联网技术,使制造业的数据流、硬件、软件实现智能交互,实现信息物联网和服务互联网与制造业的融合。工业互联网的本质是通过物联网、信息通信技术与大数据分析,把不同设备的数据交互连接在一起,为消费者快速大批量提供个性化定制产品,形成一种新的生产方式。在未来的制造企业中,由智能设备采集大数据后,利用智能系统的大数据分析工具进行数据挖掘和可视化展现,形成"智能决策",为生产管理提供实时判断参考,反过来指导生产,优化制造工艺。

(一)工业互联网是虚拟世界对现实世界的整合

在工业互联网体系中,基于CPS这一全新的制造方式,将现实世界的各种信息通过传感器收集,运用高级的计算能力进行处理和虚拟化后,再运用到现实世界中,用于智能生产。这些数据与现场的制造设备完全整合之后,在设计、开发、生产所有相关的环节,会形成一套自动操作的智能生产系统,从而实现机器生产机器的未来工厂图景。

这种生产方式是对传统以规划好生产流程和固定设备所进行的生产方式的颠覆,其采用的核心是动态配置的生产方式,内核为标准化的生产模块以及全面控制的新型软件系统。作为智能工厂中监控设备的机器人或者工作站,可

以实时访问所有信息,并且自助切换生产方式、更换生产资料,从而在一个最理想的模式下配置生产作业的流程,甚至可以为每个产品开展不同的设计,提供不同的零部件,生成产品订单和生产计划,实施物流配送,最终杜绝整个链条中的浪费环节,实现生产的绝对高效。

整个生产线将由人类初始设定的智能生产系统和机器不断学习生成的自学习系统一起不断地完善和构建。每个生产模块都可以视为一个 CPS,每个被生产出来的产品都是一个自律的生产模块,可以在生产模块间自动穿梭,接受所需的装配作业。这种动态配置的生产方式可以极大地优化生产流程,使得生产设备的运转效率达到极致,并且实现产品的个性化定制和高度柔性化的生产。

除了虚拟设计和虚拟制造外,在虚拟服务方面,需要综合设备、工厂和产品的所有设计、生产、运行数据,基于对这些数据的分析,再加上使用工况的信息,综合性的建模可以帮助使用者和生产者进行高效的预防性维护。如果虚拟现实技术能够覆盖物理产品的全生命周期,可以预见在未来,每个物理产品诞生之前,都会先有虚拟产品设计出来,并且随着制造、使用的过程,不断积累与这个产品或系统相关的历史信息和数据,不断完善原有产品设计模型和系统,从而产生更加庞大的虚拟系统。

因此,在物理世界之外,工业互联网时代会逐渐形成一个虚拟世界,借助机器人生产技术、3D 打印技术和植入的各种传感器技术,在软件的统领下打造一个全然不同的工业生产系统。未来的产业将建立在虚拟的数据基础上,然后整合现实的物理系统,工业互联网就是虚拟世界对现实世界的整合。

(二)工业互联网产生新的生产模式、生产过程和供需关系

工业互联网对传统工业提出了新的挑战,要求从过去的"人脑分析判断+机器生产制造"的方式转变为"机器分析判断+机器生产制造"的方式,基于信息物理系统的智能工厂和智能制造模式将引领制造方式的变革。企业将会利用信息技术手段和现代管理理念,进行业务流程重组和企业组织再造,现有的组织体系将会被改变,符合智能制造要求的组织模式将会出现。基于信息物理系统的智能工厂将会加快普及,进一步推动企业业务流程的优化和再造。

工业互联网代表了消费互联网向产业互联网的升级,增强了制造业的软实力,使未来制造业向效率更高、更精细化的方向发展。互联网技术使得制造业在从数字化走向网络化、智能化的同时,传统工业领域的界限也越来越模糊,工业和非工业也将渐渐地难以区分。

工业互联网打破了传统服务业与制造业的壁垒,将条线式的产业链连接成环,形成了一个价值不断增值的经济模式。在服务业领域,消费者的消费习惯、偏好、产品反馈均成为数据的来源,并为制造业的需求数据分析、制造决策提供基础。而在产品生产后,其与消费者相互间的匹配也通过渠道、平台、配送等领域完成。

总而言之,工业互联网将产生全新的生产模式、生产过程和供需关系。中心化的工厂被分布式的生产所替换,众筹等互联网催生的模式被嫁接到生产;生产中的物流管理、物料管理、人机交互、物理操作、材料生成、建模设计等每一个环节都有机会应用新技术,比如3D打印、机器人、远程控制、自动生产等,使得人人既是生产者也是消费者;市场调研—批量生产—渠道销售的传统模式被倒置,基于互联网的C2B、大数据分析、共享经济、创客生产诸多模式,形成了新的生产供给和需求的对接。

三、基本构造:智能设备、智能生产、智能供应实现万物互联

工业互联网能够整合最好的传感器、软件和技术,把全球公司在世界各地的工厂都汇集到网络里,总部可以通过互联网实时看到每个工厂运行的情况,并通过高度的可视化、自动化,实现提高效率、降低能耗的目的,这一世界级的工厂也是工业互联网的本质。

未来可以看到一个智能化的经济体,包括智能化的设备、工厂、生活、交通、物流、环境、人的活动等产业链要素。这个过程由信息物理系统和互联网(物联网、数据网、服务互联网)加以控制和连接,未来整个生产当中捕捉到的数据都可以实时分析,进而做出智能决策,因此,智能工厂的生产组织将变得极为高效。智能工厂还可以和厂外的合作伙伴通过智能系统整合,诞生智能化的商业模式,即随时在生成数据,随时按照精确的数据让生产方了解情况,从而改善生

产状况。

这种以智能工厂为代表的未来智能制造业是一种理想的生产系统,能够智能编辑产品特性、成本、物流管理、安全、信赖性、时间以及可持续性等要素,从而为各个顾客制造最优化的产品。这样一种"自下而上"型的生产模式革命,不仅能节约创新技术、成本与时间,还拥有培育新市场机会的网络容量。

在工业互联网下,制造企业是智能化的生产服务一体化的系统,即应用互联网信息技术与智能化技术的工业系统,它构造起拥有信息环境的生产方式,并通过智能化技术提升生产力,以工业系统模式组织生产,是新一代工业革命的代表性生产工具。工业互联网分别从智能设备、智能生产、智能供应三方面切入传统制造业,实现万物互联制造。

(一)设备智能化

智能生产设备是由传感器、检测器、蓝牙通信器、高性能芯片等基础设备组成,具备先进操作系统的生产设备。在未来的智能工厂,每个生产环节清晰可见、高度透明,整个车间有序且高速运转。企业通过为生产线和生产设备配置众多传感器,让设备具有感知能力,能够实时抓取数据,然后将所感知的信息通过无线网络传输数据,实时监控生产。设备传感和控制层的数据与企业信息系统融合形成了 CPS,使得生产大数据传送到云计算数据中心进行存储、分析,形成决策并反过来指导设备运转,使得自动化设备具有自律管理的智能功能,从而实现设备智能化,以满足产品生命周期管理、安全性、可追踪性与节能性等智能化要求。

生产设备的嵌入式系统与生产线上的物联网传感器是构成信息物理系统的要素之一,除此之外,还与互联网上的数据、服务结合在一起,实现更加广泛的基于创新型应用的新物理空间,即信息物理系统通过提供构建物联网的基础部分,并且与"服务互联网"一体化,最终实现信息世界与物理世界的完全融合。未来,生产设备不再是"加工"产品,取而代之的是,智能生产设备通过网络的形式紧密地连接在一起,而产品通过网络通信向生产设备传达如何采取正确的操作,因而更具动态性和灵活性,能挖掘出更多优化的可能,提高生产效率。

工业互联网时代,在传统的自动化系统基础上,通过网络功能对嵌入式系统进行了扩展,汇集计算、通信和控制能力于一体的信息物理系统成为智能工厂的核心。结合内容、社群、定制化等条件下,智能工厂通过网络协同制造,可以实现生产的自律调整,甚至是全产业链的智能生产。同时,智能工厂可以实现可视化生产和预测性制造管理。通过可视化实时监控生产数据,掌控制造过程中的不确定因素,比如设备性能下降、零部件突发故障、残次品返工等,智能工厂管理者能客观地评估生产设备的使用状态,并通过管理实现预测性制造,起到降低成本、提升运行效率、改进产品质量的作用。

工业互联网通过信息物理系统,将生产设备、传感器、嵌入式系统、生产管理系统等融合成一个智能网络,使设备与设备以及服务与服务之间能够互联,从而实现横向、纵向和端到端的高度集成。集成意味着以计算机应用为核心,是信息技术在制造业应用发展的高级阶段,支持制造过程的各个环节。高度集成化能够有效组织各方资源,使人员组织管理、任务分配、工作协调、信息交流、设计资料与资源共享等发生根本性变化。

(二)生产智能化

工业互联网的出发点是个性化的生产需求,生产制造变成一个由智慧产品主导的自治生产网络,其实现的基础就是 CPS。智能制造企业中产品是智能的,携带了自己被制造、装配以及被使用的信息,知道自己下一步加工的工序和工艺是什么,知道自己如何被使用,将来整个生命周期中如何被处置,这是对智能工厂的简单描述,这一过程正是将来整个生产制造流程变革的基础,帮助实现个性化定制和高度的灵活性。

智能工厂的产品、资源、处理过程及生产系统,因为信息物理系统的存在将具有高水平的实时性,智能工厂将按照重视可持续性的服务中心的业务来设计,因此具备灵活性、自适应、机械学习、风险管理等特征。智能工厂的设备将实现高级自动化,主要是由基于自动观察生产过程的信息物理系统的生产系统的灵活网络来实现。企业通过可实时应对的生产系统,能够实现生产流程的彻底优化。

工业互联网时代,生产智能化通过基于信息化的机械、知识、管理和技能等多种要素的有机结合,在着手生产制造之前,就按照交货期、生产数量、优先级、工厂现有资源(人员、设备、物料)的有限生产能力,自动制定出科学的生产计划,从而提高生产效率,实现生产成本的大幅下降,同时实现产品多样性、缩短新产品开发周期,最终实现工厂运营的全面优化变革、更好的能源管理和弹性生产。即在智能工厂,利用智能设备,将智能物料生产成智能产品,整个过程贯穿以"网络协同"。

在智能工厂中,CRM、SCM等软件管理系统将实现互联,在接到顾客订单的瞬间,工厂就会立即自动向原材料或零部件供应商采购原料,到货后将被赋予数据,使得这些原材料或零部件带有信息,即成为"智能物料"(见图16.1)。在生产过程中,如果智能物料被错误配送到其他生产线,就会通过与生产设备开展"对话",返回属于自己的正确的生产线。生产机器也可以和订单系统进行"交涉"来增加智能物料的数量,即便物料被嵌入产品内,也能够实现追踪溯源。每个产品都将有自己独立的 ID,企业可以突破地理空间的界限,实现远程操作与服务。企业通过物联网传感器采集海量生产数据,通过互联网汇集到云计算数据中心,再通过信息管理系统对大数据进行分析、挖掘,从而制定出正确的决策。建立在大数据预测的基础上,企业能够为客户量身提供更为延后或者提前的服务,最终目标是实现大规模的柔性制造,即定制的规模化。

(三)供应链管理智能化

供应链管理是对由供应商、制造商、分销商直至最终顾客构成的供应链系统中的物流、信息流、资金流进行计划协调、控制和优化,旨在降低总成本,同时提高服务水平的一种管理模式。供应链管理智能化将统一工厂的零部件库存和供应商的生产流程,供应链上各个企业的协同制造降低制造成本和物流成本,为缩短制造周期提供更好的服务和有力的保障。

供应链管理涉及许多环节,需要环环紧扣,与产品生产有关的任何一个环节出现问题都将影响最终产品的质量。在工业互联网被充分利用到供应链管理中后,企业可以实现对原材料、零部件、半成品和产成品的识别与跟踪。通过在各个环节上实现对货物的智能化管理,加强对产品质量的控制及追踪,企业能够提供尽可能高品质的产品。基于物联网的信息系统可以整合企业内部和企业之间的生产活动,通过完成自动化生产线运作,实时了解生产状况,及时根

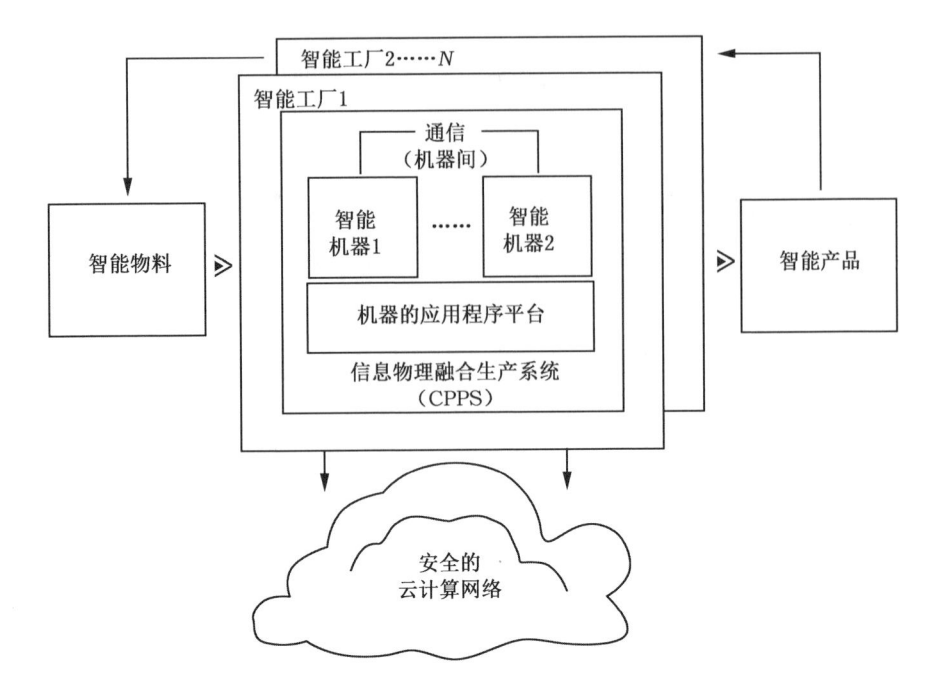

资料来源：德国人工智能研究中心。

图 16.1　工业互联网下的智能工厂通道

据生产进度发出补货信息，实现流水线均衡，使生产变得更加柔性化。供应链管理的高度敏捷化和集成化可以使得企业存货水平，特别是供应链渠道中的存货水平不断降低，资产生产率不断提高。

借助信息物理系统等先进工具所带来的强大的数据抓取、分析能力和"互联网＋"去中介化、去垄断化的流程优化重组，智能供应链可以帮助企业首先实现企业内部效率的提升、物流的无缝衔接和数据的统一，进而实现客户体验感和价值提升的产品链协调统一，完善产业链和平台生态圈内外客户需求的灵活低成本响应。为了实现供应链协同，需要在传统供应链管理平台的基础上改革，创建一个智能化的供应链管理平台：它是在供应链管理系统中，引进并全方位融合商业智能（BI），围绕最终客户的需求，对相关企业的信息资源，以基于互联网技术的软件产品为工具管理，并利用商业智能关键技术（OLAP、DM 等）加工提炼为商业知识以指导决策，从而实现整个供应链商业流程优化的一个智能化平台。

工业互联网在分散的价值网络上实现横向互联,并实时管理。从用户下订单开始,直到商品交货物流,贯通原材料采购、产品设计、研发、生产制造与客户关系管理、供应链和生产能耗管理等信息系统,帮助企业实现产品的短期上市、更高的生产灵活性和资产利用率、更低的成本和更可控的风险。工业互联网形势下的企业供应链管理将呈现出利用基于物联网的信息系统,将供应链管理与质量控制进行智能化集成以实现供应链管理的高度敏捷化和集成化,以产品服务化的理念结合更加优化的供应链成员、更小的供给库规模和更快的反应速度满足顾客日益个性化的需求,提高整个供应链价值的发展趋势。

(四)万物互联系统

未来制造业的发展方向是万物互联制造,即通过集成的自动化控制与信息技术,结合移动互联技术、云计算和大数据分析等现代科技,实现数据、生产过程、人员和设备的无缝连接。实现万物互联制造,需要自动化、制造业与网络等方面相结合,共同携手帮助制造企业消除生产车间和企业之间的通信屏障,利用创新的技术和产品将工厂以及企业其他部分的所有数据连接在一起,有效帮助工业领域实现企业的互联。

利用工业互联网实现企业互联后,把制造业中各个环节的数据集中收集到云服务器上,再利用这些数据以及相应的软件,即可将大数据转化为实际有用的信息,比如产量、质量记录、资产健康状况和能源效率等,而这些信息能够帮助制造企业更好地判断和了解制造工厂的现状,实现个性化定制。

工业互联网适应了万物互联的趋势,人、物、数据和程序通过互联网连接在一起,实现人类社会所有人和人、人和物以及物和物之间的互联,重构整个社会的生产工具、生产方式和生活场景。人类通过社交网络连接到互联网,基于感知、传输、处理的各类人造物成为网络的终端,人、物、数据在网络环境下进行流程再造,基于物理世界感知和人群交互的在线化、实时化的数据与智能处理改变人类对外部世界的响应模式。

实现上述三个智能化体现了工业互联网的宏伟愿景:将大量的有关人、信息管理系统、自动化生产设备等物体融入CPS,在制造系统中,利用产生的数据为企业服务，协同企业的生产和运营，最终实现满足消费者需求的大规模个性化定制生产。这种集智能设备、智能生产、智能供应于一体的工业化模式，将建立一个高度灵活的个性化和数字化的产品与服务的生产模式。在这个万物互联系统中，传统的行业界限将消失，并会产生各种新的活动领域和合作形式。创造新价值的过程将发生改变，产业链分工将被重组。

四、大数据支撑智能制造

在工业互联网下，互联网企业需要与提供智能产品的智能工厂对接起来。在工厂设备生产时，消费大数据一步步与智能设备交互，引导加工制造。同时，加工对象与加工过程产生大量的生产数据与信息，将实时反馈至智能设备，进行生产制造的调节。生产大数据与消费大数据在智能生产系统中耦合协调，形成个性化的产品与服务体系。

（一）大数据改变制造业运营模式

大数据是智能制造的基础，其在制造业大规模定制中的应用包括数据采集、数据管理、订单管理、定制平台等。定制数据达到一定的数量级，就可以实现大数据应用，通过对大数据的挖掘，实现流行预测、精准匹配、社交应用、营销推送等更多的应用。同时，大数据能够帮助制造业企业提升营销的针对性，降低物流和库存的成本，减少生产资源投入的风险。

消费者与制造业企业之间的交互和交易行为将产生大量数据，挖掘和分析这些消费者动态数据，能够帮助消费者参与产品的需求分析和产品设计等创新活动。制造业企业对这些数据进行处理，进而传递到智能工厂。智能设备根据处理后的信息，进行判断、分析、自我调整、自动驱动生产加工，直至最后的产品完成等步骤，最终实现大规模定制生产。

另外，工厂将通过互联网实现内外服务的网络化，向着互联工厂的趋势发展。随之而来，采集并分析生产车间的各种信息，向消费者反馈，从工厂采集的信息作为大数据，通过解析，能够开拓更多新的商业机会，将会在很大程度上决定服务、解决方案的价值。

(二)大数据提高制造业企业绩效

大数据帮助提高制造绩效的三个主要方面分别是:更好地预测产品需求并调整产能,跨多重指标理解工厂绩效,更快地为消费者提供服务与支持。

与以往相比,大数据能够更加细致地从供应商质量层面进行审视,同时能够更加精确地预测供应商的绩效。通过对大数据和高级分析的应用,制造商能够实时查看产品质量和配送准确度,对如何依据时间紧迫性在不同供应商之间分配订单生产任务进行权衡。

通过在生产中心的所有设备上配备传感器,运营人员能够立即了解每一台设备的状况。通过高级分析,每台设备及其操作者的工况、绩效以及技能差异能够得以体现,使得检测产品合规性并追溯到具体生产设备成为可能,进而改进生产中心的工作流程。

通过检测产品,制造商能够主动为客户提供预防性维护建议,以便提供更好的服务。制造商开始生产更加复杂的产品,需要在产品中配备板上传感器并通过操作系统管理。这些传感器能够收集产品运行情况的数据,并根据情况发出预防性维护的通知。通过大数据和高级分析,这些维护建议能够在第一时间发出,消费者也就能够从中获得更多的价值。目前,在工业制造领域,已有多家公司使用类似的手段,探索用工业互联网技术。

(三)国外案例:GE公司的工业互联网战略

2013年2月,GE公司在美国加州圣拉蒙市成立了软件开发中心,针对其提出的工业互联网战略,开始进行软件领域的集中突破,并且瞄准了航空、医疗和运输领域,希望通过软件技术提升效率。GE公司首先瞄准的是航空业,其生产的2万多台航空发动机占据着全球正在使用的航空发动机的将近一半,而且在技术上占据龙头地位,其中GEnx发动机是波音787以及波音747-8的首选发动机。

在工业互联网时代之前,对于航空发动机这一航空安全和持续运行的最关键的设备,原来的数据采集和维护信息的处理,却是不够完整的。虽然在航空发动机上已经安装了传感器,但是这些传感器通常采用被动模式,只有当发动机出现故障时,仪表盘才会亮起红灯,而且传感器平时也只保留3个平均值(起飞、巡航和降落数据),对于发动机可能出现隐患的关键数据,比如温度、压力和电压数据,则极少被保留和研究。

事实上,航空发动机的预维护,减少故障时间已经成为航班正点运行的重要因素。每年航班延误给全球航空公司带来多达400亿美元的损失,而其中10%的延误源于飞机发动机等部件的突发性维修。GE公司的加州软件中心开始着手设计一种新型的计算算法,并且开发一套航空智能运营服务系统,希望能够提前一个月预测哪些发动机急需维护修理,并且使准确率达到70%,从而大幅降低系统的维护时间,最终降低飞机的误点概率。这套智能运营服务系统可以实时监控从飞机设备收集到的各项数据,在飞机出现故障隐患前做出诊断预测,提供预测性建议,优化飞机维护和航班运行管理。

这套系统实施后,对一家中大型航空公司来说,如果每年有1 400万次的乘客,并且要飞85 000个航班,这套系统的成功运行将可以每年避免1 000次起飞的延误和航班取消,帮助超过9万人次的乘客准时抵达目的地。除了提高航班的准确运行之外,GE公司的软件工程师还在开发一套航空燃油和碳解决方案FCS,这套方案通过飞机传感器传回的各项飞行数据,再对比飞机原有飞行记录与运营航线,可以第一时间优化完善飞机航行计划,令航空公司燃油消耗降低2%。

以全球航空公司年燃油支出1 700亿美元测算,这套方案将帮助航空公司降低30亿美元的额外燃油支出,令整体的燃油成本降低5%。由于工业互联网带来的边际效益是递增的,一架双发动机宽体商用喷气式飞机的每个飞行小时维护成本为1 200美元,以飞行5 000万小时计算,每年全球的航空公司用于飞机维护的开支达到600亿美元,其中飞机发动机维护成本达到43%。如果航空智能运营服务系统将发动机维护效率提高1%,全球航空公司将节省2.5亿美元。

(四)国内案例:长虹公司的智能战略

在工业互联网领域,在利用强大的智能终端介入工业互联网的实践方面,长虹正在做着类似的尝试。

目前,长虹搭建起智能研发、智能制造、智能交易三大平台来重构制造体系,通过以用户为导向的信息化建设,打破了用户、分供方及企业之间的界限,无人工厂和大数据的及早布局使大规模个性化定制成为可能。据悉,长虹从2009年就开始着手改革整体生产线布局,将原本孤立的用户需求分析、市场预测、生产计划等环节的数据流打通,力图实现智能生产和协同制造,打造专业化的智能制造平台。

在智能工厂方面,在长虹旗下模塑公司塑料四厂,占地2万余平方米的工厂里只有数十台机床在自行运转,机床前没有一个工人。奥秘在于长虹以信息化为支撑搭建起智能化系统管理平台,使机器、设备、零件之间可以通信,生产流程中每个环节的数据可以实时流通并在后端平台实现交汇,整个生产过程可以自检测、自驱动、自优化。目前,长虹的电视工厂用信息化手段跟踪,从加工、物流、传输到检测全部实现自动化,可同时生产八款电视,5.5秒下线一台电视,更好地满足了用户的个性化需求。长虹CHiQ(启客)系列产品已具备定制化制造能力,通过CHiQ产品的预约订购平台,用户不仅可以选择CHiQ电视的开机画面,还可以根据需要对CHiQ空调的八大场景模式进行自由组合和搭配。

在智能化模式下,研发、生产和销售可以实现协同,例如研发部门的变化会实时在生产环节反映出来,生产系统则根据参数的更新及时调整。工厂运行时的数据参数、生产环境等都会通过后台反映出来,可以此为依据对工厂进行把控,硬件自动化加软件信息化使工厂真正实现了数字化运营的"无人化运作"。这种网络化生产系统利用数据流对生产进行控制和优化,使得大规模定制生产成为可能。

五、工业互联网的技术要素

为了推动工业互联网的快速发展,相关的技术要素必不可少,我们列出了最主要的9个要素,其中有一些是基础性要素,有一些是具有前瞻性甚至颠覆性意义的要素(见图16.2)。

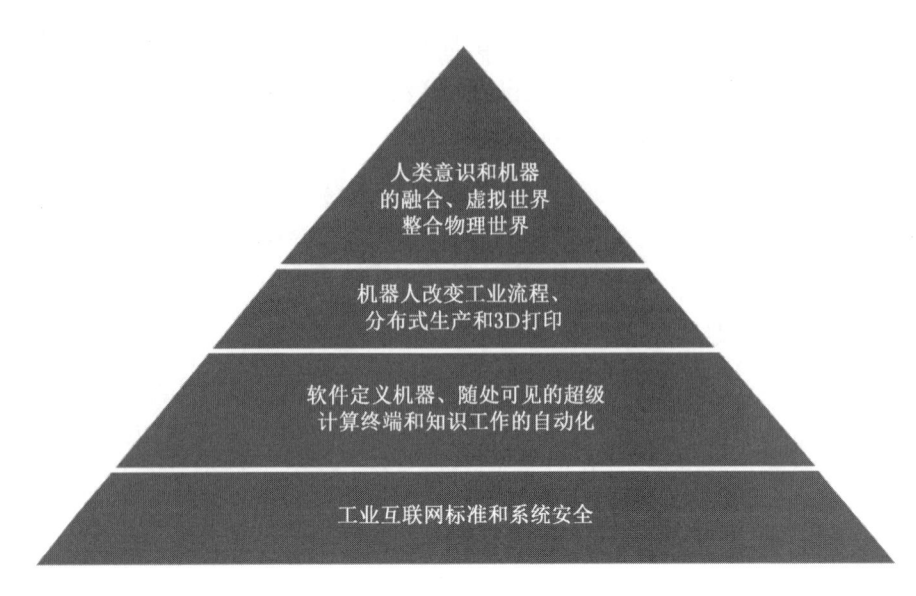

资料来源：笔者自制。

图 16.2 工业互联网的技术要素

（一）工业互联网的根本基础

工业互联网持续稳健的发展，需要具备坚实的技术基础。在这个结构中，最为根本的是工业互联网的标准和系统安全。目前相关的技术标准远未成形，不同技术阵营之间的博弈仍很激烈，薄弱的系统安全领域也阻碍了工业互联网的开放和彼此数据的交换。

工业互联网绝非横空出世，而是在过去的技术积累上逐渐演进的，目前在各种技术标准的制定和专利技术开发方面，包括绝大多数基础机械设备制造加工的行业标准，以及在此之上衍生出来的自动化和嵌入式设备的标准和专利，乃至软件和芯片技术中具有控制地位的技术标准和专利，大多掌握在欧洲、日本和美国的企业手中。

另一个关键技术点就是系统安全，系统安全不仅对企业和用户至关重要，也是独特的技术要求。在这个领域，企业之间，乃至国家之间的防备心理愈演愈烈，从企业战略角度来看，用系统安全作为杠杆点可以撬动很多新的技术因素,并且迫使技术参与方做出让步乃至共建技术标准。

(二)工业互联网的关键技术组件

在此之上,工业互联网要获得发展,需要在相关技术组件方面逐渐完善,最关键的技术组件有三类:一是携带着芯片、传感器和软件,以及由此产生的强大计算能力的超级计算终端,二是软件定义机器,硬件作为技术组件,将被软件赋予不同的功能,三是知识工作的自动化,这一领域涉及的大数据、模式识别、人工智能、控制技术将使得工业互联网在企业内部、企业之间,乃至整个人类工业系统中进行超级整合。需要强调的是,此时设备普遍具有自组织功能,而这正是柔性生产的关键基础。

在工业互联网标准和系统安全基础上必须关注的三个因素:软件定义机器,随处可见的超级计算终端和知识工作的自动化,实际上是迈向真正工业互联网的关键技术基石。要使这三个技术基石落地,并且取得突破性的进展,需要关注三个重要的发展方向:产品和生产的模块化、智能化以及软件化的趋势。将生产工艺用模块化的方式重新组合,甚至将企业之间的对接也采用模块化的思维,将会是大势所趋。芯片的普及使得每一个模块具有高度智能化的技术基础,因为智能化模块的出现,自我识别、自我定位,机器之间的自我组织,乃至自主生产,将大行其道。但这一切的真正实现都依赖于硬件软件化的大趋势,软件系统才是使得这一切发生的驱动因素。未来的工业软件将复杂的物理系统整合在一起,并且有序地组织、安装、交付,整个工业系统的软件化将是工业互联网演进的重要特点。

(三)工业互联网的新型工业流程

在这三个技术组件之上是关于新型的工业流程。随着可深度信息交流和智能化处理的机器人介入,工业流程将发生巨大改变,工业生产将变成没有停息的全过程,生产效率达到一个新的高峰。在分布式生产领域,3D打印作为代表,使得一个个体或者组织变成大型生产链条中间的节点,彻底改变过去的生产方式。

在此基础上,机器人的大量引入将极大地改变传统的工业生产流程,而以3D打印为代表的分布式生产的出现,将使得传统的工厂内生产变成真正意义上的企业间的基于工业互联网的协作。消费市场上的长尾效应要求产品定制化、多样化,一方面,大规模生产中的柔性系统可以应对多变的需求,另一方面,分布式生产也将占据一席之地。这两种方式各有利弊,不同企业会在发展的不同阶段慎重取舍,这两种方式将随着不同行业的发展特质找到相应合理的演进路线和技术平衡点。

(四)工业互联网的远期图景

顶层将是人类意识和虚拟世界与物理世界之间的融合乃至整合,人类意识将融入机器,彼此发生互动。这些将会是可预见到的工业互联网的远期图景。

未来的产业将建立在虚拟的数据基础上,然后整合现实的物理系统。每一个企业都应该提早布局,从拥抱工业互联网的第一天起,就思考如何将虚拟技术尽早导入实际生产,无论是3D设计与数字加工中心的整合,还是基于大数据对产品和生产系统的综合分析、预测、预维护。

六、工业互联网带来的变革与机遇

工业互联网的影响将是广泛而深远的,我们主要研究对经济形态的影响(包括生产组织方式等)和对企业发展的影响(包括企业战略等)。

(一)对经济形态的影响

2012年11月,美国GE公司发布了《工业互联网:打破智慧与机器的边界》白皮书,提出推广和实施工业互联网将会为工业领域带来至少1%的成本节省,报告预测在未来15年内,在几个关键的工业领域,1%的效率提高将带来巨大的收益。

具体来看,航空工业1%的燃料节约,将最终节约300亿美元;电力行业节约1%的燃料,将会节约660亿美元;医疗系统的效率提高1%,意味着节约630亿美元;铁路系统的效率提高1%,将节约270亿美元;在能源天然气领域,资本支出降低1%,将节约900亿美元。

工业互联网带给企业的不仅仅是效率的提高,GE公司同时指出,未来工业互联网的一个明确指向是以软件服务的方式出售给客户,即未来的工业品、消费品将被"服务作为商品"的模式所替代。

许正在《向服务转型的八种创新模式》一文中展示了在工业互联网时代向服务转型的三个方向。第一个方向是工业互联网的介入可以为原有产品附加新的服务价值,从而提升产品的价值;第二个服务创新的方向是提升系统的价值,帮助客户优化创造价值的全过程;第三个服务方向是提升平台价值,在工业互联网领域,平台级的企业极有可能成为每一个细分行业的主宰。每一个企业都应该借助工业互联网的兴起和日益完善的功能设计创新服务模式。

(二)对企业发展的影响

在企业转型期,如果导入工业互联网技术,对原有的工业生产流程、生产模式进行彻底革新,将会大幅提高效率,但随之而来的是需要对管理系统进行重大变革,需要相应调整原有的组织结构,而这也是产品服务化模式得以推进的关键基础。

如果企业是一个业务事业部的形态,未来科层的管理制度依旧会存在,只是管理的扁平化会成为大势所趋,事业部的分权和自主决策也是必然之选,让事业部变得更加灵活高效,这也是GE公司提出的"大公司的规模、小公司的灵魂"。如果企业是一个产品导向的创业型或技术型公司,可以采用苹果公司的模式,由产品经理组织所有资源,一旦产品复杂多样以后,与业务事业部制的融合就将成为必然趋势。

创新作为企业获得差异化竞争优势的唯一渠道,在工业互联网时代,明显地趋向于两种方向:与客户共创和快速迭代。因为快速变化和多样化的客户需要,以及客户有更多参与感和体验感的内在需求,让客户参与研发,进而敏捷地满足客户的个性化需求,将成为工业互联网时代企业制胜的关键要素。在工业互联网时代,与客户共创,意味着更深度地进入大数据领域和智能控制领域,对智能设备进行升级,进一步提升功能。

创新的另一个关键方向是快速迭代。根据埃里克·莱斯所著的《精益创业》,这种思想本质上是以用户为中心,通过快速试错、快速迭代的过程对用户进行高度聚焦,能够低成本、高效率地找准市场定位、满足客户需求。创新的这两个根本性变化,将深刻地改变现在惯有的、缓慢的、长周期的工业时代的创新流程,为工业互联网时代的企业带来新动力和活力。

总之,工业互联网将会塑造全新的工业模式。首先,大多数企业会使用工业互联网技术改善自身的生产效率,提高原有系统的生产率。在此基础上,企业会逐步考虑用工业互联网技术重塑原有的商业模式,颠覆原有的市场格局。无论是效率的提高,还是商业模式的创新,都使得每一个企业有机会积累大量的数据,这些数据才是工业互联网时代最为核心的资产。基于大数据的分析和应用,会裂变出更多不同的新的工业产品或者新的服务功能,甚至塑造新的商业模式。基于数据的虚拟化制造的未来,最终将覆盖乃至整合整个物理世界。

七、小　结

实现工业互联网不是一个必然的结论,需要关键的动力和支持条件,才能把机器的物质世界与数据和分析的数字世界融合起来,发挥其全部潜力。工业互联网的增长取决于重要的关键动力和支持条件,其中重点包括产业化创新能力、良好的制度环境、IT基础设施支持、高效的互联网安全机制、复合人才以及跨界融合。

工业互联网的开发是对现有生产方式的破坏式创新,一方面需要制度提供良好的创新环境,包括公平的市场、对于知识产权的保护、员工全力的保护等。另一方面,需要适合工业互联网发展的上下游支撑条件,即相关产业的支持,为工业互联网的发展提供支撑和保障。

企业是经济发展的主体,工业互联网的发展离不开企业自主创新能力的提升。在工业互联网的发展过程中,无论采用哪种技术路径,都需要克服云计算、人工智能、压缩感知等一系列技术难题。而从技术难题的解决到实际运用出成果,需要通过产业化创新完成。因此,产业化创新能力的培育,对企业创新能力的影响是工业互联网最为重要的发展要素之一。

人才是工业互联网的核心要素。在工业互联网的发展过程中,需要信息计算、新材料、组织生产管理、设计等多个领域的技术和管理人才。无论采用何种技术路径,均需要能克服相应路径障碍、难点的人才,人才的可获得性和使用性决定了工业互联网能否得到快速发展,也是工业互联网发展必不可少的支持条件。

第十七章 上海发展工业互联网的现实基础

一、上海发展工业互联网的条件分析

上海发展工业互联网具有诸多的优势,表现为:技术研发起步早、互联网基础设施齐全、无线通信网络和宽带覆盖率高、产业配套体系完善、人才优势明显,数字内容、信息家电、移动通信等发展处于领先水平。政府已将发展物联网列入国家发展战略,正在积极推动以工业互联网为基础的《中国制造2025》产业升级战略。

(一)我国在工业互联网领域拥有一定的技术积累

1. 总体发展呈现"两头弱、中间强"态势,缺少操作系统和芯片设计等核心技术

(1)工业互联网技术体系具有四层架构。工业互联网是一个大的技术集合,虽然业界对工业互联网的技术架构和技术路线仍存在较多争议,但物联网的"感知层、网络层、应用层"三层架构体系已为业界普遍认同。[1] 2016年中国工业互联网产业联盟公布了《工业互联网体系架构1.0》,提出"网络互联体系、标识解析体系和应用支撑体系"三层架构,与"感知层、网络层、应用层"物联网架构基本相似,但因为在车间生产级别除了信息感知外,还会生成大量的机器操作运行数据、同时接收能够精确定位的机器控制指令,如果将这些万亿字节

---

[1] 廖伟. 物联网发展指数及其评价体系研究[D]. 北京:北京交通大学,2014.

(TB)级别的数据都通过网络直接传输到远程的数据中心和应用层,网络将不堪重负而无法及时响应现场操作的要求,需要在感知层与网络层间增加一个单独的数据处理层,对上网的数据进行前端过滤、事先处理、协调操作,因此工业互联网的架构不能简单套用物联网的技术架构,故本章按照工业和信息化部部长苗圩"工业互联网是物联网重要组成部分"的表述[①],将工业互联网的技术体系分为"感知层、处理层、网络层、应用层",以此分析上海工业互联网的技术基础(见图 17.1)。

感知层	处理层	网络层	应用层
信息标识和采集技术	感知技术	信息处理技术	网络传输技术	数据应用及网络安全
电子标签技术(编码) 资源寻址与EPC技术 射频识别技术 摄像扫描技术	传感器制造 纳米技术 智能嵌入技术 扫描技术 GPS定位 传感技术 传感器网络技术	芯片技术 万能协议转换 网关技术 信息安全 云计算 数字内容管理 软件系统	网络架构技术 域名解析技术 防雪崩技术 带宽自适应 无线传输技术 远程通信技术 5G移动网络 信息安全技术 网络存储技术	应用方案 信息平台 大数据 人工智能 知识工作自动化技术 机器人 分布式生产 场景虚拟
技术标准			

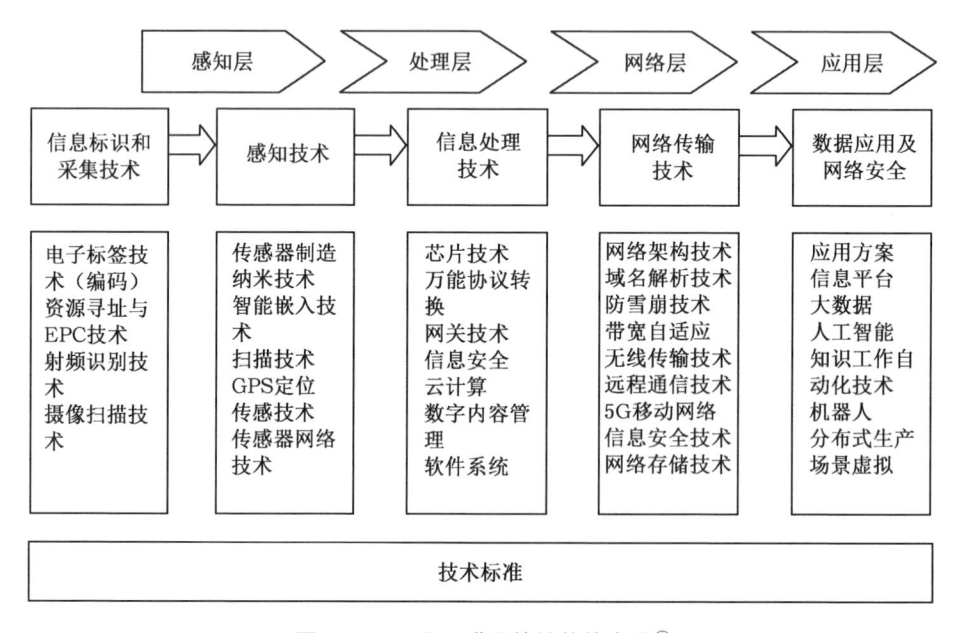

图 17.1 工业互联网的链状技术链[②]

感知层是工业互联网四层结构的感知、识别和标识系统,由各种传感器以及传感器网关构成,包括传感器、RFID、EPC 等数据采集设备、数据传入接入网关前的小型数据处理设备和传感网络,主要功能是通过具有超级计算能力和寻址能力的智能终端识别物体、采集信息。涉及技术包括信息采集技术[包括各

---

① 苗圩. 工业互联网是物联网重要组成部分[EB/OL]. http://net.chinabyte.com/194/13283694.shtml,2015-3-8.
② 根据车春鹏、高汝熹(2013)、张鸿涛、徐连明和刘臻(2017)以及工业互联网联盟(2016)等资料汇总。

种电子标签(含二维码)技术、射频识别技术、摄像扫描技术、资源寻址与EPC技术]、终端传感器技术[传感器制造、传感器材料技术(纳米技术)]、智能嵌入技术(智能传感器节点)、感知技术(MEMS传感器等各种终端感知技术、终端智能计算技术、传感器网络技术)、定位技术(GPS、工业定位、短距离无线通信技术)等。

处理层是工业互联网的大脑,由计算中心、安全管理中心和智能处理中心组成,主要功能是通过智能芯片对原始数据进行运算处理,并对传输层、感知层和应用层下达指令,是整个工业互联网系统的中枢。相关技术包括芯片技术(芯片设计、芯片制造等)、万能协议转换技术、网关技术、信息安全技术、云计算、数字内容管理技术、软件技术等。

网络层是工业互联网的神经系统,由工厂内网络和工厂外网络两个部分组成,包括各种私有网络、互联网、有线和无线通信网、网络管理系统和云计算信息中心等,可以分为汇聚网、接入网、承载网三层,主要功能是将感知层获取的信息传输给处理层,并将处理层处理过的信息和指令,再传输给感知层和应用层,实现工业互联网的远程控制与维护。相关技术包括:工业互联网架构技术[异构网络融合技术、地址解析技术(含IPv6技术)、防雪崩技术、带宽自适应技术]、基于通信网和互联网的传输技术(无线传感技术、远程通信技术、5G等移动互联网技术)、信息安全技术(网络安全技术、远程控制技术)和网络存储技术。

应用层是工业互联网的智能处理系统,其功能是通过与工业互联网技术和行业专业技术的深度融合,实现行业的智能应用。它包括应用平台开发技术、大数据、数据挖掘技术、云计算、人工智能、知识工作自动化(互联网信息交互、模式识别、机器学)、机器人、分布式生产、3D打印和场景虚拟等技术。为实现不同架构的网络、不同属性的产品、三层网络结构间的互联互通和有效控制,技术标准是推广工业互联网实用的基础,包括编码标准、产品标准、应用标准等不仅是应用层的关键,也是感知层、处理层和网络层的关键。

工业互联网相关技术标准组织和切入点见图17.2。

(2)中国工业互联网技术"中间强、两头弱"。在四层架构体系中,有"七大支撑技术"最为关键,影响整个工业互联网的竞争格局和发展路径,分别是信息

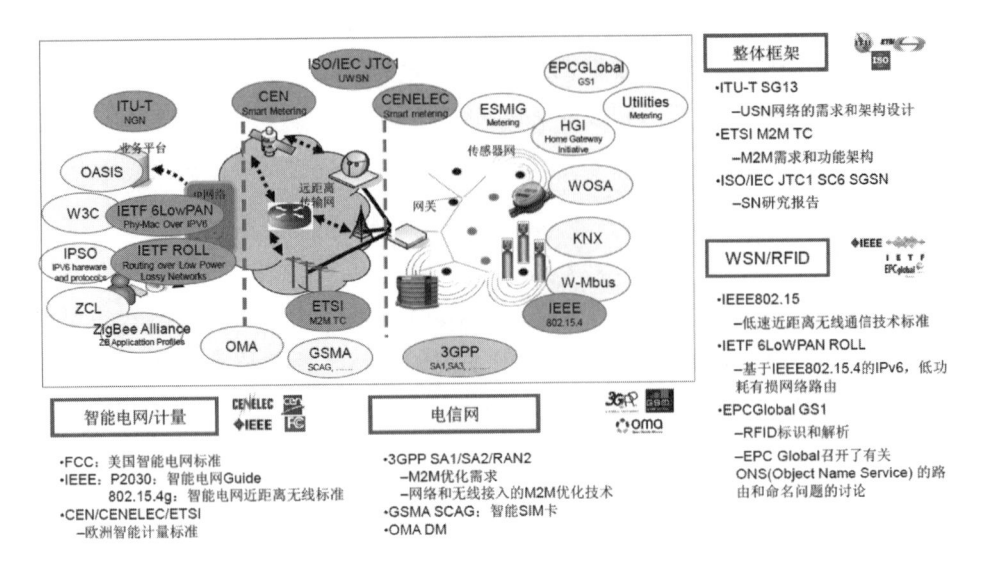

资料来源:中国电信.2010年物联网产业链分析及企业运营模式研究报告[R].北京:中国电信,2010。

图 17.2 工业互联网相关技术标准组织和切入点

标识与识别技术、芯片设计与制造技术、工业互联网架构技术、无线传感和远程通信技术、大数据与云计算、人工智能技术、网络安全技术。以四层架构、七大技术为标准衡量,国内工业互联网技术呈现"中间强、两头弱"的态势,有一定积累但短板较多,即网络层技术跟发达国家基本同步,移动通信技术领域略有领先;感知层和应用层技术跟发达国家相比存在较大的差距,尤其是智能终端和行业应用领域的技术基础十分薄弱。

在信息标识和采集技术方面:条形码技术因推广成本低廉,暂居识别技术的主流。但条形码所包含的信息量太少,未来将被基于无线射频识别技术的各种有源和无源电子标签取代。以全球历年 RFID 专利数量衡量,全球经济体可以分为三个梯队,美国、日本、韩国、中国是第一梯队,德国、中国台湾、英国、法国为第二梯队,其余为第三梯队。其中美国早在 20 世纪 80 年代末就开始研发 RFID,是全球 RFID 主导者和产业链主,拥有该领域的基础专利和最大的技术竞争市场;日本是技术跟随者、韩国是技术应用者,拥有全球 RFID 第三大市场;中国是全球第二大市场,是技术应用跟随者。

目前国外大公司已经基本完成了在我国的专利布控,掌握了核心技术领域的主动权;我国研发机构一直未能掌握 RFID 核心技术,因而缺少 RFID 标识标准的制订权,只能受制于人,主要从事应用性研究。以申请公开的 RFID 专利为例,我国的相关专利已超过 1 万件,在数量上超过国外产业巨头,但多为实用新型专利。[1] 为打破这一困局,我国克服国内阻力于 2013 年发布了首个基于自主创新的国家标准《信息技术射频识别 800/900MHz 空中接口协议》,同时加强 G06K、G06Q、H01Q、G08B 等领域研发,力图弥补超高频段和微波频段的技术空白。

在传感器和芯片领域,国外传感器的新技术、新产品、新工艺、新材料不断涌现,传感器数字化、智能化、微型化已成趋势,且在不断完善、不断升级。我国在处理器芯片设计、传感器芯片制造、产品集成、数据预处理等领域的技术研发远远落后于国外,尤其缺乏高端 IC 设计技术。国产传感器工艺装备差,产品质量不高,市场 80% 的传感器、90% 的传感器芯片需要进口,在技术水平、产业规模和市场份额方面,全面落后于英特尔、三星、高通等国际领军企业。以 MESE 技术为例,由于 MEMS 传感器将信息获取、处理和执行集成在一个芯片上,能够在有限的空间内最大限度地发挥传感器的功能,从而大幅提高系统的自动化、智能化和可靠性水平,有效降低成本,适合厂商大规模生产,是解决传感器微型化的关键手段,其重要性堪比集成电路技术之于 IT 产业。目前 MEMS 传感器技术基本为国外公司垄断,5 家日本公司、1 家美国公司占据了全球 MEMS 专利技术前 10 名,其中美国的专利占全球的 50%。[2] 国外龙头企业自主研发能力强、技术领域范围广、专利聚集度高、产业转化能力强,与之相比,我国相关专利多属于国内高等院校、科研院所和个人,多数仍停留在理论研究阶段,技术全面协调发展度较弱,产业化程度不高。我国企业在相关技术领域专利分散,掌握的技术面较为单一,未形成自己的核心竞争力。

在无线传感技术领域,泛在无线技术是实现物联网末梢效应和边缘价值的

---

[1] 张卓群,肖强,徐文亭,等. 从专利视角看全球物联网无线射频识别技术的发展[J]. 电子世界,2017(2):38—40.

[2] 张运鸿,张善杰. 物联网核心技术专利态势分析——以 MEMS 技术为例[J]. 物流科技,2012(5):48—53.

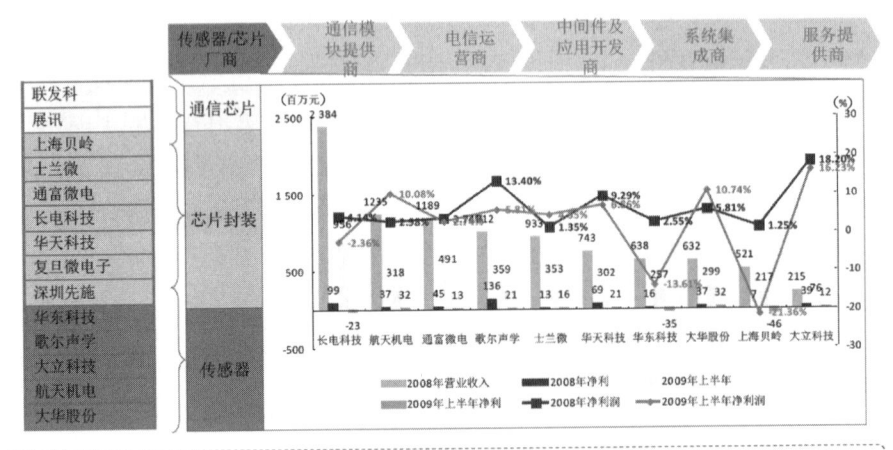

图 17.3　国内终端传感器及芯片厂商状况

核心技术,也是实现工业互联网产业化的关键。如果说 RFID 是工业互联网的"眼睛",解决了物体识别问题,那么,无线传感技术就是工业互联网的"皮肤"和"神经末梢",解决了物体的态势感知问题。2003 年,美国评出的对人类未来生活产生深远影响的十大新兴技术中,无线传感网络技术(WSN)位居第一,被认为是 21 世纪最重要的技术之一。[①] 我国非常重视无线传感网的研究和发展,1999 年中国科学院即在《知识创新工程试点领域方向研究报告》中提出了相关研究计划,并于 2002 年开始在传感器数据管理系统、时间同步和定位方面展开了深入研究,基本实现与发达国家同步。2016 年,由无锡物联网产业研究院、中国电子技术标准化研究院、重庆邮电大学共同设计完成的"ISO/IEC 20005：2013 信息技术—传感器网络—传感器网络协同信息处理支撑服务与接口",正式成为我国主导制定的传感器网络协同信息处理国际标准,达到国际领先水平。目前我国在无线传感、RFID、高频技术及导航技术等部分领域相对成熟,尤其是北京、上海等地已进入规模化应用阶段,但带宽管理体系仍然薄弱。

在技术专利方面,关键的无线传感技术有末梢感知层的关键技术(包括

[①] 朱红松,孙利民. 无线传感器网络技术发展现状[J]. 中兴通讯技术,2009(5):1—5,15.

WLAN、UWB、RFID、Bluetooth、Zigbee、60 GHz 毫米波的 WPAN 等微功率短距离无线通信技术)、网络融合层的关键技术(无线传感网接入、无线传感网路由、无线传感网拓扑控制、无线传感网中数据聚合与管理、时钟同步技术、定位技术)、无线资源管理的关键技术以及对数据进行综合信息处理等,中国在这些领域的专利申请总量领先全球。存在的主要不足是:当前专利申请活动主要集中在美、韩、日等国家,专利申请主体是大型跨国公司。① 与之相比,我国缺少无线传感领域的核心技术,专利申请量虽然大幅攀升,但专利的质量没有质的飞跃,表现为实用新型专利比重较高,其他国家寻求专利保护的数量偏少,授权率低,专利保护范围小。② 同时,技术研发的主体是高校而非企业,技术与产业之间存在明显的鸿沟,缺乏龙头企业带动。几种信息技术的比较参见表 17.1。

表 17.1　　　　　　　　　　几种主要技术的比较

主要技术	主要应用	优点	缺点	节点成本
蓝牙	替代有线:遥感勘测、移动电子商务、数字电子设备、工业控制、智能化建筑、家庭和办公自动化、电子商务、无线公文包、军事	应用较多、成本较低且方便使用	以移动电话为中心,每网最多8个节点	低于5美元
无源RFID	物流、军事、防伪等多种行业	成本低、无功耗	无处理能力,单向	5~50美分
ZigBee	家庭、楼宇自动化以及监控类应用	可靠、电源和成本优势、组网方便	缺少安全性规范和完善的标准	50美分左右
WiFi(802.11h)	Web/Email/video等相关应用	使用现有网络、高速率、组网灵活(前向、后向兼容)	高功耗、协议开销大、需要接入点	约20美元
无线通信	大范围语音和数据传输应用	覆盖广、质量好	成本相对较高	30~100美元(模块)

在远程通信技术领域,工业互联网的网络互联体系可以分为工厂内部网络和工厂外部网络,工厂内部网络主要通过各种短距无线传感技术和基于IPv4/IPv6、SDN技术的IT/OT组网技术实现"两层三级"架构中各种控制器、传感器、服务器和监控设备在生产现场的有机连接。工厂外网络主要通过远程通信

---

① 张娴,高利丹,张勐,等. 无线传感网能量管理技术专利态势分析[J]. 科学观察,2008(6):26—36.
② 刘露玲. 无线传感网络定位研究专利技术综述[J]. 中国新通信,2015(5):62.

技术连接上下游企业、企业与智能产品、企业与用户,实现企业IT/OT系统与互联网云服务平台的深度协同和系统融合。这要求远程通信技术能够提供更高速率、更高质量、更低时延、安全可靠、灵活组网的能力,5G、软件定义网络(SDN)、网络功能虚拟化(NFV)等一系列技术因此成为发展方向。针对即将到来的5G时代,我国启动早、基础好,目前已提出6个技术指标和3个效率指标,具备了引领全球5G发展的基础。在既有网络的改造方面,我国于2011年开始"863计划""三网融合演进技术与系统研究",相关技术创新成果有力地支撑了"三网融合"在全国范围内的推广,为充分发挥互联网、电信、IT和制造业的协同优势,突破网络、数据、安全等方面的技术、标准、产品制约,形成统一或兼容的工业互联网体系架构打下了坚实的基础(见图17.4)。

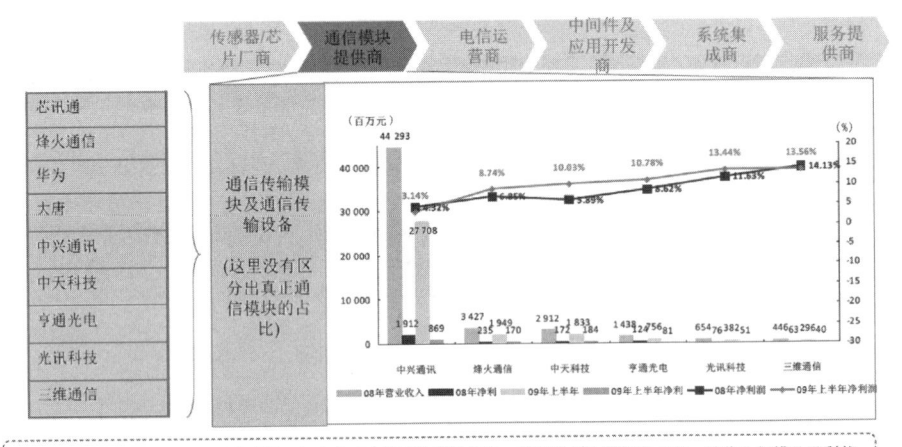

图 17.4 国内通信模块厂商状况

在大数据、云计算领域,工业大数据已经成为产业发展的创新要素,并日益成为国家间争夺的重要战略资源,是工业互联网的核心和工业智能化发展的关键。对此我国高度重视,在2015年11月3日公布的《中共中央关于制定国民经济和社会发展第十三个五年规划的建议》中,首次提出"拓展网络经济空间,推进数据资源开放共享,实施国家大数据战略,超前布局下一代互联网"。在国务院《促进大数据发展行动纲要》的鼓励下,各地纷纷出台扶持政策,应用驱动、技术发力成为我国大数据产业和科研的主要模式。当前随着以数据为中心的解决方案与应用的兴起,全球大数据企业分为两大阵营:一部分属于单纯以大数据技术为核心的创新型公司,希望为市场带来创新方案并推动技术发展,另一部分则是以数据库/数据仓储业务为主的知名公司,利用自身资源与技术优势地位冲击大数据领域。[①] 在两大阵营的主导下,工业大数据技术呈现几个发展方向:一是跨层次、跨环节的数据整合,分析方法发生变革;二是数据在网络边缘的智能处理日益重要,以实现工业生产现场的实时连接、实时控制、实时分析和安全隐私;三是与云计算深度融合,通过云平台实现数据集成管理和分析处理;四是基于知识的方法与数据驱动方法融合,通过深度数据分析挖掘,满足工业数据分析对高置信度的要求;五是数据可视化。[②] 由于全球数据量暴增、缺乏规范的数据共享和交易渠道、不同行业间很难形成数据互利共享等因素,全球数据交易及交易平台应运而生并迅速发展,形成了行业解决方案、计算分析服务、存储服务、数据库服务和大数据应用、云服务、基础软件、网络服务等若干细分大数据技术市场。[③] 我国的短板在于相关软件、处理流程和业务模式都处于摸索之中,关键基础软件研发技术落后,数据库、操作系统等基础软件基本依赖进口,制约了大数据技术的进一步发展。

在机器人、人工智能、知识工作自动化和分布式生产领域,这些技术的最终目的都是实现智能化生产——机器人的大量引入将极大地改变传统的工业生产流程,以 3D 打印技术为代表的分布式生产模式,将使得传统的工厂内生产变成真正意义上的企业间的基于工业互联网的协作。[④] 随着"工业 4.0"、工业互联网的发展,机器人产业、人工智能产业、3D 打印技术都迎来了爆发式增长,产品日益模块化、智能化和系统化,技术发展呈现人机协作、自主化、信息化、网络化四大趋势。在机器人技术领域,我国使用的工业机器人 90% 需要进口;高端机器人市场均为全球几大品牌,鲜见中国品牌;机器人的核心技术——减速器、控制器、数控系统,我国均未掌握。在人工智能领域,科幻正走入现实,从 2012

[①] 工业互联网产业联盟. 工业互联网体系架构[R]. 2016:2-4.
[②] 工业互联网产业联盟. 工业互联网体系架构(版本 1.0)[R]. 2016:4-5.
[③] 贵阳大数据交易所. 2015 年中国大数据交易白皮书[R]. 2015:7-10.
[④] 许正. 工业互联网:互联网+时代的产业转型[M]. 北京:机械工业出版社,2015:56.

年开始,我国在人工智能领域新增专利数量已经开始超越美国,人工智能企业融资规模仅次于美国,位列全球第二。我国在类脑智能、智能信息处理、智能人机交互等方向进行了重点研发布局,共支持项目9项,国家下拨经费总额达3.9亿元。通过重点任务部署,在脑机交互、中文语义信息处理、智能机器人仿生技术等领域取得重要突破,特别是在汉字识别、语音合成、语义理解、生物特征识别、机器翻译等方面保持国际先进水平。[①] 在知识工作自动化领域,算法是知识工作自动化技术的核心,全球在工业应用方面还处于非常早期的阶段;目前IBM公司略为领先,已在模拟人脑工作的芯片方面取得关键的突破,于2014年下半年发布了新一代Truenorth芯片,实现了模拟人脑神经功能。在分布式生产技术领域,我国并不处于落后的状态,部分技术还处于全球领先地位,并已在深圳形成全球3D打印生产基地、技术基地和创新中心。但与3D打印技术相关的材料性能、稳定性、适用性都还有较大提升空间;3D打印的关键核心器件(如激光器)还完全需要进口;3D打印所需软件仍以谷歌、英特尔、微软公司为主。

(3) 技术短板影响了中国工业互联网的发展。总的来说,关键技术领域,尤其是芯片制造、机器人领域的基础薄弱,导致中国工业互联网产业在核心环节上受制于发达国家,客观上难以降低产品成本、形成真正的核心竞争力。以芯片技术为例,2016年我国芯片市场规模高达1 390亿美元,其中85.6%的芯片需要进口。关键性基础技术和核心产品的缺失,使我国企业难以针对个性化需求提出既满足用户需求又有价格竞争力的系统解决方案,这是当前阻碍中国工业互联网产业发展的主要因素。

2. 积极赶超前沿技术,自主技术标准和共性基础研究能力显著增强

工业互联网领域正在研发的基础性和关键性技术主要有MEMS传感器、二维条码、射频识别、异构网融合、远程控制、网络存储、数据挖掘和信息安全八项技术,其发展状况基本反映了目前物联网/工业互联网产业技术的整体发展状况。[②] 在国家政策的大力扶持下,我国正积极加强相关技术的研发,努力保持技术研发始终处于国际前沿,并成为工业互联网相关国际专业标准的参与者和

---

① 佘惠敏. 我国人工智能产业发展综述[N]. 经济日报,2017年2月28日.
② 庄宝森,莫宏波,郝建,等. 从物联网专利分布看我国物联网产业发展[J]. 物联网技术,2014(5):83—85.

终端域	网络域	应用域
1. 现状：能满足部分应用 • 短距离为主，嵌入式基本实现，功耗有待改进，目前能满足部分应用 2. 难点：技术标准及成本成为障碍 • 技术协议和标准存在多种，且各有优劣，目前处于混战 • 由于技术的发展不足以支撑终端成本的下降，成本成为重要障碍因素 3. 热点：业内关注ZigBee和RFID • ZigBee功耗低，成本低50美分，组网方便，但缺乏安全规范及完善的标准 • RFID成本高，无源单向，未来重点研究超高频和有源RFID，推向民用	1. 基础网络层面：能够支撑 • 从带宽、网络结构方面，基本能够支撑。未来对于如何合理利用带宽和网络资源成为业内关注热点 2. 业务网络层面： • 支撑层从垂直向水平融合存在不足，需要搭建水平分层业务网络体系 • 目前IP资源的紧缺	1. 借助云计算等新的运算处理系统来处理信息和辅助决策 2. 复杂的应用层语言环境、内容管理等要求

终端及网络的融合	网络与应用的融合
1. 传感网和通信网的无缝连接 2. 统一的协议栈	1. 上下文感知技术 2. 信息和数据集成处理技术

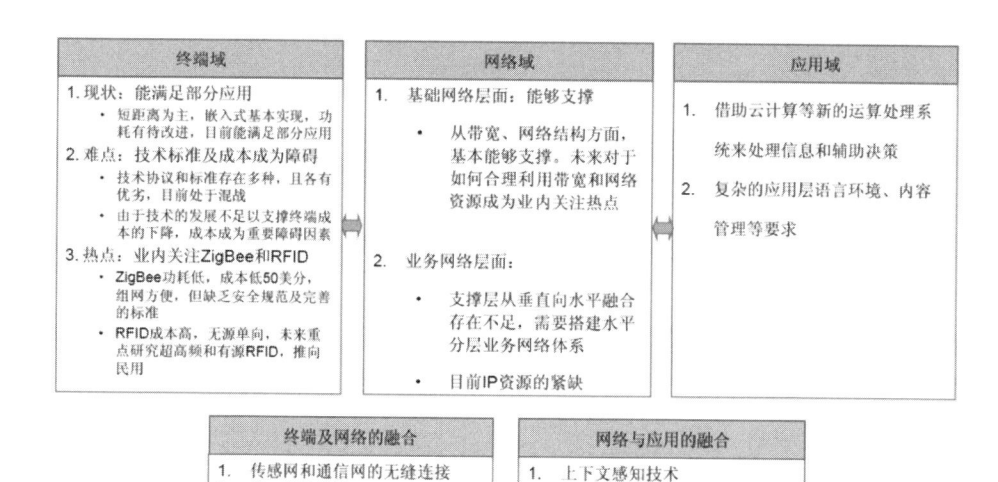

资料来源：中国电信. 中国物联网产业链分析及运营模式研究报告[R]. 北京：中国电信，2010。

图 17.5　各环节发展现状及主要难点

制定者，将实验室技术成功转化为大规模商业性应用。

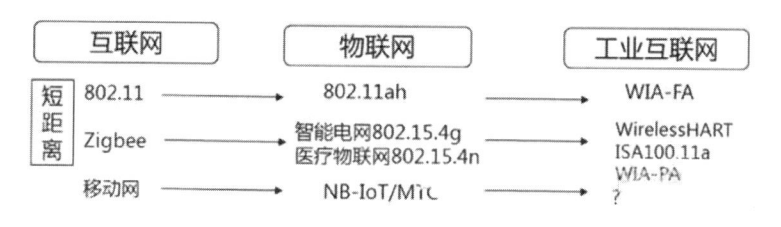

互联网	物联网	工业互联网
短距离 802.11	802.11ah	WIA-FA
Zigbee	智能电网802.15.4g 医疗物联网802.15.4n	WirelessHART ISA100.11a WIA-PA
移动网	NB-IoT/MTC	?

图 17.6　工业互联网现有技术演进路径[①]

在标准制订方面，2007年我国率先启动了传感网标准化制定工作。2008年，首届 ISO/IEC 国际传感网标准化大会在我国举办，会议上我国代表 ISO/IEC 传感网标准化工作组做了总体报告，提出传感网体系架构、标准体系、演进路线、协同架构等代表传感网发展方向的顶层设计，并获得了标准组成员国的

---

① 工业互联网无线技术应用及发展趋势[EB/OL]. http://www.chinabaike.com/t/10472/2016/0615/5382560.html，2016-06-15.

认可。2009年10月,我国成为国际传感网标准化的四大主导国(中国、美国、韩国、德国)之一,向国际标准化组织提交了多项标准化提案并被采纳,从而在制定国际标准中享有重要话语权。

组织结构	地区	EPC (EPC C1G2被接受为ISO18000-6C) 美国 欧洲	ISO (ISO18000-6B) 欧洲为主	UID 日本
	标准化组织	EPC Global	ISO	Ubiquitous ID Center
	研发机构	芯片:美国国防部、将州仪器、Intel;识别器、Symbol;软件:IBM、微软、目前欧洲也开始参与研发	芯片:STMicroelectronics、Philips;识别器、Nokia、Checkpoint;软件:SAP	日立ULSI牵头、NEC、东芝、富士通等国内企业。也有少数外国厂商,如微软、三星等参与
	采用的组织和企业	美国军方、FDA和SSA等政府机构,沃尔玛、保洁、吉列、强生等100多家欧美流通企业均为EPC成员	大型零售商,如德国METRO、英国Tesco	NEC(RFID手机)、Sankei、Shogakukan(产品跟踪)。T-Engine Forum的475家企业将会采用(大部分为日本企业)
技术差异	频段	902MHz-928MHz (UHF频段) 13.56MHz (智能卡)	860MHz-950MHz	2.45GHz (ISO标准) 13.56MHz (智能卡)
	读写速度	40kbps~640kbps 最多同时读1 000个标签	40kbps 同时读数十个标签	250kbps
	信息位数	EPC C1G1: 64~96位 EPC C1G2: 96~256位	64位	128位,可扩展至512位
	应用领域	车辆管理、生产线自动化控制、物资跟踪、出入境人员管理	关卡、码头作业和RFID标签数量不大的区域	电子支付、物流、服装、印刷等,在物流等非制造领域使用较为广泛

图 17.7 三大 RFID 标准对比

在网络通信技术方面,我国推动的 TD-LTE-Advanced 成为 4G 标准之一,形成了 4G 系统、终端、芯片、仪表等比较完整的产业链,4G 实现了产业化和全球规模商用。目前已与国际同步启动了 5G 技术研发,在 5G 的愿景、需求、概念和无线技术以及网络架构等方面,都取得了一系列积极进展,主要观点也获得了全球业界广泛认同,并与国外机构开展了项目合作研究。目前,工信部已经批复了在 3.4~3.6GHz 频段开展 5G 系统技术研发试验,目前正在抓紧开展其他有关频段的研究协调工作。

在芯片技术方面,2009 年 10 月,西安成功开发出了"唐芯一号"芯片,标志着我国物联网在核心技术领域取得了突破性进展。此外,我国还在通信、网络以及传感器等领域申请了大量的具有自主知识产权的技术专利(见表 17.2),"英国知识产权办公室"统计了从 2003 年到 2013 年之间全世界的物联网专利技术,报告显示"中日韩三国在物联网研发上占据领先地位,其中中国中兴通讯公司的专利数量位居全球科技公司第一名,而美国硅谷的科技公司在物联网研发上处于落后地位,谷歌的物联网专利数在全球仅排名84位,苹果仅名列27位"。[1] 其原因在于全球物联网产业目前尚未集聚形成类似硅谷的区域性研发基地,物联网技术研发主要依靠大公司。而谷歌和苹果这些移动互联网时代的霸主,仍延续过去的技术路线,将巨大的资源投入安卓操作系统和应用软件等方面的研发,在物联网领域投入有限,不得不通过收购公司弥补物联网领域的技术劣势。

表 17.2　　物联网关键技术专利在全球主要国家的分布情况[2]

技术领域	美国	日本	中国	韩国	德国	其他
MEMS 传感器	37%	16%	23%	3%	10%	11%
射频识别	27%	20%	19%	15%	5%	14%
二维条码	14%	54%	18%	5%	2%	7%
异构网融合	39%	16%	18%	14%	3%	10%
远程控制	22%	19%	29%	12%	3%	15%
网络存储	51%	21%	16%	3%	1%	8%
数据挖掘	38%	21%	22%	5%	2%	12%
信息安全	33%	25%	21%	5%	2%	14%

在技术应用方面,自1999年起,中国科学院相关研究所、高校和部分企业在传感网和物联网的许多技术领域所开展的科学研究与产业化攻关,支持了从传感器、信号传输、信息处理、系统集成到示范应用等多方面的研发和产业化发展,并在一些关键应用技术上实现了突破,2010年我国企业研制出全球首颗二维码解码芯片,研发的光纤传感器达到国际领先水平。目前已在我国公共安全、民航、交通、环境监测、智能电网等行业得到初步的规模性应用,部分产品已打入国际市场。如智能交通中的磁敏传感节点已布设在美国旧金山的公路上;

---

[1] 2015年物联网专利数量排行榜单:中兴排名第一[EB/OL]. http://www.askci.com/news/chanye/2015/06/29/11324861e1.shtml,2015-06-29.
[2] 庄宝森,莫宏波,郝建,等. 从物联网专利分布看我国物联网产业发展[J]. 物联网技术,2014(5):83-85.

周界防入侵系统水平已处于国际领先地位；智能家居、智能医疗等面向个人用户的应用已初步展开。①

3. 上海拥有发展工业互联网的技术优势

上海是我国工业互联网技术和应用的主要发源地之一，在工业互联网技术研发、标准制定、产业基础、配套设施等诸多方面都居国内领先地位，具备了一定的先发优势。早在1999年，中科院上海微系统所等研究机构就开始传感网的相关研究。2002年上海复旦大学成立了Auto-ID实验室，是Auto-ID实验室在中国的唯一会员单位。2004年上海就开始进行RFID关键技术的研究和示范，启动了国家第一个RFID大专项研究。2006年，科技部与上海市在张江建立了首个国家级"射频识别技术（RFID）产业化基地"，目前上海不仅是传感器网络的国家标准验证示范基地，也是农业部的农业物联网示范基地，上海的科研单位不仅主导了国家传感器网络标准制定和验证示范，同时也是国际标准的主要制定者之一，累计有40多项上海单位主持或参与的物联网技术和应用标准规范发布。世博会前，上海投资8亿元攻克了物联网核心技术并在世博会得到广泛应用。

为深入推进工业互联网产业化发展，上海已明确了技术突破方向，未来重点加大以下三个方面的技术攻关：一是攻关基础技术。上海在芯片核心技术、电路设计、RFID芯片设计制造、智能传感器、后台数据分析等方面都拥有技术优势，将进一步加大技术、资本和人才投入。二是突破应用类的关键技术，重点是机器人、视觉传感器、控制技术等基础学科类应用技术。三是工业互联网服务平台技术。上海有较好的化工监控、健康医疗和政府服务平台，未来将进一步发挥技术优势和市场优势，以应用带技术，搞好智能交通、车联网等工业互联网特色应用服务平台建设。

（二）上海发展工业互联网的互联网基础

工业互联网的发展离不开消费互联网的需求拉动，互联网和电子商务的普及为工业互联网的发展提供了平台和基础，良好的互联网发展基础是应用和推

---

① 李中民. 我国物联网发展现状及策略[J]. 计算机时代, 2011(3): 13—15.

广工业互联网的前提。但工业互联网并非现有互联网的简单延伸和扩展,工业制造级别的互联网需要更快的响应速度和更高级别的安全等级,在技术性能上有质的差异。上海拥有良好的互联网发展基础,是国内宽带普及率较高的地区,在数字内容、信息家电、移动通信等发展中处于领先水平,我们可以从"互联网普及率、移动互联网、宽带接入数、IP地址数量、企业用户数"等几项指标衡量上海的互联网发展基础。

1. 网络用户规模巨大

中国网民规模已经相当于欧洲人口总量,2016年共计新增网民4 299万人,增长率为6.2%。[①] 互联网普及率达到52.87%,超过全球平均水平3.1个百分点,超过亚洲平均水平7.6个百分点。[②]

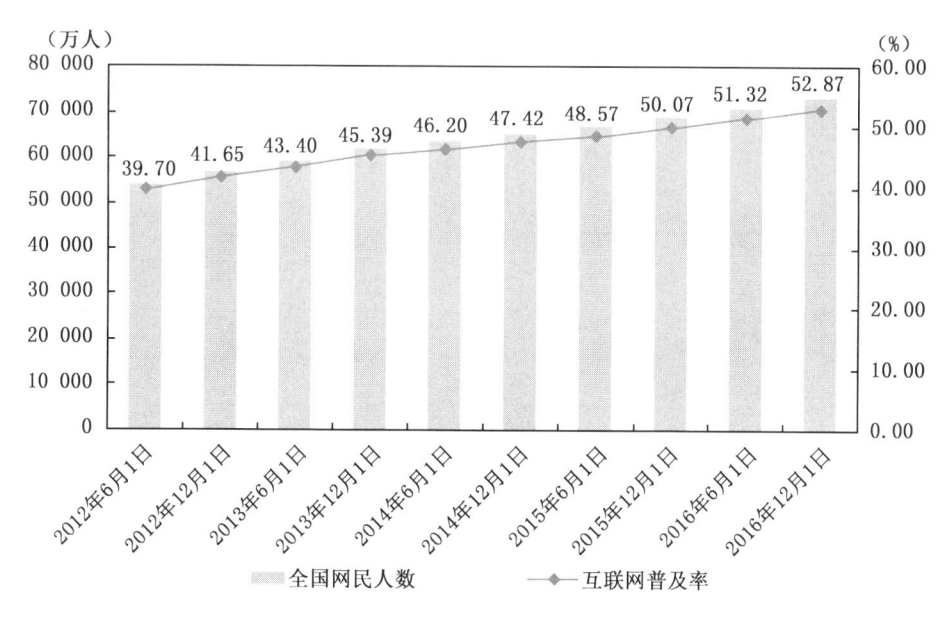

资料来源:《中国互联网络发展状况统计报告》《中国人口统计年鉴2016》。

图 17.8 中国网民规模及互联网普及率

[①] 中国互联网信息中心. 第39次中国互联网络发展状况统计报告[R/OL]. http://www.cnnic.net.cn/hlwfzyj/hlwxzbg/hlwtjbg/201701/t20170122_66437.htm,2017-1-22.

[②] 全球及亚洲互联网普及率来源于http://www.internetworldstats.com/stats.htm,2018-7-16。

截至2016年12月上海固定互联网宽带接入617万户,移动互联网用户为2 616.1万人,网民人数为1 791万人,互联网普及率达74.1%,名列全国第2位。从全国看,中国大陆(内地)31个省、自治区、直辖市中网民数量超过千万规模的达26个,互联网普及率超过全国平均水平的省份达12个。东部地区10省中,有7省的互联网普及率超过全国平均水平,中部地区6省中仅有1省,西部地区12省中有2省,东北部地区3省中有1省超过全国平均水平。不同经济区域间互联网普及率差异非常明显,普及率排名靠前的省份主要集中在华东地区,而排名靠后的主要集中在西南地区,显示出互联网发展水平与经济发展水平的高度相关性。其中,互联网普及率最高的三个地区分别为北京、上海和广东,属于互联网发展的第一梯队(见表17.3),福建、浙江、天津紧随其后,其中上海领先全国平均水平21.7个百分点,具有明显的领先优势。

表 17.3　　　　　　　　　　各省互联网普及率排名

省份	2016年网民数（万人）	2016年12月互联网普及率（%）	2015年12月互联网普及率（%）	网民规模增速（%）	普及率排名
北京	1 690	77.8	76.5	2.6	1
上海	1 791	74.1	73.1	1.0	2
广东	8 024	74.0	72.4	3.3	3
福建	2 678	69.7	69.6	1.1	4
浙江	3 632	65.6	65.3	1.0	5
天津	999	64.6	63.0	4.5	6
辽宁	2 741	62.6	62.2	0.4	7
江苏	4 513	56.6	55.5	2.2	8
山西	2 035	55.5	54.2	3.0	9
新疆	1 296	54.9	54.9	2.7	10
青海	320	54.5	54.5	0.8	11
河北	3 956	53.3	50.5	6.0	12
山东	5 207	52.9	48.9	8.7	13
陕西	1 989	52.4	50.0	5.5	14

续表

省份	2016年网民数（万人）	2016年12月互联网普及率（%）	2015年12月互联网普及率（%）	网民规模增速（%）	普及率排名
内蒙古	1 311	52.2	50.3	4.1	15
海南	470	51.6	51.6	0.9	16
重庆	1 556	51.6	48.3	7.6	17
湖北	3 009	51.4	46.8	10.5	18
吉林	1 402	50.9	47.7	6.7	19
宁夏	339	50.7	49.3	3.7	20
黑龙江	1 835	48.1	44.5	7.5	21
西藏	149	46.1	44.6	5.5	22
广西	2 213	46.1	42.8	8.8	23
江西	2 035	44.6	38.7	15.7	24
湖南	3 013	44.4	39.9	12.2	25
安徽	2 721	44.3	39.4	13.6	26
四川	3 575	43.6	40.0	9.7	27
河南	4 110	43.4	39.2	11.0	28
贵州	1 524	43.2	38.4	13.2	29
甘肃	1 101	42.4	38.8	9.6	30
云南	1 892	39.9	37.4	7.4	31
全国	73 125	53.2	50.3	6.2	

2. 移动互联网领域快速发展

人类已进入移动互联网时代，随着2008年国家"新一代宽带无线移动通信网重大专项"的正式启动，我国实现了移动通信从"2G跟随""3G突破"到"4G同步"，实现了与全球的同步跨越。目前我国正处于4G建设的高潮和5G技术研发的关键时期，中国电信与中国联通已经开启建设800M低频4G，中国移动已经宣布要在2020年前部署5G。截至2016年12月，中国已建成全球最大的4G网络，4G用户达到了7.7亿户，占移动电话比重超过58%；网民人数由4.57

亿增长到7.31亿，其中手机网民规模达6.95亿，网民手机上网比例进一步攀升至95.1%。据中国信息通信研究院预测，2017年，全球移动用户数将接近80亿，普及率达到104%，预计2021年将超过90亿。我国4G用户数将有望超过10亿户，2021年我国4G用户在总移动用户中的渗透率将接近85%，其中我国市场将以TD-LTE为主，TD-LTE用户占4G用户的比例保持在70%以上，2021年有望达到8.7亿户。

截至2016年12月，上海移动电话用户达3 259.9万户，普及率达134.97%。其中上海的移动互联网用户数已经超过固定互联网的用户数，上海每3部手机中就有1部是3G以上智能手机，网上支付的使用比例由57.7%提升至67.5%，支付用户规模增长迅速，达到4.69亿，年增长率为31.2%。[①] 随着移动网络设施的提升和移动终端的激增，移动互联网的发展表现出三个趋势：一是移动互联网与固定互联网业务融合；二是移动通信业务互联网化；三是移动互联网业务产生不同于固定互联网的业务创新。对此，上海作为国家首批智慧城市试点之一，制定了"无线城市"规划，"三网融合"正在稳步推进，"四网协同"可通过多种无线接入技术（GSM、TD-SCDMA、TD-LTE和Wi-Fi），使整个城市可以随时随地根据需要接入和管理，这为工业互联网对接移动互联网的个性化消费提供了更完善的网络基础设施。

3. IP资源和域名应用方面

全球IPv4地址数已于2011年2月分配完毕，自2011年开始我国IPv4地址总数保持在33 810万个（见图17.9），拥有量前6位的省（市）分别是广东10.4%、北京10.1%、江苏8.1%、浙江7.8%、上海6.5%、山东5.8%。[②] 截至2011年年底，上海企业共申请的IPv4地址总数达6 389 568个，其中，上海电信占54.76%，上海联通占7.17%，上海移动占1.71%，上海铁通占3.67%，其他公司占32.69%。[③]

截至2016年6月，我国IPv6地址数量为20 781块/32（见图17.10），IPv6

---

① 第39次《中国互联网络发展状况统计报告》。
② 中国第十七次互联网调查的数据。
③ 上海通信管理局. 上海IPv4地址分布情况[EB/OL]. http://www.shca.gov.cn/html/Item_192/info_1178.html, 2012-3-27.

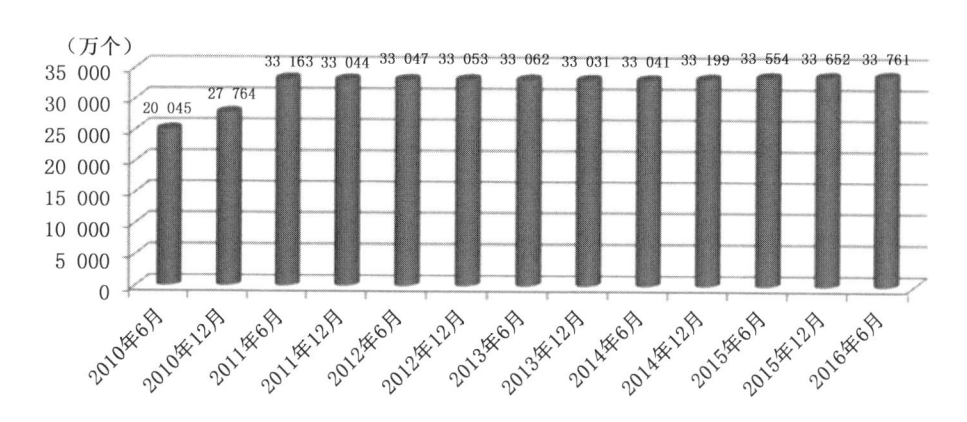

（万个）
35 000
30 000　　　　　33 163 33 044 33 047 33 053 33 062 33 031 33 041 33 199 33 554 33 652 33 761
　　　　　27 764
25 000 20 045
20 000
15 000
10 000
5 000
0
2010年6月 2010年12月 2011年6月 2011年12月 2012年6月 2012年12月 2013年6月 2013年12月 2014年6月 2014年12月 2015年6月 2015年12月 2016年6月

图 17.9　中国 IPv4 地址资源变化情况

的渗透率仅为 0.48%,商用部署面临诸多挑战。[①] 其原因在于:将现有的 32 位 IPv4 扩展 8 位到 40 位,可以把可用的地址扩大 256 倍,从而暂时缓解 IPv4 向 IPv6 过渡期间的地址不足问题。但随着互联网的飞速发展和用户对互联网服务水平的不断提高,万物互联对 IP 地址的需求将呈几何级数上涨,因此 IPv6 地址作为工业互联网推广的前提,将会越来越受到重视,并迎来井喷式增长。

4. 域名的应用方面

截至 2016 年 12 月,中国".CN"域名总数为 2 061 万,年增长 25.9%,占中国域名总数比例为 48.7%。".中国"域名总数为 47.4 万,年增长 34.4%。

5. 宽带接入情况

截至 2016 年 8 月,中国互联网宽带接入用户数达到 2.86 亿户,其中光纤接入(FTTH/0)用户达到 2.01 亿户,占宽带用户总数的 70.28%。据预测,2016 年年末中国互联网宽带用户数可达 3.23 亿户,其中光纤接入用户占比为 75.0%;到 2017 年年末,中国互联网宽带用户将继续高速增长,达到 4.90 亿

---

① 中国互联网络信息中心. CNNIC IP 地址分配联盟工作报告[EB/OL]. http://www.shca.gov.cn/html/Item_192/info_1586.html,2015-08-25.

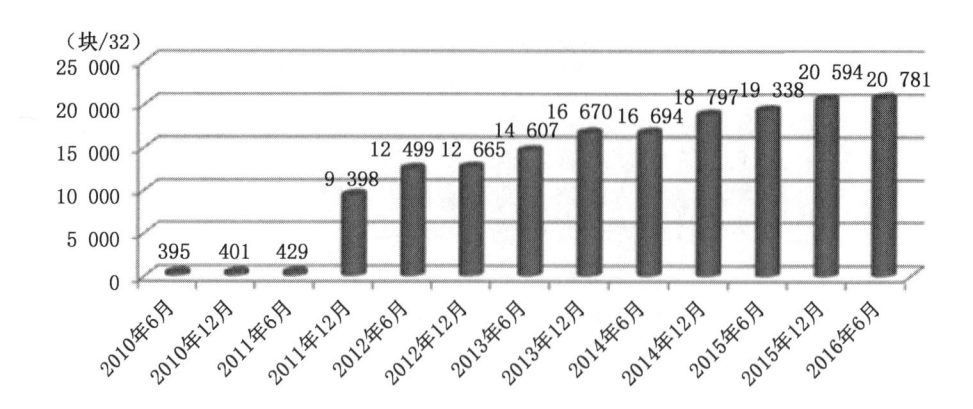

图 17.10　中国 IPv6 地址数量①

户,其中光纤接入用户占比为 88.9%。②

中国宽带网速已经迎来"10M 时代"。截至 2016 年第二季度,全国有 16 个省级行政区域的平均下载速率超过 10Mbit/s,已占全国所有省级行政区的一半以上,上海、北京、成都、南京、天津的宽带速率位居全国前五位,其中上海的平均下载速率已率先突破 12M,达到 12.31 Mbit/s,持续位列全国首位(见图 17.11)。③

6. 企业用户

企业的计算机使用、互联网使用以及宽带接入已全面普及,分别达 99.0%、95.6% 和 93.7%,相比 2015 年分别上升 3.8、6.6 和 7.4 个百分点,企业互联网办公的使用比例首次突破 90%,且与计算机使用比例间的差距缩小至近年来最低。此外,在信息沟通类互联网应用、财务与人力资源管理等内部支撑类应用方面,企业互联网活动的开展比例均保持上升态势。此外,企业在线销售、在线采购的开展比例实现超过 10 个百分点的增长,分别达 45.3% 和 45.6%。在传

---

① 曾小红. 2016 年 6 月中国 IP 地址数量飞速增长[EB/OL]. http://www.chyxx.com/industry/201608/438261.html,2016-8-15.
② 曾小红. 2017 年中国互联网宽带用户数及光缆长度发展趋势[EB/OL]. http://www.chyxx.com/industry/201701/486632.html. 2017-1-13.
③ 宽带发展联盟. 中国宽带速率状况报告[R]. 2016(12):32—39.

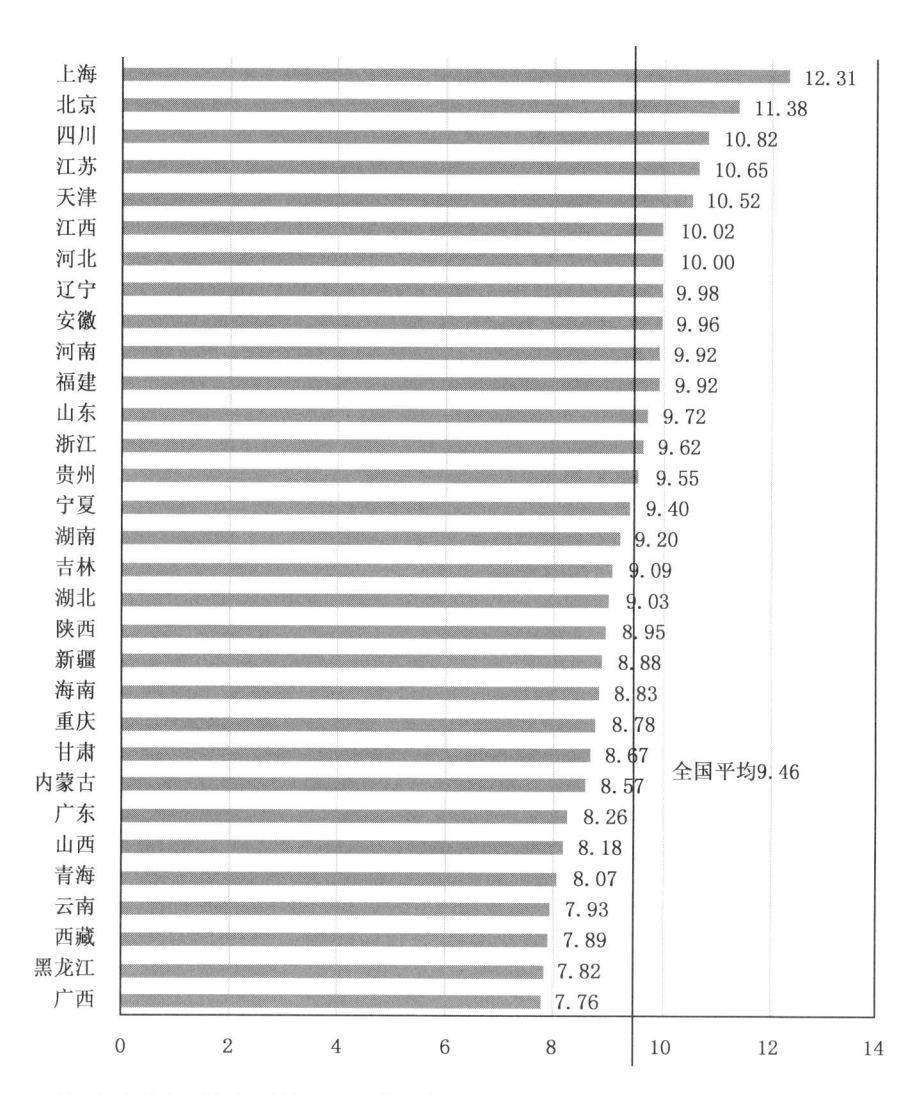

省份	速率
上海	12.31
北京	11.38
四川	10.82
江苏	10.65
天津	10.52
江西	10.02
河北	10.00
辽宁	9.98
安徽	9.96
河南	9.92
福建	9.92
山东	9.72
浙江	9.62
贵州	9.55
宁夏	9.40
湖南	9.20
吉林	9.09
湖北	9.03
陕西	8.95
新疆	8.88
海南	8.83
重庆	8.78
甘肃	8.67
内蒙古	8.57
广东	8.26
山西	8.18
青海	8.07
云南	7.93
西藏	7.89
黑龙江	7.82
广西	7.76

全国平均9.46

注：各省忙闲时加权平均可用下载速率（单位：Mbit/s）。

图 17.11　各省宽带速率（2016 年）[①]

统媒体与新媒体加快融合发展的趋势下，互联网在企业营销体系中扮演的角色愈发重要，互联网营销推广比例达 38.7%。此外，六成企业建有信息化系统，相

---

① 宽带发展联盟. 中国宽带速率状况报告[R]. 2016：25－30.

比 2015 年提高 13.4 个百分点。在供应链升级改造过程中,企业日益重视并充分发挥互联网的作用。[1]

上海目前已建成 365me 平台,把工业行业内的供应商、生产厂家、分销商、零售商等在一条链路上的所有环节都联系起来,使工业产品能以最快速度,通过生产、分销环节变成增值产品,为制造业服务。

7. 上海发展工业互联网需要着重解决的网络基础问题

上海现在拥有的互联网基础设施优势和技术优势,并不能满足工业互联网发展的要求,需要新一轮的大规模网络基础设施改造和新建新一代光纤网络。随着网络技术、信息技术的发展,智能化制造将逐步成为工业生产的主导模式,服务成为制造业价值增值的主要环节,推动了工业生产信息系统与外部的公众互联网走向深度融合和高度协同。工厂信息系统(IT)与互联网的融合、工厂操作技术系统(OT)与互联网的协同、企业专网与互联网的融合、产品服务与互联网的融合这"四个融合"带来四个方面的变化:一是云服务平台(如 SaaS)将托管企业的 IT 系统(如 ERP、CRM),使得企业能够根据需求在全球各地访问计算机和存储系统,将资源切换到需要的应用上,从而提高运行效率、降低 IT 成本;二是部分操作技术系统向公众互联网延伸,从而完成远程维护机器、调整现场生产过程等任务;三是企业的专网与公众互联网有效对接,通过网络虚拟化及软件定义网络技术,生成独立的网络平面、构建业务场景;四是智能工业产品与互联网对接,使工业企业能够通过互联网实现对海量产品的信息监测并提供预测性维护,完成销售产品向产品+服务的模式升级。

这四个方面的变化对工厂内部网络和外部网络都提出了新的要求,现有的工业控制系统需要通过不断升级才能达到工业互联网满足个性化定制生产的需求,具体表现为:在工厂内部网络方面,一是现有的"两层三级"工业控制网络与未来的工厂信息网络的技术标准不同,难以融合互通;二是工业生产流程中存在大量的信息孤岛和死角,需要在信息网络升级中实现全方位、全流程的覆盖;三是工业控制网络是相对静态的、与金字塔式的组织结构相匹配的,不符合

---

[1] 中国互联网信息中心.第 39 次中国互联网络发展状况统计报告[R]. https://www.cac.gov.cn/2017-1/22/c_1120352022.htm,2017-1-22.

定制化柔性生产的要求。

在工厂外部网络方面：一是远程维护、场景再现对互联网的性能提出了更高的要求，现有的连接"企业上下游、企业与智能产品、企业与用户"的工厂外部网络，无论是在网络速度、时延、可靠性和服务质量方面都难以满足工业生产级别的要求；二是企业IT等系统转向云平台后，对网络平台的响应能力和公共网络的承载能力提出更高要求，目前无论是公众互联网还是VPN专网都无法满足海量企业专线的互联需求；三是IP地址空间需要向IPv6升级，以满足百亿级终端接入的需求；四是网络安全和客户隐私问题凸显，产品智能发送信息、互联网直接接入工厂生产线，都会对网络安全产生威胁，迫切需要提高工业互联网的安全级别和防护手段。

对此，上海需要在现有互联网的基础上，尽快按照工业互联网的标准，提升网络基础设施的性能和规模：一是尽快会同国家部委、科研院所制订工业互联网网络架构方案，推进基于IPv6地址的网络示范工程，为工业互联网的快速推广做好顶层设计。二是加快工厂外部宽带网络优化升级，超前部署超长距离、超大容量光传输和智能管控设备，重点推进工业园区内的光纤网、移动通信网和无线局域网提升、改造工程，为企业改造工厂内部网络提供外部高速通道。三是有序推进工业互联网应用基础设施建设，引导云计算数据中心、服务器、感知设施等的合理发展和布局，推动工业互联网与公众宽带网络的对接融合和协同匹配。

（三）上海发展工业互联网的配套产业基础

1. 全球工业互联网产业发展总体状况

（1）全球工业互联网产业链正处于爆发式增长的前期。工业互联网产业链主要包括设备制造商［芯片厂商、传感器制造商（包括电子标签、各类传感器、执行器等制造商）、通信模块提供商（传感节点、网关等完成底层组网、自组网设备）］、系统集成商（集成各类设备、子系统间的接口、协议、系统平台、应用软件等与子系统、使用环境、施工配合、组织管理和人员配备，包括软件与系统解决方案提供商）、网络运营商［通信网（固网和移动网）、互联网、广电网、电力通信网（PLC）、专网等网络运行服务商］、平台供应商（为工业互联网应用提供支撑，为设备制造商提供终端监控和故障定位服务,为系统集成商提供代计费和客户服务,为终端用户提供可靠全面的服务,为应用开发者提供统一、方便、低廉的开发工具等)和客户等一系列环节(见图17.12)。

设备制造商 → 系统集成商 → 网络运营商 → 平台供应商 → 用户

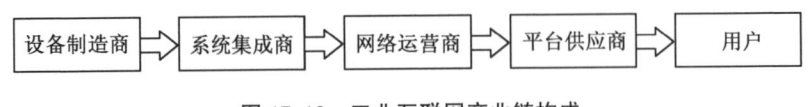

图 17.12　工业互联网产业链构成

在 GE 等跨国公司的主导下,全球工业互联网产业链已初步形成,正处于产业爆发式增长的前期。其中,欧美发达国家的工业互联网产业生态环境相对成熟,已经将工业互联网投入应用,并在交通运输、能源、医疗等行业取得了显著的成效。欧美的优势在于国内网络速率高、资费低,拥有较强的技术研发能力,在芯片、传感器制造等领域拥有绝对的优势,其产品性能优越、市场认知度高,部分行业已经进入整合并购的发展阶段(见图17.13)。日本、韩国作为信息产业的大国,正紧随欧美大力推行自主研发的标准体系,其产业链协作体系清晰,但未进入产业链整合发展的阶段,运营商是整个产业链的主导力量。

(2) 我国拥有完整的工业互联网体系中,但层次较低。我国是全球少数几个拥有完整互联网产业链的国家之一,已经形成涵盖感知制造、网络制造、软件与信息处理、网络与应用服务等门类相对齐全的物联网产业体系。[1] 目前我国工业互联网已进入产业链形成初期,产业利润主要集中于设备制造商和系统集成商。随着市场对于服务需求的增加,产业运营模式将不断成熟,网络运营商、平台供应商和大型制造业企业将成为行业的主导力量。

从工业互联网产业整体价值链来分析,相对来说,硬件厂商的价值较小,传感器/芯片厂商加上通信模块提供商约占整体产业价值的15%,电信运营商提供的管道约占整体产业价值的15%,剩下70%的市场价值均由系统集成商、服务提供商、中间件及应用商分享,而这类占产业价值绝大部分的公司通常都集多种角色于一体,以系统集成商的角色出现。[2] 从目前运营状况来看,运营商竭力在向两端延伸价值,但产业链的演变不是以运营商的意志为转移的,运营商

---

[1] 工信部电信研究院. 物联网白皮书[R]. 2014.
[2] 吴刚. 产业链视角下陕西物联网产业可持续发展研究[J]. 中国商贸,2011(20):243-244,248.

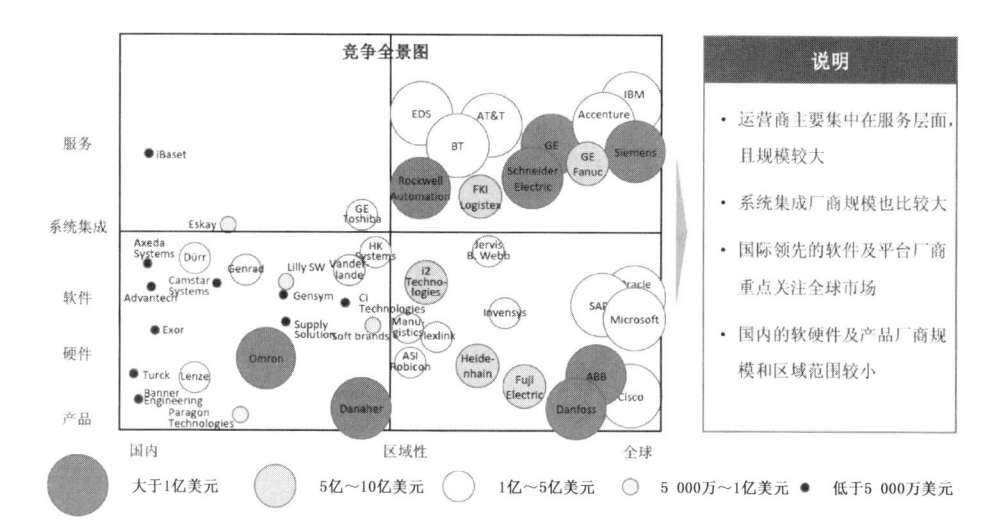

资料来源：中国电信．中国电信物联网发展战略研究报告[R]．北京：中国电信，2010。

图 17.13　全球产业链各环节主要参与者的产业定位和规模

可以在其中努力扩大产业链的自身价值，但在实际的商业模式中，要让广大的集成商使用运营商标准的模块和平台，必须利用价值让利，通过模块的补贴、定制、集采逐步让集成商接纳运营商的标准，进而将行业应用数据流逐步迁移到运营商的平台上。在一过程中，大型跨国制造业企业由于掌握核心制造技术和终端应用市场，将在与网络运营商的平台竞争中，凭借核心的加工生产技术，最终胜出。

与国外相比，我国的工业互联网产业链各个环节存在诸多不足：我国企业分散、规模较小，技术研发能力偏弱，在芯片制造、传感器等产品设计和生产领域缺少核心竞争力。即使在工业互联网各项技术远未成熟的情况下，现有机制也很难形成创新创业的氛围，在技术领域实现全面跨越式赶超。尤其是我国还有大量的制造企业仍处于工业1.0、2.0发展阶段，要想跨越式进入"工业4.0"、工业互联网的发展阶段，难度颇高。产业链各环节发展存在的具体问题及改进方向见表17.4。

表 17.4　　　　　　　产业链各环节发展存在的具体问题及改进方向

产业链各环节	现有不足	改进方向
终端领域	(1)终端通用性差,推广成本高;(2)供应商分散、规模小;(3)智能终端应用开发较少,缺乏统一性	(1)统一终端接口协议;(2)提高终端设备的普适性;(3)培育自主研发的芯片和传感器制造业企业
网络设施	(1)宽带资源不足;(2)工厂现场铺设网络成本较高	(1)进一步推进宽带发展;(2)降低宽带资费
应用开发	(1)终端应用标准不统一;(2)难以满足个性化、多样性需求	(1)统一产业技术应用标准体系;(2)加大软件开发企业扶持力度
系统集成	(1)系统集成层次较低,进一步提供软硬件综合解决方案能力较低;(2)产业发展资金压力较大	(1)模式创新,缓解行业发展的资金压力;(2)支持上游供应商向下游拓展业务;(3)鼓励产业内外企业合作创新
运营平台	缺乏工业互联网运营的公共支撑平台	建立工业互联网运营支撑平台

(3)上海具有发展工业互联网的产业优势。上海是我国工业互联网技术和应用的主要发源地之一,在工业互联网技术研发、标准制定、产业基础、配套设施等诸多方面都居国内领先地位,拥有"高端制造和互联网"两方面的产业发展优势。在产业基础上,上海的汽车、装备、电子、机械、航空航天等行业在中国具有较强竞争优势,且产业链配套较为齐全。在互联网方面,2016 年,上海软件和信息服务业的年经营收入超过 6 800 亿元人民币,同比增长 15%;"十三五"时期末,上海的软件和信息服务业年营收规模计划跨过"万亿元"大关。在传感器方面,上海拥有芯片制造、RFID 产品的核心技术,RFID 销售规模占全国 1/3,具备了明显的产业优势。

在产业发展规划上,上海始终保持着每三年定一轮行动计划,已经在全市各区形成了各具特色的工业互联网产业体系。2010 年,上海发布《上海推进物联网产业发展行动方案(2010—2012 年)》,把浦东和嘉定列为上海物联网发展示范区,形成一南一北两大物联网发展基地。杨浦区发挥高校人才集聚优势,重点在人才培养和创新应用;长宁区侧重应用示范推广工作;浦东是物联网产业的基地,集聚了包括 RFID 在内的众多企业;金山重点围绕化工产业特点来开展物联网和工业互联网的应用示范。

在应用推广上,上海是全国范围内最早推动 RFID 应用的城市,在交通、港口、医疗、电力、物流、金融、世博会等领域物联网技术已全面开花,已经成为传感器网络的国家标准验证示范基地,也是农业部的农业物联网示范基地。上海市还发布了《上海推进智能电网产业发展行动方案(2010—2012 年)》,加快推进智能电网相关产业发展、率先进行智能电网示范。宝信在工业领域、万达在健康医疗领域都已实质性地开展了工业互联网的建设。

2. 上海在国内终端传感器领域掌握了发展先机

(1)全球传感器市场持续增长。传感器不仅是人类感知外界的核心元件,也是万物互相感知的核心元件。随着物联网、工业互联网的推广,各类传感器得到了大规模部署和应用,覆盖范围包括智能工业、智能安保、智能家居、智能运输、智能医疗等领域。全球传感器市场近年来保持了快速增长,2015 年市场规模已突破 1 500 亿美元,未来几年全球传感器市场将保持 20% 以上的增长速度。美国、日本和德国瓜分了全球传感器近 60% 的市场份额,而其他亚洲国家包括中国的市场份额仅占约 15.8%(见图 17.14)。[①]

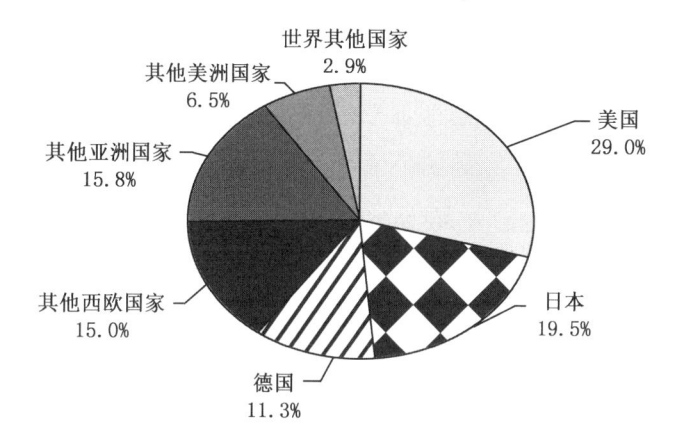

资料来源:中国产业信息网. 我国传感器市场发展现状分析[EB/OL]. http://www.chyxx.com/industry/201609/452740.html,2016-9-28。

图 17.14 传感器全球市场份额分布情况(2015 年)

[①] 中国产业信息网. 我国传感器市场发展现状分析[EB/OL]. http://www.chyxx.com/industry/201609/452740.html,2016-9-28.

国际市场方面,目前全世界约40个国家从事传感器的研制、生产和应用开发,研发机构6 000余家。其中美、日、德等国家实力较强,产品门类繁多,各种产品累计2万余种。全球著名的公司包括美国霍尼韦尔公司、福克斯波罗公司、美国恩德福克公司、荷兰飞利浦公司、德国英飞凌公司、英国贝尔-霍威尔公司(Bell&Howell)等。2016年全球传感器市场排名前10的企业为:得州仪器(Texas Instruments)、美国模拟器件公司(Analog Devices,ADI)、博世(Bosch)、Kionix、楼氏声学公司(Knowles Acoustics)、Akustica、SiTime、惠普、美国IMT公司(Innovative Micro Technology)、飞思卡尔半导体(Freescale Semiconductor),各企业主要产业类型和应用领域见表17.5。

表17.5　　　　　　　　　　全球主要传感器厂商及其产品

厂商名称	产品类型	应用领域
霍尼韦尔	压力、温度、湿度红外、超声波、磁阻、电流传感器	航空、航天、国防、交通运输、医疗以及工业
意法ST	压力、加速度传感器、MEMS射频器件、陀螺仪	汽车电子、工业控制、医疗电子、消费电子、计算机
飞思卡尔	加速度、压力传感器	汽车电子、消费电子
博世	压力、加速度、气体传感器、陀螺仪	汽车电子、消费电子等
PCB	加速度、压力、力、扭矩传感器	航空、航天、船舶、兵器、核工业、石化、水利、电力、轻工、交通和车辆等
ABB	容性、电流、感性、光电、超声波、电压传感器	电流电压测量、电力、动力机车
威世(Vishay)	应变片、称重传感器	工业称重
HBM	力、扭矩、位移、应变式称重	工业生产监控
MEAS	压力、位移、角位移、霍尔、磁阻、加速度、振动、温度、温度、液体特性、红外、光电、压电薄膜传感器	航空、航天、国防、机械设备、工业自动控制、汽车电子、医疗空调、石油化工、气象检测
飞利浦	称重、温度传感器	工业、汽车

资料来源:根据互联网报道及各公司网站数据整理。

(2)国内传感器市场快速增长并形成了完整的产业体系。经过30多年的科技攻关,我国敏感元件与传感器制造技术有了长足进步,主要表现在:一是产业研发体系完善。建立了传感技术国家重点实验室、微米/纳米国家重点实验室、国家传感技术工程中心等研究开发基地。二是国家重点项目支持。MEMS、MOEMS(微光机电系统)等研究项目列入了国家高新技术发展重点。三是产品种类众多。我国生产的传感器的品种规格已有近6000种,并已在国民经济中发挥了重要应用。

经过"十五"到"十二五"的科技攻关和产业化建设,我国已建立了较完整的敏感元件与传感器产业,目前全国已有2000多家企事业单位从事传感器的研发、生产和应用。长三角地区集中了全国约半数以上的传感器生产企业,并逐渐形成了以北京、上海、南京、深圳、沈阳和西安等中心城市为核心的产业空间布局,为中国工业互联网的发展打下良好的基础(见表17.6)。

表17.6　　　　　　　　　中国各区域传感器主要产品[①]

区域	核心城市	产业体系	主体企业
长三角	上海、无锡、南京	热敏、磁敏、图像、称重、光电、温度、气敏等较为完备的传感器生产体系及产业配套	外资和台资
珠三角	深圳	热敏、磁敏、超声波、称重为主的传感器产业体系	外资企业
东三省	沈阳、长春、哈尔滨	主要生产MEMS力敏传感器、气敏传感器、湿敏传感器	国有企业
京津冀	北京	从事新型传感器研发,在某些领域填补国内空白。北京已建立微米/纳米国家重点实验室	以高校为主
中部地区	郑州、武汉、太原	在PTC/NTC热敏电阻、感应式数字液位传感器和气体传感器等产业方面发展态势良好	产学研紧密结合的模式

与此同时,传感器行业工业总产值总体呈上升趋势,2015年传感器制造业规模以上企业(年销售收入500万元以上)实现销售收入已达到1200亿元,中国传感器市场2010—2015年间年复合增长率达到31%,在GDP中的占比维持

[①] 根据中投顾问《2016—2020年中国传感器行业深度调研及投资前景预测报告》及各地新闻报道资料整理。

在 0.10%～0.15%。① 在 RFID 产业方面,形成了 RFID 低频和高频的完整产业链及以京、沪、粤为主的空间布局,2009 年市场规模就达到了 85 亿元,成为仅次于英国、美国的全球第三大市场;机器到机器(M2M)终端数量接近 1 000 万,成为全球最大的 M2M 市场。②

国内传感器领域的主要龙头企业有华工科技、大立科技、苏州固锝、歌尔声学、瑞声声学、广陆数测、汉威电子、航天机电、美新半导体、中航电测、格科微电子、昆仑海岸、青鸟元芯、华润半导体等(见表 17.7)。

表 17.7　　　　　　　　国内主要传感器企业及其设计领域③

传感器企业	主营传感器领域
高德红外	红外热成像仪
科陆电子	电力传感器
瑞声声学	MEMS 麦克风
华工科技	汽车、家电用温湿度、雨量传感器
中航电测	板式传感器、不锈钢传感器、合金钢传感器、铝传感器、微型传感器
大立科技	红外热成像仪
航天机电	汽车用传感器
歌尔声学	MEMS 麦克风
汉威电子	气体传感器
美新半导体	加速度传感器
格科微电子	CMOS 图像传感器
昆仑海岸	压力传感器、液位传感器、温湿度传感器
青鸟元芯	MEMS 压力传感器、加速度传感器、温湿度传感器
杭州麦乐克	红外传感器
华润半导体	光敏传感器

---

① 中国电子信息产业发展研究院. 传感器产业发展趋势分析[R/OL]. 2017.
② 贾学良. 浅析物联网发展现状及趋势[J]. 山西财经大学学报,2012(S1):105,107.
③ 中国产业信息网. 我国传感器市场发展现状分析[EB/OL]. http://www.chyxx.com/industry/201609/452740.html,2016-9-28.

（3）上海进一步发展传感器产业需要解决的问题。上海在国内传感器领域处于龙头地位，在国家"双加工程"的推动下，上海传感器工艺得到了快速提升，并在技术创新、自主研发、成果转化和竞争能力等方面有了长足进展，已基本掌握了中低端传感器研发的技术，正由仿制、引进逐步走向自主设计、创新发展阶段。

虽然我国传感器技术在政府的支持和引导下得到了长足发展，但与国外先进技术相比，我国传感器行业总体技术水平相对比较落后，表现为国产传感器应用范围较窄，主要停留在工业测量与控制等基础应用领域，与国外发达国家相比仍有较大差距。进一步发展传感器产业需要解决以下几个方面的问题：

一是发展芯片产业、筑牢发展基础。我国传感器在高精度、高敏感度分析、成分分析和特殊应用等高端产品方面差距巨大，中高档传感器产品几乎100%从国外进口，90%芯片依赖国外，国内缺乏对新原理、新器件和新材料传感器的研发和产业化能力。

二是突破关键技术、解决共性问题。设计技术、封装技术、装备技术等方面存在较大差距。国内尚无一套有自主知识产权的传感器设计软件，国产传感器可靠性比国外同类产品低1～2个数量级，传感器封装尚未形成系列、标准和统一接口。传感器工艺装备研发与生产被国外垄断。

三是提升产品质量、完善产品系列。我国传感器产业结构不合理，品种、规格、系列不全，技术指标不高。国内传感器产品往往形不成系列，产品在测量精度、温度特性、响应时间、稳定性、可靠性等指标与国外也有相当大的差距。目前，我国传感器的主打产品基本集中于中低端市场，产品品种满足率在60%～70%，其中老产品占60%以上，新产品明显不足，高新技术类产品更少，数字化、智能化、微型化产品严重欠缺，高端产品进口占比较大，其中传感器约60%，MEMS芯片基本100%进口。

四是壮大企业实力、提升竞争能力。我国已有1 700多家从事传感器生产和研发的企业，产品种类共计6 000多种，年总产量40多亿只，但95%以上属小型企业，规模小、研发能力弱、规模效益差，其中仅有50多家企业从事微系统研制和生产。从目前市场份额和市场竞争力指数来看，上海90%的电子信息产业是外资和台资，外资企业仍占据较大的优势。

(四) 系统集成产业面临着升级和整合的压力

1. 系统集成向智能化、精细化、多元化方向发展

系统集成(System Integration)是未来信息技术在应用领域的核心关键技术。所谓系统集成,就是采用功能集成、液晶拼接集成、综合布线、网络集成、软件界面集成等结构化的综合布线系统和计算机网络技术,将各个分离的设备(如个人电脑)、功能和信息等集成到相互关联、统一和协调的系统之中,达到资源充分共享,实现集中、高效、便利的管理。系统集成的核心是搭建多厂商、多协议和面向各种应用的体系结构,解决跨系统操作和控制问题,实现设备、系统与组织管理和人员配备的无缝对接。

物联网、智慧城市、智能电网等都离不开系统集成的支持,随着信息化、自动化、智能化的不断深入,系统集成的业务越来越宽、技术要求越来越高、分工越来越细,目前已从传统的硬件基础设施集成,拓展到软件系统集成、软硬件与环境的集成等领域,软件和服务成为集成厂商竞争的焦点。能否专注细分市场、突出行业化特色、提出独特行业解决方案、精细化3C等大体量行业集成业务,将成为评判系统集成商核心竞争力的标准。

2. 我国系统集成商数量众多,规模扩张不易

我国的系统集成商大部分是从硬件代理商发展而来,形成了以北京、深圳、广州、上海等城市为核心的区域分割市场,系统集成业务仍停留在低技术的价格竞争阶段。近年来,随着以工业机器人为代表的智能制造行业快速发展,系统集成市场摆脱了相对平稳的发展阶段,迎来了以机器人系统集成为代表的新一轮发展机遇期。但由于机器人集成行业进入门槛较低,集成企业迅速涌入导致行业集中度不断降低。目前在中国就有几千家企业从事机器人系统集成工作,仅在苏州地区就有超过200家,其中80%的企业主要通过收取方案费和服务费做简单的系统集成,难以形成规模扩张。[①]

在智慧工厂领域,由于工业机器人等关键产品和零部件的核心技术主要掌

---

① 机器人行业冰火两重天,系统集成领域空间巨大[EB/OL]. http://gongkong.ofweek.com/2016-12/ART-310008-8420-30078260_3.html,2016-12-12.

握在 ABB、KUKA 等几家国际巨头手中，中国企业无法切入技术壁垒较高、有一定垄断性的机器人设计和制造领域，只能发挥贴近终端用户的优势，集中在壁垒相对较低、具有市场规模效应的下游应用市场，导致企业严重依赖传统的网络基础设施集成业务，议价能力较弱，毛利水平不高，难以实现技术升级。

3. 面对国外企业的渗透，上海亟须提升系统集成商的核心竞争力

目前中国系统集成市场中，国内系统集成商占 88.7%，外资系统集成商占 3.7%，合资系统集成商占 7.6%，并形成了以几个特大城市为中心、具有极强地域特色的关系型直销市场。随着系统集成业务的专业化、精细化和服务化，传统的集成商与分销商开始相互渗透、融合渠道，国外系统集成商因此凭借先进的技术和丰富的实践经验进入国内市场，专业化服务成为系统集成的核心竞争力和主要利润来源。

在这种趋势下，随着智能制造的快速发展，能否发挥系统集成商从技术到产业的桥梁作用，成为弥补我国制造业短板、提升制造效率的一个关键。上海作为改革开放的窗口，目前已经集聚了众多的国外系统集成企业，并占据了整个行业利润的高端。未来如何发挥上海高端制造业聚集、产学研结合、人才集聚的优势，通过各种专项形式扶持起具有国际竞争力的本土系统集成商，提升系统整合能力、打通全国市场，是上海亟须考虑的问题。

4. 工业互联网平台方面

工业互联网平台是智能制造的基础和核心，是工业互联网企业构建核心竞争力、形成市场独霸效应的关键。当工业互联网平台成功构建起自己的工业生态体系，平台上的企业生产和运营所需各类 App 应用软件都依赖平台提供，企业将逐渐失去自行开发软件的动力和经济性，由此形成平台对企业的吸附黏性和极强的锁定效应。因此，《中国制造 2025》、德国"工业 4.0"、美国工业互联网和再工业化都将工业互联网和大数据平台作为主要抓手，美国 GE 公司在 2012 年 11 月正式提出"工业互联网"战略后，立刻就在 2013 年推出了工业互联网大数据分析平台 Predix，并在 2015 年向全球所有公司开放。德国西门子则建立了跨业务的工业互联网生态系统 MindSphere，帮助企业进行预防性维护、能源数据管理等数字化服务。此外，IBM、SAP 也在积极开发自己的工业互联网平台。

当前,工业互联网平台建设已经进入了关键的窗口期,GE 早在 2011 年就投资 10 亿美元打造 Predix 平台,意图成为全世界最大的工业设备服务平台,以及全球最大的设备零配件电商。2017 年 3 月,GE 与中国电信签署战略合作协议,Predix 平台成功借助中国电信的网络通道进军中国市场。由于中国的几大电信运营商都只拥有 CT 能力,而缺乏建设工业互联网所需的 OT 和 IT 能力,因此即使像中国电信这样拥有了优质的"天翼"平台,也无力借助"天翼"平台整合工业互联网领域的企业资源,在与国外巨头的合作中将不可避免地被锁定为网络管道,而非借助国外技术发展为工业互联网的技术平台,最终中国电信的引资战略将很可能重蹈汽车产业"市场换技术"的败局。

与此同时,在巨大的市场前景吸引下,中国企业也纷纷加入工业云平台的竞争,目前运营比较成功的有沈阳机床的智能云科、三一重工的根云网、石家庄天远的大数据平台、上海宝钢股份的宝信云、上海"工业云"创新服务试点项目、中国航天科工集团的航天云网。同时阿里云生态系统也在加速形成,继 2014 年发布"云合计划"(三年内招募 1 万家云服务商)之后,2015 年 7 月"阿里云"携手 200 余家大型合作伙伴推出了 50 多个行业解决方案。中国工业云服务平台建设的问题在于,与国外跨国公司的大手笔投资相比,我国政府和大型国企推动的示范项目过于分散,云服务企业在工业软件积累上面有不小差距,如何聚焦发展、整合产业链资源、与制造业升级形成联动是考验智慧的大课题。

(五)上海发展工业互联网的人才基础

1. 人才是工业互联网建设的短板

发展工业互联网,必须弥补技术领军人物和专业工程师两类人才短板,以解决产业人才供给严重不足的现状。一方面,工业互联网市场专业技术型人才总量缺口巨大。物联网/工业互联网在工业监控、城市管理、智能家居、智能交通等多个领域的快速发展,产生了大量的人才需求。据预测,智能交通、车联网市场人才需求约有 20 万;智能物流、智能仓储方面市场人才需求约 20 万;智能电网与新能源产业人才需求将达百万;智能医疗设备支持与技术服务、智能医护管理等人才需求将超百万;智能工业、过程管理与自动化控制的岗位专业人才需求约 50 万;智能农业各类专业人才在现代农业中缺口 1 000 万人以上;智能家居市场人才需求近百万。而在应用型产品开发中,嵌入式传感设备设计、无线通信、组网、数据接入、应用软件开发人才则缺口更多。人才供给暂不能满足产业发展需要。

另一方面,领军人物难以通过教育体系脱颖而出。社会对于物联网人才有着极大的需求量,但是复合型领军人才却出现了极大的缺失,究其原因是多方面的,企业、高校的人才需求和培养不能对接,社会环境未能给人才发展制造良好环境是其中一个重要原因。首先是工业互联网/物联网人才这一概念还比较模糊,导致产学研脱节。工业互联网涵盖了大量现有的专业门类和技术体系,能够应用于工业、农业、服务业、环保、军事、交通、家居等全部的领域。过于宽泛的应用领域使市场对"工业互联网产业人才"的概念缺乏清晰的定位,知识创新的体系难以与产业竞争的需求形成有效对接。其次是企业在短期经济效应的激励下,倾向于采用高薪聘用手段吸引和留住人才,而不愿投入资金和时间系统地培养人才。再次是教育界对市场的需要缺乏沟通渠道。面对技术宽泛、产业链不完整和标准不统一等问题,只能在专业教育中采取普及教育的办法,培养出来的多为"万金油"型复合人才,知识储备杂而不精。尤其是本科教育阶段,工业互联网/物联网基础教学课程包括传感器原理、无线通信原理、无线传感器网络、近距无线传输技术、二维条码技术、物联网安全技术和物联网组网技术、市场营销等宽泛的内容,普遍存在学科互动不足、深度不够等问题。

2. 上海科研力量雄厚但对口专业教育缺乏

工业互联网产业人才的核心集中在底层元器件、传感器布点、光纤网络研究、通信底层开发、大数据处理、负载均衡、软件基础设施、数据挖掘和行业应用等领域,尤其是海量数据挖掘人才和行业应用人才(包括机器学习人才和专家知识系统人才)。这类高端人才/工程师的培养与开发,是工业联网产业关键人才培养的重点,也是各企业争相"抢夺"的关键人物。

在关键人才的培养方面,2010年教育部批准新增物联网工程专业,可以授予工学学士学位。物联网作为一门专业进入高校教学体系,是国家在物联人才培养模式上的重大举措。至2016年已有231所高校和400多所专科学校开设了物联网工程专业,与物联网相关专业的本科和大专在校学生约5万多名,并且数量还在逐渐上升,物联网的技术人才队伍不断发展壮大。上海仅有电机学院专门开设了物联网工程专业,但没有进入全国物联网工程专业排名前十(见表 17.8)。

表 17.8　　2014—2015 年中国物联网工程专业大学竞争力排名

物联网工程专业大学排名	学校名称
1	西安交通大学
2	武汉大学
3	华中科技大学
4	哈尔滨工业大学
5	北京理工大学
6	重庆大学
7	北京科技大学
8	西北工业大学
9	南京航空航天大学
10	湖南大学

但不可否认的是上海工程技术类高校和科研院所众多,无论是互联网及其相关的专业领域科研力量还是科研成果,都名列全国前列,具有很强的科研实力和应用转化能力,技术人才储备深厚。同时,北京、上海等国际性大都市对人才的虹吸效应仍然很强,上海的"智慧城市"建设将为全国的人才提供施展能力的平台,这样吸引相关专业人才持续流入。

3. 各地均已实施物联网/工业互联网人才战略

在人才战略方面,各地方政府在产业规划的基础上均明确了产业技术人才发展政策。一是兴办科研机构,搭建技术平台。中科院充分发挥自身技术优势,陆续与地方政府合作共建 12 个物联网研究机构,推动了物联网产业的"产学研"相结合。辽宁、江苏、陕西、安徽、天津等省(市)也根据自身优势成立了自己的物联网研究中心。中科院上海微系统与信息技术研究所、清华大学、北京邮电大学、东南大学、南京邮电大学、重庆邮电大学等科研单位已在无锡成立了"物联网研究中心";北京航空航天大学在物联网科普基础研究和产业政策方面也做了一些研究。二是制定人才吸引计划。国家和地方都就物联网/工业互联网产业发展制订了专门的发展规划及其配套产业人才规划,无锡制定"物联网人才吸引三年行动计划",北京加大了高端人才培养和引进力度,上海推出了专业人才培养工程;除此之外,杭州、广州、深圳、武汉、成都、重庆、青岛等先导城市也分别提出了各自的产业人才发展策略。三是电信运营商积极发展自身的技术人才。作为我国工业互联网技术的主要推动力量,几大电信运营商都在积极布局物联网/工业互联网产业,中国移动和中国联通分别成立了自己的物联网研究院,中国电信联合华为公司在上海成立了物联网创新实验室。这些机构的成立,为吸引人才集聚,推进技术创新,发挥了积极的作用。

(六)政策环境

与国外工业互联网偏重于"市场驱动型"不同,我国更贴近"政策驱动型"的发展模式——从2009年中国版的物联网计划"感知中国"提出,到2012年工业和信息化部发布的《物联网"十二五"发展规划》,再到2015年《中国制造2025》,物联网和工业互联网目前已经成为国家的发展战略。在"绿色化、高端化、集约化、可持续发展"的理念指导下,中国各级政府、各个层面都加大了对新型工业化道路的政策扶持力度,以推进信息化和工业化深度融合为主线,大力发展智能制造,构建信息化条件下的产业生态体系和新型制造模式,中国的工业互联网建设正成为推动制造业转型升级的强劲动力。

政策对工业互联网/物联网的支持主要从三个方面展开:一是规划引领;二是金融和财税政策支持;三是推动示范工程计划。

1. 规划引领

《中国制造2025》是我国政府实施制造强国战略的第一个十年行动纲领,这一战略的提出,指明了未来我国制造业的发展方向和重点领域,制造强国已经成为政府和企业界的共识。实现制造强国必须提升智能制造的水平,这为工业互联网的发展提供了强大的政策支持。

2010年,物联网等新兴战略产业首次写入国务院政府工作报告。随后,《中共中央关于制定国民经济和社会发展第十二个五年规划的建议》再次强调"推动物联网关键技术研发和在重点领域的应用示范"。2011年12月,工信部出台《国家物联网"十二五"发展规划》,明确指出"十二五"期间我国物联网在核心技术研发与产业化、关键标准研究与制定、产业链条建立与完善、重大应用示范与推广等方面的发展目标和重点任务。

同时，国家还出台了一系列专项发展和行动规划，《国家中长期科学与技术发展规划(2006—2020)》《2009—2011年电子信息产业调整和振兴规划》以及2010年"新一代宽带移动无线通信网"国家科技重大专项中"短距离无线互联与无线传感器网络研发和产业化"、国家重点基础研究发展计划(973计划)等都将"物联网"相关技术列入重点研究和支持对象。2013年，国务院发布《关于推进物联网有序健康发展的指导意见》，并启动实施包括顶层设计、标准制定、技术研发、应用推广、产业支撑、商业模式、安全保障、政策法规和人才培养等方面的10个物联网发展专项行动计划。

2. 财税金融政策扶持

工业互联网是一个复杂的动态体系，包括互联网技术、模式、服务等和传统领域的改造升级。目前已出台的政策除了专项的鼓励和扶持政策外，还有大量的优惠政策和扶持条款散见于与物联网、电子商务相关的配套政策中(见表17.9)。在财政、税收领域的扶持政策主要有：2011年4月，财政部出台《物联网发展专项基金管理暂行办法》，从资本、技术、管理、人才等要素出发，对项目申报单位应具备的资格条件和应提供的资料做出了相应规定，明确了专项资金的支持范围、申请办法。6月又修订了《基本建设贷款中央财政贴息资金管理办法》，增加了为物联网企业提供场所服务的贴息。"十二五"期间，财政部为充分发挥财政资金的引导和扶持作用，设立物联网发展专项基金，累计发放50亿元。2013年2月，国务院关于推进物联网有序健康发展的指导意见(国发〔2013〕7号)明确符合条件的物联网企业可享受税收优惠。2014年8月，又制定了《国家物联网发展及稀土产业补助资金管理办法》(财企〔2014〕87号)，明确物联网项目最高可补助总投资的30%。

表17.9　　　　　2006—2016年中国工业互联网相关政策

时间	政　策	主要内容	发文部门
2006年2月	《国家中长期科学与技术发展规划》	将传感器列入重点研究领域	国务院

续表

时间	政策	主要内容	发文部门
2006年6月	《中国RFID技术政策白皮书》	提出RFID技术发展三个阶段	15个部委
2006年9月	《关于企业技术创新企业所得税的优惠政策》	高新技术企业免税和税收优惠	财政部、国家税务总局
2008年12月	《"新一代宽带无线移动通信网"国家科技重大专项2009课题申报指南》	确定物联网重点研究领域	工业和信息化部
2009年4月	《电子信息产业调整和振兴规划》	推动新一代信息技术发展	国务院
2009年11月	《支持无锡建设国家传感网创新示范区(国家传感中心)》	启动物联网示范工程	国务院
2010年3月	《政府工作报告》	首次提出建设物联网	国务院
2010年10月	《关于加快培育和发展战略性新兴产业的决定》	新一代信息技术被列为战略性新兴产业之一	国务院
2011年4月	《物联网发展专项资金管理暂行办法》	对专项资金的支持范围与方式等做出了明确规定	财政部、工业和信息化部
2011年5月	《卫星移动通信系统终端地区站管理办法》	对物联网行业安全给予高度重视,规范物联网竞争市场	工业和信息化部
2012年2月	《"十二五"物联网发展规划》	指出物联网重点投资的十大领域	国务院
2013年2月	《关于物联网有序健康发展的指导意见》	打造完善的物联网产业链,物联网产业体系初步完成	国务院
2013年3月	印发《物联网发展专项行动计划(2013—2015)》	拟定物联网发展的10个专项计划	工业和信息化部、发改委等多部委
2014年1月	全国物联网工作的电视电话会议	突破一批核心关键技术,多领域开展物联网应用示范和规模化应用	国务院
2015年1月	《关于促进云计算创新发展培育信息产业新业态的意见》	提出要提升云计算发展水平,物联网也有相应的政策内容	国务院
2015年3月	《2015年政府工作报告》	提出"互联网+"战略	国务院

续表

时间	政策	主要内容	发文部门
2015年3月	2015年智能制造试点示范专项行动	设立了46个试点示范项目,直接切入制造活动的关键环节,通过点上突破,形成有效的经验与模式,以便今后在制造业各个领域加以推广与应用	工业和信息化部
2015年3月	《关于发展众创空间 推进大众创新创业的指导意见》	加快发展众创空间等新型创业服务平台等	国务院
2015年5月	《关于大力发展电子商务加快培育经济新动力的意见》	从营造宽松发展环境、促进就业创业、推动转型升级、完善物流基础设施、提升对外开放水平等8个方面、29条意见,对农业、工业、服务业三大产业未来的发展方向均进行了前瞻性引导,且指明了利用电商转型升级的方向	国务院
2015年6月	《关于促进跨境电子商务健康快速发展的指导意见》	培育一批知名度较高的自建平台,鼓励企业利用自建平台加快品牌培育,拓展营销渠道。鼓励国内企业与境外电子商务企业强强联合	国务院
2015年7月	《关于积极推进"互联网+"行动的指导意见》	支持"互联网+"发展	国务院
2015年7月	《机器人产业发展规划(2016—2020年)》	部署机器人产业发展	工业和信息化部
2015年8月	《中国制造2025》	制造业强国战略	国务院
2015年9月	促进大数据发展行动纲要	提出深化大数据在各行业的创新运用	国务院
2015年9月	《关于推进线上线下互动加快商贸流通创新发展转型升级的意见》	线上线下互动发展企业符合高新技术企业或技术先进型服务企业认定条件的,可按现行税收政策规定享受有关税收优惠	国务院
2015年11月	《关于促进农村电子商务加快发展的指导意见》	明确了培育农村电子商务市场主体,扩大电子商务在农业农村的应用,改善农村电子商务发展环境三方面的重点任务,提出七方面政策措施	国务院

续表

时间	政策	主要内容	发文部门
2015年12月	《国家智能制造标准体系建设指南》	标准体系建设	工业和信息化部、国标委
2016年2月	《关于金融支持工业稳增长调结构增效益的若干意见》	积极支持工业领域"互联网+"行动,促进传统产业、大企业与市场迅速对接,实现工业制造企业和网络融合,着力改造工业发展传统动能	八部委
2016年2月	《关于加快众创空间发展服务实体经济转型升级的指导意见》	在重点产业领域建设众创空间,给予政策优惠	国务院
2016年4月	《智能制造试点示范2016专项行动实施方案》	继续组织开展智能制造试点示范专项行动	工业和信息化部
2016年5月	《关于深化制造业与互联网融合发展的指导意见》	部署深化制造业与互联网融合发展,协同推进《中国制造2025》和"互联网+"行动,加快制造强国建设	国务院
2016年7月	《国家信息化发展战略纲要》	信息化发展战略	中共中央、国务院
2016年11月	《信息化和工业化深度融合"十三五"规划》	两化融合规划	工业和信息化部

资料来源:根据国家信息中心、中经网及互联网公开资料整理。

3. 上海积极推进示范项目计划

上海是工业和信息化部首批认定的8个国家级"两化"融合试验区之一,近年来按照"创新驱动发展、经济转型升级"的总体要求,基本形成了以企业为主体、园区为载体、政府政策推动和项目支持为引导,高校、科研机构等社会各方积极参与的"两化"融合推进格局。目前已制定《加快制造业与互联网融合创新发展实施意见》和《工业互联网创新发展应用三年行动计划(2016—2018年)》,在工业和信息化部组织开展的区域"两化"融合发展水平评估中,上海连续多年名列前茅。

上海在工业互联网的发展规划(参见表17.10)中提出:重点打造30个工业互联网标杆工厂,培育300个创新发展应用项目,全市范围内建设3~5个实践示范基地、10个功能性公共服务平台(标准、试验验证、人才培训及安全检测等),涌现出 20 家以上具有一定国际竞争力,能够提供自主、安全、可控的系统集成与解决方案的服务商。到 2019 年,上海工业互联网发展生态体系初步形成,全市基于互联互通的智能制造能力、基于数据驱动的创新发展能力以及基于组织创新的资源动态配置能力实现总体提升,力争成为国家级工业互联网创新示范城市。目前临港地区的智能制造、创新生态体系已经初步具备,中德智能制造试点示范建设正在加快推进。

表 17.10　　　　　　　　　上海市工业互联网相关政策

时间	政策	主要内容	发文部门
2016 年 8 月	《上海市制造业转型升级"十三五"规划》	全面贯彻《中国制造 2025》战略,结合上海实际和发展趋势,明确加快发展战略性新兴产业,改造提升传统优势制造业,积极推进生产性服务业,提出重点领域、发展思路、重点项目和目标规模,注重发展"四新"经济,创新产业组织形式,促进制造业集群集聚,形成经济发展新动能。实现工业化(即"工业 4.0")	市政府
2016 年 11 月	智能制造招商计划	该计划旨在鼓励外资投向以机器人、高档数控机床、3D 打印、智能控制系统、智能集成服务等为代表的智能制造产业;支持外国投资者在上海设立全球研发中心和开放式创新平台,聚焦智能制造企业开展资本、技术、品牌、市场等多领域合作;研究制定鼓励高端制造项目落沪的政策,在有条件的区县和开发区打造一批高端制造产业基地,帮助外资制造业企业协调解决落地难的问题	市商委
2017 年 2 月	《上海市工业互联网创新发展应用三年行动计划(2017—2019 年)》	未来三年上海将重点打造 30 个工业互联网标杆工厂,培育 300 个创新发展应用项目,全市范围内建设 3~5 个实践示范基地,10 个功能性公共服务平台,涌现出 20 家以上具有一定国际竞争力,能够提供自主、安全、可控的系统集成与解决方案的服务商	经信委

续表

时间	政策	主要内容	发文部门
2017年1月	《上海市加快制造业与互联网融合创新发展实施意见》	重点打造10个具有较为完善支撑服务体系的制造业互联网"双创"平台,重点行业装备数控化率和工业云使用普及率分别达到60%和65%,规模以上工业企业关键工序网络化率和电子商务应用比例分别达到70%和85%,企业信息化投入占主营业务收入比重达到0.5%,处于集成提升和创新突破阶段的企业比例不低于50%,重点企业互联互通、大数据运用、跨企业协同和组织创新等互联网化水平显著提升。到2025年,制造业与互联网融合发展迈上新台阶,融合发展新模式在重点产业广泛普及,融合发展生态体系日趋健全,制造业竞争力大幅提升,成为国家"两化"深度融合示范区和全球先进"智造"高地	市政府

二、上海工业互联网发展现状分析

(一)上海工业互联网发展总体状况

1. 工业互联网产业规模持续扩大

随着智能制造和物联网的蓬勃兴起,作为新一轮经济和科技发展的战略制高点,工业互联网也迎来了黄金机遇期,产业规模持续扩大,在物联网市场中的比重不断提升。根据互联网中心数据,预计到2020年年底,全球物联网连接的"实物"将达到大约2 120亿个,产生的收入将达8.9万亿美元;思科CEO更是认为,物联网将在未来十年内创造19万亿美元的经济效益。在这股浪潮下,全球工业互联网市场也迎来了高速增长,2012年全球工业互联网市场规模为200亿美元,预计到2020年将超过5 000亿美元,占物联网产业比重5.6%。以目前投入水平为基准,预计到2030年,工业互联网将为世界经济带来至少10万亿美元的收益;如果按持续增加投入模式预测,到2030年,工业物联网将带来

14万亿美元的收益。①

我国物联网产业同样高速增长,整个"十二五"期间,我国物联网产业的年复合增长率超过30%,2010年市场规模达到1 933亿元,2011年产业规模超过2 600亿元,2012年超过3 600亿元,年增速接近40%。2013年物联网产业规模已达到5 000亿元人民币,是2010年的2.59倍,其中,传感器产业突破1 200亿元,RFID产业突破300亿元。2015年,我国物联网产业整体规模已超过7 000亿元,预计2017年将超过万亿元级,其中核心细分产业(如传感器等)将会在未来3至5年内维持35%以上的年复合增长率。②"十二五"期间,我国工业互联网持续保持了25%以上增长速度,其中2014年,我国工业互联网产业规模达到1 157.3亿元,在整体物联网产业中的占比约为18%,2016年达到1 896亿元,预计到2020年工业互联网市场规模将突破4 500亿元,占物联网产业比重将达到25%。③埃森哲(Accenture)更是预测,未来15年中国将在工业物联网领域受益约1.8万亿美元。中国工业互联网市场规模参见图17.15。

上海从2009年年底开始研究部署物联网产业,发展至今已在国内率先达到千亿元产值规模,年均增速近30%。上海目前在射频识别标签、图像传感器、机器到机器通信等工业互联网的核心产业领域已经形成全球竞争力,未来需要通过发展工业互联网,占据《中国制造2025》战略的发展高地。

2. 上海工业互联网应用领域不断拓宽

目前,上海市物联网企业数已超过700家,在危化品监管、公共交通、车联网、移动生活等领域,培育了6个百万级终端规模的应用示范工程,在药品冷链、集装箱检验检疫、火电厂生产监控等工业互联网应用领域,已累计形成了40多项技术和应用标准规范。如为4万个化工危化气瓶都安装了RFID标签,实现了从灌装、运输到使用的全周期、全覆盖监管。交通运输领域,上海公交卡是全国启动最早、应用最完善的项目,目前已与20个城市实现互通,可在长三角地区实现一卡通用收费、加油、停车等功能。在传感器和通信产业方面,CMOS

---

① Accenture. GE Industrial Internet Insight Report(2015)[R]. 2015.
② 工信部电信研究院. 物联网白皮书(2014)[R]. 北京:工业和信息化部电信研究院,2014.
③ 赛迪顾问半导体产业研究中心. 2016年工业物联网发展现状及发展因素分析[EB/OL]. 中商情报网,http://www.askci.com/news/chanye/20160815/15162853776.shtml,2016-8-15.

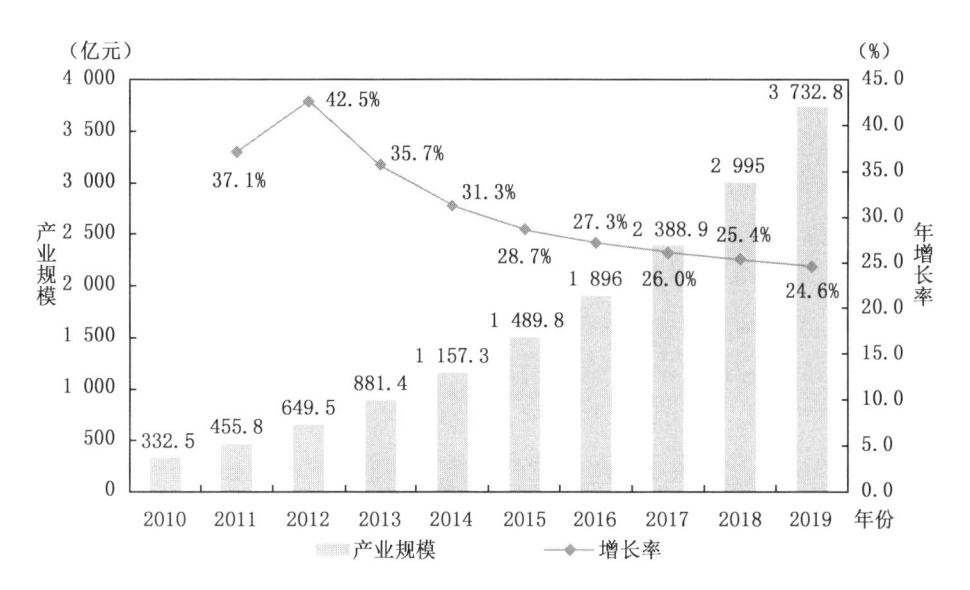

资料来源:赛迪顾问半导体产业研究中心.2016年工业物联网发展现状及发展因素分析[EB/OL].2016-8-15.http://www.askci.com/news/chanye/20160815/15162853776.shtml。

图17.15　中国工业互联网市场规模(2010—2019年)

图像传感器、M2M通信模块都已达到全球领先水平,并投入规模化生产。智能制造、药品供应链、农业生猪质量安全追溯都有大量应用示范成果涌现。

3. 上海工业互联网发展的总体评估

虽然上海工业物联网/工业互联网的发展取得了重大突破,取得了相当不错的成绩,但是对照GE等跨国公司的推进力度,上海工业互联网的建设表现为四个方面的特点。

一是政府主导发展,企业扩张动力不足。上海无论是发展工业互联网,还是推动企业的转型升级,都表现出强烈的政府主导的发展模式。从"十二五"期间提出建设"物联网""创建面向未来的智慧城市"等战略性的发展目标,到打造工业互联网国家示范城市、设立临港地区工业互联网试点和示范项目等,政府在发展规划、信息基础设施建设、推广惠民应用服务、促进企业研发升级等方面,都投入了大量的资源,但是作为转型升级主体的企业,却完全没有表现出与GE公司一样的战略眼光、升级动力和扩张意愿,供给侧的改革没有与科技的进步、市场的需求形成针对性的互动。新兴产业中信息制造业虽然有较好基础和较大的规模,但高产值、低附加值的局面没有改变。

二是基础设施建设较快,网络平台发展缓慢。工业互联网平台是整合产业链、重构生态体系的关键,也是未来各大公司竞争的焦点,GE公司打造Predix平台的做法值得上海关注和学习。上海近年来围绕智慧城市、物联网、三网融合、无线城市等概念,对信息基础设施进行了大手笔的投入,整体水平处于赶超世界一流、国内领先发展的水平。但是重金打造的各类工业互联网示范项目和示范平台,鲜见构建产业生态体系的报道。如以临港新城为主体搭建的区域应用平台,属于横向产业集群的应用平台,对各个产业链缺乏整合上下游的能力,难以匹敌Predix平台的效果。未来需要学习GE模式,重点强化商飞公司、上海汽车、宝钢公司这些大型企业的作用,发挥其自身产业配套体系齐全、企业数量众多、产业带动效应较强的优势,提升大型企业的工业互联网平台功能。

三是技术研发进步较快,而产业应用发展缓慢。突破技术链瓶颈限制,形成产业链竞争优势是上海制造业转型升级的重要策略。近年来,以技术研发为突破口,上海在重大关键信息技术研发方面取得了长足的进步,尤其是在集成电路、芯片设计、通信和网络设备、汽车电子、物联网技术等领域,涌现了一大批具有国际先进水准和国内领先水平的技术成果。但这些成果并没有改变上海芯片依赖进口、制造业不断下滑的现状,整个工业互联网的体系仍存在大而不强的问题。上海工业互联网产业的发展仍然缺乏核心的竞争力,"创新、孵化"的成果大量落地到长三角周边地区,而没有转化为上海本地企业和产能,制造业比重仍在持续下滑。

四是示范工程点上推进较快,面上带动不足。为推进工业互联网,上海市政府推出一系列智慧城市、物联网、工业互联网示范项目,如各部委合力推进的高速公路ETC系统、付费通网站、市民电子健康档案系统、道路信息发布系统等,有效地提升了工业互联网的应用范围,完善城市的服务功能。但是这些应用领域的点上突破,并没有与工厂的生产供给体系形成有效对接,企业的OT、IT等系统依然徘徊于智能制造体系之外,远没有达到智能机器、智能车间、智能工厂的技术水平。示范项目如何形成平台经济的效应,形成产业链的升级带动效应,是未来需要重点关注的问题。

(二)上海工业互联网发展阶段分析

1. 全球工业互联网发展形势

当前,信息技术革命正进入引领新一轮产业变革的发展阶段,表现为互联网与制造业的融合由从局部扩散上升为全面渗透、从消费领域扩展到生产领域、从生产变革发展为模式创新。作为新一代信息技术与工业系统深度融合的交汇点,工业互联网正成为各主要工业强国实现智能制造、抢占国际制造业竞争制高点的共同选择,全球的物联网和工业互联网发展已经进入产业扩张期的前夜。

目前以 GE 公司为主导的工业互联网正处于产业生态布局的关键时期,已经带动相关配套产业呈现爆发式的增长,工业互联网即将迎来重要的发展机遇期。一是工业互联网的部署成本不断下降,为推动工业控制系统转型升级提供了可能。信息标识技术的成熟、传感器技术、识别技术、通信技术的快速发展,使得生产智能设备的成本不断下降,为企业建设和应用工业互联网提供了技术基础与收益保障,原先困扰企业的信息化建设和智能化改造的成本问题,因此大幅下降,为部署和推广工业互联网提供了前提和可能。如相比 2005 年,处理器价格下降了 98%,传感器价格下降 54%,带宽价格下降 97%,关键元器件价格和上网费用的下降为大规模部署工业互联网提供了基础。[1] 无线联网技术、网关技术的发展解决了企业级、车间级和现场级网络间的异构互联和协议转换问题,使得现有设备与系统的网络化改造,以及新建新型网络连接成为可能。二是数据处理技术和机器人技术的显著提升,为智能工厂对接消费互联网提供了可能。大数据技术和机器人技术是工业互联网得以发挥的前提。互联网与工业的融合发展不仅是工业互联网的切入点,也是新一代信息技术驱动全球产业变革的主要途径,工业互联网是满足个性化消费的重要功能。三是消费互联网基本成型,工业互联网是资本最佳的利润增长点。目前消费互联网已经完成了技术研发、产业布局和大规模应用阶段,整体发展格局已经基本成型。在全球仍处于经济危机的萧条期,资本急需寻找新的利润增长点的格局下,发展工业互联网不仅符合信息技术由电子商务引领消费者,进而推动工业/农业互联

---

[1] 工业和信息化部电信研究院. 物联网白皮书(2016 年)[R]. 2016.

网领域变革的演变路径,也是提升整个生产、消费体系效率,吸纳过剩金融资本的最佳途径。

因此,欧洲智能系统集成技术平台(EPoSS)在《2020 年物联网》(Internet of Things in 2020)报告中分析预测,全球物联网的发展将历经四个阶段:2010 年之前 RFID 被广泛应用于物流、零售和制药等行业领域;2010—2015 年实现物体互联;2015—2020 年物体进入半智能化,2020 年后物体进入全智能化。[①] 工业互联网的发展将大体遵循这一发展模式。

2. 上海工业互联网的发展阶段

在主要发达国家积极谋划部署工业互联网,力图依托信息通信和先进制造领域的深厚积累,率先建立制造业领先优势,掌握未来工业主导权。而我国工业发展仍处于结构调整、动能转换的关键时期,加快转型升级、走新型工业化道路是主要的发展任务。发挥互联网优势、推动工业互联网发展,是把握新产业变革契机、助推中国产业升级的重要途径,上海是推动中国制造在工业互联网条件下转型升级的技术策源地和产业生态引领者。

当前,我国制造企业多处于工业 2.0 与 3.0 的边缘,成本控制、生产效率和流程管理等方面水平较低,需要提升的空间还很大。工业互联网技术为信息化和工业化融合创造了一个结合点,能够有效化解我国信息技术与制造业"两层皮"、信息基础设施与实物基础设施"两层皮"的问题,使得信息化进程和工业化进程不再独立进行,而是两者在技术、产品、管理等各个层面相互交融,以信息化带动工业化,以工业化促进信息化,帮助企业改造生产流程、组织管理和服务升级等,进而提升企业在市场中的竞争力。

从产业链竞争角度看,虽然上海发展工业互联网已初步建立起了完整的产业体系,但是各个环节都面临激烈的市场竞争(见表 17.11),产业联盟是中国企业应对竞争的主要模式,但上海已被无锡等地抢占了先机(见图 17.16 和图 17.17)。

---

① INFSO D. 4 Networked Enterprise & RFID INFSO G . 2 Micro & Nanosystems in co-operation with the RFID Working Group of the ETP EPoSS. Internet of Things in 2020:A Roadmap for the future [OL]. http:// www.smart-systems-integration.org/public/internet-of-things,2008-9-5.

第十七章 上海发展工业互联网的现实基础 331

表 17.11　　　　　　我国工业互联网产业各环节企业面临的竞争

区域	上游 （网络设备提供商）	中游 （软件提供商）	下游 （运营商）	终端用户 （制造企业）
国内	上海贝尔、华为、中兴、大唐等	同方、用友、金蝶等	中国移动、联通、电信	宝钢、商飞、上汽
国外	霍尼韦尔、英特尔、得州仪器、思科	微软、谷歌	受政策限制，竞争者较少	GE、西门子

图 17.16　目前国内产业链各环节合作模式

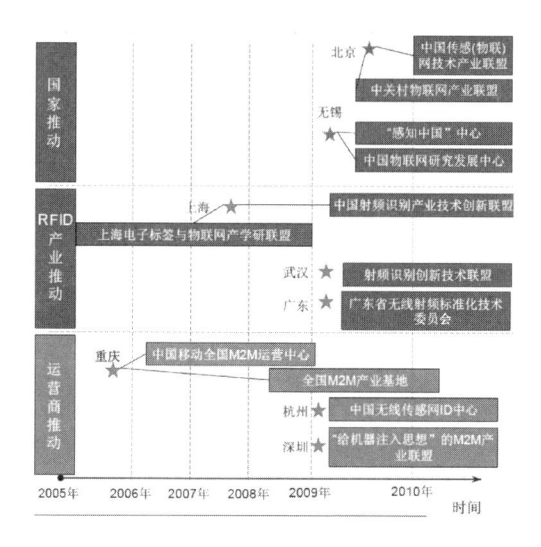

图 17.17　产业联盟的建立和主要推动力

三、上海工业互联网发展的成功个案与经验启示

(一)上海工业互联网发展的成功案例

1. 华虹 IC 工厂的供应链网络协同

上海华虹宏力半导体制造有限公司成立于 2013 年 1 月 24 日,主营芯片制造。华虹宏力将集成电路芯片代加工制造和互联网进行融合,通过集成 B2B 和 BPM、ERP、多个工厂的生产制造 MES 系统,建立"IC 工厂的供应链网络协同",互联网 B2B 协同平台把华虹宏力和客户、供应商、后道生产协同厂商连成网络,形成协同设计、协同制造网络和协同供应链网络,IC 代工厂制造供应链的上游、中游、下游三方通过此互联网平台实现流程整合、在线业务协同、价值链横向集成(见图 17.18)。本项目获得"2016 年'中国互联网+'在工业应用领域十大新锐案例"。

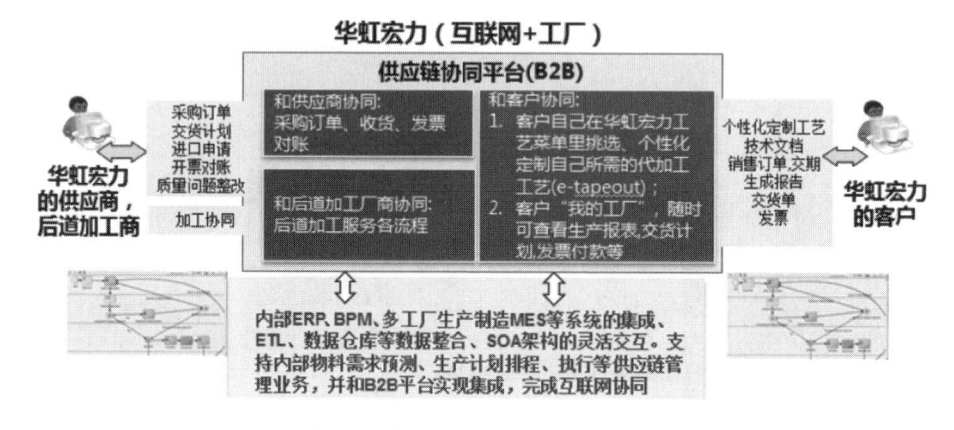

图 17.18　华虹宏力互联网供应链协同平台方案示意

华虹宏力在 2014 年完成了新 B2B 平台和 ERP、BPM、工厂 MES 系统的集成、数据整合的技术架构。客户协同、供应商协同、后道加工商协同功能,让华虹宏力的客户、供应商、后道加工厂商能共享工厂、供应链必要的实时业务数据、定制化生产。工厂自接受客户订单起,就通过 B2B 平台向客户报告个性化

定制产品、加工工艺等生产信息,做到透明化,如同客户自己的工厂一样;供应商实时收到订单、可在线确认,掌握和华虹宏力一致的验收、发票付款信息,做到最高的效率和正确率。后道加工厂同时共用 B2B 平台,达到流程执行和信息交互的最高准确性和效率。2015 年系统上线后已经收到明显成效,采购下单业务流程缩短 80% 的时间,协同效率至少提高 30%,加速新产品上市,提升了工程技术能力,节约了人力,为进一步拓展工业互联网打下技术基础。

2. 医疗产业:AiBed 养老监护平台

上海宽带中心、东方医院和浦东卫生局的 AiBed 养老监护平台主要功能为:面向民生服务和智慧医疗的可穿戴网络智能疾病监控系统;建立智能化、无扰化的社区独居老人看护体系(见图 17.19)。

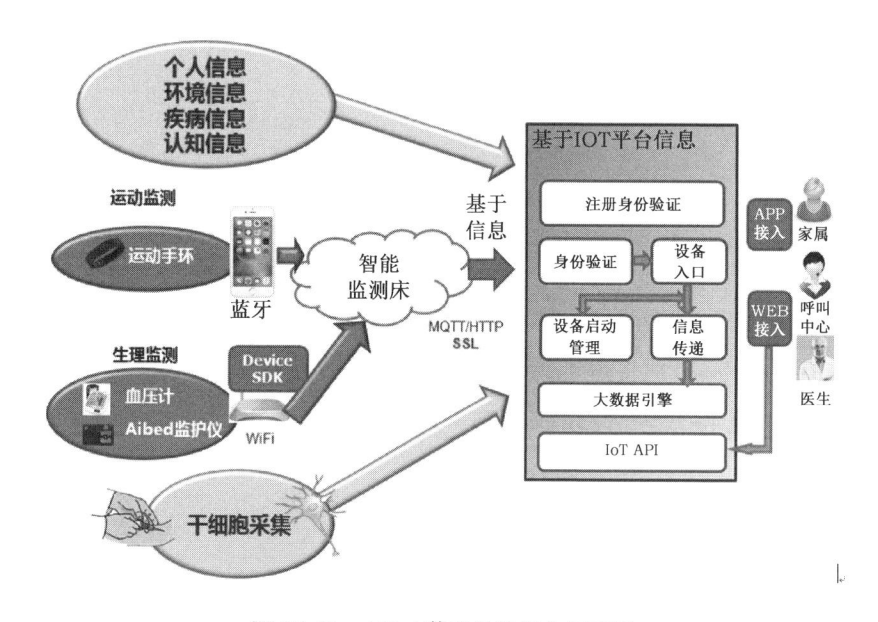

图 17.19　AiBed 养老监护平台示意图

创新点:基于创新技术的可穿戴设备数据采集算法;面向医疗大数据处理的医疗云,用云计算及大数据技术实现医疗信息化。

可复制点:基于实时监测网络的可穿戴远程医疗系统,实现院前、院后的智能监护体系。

3. 上汽"inkaNet3G"智能网络行车系统及"车联网"战略

上汽2013年推出了"inkaNet3G智能网络行车系统",该系统目前已装配在MG5和荣威550车型上。该系统实现了智能提示行车路线、智能提示路况、语音控制等功能,是中国车联网的尝试性产品。以向工业互联网转型为契机,上汽2014年发布了新的战略定位和转型方向,立志成为为消费者提供全方位汽车产品和服务的综合供应商和创新型的企业。一是网格化的产业布局。通过搭建整车和零部件的上游和下游平台,重构产业链生态。二是通过"互联网+"的数据流发展大数据产业。上汽通过平台整合渠道、客人、用户、租赁、金融、充电、支付等功能。三是向零部件集成化解决方案者升级。不断提升自动化水平,努力发展成为智慧工厂。

(二)工业互联网发展的主要启示

1. 必须树立积极主动建设工业互联网的思想

工业互联网已经被国家和各地列入"十三五"发展战略,但从实际推进情况来看,形势并不乐观。这其中既有缺乏关键技术、推广成本过高的原因,也有企业实力不足、缺少发展战略的原因,但更为根本的是大多数企业对未来制造领域变革和发展工业互联网必要性认识不足。当前,全球信息技术革命正在引领新一轮产业变革,互联网与制造业的融合已步入从局部扩散向全面渗透、从消费领域到生产领域、从生产变革到模式创新的新阶段。作为新一代信息技术与工业系统全方位深度融合的产业和应用生态,工业互联网整合了工业革命和网络革命的优势,已成为各主要工业强国实现智能制造、抢占国际制造业竞争制高点的共同选择。发展工业互联网对于我国企业不仅是加速制造业转型升级、改变制造业竞争格局的重要手段,更为关键的是如果不参与包括工业互联网在内的智能制造变革,将失去未来进一步增长的动力和现有的市场份额。因此,必须加强宣传力度,让转型升级、发展工业互联网成为企业自身的主动选择。

2. 立足竞争优势选择工业互联网的发展路径

纵观德国的"工业4.0"、美国的工业互联网和其他国家的智能制造计划,成功的国家和企业无一例外都根据自身的竞争优势,制定智能制造的发展战略。德国是世界制造业强国和全球领先的工业制成品出口大国,其在制造业上的资本研发投入也超过了美国和日本。因此德国的"工业4.0"计划聚焦于高端产业和高端环节，做智能工厂，其战略更加注重工厂制造环节。而美国在信息产业方面拥有优势，其提出的工业互联网计划则更注重新技术的利用，尤其是将软件定义的机器和大数据分析技术的优势，运用到企业的生产、制造上。对比世界工业强国，中国制造的核心竞争力不足，高端制造设备商自给率比较低、终端操作系统对外依赖度非常高、芯片制造技术缺乏，尤其是科技研发投入的力量还比较薄弱，国家的资金投入有限，很多企业模仿心态严重，不重视研发和创新。因此，中国的工业互联网发展，首先必须正视既有的短板，"以信息化带动工业化，以工业化促进信息化"不能停留在过去的技术路径上，必须在新型智能制造技术与新一代互联网技术基础之上重新定义以智能化为核心的升级版"两化融合"，重点突破关键性的技术，发挥自身市场应用规模大的优势，以应用推广带动技术发展，而不能一味模仿国外的技术路径和发展模式。

3. 坚持创新驱动发展，不断提升产业的核心竞争力

创新是制造业发展的引擎，是结构调整优化和转变经济发展方式的不竭动力。无论是美国的工业互联网，还是德国的"工业4.0"，都将创新放在极其重要的位置。其背后是技术体系、标准体系以及产业体系的竞争，实质是通过智能制造等领域的不断创新，巩固其在产业生态系统的主导权。美国与德国在发展制造业的战略行动计划。我国应借助工业互联网的发展契机，进一步优化整合科技规划和资源，建立和完善全国制造业创新网络，完善政府对基础性、战略性、前沿性科学研究和共性技术研究的支持机制，紧紧抓住制造资源碎片化、在线化、再重组以及再封装的机遇，陆续优化配置产品、生产装备、供应链、第三方应用等要素资源，不断提高塑造跨平台操作系统、芯片解决方案以及网络解决方案的能力，弥补基础研究和产业化中间环节缺失造成的创新效益外溢，形成政、产、学、研、用的有机创新组合体，提高制造业自主创新能力。

4. 加强制造业国际合作，强化智能制造基础

与我国强调无人工厂不同，无论是德国"工业4.0"还是美国的工业互联网，都始终强调人在智能制造系统中的重要作用。我国工程科技人才培养普遍缺乏实践性和创新性，技术研发的主要成果多为高校老师提供，企业并没有成为技术研发和应用的主要力量，难以适应产业化应用发展的要求。中国制造业要想通过工业互联网的发展，顺利实现转型升级，由全球产业链的低端向中高端

跃升，必须立足全球化背景，通过加强国际合作，推动制造业资源、技术、人才的全球性配置，解决数字化、网络化、智能化高端装备和工业软件的核心关键技术这些发展短板，夯实智能制造发展基础，在国际合作中实现共赢发展。

四、上海进一步发展工业互联网的问题与困难

我国工业互联网建设初步具备了一定的技术、产业和应用基础，与全球基本处于同时起步的阶段。目前，物联网/工业互联网战略已经上升至国家层面，相关标准体系、产业链条、扶持政策等都在逐步明晰、完善，呈现出良好的发展态势。但也应看到技术路径不明确、盈利模式不清晰、产业链条不平衡是起步阶段的工业互联网行业的共性问题，也是未来推进工业互联网发展需要着力解决的基础性问题。

上海作为国内信息产业高度发达的地区之一，具有网络基础设施完备、产业配套体系齐全、整体科研力量雄厚、应用技术人才众多等诸多优势，具有发挥市场规模优势快速推进工业互联网的普及和高速增长的可能性。但面对整个产业的发展趋势和竞争态势，上海要想把握技术发展的主动、占据产业链条的高端，实现整个工业体系的提质增效，就必须切实解决缺乏关键技术这个根本性的制约问题，唯此才能掌握发展的主动权，跳出"引进外资—产品仿制—价格竞争"的跟随路径，避免"外资控盘""以市场换技术"问题的重演，把发展的可能性转变领先的必然性，为《中国制造2025》战略的顺利推进打下坚实的基础。鉴于此，上海在工业互联网发展中还存在以下不足：

（一）必须解决企业升级动力不足问题

上海制造业目前正处于爬坡过坎、转型升级的关键时期，然而企业转型升级的意识并不强烈，自主创新能力严重不足。究其原因，一是上海制造业生产的产品大多处于全球价值链低端，重点产业嵌入全球价值链深度不够，在工业软件、信息基础设施、工控安全等相关领域缺乏自主核心技术和产品，提升全球价值链缺乏核心竞争力，整体上还未形成清晰的行业竞争战略。二是近年来，受外部发展环境复杂多变和自身结构调整等影响，上海工业增速明显降低，产

业空心化趋势日趋严重,表现为工业投资持续下滑,产业规模不断萎缩,产品质量水平严重滞后于规模的增长。失去制造业的发展基础,基础支撑领域的自主创新就成了无源之水、无本之木。三是工业互联网应用的市场原生动力不足。"政府埋单"的公共安全、管理和服务类的应用是当前上海物联网/工业互联网的主体,占到应用总量的70%~80%,行政指令或管理措施成为市场的风向标,吸引产业聚集。尽管这种依赖于政府的发展模式,在产业发展的初期可能起到较为明显的促进作用,却不具备可持续性发展的源泉。从长远角度,发展工业互联网产业需要建立在市场化的前提下,赋予企业完全的市场主体地位,鼓励企业通过创新赢得市场竞争优势。

(二)企业对工业互联网缺少顶层设计和整体规划

工业互联网应用的大部分场景与行业特性相关,标准先行决定了工业互联网能否大规模应用。目前企业普遍存在数据系统无法连通和不愿连通两方面问题:许多信息化发展较快的行业,由于在前一轮信息化过程中,整个行业缺乏顶层设计和整体规划,导致各个行业的标准体系、信息采集终端和应用管理平台带有很强行业封闭性,与外部网络的互联互通性差。而更多的行业出于信息保密等原因,不愿开放内部资源,也不愿采用第三方信息系统,无法纳入工业互联网框架。对此,需要从一开始就加强工业互联网的顶层设计,规范数据接口、通信协议等标准体系规划,为互联互通打下坚实的基础。

(三)核心技术和产品的瓶颈必须突破

芯片制造、操作系统平台、高端传感器、工业互联网平台等关键性的技术和产品是整个产业发展的基础和核心,没有这些关键性的技术和产品,中国的智能制造产业将只能是无本之木、无源之水,不可能确立核心的竞争力。因此上海作为中国曾经的制造业龙头,必须突破这些瓶颈的制约,为中国智能制造产业的长远发展奠定坚实的基础。

(四)开放共享合作的创新生态体系有待形成

打破行业壁垒是推进工业互联网的前提和基础。目前,支撑跨企业协同和组织创新的公共平台、面向全产业链和产品全生命周期的综合性解决方案较为缺乏，复合型、创新型人才（如 CIO）制度及社会支撑体系尚未建立，搭建平台、抢占先机，已经成为市场的共识。实施平台战略的关键是要确立一个使产业链各方满意的盈利模式，实现投入产出的良性循环，建设一个开放共享的创新生态体系，是当前需要重点解决的问题。

（五）工业互联网的安全问题亟待关注

安全问题来自两个方面：一方面从工业互联网本身来看，工业互联网的发展意味着工业控制系统将更加复杂化、IT 化和通用化，不同工业控制系统互连互通，内部将越来越多采用通用软件、通用硬件和通用协议，这将增加信息安全隐患。比如最基本的频率规划问题。当前国际上在 UHF 频段的 RFID 技术主要使用 430MHz 左右和 860～960 MHz 两段频率。但在我国 430MHz 频段属于专用频段，现阶段开放此频段的 RFID 业务的条件不成熟。860～960MHz 频段的主要业务为固定和移动通信，次要业务为无线电定位。我国在这个频段上已经没有空闲的频率直接规划给 RFID 使用。因此，我国应结合自身的国情，在 RFID 频率规划时必须慎重考虑 RFID 业务与现有的无线电业务频率的分配问题。另一方面，从技术应用来讲，随着工业控制系统产生、存储和分析的数据海量增长，大数据、云计算技术的应用将带来更多更复杂的安全问题，数据保护如何解决、云端数据信息如何保障、用户个人隐私如何保护，工业互联网信息安全面临着严峻挑战。

第十八章　上海发展工业互联网的思路和对策建议

一、发展思路

在新一轮科技革命和产业变革中，制造业将朝着数字化、自动化、智能化、网络化方向发展，互联网和物联网向工业领域的渗透将是不可逆转的趋势。从全国层面看，我国制造业处在"2.0普及、3.0补课、4.0示范"的多进程并行发展的复杂阶段。通过分析德国"工业4.0"和美国工业互联网的发展理念，我们可以发现，德国"工业4.0"注重从制造业本身出发，利用信息技术等手段"自下而上"改造制造业；而美国工业互联网则注重基于CPU系统、软件、互联网等信息技术，运用大数据、物联网等工具"自上而下"重塑制造业。这种发展理念的差异源于自身发展基础的不同：德国拥有实力雄厚的传统工业基础，而美国在互联网、信息技术方面的发展处于全球领先的地位。对比分析我国制造业的发展基础，不仅在自动化、数字化、网络化、智能化等方面均落后于德国与美国等工业发达国家，还需要解决产品质量提升、强化工业基础能力、制造业升级转型等基本问题，因此，要实现我国制造业转型升级，需要实施"边追赶边发展"的战略，最终达到具有国际竞争力、符合中国发展特色的"工业互联网"水平。从上海层面看，作为我国制造业发展的龙头，已经具备发展工业互联网的基础和实力。上海制造业发展已经初步实现高端化、集约化、服务化的发展趋势，发展质量和效益水平也在全国保持领先，在产业基础、关键技术、生态体系等方面具备发展工业互联网的比较优势，如上海制造业两化融合整体水平较高，汽车、装备、电子信息、航空航天等产业链配套齐全，物联网、工业互联网、大数据、工业云等领域一批产业联盟相继成立并发挥重要作用。目前上海已经在集成电路、生物医药、海洋装备、航天航空等领域取得重要突破,并且在部分主导和支柱产业出现发展工业互联网的基础条件。比如,芯片制造行业的部分制造环节已经具有数据分析的能力。在这一背景下,上海制造业转型升级的目标就是要以大数据、物联网、人工智能等新技术为手段,追求更高的产业效率,并为全国制造业的转型升级提供重要支撑。

综上,上海发展工业互联网的总体思路:贯彻落实创新、协调、绿色、开放、共享发展理念,以提高上海制造产业效率为主线,着力突破信息技术、智能制造、人工智能等关键核心技术,增强智能硬、软件供给能力,打造"透明化生产、预测性制造"的全产业链智能生产系统,逐步建成适应大规模定制生产需要、以智能设备、智能分析、智能决策、智慧服务、高效低耗为特征的产业生态体系,在上海制造业中率先实现工业互联网落地和发展的突破及创新应用,形成上海发展工业互联网的特色,成为全球影响力科创中心建设的强大支撑,以此引领长三角经济带地区的制造业乃至全国制造业的转型升级,继续当好全国制造业发展的"领头羊"。

二、发展原则

上海发展工业互联网应遵循以下原则:

一是自主创新与学习借鉴的结合统一。盯住世界新阶段工业革命的技术前沿,了解和研究世界各国工业化与信息化技术创新、产品创新的态势、方向、政策、措施,选择引进在上海适用的先进技术并消化吸收。发挥基础优势,实现跨越式发展,赶超世界先进水平。

二是投入与效益的结合统一。在投入产出、投入与效益的衡量上,不仅要看产业领域、企业、产品的自身效益,还要看新技术的溢出效应,看新产业、新产品给工业革命带来的宏观红利,还要把经济效益和社会效益统一起来考察。

三是软件发展与硬件发展的结合统一。工业互联网是系统工程,既需要硬件设施的发展,又需要软件的配套。既要重视信息化网络基础设施和 IT 设备的硬件建设,也要重视信息化和 IT 软件的配套建设。同时,需要相关的政策环境、社会环境,以及管理模式和商业模式等的创新配合推进。

四是产业与企业的结合统一。要特别重视企业,特别是行业内的龙头企业、大企业在工业互联网中的地位和作用。德国"工业4.0"把智能企业、智能产品列为三大要素中的两大要素,而智能产品又是由智能企业生产的。要重视大企业的引领作用,运用市场、政府、规划、政策等手段和措施调动和发挥企业的主动性和积极性,促使企业投入上海工业互联网的战略实践。

三、发展框架和路径

上海发展工业互联网的基本框架是:"1"个网络＋"5"大要素＋"8"项核心技术(见图18.1)。该框架通过使用人工智能、工业云计算、工业大数据、工业机器人、知识自动化、3D打印、工业网络安全、虚拟现实等新技术手段,推动企业的设备、系统、决策、物流和服务的智能化改造,优化生产和消费领域的平台建设,基于CPS网络在制造领域的所有因素和资源间达到全新的社会—技术互动水平,全面提升上海现有的制造业水平,成为全国工业互联网发展的标杆和样板。

上海工业互联网

"1"个网络

信息物理系统网络

"5"大要素

智能设备、智能系统、智能决策、智能物流、智能服务

"8"项核心技术

人工智能、工业云计算、工业大数据、工业机器人、知识自动化、3D打印、工业网络安全、虚拟现实

图18.1 上海工业互联网发展基本框架

(一)"1"个网络：信息物理系统

信息物理系统是综合计算、网络和物理环境的多维复杂系统，通过计算、沟通、控制技术有机融合和深度协作，实现工程系统的实时感知、动态控制和信息服务。上海的信息物理系统将支持各个企业的信息物理系统，将各类智能机器、生产系统与后勤系统集成在一起，实现在制造环境中，智能机器、存储系统和生产实体可以自动交换信息，触发动作，相互独立控制。

(二)"5"大要素

智能设备：大量使用和安装传感器，从而让机器本身变得更加智能化，进行各项生产数据的收集，并能够被控制。

智能系统：将传感器收集的信息进行保存、处理和分析，应用在整个工业生产过程中，形成高度灵活、个性化、网络化的产业链。

智能决策：从智能设备和智能系统中收集的信息，形成以数据驱动的学习，使得部分机器和网络运行职能从操作人员那里转移到可靠的数字系统，是未来工业互联网发展的愿景。

智能物流：互联网和物联网可以用来整合物流资源，提高现有物流资源供应方的效率，促进人、设备、产品的实时联通与有效沟通，最终实现生产者和消费者直接联系。

智能服务：智能产品配合状态感和控制，运用大数据分析，将改变产品现有的销售和使用模式，形成产品全生命周期的服务体系。

(三)"8"项核心技术

人工智能：制造能够以与人类智能相似的方式做出反应的智能机器，包括机器人、语言识别、图像识别、自然语言处理和专家系统等。

工业云计算：工业互联网需要跨站点和跨企业的数据共享，云技术性能的提高，使得设备数据可以即时存储在云端，生产系统可以提供更多的数据驱动服务，工业监测和控制数据也即时进入云端。

工业大数据：无数传感器终端产生海量大数据，基于大数据分析能够优化产品质量，节约能源，提高设备服务。因此，需要对来自开发系统、生产系统、企业与客户管理系统等不同来源的数据进行全面的整合评估，使其成为支持实时决策的标准。

工业机器人：机器人将是工业互联网整个大系统中的重要智能终端，既能高效精确执行各种定制化、柔性生产任务，也能反馈生产中的各种数据。

知识自动化：知识自动化将在工业互联网中起到核心作用。实现知识自动化的主要方法包括智能控制、机器学习、基于大数据的管理等，从物理过程的自动化到虚拟空间的自动化是关键环节。

3D打印：以3D打印为代表的增材制造可以生产出各种形状的商品，催生多种复杂而轻巧的造型设计，更加广泛地应用在小批量定制产品的生产中。

工业网络安全：深度网络化和多层面的互联互通增加了攻击路径，需要在工业控制领域建立新兴信息技术的防护体系，降低工业网络面临的安全威胁。

虚拟现实：把虚拟的场景放在研发当中、放在新生产之前的测试中。通过虚拟现实，整个产品在生产前就可以在电脑中实现几千万次的改造和优化，整个生产效率将会极大提高。

（四）现阶段上海在推进工业互联网建设的发展路径

1. 聚焦重点产业

上海制造业信息化和工业化融合水平较高，汽车、装备、电子信息、航空航天等产业具有竞争优势，产业链配套齐全，工业领域系统集成商相对集聚。基于上海制造业发展基础，抓住制造业与互联网深度融合的关键环节，着力形成产业发展新动能。其主要包括以下重点行业：

电子信息：聚焦大规模集成电路、新型显示、高端网络通信设备、智能终端等新一代信息技术产品领域，重点在产品设计、监测、装配、包装、物流等环节实施智能装配、智能包装与物流、智能检测与质量优化、个性化定制设计等。

装备制造与汽车：聚焦风电、核电、港机装备和汽车产业，注重设备联网和工程服务，重点发展互联智能工厂、制造服务化、供应链协同、智能网联汽车等。

生物医药：聚焦生物药业的产品安全控制、研发环节，重点发展生产状态在线监控、产品全流程追溯、精准医疗等。

航空航天：聚焦基于互联网的协同制造和在线增值服务，重点发展网络化协同研发和制造、产品远程诊断和维修、个性化产品设计等。

2. 突破关键技术

在传感器芯片、实时数据库等物联网关键技术取得一定突破的基础上，加快推进工业的操作系统、网络传感器、高性能的工业网络设备、工业机器人等核心的技术自主研发以及产业化，进一步提升互联互通的智能制造能力，提高数据驱动技术水平，实现制造资源动态配置。

聚焦工业互联网相关的软硬件产品研发：一是加快发展具有自主知识产权的高端传感器、工业控制系统等智能设备与软件，为建立起安全可靠的工业互联网体系奠定坚实的基础；二是集中突破高端芯片、操作系统等信息通信产业核心关键产品，为信息与网络安全保障能力的提升奠定坚实的基础；三是开发高级智能的数据挖掘软件，打通产业与消费的供需渠道，为数据安全与数据价值挖掘奠定坚实的基础。

3. 构建生态体系

满足工业互联网创新发展应用生态要求，推进互联互通改造，从集成服务、平台建设、基础设施完善等方面构建工业互联网生态体系。

在集成服务方面，积极引进一批具备整体设计能力、解决方案提供能力的智能制造系统服务商，提供好相关的解决方案。在工业互联网的安全技术与解决方案方面，应联合具体的制造企业的安全设备提供商、系统的集成商与制造企业，提供安全设备与解决方案的创新与产业化服务。

在平台建设方面，整合现有的产业、技术、人才等资源，建设工业互联网的创新中心，并依托工业互联网联盟等，推进国家级的工业互联网测试验证平台、工业互联网的公共服务平台，以及工业互联网的基础管理平台的应用。

在基础设施方面，以临港地区为突破口，升级改造公众互联网领域，依托电信运营商全面升级改造临港地区固定的宽带网络、无线网络，满足工业海量的设备接入、工业企业和工业互联网服务企业联网的需求。

四、对策建议

(一)企业层面:由大企业主导的探索创新是上海工业互联网发展的关键推动力量

无论是德国"工业 4.0"(德国工程院、弗劳恩霍夫协会、西门子等联合发起),还是美国工业互联网(GE 公司发起,AT&T、思科、IBM 和英特尔联合成立),都是由大型企业发起并主导的国家战略。上海在推进工业互联网的过程中,需要注重企业本身对创新活动的热情以及产业未来发展的深刻把握,释放企业所具有的内在动力去宣传、推广和实施,发挥其市场主导的作用,推动产业和技术的进步。

一是以大企业为基础,推动智能化转型。注重发挥已有智能制造装备企业发展基础,推动有实力的制造企业(如上海电气、中芯国际等)智能化发展,重点提升嵌入式系统和自动化能级,聚焦"工业互联、数据互通、应用创新"的作用。一方面,探索在智能装备产品、工业软件、云数据平台、工业宽带网络等关键环节,推进工厂内互联互通、工厂间智能协作,不断提升基于互联互通的智能制造能力、基于组织创新的资源动态配置能力和基于数据驱动的创新发展能力;另一方面,探索在集成电路、传感控制与仪器仪表、新能源与智能网联汽车等领域实施信息物理系统,将设备、原材料、产品等制造因素和资源数据互联,并利用互联网、物联网及模块化技术,实现工业生产方式的变革,从根本上改善制造、工程、材料使用、产业链、生命周期管理等过程,实现工业生产过程的智能化与效率提升。

二是以大企业为标杆,注重标准化建设。标准化是工业互联网的关键基础。目前上海制造业不同层级、不同环节的信息系统间,存在软硬件接口、协议、数据机构结构纷繁复杂以及多种标准并存应用的问题,难以实现数据的互联互通。可以借鉴德、美经验[1],鼓励大企业牵头,在实施工业互联网的过程中

---

[1] 德国电气电子信息技术协会率先研制"工业 4.0"标准,美国国家标准技术院(NIST)提出工业互联网标准框架。

形成联盟组织,按照实际生产需要,率先制定统一的数据格式、设备接口、技术规格等标准,为全行业跨领域实现低成本高效率的互联互通奠定坚实的基础。建立"机器＋数据＋优化＋安全"的产业发展标准:以机器为中心,利用先进的模型分析和预测收集的工业大数据,实现资产优化和运营优化的目的,同时设置灵活安全的保障机制,管理数据的权限。上海通过搭建产业生态体系中的各类标准制定框架,积极参与国际类似标准与规则的制定,抢夺未来产业发展的话语权与制高点。

三是以大企业为平台,鼓励开放性创新。工业互联网将促进生产开发方式、组织管理模式的变革,更注重多元化的信息集成,形成扁平化、开放式的组织模式。可以引导大企业牵头,率先试点基于上海工业与互联网发展基础和比较优势的开放式平台。一方面,整合全国的创新技术,在上海工业互联网平台上进行试验和培育;另一方面,整合分布在全球的创新资源和要素,建立网络化的协同创新体系,凝聚社会共识,形成全社会共同推进的良好氛围。

四是以大企业为引擎,实现产业链集成。工业互联网的产业集成要求企业横跨设计、制造、物流、环境、人的活动等产业链要素,通过高度集成的信息系统加以控制。这些技术在上海制造业发展中还是相对薄弱的,需要多个龙头企业联合发展实现这些革新性变化。鼓励和引导多个大企业建立联盟促进行业间的产业集成,以跨行业的力量加以推动,收集所有数据,通过控制技术和相关环节实现互动、组织生产。产业集成后,未来整个产品需求、生产制造、物流配送和售后服务等链条中捕捉到的数据都可实时分析,帮助决策,而且在发生故障时,系统将自动发送警告并协助处理。

(二)政府层面:建立有利于创新、健康和可持续的制度环境是上海工业互联网发展的重要保障

在德、美的经验中,政府的主要职能是发挥政策的引导作用,通过制定综合性的长期战略规划,营造市场发现创新价值的环境。工业互联网将产生海量信息,各类要素复杂演变,快速产生新模式、新业态、新企业。面对如此复杂的变化,政府不可能也不应该主导这样一个进程,而应该回归"守夜人"的角色,明确其最重要的职能是营造一个健康发展的环境,培育有利于可持续创新的产业生态。

一是顶层设计:确立上海工业互联网发展战略愿景。相较于德国"工业4.0"和美国工业互联网的战略品牌性[①],我国提出的"两化深入融合"则缺乏相似的战略品牌属性。上海应制定工业互联网发展的工业蓝图,将研发、投入、创新、标准的制定列入发展的主要目标,通过层级设计和战略规划,围绕上海工业互联网总体架构、需求、技术标准体系、实验平台、示范试点、安全保障、国际合作等方面制定相应的支持政策,重视工业产品品牌的培育,为我国工业互联网的发展提供重要的战略品牌体系。

二是战略实施:形成上海工业互联网发展的基本框架。依托"国家级工业互联网创新中心"建设,推进上海成为国家级工业互联网示范城市建设,打造国家级工业互联网产业孵化基地,推进工业互联网标准化和关键技术试验验证平台建设,合作推动工业互联网产业联盟分支机构落户上海,组织具有国际影响力的工业互联网高峰论坛。在集成电路、下一代网络、高档数控机床及专用加工装备、软件和信息服务业、传感控制与仪器仪表等行业探索实施数量搜集、互联的可行性,推进相关"智能机器、智能工厂"的试验进程,为下一步打造与美国工业互联网、德国"工业4.0"平台相抗衡的开放式平台提供重要的基础。

三是财政支持:建立上海工业互联网引导基金。设立专项资金支持智能制造应用类项目,鼓励企业利用现代化机器人等智能化装备进行升级改造,实现制造过程、制造工艺、制造技术和制造装备的智能化,加大对智能生产设备的投入。改变以财政补贴为主的专项资金支持方式,设立工业互联网引导基金,实施有利于企业智能化改造的研发费用加计扣除政策,针对企业主体创新投入和科研人员成果转化采取鼓励创新的税收政策。

四是设施建设:推进信息技术基础设施有效整合。工业互联网的发展需要完备的大数据、物联网、云计算等基础信息设施。行业和地域之间不同机器、系统和网络的连接需要数据中心、宽度频谱、光纤网络等信息通信技术基础设施,需要政府部门对基础设施之间以及内部进行有效整合利用,以便支持工业互联

[①] 美国工业互联网:2012年GE公司提出,随后5家行业龙头企业联手组建工业互联网联盟(IIC),将这一概念大力推广。

德国"工业4.0":最早在2013年4月的汉诺威工业博览会上正式提出,由政府主导向世界宣传其理念,2014年,中德签署《中德合作行动纲要:共塑创新》。

网数据流的快速发展,形成高效、节能、有弹性的数据中心。

五是风险防控:建立网络安全管理制度。为实现工业互联网预期的愿景,还需要高效的网络安全制度。网络安全应该具体到从云技术防御策略的网络安全和连接到网络的尖端设备安全两方面,如包括安全流程和控制应设计为多层次的防御,政府部门要鼓励技术供应商、资产所有者、国际性组织、学术界等所有的利益相关者主动成为安全管理的参与者。

(三)学校层面:注重技术创新研究和人才培养是上海工业互联网发展的重要基础

上海工业互联网的发展绝不是依靠高档数控设备进行简单的"机器换人",而是要认识到德、美等发达国家在工业2.0、3.0两个阶段100多年的历史中所沉淀下来的"人"的优势。高素质的劳动者、科学的企业管理、成熟的社会化协作等形成了德、美等国自主研发和创新的基础。上海工业互联网发展在学习借鉴工业互联网、"工业4.0"的做法和经验时,需要特别注重科技创新和人才培养,发挥科研院所的作用,争取以自己的技术创新和产品创新取得自主知识产权,争得战略高地,赢得先机效应。

一是技术创新:注重数据互联和集成创新。上海工业互联网发展的核心是连接,要把设备、生产线、工厂、供应商、产品和客户紧密地联系在一起,获得工业连接的产品数据、设备数据、研发数据、工业链数据、运营数据、管理数据、销售数据、消费者数据。为此,在院校层面,需要注重对工业物联网、云计算、工业大数据、工业机器人、3D打印、知识工作自动化、工业网络安全、虚拟现实和人工智能等技术的创新研究,从基础研究到应用研究不可偏废。以此为基础,促进制造技术、产品、模式、业态、组织等方面的集成创新。

二是人才培养:探索"双元制"培养模式。德国制造业具有强有力的技术技能型人才支撑,其中"双元制"职业教育扮演着重要角色,被誉为"德国制造"的基石、德国经济腾飞的"秘密武器"。在"双元制"职业教育中,职业学校的学生同时也是企业中的学徒,企业培训和职业学校学习交替进行,而且以企业培训为主导。上海工业互联网的发展要重视制造业人才队伍建设,应加强高等工科学校学生实践环节和创新能力的培养,培养"知识+技术"综合性人才。探索企业和职业院校的技工人才培养模式，围绕急需技能人才，以学徒制、企业实训等多种模式加快技工人才培养。建立现代职业教育体系，对现有的制造业产业工人进行再培训，夯实上海制造业人才基础。上海通过产学研合作，大力支持适应新技术、新模式的高端融合人才培养与专业技术人才培训，为工业互联网发展提供人才要素支撑。

三是人才措施：创新复合型人才的储备。工业互联网的发展需要发现和培养新的具备技术、领导才能的复合型人才。例如，应重视数字机械工程师、数据科学家、用户界面专家等方面的技术人才。对于这些技术人才的培养和招揽，可尝试通过双赢的方法挖掘现有的资源，如营造氛围来提升不同专长员工的能力，也可通过"众包"的方式避免某些能力的欠缺。此外，企业和大学在教育系统方面的密切合作（如推进不同的教育合作项目）也可以帮助储备满足需要的数据人才。

本篇参考资料

[1]Accenture. Industrial Internet Insight Report(2015)[R]. GE,2015.

[2]INFSO D. 4 Networked Enterprise & RFID INFSO G. 2,Micro & Nanosystems in co-operation with the RFID Working Group of the ETP EPoSS. Internet of Things in 2020：A Roadmap for the future [EB/OL]. http:// www . smart-systems-integration . org/public/internet-of-things,2008-9-5.

[3]OFwee 工控网. 机器人行业冰火两重天，系统集成领域空间巨大[EB/OL]. http://gongkong. ofweek. com/2016-12/ART-310008-8420-30078260_3. html,2016-12-12.

[4]阿里云. 工艺问题已解决？英特尔将在 2022 年推出 5 纳米芯片[EB/OL]. https://developer. aliyun. com/article/149349,2017-7-6.

[5]车春鹏,高汝熹. 工业物联网产业——战略性新兴产业的突破点[J]. 城市,2012(8).

[6]凤凰财经. 工业机器人应用进入全面普及阶段[EB/OL]. https://finance. ifeng. com/a/20160625/14525770_0. shtml,2016-6-25.

[7]工业和信息化部电信研究院,工信部电信研究院. 物联网白皮书[R]. 2014.

[8]工业和信息化部电信研究院,工信部电信研究院. 物联网白皮书[R]. 2016.

[9]工业互联网产业联盟. 工业互联网体系架构[R]. 2016.

[10]贵阳大数据交易所. 2015 年中国大数据交易白皮书[R]. 贵阳大数据交易所,2015.

[11] 环球网. 俄科学家研发新材料,可让电子产品更小巧运行更快[EB/OL]. https://tech.huanqiu.com/article/9CaKrnK0dbO, 2017-2-4.

[12] 贾学良. 浅析物联网发展现状及趋势[J]. 山西财经大学学报, 2012, 34(S1).

[13] 宽带发展联盟. 中国宽带速率状况报告[R]. 2016(12).

[14] 李中民. 我国物联网发展现状及策略[J]. 计算机时代, 2011(3).

[15] 廖伟. 物联网发展指数及其评价体系研究[D]. 北京交通大学, 2014.

[16] 刘露玲. 无线传感网络定位研究专利技术综述[J]. 中国新通信, 2015, 17(5).

[17] 刘民义. 来自德国弗劳恩霍夫协会的启示——兼谈对我国平台型技术研发和转移机构的借鉴意义[N]. 科学时报, 2009.

[18] 苗圩. 工业互联网是物联网重要组成部分[EB/OL]. http://net.chinabyte.com/194/13283694.shtml, 2015-3-8.

[19] 上海通信管理局. 上海IPV4地址分布情况[EB/OL]. http://www.shca.gov.cn/html/Item_192/info_1178.html, 2012-3-27.

[20] 佘惠敏. 我国人工智能产业发展综述[N]. 经济日报, 2017.

[21] 搜狐公众平台. 工业4.0智能物流4个万亿级市场[EB/OL]. https://www.sohu.com/a/120190049_545630, 2016-11-29.

[22] 搜狐网. 日本推出Necomimi猫耳朵,用脑电波技术读懂你的心![EB/OL]. https://www.sohu.com/a/213019674_486252, 2017-12-27.

[23] 腾讯科技. 2015年物联网专利数量排行榜单:中兴排名第一[EB/OL]. http://www.askci.com/news/chanye/2015/06/29/11324861e1.shtml, 2015-6-29.

[24] 吴刚. 产业链视角下陕西物联网产业可持续发展研究[J]. 中国商贸, 2011(20).

[25] 吴伟萍. 培育生产性服务业的新增长点[N]. 南方日报, 2014-4-1.

[26] 新材料在线, 3D打印材料的重要性已经日渐显现[EB/OL]. https://www.3ddayin.net/news/shendujiedu/28523.html, 2017-2-24.

[27] 新华网. 互联网与工业融合将催生四类新服务业态[EB/OL]. http://politics.people.com.cn/n/2015/0530/c70731-27080418.html, 2015-5-30.

[28] 新浪财经. 齐向东:工业互联网化需要高度重视大数据安全[EB/OL]. https://finance.sina.com.cn/meeting/2017-2-23/doc-ifyavvsk2841683.shtml, 2017-2-23.

[29] 许正. 工业互联网:互联网+时代的产业转型[M]. 北京:机械工业出版社, 2015.

[30] 张鸿涛, 徐连明, 刘臻等. 物联网关键技术及系统应用[M]. 北京:机械工业出版社, 2017.

[31]张娴,高利丹,张勐等.无线传感网能量管理技术专利态势分析[J].科学观察,2008,3(6).

[32]张运鸿,张善杰.物联网核心技术专利态势分析——以MEMS技术为例[J].物流科技,2012,35(5).

[33]张卓群,肖强,徐文亭等.从专利视角看全球物联网无线射频识别技术的发展[J].电子世界,2017(2).

[34]智研咨询.2016年6月中国IP地址数量飞速增长[EB/OL].https://www.chyxx.com/industry/201608/438261.html,2016-8-15.

[35]中国百科网.工业互联网无线技术应用及发展趋势[EB/OL].http://www.chinabaike.com/t/10472/2016/0615/5382560.html,2016-6-15.

[36]中国产业信息网.我国传感器市场发展现状分析[EB/OL].http://www.chyxx.com/industry/201609/452740.html,2016-9-28.

[37]中国产业信息网.我国传感器市场发展现状分析[EB/OL].http://www.chyxx.com/industry/201609/452740.html,2016-9-28.

[38]中国电信.2010年物联网产业链分析及企业运营模式研究报告[R].2010.

[39]中国国新网.第39次《中国互联网络发展状况统计报告》[EB/OL].http://www.cac.gov.cn/2017-1/22/c_1120352022.htm,2017-1-22.

[40]中国互联网络信息中心.CNNIC IP地址分配联盟工作报告[EB/OL].http://www.shca.gov.cn/html/Item_192/info_1586.html,2015-8-25.

[41]中国新闻网.360推出国内首个工业互联网安全态势感知系统[EB/OL].https://www.chinanews.com.cn/it/2017/02-20/8154722.shtml,2017-2-20.

[42]中商情报网.2016年工业物联网发展现状及发展因素分析[EB/OL].http://www.askci.com/news/chanye/20160815/15162853776.shtml,2016-8-15.

[43]中文互联网资讯网.2016年全球网购报告:跨境电子商务已成为流行趋势[EB/OL].https://www.199it.com/archives/530414.html,2016-10-31.

[44]朱红松,孙利民.无线传感器网络技术发展现状[J].中兴通讯技术,2009,15(5).

[45]庄宝森,莫宏波,郝建等.从物联网专利分布看我国物联网产业发展[J].物联网技术,2014,4(5).

第五篇

上海市"十四五"期间产业发展政策研究
——战略思路与实施举措(2019年)

"十四五"期间是巨变的时期,上海市产业体系与产业发展充满了新的机遇与挑战:人工智能等新兴技术将部分替代劳动力、资本等传统生产要素,包括标准、专利、版权等在内的知识与无形资产的重要性进一步提升;数字信息化进入以5G为标志的新技术突破期,全球竞争更趋激烈,主要发达国家瞄准以5G通信为基础并延展至一些重要的新兴产业,加快研发并争夺标准制定话语权;中美贸易摩擦与"逆全球化"既带来了短期的风险与困境,也为我国产业创新和技术替代提供了契机。

"十四五"期间应该是上海将力争闯出传统产业转型升级、新兴先进制造业突破创新、生产性服务业高端化发展之路,瞄准电子信息、大数据、人工智能、新能源汽车等重点领域,建设成为全球重要的先进制造业和现代服务业中心。"十四五"期间也是长三角一体化发展战略推进的关键时期,上海应积极引领周边省份投入先进制造业和现代服务业建设,构建长三角地区在全球范围内的产业优势。在空间区位上,市区聚焦于现代服务业,郊区着力发展新兴先进制造业,在大力发展自贸区的同时,沿上海周边打造"松(江)奉(贤)金(山)嘉(兴)工业走廊"和"宝(山)嘉(定)青(浦)苏(州)产业地带",力争嵌入全球价值链高端环节,为提升长三角城市群竞争力,在更高层次引领国内经济和参与国际经济竞争提供支撑。

第十九章 "十四五"期间上海产业发展政策设计的基点与思路

一、上海市产业发展现状分析

(一)上海三次产业结构变化

新中国成立后至20世纪80年代初,上海市工业在国民经济体系中占绝对主导地位,占GDP的比重在70%以上。此后,在"三、二、一"产业发展方针的指引下,上海市工业比重不断下降,服务业比重逐步上升。1999年后,上海服务业的比重超过工业,且两者差距不断增大。近年来,上海农业占比不到1%,工业比重下降为30%,服务业比重接近70%,服务业已成为上海经济的主导产业(见图19.1)。这个比重基本达到中等发达经济体水平,符合上海市经济发展水平。

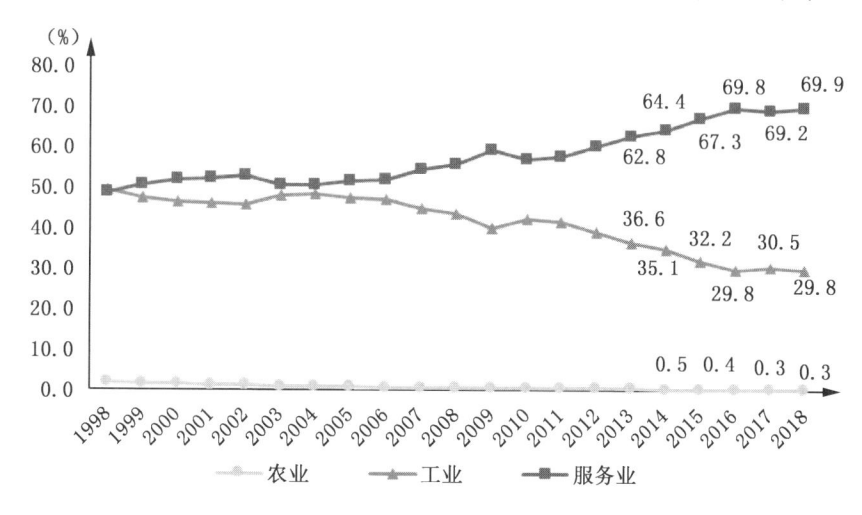

图 19.1 1998—2018 年上海市三次产业比重变化

(二) 上海不同经济类型的发展

考虑到发达经济体"再工业化"的经验和教训,伦敦、纽约等国际金融中心在全球金融危机遭受的打击,以及生产性服务业的服务对象主要是制造业,"十四五"期间上海工业(制造业)比例不宜再降,稳定在25%左右是合适的。

近十几年来,上海市各类型经济占GDP比重没有发生大的变化。国有经济一直占据着一半比重,外资和民营经济各占1/4左右(见图19.2)。国有经济占主导,这与上海市在国家产业发展的战略地位有关。上海市承担了国家重大战略产业的研发和生产,如造船、商用飞机等。而这些企业投资大、风险高、收益见效慢,多为国有企业从事,同时上海的大型金融机构和服务业企业均为国有企业。但是,国有企业稳定有余而活力、创新力不足,同时占用了大量社会资源,这是上海在互联网新经济方面落后于杭州、深圳等民营经济占主导城市,没有出现阿里巴巴、腾讯、华为这样的大型民营创新企业的重要原因。在"逆全球化"与中美贸易摩擦的大背景下,外资进入上海可能减缓甚至流出,如何发展民营经济,使之在GDP占比中显著上升是"十四五"期间上海面临的重大课题。

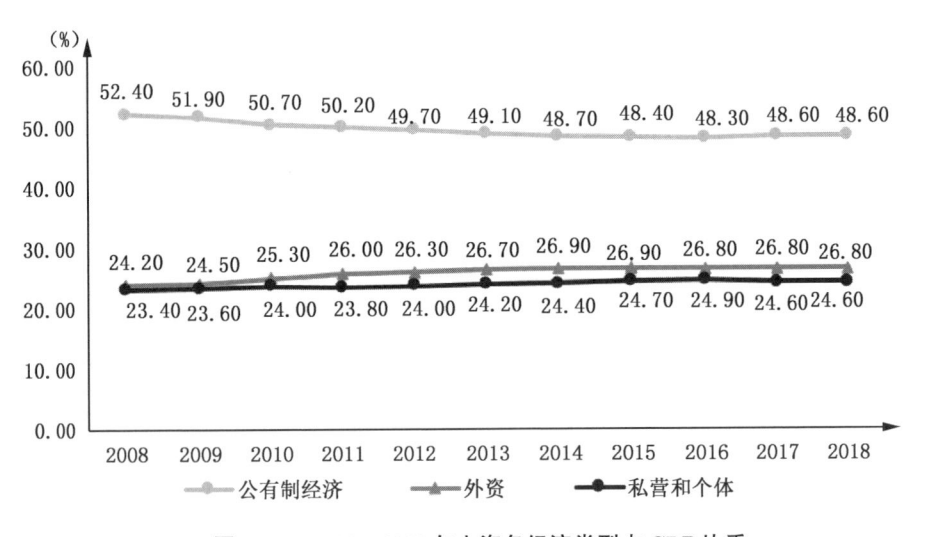

图 19.2 2008—2018 年上海各经济类型占 GDP 比重

(三) 上海工业的发展

近10年来,上海市工业开展淘汰落后产能、升级制造业的产业转型。纺织业、金属冶炼业、电气机械制造业等传统制造业逐步退出工业重点行业(见表19.1)。通信电子设备制造业、汽车制造业、精品钢材制造业等高技术行业以及建筑业成为工业发展的核心。通信电子设备制造业已成为主要动力行业,近10年来一直稳居六大支柱工业行业之首。建筑业、汽车制造业、通用专用设备制造业作为基础动力行业,保持稳定发展且比重均在10%左右。

表19.1　1981—2017年上海市六大工业行业

阶段	1981—1990年	1991—1995年	1995—2000年	2001—2012年	2012—2017年
上海市六大工业行业	纺织业	纺织业	电子信息产品制造业	电子信息产品制造业	电子信息产品制造业
	金属冶炼业	金属冶炼业	金属冶炼业	建筑业	汽车制造业
	通用专用设备制造	通用专用设备制造	通用专用设备制造	汽车制造业	成套设备制造业
	化学工业	化学工业	化学工业	通用专用设备制造	石油化工
	电气机械制造业	电气机械制造业	建筑业	化学工业	精品钢材制造
	交通运输设备制造业	交通运输设备制造业	交通运输设备制造业	精品钢材制造	生物制药

资料来源:上海市统计年鉴。

近10年来,上海服务业发展迅速,新的服务业态不断涌现。住宿和餐饮业、其他社会服务业等传统服务业已逐步退出三产的六大重点行业,信息服务及软件业、租赁商务服务业等现代服务业已进入三产的六大重点行业(见表19.2)。批发零售贸易业、金融保险业已成为三产中的主要动力行业。近几年,批发零售业和金融保险业的比重远高于其他行业。房地产业、交通运输仓储业作为基础动力行业,发展平缓。两个行业均呈前期缓慢上升、后期缓慢下降的波动变化趋势。信息服务及软件业、租赁和商务服务业已成为新兴行业。除个别年份出现波动外,两个行业总体呈上升趋势,进入三产六大重点行业之列。

表 19.2　　　　　　　　　上海市 1981—2017 年六大服务行业

阶段	1981—1990 年	1991—2000 年	2000—2012 年	2012—2017 年
服务业六大重点行业	批发零售贸易业	批发零售贸易业	批发零售贸易业	金融保险业
	交通运输仓储业	交通运输仓储业	金融保险业	批发零售贸易业
	金融保险业	金融保险业	房地产业	房地产业
	住宿和餐饮业	住宿和餐饮业	交通运输仓储业	信息服务及软件业
	其他社会服务业	其他社会服务业	信息服务及软件业	租赁和商务服务业
	教育事业	房地产业	租赁和商务服务业	交通运输仓储业

资料来源：上海市统计年鉴。

（四）上海高新技术产业的发展

"十三五"时期，上海市高新技术产业达到全市工业总产值和从业人员的30%左右，包括生物医药、航空航天、电子通信、计算机办公设备、医疗仪器设备及仪器仪表等。在先进制造领域，上海承载着中国制造业未来的希望。例如，2018 年 10 月，上海外高桥造船正式开工建造中国第一艘国产豪华邮轮，这艘船重 13.5 万吨，可搭载 4 980 名乘客，体积是"泰坦尼克号"的三倍，技术工艺与航母相当。2015 年中国商飞主导研制的中国第一架国产涡扇支线喷气客机 ARJ21-700 飞机交付使用，至今收到了 596 架订单；它主导研制的中国第一架国产大飞机 C919 在 2017 年首飞成功，至今已收到海内外 850 架订单。上海兆芯被称为中国大陆（内地）唯一一个可以完全替代英特尔同类型产品的国产自主 CPU 供应商，其产品目前性能已达到英特尔主流产品的 80% 以上。在集成电路领域，2018 年上海集成电路产业销售规模达 1 450 亿元，占全国的 1/5；人工智能方面，上海率先在全国出台了《关于推动新一代人工智能发展的实施意见》。截至 2018 年，上海人工智能核心企业突破 1 000 家、泛人工智能企业超过 3 000 家、人工智能相关产业规模 700 亿元，初步建成中国人工智能发展的领先地区之一。

同时，近年来上海市制造业的比重持续下降，在未来还有继续下降的趋势。而上海主干制造业多为传统制造业。即使是信息技术、生物制药等高新技术产业，上海市从事的也多是位于产业链低端的组装和加工等环节，而核心技术和专利,以及设计和营销等高附加值环节均没有掌握在手中。在占经济主导地位的服务业中,生产性服务业比重较低;而在生产性服务业中,高端生产性服务业比重更低。所以,在资源约束不断加大、商务成本不断上升的情况下,上海市服务业的增长减速,对社会经济发展的推动作用在减弱。

这导致近年来上海市经济增速不断放缓,增长乏力(见图19.3)。2019年上半年,上海市GDP增长5.9%,在全国经济前20强的城市中,排名倒数第二,仅高于天津4.6%。在一线城市中,深圳和广州增长最强劲,经济增速分别为7.4%和7.1%。北京增速为6.3%,也高于上海。在长三角的重点城市中,上海的经济增速也是最低的。杭州、南京、苏州、无锡的经济增速分别为6.9%、8.1%、6.0%、7.1%,均高于上海。找到经济发展的新增长点和动能,是上海市"十四五"产业发展政策的任务之一。

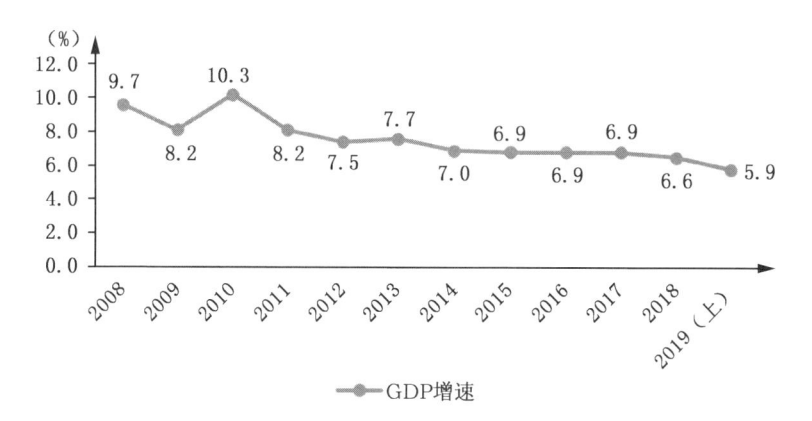

资料来源:国家统计局。

图 19.3 2008—2018 年上海市 GDP 增速

二、"十四五"期间上海市产业发展国内外环境分析

(一)新技术引领新产业

第一次工业革命肇始于蒸汽机技术;第二次工业革命依托于电力通信和流水线生产技术。两次工业革命背后都有相应的新技术作为支撑。进入21世纪

后,一系列新型技术涌现,上海现代产业的发展必须关注新技术的出现和动态发展。

新技术主要分为两大类:广泛性应用技术和专业性应用技术。典型的广泛性应用技术包括人工智能、大数据分析、新能源技术和新材料技术等。这些技术可以广泛运用于大多数产业中,构成了现代产业体系的装备、技术、工艺和产品基础,比如人工智能,它是几乎所有产业智能化转型发展的基础。由于机器的深度学习突破,由机器进行智慧生产、智慧服务、智慧交易、智慧沟通、智慧办公、智慧生活等成为现实,相应的产业将发展成为智能产业是可以期待的。

专业性应用技术是指只能在一个或几个产业中应用的新技术,比如3D打印技术。3D打印技术实为增材制造技术,这个技术不仅与新材料有关,还与三维产品模型虚拟设计技术等有关。还有智能装备技术,智能装备实际上是一个超级一体化智能制造中心,它甚至可以成为一个智慧全自动制造工厂。所以,智能装备是未来现代产业体系中的核心,没有这样的装备以及这样装备的制造技术,整个产业体系的智能化转变是不可能的。

(二)全球新一轮产业竞争

围绕5G等新技术展开的全球新一轮产业竞争有如下几个特点:

第一,新兴产业标准的争夺。谁能够建立并推广新兴产业标准,尤其是技术标准、产品标准、生产标准,谁就能赢得市场,掌握行业话语权和定价权。例如,华为致力于5G产业技术标准的制定,2018年2月,在世界移动通信大会(MWC)召开前夕,沃达丰和华为宣布,两公司在西班牙合作采用非独立的3GPP 5G新无线标准和Sub6 GHz频段完成了全球首个5G通话测试。华为成为此标准的主要设计者,这就是华为在5G产业方面的强大竞争力所在。

第二,争夺产业链治理权。所谓产业链治理权是指能够掌控产业链上下游、相关产业与供应商的软实力。在产业链、价值链、供应链全球分布的今天,产品尤其是高新技术产品的研发与生产实际上是全球产业链上成百上千供应商合作的结果。虽然这种合作基于全球市场与多边贸易体系,但拥有产业链治理权的企业往往掌控了产业链或价值链上的关键资源、核心技术或广阔市场。

第三,创新制度竞争。新兴产业发展与竞争的背后首先是产业新技术和创新能力的竞争,是推动新技术新产业创新发展的制度效率的竞争。例如自20世纪90年代起,日本政府开始对科研院所等开展"独立行政法人"改革,使其由"国家机构"转变为具有独立"人格"的"行政法人",其核心特征是转变政府职能,下放权力、赋予用人单位自主权,结果取得了显著的技术研发成果。在此基础上,2015年日本政府对《独立行政法人通则法》进行了修订,首批31家"国立研发法人"被正式批准设立,其目标是提升日本产业技术在国际上的综合竞争力。

第四,人力资本竞争。美国从争夺产业创新人才、高科技人才,到今天在高技术产业领域隔离竞争对手国家的人才,以保护技术的领先性。从美国近期人才竞争策略可以看到,对产业创新人才的竞争已经进入新阶段。因此必须对现有教育体系与制度进行重大改革,大力培养未来新兴产业技术人才,同时建立新的人才引进、激励体制。例如深圳已经宣布海外人才到深圳工作,可以减免(补贴)个人所得税至15%。

(三)中美贸易摩擦

中美贸易摩擦始于2017年8月14日,美国对中国商品开启"301调查",美方声称其目的是"对特定产品进口是否威胁美国国家安全进行立案调查"。直至2019年8月15日,美国贸易代表宣布,将对自中国进口的约3 000亿美元商品加征10%关税,分两批自2019年9月1日、12月15日起实施。

上海对美国出口比较多的是机电、音响设备、家具、玩具、纺织品等,这些行业可能受到的影响比较大。尤其是机电音响设备、家具玩具、纺织品,分别占到对美国出口的46.2%、12.1%和9.9%。需重点关注在贸易争端中被征收较高关税的行业和产品,短期将导致其价格大幅上升,在美国市场竞争力下降。

中美贸易摩擦对上海造成了不利影响,也带来了机遇。例如,我国在集成电路等领域仍存在大量的进口,上海作为中国集成电路和半导体行业的领头羊,需要积极探索技术替代战略,通过减税政策、产业基金投入鼓励该领域的发展。

中美贸易摩擦在近期结束固然好,但是要做好中美贸易摩擦有可能持续相当长一段时间的准备。无论如何,中美贸易摩擦的警示意义在于,在全球分工体系中,可以但不能过分依赖美国技术和市场。

(四)未来发展的资源约束

上海未来产业发展面临严重的资源约束,亟须找到对策,加以弥补和应对。

第一,土地资源约束。上海建设用地供应面临"天花板",市区土地开发强度已近极限,而且旧城改造成本奇高,未来应聚焦广大郊区的发展,使得其单位面积产出不断向市区看齐。市区未来主要聚焦于高附加值的现代服务业,而郊区应主要发展制造业,建成若干先进制造业基地和产业集群。特别是依托奉贤、金山、松江打造沿海工业走廊,同时将浙江省临近区域纳入,形成"松(江)奉(贤)金(山)嘉(兴)工业走廊";依托与江苏临近郊区可以打造"宝(山)嘉(定)青(浦)苏(州)产业地带",在推动长三角产业一体化的同时缓解建设用地不足的压力。

第二,环境资源约束。未来节能减排难度加大,节能减排的空间趋小。"十一五"时期上海完成了单位GDP能耗下降5%的刚性指标。"十二五"时期单位GDP能耗指标又在"十一五"的基础上下降4%。"十三五"时期,上海的工业、交通、建筑、生活等领域用能保持了一定增长。可以预见,"十四五"期间,环境保护对能源生产、消费的约束将趋紧,节能减排压力依然突出。特别是国际社会对我国能耗总量控制和温室气体减排的压力越来越大,预计国家会对上海的节能减排提出更高的要求。

第三,人力资源约束。上海市人口老龄化加速,城市发展活力减弱。与全国相比,上海提前进入老龄化社会,户籍劳动力供应不断减少,社会抚养负担加重。全市老年人口占比预计2020年将超过30%,户籍人口抚养比将突破60%,这不仅导致上海养老金出现巨大缺口,而且引发城市活力和创新能力的下降。人力资本结构性匮乏,制约了产业的高端化发展。目前,上海人才储备情况与上海转型发展的战略需求相差较大,面向新兴服务业的高端专业技术人才相对匮乏。同时,高端人才的国际化程度比重偏低,人才竞争力严重不足,与东京、伦敦、纽约等世界级城市的差距较大,难以适应金融、贸易、航运、商务和高技术产业、新兴产业发展需要。

三、不同类型产业政策的现实功能分析

产业政策泛指那些推动产业结构调整的政策,无论这些政策本身是运用在制造业还是服务业或农业。产业政策的本质在于补充市场力量,增强现有市场体系的资源配置效率。产业政策的合理模式不是政府独自实施产业税收或补贴等政策,而是市场、企业和政府之间的战略性合作,去发现哪里存在经济结构调整的主要障碍,以及应该采取什么措施来克服这些障碍。产业政策的任务不仅在于实施合理的政策,同样要尽可能从市场和企业部门获得有关外部性存在以及如何克服这些外部性的有关信息。

(一)产业政策的分类

一般而论,产业政策可以分为两大类:一类是选择性产业政策,即向全社会表明现在至未来政府支持发展什么产业或不支持发展什么产业或限制发展什么产业的政策;一类是功能性产业政策,主要是指营造公平竞争市场、营商环境、鼓励创新、扶植新兴弱小产业等的政策。在经济与产业发展的不同阶段,在市场发展成熟的不同阶段,应该设计不同的产业政策,可以考虑设计以不同类别为主的产业政策,而当经济与产业发展到了高质量阶段,可能需要不同于以往的产业政策,才能更好地促进经济与产业健康发展、高质量发展,形成国际竞争力。

"十二五""十三五"期间,上海市出台了一系列产业政策文件,涵盖规划、指导意见、管理办法、调控措施、行业准入、金融扶持等方面。这些政策取得了明显成效,也存在不足之处:产业政策偏重行政手段,产业发展促进手段单一,以专项资金申报和财政补贴为主;产业政策存在明显选择性,"去工业化"趋势依旧,制造业发展失速;产业政策偏向国资和外资,民营中小企业发展空间和机会受到挤压,没有形成国资、外资、民资公平竞争的友好商业环境。

可见,上海的产业体系、产业发展至今取得的巨大成绩与新形势下的不足都与过去的产业政策有很大的相关性,基本的问题是选择性产业政策为主,功能性产业政策不足。因此面对中国经济新常态,全球新一轮技术变革和产业竞

争,以及中美贸易摩擦和资源约束等国内外风险和不确定性,上海"十四五"经济社会发展规划制定之际,研究与探讨上海"十四五"期间应该制定什么样的产业政策以推动上海未来产业高质量发展就十分必要。

(二)产业政策的功效

产业政策力求解决三方面的外部性:技术外部性、信息外部性和协调外部性。技术外部性又称技术外溢或知识扩散,是指发生在产业内不同公司间的知识共享或者学习模仿而引起的经济结果。通常在同一区域产业内,当某公司出现了新工艺、新发明、新技术或技术改进,以及新生产组织方式时,由于地域上的共同性,这些改进会扩散到整个地区的公司中。为了加快新技术的开发与扩散,对高技术产业实施产业政策,即政府实施有效且合理的干预,能获得直接的、正的技术外部性。产业调整和升级的过程中,往往需要企业掌握某些关键和核心技术。获取这些技术面临着巨大的资金投入、高度的不确定性和极大的失败风险。同时,某些需要普及和推广的技术或工艺可能会被个别企业垄断,从而阻碍整个产业的优化和升级。此时,政府可以通过干预,如制定产业政策和鼓励企业研发,以减小企业获取技术的成本和风险。也可以通过政府的科研机构,获取技术之后免费提供给企业使用。

现代生产呈现多样化和复杂性特征,需要企业家发现哪些新的生产活动成本较低,有利可图。企业家必须对新产品进行各种尝试,这个活动就是"自主发现"。但是,企业家进行"自主发现"时,失败的成本全部由自己承担,成功的收益却要与别人分享,因为其他人可以效仿,大量开展这种新生产活动。这就存在了"自主发现"的信息外部性。所以,政府可以通过补贴那些新的、非传统产业的投资克服信息外部性。只有相关产业链条上的产业共同发展,产业才能发展壮大和获得竞争力。当某产业链的相关产业需要巨大投资,而该产业的企业缺乏资源时,"协调失灵"就可能会发生。政府通过投资相关产业,比如基础设施建设、投资上下游产业等,可以克服"协调失灵",缓解协调外部性,实现产业集聚和集群式发展。

（三）发达国家制定产业政策的启示

关于产业政策的争论由来已久，有时还非常激烈。反对产业政策的主要理由包括：政府无法事先挑选未来的优胜者，产业政策扭曲了市场，降低了市场资源配置效率；政府缺乏实施产业政策的能力、信息和激励，产业政策容易导致寻租和腐败等，不一而足。

上面的每一条意见都有一定道理。但是，对于每一条也存在很好的反驳理由。政府的确无法挑选优胜者，但是有效的产业政策没有过于依赖这种预知能力。事实上，以"扭曲价格"和"限制竞争"为内核的"选择型产业政策"在理论和实践中基本被摒弃，以"理顺价格"和"优化竞争环境"为内核的"功能型产业政策"影响日益扩大。主要发达国家并没有放弃产业政策，而是调整了产业政策的类型，即更多实施功能型产业政策。以日、韩为代表的后起工业化国家在高速增长阶段实施的产业政策（综合上述两类）是混合型产业政策，但不少研究指出，真正发挥作用的主要还是其中的功能型政策，包括建立和完善市场制度，推动人力资本提升，施行开放与推动出口等。

2008年全球金融危机以来，主要发达国家实施了产业结构调整，其产业政策基本都是功能型的，旨在构筑可持续的政策框架和服务体系，为先进制造业和现代服务业营造有利而友好的商业环境；加强科技基础设施和公共服务建设，全方位优化创新、创业环境等。比如，美国政府"重振制造业"的主要政策措施包括：大量培育先进制造业所需的技术工人和专业人才，完善产业和技术基础设施，减少不必要的管制和审批，大幅提升对R&D的支持等。德国政府的"高新技术战略2020"主要包括三方面内容：一是重点资助若干战略性新兴技术的突破；二是全流程优化创新环境；三是加速创新成果产业化。日本"产业复兴计划"的重点是增强国内制造基础，培育战略性新兴产业，主要措施包括运用投资减税、租赁补贴、投资补助等手段，促进企业对设备、生产线及作业系统进行技术升级；设立国家项目进行技术攻关，对企业技术开发实施减税，增加对机器人、新一代汽车、飞机、碳纤维、细胞再生医疗、清洁能源等领域的研发资金；构建基础共性技术开发、应用和转让平台，促进企业利用新技术，扩大人才培训等。

发达国家的产业政策提供了以下几点启示：一是以功能型产业政策为主导；二是建设完善的创新促进体系，高度重视研发与技术人才培训；三是重视促进中小企业效率提升的公平营商环境和公共服务体系的建设。

四、"十四五"期间上海产业发展政策设计思路

"十四五"期间上海将努力形成"以现代服务业为主体，战略性新兴产业为引领，先进制造业为支撑的现代产业体系"。为达成这一目标，上海产业发展政策总体设计思路如下：实施混合型产业政策，以功能型产业政策为主导，兼顾选择型产业政策。促进市场公平竞争，优化市场环境的功能型产业政策的必要性自不待言，而由于中国经济仍处于后发追赶，同时某些战略性新兴产业具有很强的技术、信息、协调外部性，因此选择重点发展这些领域的产业政策必不可少。

（一）"十四五"期间上海的选择型产业政策设计思路

第一，打造"新基础产业"。新基础产业即"云＋网＋端"的新型现代基础产业。我们从5G技术、人工智能和大数据三个方面分析了发展新基础产业的战略意义，并提出了"十四五"期间发展新基础产业的思路要点（见图19.4）。

5G技术下，信息的高速传播极大地拓展了数字化技术的应用场景，实现万物互联互通。5G技术的发展，既要在核心技术层面加大核心器件的研发，建立更加清晰有效的激励机制和产权保护机制，促进"产学研"深度融合；也要在基础设施层面继续加快推进5G基站建设；同时在应用层面利用上海在服务业和制造业上的优势，将5G与金融、贸易、工业互联等智能应用场景深度融合。

人工智能代表未来的发展趋势，上海应牢牢把握机遇，立足科教资源、应用场景、海量数据、基础设施等方面优势，推动人工智能与实体经济深度融合，打造人工智能发展的"上海高地"。"十四五"期间，应重视人工智能技术与制造、金融、零售、交通等领域的深度融合，建设更加成熟完善、智能化的国际经济中心、国际金融中心、国际贸易中心和国际航运中心，打破传统企业与AI公司的合作壁垒，并规范AI技术的数据安全。

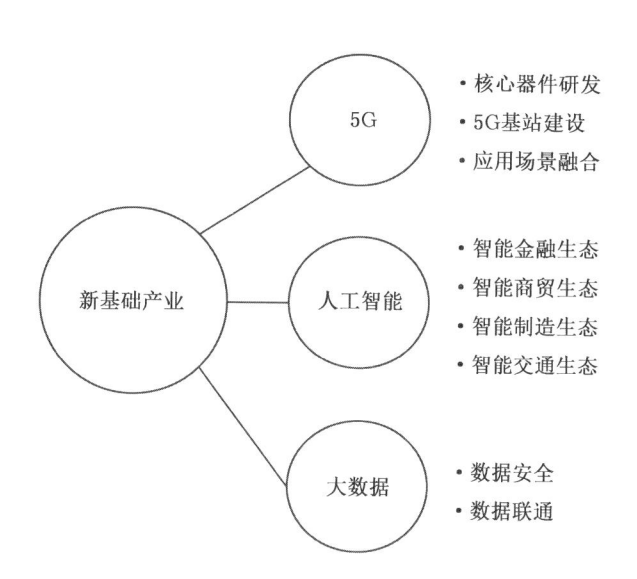

图 19.4 新基础产业发展思路要点

新基础产业
- 5G
  - 核心器件研发
  - 5G基站建设
  - 应用场景融合
- 人工智能
  - 智能金融生态
  - 智能商贸生态
  - 智能制造生态
  - 智能交通生态
- 大数据
  - 数据安全
  - 数据联通

数据资源的需求将涵盖各行业领域,大数据产业将持续促进传统产业转型升级,助力新型智慧城市和数字经济建设。对于大数据产业的发展,需要特别重视数据安全和数据联通问题,严格加强数据安全防护,制定数据安全规则,明确数据使用边界,并加大违规使用的数据的处罚力度。同时,需要重视数据孤岛问题,制定统一的数据结构标准,加强数据归并,建立更为完善的数据库。

第二,优先发展先进制造业的若干重要领域。上海选择发展的先进制造业需具备以下特点:(1)战略性。战略性要求先进制造业必须是重要的和关键的,对未来推动上海乃至全国的经济发展都是必要的。这些产业决定了上海未来的经济发展水平,也极大地影响着上海市未来在中国和国际中的地位。(2)技术领先。上海市的先进制造业必须掌握核心技术,并引导整个行业的技术发展方向。上海市应该集中所有可利用的智力资源和技术资源,集中力量突然高精尖的技术难题,形成一批高水平专利。(3)处于产业链高端。只有处于产业链的高端位置,才能拥有产业链的治理权,才可以支配产业发展的关键资源和获得产业发展的主要收益,从而拥有产业发展的主动权。(4)产业集群。集群式发展有利于发挥先进制造业的规模经济和学习效应,并形成一条完整的供应链和价值链,从而提高整个产业的竞争水平。此外,集群发展还有利于降低成本,吸收知识溢出,促进区域一体化发展。(5)有一定的发展基础和比较优势。

根据这些原则,上海未来应该重点发展智能制造装备、新能源汽车、电子信息产业,并特别选取智能装备行业中的工业机器人产业,集成电路产业中的芯片业,以及新能源汽车产业,并制定发展这些新兴先进制造业的对策举措。

第三,大力发展生产性服务业,尤其是高端生产性服务业。生产性服务业是从制造业中独立出来的行业,贯穿于制造业生产过程的各个阶段,为制造业提供物流、技术、金融等方面的服务,有利于制造业集中力量发展核心业务。其具有中间服务、专业化程度高、知识密集等特点。

上海已经形成了以服务业为主体的产业结构。其中生产性服务业是服务经济的重要组成部分,"十三五"期间上海市生产性服务业取得了长足发展。基于现存结构问题,"十四五"期间上海生产性服务业的发展应将重点放在专业性强、具有高附加值的高端部分,即高端生产性服务业,从而实现上海产业结构的再次升级。高端生产性服务业是指知识密集度高,依靠新兴技术与专业知识,服务于生产过程,具有高附加值性的服务业。"十四五"期间上海生产性服务业的发展应聚焦工业互联网、供应链金融、研发服务业等重点领域。

在工业互联网方面:(1)做好5G基站建设,完善工业互联网基础设施。(2)推进标准制定,助力一批代表性工业互联网平台企业做大做强。(3)防范数据泄露,确保工业数据在法律法规允许的范围内得到合理使用,明确数据所有权的归属问题。(4)建立开放共赢产业生态,完善公平、公正、透明的市场竞争规则。(5)降低准入门槛,吸引一批工业互联网初创企业入驻。(6)加强交流合作。一方面,保持与德国等先进制造国家的合作关系,借鉴国外工业互联网发展经验;另一方面,与工信部、中国信息通信研究院以及阿里、华为等代表性企业通力合作。

在供应链科技金融方面:(1)建立供应链金融行业标准规范,制定统一、快捷的业务操作流程;建立评级制度和定价制度;(2)鼓励商业银行与物流供应链企业合作,成立产业联盟,分散风险,互利共赢;(3)鼓励建立线上供应链金融服务平台,实现"互联网+供应链金融"的深度融合,提升智能风控水平。

在研发服务业方面:(1)深化科研成果产权制度改革,在明确研发成果产权的基础上,发展多层次的技术产权交易市场体系。(2)深化现代科研院所制度改革，为本市科研机构清晰定位，给予独立、完整的法人资格。引导高校院所形成市场导向的科研体系，支持建立以"成果形成—发明公开—专利获取—交易撮合—技术许可或转让"为核心链条的完善的技术转移体系。(3)深化科技投融资体制改革，加强对基础研究的投入力度；优化财政科技投入机制；探索投贷联动、知识产权质押、股权众筹等资本市场运作方式；稳步推进金融科技与科技金融的联动发展；加大研发服务市场对外开放力度，瞄准世界级科创资本市场。

(二)"十四五"期间上海的功能型产业政策设计思路

第一，"出口导向"战略转向"技术替代"战略。改革开放40年我国与上海的产业体系建设发展基本上采取了出口导向战略，对外贸易量越来越大，出口依赖度一度高达50%，许多产业的产能达到世界第一，取得了很大的成功。但仔细分析可以发现这些贸易量中许多是加工贸易，处在产业链的低端，许多核心产业环节、技术依然在发达国家手中，我们需要进口大量高技术产品、能源、铁矿石等原料来支持目前产业体系的正常运行。这些是我国目前产业体系与产业链的软肋。面对目前日趋严峻的贸易保护主义与国家产业竞争，替代高端技术产品的进口，发展我国先进制造业、新兴产业已经迫在眉睫。由于我国人口众多，居民消费水平已经大幅度提高，产业发展的市场容量完全可以支持新兴产业的发展，这是非常好的客观条件。目前我们投资发展的新兴产业、先进制造业实为发达国家的优势产业，可以通过替代进口促进这些新兴产业的发展，但更应该追求这些新兴产业的体系性形成、集群式发展以及技术的突破性创新发展，形成未来若干领先优势产业群。

第二，实施和推进"长三角一体化协同发展"战略。上海市的特殊区位条件，以及其经济的强大辐射能力，决定了上海市的发展必然不是独立的，上海市必须立足于长三角，追求区域的协同发展。制造业在长三角内部不断发生转移，劳动密集型及资源密集型产业正逐步由上海市转移到苏浙地区。上海制造业越来越趋于专业化，集中于具有竞争优势的资本密集型、技术密集型产业。但长三角协同发展，并不是简单地将上海市淘汰的产业转移出去，而是要追求区域的共同进步。上海在向苏浙地区转移劳动密集型、资源密集型产业的同时，更重要的是知识技术的溢出，提高长三角整体竞争力和全球影响力。

长三角一体化发展需要考虑以下几点：(1)建立合理协调的分工体系。长三角区域内各城市应根据本地要素禀赋的比较优势，明确适合当地发展的优势产业，相互沟通协作，共同建立起合理且相互协调的分工体系。破除产业趋同、重复建设和恶性竞争的不良现象，力求最大限度发挥生产要素的利用效率，形成协同联动的产业发展态势。(2)打破制度的约束和隔阂。长三角区域内的各省市政府应该主动建立沟通和协商的机制和平台。要保证从发展战略目标、绩效考核到激励机制等实现激励相容，力求减少税收、财政等方面的隔阂和利益冲突。(3)推动商品市场和生产要素市场的流动。长三角区域一体化发展，必须打破商品市场和生产要素市场的流动障碍。找到发展的共同目标和共同利益，充分发挥区域内的市场优势和生产要素优势，积极促进生产要素流动，提高要素的使用效率，形成区域内发展的内生增长动力。(4)继续推动区域内基础设施建设。市场的流通和生产要素的流动依赖于各区域沟通的顺畅程度，而这又取决于基础设施的发达程度。应该继续推进长三角乃至整个沿长江经济带的基础设施建设，包括交通基础设施和通信基础设施，从而为商品和生产要素的流动提供支撑。

第三，依托企业发展，形成全球生产要素配置中心。要让企业成为制造业转型升级的主体，政府可以集中资源优势服务企业，大力培育世界一流企业、"独角兽"企业、培育制造企业群体。

首先是做强世界一流企业，使上海制造辐射面更广。构建根植本地面向全球布局的创新、生产和服务网络，加快新一代智能制造模式应用。以龙头企业为引领，建设合作创新平台，发展全球价值链和供应链，争取更多制造企业成为产业链和价值链领导者。其次是做大"独角兽"企业，使上海制造创新力更强。加强智能硬件、生物医药、新能源与智能网联汽车等领域技术创新、产业创新、商业模式创新和科创板发展，以培育先进制造领域科技型"独角兽"企业。最后是做优"隐形冠军"，使上海制造专业化更精。开展企业发展的战略对标，引导企业专注于细分产品的研发制造和市场拓展。精益求精打造"百年老店"形象，形成更多制造领域的"隐形冠军"企业，提升上海制造的美誉度。

上海作为长三角及全中国经济发展的龙头城市，将服务业作为城市发展的主导力量，必然会成为资金、能源、信息、技术和人才等生产要素的聚散地。实现上海市"五个中心"战略发展目标,也要求上海成为全国甚至世界级别的要素配置中心。国际要素配置中心最主要的是建立开放引进全球信息资源、技术资源、基础能源、基础材料和金融资源、人力资源的规范与机制,之后才可能实现全球资源的有效配置。

第四,加强高端人才培养和引进,加强知识产权保护。为了吸引全国乃至世界的高端优秀人才,上海需要加强以下几点:(1)以产业聚集人才。"服务经济"时代,特别是现代服务业,将更多地依靠专业人才。服务经济的"聚散功能"需要通过服务人才链,将服务内容与上下游产业连接起来,从而形成完整的产业链、创新链、价值链、资金链的闭环运行,从而有效发挥"上海服务"的人才辐射作用。(2)在长三角一体化过程中发挥"人才辐射源"作用。上海应该主动在长三角人才整体布局和人才市场一体化战略规划制定中扮演领导者角色,带头培养一支能够参与国际人才市场竞争的人才开发队伍,努力提升人才供给质量和人才治理能力,打造长三角的人才总体竞争力。加强长三角城市群城市与上海的人力资源服务业充分合作,建立富有活力的人才交流机制。(3)主导建立人才数据库和服务平台。上海有条件最先加强区域内人才资源数据库建设,构建覆盖党政干部、职业经纪人、科研技术人才、工程技术人才、教育培训人才、企业经营管理人才等数据库,同时健全以人才供求为主的信息发布机制,实现区域内人才信息的互联互通。上海应该鼓励支持一批影响大、覆盖广、运营效果好的中介平台,开展跨区域服务,拓展类似于高级人才援助、人才租赁、人才信用担保等业务,促使人才服务与国际接轨,依靠市场机制有效配置人才,提高人才辐射的社会化与专业化水平。

加强知识产权保护,为创新提供制度保障是发展新经济的客观要求。上海市除了要严格执行国家有关知识产权保护的法律法规和政策之外,还可通过地方立法为知识产权保护提供更为完善的法律框架。做大科技、商务、文创等领域的知识产权交易市场,推动知识转化为专利,专利转化为股份,股份转化为收益,以打通专利产品化、产业化的渠道,充分发挥知识和创新成果的积极作用。在上海率先转变经济发展方式的过程中,有效的知识产权保护将是上海新经济发展的重要前提。

第五,完善市场竞争机制,促进资源禀赋升级。产业的发展不仅需要政府的推动,更重要的是建立有效的市场机制。市场是提高资源配置效率最有效的手段,无论是产品还是生产要素,均可以通过市场实现最有效的配置水平。完善市场机制,一方面是对内实现区域市场一体化,消除目前区域间市场分割、市场保护的障碍,地区产业同构成为历史。另一方面是对外降低产业与市场进入壁垒,引入全球企业开展市场竞争,通过竞争优胜劣汰,促进技术创新,促进产业创新,让创新者获得市场认可后的创新红利,只有这样,创新者才会有持续的创新动力,如此新兴产业才会成长,现代产业体系才可能成长。

政府的产业政策是助推力,上海市的产业要实现有序调整、良性发展,就必须形成内生增长动力。根据比较优势生产是效率最高、成本最低的方式。所以上海市在安排产业的同时,必须升级和调整生产要素,使生产要素在动态中保持最适合新产业发展的水平和结构。要素禀赋升级就是建立现代产业体系新比较优势的基础。现代产业体系是以高新技术、新知识为基础的产业群,它对人力资本有全新的要求。当上海的人力资本水平和结构还不能适应现代产业发展的要求时,创新就难以成功、核心技术就难以发展、合作就难以有效展开。建立现代产业体系的一个重要战略选项就是长期投资全社会人力资本,投资全社会人力资本短期看收益不佳,中长期看则有巨大收益。

第二十章 "十四五"期间上海新基础产业发展与政策设计

一、新基础产业的概念

2018年12月,中央经济工作会议将"加快5G商用步伐,加强人工智能、工业互联网、物联网等新型基础设施建设"列为2019年的重点工作任务。传统的基础产业通常指的是道路、码头、港口等支撑传统制造业、服务业的基础设施。发展先进制造业和现代服务业,不仅需要传统基础产业的支持,还需要新基础产业提供技术支撑,新基础产业决定未来产业发展。

新基础产业,即支持未来新型产业发展的新型现代基础产业,有人将此表达为"云+网+端",其中,"云"指的是云计算、大数据等信息交互和使用模式;"网"指的是互联网、物联网等,通过信息传感器,将网络接入;"端"指的是终端、智能应用程序等,负责用户信息的输入和输出。这样的表达有一定道理,但未能完全涵盖新基础产业的内涵。我们认为新基础产业可以从"硬、软、联"三个方面来说明,一是以5G通信、新材料、新能源、新交通等为代表的所有产业发展的"硬基础",一是以大数据、人工智能、IT软件等为代表的产业发展的"软基础",第三是以工业互联网、智能物联网、智慧电网等为代表的"互联性基础产业"。可以证明,所有这些新基础产业已经成为决定全球未来产业竞争力的基础,因为这些产业的发展与应用将广泛影响几乎所有的现行产业与未来新兴产业。在先进制造业和现代服务业的发展要求下,新基础产业将成为我国未来产业创新的方向。

在新基础产业上的资源投入与创新发展,一方面是上海现行经济增长的驱动力,另一方面是未来上海产业创新的方向与重要的支撑。从长远发展着眼,上海在"十四五"期间必须大力推动新基础产业的建设,使之成为传统产业转型升级的助力,成为新兴产业发展的主力。具体可以考虑从以下三个重点方面入手:

(一)5G 通信

"云+网+端"的背后,5G 技术决定了新基础设施的集群状态和未来领先性。5G 的发展,既要在核心技术层面加大核心器件的研发,也要在基础设施层面继续加快推进 5G 基站建设,同时在应用层面将 5G 与金融、贸易、工业互联等智能应用场景深度融合。

(二)人工智能

人工智能,即让机器能够解决人脑所能解决的问题。人工智能会衍生到各个产业层面,形成产业集群,它的发展至关重要。人工智能的发展,应重视 AI 与制造、金融、商贸、交通等领域的深度融合,建设更加成熟完善、智能化的国际经济中心、国际金融中心、国际贸易中心和国际航运中心,打破传统企业与 AI 企业的合作壁垒,并规范数据安全。

(三)大数据

大数据产业包括大数据技术产品研发、工业大数据、行业大数据、大数据产业主体、大数据安全保障、大数据应用等内容。可以预计,未来几乎各行业领域都需要大数据的分析结果。上海需要在大数据分析应用方面加大研发力量,以期取得突破性成果与发展。

新基础产业中,大数据能够提供海量数据资源,为生产服务决策提供信息内容;5G 技术能够提升信息传递速度,为数据传输提供技术支撑;人工智能是信息处理技术,为数据的分析处理提供了更为成熟、科学的决策方案。5G 技术、人工智能和大数据共同构成了新基础产业的生态结构,赋能数字经济时代的高质量发展(见图 20.1)。

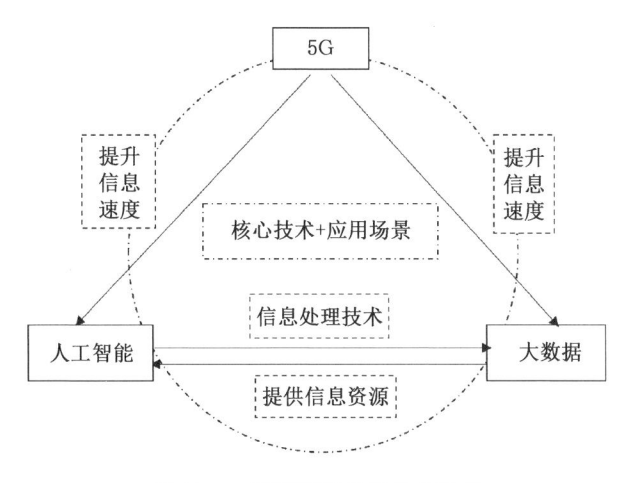

图 20.1 新基础产业的生态结构

二、发展新基础产业的政策思路要点

"十四五"期间,上海"四个中心"以及国际科技创新中心建设将更加成熟、完善。如何进一步发展新基础产业,发挥 5G 技术、人工智能以及大数据对经济增长的推动力,对"十四五"期间的上海经济发展具有至关重要的作用。

(一)5G 通信

"5G"指的是第五代无线网络和技术,它相比第四代(4G 和 4G LTE)网络在数据传输速度、容量和延迟(数据传输延迟)方面都有较大的飞跃。4G 网络开启了移动互联时代,而 5G 技术下,数据传输速率是 4G 网络的近 20 倍,将极大地拓展数字化技术的应用场景,从而开启万物互联的新时代。

5G 不仅是新一代移动通信技术,更是一种新的网络、经济和社会发展基础设施。以 5G 网络为核心的新一代信息通信网络基础设施,以及生产基础设施、社会基础设施等的数字化改造,共同构成了数字世界的关键基础设施。

5G 技术支持下,"人与人""人与物"和"物与物"之间原有的互联互通界限将被打破,"人"和"物"将存在于有机的数字化生态系统中,信息将以最优化的方式传递。5G所带来一系列新技术,将会渗透到无人驾驶、智慧医疗、工业互联等生产生活的各个领域,重新建立公众及个人的业务标准。5G将通过增加多个设备之间的数据量和速度增强物联网,甚至取代许多家庭所依赖的固网宽带。

据统计,5G时代领导者将在未来10年间获得数千亿美元收入,并在无线技术领域创造广泛的就业机会。目前中国的5G技术处于世界领先水平,5G技术的研发应用是《中国制造2025》的重要内容,在"十四五"期间的经济社会发展中具有至关重要的战略地位。根据中国信息通信研究院数据,自2020年正式商用起,预计5G带动直接经济产出0.5万亿元,间接经济产出达1.2万亿元;至2025年,预计5G带动直接经济产出3.3万亿元,间接经济产出达6.3万亿元。

上游的基础设施方面,5G对天线业、射频业、光模块/光网络等产业的技术发展产生了新的需求(见图20.2)。相对于4G技术,5G的频谱效率将提高5~10倍,将对信息基础设施建设产生深远影响。中游的运营商服务方面,5G为运营商带来了新的商业模式,运营商需要做好管道和承载,针对不同的带宽要求设计产品业务。

基础设施
- 基站系统:天线、微基站、射频模块
- 网络建设:核心网、承载网、传输网……
- 网络规划及维护

运营商服务
- 中国联通、中国移动、中国电信、中国广电

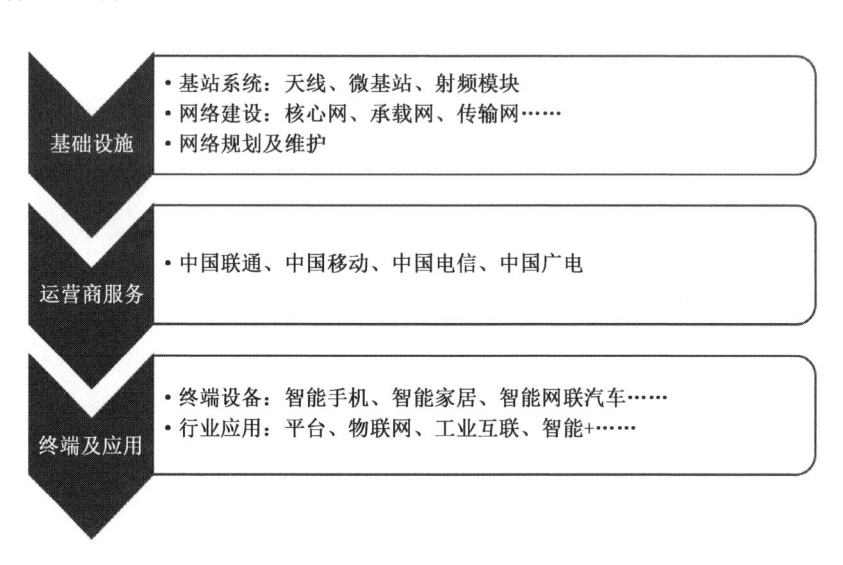

终端及应用
- 终端设备:智能手机、智能家居、智能网联汽车……
- 行业应用:平台、物联网、工业互联、智能+……

图20.2　5G产业链

下游的终端和应用方面,由于5G具有大带宽、低延时、高可靠等特性,能够推进人机物海量互联,不仅具有消费应用的前景,更能支持实体经济发展。

2019年8月,国务院印发《关于促进平台经济规范健康发展的指导意见》,鼓励发展平台经济新业态。5G连接着平台经济的供需两端,能够为平台经济中的信息消费、供需对接提供更高速、可靠、泛在的连接能力。工业互联网核心内涵是数字化、网络化、智能化。5G赋能工业互联网,将催生全新的工业生态体系,二者的融合将推进制造业高质量发展。

5G技术决定了新基础设施集群的状态和未来的领先性,如何把5G继续推进和做好,并且在上海快速广泛使用,形成领先优势,对上海"十四五"期间的产业发展具有重大意义。目前,上海的5G布局领先全国,是唯一一个同时被中国移动、中国联通和中国电信三大运营商进行首批5G布局的重要城市。对上海而言,必须在5G上超前布局,为经济高质量发展、城市高效率运行、市民高品质生活精准赋能。截至2019年6月,上海已部署5G基站超过2 000个,2019年底将完成超过1万个基站的部署,网络基本覆盖中心城区和郊区重点区域。

(二)5G发展政策的思路要点

2019年7月5日,市经信委牵头制订的《关于加快推进本市5G网络建设和应用的实施意见》(以下简称"实施意见")正式对外发布。实施意见对未来三年上海5G发展给出如下目标:

2019年,建设5G基站1万个,实现中心城区和郊区重点区域全覆盖,启动建设若干应用示范区,形成10项左右重点示范应用。2020年,累计建设5G基站2万个,实现全市域覆盖,累计总投资超过200亿元,在20个垂直行业推进典型应用100项。2021年,累计建设5G基站3万个,累计总投资超过300亿元,培育100家5G应用领域创新型企业,5G应用产业规模超过1 000亿元。

5G网络建设和5G技术创新,对"十四五"期间新基础产业的发展具有决定性的战略意义。结合实施意见,针对"十四五"期间的5G网络建设和5G技术创新,本文提出以下思路要点。

1. 加强核心器件研发,打造国际科技创新中心

5G核心器件的技术创新,是新基础产业科技创新的关键。在核心技术领域的国际竞争中争夺话语权,对"十四五"期间上海的产业发展具有重要的战略意义。

目前，我国5G基带芯片等核心器件的研发处于世界一流水平，但是和国际顶尖技术仍存在一定差距。2019年2月，紫光展锐推出12纳米制程工艺的5G基带芯片"春藤510"，迈入全球5G芯片第一梯队，但与高通7纳米制程工艺的骁龙X55基带芯片仍存在一定差距。"十四五"期间，上海应充分发挥本市高校科研人才优势，促进高校科研项目与企业核心技术研发之间的深度沟通合作，建立更加清晰有效的产权保护机制和激励机制，实现"产学研"的深度融合，加快推进应用处理器和基带芯片、射频前端核心元器件、毫米波元器件、5G通信模块、5G关键测试仪器等核心器件的研发和产业化。

2. 推进5G基站建设，打造全球5G标杆城市

"十四五"期间，上海应加速推进5G基站建设，使上海5G网络在国内率先开展商用，尽快实现5G网络在全市范围内深度覆盖，将上海打造成世界级的信息基础设施标杆城市。5G网络是新基础产业发展的技术支撑，"十四五"期间，应促进5G技术在汽车、钢铁等支柱产业中的应用，5G技术与医疗、教育、文化旅游等生活服务领域深度融合，基本形成技术先进、模式创新、服务优质、生态完善的总体布局，助力经济高质量发展、人民高品质生活及城市精细化管理，打造全球领先的5G标杆城市。

3. 发挥服务制造优势，实现智能场景深度融合

"十四五"期间，应充分发挥上海在制造业和服务业的领先优势，实现5G技术与传统服务业、制造业的深度融合。

服务业方面，基于5G技术，实现上海智慧城市建设。将5G技术与先进的服务理念相结合，发挥上海在交通、医疗、教育、休闲娱乐、城市管理、文化旅游等领域的优势，推进现代服务业的创新升级，将5G网络与超高清视频技术应用于城市精细化管理、智慧医疗、智慧教育、智慧安防、智慧旅游等服务场景，建设具有全球领先服务水平的国际性大都市。

制造业方面，基于5G技术，实现上海工业智能互联的系统发展。上海支柱行业（如汽车制造业、精品钢材行业）本身就有较为先进的生产管理手段，且其模块化系统化生产模式相对成熟。围绕六大支柱行业，制造业可以基于5G网络开展智能工厂的建设试点，尝试定制化生产以及产业链的创新融合，从而实现制造业的转型升级，使上海成为未来工业智能互联系统的引领者。

(三) 人工智能

1. 人工智能的战略意义和发展现状

人工智能(Artificial Intelligence,AI),即让机器能够解决人脑所能解决的问题。[1] 人工智能是研究开发能够模拟、延伸和扩展人类智能的理论、方法、技术及应用系统的一门新的技术科学,是促使智能机器会听(语音识别、机器翻译等)、会看(图像识别、文字识别等)、会说(语音合成、人机对话等)、会思考(人机对弈、定理证明等)、会学习(机器学习、知识表示等)、会行动(机器人、自动驾驶汽车等)。

在新一轮科技革命和产业变革的浪潮中,人工智能从感知和认知两方面模拟人类智慧,赋予机器学习和推断的能力,在与5G技术和大数据的协同下,成为能够真正改变现有人类社会生产工艺的科学技术。人工智能可以衍生到各个产业层面,是新基础产业的关键部分。

人工智能发展至今,已经成为新一轮科技革命和产业变革的核心驱动力,正在对世界经济、社会进步和人民生活产生极其深刻的影响。人工智能是引领未来的战略性技术,全球主要国家及地区都把发展人工智能作为提升国家竞争力、推动国家经济增长的重大战略。[2] 据统计,美国联邦政府在人工智能、大数据和云计算方面,2013财年至2017财年支出共计约17.6亿美元。[3] 2017年7月,国务院印发《新一代人工智能发展规划》,规划中指出,预计到2020年,人工智能核心产业规模超过1 500亿元,带动相关产业规模超过1万亿元。2019年"两会"上,"智能+"的概念首次被写入政府工作报告。

人工智能的产业链,包括基础支撑、关键技术及应用场景(见图20.3)。其中,基础支撑指的是芯片、传感器、数据服务和云计算等计算机基础设施服务,以满足人工智能所需要的计算性能。人工智能的关键技术,主要指的是机器学

---

[1] 清华大学中国科技政策中心.中国人工智能发展报告2018[R].2018.
[2] 美国推出《国家人工智能研究和发展战略计划》《为未来人工智能做好准备》;欧盟推出"人脑项目"(Human Brain Project)和《欧盟机器人民事法律规则》;中国推出《新一代人工智能发展规划》《人工智能产业发展三年行动计划》。
[3] 美国国际战略研究中心.人工智能与国家安全:AI生态系统的重要性[R].2018.

习、计算机视觉、语音及自然语言处理等算法的迭代优化。人工智能的应用场景非常广泛,覆盖"智能+"的各个领域,以及机器人、可穿戴设备等,将算法应用于各种设备。

基础设施
- 芯片：CPU、FPGA等加速硬件与神经网络芯片
- 传感器：对环境、动作、图像等内容的智能感知
- 数据服务：数据挖掘、监测、交易等
- 云计算：以分布式网络为基础,提高交易效率

关键技术
- 机器学习：以深度学习、增强学习等算法为主,提高计算性能
- 计算机视觉：静动态图像识别与处理,目标的识别、测量和计算
- 语音及自然语言处理：基于数据化和框架化,对语言的收集处理

应用场景
- 工业机器人、服务机器人、个人助手……
- 智能金融、智能医疗、智能教育、智能家居……
- 电商零售、可穿戴设备、智能驾驶、智能安防……

图 20.3 人工智能的产业链

据中国信通院 2019 年 7 月发布的《中国"智能+"社会发展指数报告》测算,上海市"智能+"社会指数位列全国省市第一位。人工智能代表未来的发展趋势,上海应牢牢把握机遇,立足科教资源、应用场景、海量数据、基础设施等方面优势,为更好实施国家创新驱动发展战略,推动人工智能与实体经济深度融合,加快人工智能创新应用和产业发展,共同打造人工智能发展的"上海高地"。

目前,人工智能已上升为上海优先发展战略,产业发展进入"快车道",上海已初步建成为中国人工智能发展的领先地区之一。许多人工智能知名企业陆续布局上海,将有助于进一步形成集聚效应,构建人工智能发展的良好生态。

根据打造人工智能"上海高地"的要求,上海在四个方面集结了先发优势。一是企业集群优势显现,"东西集聚、多点联动"的产业格局取得成效。据有关方面统计,上海已拥有人工智能核心企业 1 000 余家,居全国前列,"头雁引领效益"得以发挥。二是科技创新加快布局,微软-仪电创新平台、上海脑科学与类脑研究中心等一批基础研发平台启动,亚马逊、BAT、科大讯飞等一批行业创新

中心和 AI 实验室落户。本土独角兽企业依图发布首款 AI 云端芯片,行业影响力不容忽视。三是智慧应用形成品牌。2018 年 12 月,上海在全国率先发布首个人工智能应用场景建设实施计划。面向全球发布 10 大应用场景、60 项创新产品,采用揭榜挂帅机制,在 AI 新技术、新产品的首发、首用方面形成标杆。四是赋能产业孕育生态。2019 年 5 月,国家有关部委和上海市政府,启动建设上海(浦东新区)人工智能创新应用先导区和上海国家新一代人工智能创新发展试验区,打造一批示范项目,促进 AI 与实体经济深度融合,示范带动全国人工智能创新发展。

2. 人工智能发展政策的思路要点

智能化是未来产品的发展趋势,人工智能将会影响产业链的各个环节。上海在金融贸易、医疗教育、城市管理等多个服务领域,以及制造业产业链的多个环节都拥有强有力的竞争优势,有实力更好地推进人工智能在传统产业中的渗透,从而形成"智能＋传统产业"的新型产业生态。对于"十四五"期间的人工智能产业发展,有以下思路要点:

(1)构建智能金融生态,打造智能化国际金融中心。金融业的数字化是未来趋势。将人工智能与传统金融业深度融合,构建智能金融生态,对上海建设国际金融中心至关重要(见表 20.1)。金融业沉淀了大量金融交易、客户信息等数据,并且能积极接受新兴技术,有较高的市场认知环境,比较适宜人工智能算法的模型训练和应用。运用人工智能技术,金融业可以在风控、投研、投顾、理赔、催收以及人证比对等方面实现应用场景的智能化。[1]

表 20.1 "智能＋金融"的应用场景

	智能投研	智能风控	智能投顾
投资融资	上市公司研报关键信息分析 智能财务模型搭建与优化 投资策略规划报告自动生成	信贷审批,额度授信 信用反欺诈、骗保反欺诈 异常交易行为侦测 风险定价、客户关联分析	理财产品策略咨询 股票、基金、债券配置

---

[1] 艾瑞咨询.中国智能产业研究报告[R].2019.

续表

	智能营销	智能客服	人证比对
营销客服	线上社交信息分析 线下活动透视分析 销售报表自动生成	7×24小时机器人客服 网点机构引导服务机器人	人脸抓取、智能比对
售后服务	智能理赔	智能催收	
	智能辅助拍摄,精准定损; 理赔材料智能审核、智能赔付	客户画像、评分模型 智能互动工具	

上海依托金融行业的优势资源,可以促进传统金融机构、互联网金融公司和人工智能公司发挥各自所长。上海的金融机构拥有广泛的客户基础和海量高可信度的数据积累,拥有完整的线下布局,对人工智能技术拥有核心需求,是市场中主要的需求方;互联网金融公司承载人口红利,拥有大量的消费端客户和流量数据,在产品设计和渠道运营方面具有优势,是技术的需求方,也是提供者;人工智能公司在终端客户和数据积累方面不足,但在特定技术方向上具有较强的创新性和研发能力,是主要的技术提供者。

"十四五"期间,人工智能产业将迅速发展,传统金融机构对AI的投资规模将不断扩大。传统金融机构在AI产业的布局方式包括子公司自研技术、对外投资并购和采购合作三种方式,目前以采购合作为主,倾向于金融零售中的风控反欺诈和精准营销。国有银行等大型机构对于AI产品采购的态度较为谨慎,为保证数据安全可控,往往要求合作公司开放代码,由双方共同开发。"十四五"期间,在推进"智能+金融"的同时,一方面,需要加强监控AI公司的数据安全,防范信息泄露带来的金融风险;另一方面,需要打破传统金融行业与AI公司的合作壁垒,增加信息透明度,引导AI公司研发适用于金融应用场景的AI产品。

(2)构建智能商贸生态,打造智能化国际贸易中心。商业贸易的发展,伴随着物流、仓储、交易集散以及供应链的优化升级。上海在商业贸易领域具有领先优势,社会消费品零售规模居全国第一位,商业已成为全市经济增长的"稳定器"和"压舱石"。

构建智能商贸生态,是上海建设国际贸易中心的重要内容(见表20.2)。人工智能技术在商贸中的应用,包括深度学习、计算机视觉和机器人技术等。深度学习主要应用于数据建模和产业优化,包括供应链优化管理、机器翻译系统、贸易谈判策略、精准营销等领域。计算机视觉技术在数据采集方面具有重要价值,能够对消费者行为和商品进行量化识别,比如智能门店管理、智能支付等,是后续优化经营策略的必要基础。机器人技术能够应用在货物仓储、包装、库检,以及商品投递、送餐等领域。

表20.2　　　　　　　　　　"智能＋商贸"的应用场景

货物管理	**商品识别** 机器人技术提高包装和库存检查效率 计算机视觉(CV)技术,围绕"货"的商品识别、物损检测	**供应链优化** 打通数据关联性、产业上下游预测需求,改善准时生产和交货 打造仓储、运输和门店的柔性供应
交易流程	**机器翻译** 更完善的机器翻译系统,促进国际贸易增长	**贸易谈判** 人工智能分析谈判伙伴,预测对手的反应,提供谈判策略
营销管理	**精准营销** 抓取客户的行为、交易特征数据,通过机器学习实现个性化推荐	**智能门店管理** 人脸识别 围绕"人"购买行为的价值挖掘
消费场景	**无人销售** 开放式货架、无人货柜、无人便利店 AI实现"场"的拓展和无人化	**智能支付** 刷脸支付和身份识别 自主结算和结算保护

建设国际贸易中心,不仅需要商业集聚、贸易集散方面的"硬实力",还需要消费体验、柔性服务方面的"软实力"。将人工智能技术应用于货物管理、交易流程、精准营销、智能消费等环节,能够极大地提升上海作为国际贸易中心的"软实力",在货物管理、商品渠道和消费服务上提高效率,实现商业领域的高质量发展。

"十四五"期间,为构建智能商贸生态,一方面,立足于上海在商业领域的品牌集聚优势和区位优势,推进AI在商品识别、供应链优化、机器翻译、贸易谈判、精准营销、门店管理、无人销售和智能支付等方面的应用;另一方面,发挥上海在消费服务领域的优势,通过携程、大众点评、拼多多、小红书等上海的互联网公司,探索线下销售、线上数据和AI技术的有机融合。同时,结合上海在物流航运领域的优势,利用 AI 技术,提高货物管理效率,实现仓储运输的智能化升级。

(3) 构建智能制造生态,打造智能化国际经济中心。智能制造是基于新一代信息通信技术与先进制造技术深度融合,贯穿于设计、生产、管理、服务等制造活动的各个环节,具有自感知、自学习、自决策、自执行、自适应等功能的新型生产方式。[①] 上海的国际经济中心建设,需要将人工智能技术与工业深度融合,实现由"中国制造"到"中国智造"的转型升级。

目前,人工智能技术与工业制造的融合场景主要有三类,一是产品智能化研发设计,二是智能质检,三是生产设备的预测性维护(见表 20.3)。人工智能的加入强化了制造企业的数据洞察能力,是企业实现智能化管理和控制的技术保障,是制造业企业转型升级的有效手段,也是打通智能制造"最后一公里"的关键环节。算法、算力和数据的爆发,推动人工智能技术不断迈向更高层次,使采用多种路径解决复杂工业问题成为可能。

表 20.3　　"智能＋制造"的应用场景

智能研发设计	智能质检	预测性维护
集成机器学习模块,掌握造型、结构、材料等性能参数,理解设计师需求并自主设计出成百上千种可选方案	逐一检测在制品及成品,准确判别金属、人工树脂、塑胶等多种材质产品的各类缺陷	通过对设备进行数据收集和状态监测,在故障发生之前就预测可能出现的故障隐患

由于制造业的产业链条复杂,智能化升级更强调赋能者对制造行业背景的理解,因此制造业的 AI 赋能相比其他行业门槛更高、难度更大,整体的 AI 渗透率较低。"十四五"期间,上海应立足本地制造业优势,进一步挖掘制造业的智能化潜力。一方面,需要提高制造业的信息化水平,为智能制造提供数据支持;另一方面,需要发挥本地高校人才优势,重视人工智能和制造业交叉领域的人才培养,并设计激励机制,促进高校信息管理、信息技术以及工业制造领域的科研机构与人工智能公司、制造业企业的交流合作。

(4) 构建智能交通生态,打造智能化国际航运中心。智能交通包括交通管

---

① 工信部.智能制造发展规划(2016—2020 年)[Z].2016－12.

控、交通运输、出行服务、自动驾驶等方面的交通设施服务智能化。"十三五"期间,上海基本建成国际航运中心。将人工智能技术应用于交通治理,能够有效提升贸易通关、出港作业和物流中转效率,减少城市拥堵。"十四五"期间,人工智能技术将助力上海建设更为完善、成熟的智能化国际航运中心。

航空港口方面,人工智能技术能够完善空港物流作业功能,全面提升服务质量。将计算机视觉技术应用于商品识别,可建立智能化"通关＋物流"跟踪查询应用。利用人工智能技术建立更为完善的综合信息服务平台,在业务受理、商品识别、设备交接等方面提高集装箱作业效率。在浦东、虹桥国际机场打造全流程智能服务候机楼,建设世界领先的国际机场设施和服务。

陆路交通方面,人工智能技术能够帮助治理交通拥堵问题,优化陆路运输网络。"交通大脑"囊括数据采集平台、数据分析平台、数据建模平台和决策平台的 PaaS 云服务,通过对城市交通场景中众多传感器采集的数据信息关联性处理,建立数据库,由机器学习对信号灯管控、车流诱导等问题进行建模,联动信号灯控制系统和手机地图软件等,输出最佳解决办法。完善"交通大脑"的功能应用,能够实现更有效的交通管控,优化陆路集疏运网络。

(四)大数据

1. 大数据产业的战略意义和发展现状

大数据产业是以数据采集、交易、存储、加工、分析、服务为主的各类经济活动,包括数据资源建设、大数据软硬件产品的开发、销售和租赁活动,以及相关信息技术服务。

2016 年 12 月,工信部发布《大数据产业发展规划(2016—2020)》,"十三五"期间的大数据产业发展环境持续优化。2018 年,中国大数据产业整体规模达到 4 384.5 亿元,预计 2021 年将达 8 070.6 亿元(见图 20.4)。"十四五"期间,数据资源的需求将涵盖农业、制造业、服务业的各个领域,大数据产业将持续促进传统产业转型升级,激发经济增长活力,助力新型智慧城市和数字经济建设。

大数据产业链整体布局完整,但局部环节竞争程度差异化明显。产业链中游的竞争集中度较高,产业链下游的竞争集中度较低,尚未形成垄断,是国内新兴企业最有机会的领域(见图 20.5)。

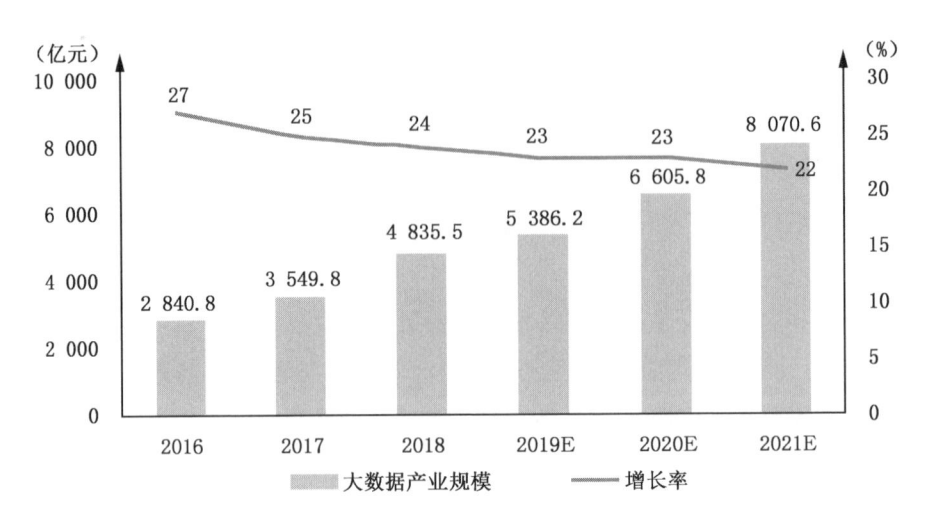

资料来源：大数据产业生态联盟，赛迪顾问股份有限公司.中国大数据产业发展白皮书[R].2019。

图 20.4　2016—2021 年大数据产业规模及预测

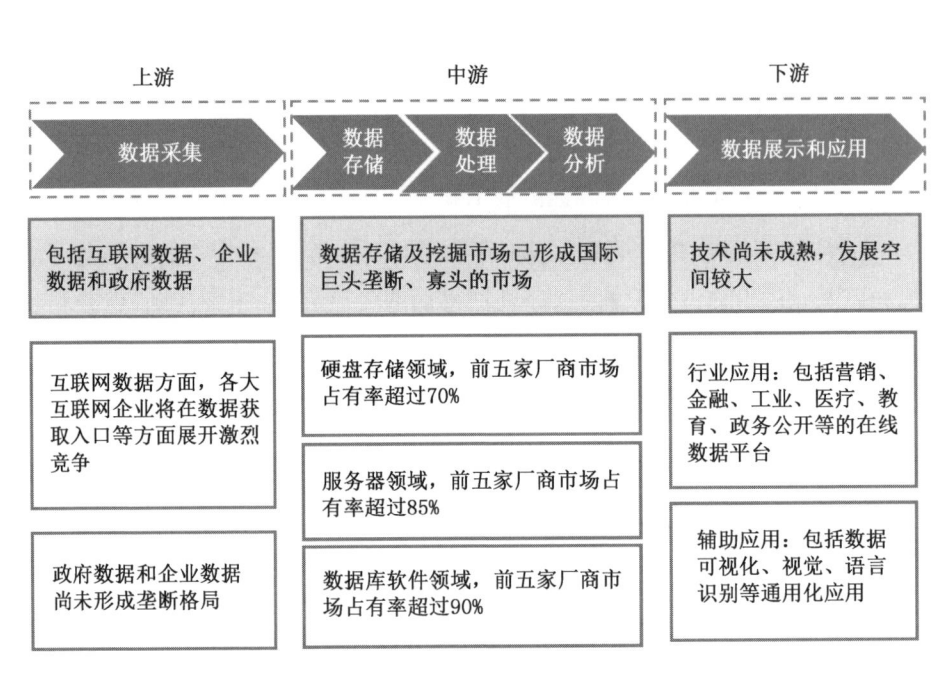

图 20.5　大数据产业链及竞争格局

自2016年《上海大数据发展实施意见》提出以来,上海基本形成数据观念意识强、数据采集汇聚能力大、共享开放程度高、分析挖掘应用广的大数据发展格局,大数据对创新社会治理、推动经济转型升级、提升科技创新能力作用显著。上海市大数据产业基地(市北)和上海市大数据创新基地(杨浦)已聚集了大量云计算和大数据企业。2018年4月,上海大数据中心成立,构建全市数据资源共享体系。2018年9月,上海市北高新园区发布《全力打造大数据产业之都,推动园区高质量发展三年行动计划(2018—2020年)》。据统计,2019年上海大数据企业数量为506家,其中,技术型大数据企业170家、应用型大数据企业278家,其他类别大数据企业58家。

目前,上海已经迈入大数据高速发展的新阶段。"十四五"期间,大数据产业的发展对上海打造"大数据之都",建设更为完善的"四个中心"和具有全球影响力的科技创新中心,具有重要的战略意义。

2. 大数据发展政策的思路要点

大数据产业是数字经济的发展基础,是新基础产业的重要组成部分。数据资源的归集、治理、共享、开放、应用、安全,为信息科技创新的发展提供了基本支撑。对于"十四五"期间的大数据产业发展,笔者给出以下思路要点:

(1) 树立数据意识,严格加强数据安全防护。数据安全隐私问题已成为大数据产业发展的最大困扰。企业和用户的数据泄露,不仅会造成严重的经济损失,还可能损害财产和人身权利,继而扰乱市场秩序,甚至引发社会治安案件。2018年,全球遭遇数据泄露事件的公司平均损失386万美元,同比增长6.4%。调查表明,在众多大数据产品和服务中,企业对"数据安全管理"的需求非常强烈。[①] 用户数据隐私方面,在移动互联高速发展的同时,"电信诈骗""网络诈骗"案件层出不穷,用户隐私信息背后存在怎样的传播渠道和利益链条,值得深思。

2017年,《网络安全法》正式施行,对企业加强网络安全建设提出了要求和约束。数据安全问题可能严重制约新基础产业设施建设,影响数字经济时代下的市场秩序和社会发展。"十四五"期间,如何实现信息共享,提高交易效率,保护数据安全,维护市场秩序,还需要进一步完善大数据产业的制度保障。

---

① 中国信通院.中国大数据发展调查报告(2018年)[R].2018.

一方面,明确数据使用的规则和边界。个人和企业的哪些数据合规,哪些数据违规?数据应该怎样采集、存储和分析应用?需要政府给出更为明确的规则,加强监管。2018年5月,欧盟《通用数据保护条例》正式实施,明确了个人数据定义、条例使用范围,划定了合法性基础、数据主体权利、数据控制者义务、数据流通标准、数据救济和处罚等。可以参考国际相关条例,依据中国网络安全方面的法律法规,制定更加详细的数据使用规则。

另一方面,加大数据违规的惩罚力度。惩罚标准的制定,既要依据数据违规事件造成的社会损失,也要依据违规者的违规动机和违规利益,增加违规者的违规成本。欧盟《通用数据保护条例》中,违规惩罚非常严重,最大是全球年度营业额的4%,或2 000万欧元,对数据使用者形成强有力的约束。

(2)打破数据孤岛,着力解决数据联通痛点。数据孤岛问题,已成为大数据产业发展最大的"痛点",严重制约"数字中国"建设。目前,上海已成立"上海市政府数据服务网",并于2018年建立上海市大数据中心,推进"一网通办"便民服务,在数据公开、信息共享方面处于国内领先水平。"十四五"期间,在数据公开的基础上,应进一步完善数据的联通,打破"数据孤岛",构建完整的、便于使用的数据库。

一方面,加强数据整理,统一数据结构标准。不能联通的数据,只能是"小数据",很难进行数据分析和科学研究。然而,数据的归集和整理需要大量的人力资源和组织资源,因此"数据孤岛"是目前最迫切的难题。上海应引领国内风气之先,着力解决"数据孤岛"这个最大的难题,将不同部门的数据信息按照统一的数据结构归并,并制定统一的数据结构标准,减少日后工作量,从增量上进行数据改革,打破数据孤岛。

另一方面,打破利益阻碍,完善征信数据库。目前,"数据孤岛"是制约我国金融信贷发展最重要的因素,政府、银行、券商、互联网企业和第三方征信公司掌握的信息资产难以在短时间内互联互通,从而导致大量的多头债务以及欺诈风险。在工商、司法信息公开的基础上,应加强公共设施、生活缴费、社会保险、交通路况、教育医疗等政务数据的信息共享,打破金融企业"商业机密"的利益阻碍,简化互联网企业和传统金融机构信息开放流程,为政府和金融机构的信息共享建立有效的激励机制。

三、发展新基础产业的对策和举措

新基础产业的发展思路归结起来,需要关注以下三个方面的对策举措:(1)顺应发展范式变革,构建产业互联的新型生态;(2)加大科技体制改革,完善"产学研"机制设计;(3)制定安全标准的规则。

(一)产业互联的新型生态

新型基础设施建设,需要模式和思路上的转变。如何发展5G、人工智能和大数据,以及相关的支撑产业和应用领域,构建产业互联的新型生态系统,是上海"十四五"规划需要重点关注的内容。

互联网技术的革新推动了商业模式创新的爆发,平台模式成为商业创新的重要体现。新基础设施的技术发展,推动"平台＋族群＋个人"构成新的生态链,从而实现"技术＋产品＋商业"的全方位创新。

"十四五"期间,上海在新基础设施领域需要重视产业融合的新型生态构建,利用上海在金融、贸易、制造、交通等方面的区位优势,注重产业融合,形成"从核心技术到应用场景""从技术研发到商业模式"的良性循环式发展。

1. 培育创新创业,形成企业"森林生态"

对于新基础设施建设,需要聚焦未来产业机遇,转变传统的"土地融资—园区建设—招商引资"的发展模式,发挥上海的人才优势。

5G、人工智能和大数据的发展,一方面需要龙头企业发挥带动作用,另一方面也需要活力型企业和小微企业的集聚和支撑,形成新基础产业的良性生态系统(见图20.6)。上海在高校人才方面具有较强的优势,应注重增强创新创业活力,培育新基础产业领域的创新创业企业和小微企业,灵活运用基金和闲置土地,降低创新创业企业和小微企业的融资成本和土地成本。

2. 抢占网络区位,实现互联升级新引擎

新基础产业的发展,将实现从起端到终端的产业链各个环节的互联互通,集数据管理、金融支持、商品交易、物流协同、信用评价等为一体,实现传统产业在生产、交易、资金以及流通等环节的全流程协同运作,最终实现集垂直化、数

龙头企业
龙头企业强势带动产业快速发展，引领行业革新

活力型创新创业企业
以"双创"氛围和平台集聚，建立社群圈子

小微企业
灵活的适应能力，形成集群效应

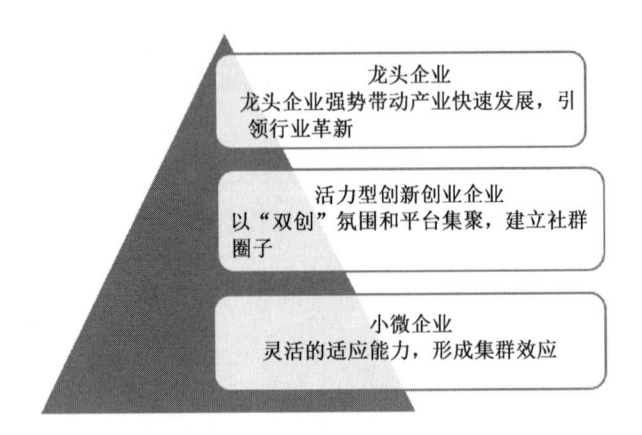

图 20.6　新基础设施企业的"森林生态"

据化、金融化、智能化于一体的产业互联网，助推上海的产业创新发展以及新经济生态的健康落地（见图 20.7）。

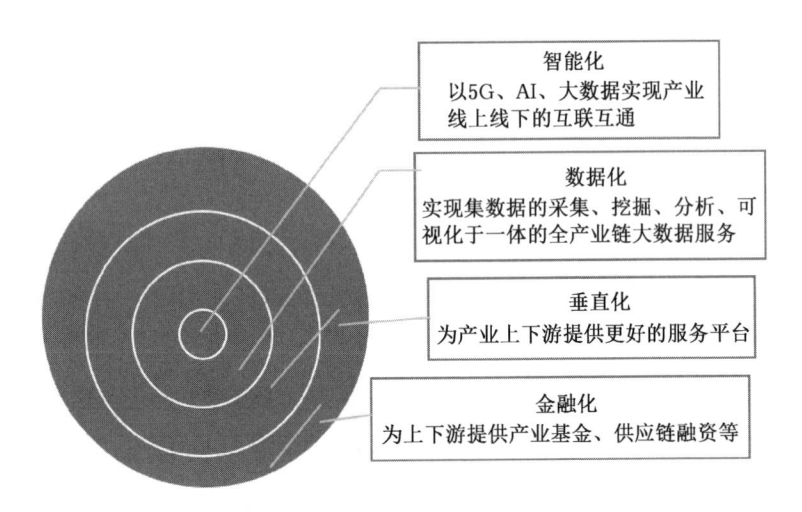

智能化
以5G、AI、大数据实现产业线上线下的互联互通

数据化
实现集数据的采集、挖掘、分析、可视化于一体的全产业链大数据服务

垂直化
为产业上下游提供更好的服务平台

金融化
为上下游提供产业基金、供应链融资等

图 20.7　产业互联的创新升级

"十四五"期间，一方面，应基于大数据和人工智能技术，实现产业的互联互通，以及传统产业的数据化，提高信息效率。另一方面，应发挥上海在金融、贸易等领域的优势，打破产业上下游的信息壁垒，为新基础设施企业提供更为灵活的融资渠道。

(二)"产学研"合作创新的机制设计

建设国际科技创新中心,必须在核心技术层面拥有领先优势。核心技术周期长、风险大,需要长时间的研发、尝试与积累。如果仅仅依靠企业自身的研发创新,必将导致核心技术研发激励不足。因此,必须在政府的支持下,形成高校科研院所和企业之间良性、有效的互动。如何进行科技体制改革,促进产学研有效合作,是核心技术研发的关键。

创新驱动发展战略对产学研深度融合提出了更高的要求。目前,产学研在合作信任、利益分配、产权保护等方面仍存在诸多问题,亟须制定更为清晰的激励机制和保护机制,提高产学研合作效率。

1. 明确利益分配,完善技术转化机制

建立合理、有效的技术转化机制,需要明确科研成果的收益如何在企业、科研人员以及高校院所之间分配,设计清晰的规则,鼓励科研人员和高校的科研投入,以及企业的商业应用。

美国斯坦福大学和硅谷的产学研合作是最为经典的成功案例。斯坦福大学技术转化机制的核心部门为技术授权办公室(Office of Technology Licensing,OTL),由具有科研背景的项目经理管理,负责对技术转化的全生命周期管理,包括评估科研成果或发明是否可转化为专利、是否具有商业潜力、项目估值,并在此基础上为专利寻找合适的产业合作伙伴、协商最优条款等。技术授权的形式非常灵活,包括但不限于授权费、版税、股权等。同时斯坦福大学规定,技术授权产生的收益由科研人员、所在学院、所在系平均分配,即各占1/3。上海可参考该合作模式,建立专门的技术授权机构,负责技术成果价值的专业评估以及科研成果和企业对接,并设计清晰的规则,明确技术授权产生的收益在科研人员、高校、院系之前的分配比例。

2. 制定准入清单,建立共生合作机制

相比"大学负责研究、企业负责商业化"的传统模式,高校和企业应建立更为完善的"共生"合作关系(见图20.8)。一方面,企业能在研发事前、事中、事后与高校建立灵活的合作模式,提供资金、人力或技术支持,共享研发成果;另一方面,高校科研人员能够以企业任职、自主创业等形式,转化科研成果,与科研机构和企业共享研发收益。

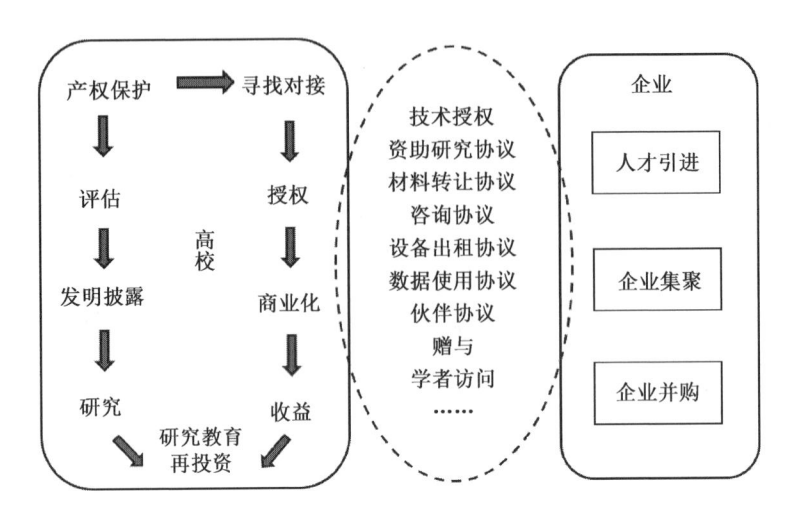

图 20.8　高校与企业的产学研共生合作机制

对于科研人员能否在企业任职或自主创业、收益如何分配、科研机构如何参与企业的经营投资，还需制定更为清晰的"准入清单"或"负面清单"，明确权责。在科研人员创业方面，斯坦福大学鼓励师生凭借研究成果创业，学校可以给予市场、资金、技术等方面的支持。2004年谷歌上市后，斯坦福大学作为早期投资人退出，仅这一项投资收益就达到3.4亿美元。

研究成果的商业化仅仅是其中的一部分，还应建立合作研究、委托研究、人才合作培养、企业咨询、数据共享、设备租赁等多形式、多主体的协作机制。根据斯坦福大学统计，通过工业合同办公室（Industrial Contracts Office，ICO），学校每年与企业签订约150项资助研究协议、450项材料转让协议。

（三）产业安全标准的规则制定

随着5G技术、人工智能和大数据的快速发展，网络安全、数据隐私、社会伦理等方面的问题也对新基础产业的安全规范带来了巨大的挑战。新基础产业的发展可能存在以下安全问题：

一是国家安全问题。未来的新基础产业有可能与核武器、飞机、计算机和生物技术一样，成为给国家安全带来深刻变化的颠覆性技术，在国防领域、涉密系统、关键信息基础设施中给国家安全带来深刻影响。

二是社会安全风险。机器的自动化、智能化操作,将对某些类型的工作和行业带来潜在影响,导致薪酬降低、中低技术职业消失,从而影响就业和社会安全。

三是人身安全风险。智能医疗设备、无人汽车等的算法失误、安全漏洞、网络攻击、摄像头的滥用偷拍等,都存在危害人身安全的严重风险。

四是隐私保护风险。大数据下存在海量的信息资源,数据的收集和使用,都存在安全和隐私保护问题。

五是法律伦理风险。随着机器人的智能化程度不断提高,如何确定人工智能产品或系统的法律主体、权利、义务和责任,如何确保研究人员开发出与现有法律、社会规范和道德伦理一致或相符的算法和架构,都面临挑战。

由于新基础产业发展中可能存在的安全问题,亟须制定更加完善清晰的标准,保障国家、社会、人身、财产等各方面的安全。

1. 严格把控数据控制者的使用权力

针对当前互联网行业存在的用户信息过度获取、霸王隐私条款、非法信息交易等问题,制定更加严格、具体的数据使用标准。新基础产业的建设,需要严格界定数据控制者所需要的数据使用权限,对数据过度获取、使用的行为进行有效约束和严厉惩罚。数据画像能够分析预测个人的经济状况、位置、健康、偏好等,需要特别规范数据画像行为。对于敏感数据,如个人健康、基因生物数据,需要特别的限制和保护。

例如,欧盟《通用数据保护条例》中规定,处理个人数据必须要有合法理由,包括数据主体的同意、为了履行合同的需要、履行法定义务的需要以及数据控制者的合法利益等。如果将同意数据处理作为签订合同的前提条件,而这种数据处理事实上超出了提供服务所必需,将违反有关"同意应当是自由做出"的规定。该条例中,对于违规的惩罚力度较大,从而形成强有力的约束。

2. 加强构建智能技术的安全评估

人工智能技术可能存在算法失误、算法黑箱等问题,算法目标函数错误、算法拥有者不愿公开信息、算法漏洞被攻击等,都可能导致网络安全风险。智能化算法下,不良信息的传播更为隐蔽,扩大负面影响的同时减少了被举报的可能；AI合成图像、声音的技术，可能被不法分子利用，实施诈骗等违法活动。因此，必须加强智能技术监管规范，对智能技术进行更为具体、完善的安全评估。

对于自动驾驶等智能技术应用，将安全作为第一准则，建立统一的安全评测标准体系；对于信息精准传播和AI合成技术，深化人工智能安全防控技术研究，构建安全防护技术体系。同时，考虑建立第三方评测认证机构，为市场准入和运行监管提供技术支撑。

第二十一章 "十四五"期间上海先进制造业发展政策设计要点

先进制造业是指能够不断吸收国内外高新技术成果,并将先进制造技术、模式及管理方式综合应用于研发、设计、制造、检测和服务等全过程的制造业,具有技术含量高、专业分工强、经济效益好、创新能力强、资源消耗低、服务功能全等特点。与传统制造业相比,先进制造业具备以下基本特征:从产品技术看,先进制造业的产品具有知识与技术密集的特征;而传统制造业生产的产品具有资本、劳动密集的特征。从生产方式看,先进制造业采用集约型、精细化生产方式,资源消耗低,环境污染小;而传统制造业多采用粗放式生产,资源消耗高,环境污染大。从价值链环节看,先进制造业一般处于附加值较高的环节,拥有对价值链的控制权;而传统制造业一般处于低附加值的环节,不具备对价值链的掌控力。

一、"十四五"期间上海先进制造业发展思路

中国已成为世界第一制造大国,但大而不强,具体表现在自主创新能力弱,核心技术与高端装备对外依存度高,以企业为主体的制造业创新体系不完善;资源能源利用效率低,环境污染问题突出;产业结构不合理,先进制造业和生产性服务业发展滞后;信息化与工业化融合深度不够;产业国际化程度不高,企业全球化经营能力不足。中国亟须从制造大国向制造强国转型。《中国制造2025》提出到2025年我国要迈入制造强国行列,形成一批具有较强国际竞争力的跨国公司和产业集群,在全球产业分工和价值链中的地位明显提升。

(一)上海制造业发展现状的基本判断

制造业是上海经济的重要支撑,上海制造业一直在全国居领先水平。比如,上海市汽车制造业形成了以上汽集团为核心的产业体系,上汽集团 2018 年整车销量达 705.17 万辆,在全国市场占有率超过 24%,继续保持国内汽车市场领先优势;上海市钢铁制造业形成了以宝武集团为核心的产业体系,已成为我国创新能力最强、科技成果转化率较高的精品钢材新工艺、新技术、新材料研发基地等。"十三五"时期,随着 4G、人工智能、大数据等新兴技术的推广以及资源环境约束的日益加强,上海加速传统制造业改造升级,加快发展先进制造业。"十三五"时期,上海大力发展电子信息产品、汽车、石油化工及精细化工、精品钢材、成套设备和生物医药六个重点制造业,以及节能环保、新一代信息技术、生物、高端装备、新能源、新能源汽车、新材料等战略性新兴产业。

当今世界各国产业与企业的竞争主要表现为全球价值链(GVC)竞争。随着技术的不断创新和新一轮工业革命兴起,一个国家或地区在全球价值链中的优势地位,不再决定于资源禀赋和静态的产业分工优势,而是更多地取决于基于技术创新、模式创新等所形成的全球价值链分工,以及在全球价值链体系中的动态比较优势。我国制造业总体上仍处于全球产业分工链和产业价值链的低端,依然缺乏向全球价值链中高端转化的嵌入点或链接方式,这也是我国制造业大而不强的重要原因。上海市先进制造业虽然在国内居于领先地位,但较之世界先进水平仍有较大差距,缺乏核心的产业技术和人才,也必然导致动态比较优势缺乏,这就造成上海市先进制造业在全球价值链中的嵌入程度不高。

上海市先进制造业企业普遍技术储备薄弱、科技研发投入不足、产业人才缺乏、参与价值链低端环节,这也导致其缺乏产业标准制定的话语权。新一轮产业竞争的最大特点是新兴产业标准建立者的争夺,赢得产业标准制定话语权则赢得竞争。以电子信息产业为例,欧美等发达国家在电子信息产业的标准、计量、合格评定的技术处于国际领先水准。美国依托 NIST(国家标准管理局)和民间的电子检测认证机构 NQI 服务产业发展,日本主要靠社会团体支撑产业标准制定。欧盟通过建立统一大市场,消除内部贸易技术壁垒,谋取共同利益,包括协调采用欧盟的法律、制定欧盟标准、推行合格评定程序等手段,对欧洲电子产品质量提升起到了极大推动作用。相比之下,我国在电子信息等技术密集型产业标准缺失,无法满足新工艺、新产品和产业发展的需求。

(二)上海制造业未来发展的战略思路

针对先进制造业表现出的缺乏产业技术和人才、全球价值链嵌入程度不高和缺乏产业标准制定话语权等突出问题,"十四五"期间,上海市需要延续"十三五"时期提出的以创新驱动、提质增效为主线,坚持高端化、智能化、绿色化和服务化,大力发展新技术、新产业、新业态、新模式,加快构建战略性新兴产业引领、先进制造业支撑、生产性服务业协同的新型工业体系的指导思想。上海市同时还应转变发展思路,从原先侧重于出口向技术替代调整,更加重视加强自主研发、突破"卡脖子"环节,走出关键核心技术依赖进口的困境。面对"十四五"时期的新形势和长三角区域一体化发展国家战略的新要求,上海要加强在创新和产业要素配置中的核心竞争力,促进产业链关键环节集群式发展。总体而言,上海市"十四五"期间先进制造业发展战略思路可以归纳为:

1. "出口导向战略"与"技术替代战略"并重

出口导向是发展中国家采取各种措施来促进面向出口的工业发展的倾向,用工业制成品和半制成品的出口来替代传统的初级产品的出口,以增加外汇收入,带动国内工业体系的建立和经济的持续增长。自1994年以来,制造业出口成为拉动经济增长的重要因素,但这种出口导向战略促增长的模式在未来并不可持续,早期的高增长不会再现。特别是最近的中美贸易摩擦对出口导向战略敲响了警钟:关键技术不掌握,过分依赖国外市场。认识到这一点,应施行"新型技术替代战略",其思路是"四个同步推进":生产替代与品牌替代同步推进、产品替代与市场替代同步推进、消费替代与装备替代同步推进、货物替代与服务替代同步推进。基于此,上海市先进制造业发展需要摒弃以初级产品出口促增长的出口导向战略,而是发展技术替代战略,在关键技术环节比如芯片上实现突破,通过发展技术促进国内生产,摆脱关键技术主要依赖进口的困境。

2. 传统产业转型升级与先进制造业发展并重

上海市制造业发展的问题之一是只注重新兴产业的投入,而放弃对传统制造业的升级转型。对绝大多数传统制造业而言,转型升级并不是要跨界到新技术领域,而是在其自身所在领域,在现有基础上,采用适用的先进技术、工艺、流程、材料和管理等进行改造。传统产业转型升级同样可以具有技术含量高、经济效益好、创新能力强、资源消耗低、环境污染少的特点,同时由于其原有的产业基础,在提升服务、创造就业等方面会继续发挥很大作用,因而促进先进制造业的发展和传统制造业的转型升级应当是同等重要的。

3. 产业链、价值链之关键环节集群式发展

产业链环节是指构成产业链的相互联系的产业部门或产业企业,是产业链的基本组成单元,负责完成产业链的特定任务。产业链条上并不是每一个环节都创造同等价值,产业链产品价值可能由产业链上的某些关键环节所主导。关键环节对产业链上创造价值和推动整个链发展的作用,在产业链的发展中处于领导地位,是产业链的竞争优势。深圳市政府提出产业链关键环节提升扶持计划,单个项目资助最高可达 1 000 万元,股权资助最高可达 3 000 万元。产业链关键环节对于产业发展、产业竞争优势的构建具有至关重要的作用,上海市也应采取相应措施来促进产业链关键环节集群式发展,实现突破关键工艺技术、掌握生产环节核心技术和产业高端化发展,从而带动经济发展。

二、上海"十四五"期间先进制造业选择性重点发展的领域

站在未来的起点,聚焦新一代信息科技革命,上海未来应重点发展顺应时代要求的新技术、新业态、新模式和新产业。在先进制造领域重点发展智能制造装备、新能源汽车、电子信息等产业。

(一)智能制造装备

随着工业化与信息化融合,智能制造和工业互联网的发展,智能制造装备产业成为战略性新兴产业的重要组成部分,推进智能制造是中国制造业转型升级的主攻方向。智能制造装备产业也是上海制造业转型升级和高端化发展的重要推手。近年来,上海市以重点行业智能制造应用为切入点,以关键技术装备、核心软件的自主安全可控为突破口,以标准体系、平台建设为支撑,推进智能制造加快发展。

智能制造装备产业主要细分领域为：数控机床、智能控制系统、工业机器人和以 3D 打印为代表的特种智能制造装备等。近年来，上海市智能制造装备产业总体发展处于上升态势，取得了"五个一批"的初步成效：一批智能制造装备和工业软件打破国外垄断、一批智能制造新模式应用项目取得初步成效、一批智能制造系统集成商发展壮大、一批智能制造平台和标准加快建设、一批智能制造发展政策加快制定并实施。

数控机床方面，上海企业不断往高端化转型。2016 年上海机床厂研发制造了高端数控磨床 MK8220/SD，并在上汽通用汽车浦东金桥基地生产线投入生产，对汽车行业的高端装备国产化提供了应用示范，同时为进一步实现国内汽车工业自动化与智能化奠定了基础。

智能控制系统方面，上海企业自主研发的产品已经出口海外。例如，上海自仪集团具有自主知识产权的 Supmax 控制系统在大型核电机组汽轮机岛控制系统项目上取得突破，应用于巴基斯坦 K2 项目百万级核电 TCS 控制系统项目。上海新华集团 NetPAC 控制系统应用在阿曼海水淡化项目上并通过业主验收。

工业机器人方面，上海机器人产业在国内居于领先水平。2018 年，上海机器人及系统集成相关企业近 100 家，生产工业机器人 5.52 万台（套），占全国比重为 37.38%。上海机器人产业集聚度高，在上海设立生产基地的世界工业机器人三巨头 ABB、库卡和发那科在 2016 年纷纷发布小型轻负载机器人产品，展示其在人机智能协同方面的优势，重点布局电子信息制造业的智能制造升级。此外，ABB 在上海康桥建设全球最大的机器人超级工厂，已于 2019 年 9 月 12 日正式破土动工，致力于在上海打造全球机器人行业最先进、最具柔性、自动化程度最高的工厂。

（二）新能源汽车

汽车制造业是上海传统优势产业，具备技术优势和产业基础。但在传统汽车领域，中国明显落后于日本、美国、德国等发达国家，还具备一定的上升空间。而在新能源汽车领域，全球站在同一起跑线上，上海市有必要积极推进新能源汽车产业发展，抢夺产业标准制定话语权。

新能源与智能网联汽车是新产业革命背景下快速发展的新兴产业领域，上海在这些产业领域具有较好的技术优势和产业基础。上海在纯电动汽车、插电式混合动力汽车领域先发优势明显，动力电池、驱动电机及控制系统等关键零部件技术突破能力不断增强，车载信息终端、汽车进程服务人机交互系统等车联网各项关键技术快速发展，智能网联汽车自主研发、示范应用与生产配套等体系加快培育。

我国新能源汽车发展进入爆发式增长期。数据显示，2018年我国新能源汽车全年累计产出127万辆、销售125.6万辆，占汽车整体销量的4.5%，比2017年同期增长61.7%。其中，新能源乘用车全年累计生产107万辆，占新能源汽车总产量的84.3%，产量前十家车企占新能源乘用车总产量的76.4%；在新能源客车和货车的总产量中，产量前十家车企分别占75.9%和79.8%。新能源乘用车全年累计销量达105.3万辆，纯电动车占据了约75%的份额；新能源客车和货车的销量几乎全部来自纯电动车。无论是产量还是销量数据，排名前十的车企均为比亚迪、上汽、北汽新能源等自主品牌。一方面，上海新能源汽车产量和产值每年以两位数增长；另一方面，上海新能源汽车推广情况良好，跃居全球最大的推广应用城市。上海智能网联汽车已在全国率先起步发展，初步形成了良好的产业发展环境，在智能网联汽车顶层政策设计、智能网联汽车试点示范区建设、智能网联汽车研发及产业化、智能网联汽车产业链布局、智能网联汽车公共服务平台等方面取得了良好的工作成效。

（三）电子信息产业

电子信息产业是研制和生产电子设备及各种电子元件、器件、仪器、仪表的制造业。近年来，上海市电子信息产业增长迅速，结构调整优化、质量效益提升，同时行业创新能力持续提升，产业链加速调整推动产业高端化发展。上海市电子信息产业未来将以技术创新、应用带动两轮驱动，重点发展新一代信息技术，加快发展集成电路、新型显示、下一代网络等优势领域。

集成电路制造业方面，上海市一直居于国内领先地位，如中芯国际28纳米生产线实现量产，华力微电子28纳米低功耗工艺进入量产。新型显示器领域发展迅速，上海市实现自主创新突破，AM-OLED国产化生态环境日益完善。

AM-OLED突破产业化瓶颈,和辉光电成为国内第一个小批量量产AM-OLED面板的企业。在下一代网络方面,上海市需要抢占前沿制高点,加大技术与应用融合,巩固并提升上海在国内下一代网络领域第一梯队的地位。

上海电子信息产业在长三角以及全国范围内都居于领先地位,但相较于世界先进水平仍有较大差距。而且中国芯片高度依赖进口,中国商品进口规模排名第一的是芯片,因此上海应重点发展半导体芯片等电子信息产品产业。

三、上海市发展先进制造业重点领域的产业链与对策和举措分析

针对上海"十四五"期间应重点发展的先进制造业领域,本节选取智能装备行业中的工业机器人产业,集成电路产业中的芯片业,以及新能源汽车产业,通过对各自产业链的详细分析,指出上海市发展先进制造业应采取的对策和举措。

(一)工业机器人产业发展举措

我国对工业机器人需求量巨大,根据《中国机器人产业发展报告(2019)》数据,当前中国工业机器人市场保持向好发展,约占全球市场份额1/3,是全球第一大工业机器人应用市场。同时我国对工业机器人的需求增长潜力也巨大,据国际机器人联合会(International Federation of Robotics,IFR)的数据,2017年我国工业机器人密度为每万人97台,在全球排名第21位。排名前两位的韩国和新加坡,工业机器人密度为每万人710台和638台。我国工业机器人的运用还不够普遍,未来对工业机器人的需求还有很大增长空间。2019年,中国工业机器人市场规模预计达到57.3亿美元,到2021年市场规模预计将突破70亿美元。

长三角地区在我国机器人产业中综合实力突出,依赖制造业基础形成广阔市场发展空间,产业规模效益领跑全国,产业结构布局合理,产业创新发展形势向好,产业集聚程度加深,产业发展环境优良。上海市2018年生产工业机器人5.52万台(套),占国内生产工业机器人总量比重为37.38%。但是上海市工业机器人总量的90%以上由世界工业机器人三巨头ABB、库卡和发那科生产,自主品牌生产的不足10%。上海市工业机器人产业缺乏核心技术和人才,需要努

力向价值链上游攀升,涉足高附加值环节。

工业机器人产业链由上游、中游和下游三个部分构成,上游是核心零部件,主要是减速机和控制系统,中游是机器人本体,下游是系统集成商,国内企业都集中在这个环节上(见图 21.1)。

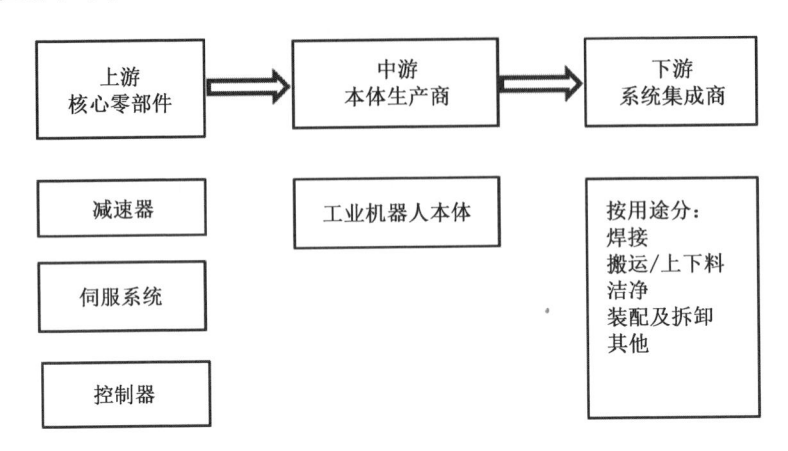

图 21.1 工业机器人产业链

工业机器人上游的核心零部件包括减速器、伺服系统、变频器、控制器等,其中减速器、伺服系统、控制器在工业机器人成本中所占比重较大。减速器是机械传动的核心,机器人的速度、精度都与减速器有关。工业机器人使用的减速器主要包含谐波减速器、RV 减速器。伺服驱动系统是工业机器人必不可少的关键零部件,是利用各种电机产生的力矩和力,直接或间接地驱动机器人本体,以获得机器人各种运动的执行机构,通常由伺服电机以及伺服驱动器组成。除了可以进行速度与转矩控制外,伺服系统还可以进行精确、快速、稳定的位置控制。控制器是机器人控制系统的核心大脑。控制器的主要任务是对机器人的正向运动学、逆向运动学求解,以实现机器人的操作空间坐标和关节空间坐标的相互转换,完成机器人的轨迹规划任务,实现高速伺服插补运算、伺服运动控制。

当前,国内企业在减速器、伺服系统、控制器等关键零部件方面发展水平不高,技术落后、产品稳定性差,进口依赖度较高。减速器方面,核心技术主要掌握在日本和美国的企业手中,如纳比斯科(Nabtesco)、住友、帝人、哈默纳科

(Harmonic)等。伺服系统方面,核心技术主要掌握在日本企业手中,如发那科、日本安川、三菱电机、三洋电机、松下。国内伺服系统的基础性研究缺失,包括绝对值编码器技术、高端电机的产业化制造技术、生产工艺的突破、性能指标的实用性验证和考核标准的制定等。这些都需要国内机器人行业的核心零部件企业去完善。控制器方面,行业内的大玩家主要是欧洲和日本企业,如德国的库卡、瑞士的 ABB、意大利的柯马以及日本的安川、发那科和川崎。国内企业机器人控制器产品已经较为成熟,是机器人产品中与国外产品差距最小的关键零部件,国内机器人控制器所采用的硬件平台和国外产品相比并没有太大差距,差距主要在控制算法和二次开发平台的易用性方面。[①] 国内控制器方面的企业主要有广州数控、沈阳新松、广泰数控、华中数控、众为兴、卡诺普等,上海在控制器方面还有一定的差距。

产业链中游的机器人本体厂商的工作主要是生产机器人本体,负责机器人关键零部件生产、控制算法、开发环境设计等工作,主要玩家是 ABB、库卡、发那科、安川,这四家企业的全球市场份额超过 50%。中国工业机器人企业主要是产业链下游的系统集成商,参与焊接、搬运/上下料、洁净、装配及拆卸等工作。如上海机电一体工程有限公司的主要产品为搬运、上下料等各类工业机器人和机器人焊接单元、自动化生产线及装配线。[②]

通过上述分析可知,位于工业机器人全球价值链高端环节的是日本和欧洲的企业,如 ABB、库卡、发那科、安川等。而上海企业位于全球价值链低端环节,主要参与 OEA/OEM 环节,发展工业机器人产业就需要不断往全球价值链高端攀升。上海市应采取的措施有:(1)加强核心技术研发,在减速器、伺服系统、控制器等核心零部件研发方面加大投入,促进产学研合作加深,在技术上替代日本、欧洲等国家和地区的企业;(2)鼓励工业机器人的运用,目前很多行业对工业机器人使用较少,政府应鼓励和推广工业机器人的大规模运用,通过需求刺激企业创新;(3)鼓励投资并购,鼓励上海市本土企业并购一些技术领先的外

---

① 传感器技术.《中国制造 2025》系列:工业机器人行业[EB/OL]. 2019-5-31. https://mp.weixin.qq.com/s/AMn0nB3UwPF_070TP_rY-A.
② 孙英飞,罗爱华. 我国工业机器人发展研究[J]. 科学技术与工程,2012,12(12):2912-2918,3031.

资企业；(4)加快工业机器人行业人才体系建设，吸纳引进人才与自主培养人才并行，政府与高等院校、研究所合作培养机器人产业人才，加快推进机器人领域高技能人才体系建设；(5)拓宽机器人企业投融资渠道；(6)搭建机器人行业开放式资源共享平台。

(二) 芯片业发展对策举措

我国对芯片需求量巨大，占到全球份额的 50% 以上，但我国芯片企业缺乏竞争力，关键技术和产品被"卡脖子"，国产品牌芯片自供率仅在 8% 左右(见表 21.1)。这也导致芯片严重依赖进口，当前芯片已成为我国进口额最大的商品。在核心芯片领域，我国企业固守自己的市场，不愿意下大功夫突破不属于自己能力半径覆盖的领域，加上芯片产业人才缺失，导致我国企业在全球市场上缺乏竞争力。

表 21.1　　　　　　　　　中国国产芯片占有率情况

系统	设备	核心集成电路	国产芯片占有率
计算机系统	服务器	MPU	0%
	个人电脑	MPU	0%
	工业应用	MCU	2%
通用电子系统	可编程逻辑设备	FPGA/EPLD	0%
	数字信号处理设备	DSP	0%
通信设备	移动通信终端	Application Processor	18%
		Communication Processor	22%
		Embedded MPU	0%
		Embedded DSP	0%
	核心网络设备	NPU	15%
内存设备	半导体存储器	DRAM	0%
		NAND FLASH	0%
		NOR FLASH	5%
		Image Processor	5%

续表

系统	设备	核心集成电路	国产芯片占有率
显示以及视频系统	高清电视/智能电视	Display Processor	5%
		Display Driver	0%

资料来源：前瞻产业研究院。

芯片的产业链根据生产过程分为上游设计、中游制造、下游封装和测试三个主要环节（见图 21.2），根据生产形式可分为 IDM 和垂直分工两种模式。IDM 模式主要出现在早期，企业拥有自己的晶圆厂，业务涵盖设计、制造、封测等全产业链并最终销售芯片，IDM 模式中的佼佼者有英特尔、三星等企业。

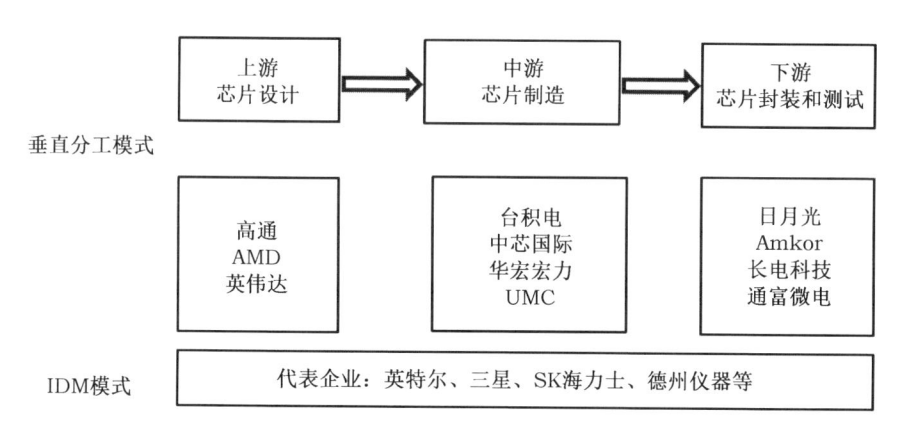

垂直分工模式

上游 芯片设计 → 中游 芯片制造 → 下游 芯片封装和测试

高通 AMD 英伟达　　　台积电 中芯国际 华宏宏力 UMC　　　日月光 Amkor 长电科技 通富微电

IDM 模式　代表企业：英特尔、三星、SK 海力士、德州仪器等

资料来源：中商产业研究院。

图 21.2　芯片产业链

因为芯片生产的资金规模大，现在芯片生产往往是垂直分工模式。芯片设计环节依照客户需求设计出电路图，其中包括电路设计、逻辑设计、图形设计等子环节。芯片制造把 IC 设计公司设计好的电路图移植到晶圆上，从而形成完整的物理电路，其中包括掩模制作、切片、扩散、光刻、刻蚀、离子注入等子环节。芯片封装与测试环节通常结合在一起，将生产出来的晶圆进行切割、焊线、塑封等处理，使 IC 与外部器件实现连接，然后利用 IC 设计企业提供的测试工具对

封装完成的芯片进行性能测试。[1]

产业链上游的芯片设计公司,领先者主要是美国和新加坡的企业。根据ICinsights的数据,2018年全球前十大IC设计公司中,美国占了六席,分别是高通、英伟达、联发科、AMD、美满电子(Marvell)和赛灵思(Xilinx)。排名第一的是新加坡企业博通,中国企业中进入前十的有海思,另外上海企业紫光展锐表现也很不错。

产业链中游的芯片制造公司,领先者主要是我国台湾地区的企业。根据ICinsights的数据,2018年全球前十大IC制造公司中,我国台湾地区占了四席,分别为台积电、联电、力晶科技和世界先进,其中台积电排在全球第一位。中国大陆企业共有两家进入前十,且都是上海企业,分别是中芯国际和华虹集团。

产业链下游的芯片封装测试公司,领先者主要是大中华地区企业。2018年全球前十大IC封装测试企业中,台湾地区有五家[日月光(ASE)、矽品精密(SPIL)、力成科技(PTI)、京元电子(JYEC)、颀邦(Chipbond)],市场占有率为41.61%;大陆有三家[长电科技(JCET)、通富微电(TF)、华天科技(HUATIAN)],市场占有率为20.91%;美国一家[安靠(Amkor)],市场占有率为15.62%;新加坡一家[联合科技(UTAC)],市场占有率为2.81%。[2] 在IC封测方面,中国大陆已达到国际水准,与领头羊差距越来越小。

通过以上分析可知,我国芯片生产企业缺乏核心技术,在MPU、DSP、DRAM等核心集成电路方面占有率仍为0。从产业链拆分来看,我国企业在IC封测方面已接近国际水平,但在IC设计和IC制造上距离世界先进水平仍有差距。上海市芯片企业在IC制造上走在国内前沿,且有两家企业(中芯国际和华虹集团)进入晶圆代工企业全球市场的前十行列,而在IC封测上缺乏强者。上海市处于芯片业全球价值链的低端环节,亟须向高端化发展。

上海市应采取的措施有:(1)加强基础研发与鼓励海外并购并行,在技术上

---

[1] 中商产业研究院.2018年芯片上下游产业链及竞争格局分析(图)[EB/OL].2018-8-5,http://www.askci.com/news/chanye/20180805/1113221127785.shtml.

[2] 芯思想.2018年全球前十大封测公司是哪几家?[EB/OL].2018-12-17,https://www.eefocus.com/mcu-dsp/425853.

替代美、韩等国企业。(2)加快芯片业人才体系建设,吸纳引进人才与自主培养人才并行,政府与高等院校、研究所合作培养芯片人才,加快推进芯片领域高技能人才体系建设。(3)发展芯片设计和封测领域,目前上海市在封测方面还很薄弱,同时 IC 设计也能创造较高的附加值,因此上海市在保持晶圆代工领域优势的同时,还应重点发展芯片设计和封测。(4)鼓励上海市本土芯片企业、高校(科研院所)积极加入"中国高端芯片联盟",中国高端芯片联盟目前共有 32 家联盟成员,包括 22 家重点骨干企业(紫光集团、华为、上海华虹、中芯国际、国科微等)和 10 家著名院校、研究所(清华、北大、中国科学院微电子研究所和华东光电集成器件研究所等)。[①] 上海还有很多芯片企业并不是高端芯片联盟会员,很多名牌大学、研究院也不在其列,复旦大学、上海交通大学、同济大学等均不在列。上海市应该鼓励更多本土企业和高校、科研院所加入高端芯片联盟,共同推进国家芯片研发设计能力。(5)拓宽芯片企业投融资渠道。

(三)新能源汽车产业发展对策举措

我国是新能源汽车生产和消费大国,2018 年全球新能源汽车销量达 201.8 万辆,其中中国市场销量达 125.6 万辆,占据了全球 2/3 左右的市场份额。与此同时,近十年也见证了中国新能源汽车市场的飞速发展,2011 年中国新能源汽车销量仅为 0.82 万辆,到 2018 年销量为 125.6 万辆,8 年间增长了 153 倍,年复合增长率达到 87.5%。随着资源环境约束和居民环保观念的日益加强,全球新能源汽车市场仍有较大增长空间。

新能源汽车根据动力来源的不同又可以分为纯电动汽车(BEV)、混合动力汽车(HEV)、插电式混合动力汽车(PHEV)、增程式电动汽车(EREV)和燃料电动汽车(FCV)等。不同动力来源的汽车具有不同的技术路线,也对产业链中游核心零部件提出了不同的要求。因此,新能源汽车产业链中游通常包括了电池、电机、电控、轮胎、轮毂、减震器、传动器等多种核心零部件(见图 21.3)。

动力电池包括铅酸电池、镍氢电池和锂离子电池等,目前电动汽车主要使

---

① 最成都.32 家中国高端芯片联盟成员,中国芯片未来的希望[EB/OL].2017-11-24,http://www.chengtu.com/forum.php? mod=viewthread&tid=543740&page=1.

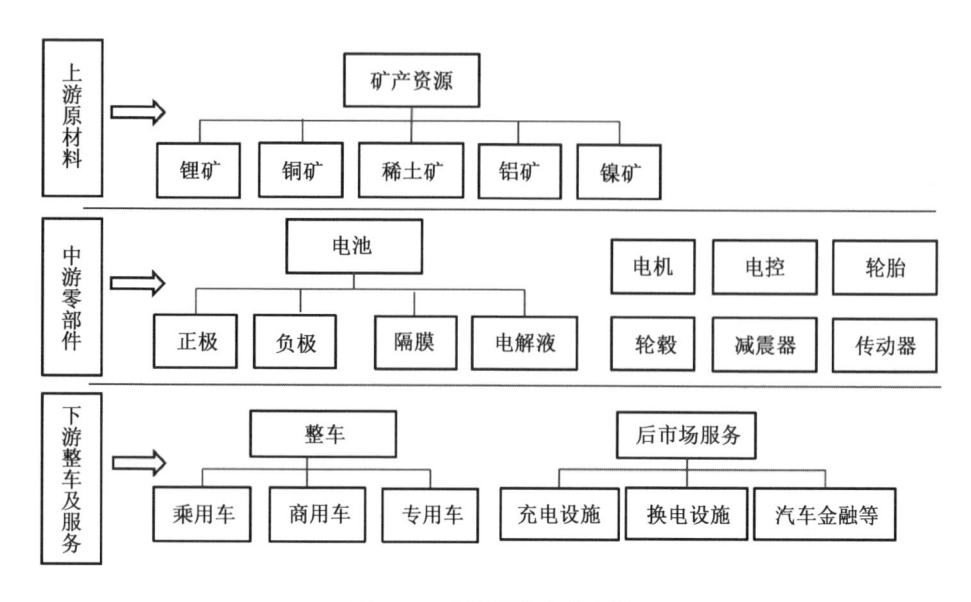

图 21.3　新能源汽车产业链

用锂离子电池,因为锂离子电池是当前商业化动力电池中能量密度最高的电化学体系,具有较长的循环寿命及使用寿命,安全性不断改善。并且,锂离子电池已处于大规模自动化生产阶段,成本不断下降。中国电动汽车电池制造商在全球表现优异,全球前七大电池制造商由日本、中国、韩国垄断,日本的松下排在第一位,中国三家企业宁德时代、比亚迪、孚能科技分列第二、第三和第七,韩国的 LG Chem 和三星也进入前七。[1] 上海市三家动力电池企业(上海卡耐新能源有限公司、上海德朗能动力电池有限公司和上海捷新动力电池系统有限公司)均表现欠佳,在国内市场上份额极低,不具竞争优势。

驱动电机和电控方面,美国、德国、日本领先全球,2018 年美、德、日三国占据全球驱动电机及电控 63% 的市场份额,其中美国占 34%,日本占 16%,德国占 13%。[2] 代表企业有美国的雷米(Remy),日本的日立汽车系统、东芝,德国的博世、大陆和采埃浮等。中国企业在全球市场上表现一般,但上海企业在国

---

[1] 全球 7 大电动汽车电池制造商[EB/OL]. 2019-6-5,http://www.sohu.com/a/318791061_478183.
[2] 朱琳慧. 2018 年新能源汽车电机及控制器行业市场竞争现状与发展前景 美、德、日领先全球[EB/OL]. 2019-1-11. https://www.qianzhan.com/analyst/detail/220/190111-d8ac23aa.html.

内表现优异,有三家企业进入国内市场前十,分别是联合汽车电子、上海电驱动、上海大郡控制技术。

产业链下游的整车市场上,中国企业表现优异。从品牌市场份额来看,中国品牌占据49%的市场份额,美国占据16%、德国占据7%,分列第二和第三。具体到车企的表现,我国车企有9家进入2018年全球新能源乘用车销量Top20车企榜单,分别为比亚迪、北汽新能源、上汽荣威、奇瑞、华泰、江淮、吉利、江铃和东风(见表21.2)。具体到车型表现方面,中国多个车型也进入2018年全球新能源乘用车销量Top20车型(见表21.3)。北汽新能源EC系列位列第二,比亚迪秦PHEV、比亚迪唐PHEV、比亚迪元EV、荣威Ei6 PHEV等也表现优异。①

表21.2　　　2018年全球新能源乘用车销量Top20车企　　　单位:辆

排名	车企	销量	排名	车企	销量
1	特斯拉	245 240	11	华泰	51 736
2	比亚迪	227 364	12	雪佛兰	50 682
3	北汽新能源	164 958	13	江淮	49 883
4	宝马	129 398	14	吉利	49 816
5	日产	96 949	15	江铃	49 312
6	上汽荣威	92 790	16	丰田	45 686
7	奇瑞	65 798	17	三菱	42 671
8	现代	53 114	18	东风	39 945
9	雷诺	53 091	19	起亚	37 746
10	大众	51 774	20	沃尔沃	35 994

资料来源:第一电动网。

---

① 第一电动网.2018年全球新能源汽车销量超201万辆,年度榜单来了![EB/OL].2019-2-2.https://www.d1ev.com/news/shuju/86558.

表 21.3　　2018 年全球新能源乘用车销量 Top20 车型　　单位:辆

排名	车型	销量	排名	车型	销量
1	特斯拉 Model 3	145 846	11	雷诺 Zoe	40 313
2	北汽新能源 EC 系列	90 637	12	宝马 530e	40 260
3	日产聆风	87 149	13	奇瑞 eQ EV	39 734
4	特斯拉 Model S	50 045	14	比亚迪宋 PHEV	39 318
5	特斯拉 Model X	49 349	15	北汽新能源 EU 系列	37 343
6	比亚迪秦 PHEV	47 452	16	比亚迪唐 PHEV	37 148
7	江淮 iEV E/S	46 586	17	比亚迪元 EV	35 699
8	比亚迪 e5	46 251	18	宝马 i3	34 829
9	丰田普锐斯 PHEV	45 686	19	荣威 Ei6 PHEV	33 347
10	三菱欧蓝德 PHEV	41 888	20	北汽新能源 EX 系列	32 810

资料来源:第一电动网。

根据上述分析,中国动力电池在全球表现优异,但上海市不具优势。中国驱动电机和电控在全球竞争中不具优势,上海市在国内表现优异。因此,上海企业在动力电池、驱动电机及电控方面,在全球市场上均缺乏竞争优势。另外,上海市新能源整车企业上汽荣威虽然进入全球销量前 20,但与国内其他新能源车企相比并不具备独特的竞争优势。据此,提出上海市发展新能源汽车产业的举措有:(1)加强核心零部件的研发,在动力电池、驱动电机及电控方面增加研发投入,构建竞争优势,从技术上替代美国、日本、德国的企业;(2)加强配套基础设施供给,目前上海市在新能源基础设施建设上面不完善,基础设施配套(充电设施、换电设施等)落后于新能源汽车需求,应加强配套设施供给,设施供给的增加也会反过来刺激需求增长;(3)鼓励上海市新能源整车企业开发和推出更多优质的车型,参与全球市场的竞争。

(四)推动先进制造业从价值链低端向高端转型

通过上面对几个重点行业的产业链分析可以看出,由于缺乏核心技术和人才,上海市先进制造业主要参与价值链低端环节。这种在价值链低端的生产活动通常被称作委托组装(OEA)/委托加工(OEM)。这种"代工"模式会割裂生产性服务业与先进制造业的有效联系,"两头在外"导致制造业价值链缺乏增值能力。由于发展中国家生产要素成本低,发达国家跨国公司通常将生产加工环节外包给发展中国家,但这也会造成对下游发展中国家的产业技术限制,进而产生纵向技术锁定效应,这种锁定往往也被称为"低端锁定"。如果上海市先进制造业持续处于价值链低端环节,不仅利润微薄,而且很难具备全球竞争力,其危害巨大。因此,从价值链低端往高端转型迫在眉睫。

(1)全球价值链中制造业升级有四种模式:工艺流程升级、产品升级、功能升级和链条升级

产业升级一般都依循"工艺流程升级—产品升级—产业功能升级—价值链条升级"这一规律(见表21.4)。

表 21.4　　　　　　　　全球价值链产业升级的一般轨迹

	工艺流程升级	产品升级	产业功能升级	价值链条升级
发展轨迹				
实践形式	通过整合生产系统或引进先进技术,提高价值链中加工流程的效率	通过引进新产品或改进已有产品,增加产品的附加值	重新组合价值链中的环节,以提高经济活动的附加值。获得新的功能或放弃已有的功能,增加经济活动的技术含量,改变企业在产品价值链中所处的位置	从一条价值链跨越到一条新的、价值量高的相关产业的价值链,企业把在一产业获得的能力应用到另一个新的产业,或转向一个新的全球价值链
案例	委托组装(OEA) 委托加工(OEM)	自主设计和加工(ODM) 联合研发(JDM)	自主品牌生产(OBM)	链条转换(例如从电动车生产到汽车生产等)
经济活动中非实体性程度	随着附加值不断提升,经济活动非实体或产业空心化程度也不断提升			

资料来源:芮明杰、王子军(2012)。

此外,还可以从产业类型、生产要素、产品附加值、全球价值链分工四个方面分析产业的高端化转型。从产业类型来讲,要从劳动密集型产业转为技术密集型产业;从生产要素方面,应该由低端生产要素驶向高端生产要素;从产品附

加值来说，从低附加值转变到高附加值；从全球价值链分工来说，应该占据"微笑曲线"的中上游部分，而不是一直"锁定"在最低端的加工组装。制造业高端化转型，需要发展以生产性服务业为核心的现代服务业，加速推进服务业向制造业渗透融合；需要生产要素升级，要提升人力资本和加大研发投入，另外国家层面还需要扩大开放。在智能制造产业方面，促进制造业升级的动力机制包括四个方面：(1)主导产业选择机制，重视基础产业培育；(2)产业组织优化机制，促进市场公平竞争；(3)产业融合创新机制在于加强多重融合创新；(4)产业空间布局机制在于突出集群培育发展，打造示范或特色智能产业基地。

(2)上海市先进制造业价值链高端化转型的对策举措

①生产要素高端化。生产要素既包括传统的劳动力、资本等要素，也包括人力资本、技术、知识等高端要素。人力资本提升方面，上海市政府可加大引进高学历人才力度，鼓励高校、科研机构开设适应上海市产业发展需求的新工科专业。技术创新方面，上海市要督促构建以核心企业为中心的知识链。知识链是指核心企业、链外企业（供应商、客户）、高校、科研院所建立的一种战略合作伙伴关系，通过知识在参与创新活动的不同组织之间流动而形成的链式结构，知识链可同时达到知识共享与知识创新。知识链可以鼓励企业创新，提升企业的核心竞争力。

②产业组织优化。进一步开放市场，鼓励国外资本、民间资本进入上海市先进制造产业。上海市政府采取"竞争中性"原则对待各类企业，避免资源配置的扭曲。促进国有企业分类改革，上海市国有企业比重过高，而国有企业存在自身效率低下的问题。另外，国有企业往往垄断上游生产要素的供给，会造成市场的低效率，上海市"十四五"期间应大力促进国有企业的分类改革。

(3)促进生产性服务业的发展，及其与先进制造业的融合

上海市应大力促进工业互联网、C2M平台、科创研发服务业、商务服务业等生产性服务业的发展。上海市通过营造市场环境、培育竞争优势和完善激励机制，推动生产性服务业与先进制造业的融合。

第二十二章 "十四五"期间上海高端生产性服务业发展政策设计

目前上海服务业贡献的GDP已经达到70%,可以说已经进入了服务经济阶段,但服务业内部结构中高端生产性服务业的比重依然不高,与全球城市的纽约、伦敦、东京有比较大的差距。上海未来要建设成为卓越全球城市,服务业发展的高端化一定是最重要的方面。因此上海如何在"十四五"期间发展高端生产性服务业,促进上海经济高质量发展就非常值得研究与探讨。

一、上海市高端生产性服务业发展的基本判断

(一)高端生产性服务业的内涵与特征

高端生产性服务业是指知识密集度高,依靠新兴技术与专业知识,服务于生产过程,具有高附加值性的服务业,主要包括金融业(银行业、证券业、保险业,以及风险投资、融资租赁、贸易金融等其他金融活动)、信息与通信服务业(电信和其他信息传输服务业、计算机服务业、软件业)、科学研究与技术服务业(研究与试验发展、专业技术服务业、工程技术与规划管理、科技交流和推广服务业)、商务服务业(法律、咨询、财会、广告、调研等商务服务)。高端生产性服务业具有如下特征:

(1)较强的产业关联性。产业关联性是产业间以各种投入品和产出品为联结纽带的技术经济关系。高端生产性服务业的产业关联性体现在其依附于制造业的生产过程,同时又具有很强的溢出效应,能带动制造业和服务业本身的升级。

(2) 人力资本和知识资本密集,即高度专业化。这是高端生产性服务业的重要特征,它们以知识资本和人力资本为主要投入品,产出也含有大量的知识资本和人力资本。信息通信技术的一体化更增加了高端生产性服务的信息和知识密集度,提高了其对经济增长的推动作用。

(3) 高度依赖新技术和创新。高端生产性服务业与新技术有着内在的联系,其知识基础包含特殊领域的技术知识。它要么是新技术的使用者,要么是新技术产生、扩散的代理人。从这个角度说,高端生产性服务业是以高新技术为支撑、技术关联性强、服务手段先进、服务内容新颖、科技含量和附加值高的生产性服务业。高端生产性服务企业为提供知识服务,自身首先必须不断地进行知识创新,吸纳新技术知识,开发新信息处理和分析方法;同时也必须与服务对象一起创新,提供解决各种全新问题的知识服务产品。

(4) 需求主要来自知识密集型制造业和生产性服务业自身,并且呈现国际化的趋势,具有高收益性或高附加值性。高端生产性服务业不仅可以使得服务过程产生知识和技术应用的增值效应,也能使服务过程产生服务的规模效应和个性化消费需求效应,具有高收益性。

(二) 上海高端生产性服务业发展现状

1. 整体稳步发展,接近国外发达国家水平

统计资料显示,上海市 2018 年度服务业占 GDP 比重达到 69.9%,生产性服务业占服务业比重达到 60.01%,基本接近发达国家"两个 70%"指标(即服务业占 GDP 70%、生产性服务业占服务业 70%),其中生产性服务业还有约 10% 的增长空间。2019 年一季度,全市生产性服务业重点领域企业实现营收 7 723.8 亿元,同比增长 7.9%,在 GDP 和服务业中的比重持续提升。

2. 结构有待完善,行业发展不均衡

在当前国内外经济存在诸多不确定因素,上海经济下行压力加大的形势下,上海生产性服务业增速有所放缓。从生产性服务业结构来看,行业发展不均衡问题比较突出。虽然金融业、信息服务业等高端部分共占生产性服务业增加值的比例达到 65% 左右,占 GDP 比重也高于 25%,但其中金融业的增加值占到了绝大部分。具有高技术含量、直接嵌入生产过程中的服务,如信息技术

服务、科技研发服务、商务服务等仍有很大发展空间。

3. 与国际大都市相比，仍存在较大差距，发展潜力和空间巨大

在2018年世界GDP排名前十的城市中，纽约以9 007亿美元排名第一，东京以7 590亿美元次之，上海2018年GDP为4 150.22亿美元，位于第六，但与纽约相比产值还未到其一半，存在较大发展空间。同时，在2018年全球城市经济竞争力排名中，纽约保持第一，东京、伦敦紧跟其后，上海居第十四位。

在纽约市的产业结构中，服务业占据主导地位，产值达到80%以上。从产业结构及比重上看，纽约市生产性服务业主要包括金融和保险业、商业、科学和技术服务业、信息服务业等。值得强调的是，在商业服务业方面，纽约吸引了来自法律、会计、咨询、公共关系与人事服务等领域的全球高精尖人才。据不完全统计，纽约有法律服务机构5 346个、管理咨询和公关机构4 297个、计算机数据加工机构3 120个、财会机构1 874个、广告服务机构1 351个、研究机构近千家。曼哈顿是华尔街所在地，2015年其金融和保险业就业占比高达11.8%，而商业和科学技术服务业就业占比更高，达到16.4%。

2018年美国GDP为20.49万亿美元，服务业占比为70%左右。纽约州总产值占美国GDP的8%，其中生产性服务业占纽约州GDP 70%左右，而金融和保险业、商务服务业、信息服务业等贡献了绝大部分产值，分别占GDP的15%、15%、10%左右。这些行业的特点是专业性强，具有高附加值，能够显著拉动经济增长。

因此，基于现存的结构问题以及与国际大都市间的差距，上海生产性服务业的发展应将重点放在专业性强，具有高附加值的高端部分，即高端生产性服务业。在保持金融业强劲势头的同时，着重发展科学技术服务业、信息服务业等。

(三)"十四五"期间上海高端生产性服务业发展的机遇

1. 高端生产性服务业成为上海经济发展的重要力量

高端生产性服务业主要包括金融业、信息服务业、科技研发服务业以及商务服务业(这其中必然会有低端部分，但在这些行业中，仍是以高端部分为主；依据统计年鉴得来的数据给出的是大致情况，可能会偏高，但基本能反映关于

高端生产性服务业的事实）。

高端生产性服务业总量增长迅速。2014—2017年，高端生产性服务业总产值占服务业总产值比重由44.63%上升至47.68%，占生产性服务业的比重由62.11%上升至65.63%，并呈现逐年上升的趋势。高端生产性服务业的年均增幅为14.02%，远高于全市GDP和第三产业增幅。

从就业人员情况来看，高端生产性服务业从业人员总数由2014年的249.94万人增长到2017年的276.69万人，年均增长3.45%，高于生产性服务业的从业人员年均增长率。2017年，高端生产性服务业从业人员数占服务业从业人员数比重为30.75%，占生产性服务业从业人员数比重为47.50%。产值和从业人员的增加反映了生产性服务业向高端化集聚发展的整体趋势。

从细分行业来看，2017年金融业生产总值为5 330.54亿元，同比增长11.85%，占高端生产性服务业产值的50%以上，金融业作为上海的标志性产业，在高端生产性服务业的发展进程中占据主导性地位。信息服务业总产值为1 862.27亿元，在高端生产性服务业中占据第二重要的地位，其同比增长率达到13.03%，在各行业的增速中最高，反映了上海市信息服务业的高速发展。商务服务业总产值为1 787.90亿元，同比增长9.82%，其增速在四个行业中最低，是唯一一个没有超过10%的行业。科学研究和技术服务业2017年生产总值为1 124.40亿元，同比增长11.89%，增长率与金融业的十分接近，但总产值在四个行业中最低，还有较大发展空间。

从服务贸易进出口情况来看，2017年除了金融服务有0.7亿美元的微小贸易逆差外，以电信、计算机和信息服务、技术服务、专业管理和咨询服务为代表的高端生产性服务均有很高的贸易顺差，分别为42.1亿美元、13.3亿美元、124.5亿美元，远远高于其他服务的贸易净额，反映了上海市高端生产性服务业整体实力的显著增强，由原先依赖进口到现在主动输出，赢得了国际认可。这一点在专业管理与咨询服务的进出口额上体现得尤为明显，其贸易净额是所有服务类型中最高的，且远高于其他服务。

2. 功能区成为高端生产性服务业发展的重要载体

生产性服务业功能区是指主要以生产性服务业的集聚为发展重点，突出产业转型、产业升级以及产业链延伸，建设形成空间布局合理、产业特色明晰、配套功能完善的功能区域。根据《国务院关于加快发展生产性服务业促进产业结构调整升级的指导意见》,生产性服务业功能区主要发展总集成总承包、研发设计、供应链管理、电子商务及信息化服务、检验检测、节能环保服务、金融专业服务、专业维修、专业中介、教育培训及知识产权、商务咨询、服务外包、人力资源服务、品牌建设等生产性服务业重点领域。2018年,上海市发布了《生产性服务业功能区建设指引》,提出"科学布局,集聚发展""创新引领,产业高端"等主要原则,聚焦重点项目,推动生产性服务业功能区内产业智能化、高端化、融合化、平台化、绿色化发展,打造"上海服务"品牌。功能区应明确产业发展定位,围绕产业发展导向,突出产业发展特色,加大企业培育和招商引资力度,加强与周边产业配套、协同。鼓励功能区聚焦创新能力提升,强化服务专业化、市场化,大力推动生产性服务业重点领域发展,积极推进生产性服务业与新兴产业创新融合,构建高端生产性服务业产业链。因此,生产性服务业功能区的建设重点在于吸引更多高端生产性服务业入驻,为其营造更加良好的运营环境。

与此相呼应,上海的总部经济呈现出良好发展势头。2017年新增跨国公司地区总部45家、投资性公司15家、外资研发中心15家。至2017年年末,在上海落户的跨国公司地区总部达到625家,投资性公司345家,外资研发中心426家。与2009年的统计数据相比,跨国公司地区总部的增长最为迅猛,达到2倍之多,由2009年的260家上升到2017年的625家。投资性公司、外资研发中心也有较大幅度的增长。这反映了国外跨国企业越来越多地将其高端服务部分投放到上海,为上海高端生产性服务业的发展提供了更多技术、管理上的先进经验。

3. 制造业转型升级与新兴先进制造业发展带来的机遇

制造业转型升级和战略性新兴产业发展带来对高端生产性服务业的巨大需求。我国正处于由制造大国迈入制造强国的关键时期,对制造业提出了转型升级要求。传统制造业向创新驱动的现代制造业转变,必须辅以高端生产性服务的支持。以信息服务业领域的工业互联网为例,其服务对象包含了电力、石化、机械、服装、电子等各制造业细分行业,目标是实现设备数据实时传输、云端数据存储与分析、机器智能化等功能。

2017年,中国制造业产值为334 622.6亿元,占GDP比重为40.46%。法人单位数为 3 483 617。上海市制造业总产值为 9 330.67 亿元，占上海市 GDP 比重为 30.46%。法人单位数为 83 847。既有制造业存量为高端生产性服务业发展提供了巨大的需求来源。但与此同时，高端生产性服务业的发展会进一步推动制造业的转型升级，使其更加智能，更具效率，产值规模也将进一步扩大。高端生产性服务业与制造业的同步发展形成良性循环，相互促进，相互补充。

《上海市制造业转型升级"十三五"规划》明确了"十三五"期间上海战略性新兴产业发展的目标，即到 2020 年，制造业增加值占 GDP 比重保持在 25% 左右，其中，战略性新兴产业增加值占 GDP 比重达到 20% 左右。这意味着战略性新兴产业要成为制造业发展的主力军，带动制造业整体的转型升级。"十三五"期间，上海市坚持"高端化、智能化、绿色化和服务化"的发展思路，重点发展新一代信息技术、智能制造装备、生物医药与高端医疗器械、高端能源装备、节能环保等九大战略性新兴产业，聚焦于人工智能、量子通信、虚拟现实、精准医疗等新兴技术领域。2018 年，上海市战略性新兴产业增加值为 5 461.91 亿元，比上年增长 8.2%。其中，工业增加值增长 4.2%，服务业增加值增长 11.3%。战略性新兴产业增加值占上海市生产总值的比重为 16.7%，比上年提高 0.3 个百分点。

战略性新兴产业是新兴科技与传统产业、新兴产业的深度融合，代表着科技创新的方向，也代表着产业发展的方向。战略性新兴产业及其高端生产性服务业的发展都是加快发展高端制造产业的有效途径。没有高水平的生产性服务业，就难以实现向中国创造的转变。高端生产性服务业是"促进服务业与现代制造业有机融合"的黏合剂和润滑剂。战略性新兴产业的发展必然会促进相应高端生产性服务业的大发展。

二、"十四五"期间上海发展高端生产性服务业的思路和目标

（一）发展的基本原则

1. 根据城市功能比较优势确定上海高端生产性服务业发展的总体方向和思路，这一比较优势凸显了高附加价值和智力密集的重要性。上海国际金融中

心的建设,需要发达的保险和相关金融衍生服务;已有的人才和技术优势也为研发、电子商务等高附加值、智力密集型服务的发展提供了巨大空间。

2. 根据制造业转型优势确定高端生产性服务业的重点领域及其发展思路。上海一直是我国高新技术产业的集聚地,是制造业的"新高地"。随着原有的传统制造业不断转型,新兴先进制造业对服务业的要求越来越高。比如它们希望有科学完备的测试服务,部分研发服务可以外包,有专门的国际专利申请机构协助解决知识产权问题等。这些在制造业转型过程中衍生出的大量专门性服务产业将围绕制造业形成一个生产性服务业圈,上海高端生产性服务业重点领域选择应基于制造业转型的需求。

3. 根据服务业集聚发展比较优势确定高端生产性服务的空间布局发展目标和思路。上海已在服务业的集聚上走在了全国前列,但随着商务成本的提高,服务业集聚的成本也越来越高。这对于产业的投入产出效率、附加价值比重也提出了更高的要求。

(二)发展的战略思路

充分发挥上海的人才优势和技术优势,面向上海及长三角区域先进制造业发展、获取全球竞争优势的重大需求,坚持自主创新、国际合作、重点突破、集聚发展、市场主导、政府推动的原则,加快发展高端生产性服务业,促进服务业从基本生产性服务业向高端转型,使得高端生产性服务业成为新兴战略性产业和国民经济新的增长点,并为发展成为上海经济的主导产业奠定基础。具体来说,未来产业结构调整方向如下:

一是以服务经济为主导,同时使高端生产性服务业在服务经济中扮演重要角色,肩负着为上海由传统制造业向先进制造业转型提供服务支持的重担。

二是上海将推动自主创新,大力发展高附加值、高知识含量的服务业,实现城市功能的转型。因此高端生产性服务业发展的另一个重要思路就是结合上海城市功能的转型进行空间布局规划。

三是应当以全球化的视野考虑上海高端生产性服务业的发展。在经济全球化的大背景下,应坚持引进来和走出去相结合的方针政策,在引进跨国公司总部、投资中心、研发中心,学习其管理经验和先进技术的同时,积极培育本土高端生产性服务企业的核心竞争力,向国际输出上海的高端生产性服务,从而提高上海高端生产性服务业在国际舞台上的竞争力。

(三)发展的战略目标

1. 提升高端生产性服务业的支撑作用。在"十三五"阶段发展成果的基础上,实现"十四五"时期服务业生产总值占全市 GDP 的 70%。其中生产性服务业占全市 GDP 比重达到 50%,占服务业比重达到 70%,从而达到国际上发达国家的"两个 70%"标准。更重要的是,要将资源向高端生产性服务业集中,让高端生产性服务业成为带动服务业发展的主体力量。力争到 2025 年实现上海市高端生产性服务业总产值占本市 GDP 比重达到 40%,占服务业、生产性服务业比重分别达到 50%、70%,年均增长率保持在 15%左右。

2. 高端生产性服务业重点领域稳中有进,创新能力大幅提升。"十四五"时期,金融业保持 11%的年均增长率,占本市 GDP 比重达到 20%,确立全球性人民币产品创新、交易、定价和清算中心地位;信息服务业继续保持 13%的高速增长,到 2025 年信息服务业总产值占 GDP 比重达到 10%。以更加开放的心态拥抱互联网、物联网、人工智能等领域的初创企业,追赶北京、深圳、杭州等信息服务产业较为发达的城市,确保赶上下一波信息技术浪潮;商务服务业占本市 GDP 的比重近年来维持在 5.80%的水平,年均增速为 10%左右。力争在"十四五"时期商务服务业占 GDP 比重突破 6%;最后是科技研发服务业,其在上海市 GDP 中的比重较低,近年来保持在 3.5%左右。科研服务业是提升上海市整体科研创新能力的后盾,为科技研发提供必要的服务支持,应加大科技研发服务业的扶持力度,到 2025 年实现其增加值占 GDP 的 5%。

3. 高端生产性服务业空间布局更加优化。到 2025 年,高端生产性服务业的推动力量不断增强,各类集聚区能级进一步提升;着力打造产业特色鲜明、高端要素集聚、品牌效应明显、配套功能完善的高端生产性服务业创新发展示范区;中心城区与郊区协同发展,高端生产性服务业集聚水平持续提高的同时,两者差距进一步缩小。

4. 本土高端生产性服务业企业更具竞争力。上海市通过税收优惠、降低准入门槛、完善功能区等政策,吸引一批本土高端生产性服务业初创企业入驻,培育其核心竞争力。同时，继续保持引入跨国企业地区总部研发中心、投资中心的力度，到2025年新增跨国公司地区总部220家左右，借鉴吸收其国外先进科学技术和管理经验。建立完善的高端生产性服务业市场准则，为本土初创企业和已具备一定实力的企业提供稳定、健康的市场环境。

三、上海高端生产性服务业选择性重点发展的领域

"十四五"期间，上海应该重点发展工业互联网、供应链科技金融、科技创新服务和高端商务服务，形成国际竞争力。

（一）工业互联网

1. 未来发展趋势

工业互联网平台是新一代信息技术与制造业深度融合的产物，是基于云计算的开放式、可扩展的工业操作系统。工业互联网通过新一代信息通信技术建设连接工业全要素、全产业链的网络，以实现海量工业数据的实时采集、自由流转、精准分析，从而支撑业务的科学决策，制造资源的高效配置，推动制造业融合发展。网络、平台及安全构成了工业互联网三大体系，其中网络是基础，平台是核心，安全是保障。目前，业界基本已形成智能终端（边缘）＋云架构平台＋工业App的工业互联网平台技术架构，平台向下实现海量的多源设备、异构系统的数据采集、交互和传输；PaaS平台承载工业知识与云服务，支持软硬件资源和开发工具接入、控制及应用；向上支撑工业App和云化工业软件的开发和部署，为企业客户提供各类应用服务。

工业互联网对我国制造业数字化转型升级，实现制造业高质量发展以及提升国际竞争力具有战略意义。我国要从制造业大国向制造业强国转变，须抓住这次工业互联网平台发展机会。而在平台实践中，工业领域的新模式、新业态逐渐浮现，将成为推动产业发展的新动能。

(1)工业互联网平台推动工业企业生产方式和组织管理模式变革。一方面平台以数据驱动，突破了工业企业内外割裂的生产方式。基于工业互联网平台能够整合产业链上下游企业，由单链条串行生产方式转变为多环节并行的协作

方式。另一方面平台为产品赋能，形成了工业企业新的分工方式。工业互联网平台推动设备制造商实现产品即服务的转型，从产品交易模式转变为基于产品服务收取增值费用的租赁模式。因此对于设备制造商，要扩大其产品服务部门的人员和成本；对于产品使用方，则能够削减购置和管理设备的成本，从而达到轻资产运作。

(2)工业互联网平台正在加速制造业服务模式创新发展。一方面，基于平台的预测性维护、员工作业指导等应用，正在形成新的工业服务模式。另一方面，平台汇聚的微服务组件、工业机理模型、工业 App 等开放资源，将颠覆工业知识创新和应用模式。

(3)基于平台的工业数字经济正在萌芽。按需定制、生产能力交易、智能化产品等服务，正在引领工业逐渐从封闭走向开放。合作不仅仅出现在上下游企业，而是向更广泛的系统拓展，同行企业从原本的竞争关系转向竞合关系(Co-opetition)，个人消费者成为参与产品设计和制造的产消者(Pro-consumer)，工业网络逐渐成形。供应链金融、UBI、融资租赁等产融合作创新服务，推动工业向其他领域延伸、拓展、融合。

2. 发展现状判断

上海市政府对工业互联网的发展给予了密切关注。2018 年 7 月，市政府发布《工业互联网产业创新工程实施方案》：到 2020 年，基本建成新型工业互联网网络基础设施体系，培育一批具有国际竞争力、在行业内有影响力的工业互联网平台，带动制造业转型发展，从而为服务国家制造强国和网络强国战略、打响"上海制造"品牌提供支撑。根据该方案，未来三年，上海将在工业互联网领域实施"533"创新工程，也就是构建"网络、平台、安全、生态、合作"五大体系，落实"功能体系建设、集成创新应用、产业生态培育"三大行动，实现"全面促进企业降本提质增效、推动传统产业转型升级、助力国家在工业互联网发展中的主导力和话语权"三大目标。瞄准上述任务目标，方案在"建设功能体系""集成创新应用""培育产业生态""营造创新环境"四方面部署了一系列具体行动。

上海作为全国创新发展先行者，在推动"互联网＋先进制造业"的发展进程中，以临港地区为上海建设科技创新中心的主体承载区，主动承担推动产业转型升级的使命任务。临港地区将在部市合作的基本框架下，以工业互联网"网络基础设施升级、基础服务平台建设、产品和解决方案培育、行业应用试点示范、国际对外交流合作"为主要任务,力争到 2020 年,打造 5~8 个工业互联网示范样板工厂,开展 10~15 个工业互联网典型试点项目,搭建 2 个配套服务平台,培育一批能够提供自主、安全、可控的系统集成和解决方案的工业互联网服务商。同时,上海市经信委出版年度工业互联网平台和专业服务商推荐目录,对包含在目录中的重点企业给予政策支持,培育本土企业核心竞争力。2019 年 9 月,中国国际工业博览会——工业互联网展——于上海举办,引爆上海新一轮的工业互联网热潮。

企业方面,上海目前已有工业互联网企业超 130 家,其中服务领域占据 43 家,平台领域占据 37 家,工业 App 领域 19 家,综合领域 18 家。另外,安全、网络领域也有企业分布。这些企业主要集中在浦东新区、徐汇区和闵行区,分别汇集了 28 家、24 家和 17 家。另外,在杨浦区分布了 9 家工业互联网企业,静安区和普陀区也分别分布了 8 家企业。嘉定区则只有 6 家工业互联网企业。其中代表性企业有中联重科旗下的中科云谷,于 2018 年 9 月落户上海临港,同年 12 月发布了云谷工业互联网平台 ZValley OS。

从空间规划看,上海已经形成了以松江区为首的国家新型工业化工业互联网示范基地,另外在其他区域也形成了四个上海市工业互联网创新实践区,分别是嘉定区、宝山区、上海化工区以及临港地区。科研院所方面,上海工业互联网产业科研院所主要是中国科学院上海微系统与信息技术研究所、上海华东电信研究院、上海质量管理科学研究院、中国科学院上海高等研究院和上海临港智能制造研究院。协会联盟主要有上海市信息安全行业协会、上海工业互联网产业联盟和上海智慧园区发展促进会。功能平台上,主要有上海市信息安全测评认证中心和工业互联网功能型平台。

上海本地软件企业也正积极布局工业互联网。宝信软件大力推进智慧制造相关产品研发与项目落地,在推广智能装备与工业机器人应用、多基地分布式平台及相关应用系统上线、工业大数据平台 xInsight 结合应用实施推广、工序一贯质量分析、云端大数据应用服务等多个领域取得突破。汉得信息已与亚马逊、华为、微软等建立了云合作关系,跟阿里巴巴、腾讯在一些特定行业上也有合作,公司的两款主要 SaaS 产品汇联易和云 SRM 市场反应强烈,公司自有的云管理平台——汉得融合云治理平台(HCMP),着力于为企业打造物联网和云方向的综合解决方案。

综上所述,上海工业互联网产业规模已初具形态,产业链不断完整。但是离成熟的产业生态还有一定距离。在核心技术层面,与国外相比存在很大差距,且有进一步拉大的风险。技术研究零星分散、没能形成统一的规模。

(1)没有以工业互联网平台中企业间数据标准作为平台建设的出发点。数据元标准始终是数据平台最基础也是最核心的建设内容,也是目前阻碍工业互联网产业发展最大的"拦路虎"。各企业间不同的数据传输协议阻碍了工业数据的互联互通,大大降低工业互联网的应用效率。欧美已建立了企业间的数据元标准,应在借鉴其标准的基础上,形成我国工业互联网平台的企业间数据标准。

(2)没有认识到工业互联网的技术难度,从网络、数据和安全三个方面都充满着挑战,光靠上海的技术力量难以完成如此复杂的技术和商业应用。需要与工信部、信息通信研究院和国内主要企业等联合攻关,形成合作开发机制。就工业互联网的架构、重点、难点技术环节以及关键的软硬件突破提出具有可操作性的对策建议。

(3)没有从全球产业分工的视角构建我国主导的工业互联网平台,在目前欧美市场企业之间数据标准化、跨国公司主导产业分工体系的条件下,上海应以"一带一路"沿线国家为重点,构建我国主导的工业互联网平台。

同时与国际上拥有先进制造业的国家、城市相比,上海工业互联网产业发展仍处在初级阶段。"工业互联网"的概念最早由通用电气于2012年提出,随后美国五家行业龙头企业联手组建了工业互联网联盟,将这一概念推广开来。除了通用电气这样的制造业巨头,加入该联盟的还有IBM、思科、英特尔和AT&T等IT企业。该联盟位于纽约,采用开放成员制,致力于发展一个"通用蓝图",使各个厂商设备之间可以实现数据共享。该蓝图的标准不仅涉及互联网网络协议,还包括诸如IT系统中数据的存储容量、互联和非互联设备的功率大小、数据流量控制等指标。其目的在于通过制定通用标准,打破技术壁垒,利用互联网激活传统工业过程,更好地促进物理世界和数字世界的融合。其开放性值得上海学习。总部位于纽约的区块链初创公司Blockchain of Things成立于2015年,是一家企业级区块链软件服务提供商。2017年就加入了工业互联网联盟,目标是加速提高企业和社会应用工业物联网的技术,提升工业系统性能、运营成本和可靠性。

德国早于2013年就着力发展工业互联网。"工业4.0"研究项目由德国联邦教研部与联邦经济技术部联手资助,在德国工程院、弗劳恩霍夫协会、西门子、SAP公司等德国学术界和产业界的建议和推动下形成,并上升为国家级战略。德国联邦政府投入达2亿欧元,并在2013年4月的汉诺威工业博览会上正式推出"工业4.0"战略。该战略旨在通过充分利用信息通信技术和网络空间虚拟系统(即信息物理系统)相结合的手段,将制造业向智能化转型。主要包含三大主题:智能工厂、智能生产、智能物流。其中一个关键点是数据标准的制定。设备不仅必须会说话,而且必须讲同一种语言,即同一种通向数据终端的"接口"。德国正致力于成为这个标准的制定者和推广者,时任总理默克尔认为,德国可成为"工业4.0"标准的推动者,并在欧洲甚至全球推行这些标准。例如德国"工业4.0"平台发布了一个工业数据空间,访问者可以通过该空间获取世界上所有工业的信息。这个空间有着统一的"接口"标准,并且允许所有人访问。探索工业互联网标准的国家不止德国。事实上,西方发达国家都相继将物联网、智能服务引入制造业。尽管提法不同,内容却类似,如美国的"先进制造业国家战略计划"、日本的"科技工业联盟"、英国的"工业2050战略"等。

而中国探索工业互联网是从2015年开始的。2017年,国务院正式提出发展工业互联网的指导意见。2019年3月全国两会上,"工业互联网"成为热词并写入《2019年国务院政府工作报告》:打造工业互联网平台,拓展"智能+",为制造业转型升级赋能。目前我国工业互联网平台尚处在从概念探讨走向产业实践的初级阶段。平台技术和服务能力虽已实现单点创新,但要形成系统突破还需探索构建共赢发展的开放合作生态。

因此,上海应理性看待在工业互联网领域取得的成绩。更重要的是正视现存问题以及与国外的差距,采取相应措施,坚定不移地建设本市工业互联网产业体系。

3. 发展政策举措

围绕网络、平台、安全三个工业互联网核心体系建设,采取切实有效的措施,响应市场主体的现实需求。

(1) 网络方面,做好5G基站建设,完善工业互联网基础设施。5G的低时延性,决定其一个重要应用场景是工业互联网。5G是保证数据实时、高效传输,万物互联的底层支撑。未来五年,在全市建设覆盖完整的5G网络,解决工业互联网企业网络基础设施上的后顾之忧。

(2) 平台方面,推进标准制定,助力一批代表性工业互联网平台企业做大做强,以体现规模效应。发挥上海作为标识解析试点城市的示范作用,与本土工业互联网平台企业、产业联盟一同参与工业互联网标准制定。加速数据传输、存储协议等的统一,消除数据自由流通的阻碍,使工业互联网平台成为真正开放的大平台。只有足够多的真实有效数据在一个平台上自由流通,数据的内在价值才能被充分挖掘,才能向上支撑成千上万的工业App开发,向下实现各种工业场景的具体应用。

(3) 安全方面,防范数据泄露,确保工业数据在法律法规允许的范围内得到合理使用。数据安全对于工业企业来说是重中之重,这直接影响其生产能否正常运行。应加强数据安全方面的部署工作,完善相关法律法规,督促工业互联网企业落实主体责任,加强安全投入,时刻防范黑客对工业互联网体系的攻击。另外值得强调的是,要明确数据到底归谁所有,避免数据所有权的纠纷导致工业互联网产业重新回到封闭状态。

(4) 主体需求方面,完善市场竞争规则,建立开放共赢产业生态。工业互联网产业目前还比较封闭,企业间合作不够。信任问题制约了具备一定技术实力的工业互联网企业扩大市场。上海应尽快建立公平、公正、透明的市场竞争规则,扮演好政府第三方仲裁者的角色。解决工业互联网企业与客户间的信任问题,推动工业互联网平台向开放包容的大平台迈进。

(5) 降低准入门槛,吸引一批工业互联网初创企业入驻,提升本市工业互联网创新活力。工业互联网与制造业之间有着密切联系,这也使得很多工业互联网初创企业(尤其是应用服务商)将办公地设在工业企业周边,以方便获得客户需求、及时解决问题。但同时很多企业也面临当地高端人才难找,融资困难等窘境。为此,上海应充分发挥作为国际大都市的人才、资本优势,吸引这批企业来沪设立研发中心。上海通过财政资金支持、建立工业互联网产业集聚区、举办工业互联网融资展会等举措,让工业互联网企业在上海安心于技术研发,从而与原先的生产执行部门相配合,形成上海技术带头,生产现场具体执行的相辅相成局面。

(6)加强交流合作。一方面,保持与德国等先进制造国家的合作关系,借鉴国外工业互联网发展经验。2019年6月,上海成功举办了中德工业互联网合作论坛,推动中德工业互联网和智能制造向纵深迈进。未来五年,应坚持合作基调,与更多先进制造国家建立合作关系,促进本土企业与国际标杆企业深入交流,了解、学习国际上工业互联网领域的最新成果,从模仿到超越,实现已有创新基础上的再创新。另一方面,上海在发展工业互联网方面应借助国家力量,与工信部、中国信息通信研究院以及阿里、华为等代表性企业通力合作,攻克关键技术难题,在本市发展的同时助力国家工业互联网整体实力显著增强。

(7)发挥上海技术引领作用,推动长三角区域一体化协同发展。长三角历来都是中国制造业重地,有着深厚的工业基础。上海应明确自身定位,专注工业互联网技术及平台研发,并首先在长三角城市群中大力推广工业互联网应用,鼓励中小企业上云,向智能制造转型。形成上海领军工业互联网技术研发,长三角城市群率先应用、相辅相成的局面,从而实现长三角整体协同发展的新格局。

(二)供应链金融

供应链金融是金融机构围绕核心企业在对整条供应链进行信用评估及商业交易监管的基础上,面向供应链核心企业和节点企业之间的资金管理进行的一整套财务融资解决方案。其中包含四个关键点:

一是供应链金融是金融机构开展的一项金融服务业务,管理的是供应链的资金往来。二是在整条供应链的信用评估中,核心企业的信用被赋予很大的权重,也就是核心企业的信用风险是整体供应链信用风险的主要来源。三是供应链核心企业与其他链中企业之间的交易需要被监督,确保不会向虚假业务融资。四是供应链金融是一种财务融资,企业向金融机构的抵押物不是固定资产,而是应收账款、预付款和存货等流动资产。

大力发展供应链金融,是为制造业提供充足资金支持,助力其转型升级的必要举措。一方面,将资金有效注入处于供应链中相对弱势的上下游配套中小企业,解决中小企业融资难和供应链失衡的问题;另一方面,将银行信用融入上下游企业的购销行为,增强其商业信用,促进中小企业与核心企业建立长期战略协同关系,提升供应链的竞争能力。从企业需求角度来看,国家统计局的数据显示2018年中国规模以上工业企业应收账款达到14.3万亿元。供应链金融服务的主要需求者中小型工业企业,总应收账款规模也已超过6万亿元。因此发展供应链金融意义重大。

1. 发展现状判断

我国供应链金融从票据贴现开始,逐渐演变为贸易融资、供应链金融解决方案,并最终形成线上供应链金融平台。2016年2月,中国人民银行等八部委印发《关于金融支持工业稳增长调结构增效益的若干意见》(简称《若干意见》),其中两点与供应链金融相关。一是大力发展应收账款融资。推动更多供应链加入应收账款质押融资服务平台,支持商业银行进一步扩大应收账款质押融资规模。二是探索推进产融对接融合。探索开展企业集团财务公司延伸产业链金融服务试点。支持大企业设立产业创投基金,为产业链上下游创业者提供资金支持。2017年以来,供应链金融相关政策频频出台,鼓励核心企业、商业银行发挥引领作用,搭建平台,为中小微企业提供高效便捷的融资渠道,同时对于供应链金融ABS产品提出了规范化的要求。如2017年12月发布的《企业应收账款资产支持证券挂牌条件确认指南》《企业应收账款资产支持证券信息披露指南》,深入供应链金融产业链的操作层面,对企业以应收账款ABS融资的基础资产、风险管控、现金流归集和信息披露等环节提出了一系列规范要求。

商业银行是目前国内供应链金融市场的主体。但在政策推动下,电商巨头、物流与供应链公司、外贸综合服务平台、金融信息服务平台、金融科技、信息化服务商等都纷纷往供应链金融领域渗透,供应链金融市场规模将因此保持高速增长。预计到2020年,供应链金融市场规模将达到18.18万亿元。

上海作为金融中心,积极发挥领头示范作用,出台相应政策支持本市供应链金融发展。为贯彻《国务院办公厅关于积极推进供应链创新与应用的指导意见》(国办发〔2017〕84号)精神,加快上海智慧供应链示范城市建设,促进产业组织方式、商业模式和政府治理方式创新,推进供给侧结构性改革,政府发布了

《关于本市积极推进供应链创新与应用的实施意见》(沪府办发〔2018〕26号)。意见中明确指出,要规范稳妥发展供应链金融,重点是推动供应链金融服务实体经济,有效防范供应链金融风险。《上海市鼓励设立民营企业总部的若干意见》(沪商规〔2019〕1号)中,提出加大对民营企业总部的金融支持力度,积极拓宽民营企业融资渠道,在风险可控、商业可持续的前提下,综合运用信贷、债券、股权、理财、保险等渠道,提升对民营企业总部的金融综合化服务水平。尤其强调支持民营企业总部开展供应链金融,对经认定的民营企业总部,可加入中征应收账款融资服务平台。

同时以商业银行为代表的上海本土企业在供应链金融服务上持续发力,帮助中小企业解决融资难题。2018年,上海银行推出"上行e链"在线供应链金融服务平台,利用科技金融为中小企业提供更深融合、更广覆盖、更高效率的综合金融服务。同年上海银行实现供应链金融信贷投放500亿元,并且计划到2020年提高至1 000亿元。2019年4月,上海银行正式成立供应链金融部,全面管理供应链金融产品、推进业务发展,在这一普惠金融领域持续加大人力、科技、信贷等方面的资源投入。但是,上海供应链金融行业目前仍存在诸多问题。

(1) 供应链金融业务缺乏相应的制度规范。由于供应链金融在我国尚处在起步阶段,相关制度或法规仍然很不完善。上海市目前还没有针对供应链金融行业出台专门的发展政策及市场准则,有关供应链金融的内容仅作为发展本市供应链中的一个环节出现在其他政府文件中。现阶段,商业银行、核心企业及其上下游中小企业之间一方面没有约定相对统一的操作规范,业务流程存在投机现象。另一方面,合同条款也很不完善,出现问题后往往互相推诿责任,导致运营风险的出现。

(2) 商业银行和其他机构之间的合作仍需深化。商业银行在供应链金融中发挥着核心的作用,但在业务往来中,与供应链中其他主体的协调水平依旧比较低下,没有能够真正做到业务一体化。目前有很多商业银行虽然与第三方担保公司合作,但在业务操作过程中存在较大分歧,容易产生摩擦,导致中小企业的质押物得不到相应的保管和监控。

(3) 业务服务水平还需提高。供应链金融的整体业务服务水平还比较低,商业银行有时不能够满足供应链成员企业的需求,提供一揽子解决方案,对其支持力度也比较有限,没有有效集成物流、信息流、资金流,缺乏系统化的供应链金融产品设计。

(4)信息化管理有待加强。在供应链金融中,金融机构和企业经营者之间存在信息不对称。这就导致业务的运行产生时滞,反应迟钝,银行不能完全掌握供应链成员企业的经营信息,因此不能很好地把握风险,其中主要原因是中小企业信息化系统建设比较落后。而作为资金供给方的商业银行在这方面也存在一定的问题,表现在系统管理上缺乏成熟经验,效率低下。与物流企业的协调达不到高水准,因此物流企业不能有效为供应链提供信息。缺乏跨地区、跨行业的信息共享机制,使得供应链运行中有关数据的收集与管理不能满足相关业务的需要。

(5)业务范围有待拓展。上海供应链金融服务行业集中在计算机通信、化工、煤炭、钢铁、医药、有色金属、农副产品及家具制造业等,相关业务的伸展范围有限,而且没有良好的内部激励制度来提高商业银行对供应链金融的关注度,没有充分推广供应链金融这一能实现多方共赢的业务。

(6)风险控制水平还需提高。国内银行还没有形成一个独立的企业风险控制体系,没有建立专门的债务评级、运营平台、审批通道,所以存在一些制度上的缺失。根据相关理论,供应链金融的风险主要存在于市场、操作方等。我国供应链金融发展过程中,相关的商业银行、中小企业及第三方担保公司对这些风险缺乏有效识别。即使识别了经营中存在的风险,但每种风险来源不能有效分析,找不出造成风险的原因,也就不能为下一步的风险管理工作打好基础。此外,我国商业银行在风险的度量上缺乏经验,还没有摸索出成熟的方法,目前大多凭借经验确定相关利率等重要指标,对风险所造成的损失不能有效控制。

2. 发展政策举措

(1)建立有效的制度支持平台,重点是标准制定。供应链金融涉及多个主体,金融机构、核心企业、上下游中小企业、物流公司、第三方担保公司等相互配合,才能完成完整的供应链金融服务流程。然而正是由于涉及的主体过多,过程烦冗,各主体间存在信息不对称、规定标准不统一等问题,系统之间的信息传递效率低下。因此,上海市政府应协同代表性金融机构、产业联盟,建立供应链金融行业标准规范,制定相对统一、快捷的业务操作流程。必要时订立各方契约,使供应链金融的运作有据可依,明确各方责任。同时,以税收优惠等措施鼓励商业银行开展供应链金融服务,解决我国众多中小企业的融资难题。督促商业银行建立债项评级制度,有效分析中小企业的经营过程以做出信贷决策,减少信用风险发生;建立科学的定价制度,对担保抵押物做出科学合理的定价,减少矛盾,实现多方共赢。

(2)加强商业银行与物流企业的合作关系。在动产质押融资中,物流企业一方面可以帮助商业银行监管下游中小企业(分销商)的动产,确保银行对货权的控制,通过这一方式物流企业实现与银行的协同,以及对下游企业的监控,同时也加强了银行在货物经营权上的地位。另一方面在应收账款融资模式中,物流公司可以给商业银行提供担保,减少应收账款坏账风险。同时,物流企业也能拓展业务范围,挖掘运输服务之外的重要增长点。因此,上海市政府应鼓励商业银行与具备一定规模、客户关系网络健全的物流供应链企业合作,成立相应产业联盟,分散风险的同时实现互利共赢。

(3)建立行业间的信息平台。目前国内制造业信息化程度不高,企业、行业间信息流动不畅,形成一个个信息孤岛。信息壁垒加剧了供应链金融主体间的信息不对称,是风险的主要来源。政府应加大对信息交流传递的硬件投入,完善公共数据信息平台。进一步推广中征动产融资统一登记公示系统在供应链金融领域的运用。鼓励企业上云,将商流、物流、信息流、资金流汇总在一个公立的第三方平台上,商业银行、融资企业、担保公司等根据具体业务需要从中获取即时信息,减少信息不对称的同时保护各主体的商业机密。

(4)加强供应链金融与科技结合。制定支持政策,培育一批具备竞争力的示范性企业,鼓励建立线上供应链金融服务平台,实现"互联网+供应链金融"的深度融合。简化流程、提高效率,创新针对性更强的供应链金融产品,提升中小企业融资体验。同时,将物联网、区块链等新技术嵌入交易环节,运用移动感知视频、电子围栏等技术,对物流及库存商品实施远程监测,提升智能风控水平。最终发挥上海作为金融中心的示范与辐射作用,为全国中小企业提供高效便捷的供应链金融服务。

(5)提高风险控制的技术水平。应依据风险管理流程依次进行风险识别、度量、评估、控制,建立风险防范机制,提高风险控制技术水平:第一,融资业务指引中规定自偿性贸易融资授信评级在BBB级以下客户的授信申请一律拒绝。第二,引入第三方,分散风险。譬如引入物流监管公司作为局部的风险承接主体。第三,银行应从数据经验库的构建着手,建立质押商品信息收集系统,分阶段推进风险定价机制的建立,掌握企业的销售状况,对于上下游企业的信用风险也需要根据实际贸易背景实时追踪。

(三)研发服务业

研发服务业是指以自然、工程、社会及人文科学等专门性知识或技能,提供研究发展服务的产业。若以活动性质来看研发服务业的内涵,则可分为:一是提供研发策略的规划服务,包括市场分析研究、技术预测、风险评估、技术发展规划、智慧财产布局与研发成果产出策略规划等。二是提供专门技术的服务,包括专业领域技术及软硬件研发服务、实验模拟检测服务及量产服务等。三是提供研发成果运用的规划服务,包括研发成果投资评估、创新创业育成、研发成果组合与营销、研发成果评价、研发成果转移与授权、研发成果保护与侵权鉴定、研发成果获利模式规划等。

发达国家研发服务产业起步较早且已较为成熟。美国20世纪80年代在遭遇日本、德国的严峻挑战后,面临"转方式、调结构"的发展难题,其应对措施就是大力发展研发服务业,把大学和国家实验室转化成面向市场的研发服务主体。美国1980年颁布《拜杜法案》,通过授予研究单位享有国家财政支持的科研项目所形成的研发成果自主经营权,将科研机构尤其是研究型大学和国家实验室,转变成面向市场的研发服务主体。这些研发服务主体和制造业、风险投资业结合,形成了以美国硅谷为代表的高科技产业。《拜杜法案》使私人部门享有联邦资助科研成果的专利权成为可能,从而产生了促进科研成果转化的强大动力。该法案的成功之处在于:通过合理的制度安排,为政府、科研机构、产业界三方合作,共同致力于政府资助研发成果的商业运用提供了有效的制度激励,由此加快了技术创新成果产业化的步伐,使得美国在全球竞争中能够保持其技术优势,促进经济繁荣。

1. 发展现状判断

上海在研发服务业发展上走在全国前列。"十三五"期间,上海加快建设具有全球影响力的科技创新中心,积极推进研发服务业发展。2018年,上海全社会研发投入占 GDP 比例达 4%,比 5 年前提升 0.35 个百分点。每万人口发明专利拥有量达到 47.5 件,比 5 年前翻了一倍。综合科技进步水平指数始终处在全国前两位,科技对经济发展的贡献稳步提高。

科研实力方面,《2019 国际科技创新数据洞见——全球热点城市比较研究报告》显示,在全球 20 个热点城市中,上海科研既有亮点也有不足。从论文产出体量来看,过去五年上海的论文发文总量、活跃科研人员人均发文量、论文总被引量以及科研发文被浏览下载总次数等,均排入 20 个城市的前五名。由论文发表数量看学科相对比较优势,上海在材料科学、化学及工程类学均具有明显优势,在医学学科相对竞争力较弱。从论文产出的质量来看,上海虽然与旧金山、波士顿、阿姆斯特丹等城市存在一定差距,但高于世界平均水平且在不断增长。在 TOP 1% 高被引论文和 TOP 1% 高被引 CAGR 指标中,上海均位于前五。同时,上海在 CNS 上的发文总量虽处于 20 个城市的中间位置,但 CNS 发文量的增长率位居 20 个城市第一,高达 34.4%。

从科研人员来看,2014—2018 年,上海活跃科研人员数量的增长率较高,且科研人员的产出效率较高。得益于较为稳定的科研环境,上海吸引人才优势明显,有超过 20% 的"本土固定研究人员"愿意长期在上海从事研究工作。目前,上海的科研人员主要分布在高校,在人工智能、生命科学和集成电路三个重点领域的科研产出影响力较强。

从 R&D 投入量看,上海的研发投入强度和投入增长率高;从研发经费投入产出率来看,上海在顶尖科学研究上拥有优势。同等投入下,上海的 CNS 顶尖学术成果产出率最高。不过,上海的技术创新活跃度不如深圳,而高质量技术创新的产出率与北京存在差距。整体来看,上海企业的研发投入在 20 个热点城市中处于后位,未来仍需大幅增加在自主研发投入方面的支出。

在制度供给方面,国务院 2016 年授权上海先行先试的 10 项改革举措已基本落地。为推进科技体制地方配套改革,上海 5 年来发布超过 70 个地方配套政策,涉及 170 多项改革举措。例如《上海市新一轮服务业扩大开放若干措施》指出,要提升对全球创新资源的集聚能力,助力科技创新中心建设。对研发企业的物资材料进口需求,探索建立便捷通关常态工作机制;加大对跨国公司转让至境内的知识产权的保护力度等。

2019年2月,上海发布《关于进一步深化科技体制机制改革 增强科技创新中心策源能力的意见》(简称上海科改"25条"),主要从3个方面对研发服务业的发展提出政策要求。

(1)打通科技创新和经济社会发展之间的通道。一方面,深化科技体制改革,进一步增强创新供给。简政放权,建立匹配新型研发机构的体制机制。培育高水平科研机构,加强基础研究、战略性研究投入。另一方面,推动经济体制改革与科技创新的协同。大力发展科技创新服务业,加强高校、科研院所技术转移专业服务机构建设,促进技术成果转移转化。

(2)处理好政府和市场的关系。赋予新型研发机构充分自主权,以市场为导向创新运行管理机制。加快转变政府职能,把工作重心转到抓好战略规划、重大攻关、政策标准制定、评价评估、体制改革、法治保障等方面,着力抓好营造环境、引导方向、提供服务等基础性公共性工作。明确在支持国有企业创新发展的同时,大力培育发展民营科技企业。

(3)充分激发和调动"人"的创造活力和动力。实施知识价值导向的收入分配机制,让真正有作为、有贡献的科研人员"名利双收"。进一步优化人才结构,支持各类创新主体,不得设立歧视性指标与门槛。完善人才评价激励制度,树立正确的人才使用导向,推行代表性成果评价制度;注重个人与团队评价相结合,尊重认可团队成员的实际贡献。在各类评审评价中,清理"唯论文、唯职称、唯学历、唯奖项"问题。

2019年7月,为贯彻落实上海科改"25条",市政府紧接着发布了《关于促进新型研发机构创新发展的若干规定(试行)》(沪科规〔2019〕3号)(下称《规定》),对新型研发机构做出界定,同时提出支持政策。从功能来看,新型研发机构一般应具有以下功能之一:开展基础与应用研究;开展产业共性技术研发与服务;开展科技成果转化与科技企业孵化服务。从运行体制机制来看,新型研发机构为有别于传统体制内科研事业单位,具备灵活开放的体制机制,运行机制高效、管理制度健全、用人机制灵活的独立法人机构,包括科技类社会组织、研发服务类企业、实行新型运行机制的科研事业单位等。同时,《规定》指出支持新型研发机构发展的具体举措,包括给予研发服务类企业所得税优惠、研发后补助；以创新券的形式鼓励企业购买研发服务；对战略性新型研发机构按一所（院）一策原则予以支持；对于科研事业单位，实行新型体制机制，不定行政级别，不固定编制数量，不受岗位设置和工资总额限制，实行综合预算管理。给予研究机构长期稳定支持，赋予研究机构自主权等。

但是与美国相比，我国的研发服务业相对落后，尤其体现在科研成果转移转化的制度安排上。上海虽已颁布一系列政策来引导、支持本市研发服务业的发展，但并未涉及最为关键的研发成果的产权问题，没有理顺研发的激励机制。美国1980年的《拜杜法案》，以立法形式再次确认了高校对政府资助研究成果的经营权，从而为政府、科研机构、产业界三方合作，共同致力于政府资助研发成果的商业运用提供了有效的制度激励。之后，美国持续颁布并适时修订一系列促进技术转移的法律和计划，如《史蒂文森-怀德勒法案》《联邦技术转移法案》《技术转移商业化法案》《小企业技术创新计划（SBIR）》《小企业技术转移计划（STTR）》《有效实施合作研究与发展协议（CRADA）》等，促进产业友好的技术转移持续展开。科技成果的加速转化无疑是美国科技产业迅猛发展的重要原因之一。

而目前上海市的相关政策文件中，并未具体讨论科研成果的产权问题。虽然从薪酬、经费方面减少了对科研人员的限制（比如科改"25条"中的科研经费包干制），提升了科研人员以知识价值为基础的薪资空间，但更加直接的激励是研究成果转化带来的经济效益。高校教师承接政府、学校资助的科研项目，却完全没有对研发成果的所有权，能得到的奖励仅限于科研经费部分。如果私自对研发成果进行产业转化，还会受到法律严惩。在这种情况下，高校教师和科研人员往往很难有参与面向市场的应用型研发的热情，已有成果也不能得到商业应用。

同时，由于目前对不同体制的从业人员实行相对较为严格疏离的管理模式，人才的身份很难实现自由有序转换。比如高校教授很难兼职到企业从事研发工作。这阻碍了人才在产学研之间的良性流动，影响科技成果顺畅转化。最后是创新资源配置市场化程度不高，对知识产权保护的力度不够，缺乏知识产权和研发成果交易与转让平台。

2. 发展政策举措

(1) 深化科研成果产权制度改革,形成世界一流的技术成果转移转化和创新创业机制环境。探索形成充分肯定科研人员个人努力,兼顾国家和机构利益的科技产权制度,形成激励发明、均衡利益、便捷交易、促进发展的优良局面。可以借鉴美国斯坦福大学的研发成果产权政策,高校、政府、发明人各占1/3所有权,成果转化带来的经济收益在各方主体间分摊。虽然科研工作者利用学校、政府资源进行研发工作,但校方、政府也享受到了相应成果带来的经济效益。更重要的是,研发个人(团队)能够直接享有一部分成果转化的经济利益,这比科研薪酬更具吸引力,更能激发科研人员的工作积极性。通过这种方式,斯坦福大学成为众多世界著名科技公司的股东,比如思科、谷歌等。在明确研发成果产权的基础上,发展多层次的技术产权交易市场体系,支持技术交易机构探索基于互联网的在线技术交易模式,推动技术交易市场做大做强。充分发挥技术进出口交易会、高新技术成果交易会等展会在推动技术转移中的作用。推动企业、科研机构、政府建立良性互动循环。

(2) 深化现代科研院所制度改革,打造世界一流的战略科技力量体系。本着价值观引领、章程化管理、中长期规划、机构式资助、自主型运营、第三方评估的原则,为本市科研机构确立清晰定位,给予独立、完整的法人资格,为科创研发活动开辟新空间。引导高校院所形成市场导向的科研体系,将原创性科研活动与经济社会发展紧密关联。支持高校院所建立以"成果形成—发明公开—专利获取—交易撮合—技术许可或转让"为核心链条的完善的技术转移体系。支持行业组织建立科学规范的服务标准和服务质量,促进第三方服务提供商的发展,繁荣技术市场,促进"互联网+""智能+"技术交易的发展。加快建设使命导向的战略科技力量体系,在上海打造世界一流国家实验室和科研机构,将国家战略意志落实到具体行动中。加强科技资源开放服务,建立健全高校、科研院所的科研设施和仪器设备开放运行机制,引导国家重点实验室、国家工程实验室、国家工程(技术)研究中心、大型科学仪器中心、分析测试中心等向社会开放服务。

(3) 深化商事制度等相关经济体制配套改革,培育行业顶尖创新型研发服务企业。逐步减少"贴标签""发点球"的选择性产业政策,探索应用功能性产业政策。以科技创新需求为导向,大力发展知识产权代理、法律、信息、咨询、培训等服务，提升知识产权分析评议、运营实施、评估交易、保护维权、投融资等服务水平，构建全链条的知识产权服务体系；支持成立知识产权服务联盟，开发高端检索分析工具；支持相关科技服务机构面向重点产业领域，建立知识产权信息服务平台，提升产业创新服务能力；推动知识产权基础信息资源免费或低成本向社会开放，基本检索工具免费供社会公众使用。

(4)深化产学研用协作机制改革，促进开放协同创新。引导自由探索与问题导向研究相结合，鼓励和支持大企业协同高校、院所、中小企业和服务组织等实施应用交付导向的协同创新。破除地方保护主义，以统一大市场来落实和优化首台(套)、首批次创新采购政策。着眼于安全和发展双重目标，不断提升军民融合，加大关键核心技术攻关的支撑力度。加快培育、广泛发掘和放手使用组织型人才，在重大攻关任务中探索"项目官员"制度，提升科研管理效能。促进文化与科技、自然科学与人文社科等交叉融合，形成多学科互动共进的协同发展局面。

(5)深化科技投融资体制改革，形成具有全球影响力的科技金融体系。加强对基础研究的投入力度，应用税收抵免或减免、放宽准入等普惠性政策，激励企业和社会资本投入基础研究或开展基础研究活动。优化财政科技投入机制。赋予科技创新人才及其团队充足的技术路线决策权、经费支配权和资源调动权，给予科技创新人才及其团队"十年磨剑"的"耐心资本"和宽松氛围，让财政经费真正为科研人员的创造性活动服务。在投贷联动、知识产权质押、股权众筹以及资本市场等方面，加大探索力度，逐步形成支持科技创新的金融创新机制。稳步推进金融科技与科技金融的联动发展，将区块链等前沿技术在科技金融领域率先应用。加大研发服务市场对外开放力度，瞄准世界级科创资本市场，逐步吸引全球科技创新创业企业来上海融资和发展，将上海打造成世界级的创新资源配置枢纽。

(6)深化研发功能与空间布局体系改革，促进区域以创新驱动实现高质量发展。将科创研发作为区域发展战略部署的重要内容，推动跨越行政边界的协同创新，推动长三角加快形成具有全球影响力的科技创新城市群。深化全面创新改革试验工作，持续推进创新型省份、创新型城市、创新型城区的发展，打造区域创新增长极、科创走廊和环带。引导张江、临港不断提升发展质量，成为未来产业的策源地、政策创新的试验田、全球竞合的参与者。

(7) 深化科技评价与奖励制度改革，形成一流的聚才用才环境。推进人才评价的科学化、专业化、社会化，坚持"谁使用谁评价""谁引进谁负责"的原则，采用代表作制，施行长周期考核。坚持"信任为前提、诚信为底线"，减少对科研课题的不必要检查，确保科研人员有充足的精力和时间用于科研活动。建立科研诚信名单，对失信行为采取"零容忍"态度，涵养形成优良的学风和科研作风。优化同行评议机制，给予科研人员尤其是青年科研人员科学合理的竞争性申请机制；针对非共识项目和具有颠覆性前景的研究选题，探索完善非程序化评议审批机制。改革科技奖励制度，从申报制逐步转向推荐制，引导社会机构规范有序地承接和组织科技评奖活动。合理减少政府人才计划，采用后补助、揭榜挂帅等形式，支持企业、高校院所、新型研发组织等面向全球，自主合规地引进人才。大力弘扬企业家精神，形成一支国际化创新型企业家和产业创新领军人才队伍，培育未来创新领袖。

(8) 深化科创研发管理体制改革，加快科研治理体系和能力现代化进程。持续增强创新自信，着眼于人类命运共同体的未来，积极扩大科技对外开放，充分利用多边合作机制和多种合作渠道，积极利用国际创新资源，精准选择合作领域，深化研发责任共担、创新利益分享的伙伴关系。促进信息开放共享，给予科研人才充足的国内外交流便利，努力成为世界级的创新信息交汇之地。推动"负责任研发与创新"理念的践行，在重要科技创新相关议题上科学发声，积极参与全球科技创新治理。推广包容性创新政策，强化新技术、新产品、新模式的示范应用，鼓励和发展面向创新产品的展示展览、互动体验、会谈洽商、交易撮合、商务法律等服务，努力成为世界范围内未来技术应用、未来产品发布、未来服务体验的密集地，推动我国成为未来产业国际规制的重要发祥地之一。加强科普工作，浓郁创新文化氛围，持续提高公众科学素养和创新风险友好意识，使全社会形成尊崇创业、鼓励创新、宽容失败、愿意尝新的新风尚。

第二十三章 "十四五"期间上海产业发展的功能性政策要点

本篇第二十章、二十一章、二十二章分别聚焦新基础产业、先进制造业重点领域、高端生产性服务业,详细阐述了各自的产业发展现状与"十四五"对策举措,实属产业发展的选择性政策要点,本章论述"十四五"期间上海应该设计的更具一般性的产业发展功能性政策与对策举措,它适用于"十四五"期间上海经济发展与所有产业的转型升级与创新发展。

一、营造良好的产业和民营经济发展市场环境的政策要点

(一)放宽准入领域,实行公平、公正、公开的市场准入制度

由于体制、政策原因,上海不少产业领域准入门槛高、管制过多、市场化程度低,需要进一步打破国有垄断,放宽民营企业准入,建立公开、公平、公正的行业准入制度。

应加快对具有垄断性质行业的改革步伐,尽可能消除所有制歧视,鼓励民营资本进入,执行"负面清单制度",凡是国家法律法规没有明令禁止的领域,全部向民营资本开放。新办民营企业,注册资本按法定最低注册标准执行。除国家法律、行政法规有明确规定外,任何部门和单位一律不得设置民营企业登记的前置条件。除国家法律法规限制经营的行业、项目外,民营企业可根据自身实际情况自主调整经营范围和方式,工商部门依法予以核准登记。

（二）制定和落实财政扶持政策

加大财政支持产业发展的增长力度，确保发展专项资金和引导资金的规模。设立先进制造业和高端生产性服务业发展引导基金，市政府每年安排一定专项资金，通过贷款贴息、项目补助、政府奖励等方式，支持重点领域和重大项目建设，如战略性研发项目资金补贴，提高"法律援助基金"额度等。

加大对先进制造业和高端生产性服务业企业的信贷支持力度。将先进制造业和高端生产性服务业列为政府引导资金支持的重点，以银行贷款贴息或投资补助的方式，吸引银行信贷资金和民间资本投向这些领域，引导金融机构逐步增加贷款规模，加大对企业的授信额度。

（三）制定公平的用地政策

制定公平的用地政策，降低用地成本，实现用地价格并轨。在编制和实施土地供应计划时，要合理安排供地结构，适当增加先进制造业和高端生产性服务业用地比例。明确支持重点行业、区域和项目，如信息服务业、科技服务业、商务服务业、现代物流与供应链金融等，通过专项资金和引导资金，按照定比补贴等方式，对相关企业优先给予用地保障和定价补贴，并对部分重点扶持行业的房屋契税进行适当减免，以缓解企业运行初期投入成本。

根据行业特点，加强统筹规划，优化布局，整合土地资源，拓展集聚区的利用率。一是以金融业、商务服务、总部经济等为重点的高端生产性服务业集聚区，即中央商务区，这类集聚区宜布局在城市中心区；二是与某类制造业产业链配套的生产性服务业集聚区，如与IT产业相配套的软件产业园，与集成电路产业链配套的芯片设计产业园等，这类集聚区宜布局在相关制造业集聚区附近；三是以物流园区为重点同时兼顾多种生产性服务功能的服务业集聚区，如临港自贸区；四是科创服务业孵化园区，主要为高科技成果产业化服务的生产性服务集聚区，如张江科技园。根据不同高端生产性服务业集聚的特点，对产业园区实行差别化的政策，通过产业链招商，加强基础设施建设，提升园区服务功能，进一步引导高端生产性服务业企业、人才、资金等资源向集聚区聚集。

(四)加强知识产权保护,形成鼓励创新的制度环境

知识与智力是新经济时代最重要的投入,也是最主要的附加值源泉。加强知识产权保护,为创新提供制度保障是发展新经济的客观要求。上海市除了要严格执行国家有关知识产权保护的法律法规和政策之外,还可通过地方立法为知识产权保护提供更为完善的法律框架。

加大对知识产权法庭的财政投入,增加对知识产权专业人员的技能培训,提高企业高层管理人员的知识产权保护意识。运用财政支持,加强对中小企业的知识保护法律援助,降低维权成本。同时,上海通过知识产权全价值链(知识产权的创造、申请、索引、鉴定、管理、实施、转化、交易、融资、仲裁)的高效便捷保护机制,做大科技、商务、文创等领域的知识产权交易市场,推动知识转化为专利,专利转化为股份,股份转化为收益,以打通专利产品化、产业化的渠道,充分释放知识和创新成果的积极作用。在上海率先转变经济发展方式的过程中,有效的知识产权保护将是上海新经济发展的重要前提。

二、进一步扩大开放,培育上海产业国际竞争优势的政策要点

(一)提高对外开放水平

提高对外开放水平,制定更加开放的经济政策,重点鼓励引进国外现代化理念、先进管理经验、技术手段和现代市场运作方式。这既可以为上海市制造业的发展提供有力支持,也有利于提高上海市生产性服务业的整体水平。

加快完善产业领域的法律规范,健全统一规范的市场准入制度,适当放宽政策准入条件,加大战略引资力度,鼓励引进国内外知名企业和跨国公司来沪设立地区总部、服务中心、研发中心等,经认定后实行审批、办证全程代办绿色通道制度。按照上海自由贸易区的整体要求,打造深入融合经济全球化的重要载体。大力发展新型国际贸易、跨境金融服务、前沿科技研发、高端国际航运等,着力保障"五个自由",提高对外开放水平。

1. 投资自由。借鉴国际上自由贸易区的通行做法,实施外商投资安全审查

制度,在电信、保险、证券、科研和技术服务等重点领域加大对外开放力度,放宽注册资本、投资方式等限制,促进各类市场主体公平竞争。实行商事主体登记确认制,尊重市场主体民事权利,对申请人提交的文件实行形式审查。深入实施"证照分离"改革。加强国际商事纠纷审判组织建设,允许境外知名仲裁及争议解决机构登记并报备案,设立业务机构,就国际商事、海事、投资等领域发生的民商事争议开展仲裁业务,依法支持和保障中外当事人在仲裁前和仲裁中的财产保全、证据保全、行为保全等临时措施的申请和执行。

2. 贸易自由。在全面实施综合保税区政策的基础上,取消不必要的贸易监管、许可和程序要求,实施更高水平的贸易自由化便利化政策和制度。对境外货物,探索实施以安全监管为主、体现更高水平贸易自由化便利化的监管模式,提高口岸监管服务效率,增强国际枢纽功能。根据企业的业务特点,积极探索相适应的海关监管制度。推进服务贸易自由化,加快文化服务、技术产品、信息通信、医疗健康等资本技术密集型服务贸易发展,创新跨境电商服务模式,鼓励跨境电商企业在新片区内建立国际配送平台。

3. 资金自由。在风险可控的前提下,按照法律法规规定,借鉴国际通行的金融监管规则,进一步简化企业跨境人民币业务办理流程,推动跨境金融服务便利化。开展自由贸易账户本外币一体化功能,试点资本自由流入流出和自由兑换。支持企业参照国际通行规则依法合规开展跨境金融活动,支持金融机构在依法合规、风险可控、商业可持续的前提下为企业和非居民提供跨境发债、跨境投资并购和跨境资金集中运营等跨境金融服务。企业从境外募集的资金、金融机构从境外募集的资金及其提供跨境服务取得的收入,可自主用于经营投资活动。支持金融机构开展跨境证券投资、跨境保险资产管理等业务。先行先试金融业对外开放措施,积极落实放宽金融机构外资持股比例、拓宽外资金融机构业务经营范围等措施,支持符合条件的境外投资者依法设立各类金融机构,保障中外资金融机构依法平等经营。经国家金融管理部门授权,运用科技手段提升金融服务水平和监管能力,建立统一高效的金融管理体制机制,切实防范金融风险。

4. 运输自由。提升拓展全球枢纽港功能,在沿海捎带、国际船舶登记、国际航权开放等方面加强探索,提高对国际航线、货物资源的集聚和配置能力。逐步放开船舶法定检验。在确保有效监管、风险可控前提下,对境内制造船舶在"中国洋山港"登记从事国际运输的,视同出口,给予出口退税。完善启运港退税相关政策,优化监管流程,允许外籍国际航行船舶开展以洋山港为国际中转港的外贸集装箱沿海捎带业务。推动浦东国际机场与"一带一路"沿线国家和地区扩大包括第五航权在内的航权安排,吸引相关国家和地区航空公司开辟经停航线。支持浦东国际机场探索航空中转集拼业务。以洋山深水港、浦东国际机场与芦潮港铁路集装箱中心站为载体,推动海运、空运、铁路运输信息共享,提高多式联运的运行效率。

5. 人员自由。放宽高端人才从业限制,在人员出入境、外籍人才永久居留等方面实施更加开放便利的政策措施。建立外国人工作许可制度和人才签证制度。允许具有境外职业资格的金融、建筑、规划、设计等领域符合条件的专业人才提供服务,其在境外的从业经历可视同国内从业经历。除涉及国家主权、安全外,允许境外人士申请参加我国相关职业资格考试。为从事商务、交流、访问等经贸活动的外国人提供更加便利的签证和停居留政策措施。制定和完善海外人才引进政策和管理办法,给予科研创新领军人才及团队等海外高层次人才办理工作许可、永久或长期居留手续"绿色通道"。实施外籍人员配额管理制度,为急需的外国人才提供更加便利的服务。

(二)引资和引智相结合,大力引进先进技术、先进管理和海外智力

上海市必须建成亚洲的人才资源高地,成为全国人才集聚的中心,才能为先进制造业和高端生产性服务业发展提供足够的专业人力资源支持。在实践中应该为人才才智的发挥提供长效机制保障,不断完善人才引进配套政策,吸引人才集聚。要牢固树立"人才是第一资源"的观念,加大培育与引进人才的支持力度。

为吸引人才来沪工作,必须简化办理外地人员居留许可的手续及认定,对长期在沪工作的办理永久居留证,简化办理就业许可证、就业证、居住证,可给予绿色通道,并应对企业的高级管理人员和高级技术人才缴纳的个人所得税进行减免,或由同级财政部门按其缴纳的个人所得税地方分享部分的一定比例给予奖励。引进高层次服务业人才时,支付的一次性住房补贴、安家费、科研启动

经费等费用,应当在计算企业所得税时予以减免。

需要为在沪工作的海外高级管理人员,提供健全的福利保障体系。企业可以按比例为海外高级人才缴纳"四金",政府提供相应的福利保障。由于海外高级管理人才的流动性较大,结合实际,在海外引进人才离开国内工作岗位后,可以按其缴纳的数额,进行一次性补偿。注意海外人才的子女就学问题,注意国际学校等社会配套的完善。相关专业留学人员回国,出国前的工龄可不间断合并计算,对国外的学历、学位予以承认,根据实际能力申报专业技术职称。

(三)引才和育才相结合,完善激励机制和用人体系

改变目前高端人才短缺的现状,必须从高等教育专业调整入手,加快设置发展急需的紧缺专业。大力培养复合型、国际型的服务业人才。鼓励高等院校改革人才培养模式,可与企业进行联合人才培养,根据企业"订单",合理调整专业及课程设置,联合企业培养适应社会需求的高端生产性服务人才。积极开展职业培训,建立服务业人才实训基地,培养高级技能人才和职业经理人。实施政府购买培训成果机制,每年提供若干职业培训项目和专业资质认证项目。由高校及科研院所帮助企业改善工作环境、更新员工技能,提供全方位的技术和管理课程,鼓励企业提高研发设计和品牌管理能力。

同时,制定和实施新的人才政策,用好现有服务业人力资源。允许技术入股,改革收入分配制度,吸引国内外更多的高端人才来上海投资创业。建立人才激励机制,积极引进优秀人才,引进、培养、留住高素质、高技能和创业型人才,加快建立多层次人才培训体系、科学的人力资源开发利用体系、专业人员能力开发和客观评价体系。加大人才引进力度,采取措施吸引急需的专业人才;加大人才开发的力度,培养一批高素质的专业人才;积极发展职业培训,提高在职人员的业务水平,选派一定数量的优秀人才纳入每年的高层次人才出国培训资助计划。设立人才相关奖项,并予以奖励,发展行业高素质人才。

在长三角乃至全国范围内,鼓励高端人才流动,对于包括"四金"缴纳在内的人才福利进行联网,给予统一的保障系统,在区域内可自由缴纳,降低流动成本,工龄统一计算。对于非本地户籍人员在当地工作,简化办理暂住证、工作证手续,建设人才公寓,解决住房问题,子女可就近就读当地学校。支持产业公寓

建设。允许大企业或开发区在产业基地、市级以上开发区和老工业区,在规划配套范围内,建设非产权产业公寓,并提供必要的生活配套设施,以相对低廉的出租价格或其他合理方式供企业解决新就业人员或引进人才住房问题。建立一批中高档公寓,以优惠价格出租给引进人才周转使用。

解决户口问题。对本市急需、具有行业特殊技能、经市人事局组织有关部门或行业协会共同认定的国内外高端人才,放宽其家属和团队入沪户籍指标限制。改革居住证制度,简化办理手续,对于纳税记录优良的企业和个人实行登记制,同时将居住证与"四金"缴纳、签证等挂钩,以提高居住证的含金量,在郊区同一企业工作满一定年限,解决户口进沪问题,鼓励新增就业人口向郊区转移。在所得税问题上,控制纳税比例,给予税收优惠政策,允许企业提供购房租房补贴,建立单位补充住房公积金及养老保险制度等。

(四)推进长三角区域一体化,扩大上海生产性服务业的辐射半径

加强长三角区域、长江流域的区域一体化合作,消除跨省域的行政壁垒,与长三角周边省市进行区域联动及合作;探索产业跨区共享的发展模式,引导其在更大范围内实现资源整合和优化配置。促进区域一体化发展,支持上海生产性服务业服务长三角、服务全国。加强各地区政府之间的联动,强化合作机制,通过签订合作协议,建立行业规范及相关标准,消除行业壁垒。淡化地域观念,消除地方保护机制,扩大市场范围,实现区域的差异化定位和专业化分工。改善统计指标管理,鼓励企业"走出去",实现跨地区经营。对于其他地区在沪设立分支机构及办事处的企业,给予本地企业同等的政策支持,实行无差别待遇。

依托"五个中心"的建设,开辟生产性服务业的发展空间。上海拥有口岸贸易中心的地理优势,从功能定位出发,进行合理的空间布局。打造虹桥综合枢纽长三角总部经济集聚区,依托虹桥综合交通枢纽,吸引更多国内外生产性服务业企业入驻,建设国际学校、涉外住宅、涉外酒店、展览展示设施、商务办公楼,营造更好的交通环境、生态环境、数字信息环境,提供为上海和长三角服务的航空物流、国际采购展览、涉外宾馆、国际教育文化、涉外居住以及相关的信息服务、专业服务、总部经济等经济形态,使该地区成为上海城市未来发展的现代服务业新兴集聚区和上海城市发展的"次中心"。依托洋山港、高速公路和城际高铁,使虹桥综合枢纽集聚区成为长三角的商务服务平台和总部经济集聚地,成为上海服务长三角、服务长江流域、服务全国的重要交通、服务枢纽。依托浦东机场和洋山港,打造浦东空港临空服务业核心区,以完善的基础设施和便捷的交通为纽带,形成多功能服务业集聚区域,引导发展生产性服务业。

着力建设自由贸易区,加强与长三角协同发展。支持境内外投资者在新片区设立联合创新专项资金,就重大科研项目开展合作,允许相关资金在长三角地区自由使用。支持境内投资者在境外发起的私募基金参与新片区创新型科技企业融资,凡符合条件的可在长三角地区投资。支持新片区优势产业向长三角地区拓展形成产业集群。定期总结评估新片区在投资管理、贸易监管、金融开放、人才流动、运输管理、风险管控等方面的制度经验,制定推广清单,明确推广范围和监管要求,按程序报批后有序推广实施。加强新片区与海关特殊监管区域、经济技术开发区联动,放大辐射带动效应。

三、实现生产性服务业和先进制造业互动发展的政策要点

实现生产性服务业和先进制造业的互动发展,需要打破三个循环:一是打破外资生产性服务业与外资制造业的封闭循环,鼓励外资生产性服务业融入本土制造业价值链,促进制造业提高效率、提升产业能级;二是打破本土生产性服务业与本土制造业的封闭循环,鼓励高端生产性服务业融入外资企业的价值链,获得外商投资企业的知识溢出,提升高端生产性服务业的竞争力;三是打破国有企业大而全的一体化格局,鼓励生产性服务业从制造业中分离,实现专业化、规模化发展。

(一)促进本土企业融入全球价值链,获得知识溢出

鼓励外资生产性服务企业与中资生产性服务企业或制造企业成立联合研发中心,鼓励中资企业借力实现产业转型。对中外合资企业在上海开发自主技术,发展自主品牌卓有成效,并形成相当销售额的,制定地方综合性鼓励政策,给予一定奖励。简化中外合资、合作研发项目的审批程序,降低准入门槛。对于新建立中外合资高端生产性服务企业在注册资金要求上可以适当放宽,并在

房屋租金、土地使用费等方面给予扶持。对合作研发项目成为企业自主品牌或专利成果的,应给予奖励并免除部分所得税。

积极推动有条件的本土生产性服务业企业承接信息管理、数据处理、技术研发、工业设计等国际服务外包业务,形成有竞争力的外包产业基地;建立支持生产性服务业企业"走出去"的服务平台,扶持出口导向型服务企业发展,扩大具有比较优势的服务贸易规模。鼓励生产性服务业企业开展国际认证,参加境内外展销活动。利用本地机构对国内市场认知度的优势,与国外企业合作,并可通过人才交流等方式互动,使本地机构能进一步"引进来,走出去"。鼓励本土企业与跨国企业开展业务合作,建议对重大"联盟式"生产性服务业外贸项目,给予外贸专项资金扶持。支持本土企业开展跨国经营,鼓励企业在海外设立分支机构。对在境外提供高端生产性服务而取得境外收入的企业给予一定税收优惠,对中资企业收购外资研发中心、营销渠道、品牌等战略性境外投资项目,给予政策倾斜。

(二)支持二、三产业分离,促进生产性服务业的发展和制造业竞争力提升

生产性服务企业通过向制造业企业提供研究开发、信息技术及网站、财务结算和数据分析、辅助工作等专业化服务,可以大大降低制造业企业的生产经营成本。国际经验表明,商务流程外包可使企业平均节省成本9%。同时,制造业企业竞争力的提高也有赖于把更多的非核心业务外包。将自己不擅长的业务外包给专门的生产性服务企业,有利于集中企业的人力、财力、物力于主业,是增强制造业企业核心能力的有效选择。

按照选择试点、先易后难、逐步推广的原则,多渠道鼓励基本具备生产性服务剥离条件的制造企业先行先试,在调整重组、改革改制中,剥离企业原来的内部服务功能,在税收、统计、土地、行政审批等方面予以重点支持。根据企业的实际能力,将发展已初具规模的服务剥离,给予绿色通道,在市场准入、登记注册、资质认证等方面,简化审批手续,降低相关费用,提高办事效率。分离后的税负如高于原税额,由财政视情况对该企业予以适当扶持补助,鼓励分离后的服务业企业为社会服务。其所购的固定资产符合技术进步要求、产品更新换代较快的,经税务部门审核,可以加速折旧。推动实施制造业企业主辅分离,鼓励

制造业企业加快产业链从生产环节向自主研发、品牌营销等服务环节延伸,推进工业企业剥离组建生产性服务业企业工作。工业企业剥离内部服务功能,组建生产性服务业企业后,经济指标基数同时剥离;在统计上按二、三产业分开核算;考核企业业绩时,按资产关系将新组建的服务业企业营业收入、利润、利税等合并进入母公司统计和考核,并将剥离后产生的利润适当返还,进一步鼓励发展。

(三)鼓励本土生产性服务业做大做强,向高端化方向发展

鼓励有一定竞争优势的本土企业,通过兼并、联合、重组、上市等方式进行资本运作,做大做强。鼓励生产性服务业领域的本土企业不断进行管理创新、服务创新、产品创新,增强企业自主创新能力和专业服务水平。鼓励生产性服务企业争创服务品牌,培育本土生产性服务业龙头企业和高端服务品牌,通过财政补贴、政府奖励等多种方式,培育一批生产性服务业的本土旗舰企业,促进其规模化、品牌化经营,形成一批拥有自主知识产权和知名品牌,具有较强竞争力的大型生产性服务企业集团。

拓宽生产性服务业投融资渠道。鼓励符合条件的高端生产性服务业企业进入境内外资本市场融资,积极拓宽筹资渠道。鼓励生产性服务企业以商标、专利等知识产权为纽带,通过知识产权质押融资,进行跨地区、跨行业兼并和重组。引导和鼓励金融机构对符合国家产业政策的生产性服务企业予以信贷支持。政府财政在生产性服务业逐年适当增加引导资金投入,以重点支持高端生产性服务企业技术创新品牌培育、项目示范以及重大活动等。

(四)建设产业公共服务平台,提高制造业和生产性服务业协同水平

为提高制造业和生产性服务业协同水平,使生产性服务业高效嵌入制造业价值链中,需要满足产品研发服务、科创成果交易、供应链前置管理、网上交易、现代物流应用集成的需求。建立各类产业公共服务平台,支持技术信息、交易信息、物流信息、支付信息、认证信息交换与集成,支持电子商务、现代物流服务及相关业务系统与信息资源的综合集成与业务协同,为电子商务交易、现代物流过程优化及综合服务平台的建立提供支持。

目前，上海市已经建立了一些专业性的行业技术平台，如上海研发公共服务平台、公共数据平台、软件公共技术服务平台、上海动漫公共技术服务平台、药品检测平台等多种专业性、行业性信息和技术平台。这些平台的建设往往依托该行业大型企业或行业协会，通过信息共享、资源共享极大地降低了行业交易、研发等成本。需要继续坚持以产业链龙头企业和行业协会为主体，政府财政扶持为补充，建设和完善产业公共服务平台，并逐步将这些专业性服务平台与信息化网络对接，有些可以考虑转制为经营性企业，提高平台运作效率和产业协同水平。

本篇参考资料

[1]清华大学中国科技政策中心.中国人工智能发展报告2018[R].2018.

[2]美国国际战略研究中心.人工智能与国家安全，AI生态系统的重要性[R].2018年11月.

[3]艾瑞咨询.中国智能产业研究报告[R].2019.

[4]工信部.智能制造发展规划(2016—2020年)[R].2016年12月.

[5]中国信通院.中国大数据发展调查报告(2018年)[R].2018.

[6]传感器技术.《中国制造2025》系列：工业机器人行业[EB/OL].2019-4-2.https://mp.weixin.qq.com/s/AMn0nB3UwPF_070TP_rY-A.

[7]孙英飞,罗爱华.我国工业机器人发展研究[J].科学技术与工程,2012,12(12).

[8]中商产业研究院.2018年芯片上下游产业链及竞争格局分析[EB/OL].2018-8-5.http://www.askci.com/news/chanye/20180805/1113221127785.shtml.

[9]芯思想.2018年全球前十大封测公司是哪几家？[EB/OL].2018-12-17.https://www.eefocus.com/mcu-dsp/425853.

[10]最成都.32家中国高端芯片联盟成员,中国芯片未来的希望[EB/OL].2017-11-24.http://www.chengtu.com/forum.php?mod=viewthread&tid=543740&page=1.

[11]搜狐网.全球7大电动汽车电池制造商[EB/OL].2019-6-5.http://www.sohu.com/a/318791061_478183.

[12]朱琳慧.2018年新能源汽车电机及控制器行业市场竞争现状与发展前景 美、德、日领先全球[EB/OL].2019-1-11.https://www.qianzhan.com/analyst/detail/220/190111-d8ac23aa.html.

[13] 第一电动网.2018年全球新能源汽车销量超201万辆,年度榜单来了![EB/OL]. 2019-2-2. https://www.d1ev.com/news/shuju/86558.

[14] 芮明杰,王子军等.产业发展与结构转型研究(第一卷)[M].上海:上海财经大学出版社.2012.

第六篇

上海数字基础产业发展思路与对策研究(2020年)

我国已经进入数字经济时代,在这个时代数据已经成为主要的生产要素,是驱动经济社会发展的新引擎,但目前与数据相关的标准和监管尚未完善,数据之间的交换和合作机制也不畅通,严重影响了数字资源的配置效率,影响数字经济的发展。其原因众多,但缺乏比较完善的数据采集、传输、处理、应用等制度规范,以及高效统一的数字新基础产业恐怕最为关键。

所谓数字新基础产业即支持未来社会高质量发展、满足人们美好生活需要、支持传统产业转型升级、新型智能产业发展的现代基础产业,其可以划分为"硬、软、联"三个方面:一是以5G基站、数据中心等为代表的所有产业发展的"硬基础";二是以大数据、人工智能、IT软件等为代表的产业发展的"软基础";第三是以工业互联网、智能物联网等为代表的"互联性基础产业"。总的来说,数字基础产业的"基础性"体现在两个方面:一是支撑数字经济、数字智能高端产业发展,使之在国际上具有竞争力;二是对传统产业进行数字化改造实现转型,推动产业体系的转型升级。

  上海虽然在发展数字基础产业方面起步不晚,甚至某些方面已经国内先进,但对比发达国家以及我国"数字中国"战略的要求,特别是上海数字经济与现代产业体系建设的要求来看,发展过程中有如下一些问题值得重视:(1)相关产业均有布局,但缺乏本土领军企业;(2)基础技术研发薄弱,应用发展缺乏优势;(3)发展侧重硬件基础设施,高端软件和互联发展较弱;(4)国企扮演主要角色,民企则扮演从属角色。为此需要认真研究,探寻问题背后的真正原因,调整原来的发展思路,采取跨越式新发展思路与发展策略。

第二十四章　数字经济与数字基础产业：本质、内容与发展

一、数字经济定义

文献中对数字经济认可度较高的一种刻画方法是按其组成划分成三个层次诠释。柏科特等(Bukht et al.,2017)梳理了从"数字经济"(Digital Economy)这个词首次出现(Tapscott,1996)以来，即1996—2017年间，所有英文文献中的定义，并给出了自己的定义：数字经济的产出全部或至少大部分来源于数字技术和基于数字商品或服务发展起来的商业模式。数字经济的第一层叫核心层，包括硬件、软件以及信息和通信技术(ICT)等。第二层叫狭义的数字经济，还包括基于数据、信息网络和数字技术应用的新商业模式，例如数字服务、平台经济，以及共享经济、零工经济等介于平台经济和传统经济之间的模式。第三层是广义的数字经济，涉及传统的制造业、服务业的数字化，属于产业数字化范畴，包含电子商业、"工业4.0"、精准农业等，反映了经济生活的各个层面所参与的数字化转型(见图24.1)。俄罗斯科学院教授梅舍切雅科夫(Meshcheryakov)也有类似的分层定义思想：传统而言，数字经济专指电子商品和服务，典型的例子有远程医疗、远程学习和数字媒介(电影、电视和电子书等)；扩展而言，数字经济是使用数字技术的所有经济活动的总和。[1]

美国商务部经济分析局(BEA,2018)指出数字经济应涵盖：(1)数字基础设

---

[1] 安娜·乌尔曼采娃(Anna Urmantseva).数字经济：专家如何理解这个术语[EB/OL].2017-6-16. https://ria.ru/20170616/1496663946.html

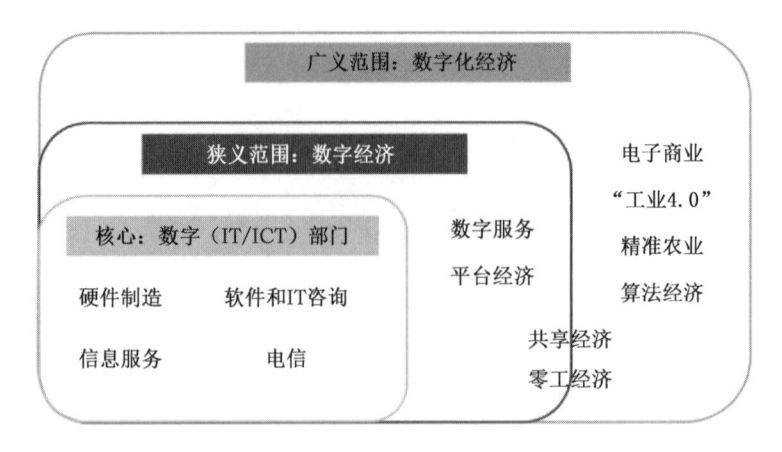

```
┌─────────────────────────────────────────────┐
│          广义范围：数字化经济                │
│  ┌──────────────────────────────┐           │
│  │    狭义范围：数字经济         │  电子商业 │
│  │  ┌────────────────────┐      │ "工业4.0" │
│  │  │ 核心：数字（IT/ICT）│数字服务│ 精准农业 │
│  │  │       部门          │平台经济│ 算法经济 │
│  │  │ 硬件制造  软件和IT咨询│      │           │
│  │  │ 信息服务  电信       │共享经济│          │
│  │  └────────────────────┘零工经济│          │
│  └──────────────────────────────┘           │
└─────────────────────────────────────────────┘
```

资料来源：Bukht,Rumana and Eichard Heeks. Defining,Conceptualizing and Measuring the Digital Economy[R]. Development Informatics Working Paper 2017：68。

图 24.1　数字经济的三重划分

施(Digital-Enabling Infrastructure)，包括计算机硬件、软件、电信设备和服务、建筑物、物联网(IoT)、支持服务；(2)电子商务(E-commerce)，包括 B2B、B2C、P2P；(3)数字媒介(Digital Media)，即用户创造和访问的数字内容，包括直接销售模式、免费模式新媒体和大数据。[①] 这一定义与柏科特等定义的狭义范围完全吻合，只是换了一种说法。

不难发现，前述定义的内涵均受限于技术的发展状况和应用领域——这些定义提出时电子商务、平台经济和新媒体(以 4G 为基础)都还是新生事物。近年来，区块链、人工智能等新技术的爆炸式增长及其快速应用激发了关于数字经济的另一波讨论。张和陈(Zhang and Chen,2019)指出，狭义的定义仅指 ICT 部门，包括电信设施、互联网、IT 服务、硬件和软件等；广义的定义既包括 ICT 部门，也包括与数字技术融合的部分传统产业。2016 年的 G20 峰会使用了这一广义的定义，将数字经济定义为"以使用数字化的知识和信息作为关键生产要素、以现代信息网络作为重要载体、以信息通信技术的有效使用作为效率提

---

① Barefoot,Kevin,et al. Defining and Measuring the Digital Economy[R]. US Department of Commerce Bureau of Economic Analysis,Washington,DC 15 (2018),1—5.

升和经济结构优化的重要推动力的一系列经济活动"。① OECD 国家数字经济指数使用狭义定义,得出中国数字经济占 GDP 的 6%;而中国信息通信研究院(CAICT)在核算时使用广义定义,得出数字经济规模占 GDP 的 30%,和 2008 年相比翻了一番。② 中国信息通信研究院(2020)将数字经济定义为"是以数字化的知识和信息为关键生产要素,以数字技术创新为核心驱动力,以现代信息网络为重要载体,通过数字经济与实体经济深度融合,不断提高传统产业数字化、智能化水平,加速重构经济发展与政府治理模式的新型经济形态"。数字经济广泛应用到其他经济领域中,涉及数字产业化、产业数字化、数字化治理和数据价值化。③ 德勤会计师事务所(2020)指出,数字经济是人、企业、设备、数据和流程之间数十亿次日常网络连接所形成的经济活动。数字经济的核心是超级链接(Hyperconnectivity)——互联网、移动技术和物联网(IoT)等数字基础设施使得人员、组织和机器之间的互连性不断提高。数字经济在形成的同时,也破坏了有关业务结构的传统观念,例如企业间如何互动,以及消费者如何获得服务、信息和商品。④ 乌斯曼(2020)认为数字经济是指基于数字计算技术的经济,包括但不限于通过互联网市场开展业务。⑤ 最新的定义更强调数字经济的平台性和互联性,即柏科特定义中的狭义范围。随着新技术层出不穷,新的定义开始关注到数字技术创新和算法创新在数字经济中发挥的核心作用。

梳理上述定义,可以认为柏科特定义的大体框架仍然是正确的,最近三年国内外对数字经济的定义都能归入其狭义或广义的范围内。然而随着区块链、人工智能和大数据等新技术的蓬勃发展,我们有必要给出一个新的定义,同时兼顾数字产业化(狭义)和产业数字化(广义):以使用数字化的知识和信息作为

---

① 二十国集团数字经济发展与合作倡议[EB/OL]. 2021-8-31. http://www.g20chn.org/hywj/dncgwj/201609/t20160920_3474.html.
② Zhang, Ms Longmei, and Ms Sally Chen. China's Digital Economy: Opportunities and Risks[R]. International Monetary Fund, 2019: 34—37
③ 中国信息通信研究院. 全球数字经济新图景(2020 年)——大变局下的可持续发展新动能[R]. 2020: 13—17.
④ 德勤会计师事务所. 什么是数字经济?[EB/OL]. 2021-5-16. https://www2.deloitte.com/mt/en/pages/technology/articles/mt-what-is-digital-economy.html.
⑤ Usman W. Chohan. Some Precepts of the Digital Economy. Productivity, Innovation & Technology eJournal[J]. Social Science Research Network (SSRN). Accessed 27 January 2020.

关键生产要素、以数字技术（算法）创新作为效率提升和经济结构优化的核心驱动力、以数字网络作为重要载体，通过赋能新兴产业与传统产业并且使之转化为数字产业来提高资源配置效率的一系列经济活动。

首先，数字化的知识和信息成为驱动数字经济发展的关键生产要素。一方面，庞大的数据量及其处理和应用需求催生了大数据概念，数据日益成为重要的战略资产。美国政府认为，大数据是"未来的新石油"、数字经济中的"货币"，是"陆权、海权、空权之外的另一种国家核心资产"。数字经济各行业都离不开数据，智能制造需要用户数据进行个性化定制，区块链技术对数据进行加密，车联网通过有效利用车辆动态信息提供不同的功能服务……数据资源将是企业的核心实力，谁掌握了数据，谁就具备了优势。另一方面，数字素养成为对劳动者和消费者的新要求。与农业经济和工业经济相比，数字经济时代要求劳动者具有双重技能——数字技能和专业技能。在各国数字技术人才普遍不足的情况下，40%的公司表示难以找到他们需要的数据人才，具有较高的数字素养成为劳动者在就业市场胜出的重要因素。对消费者而言，若不具备基本的数字素养，将无法正确地运用数字化产品和服务，成为数字时代的"文盲"。提高数字化知识水平既有利于数字消费，也有利于数字生产，是数字经济发展的关键要素和重要基础。

其次，数字技术（算法）的创新是数字经济的核心驱动力。张辛欣早前指出，算法是数字经济的基础与核心，支撑着生产运转与服务效率。"以外卖为例，每增加一个订单，系统要在毫秒内算出最优路径，每缩短一分钟，都要通过技术与算力实现。"工厂生产规模、生产数量、生产流程控制、超市货架摆放、网约车司乘匹配……各行各业都离不开算法。许多行业中涌现出新的技术，能够在提供产品和服务的过程中充分考虑用户需求，不仅创造了满足现有需求的全新方式，提高了效率，也改变了行业价值链，促进经济结构优化。"新制造"的代表犀牛工厂大量应用新技术，通过大数据和云计算实现以销定产、预测流行趋势，帮助中小企业将库存降到最低，甚至是零，做到按需生产。[①] 很多企业借助3D打印技术，实现了完全个性化的设计、生产，向价值链中高端迈出了一大步，

---

① 张辛欣.算法驱动数字经济[N].人民日报,2018-8-24(10).

进而推动产业结构的高级化。

再次,数字经济以数字网络作为重要载体。在工业经济时代,经济活动架构在以"铁公机"(铁路、公路和机场)为代表的物理基础设施之上。数字技术出现后,网络和云计算成为必要的信息基础设施。随着数字经济的发展,数字基础设施的概念变得更广泛,既包括宽带、网速等传统数字基础设施,也包括5G、工业互联网等数字新基础设施。移动互联网的发展从根本上摆脱了固定互联网的限制和束缚,拓展了互联网应用场景,促进了移动应用的广泛创新。移动互联网自身也不断演进,从3G发展到5G,现时的重点是从移动互联网向物联网应用领域扩展,以满足未来上千倍流量增长和上千亿台设备的联网需求。现代信息网络为数字经济的发展提供了必要的基础条件,推动工业时代以"砖和水泥"为代表的基础设施转向以"光和芯片"为代表的数字时代基础设施转变。

最后,数字经济通过赋能新兴产业与传统产业并使之数字化来提高资源配置效率。数字经济是一种融合性经济,应用场景很多。新兴产业与传统行业因数字化转型所带来的产出增加和效率提升,是数字经济的主体部分,在数字经济中所占比重越来越高。[①] 在制造业中,数字经济把生产的物理化过程转变为数字虚拟过程,以西门子为例,其提出的"数字化双胞胎"概念使得生产过程中整个价值链被可视化和模型化。生产全过程在数字化空间中模拟,规避了传统的试制过程,既能大幅降低成本,又可使产品更加满足消费者需求。数字经济本身也可以形成数字新产业,如共享经济、平台经济、直播带货等,都是近几年刚刚兴起的全新行业。从机制设计的角度,这些新产业产生了新现象,提出了新问题,亦呼唤新的解决方案。例如,电商平台通过设计评价和支付机制有力地促进了高质量商家信誉的积累,市场本身的缺陷通过市场本身的发展从一定程度得以修复,从而提高了资源配置效率。[②]

数字经济赋能的本质是生产方式的变化,由传统的小品种大批量B2C模式转变为大规模个性化定制的C2B、C2M模式。企业使用数据作为生产要素,使用数字技术和算法分析数据,使用现代信息网络传输数据,归根结底是为了准

[①] 马化腾等. 数字经济——中国创新增长新动能[M]. 北京:中信出版社,2017(5):73—125.
[②] Li L F, Xiao E T. Money Talks: Rebate Mechanisms in Reputation System Design[J]. Management Science, 2014, 60(8): 2054—2072.

确把握消费者信息,并进行定制。只有数字技术的使用,没有生产模式的根本性转变,仍然只能算高级的传统制造。对于新制造而言,其本质在于制造方式的变革,在于从大规模标准化生产向大规模个性化定制的跨越。传统的制造业是"集中生产,全球分销",随着数字经济的发展,制造中心将分布全球,以犀牛工厂为代表的新制造将会做到"分散生产,就地配送"。

二、数字基础产业定义

关于数字基础设施定义的论述比较少,在国外文献中比较有代表性的有毕马威(印度)2014年的专题报告——《数字基础设施:赋能明日世界》。报告认为数字基础设施(Digital Infrastructure)是赋能"万物互联"(IoT)世界的关键科技之一,包括一套设备互联、信息交换的生态系统。最早的数字基础设施起源于麻省理工学院1999年发明的射频识别技术和其他传感技术。几十年来,正是射频识别技术和宽带网络这些基础设施成本的大幅下降,助推了万物互联和数字经济的迅猛发展。数字基础设施为各行各业提供转型机遇,其应用范围遍布智慧城市(Smart City)、智慧医疗(Smart Healthcare)、智能家居(Smart Home)、智能交通(Smart Car and Mobility)、智慧能源与电网(Smart Energy and Grid)等。[①] 从系统角度定义,学界一般公认数字基础设施是互联的系统集合体,而不是独立的信息系统(Henfridsson and Bendik,2013)[②]。

2020年4月,国家发改委在新闻发布会上首次明确了新型基础设施的范围。新型基础设施是以新发展理念为引领,以技术创新为驱动,以信息网络为基础,面向高质量发展需要,提供数字转型、智能升级、融合创新等服务的基础设施体系,包含了信息基础设施、融合基础设施以及创新基础设施,用以支撑科学研究、技术开发、产品研制等具有公益属性的活动。新型基础设施主要包括三方面内容:一是信息基础设施,包括以5G、物联网、工业互联网、卫星互联网为代表的通信网络基础设施,以人工智能、云计算、区块链等为代表的新技术基

---

① KPMG. Digital Infrastructure:Enabling the World of Tomorrow[R]. 2014:23—27.
② Henfridsson Ola and Bendik Bygstad. The Generative Mechanisms of Digital Infrastructure Evolution[J]. MIS Quarterly,2013:907—931.

础设施,以数据中心、智能计算中心为代表的算力基础设施等。二是融合基础设施,偏应用方向,通过赋能传统产业,将其改造成新基础设施,主要指深度应用互联网、大数据、人工智能等技术,支撑传统基础设施转型升级,进而形成的产业融合现象,比如,智能交通基础设施、智慧能源基础设施等。三是创新基础设施,主要是指支撑科学研究、技术开发、产品研制的具有公益属性的基础设施,比如,重大科技基础设施、科教基础设施、产业技术创新基础设施等。

马化腾等在《数字经济:中国创新增长新动能》一书中认为,数字基础设施不仅包括传统的信息基础设施,如高速宽带网络、IP 地址(互联网协议地址)、域名等网络基础设施,还包括铁路、公路、水运、电力等传统基础设施的数字化过程。[①] 后者实际上就是国家发改委定义中的"融合基础设施",所谓的"数字化过程"就是 5G、工业互联网、大数据等新型信息基础设施赋能传统基础设施的过程。本研究采用狭义定义,将融合基础设施排除在数字基础设施的范畴外。本章所提及的"数字新基础设施"与国家发改委定义中的"信息基础设施"重叠性较高。

三、数字新基础产业构成与内容

数字新基础产业,即支持未来社会高质量发展、满足人们美好生活需要、支持传统产业转型升级、新型智能产业发展的现代基础产业,可以划分为"硬、软、联"三个方面:一是以 5G 基站、数据中心等为代表的所有产业发展的"硬基础";二是以大数据、人工智能、IT 软件等为代表的产业发展的"软基础";三是以工业互联网、智能物联网等为代表的"互联性基础产业"。[②] 总的来说,数字基础产业的"基础性"体现在两个方面:一是支撑数字智能高端产业,在国际上具有竞争力;二是对新兴产业与传统产业进行数字化转型,能够推动产业体系的转变。

(一)硬基础

"硬基础"指固定资产类基础设施,包括通信设施、数据中心和云计算中心

[①] 马化腾等.数字经济——中国创新增长新动能[M].北京:中信出版社,2017:73—125.
[②] 芮明杰.发展新基础产业需要新思路新模式新路径[N].河北日报,2020-9-11(5).

等。5G是指第五代移动通信技术,相较于4G网络,5G可谓是质的飞跃,在各大应用场景中发挥基础性作用。在移动互联网场景中,用户体验速率提升至少10倍,用户可以随时随地在线观看高清视频,即使在高密度人群中也同样不会受到影响。在物联网应用场景中,物与物之间的连接数量大幅提升,可支持更高移动速度下使用,时延效果达到1毫秒级别,终端能够及时做出反应动作。在制造业应用场景中,5G是数字化转型的关键技术——生产数字化是中国未来重点发展趋势,是内在需求驱动力。数字化生产的发展方向就是以智能工厂为核心,将人、机、法、料、环连接起来多维度融合的过程,而智能工厂是智能制造的核心。在5G时代,个性化的客户需求与设计,供应商和制造商之间的信息接入与共享,售后服务的快速响应等环节都将与数字化智能工厂一起创造价值增值。未来的智能工厂将会朝着需求专业化、定制化、生产柔性化、内网扁平化、无线化的方向发展,这些都离不开5G技术(见图24.2)。

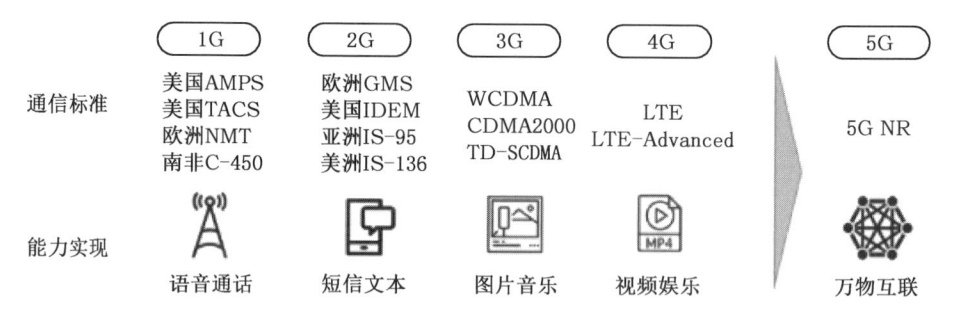

通信标准	1G	2G	3G	4G	5G
	美国AMPS 美国TACS 欧洲NMT 南非C-450	欧洲GMS 美国IDEM 亚洲IS-95 美洲IS-136	WCDMA CDMA2000 TD-SCDMA	LTE LTE-Advanced	5G NR
能力实现	语音通话	短信文本	图片音乐	视频娱乐	万物互联

资料来源:投中研究院。

图 24.2　各代移动通信技术特点

数据中心按照服务的对象可以分为企业数据中心(EDC)和互联网数据中心(IDC)。企业数据中心指由企业或机构构建并所有,服务于企业或机构自身业务的数据中心。互联网数据中心由IDC服务提供商所有,通过互联网向客户提供有偿信息服务。数据中心以数据为基本管理对象,融合云计算、区块链、人工智能(Artificial Intelligence,AI)等新技术于一体,汇聚了所有行业的数据、存储和分析,在"新基建"中发挥着数字底座的关键作用,其基础性和重要性可见一斑。[①]

(二)软基础

"软基础"指数据处理技术,包括服务、算法和软件等,代表性的软基础有人工智能、大数据和云计算服务。人工智能概念最早始于1956年的达特茅斯会议,受限于算法和算力的不成熟,未能实现大规模的应用和推广。近年来,在大数据、算法和计算机能力三大要素的共同驱动下,人工智能进入高速发展阶段,具有强大的经济辐射效益。据埃森哲预测,到2035年人工智能将推动中国劳动生产率提高27%,经济总增加值提升7.1万亿美元。技术层是人工智能产业的核心,以模拟人的智能相关特征为出发点,将基础能力转化成人工智能技术,如机器视觉、语音识别和自然语言处理等应用算法。技术层能力可以广泛应用到多个不同的应用层领域。应用层是人工智能产业的延伸,将技术应用到具体行业,涵盖金融等18个领域,其中医疗、交通、制造等领域的人工智能应用开发受到广泛关注(华泰证券和国际技术经济研究所,2020)。正如麻省理工学院的布莱恩·约弗森教授和麦卡菲博士所指出的:"未来人工智能不会取代管理者,但使用人工智能的管理者将取代那些不使用的管理者。"

云技术可以帮助组织节省资本和运营支出,实现敏捷性(快速轻松地响应变化),并最终实现收入增长。三种不同类型的云计算给企业创新带来不同的影响。基础设施服务(IaaS)可以快速安装新系统,使企业享受高级别的备份和运算能力,从而快速满足企业需求。平台服务(PaaS)促进了云应用中新的应用程序快速发展,比如,平安云可以让中小型金融机构一键生成整个金融解决方案,使得企业可以根据自身要求快速开发和安装基于互联网的应用程序,微软将其Office软件包作为云服务(Office 365)提供,并开发企业级云环境Azure,为应用程序开发者提供了一个平台。软件服务(SaaS)创新了软件交付模式,与内部开发或采购相比,使用云服务的成本通常要低得多。企业可以快速安装新的软件并测试其适用性,如果结果满意,则推向市场扩大用户,反之则终止开发,从而将犯错成本控制在相对较低的水平。如今,大多数软件都可以作为云

[①] 前瞻产业研究院. 中国大数据产业发展前景与投资战略规划分析报告[R]. 2020:19-20.

服务购买,包括 SAP、Microsoft Dynamics、Oracle 和 Salesforce 等。通用电气热衷于使用微软的云计算赋能内部员工,首席信息官詹姆斯·富勒(James Fowler)表示:"协作对于数字行业的突破至关重要,Office 365 是促进协作的关键,对客户满意度及新商业效率的影响是革命性的。"数字化工作平台首席技术官杰夫·莫纳科(Jeff Monaco)则认为,通用电气在 Office 365 上实现了标准化,获得了一整套彼此协作、高度安全且易用的功能。这为员工和 IT 提供便利,消除了大量日常生活中的摩擦,使得员工能够专注于服务客户、提升业绩和收入,并发挥巨大的整体作用。[1]

(三) 互联性基础产业

"互联性基础产业"指 ICT 和互联网,由其衍生出的服务网络和经济活动具有网络外部性特点。典型的"互联性基础产业"有工业互联网、智能物联网以及各类平台。工业互联网是智能物联网在工业中的应用,将工业生产与先进生产制造技术、互联网信息技术等深度融合,分别从智能设备、智能生产、智能供应三方面切入传统制造业,实现万物互联制造。与物联网相比,工业互联网更强调人、机、物的全面互联。互联性基础产业的基础性体现在三个方面。

首先,互联性基础产业提升了企业的生产效率。2012 年 11 月美国 GE 公司发布了《工业互联网:打破智慧与机器的边界》白皮书,提出推广和实施互联网会为工业领域带来至少 1‰ 的成本节省。在几个关键的工业领域,1‰ 的效率提高会带来巨大的收益,对于每个行业都是数百亿美元的成本节约。和传统的直线型产业链相比,电商平台整合上下游各主体,供给方与需求方通过平台直接对接、沟通,重构供求关系,形成平台式产业链。此时,信息流、商流、物流、资金流运转更顺畅,资源配置更合理,提高产业链运行效率的同时降低了成本。[2]

其次,互联性基础产业改变了制造业原有的生产方式和生产组织方式。犀牛智造是专门为中小企业服务的数字化智能化制造平台,大量应用云计算、物联网(IoT)、人工智能技术。在与淘宝天猫平台的数据打通之后,犀牛工厂可以

---

[1] 拉兹·海飞门,习移山,张晓泉.数字跃迁:数字化变革的战略与战术[M].北京:机械工业出版社,2020:173—175.

[2] 芮明杰等.平台经济——趋势与战略[M].上海:上海财经大学出版社,2018:76—78.

实现以销定产、预测流行趋势,迅速研发爆款并且将库存降到最低,甚至是零,帮助商家做到按需生产。这背后是 C2M 模式的兴起,消费者直接通过平台下单,工厂接收消费者的个性化需求订单,然后根据需求设计、采购、生产、发货。C2M 模式的一大特点是,公司的产品通过互联网技术将不同的生产线连接在一起,运用庞大的计算机系统随时进行数据交换,按需求生产,降低库销比,消除库存顽疾。比如一个热词诞生后,犀牛智造预测某款单品未来一个月能卖多少件,厂家按需生产,第二天淘宝上就能买到这样的 T 恤,实现分散生产,就地配送。①

最后,互联性基础产业将为企业积累大量的数据,数据是最核心的资产,能够反哺数字经济各行业。基于大数据的分析和应用,会裂变出新的工业产品或服务功能,甚至塑造新的商业模式。依靠数据的价值,平台价值也随之提升,平台级的企业极有可能成为每一个细分行业的主宰。每一个企业都要借助工业互联网日益兴起和完善的功能,去进行创新服务模式的设计。②

四、中国数字基础产业发展现状

本部分将从"硬、软、联"三个方面,论述数字基础设施在中国的发展现状,并与国外(主要是欧、美、日、韩)进行比较分析。

(一)政策分析

1."硬基础"出台政策最多,扶持力度最大,涵盖全产业链

早在 2012 年和 2013 年,工信部等多部门发布《工业和信息化部关于进一步规范因特网数据中心业务和因特网接入服务业务市场准入工作的通告》和《关于数据中心建设布局的指导意见》,开始对互联网数据中心(IDC)业务进行规范和指导。2015—2016 年国务院发布的《促进大数据发展行动纲要》《"十三五"国家战略性新兴产业发展规划》和《"十三五"国家信息化规划》将数据中心

---

① 科技不谓侠."犀牛智造"入园,阿里巴巴为什么喜欢开动物园?[EB/OL]. https://36kr.com/p/884449947424256.
② 芮明杰等. 平台经济——趋势与战略[M]. 上海:上海财经大学出版社,2018:248-283.

产业的发展上升到国家规划的层面。2015年,国务院出台的《中国制造2025》中,明确指出要全面突破5G技术。2017年则首次在政府工作报告中出现"5G"一词。2020年3月4日,中共中央政治局常务委员会召开会议,特别强调要"加快5G网络、数据中心等新型基础设施建设进度"。不仅国家层面高度重视5G、数据中心等"硬基础",省市地方政府也密集出台相关政策,以上海为例,就有《上海市人民政府关于加快推进本市5G网络建设和应用的实施意见》《上海5G产业发展和应用创新三年行动计划(2019—2021年)》《上海市大数据发展实施意见》《上海市推进新一代信息基础设施建设 助力提升城市能级和核心竞争力三年行动计划(2018—2020年)》等多项图推动5G网络、数据中心发展的地方政策,在全国位居前列。"硬基础"看得见摸得着,建设绩效容易量化,故得到了各级各地政府的青睐,我国的相关产业在世界领先(见表24.1)。

表24.1   2015—2020年中国国家层面数字新基础产业相关政策摘要

发布时间	发布部门	政策会议	涉及产业
2015年5月	国务院	《中国制造2025》	智能制造
2015年5月	国务院	《关于加快高速宽带网络建设推进网络提速降费的指导意见》	大数据
2015年7月	国务院	《国务院关于积极推进"互联网+"行动的指导意见》	新一代移动通信网络(4G到5G)、物联网、云计算
2015年8月	国务院	《促进大数据发展行动纲要》	大数据
2016年3月	国务院	《"十三五"国家科技创新规划》	智能制造
2016年5月	发改委、科技部、工信部、中央网信办	《"互联网+"人工智能三年行动实施方案》	人工智能
2017年1月	中共中央、国务院	《关于促进移动互联网健康有序发展的意见》	5G、云计算、大数据平台
2017年3月	十二届全国人大	《2017年政府工作报告》	"人工智能"首次写入政府工作报告
2017年10月	国务院	《深化"互联网+先进制造业"发展工业互联网的指导意见》	工业互联网
2017年12月	工信部	《促进新一代人工智能产业发展三年行动计划(2018—2020年)》	人工智能

续表

发布时间	发布部门	政策会议	涉及产业
2018年6月	工信部	《工业互联网发展行动计划（2018—2020年)》	工业互联网
2018年12月	中共中央、国务院	中央经济工作会议	5G、人工智能、工业互联网、物联网
2019年3月	中央全面深化改革委员会	《关于促进人工智能和实体经济深度融合的指导意见》	人工智能
2019年5月	国务院	国务院常务会议	工业互联网
2019年5月	工信部、国资委	《关于开展深入推进宽带网络提速降费 支持经济高质量发展2019专项行动的通知》	5G
2019年11月	发改委	《产业结构调整指导目录》	人工智能
2019年12月	交通运输部	《"加快交通强国建设"专题发布会》	5G、物联网
2019年12月	国家发改委等7部门	《关于促进"互联网＋社会服务"发展的意见》	大数据、云计算、人工智能
2020年1月	国务院	国务院第四次常务会议	智能、绿色制造
2020年2月	中共中央	中共中央政治局会议	5G、工业互联网
2020年3月	中共中央	中共中央政治局常委会	5G、数据中心
2020年12月	中共中央、国务院	中央经济工作会议	强化平台企业反垄断，加大新基建投资力度

资料来源：前瞻产业研究院、公开文件。

2."软基础"政策相对较少，缺乏协调合作和侧重点

"软基础"方面，人工智能、大数据和云计算服务（算法）也得到了最高层的关注。除了国家和地方层面的各项政策，十九大报告特别提出将"推动互联网、大数据、人工智能和实体经济深度融合"。另外，由于"软基础"被深入应用在智能交通、智慧能源、智慧农业等融合基础设施中，助力传统产业转型升级，因此相关政策制定部门也呈现多样化，不再局限于工信部和国务院。以大数据和云计算服务产业为例，2016年环境保护部发布《生态环境大数据建设总体方案》，农业部发布《农业农村大数据试点方案》；2017年工信部发布《云计算发展三年行动计划(2017—2019年)》，水利部发布《关于推进水利大数据发展的指导意见》。总体而言，中央层面对"软基础"的重视程度不如"硬基础"和"互联性基础

产业";各部门的政策则是自扫门前雪,各部门拥有的数据缺少沟通,也缺乏跨部门沟通的激励。政府大数据开放相关支持政策不够,没有最大化数据要素的价值。

与之相对应的是,从大数据产业的技术研发到最终获取数据的各个环节,美国政府都特别重视跨部门协调与合作,并且设计了相应的激励机制。2012年,奥巴马政府启动大数据研究与开发计划,由美国国家科学基金会、国立卫生研究院、国防部、国防部高级研究计划局(DARPA)、能源部、地质调查局6家联邦机构共同开展,共安排2亿美元预算,深入研发大数据获取、存储及分析等相关技术。DARPA在其XDATA计划中开发针对不完整、缺损数据库的分析软件;国立卫生研究院重点分析生物大数据;能源部加强气象数据的分析、管理和可视化;国家科学基金会的大数据项目使得人类基因组测序的成本降低到了原来的1/40。美国大数据计划的跨部门协调由美国国家科学技术委员会(NSTC)下设的"网络与信息技术研发计划"(NITRD)分委员会负责,并专门设立了跨部门高级别协调工作组。为了更好地促进大数据研发计划的技术转化,2015年,美国国家科学基金会投入500万美元,在全美建立四家大数据区域创新中心,覆盖50个州,吸引超过250家大学、企业及城市政府等组织参与,以加强不同部门之间的协作,深入研究蓬勃发展的数据科学与技术,解决区域及全国性挑战。2009年,奥巴马上任伊始就发表了《透明和开放的政府》备忘录,要求联邦各部门采取具体措施,贯彻政府部门透明、参与和合作的原则。2013年,奥巴马发布行政命令,落实开放数据计划。在这项行政命令中,奥巴马要求所有政府部门的公共数据库在非特殊情况下要向公众免费开放,并且要与行业接轨,使用便于机器处理的通用数据库格式。此项行政命令由白宫预算管理办公室与白宫首席信息官共同牵头执行,纳入各联邦部门绩效考核指标。政府数据库通过统一的数据平台data.gov发布。目前,该平台上已有超过18万个政府数据库向公众开放。为了使开放数据计划取得预期的效果,美国政府大力推进建立公私合作的数据创新生态系统。为此,白宫在开源程序平台GitHub上启动了一项在线开放数据工程,欢迎社会各界对开放数据计划献计献策,如程序员可以针对政府开放数据库编写应用程序接口(API)软件,供全社会共享。此外,纽约大学政策实验室(GovLab)推出了"开放数据500强"计划,从各行各业中选出利用政府开放数据获得商业成功的500个最佳案例,总结商业模式并进行分享。[①]

在政策侧重点上,人工智能投资大国(地区)美国、欧洲和日本也各有不同。美国引领人工智能前沿研究,布局慢热而强势。美国政府稍显迟缓,2019年人工智能国家级战略《美国人工智能倡议》才姗姗来迟。但由于美国具有天时(5G时代)、地利(硅谷)、人和(人才)的天然优势,其在人工智能的竞争中已处于全方位领先状态。总体来看,美国重点领域布局前沿而全面,尤其是在算法和芯片脑科学等领域布局超前。此外,美国聚焦人工智能对国家安全和社会稳定的影响和变革,并十分重视数据、网络和系统安全。伦理价值观引领,欧洲国家抢占规范制定的制高点。2018年,欧洲28个成员国(含英国)签署了《人工智能合作宣言》,在人工智能领域形成合力。从国家层面来看,受限于文化和语言差异阻碍大数据集合的形成,欧洲各国在人工智能产业上不具备先发优势,但欧洲国家在全球AI伦理体系建设和规范的制定上抢占了"先机"。欧盟注重探讨人工智能的社会伦理和标准,在技术监管方面占据全球领先地位。日本寻求人工智能解决社会问题。日本以人工智能构建"超智能社会"为引领,将2017年确定为人工智能元年。由于日本的数据、技术和商业需求较为分散,难以系统地发展人工智能技术和产业,因此,日本政府在机器人、医疗健康和自动驾驶三大具有相对优势的领域重点布局,并着力解决本国在养老、教育和商业领域的国家难题。

3. "互联性基础产业"政策在曲折中发展,近期得到频繁关注和高度重视

"互联性基础产业"是最早得到党中央、国务院重视的,发展过程也经历了较大的曲折。2009年温家宝总理在无锡发表"感知中国"讲话后物联网行业已受到全社会的极大关注,2010年物联网被正式确定为国家首批培育的七大战略性新兴产业之一,并列入"十二五"发展规划。为促进产业发展,政策规划了四个国家级物联网产业发展示范基地(无锡、重庆、杭州、福州),长三角地区产业规模位居全国之冠。但是由于缺乏应用场景和盈利能力,2015年之后"物联网"字眼基本从各部委政策中消失,由智能制造、"互联网+"和工业互联网等取而

[①] 乔健. 美国大数据政策的发展趋势[J]. 全球科技经济瞭望,2016,31(5):1—4.

代之。① 近年来结合人工智能技术,物联网(IoT)蜕变为智能物联网(AIoT),迎来新的发展机遇,深入应用到制造业转型、智慧城市和车联网等各热门领域。2019年10月18日,习近平总书记在致工业互联网全球峰会的贺信中指出,"工业互联网技术不断突破,为各国经济创新发展注入了新动能",要"持续提升工业互联网创新能力,推动工业化与信息化在更广范围、更深程度、更高水平上实现融合发展"。李克强总理在《2019年政府工作报告》中指出,要"打造工业互联网联网平台,拓展'智慧+',为制造业转型升级赋能"。2020年3月17日,李克强总理主持召开国务院常务会议,进一步指出要"壮大数字经济新业态,依托工业互联网促进传统产业加快上线上云"。在最高决策层的指导下,工信部采用政策引导、标杆培育、价值引领和部省合作等多项措施,推动工业互联网发展。2020年9月21日,《国务院办公厅关于以新业态新模式引领新型消费加快发展的意见》指出,"进一步加大5G网络、数据中心、工业互联网、物联网等新型基础设施建设力度,优先覆盖核心商圈、重点产业园区、重要交通枢纽、主要应用场景等",对新型消费基础设施建设也提出了明确的方向和要求。

从制造业大国美国、德国身上,我国可以借鉴的"互联性基础产业"政策举措有:(1)与其他政策有机结合,确立综合性长期规划。"工业4.0"的概念就是由德国于2011年"汉诺威工业博览会"上提出,是德国政府确定的面向2020年的国家战略。奥巴马政府的制造业振兴方案则通过刺激智能制造业来推动美国制造业的复兴。美国的工业互联网实际上就是先进制造的有机组成部分,而先进制造就是美国再工业化进程中的重要一步。(2)建立跨组织的研究平台,鼓励跨组织研发合作。为推进"工业4.0"计划的落实,德国三大工业协会共同建立了"工业4.0平台"办事处,政府也支持企业、大学、研究机构联合开展研究,德国政府牵头引导西门子、博世等先进制造企业联合试点智慧工厂项目。由美国国防部牵头成立的数字制造与设计创新机构研究所,参与机构运营的单位包括七十多家全美顶尖制造商与软件设计商、三十余家大学或社区学院、非营利组织,组织之间合作关系密切。(3)引导企业进行标准化建设,鼓励大企业的引导作用。2013年12月,德国电气电子和信息技术协会发表了德国首个"工

---

① 芮明杰等. 平台经济——趋势与战略[M]. 上海:上海财经大学出版社,2018:319—323.

业4.0"标准化路线图,美国通用电气、AT&T、英特尔等公司也成立产业联盟,制定标准,目前两国企业正在就双方的标准问题进行讨论,试图建立共同的统一标准。德国的西门子公司、美国的通用电气公司都对工业互联网的具体实行起到了重要的引导作用。(4)加大在基础和应用研究上的投入。弗劳恩霍夫协会是德国最著名和最重要的应用研究机构,定位于基础研究和工业研发之间,该机构每年从事民用技术研发的资金有约30%来自德国联邦和州政府。在德国,不仅研究机构,满足一定条件的普通公司也可以向联邦和各州政府申请补助。美国于2012年2月提出的《先进制造业国家战略计划》将完善创新政策作为发展先进制造业的首要目标,通过税收减免、加大对研发方面的设备和基础设施投入等手段,支持各类基础与应用性研究的开展。(5)重视人才培养和引进。德国的"双元制"教育被视为德国制造业的基石,企业实践和学校学习交替进行,不论是职业教育还是高等教育,都以企业需求为导向,具有极大的市场环境适应性。美国则通过改革教育、签证制度,确保美国制造业获得所需人才通道畅通,其移民政策对技术人才相当倾斜。[1]

(二)硬基础发展现状

即使存在重大挑战(特别是以美国为首的西方国家的压制),我国的"硬基础"产业也在世界领先。但值得警惕的是,在数字基础产业的"硬基础"——新材料领域,我国仍然严重依赖国外。在中美贸易摩擦、全球脱钩的大背景下,这种现状显得尤为危险。另外,我国的"硬基础"产业链存在薄弱环节,与传统产业的融合创新存在挑战。

1.5G研发情况

截至2020年上半年,中国5G专利数占32.97%,世界第一。企业层面,华为专利数全球第一。5G基站数量全球排名第一,2020年年底5G基站数量达到71.8万个,超出预期。

美国无线通信和互联网协会(CTIA)报告指出,中国位于全球5G整体发展

---

[1] 美国无线通信和互联网协会(CTIA)报告[R/OL].2019-4-3. https://baijiahao.baidu.com/s?id=1642171837672851689,18—21.

进度排名第一梯队,背后核心的助推力是国家战略的竞争。中国5G的研发投入和资本支出规模大幅提升。从近几年通信巨头在研发费用上的投入看,华为和中兴的研发投入额在大幅度提升且研发费用率也在提升。与此同时,凭借中国具备的人口红利以及广大的应用场景,中国5G产业发展在全球范围内潜力巨大(见表24.2)。[①]

表24.2　　　　截至2020年上半年头部企业5G专利族数量

申报企业	5G专利族数量(件)
华为	3 147
三星	2 795
中兴	2 561
LG	2 300
诺基亚	2 149
爱立信	1 494
高通	1 293
英特尔	870
夏普	747
NTT Docomo	721
OPPO	647
大唐电信	570

来源:赛迪智库。

2. 5G市场份额和市场潜力

如图24.3和图24.4所示,尽管被排除在美国市场之外,预计华为的RAN设备覆盖的全球5G用户份额仍将比传统竞争对手爱立信多约2个百分点。

[①] Strategy Analytics: Huawei has two point lead in 2023 5G Global Market RAN Forecast[EB/OL]. 2020-9-1. https://www.businesswire.com/news/home/20190416005724/en/Strategy-Analytics-Huawei-has-two-point-lead-in-2023-5G-Global-Market-RAN-Forecast.

5G普及率韩国排第一,中国排第四(见图24.4)。[①]

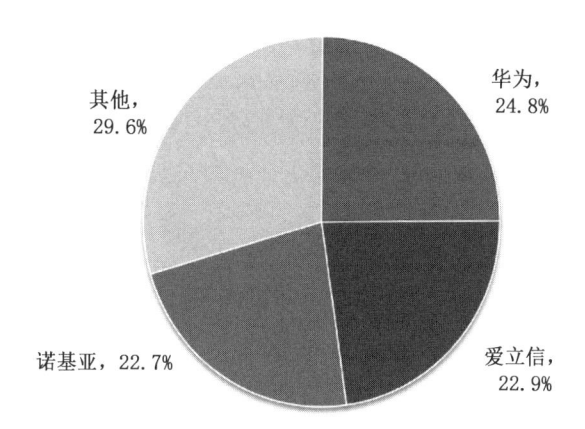

图24.3 预计2023年头部企业RAN设备覆盖全球5G用户份额

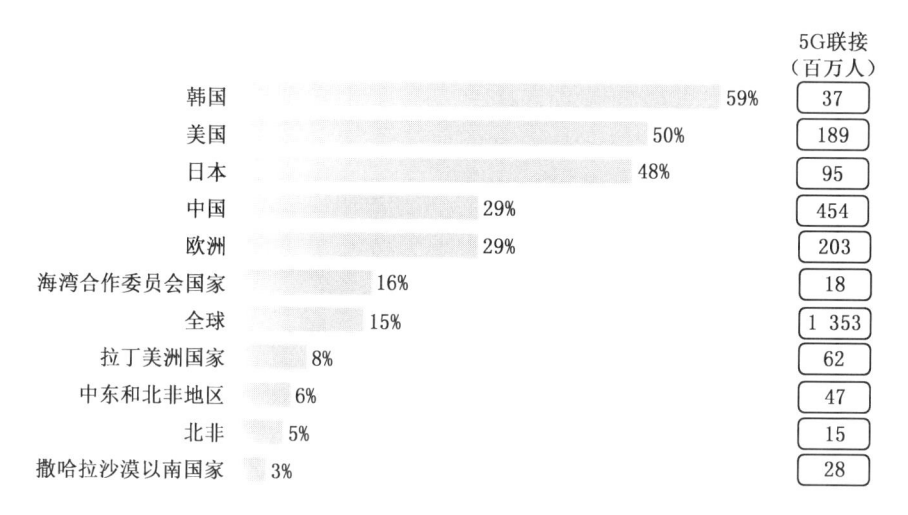

地区	普及率	5G联接（百万人）
韩国	59%	37
美国	50%	189
日本	48%	95
中国	29%	454
欧洲	29%	203
海湾合作委员会国家	16%	18
全球	15%	1 353
拉丁美洲国家	8%	62
中东和北非地区	6%	47
北非	5%	15
撒哈拉沙漠以南国家	3%	28

图24.4 预计2025年各国5G普及率

---

① THE GLOBAL 5G LANDSCAPE:An inside look at leading 5G markets,key players,and how they are defining the future of connectivity[EB/OL]. 2020-9-10. https://news.yahoo.com/global-5g-landscape-inside-look-220000932.html? guccounter=1&guce_referrer=aHR0cHM6Ly93d3cuZ29vZ2xlLmNvbVbS8&guce_referrer_sig=AQAAAFaeBWRJ4sU5Lp6yMe4v5sqUjEgl7hPXHWDEaD6d_YZxH9N5I afFwhRz9XCUZHAl3ye5Z_QMvrYpYdXzFkfCs19Vl-yFPCIekXcVWrNGr_58N4zuumw83xx-Byee7cvk_ 59ruznxMMRWlizU3CRZiEEheAdRx0aNQZHCo7XGxBkZ.

3. 数据中心数量、市场规模、投资

2019年中国数据中心数量大约有7.4万个,大约占全球数据中心总量的23%,增速明显。2019年数据中心机架规模达到227万架(见图24.5),在用IDC数据中心数量有2213个。数据中心大型化、规模化趋势仍在延续,区域性应用、多层级集团企业均倾向通过规模化建设避免盲目建设和重复投资。2019年,超大型、大型数据中心数量占比达到12.7%,规划在建数据中心320个,超大型、大型数据中心数量占比达到36.1%。这一数据与美国相比仍有较大差距,美国超大型数据中心已占到全球总量的40%,大型数据中心仍有较大的发展空间。如图24.6所示,2018年中国大规模数据中心数量(8%)仅次于美国(44%),但远低于美国。

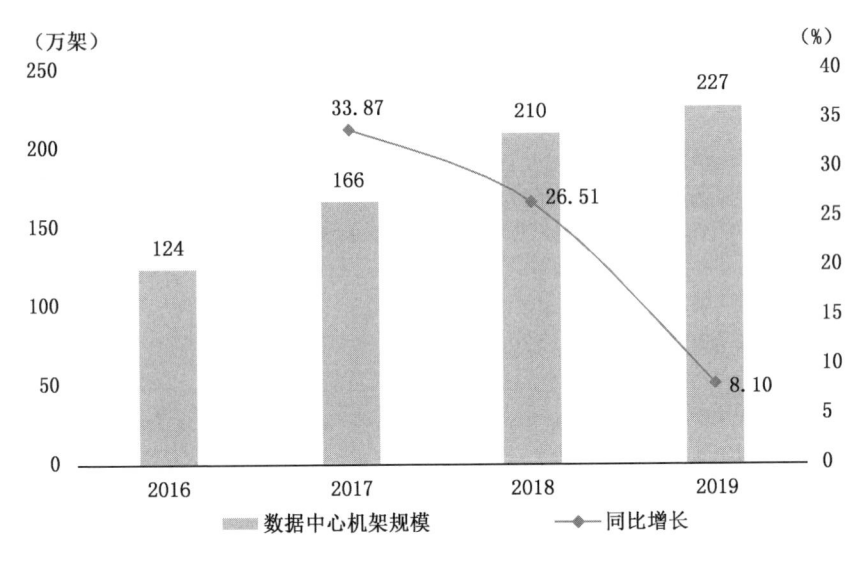

资料来源:赛迪顾问,前瞻产业研究院整理。

图24.5 2016—2019年中国数据中心机架规模变化

中国IDC圈研究中心发布的《2019—2020年中国IDC产业发展研究报告》显示,中国IDC业务市场规模在日益增长的客户需求带动下仍保持稳定增长。2019年,中国IDC业务市场规模达到1562.5亿元,同比增长27.2%,增速放缓2.6个百分点,市场规模绝对值相比2018年增长超过300亿元。

得益于5G、工业互联网以及人工智能等新技术的应用,各级政府部门、企

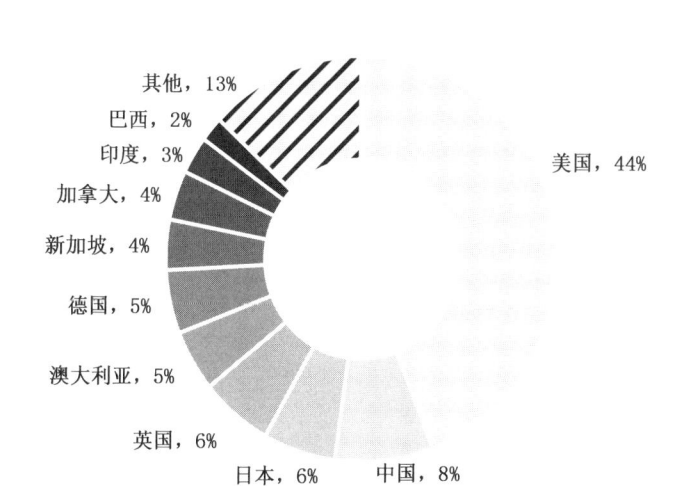

资料来源：前瞻产业研究院整理。

图 24.6　2018 年全球大规模数据中心区域分布情况

事业单位纷纷加强了数据中心的建设及网络资源业务整合的力度。这在很大程度上推动了中国 IDC 行业客户需求的充分释放，拉升了 IDC 业务市场规模的持续增长。如图 24.7 所示，2019 年中国 IDC 业务市场规模增长率达到 27.24%，随着市场趋于饱和，增长率逐年下降，2022 年同比增长 13.8%，低于图 24.7 依据 2019 年的历史数据做出的预期。

数据中心投资稳步增长。云计算、大数据、物联网、人工智能等新一代信息技术快速发展，数据呈现爆炸式增长，数据中心建设成为大势所趋。世界主要国家和企业纷纷开启数字化转型之路，在这一热潮推动下，全球数据中心 IT 投资呈现快速增长趋势。如图 24.8 所示，全球及中国数据中心 IT 投资规模增长率均高于全球 GDP 增长率(2.3%)和中国 GDP 增长率(6.1%)。

从全球数据中心建设发展来看，世界前三大数据中心市场（即美国、日本和欧洲的数据中心）的 IT 投资规模仍占全球数据中心 IT 投资规模的 60%以上，美国保持市场领导者地位，在数据中心产品、技术、标准等方面引领全球。亚太市场仍是全球数据中心市场的亮点，与 2018 年同期相比增长达到 12.3%，数据中心 IT 投资规模达到 751.7 亿美元，主要动力仍来自中国数据中心市场稳步发展，移动互联网、云计算、大数据、人工智能等应用深化，互联网＋、人工智能、

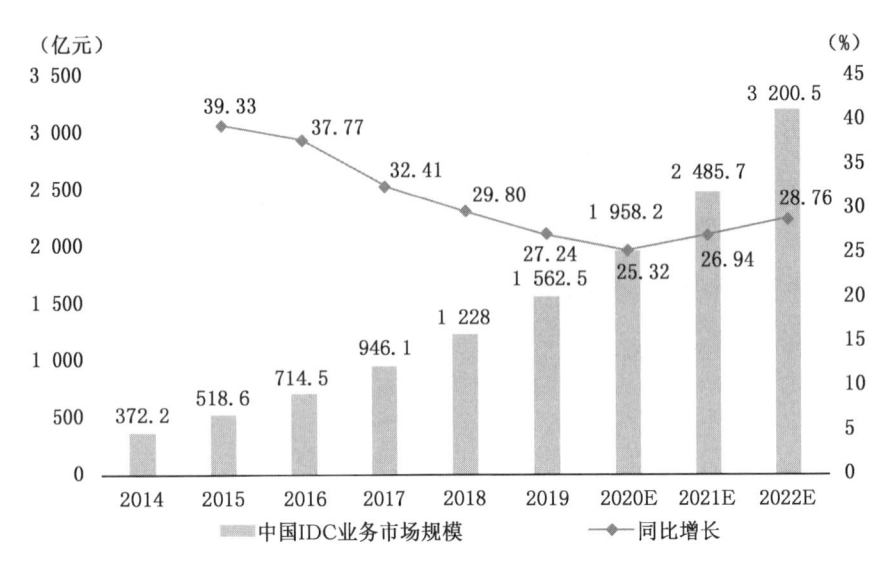

资料来源:前瞻产业研究院整理。

图 24.7　2014—2019 年中国 IDC 业务市场规模

工业互联网建设加速。

4. 数据中心国内分布

我国对数据中心的需求主要集中在北京、广东、上海、浙江、江苏等经济发达地区,这些地区人口以及互联网用户密度远远领先中西部地区,互联网用户密度最大,大型互联网、云计算、科技创新类企业、政企用户数远远领先其他地区,对数字经济的贡献也更大,因此是我国数据中心业务需求最旺盛的区域。从全国范围来看,北京、上海、广州、深圳等城市数据中心资源最为集中,其上架率达到 60%～70%。

此外,中部、西部、东北地区可用数据中心资源丰富,规模较大,价格优势明显。这些地区土地资源丰富,建设租金成本较低,网络质量、建设等级及运营维护水平也较高,适合建立大型及超大型数据中心。例如,百度最大的数据中心位于山西省阳泉市,服务器设计装机规模超过 16 万台;阿里江苏云计算数据中心在南通签约,建成后将成为阿里巴巴华东地区最大的云计算中心基地,承载 30 万台服务器。如图 24.9 所示,广东数量最多,上海紧随其后;从全国角度看有结构性失调的问题,西部建得太多,数据中心利用率不高,东部虽然总量多,

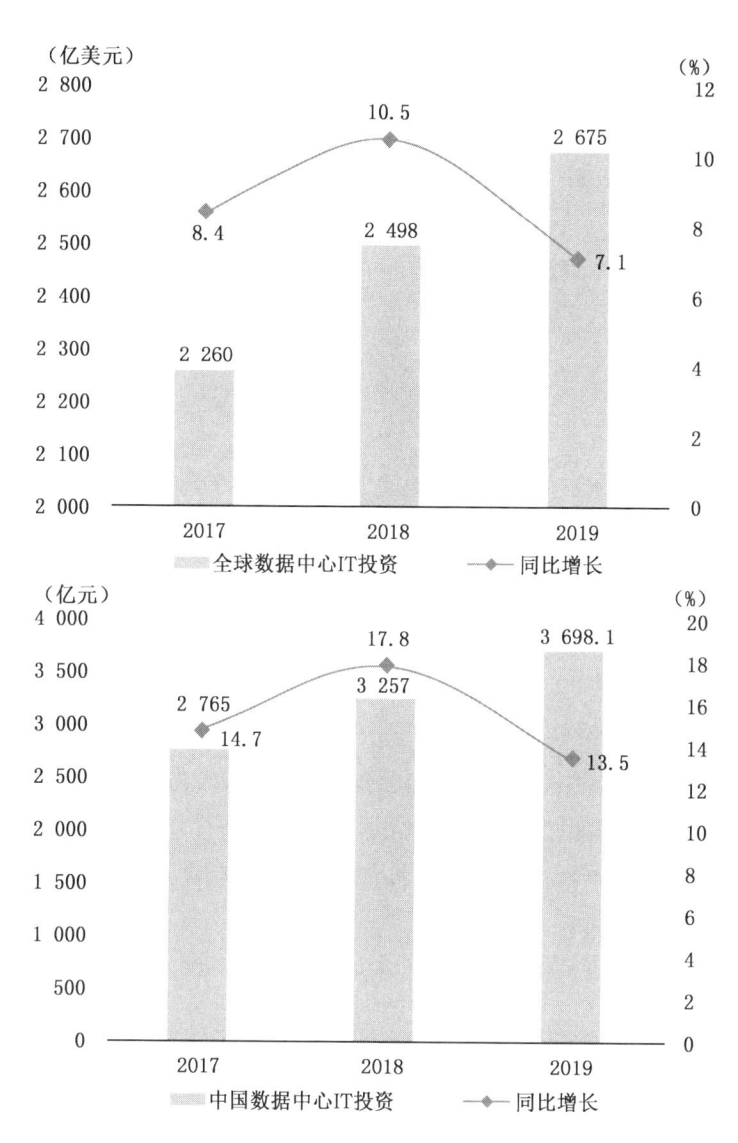

图 24.8 2017—2019 年全球及中国数据中心 IT 投资市场规模及增长

但仍相对短缺。不同地区的数据中心间缺少连接。随着我国互联网、云计算技术与应用的快速发展,我国数据中心产业发展国际化趋势愈发明显。

5. 新材料市场现状

新材料是整个数字基础产业的"硬基础"。据有关机构测算,2011 年我国新

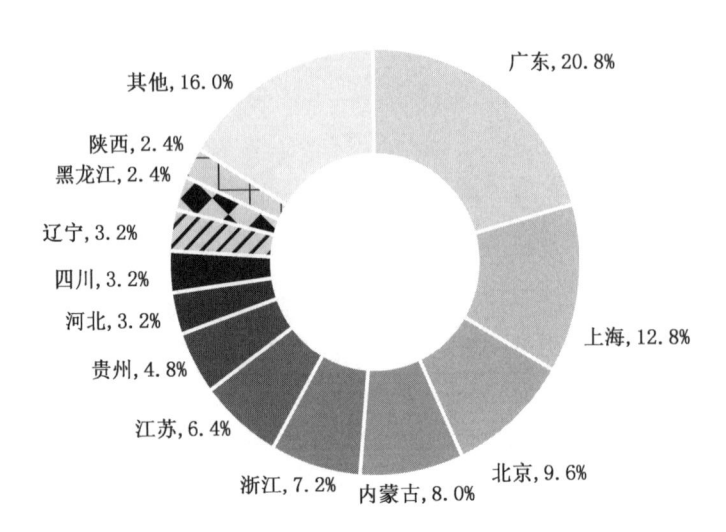

资料来源:前瞻产业研究院整理。

图 24.9　2018 年中国数据中心分布情况

材料产业总产值仅为 0.8 万亿元,到 2019 年我国新材料产业总产值已增长至 4.5 万亿元,年复合增长率超过了 20%。目前,新材料产业集聚效应明显,从追求大而全向高精尖转型,北京、深圳、上海、苏州已经成为国内四大纳米材料研发和生产基地;京津地区、内蒙古包头、江西赣州及浙江宁波等地则成为稀土钕铁硼材料的主要生产基地;武汉、长春、广州、厦门成为光电新材料的主要产业基地。

放到国际上看,尽管我国新材料产业实现了快速发展,进入材料大国行列,但与高质量发展的要求相比存在明显的短板与不足,具体表现为总体产能过剩、产品结构不合理、高端应用领域尚不能完全实现自给、创新能力不突出。

以电子材料为例,从需求角度看,中国电子材料需求全球第一,从生产角度看,我国高端电子材料生产市场份额小于 3%,高端电子材料基本依赖进口。尤其是:碳化硅半绝缘衬底、导电衬底及外延片、MEM 器件封装玻璃粉、高性能氮化物陶瓷粉体及基板、电子信息功能陶瓷材料等材料自给率基本为 0%;光刻胶自给率不到 5%,氮化镓单晶、氮化镓单晶衬底自给率仅为 5%。[1]

---

[1] 新材料在线[EB/OL].2020-7-25.https://www.xincailiao.com.

特种钢是重大装备制造和国家重点工程建设所需的关键材料,是钢铁材料中的高技术产品,其生产能力和应用程度代表了一个国家的工业化发展水平,世界上产钢大国在钢产量达到一定规模后,其特钢比例都会有所上升。发达国家特钢比多在20%以上,瑞典最高可达到70%以上。我国自1996年粗钢产量首次突破亿吨大关后,粗钢产量不断增长,到2018年已连续22年保持钢产量世界前列。中国已成为世界钢铁大国,但由于特钢产量与质量的限制,我国还不能算作世界钢铁强国。我国特钢占比较低,2003年至2018年,特钢产量占粗钢产量均不到15%。我国近年粗钢产量基本维持在8亿至9亿吨,对标日本2017年21.4%的特钢比,我国2018年应有19 864.85万吨特钢产量,而2018年实际特钢产量规模仅有12 176.22万吨,存在7 688.63万吨产量差。

我国特钢中低端产品占比高,高端产品与国外先进水平存在差距。按照碳素钢为低端特钢,合金钢为中端特钢,高合金钢为高端特钢的标准对我国2018年特钢产品进行分类,其中中端产品占比超50%,低端产品占比约40%,而高端产品占比不足10%。与日本高、中、低端产品30%、49%、21%的占比相比,我国低端产品有明显竞争优势,中端产品与日本水平相近,而高端产品与日本存在较大差距,对外依存度较高,印证了我国特钢产品结构上的缺陷。[1]

(三)软基础发展现状

1. 从总量角度看,我国人工智能领域市场规模、企业数量、专利数量均仅次于美国,但是差距较大。技术创新能力、人才储备等软实力也不如美国

全球范围内,中美"双雄并立"构成人工智能第一梯队,日本、英国、以色列和法国等发达国家乘胜追击,构成第二梯队。同时,在顶层设计上,多数国家强化人工智能战略布局,并将人工智能上升至国家战略,从政策、资本、需求三大方面为人工智能落地保驾护航。中国人工智能起步较晚,发展之路几经沉浮。自2015年以来,政府密集出台系列扶植政策,人工智能发展势头迅猛。作为后起之秀,目前我国在局部领域有所突破。

---

[1] 特种钢铁行业深度研究报告[EB/R].2019-11-29. https://www.sohu.com/a/357292612_804066.

中国人工智能尚在产业化初期,但市场发展潜力较大。产业化程度是判断人工智能发展活力的综合指标,从市场规模角度,据 IDC 数据,2019 年,美国、西欧和中国的人工智能市场规模分别是 213 亿、71.25 亿和 45 亿美元,占全球市场份额依次为 57%、19% 和 12%。中国与美国的市场规模存在较大差异,但近年来国内 AI 技术的快速发展带动市场规模高速增长,2019 年增速高达 64%,远高于美国(26%)和西欧(41%)。从企业数量角度,据清华大学科技政策研究中心数据,截至 2018 年 6 月,中国(1 011 家)和美国(2 028 家)人工智能企业数在全球遥遥领先,第三位英国(392 家)不及中国企业数的 40%。图 24.10 展示了美国、中国、英国在人工智能领域的指标比较,与投资额、公司数量相比,中美在专利数量上的差距相对较小。

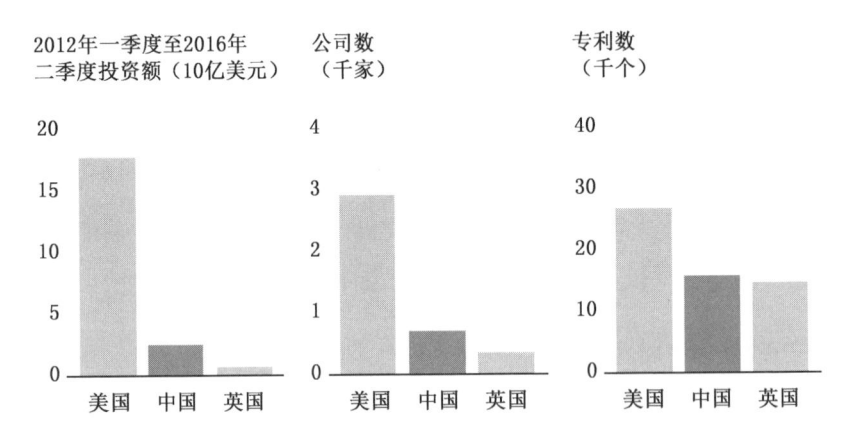

资料来源:https://www.ft.com/content/e33a6994-447e-11e8-93cf-67ac3a6482fd。

图 24.10　美国、中国、英国在人工智能领域的投资额、公司数量、专利数量

2. 从结构角度看,人工智能基础技术美国领先中国,应用层面中美差距略小,我国呈现"头重脚轻"

从企业布局角度,据腾讯研究院数据,中国 46% 和 22% 的人工智能企业分布在语音识别和计算机视觉领域。

横向来看,如图 24.11 所示,美国在基础层和技术层企业数量领先中国,尤其是在自然语言处理、机器学习和技术平台领域。而在应用层面(智能机器人、智能无人机),中美差距略小,其中智能机器人和语音识别领域中国企业数量超过美国。从产业生态来看,我国也偏重于技术层(计算机视觉和语音识别)和应用层,尤其是终端产品落地应用丰富,技术商业化程度比肩欧美。

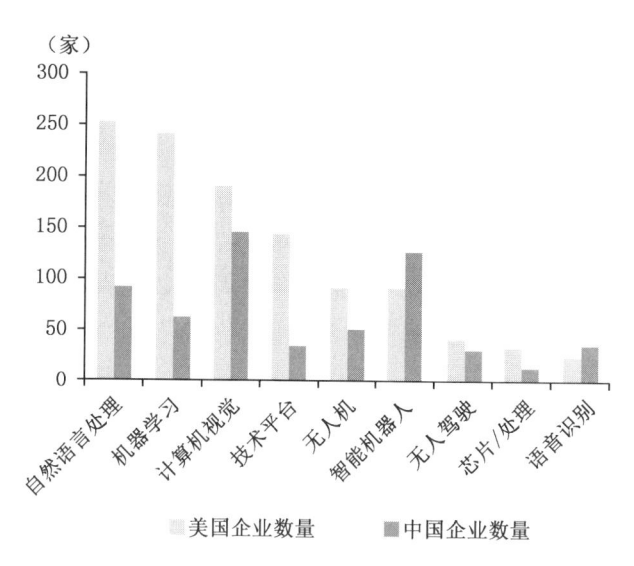

图 24.11 2017年中美两国人工智能各领域企业分布

整体来看,国内人工智能完整产业链已初步形成,但仍存在结构性问题。初期我国政策侧重互联网领域,资金投向偏向终端市场,导致我国在基础层核心领域(算法和硬件算力)缺乏突破性、标志性的研究成果,底层技术和基础理论方面尚显薄弱,呈"头重脚轻"的态势。例如,我国50%左右的PaaS平台采用国外开源架构。在技术创新方面,我国专利多而不优,顶尖人才缺口大;海外布局仍有欠缺,产学融合尚待加强。当前我国人工智能在国家战略层面上强调系统、综合布局。展望未来,在政策扶持、资本热捧和数据规模先天优势下,中国人工智能产业将保持强劲的增长态势,发展潜力较大。

国内布局方面,人工智能基建中的算力、算法开放平台主要集中在北京、深圳、上海、合肥等人工智能技术领先的地区。基于AI芯片、传感器、集成电路等人工智能算力布局主要集中在北京和上海。人工智能算法平台主要集中在北京、上海、杭州和合肥。社会生产服务主要集中在制造业发达的青岛、广州、沈阳和昆山等地。居民生活服务主要集中在北京、上海、广州、深圳、杭州等中东部经济发达地区。

3. 软件产业大而不强,我国没有发达的工业软件体系

从市场规模看,在核心工业软件领域中的CAD研发设计类软件市场,法国达索、德国西门子、美国PTC以及美国欧特克(Autodesk)公司在我国市场占有率达90%以上,国内数码大方、中望软件、山大华天等只占不到10%的市场;CAE仿真软件市场领域,美国ANSYS、ALTAIR、NASTRAN等公司占据了95%以上的市场份额。

从研发投入看,2019年,CAE仿真软件公司ANSYS研发投入为20.87亿元(按汇率为7.00折算),同年国内CAD龙头中望软件研发投入为1.08亿元,EDA公司芯愿景研发费用仅为0.13亿元(见图24.12)。

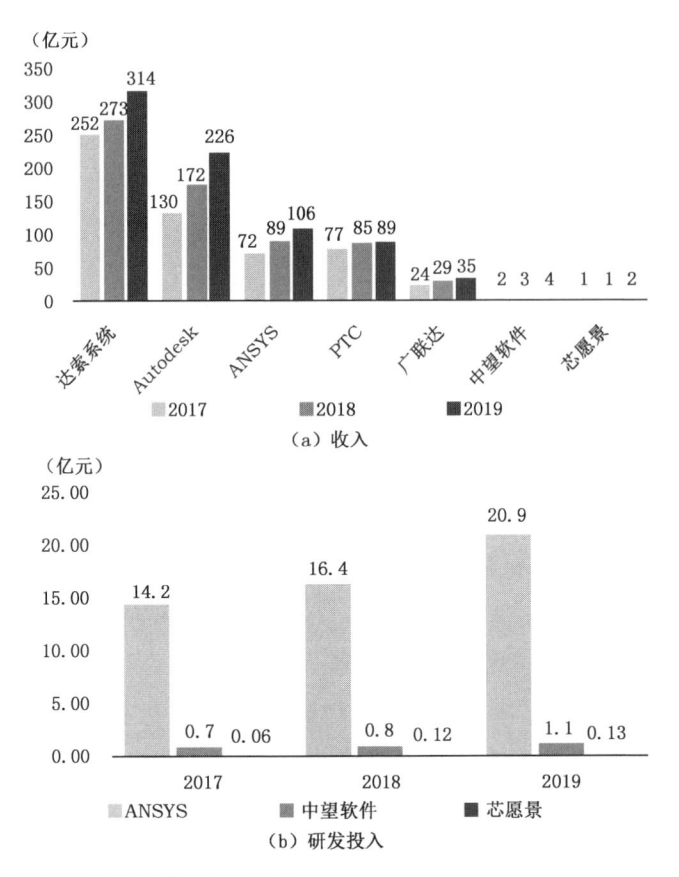

资料来源:华泰证券、未来智库。

图 24.12 中外工业软件龙头收入与研发投入对比

(四)互联性基础产业发展现状

1. 发展整体态势良好,新技术、新模式、新生态涌现

国内工业互联网平台数量发展迅猛。在国家政策大力支持、各省政府高额补贴的刺激下,国内制造企业、工业软件服务商、工业设备提供商及 ICT 四类企业多路径布局工业互联网平台。近两年我国工业互联网平台数量实现了快速发展,截止到 2018 年 3 月,国内工业互联网平台类产品数量已高达 269 个,超过了国外工业互联网平台总和。在 269 个平台类产品中,由制造企业构建的工业互联网平台占比高达 46%(见图 24.13)。

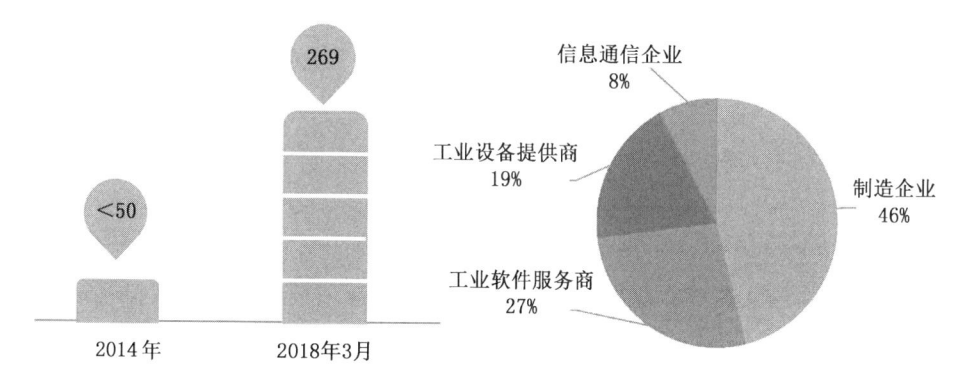

资料来源:国家工业信息安全发展研究中心、艾瑞研究院及其他公开资料。

图 24.13 截至 2018 年国内工业互联网平台数量和平台提供商分类

受限于数字化发展水平,各行业工业互联网平台的应用程度各不相同。数字化水平越高的行业,工业互联网平台的应用程度越高。整体来看,在国内外的应用案例中,机械与能源行业的工业互联网平台应用程度最高,累计占比高达 58%(见图 24.14)。[①]

工业互联网的九大核心技术分别是:超级计算终端、被软件定义的机器、知识工作自动化技术、跨企业标准制定、系统安全、机器人、分布式生产和 3D 打印、人类意识与机器的融合、虚拟世界。工业互联网催生的制造业新模式、新业

---

① 艾瑞咨询.大浪淘沙:中国工业互联网平台研究报告 2019 年[R].2019:23—28.

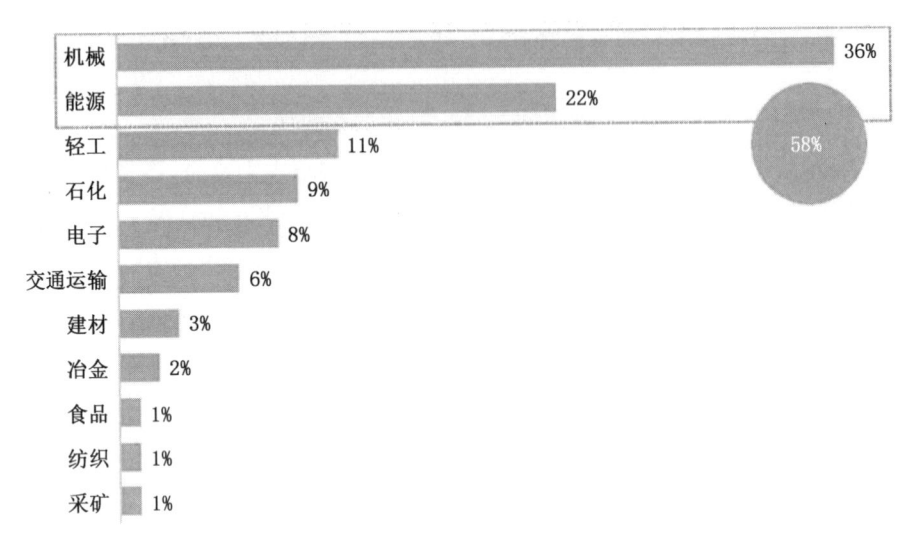

机械	36%
能源	22%
轻工	11%
石化	9%
电子	8%
交通运输	6%
建材	3%
冶金	2%
食品	1%
纺织	1%
采矿	1%

(机械+能源 合计 58%)

资料来源:国家工业信息安全发展研究中心、艾瑞研究院及其他公开资料。

图 24.14　2018 年全球工业互联网平台应用行业分布

态有:网络化协同制造、个性化定制、服务型制造。

2. 与国际工业巨头相比,我国工业互联网产业仍处在追赶状态,结构上同样存在"头重脚轻"的问题

通用电气在 2012 年 10 月率先提出"工业互联网"概念,并在航空、石油天然气、运输、医疗与能源行业等领域迅速推出 9 个工业互联网项目。2014 年 3 月,通用电气联合 AT&T、思科、IBM 和英特尔 4 家行业巨头成立工业互联网联盟,该联盟旨在打破行业、区域技术壁垒,加速现实世界和虚拟数字世界全面融合。目前成员机构已超过 260 家,包含微软、惠普、华为、西门子等几乎所有在工业物联网领域处于领导地位的企业。通用电气于 2013 年推出工业大数据分析平台 Predix,并于 2015 年对全球制造业企业开放。通用电气希望在此为工业互联网建立工业生态系统,建立类似 iOS 和安卓的 App 商店,建立面向工业应用的通用电气商店。

除美国通用电气外,德国西门子和我国海尔也分别推出了 MindSphere 和 COSMOPlat 工业云平台。MindSphere 为西门子工厂数字化服务打下基础,帮助企业进行预防性维护、能源数据管理等数字化服务。海尔的 COSMOPlat 则是中国首个也是最大的自主研发和创新的工业互联网平台。在我国,以红领、宝钢、长安汽车、海尔和犀牛智造为代表的一批创新型企业积极探索数字化转型之路,取得了显著成效。①

但总体而言,我国在供应链管理和物流系统方面比较落后,还是以学习和应用为主。一是多数平台因为缺乏足够的应用场景而变成仅供展示的"阳台"。据统计,目前我国工业互联网平台提供的工业 App 数量总计不超过 5 000 个;无任何机理模型的工业互联网平台占比接近 30%,使得部署其上的工业 App 缺乏机理模型的支撑,最终影响了平台提供的服务内容和平台生态的构建。二是企业内部之间、产业链上下游之间、跨领域各类生产设备与信息系统之间还存在很多"信息孤岛",阻碍了制造资源、数据的集成共享和创新应用。三是平台关键技术本土供给能力不足。一方面,工业软件存在较大短板,尤其是高端工业软件和工业控制系统几乎被国外企业垄断。另一方面,网络信息安全保障能力不强,工业互联网平台在数据分级分类、流转交易等方面的标准或规范尚不健全。四是资源要素支撑保障能力不够。因为价值创造和投资回报周期长,所以工业互联网平台较消费互联网平台在吸引金融资本投资方面更为困难。受疫情影响,部分企业资金链压力较大,难以支撑平台建设费用。在人才方面,工业互联网平台的发展需要既懂制造工艺、流程原理又有信息技术和平台运营经验的复合型人才,同时也需要大量应用软件开发人才。现阶段,我国在这些方面均存在较大的人才缺口。②③

在平台开发方面,我国企业同样存在"头重脚轻"的问题。与国外跨国公司的大手笔投资相比,我国政府和大型国企推动的示范项目过于分散。云服务企业多是在国外基础研究之上进行应用型开发,在工业软件积累上面有不小差距。如何聚焦发展、整合产业链资源、与制造业升级形成联动是考验智慧的大课题。④

---

① 马化腾等. 数字经济——中国创新增长新动能[M].北京:中信出版社,2017:73—125.
② 李燕. 工业互联网平台发展的制约因素与推进策略[J]. 改革,2019(10):35—44.
③ 芮明杰等. 平台经济——趋势与战略[M]. 上海:上海财经大学出版社,2018:316—318.
④ 芮明杰等. 平台经济——趋势与战略[M]. 上海:上海财经大学出版社,2018:315—316.

（五）数字新基础产业现状总结

（1）从总量的角度看，政策偏重"硬基础"和"互联性基础产业"，但对"软基础"重视不够；数字新基础产业发展速度很快，其中"硬基础"在世界领先，但"软基础"和"互联性基础产业"与国外差距较大。

（2）从结构的角度看，各产业普遍存在"头重脚轻"的问题，政策和投资重视技术应用和市场化，但对基础研究重视不够；终端产业世界一流，但基础理论、底层技术和基础产业（软件、系统等）方面尚显薄弱。

（3）从分布的角度看，东部沿海地区资源集中、技术领先，但在大数据中心等环节存在结构性失调的问题，表现为东部相对短缺，西部利用率不高；不同地区和部门的政策、基础设施间缺少连接，跨地区跨部门沟通协调机制缺失。

（4）从要素的角度看，我国在数字基础产业投资多、增速快；专利多而不优，技术创新能力、人才储备等软实力也与欧美日韩有较大差距，高端原料和先进技术严重依赖国外。

（5）从企业的角度看，"硬基础"产业我国头部企业较多、技术一流、市场份额可观，但是"软基础"和"互联性基础产业"基本上是欧美企业的天下，我国企业暂时缺乏国际市场竞争力，处在追赶状态；产业数字化方面，我国企业在智能制造领域发力明显。

（6）从规制的角度看，法律法规的制定已落后于数字基础产业的发展，对大型科技公司的反垄断刚刚提上议程，对数据使用和用户隐私的保护还在讨论中；行业标准和规范尚不健全；政策在机制设计层面还比较粗糙，客观上对合作创新和技术进步产生了不利影响。

第二十五章　上海发展数字基础产业的现实基础

一、上海数字经济的发展现状

《中共中央关于制定国民经济和社会发展第十四个五年规划和二〇三五年远景目标的建议》（以下简称"十四五"规划建议）全文共 6 次提及"数字化"，涉及服务业数字化、数字政府、数字经济、数字中国等多个方面。

数字经济是以使用数字化的知识和信息作为关键生产要素、以数字技术或算法创新作为效率提升和经济结构优化的核心驱动力、以数字网络作为重要载体，通过赋能新兴产业与传统产业并且使之转化为数字产业来提高资源配置效率的一系列经济活动。

（一）数字制造与传统制造业的数字化转型

根据国家互联网信息办公室印发的《数字中国建设发展进程报告（2019年）》，从信息服务应用、信息技术产业、产业数字化、信息基础设施、信息安全、发展环境等方面评估我国 31 省（区、市）的信息化发展水平，结果显示上海和北京、重庆、福建、广东、湖北、江苏、四川、天津、浙江 10 个省（市）位于我国省（市）信息化发展水平的第一方阵。

与北京全面推进大数据、物联网、云计算等在重点领域的深度融合应用，广东推进"数字政府"以此进一步优化营商环境，江苏积极打造物联网技术创新先导区、产业集聚区和应用示范先行区，浙江扎实推进数字乡村和新型智慧城市建设取得明显成效相比，上海着力于打造全国首个人工智能创新应用先导区，面向制造、医疗、交通、金融等先行领域，建设一批新一代人工智能产业创新应用"试验场"，发布智慧工厂、智慧医疗、智慧养老、无人驾驶等多个重点场景，带动社会生活智慧化升级。

1. 传统制造的转型状况

数字制造的三个核心技术为5G、大数据和人工智能技术，数字制造通过运用数据和算法为消费者加工、定制和生产。智能制造体系是一个使企业在研发、生产、管理、服务等与工业制造流程相关方面变得更加"智慧""聪明"的生产体系。通过对数字制造三大核心技术和行业技术的应用，现行制造业被赋能，智能制造体系得以运转、数字化转型得以实现。

2019年，上海智能制造产业规模超900亿元，规模和能级位居国内第一梯队，在《2019年世界智能制造中心城市潜力榜》上，上海排名世界第二。上海市经信委表示，目前上海制造业已基本完成从自动化到数字化的转型，初步具备无人工厂的建设条件，在汽车、高端装备等重点领域已建成国家级智能工厂14个、市级智能工厂80个，推动规模以上企业实施智能化转型500余家，企业平均生产效率提升50%以上，最高提高3.8倍以上，运营成本平均降低30%左右。其中上海宝钢股份的"智能工厂"、海立集团的"机器换人"战略和兰宝传感的数字化车间是上海传统制造企业数字化转型的代表。

宝钢股份是中国钢铁行业的领军企业。通过远程运行维护、大数据、人工智能等综合智慧手段，宝钢股份把上海宝山基地的冷轧热镀锌智能车间变成了一座24小时运转却不需要多人值守的"黑灯工厂"。宝钢"黑灯工厂"内，两条200米长的生产线通过机器人作业和行车无人化，基本实现"机器代人"。智能化改造前，冷轧产线的进料关口、锌锅捞渣、钢卷打捆贴标等各个工段上都需要两名以上工人值守；改造后12台智能"机器人"包办了所有"危脏难"的苦活累活，每条产线只需要2至3名工人流动检视。而传统上必须守候在产线上辛勤工作的工人，则转变为坐在"六合一"操作室里通过电子屏幕远程操控产线的操作人员。100多平方米的操作室里，分散的几名操作人员相隔甚远，只需通过智能远程操控系统，就可实现对宝钢股份上海宝山基地的有序操控。车间外，在6万平方米的产成品物流智能仓库内，无人吊机用"钢爪"精准调运成品钢卷，与无人驾驶重载框架车紧密协作，将成品钢材运往成品码头，物流效率因智慧化运作有效提升,使得每日10万吨钢卷的周转与国际配送得以实现。智能制造体系,使上海宝山基地实现了"黑灯工厂""不碰面生产"和"智慧物流"。

由上海冰箱压缩机股份有限公司更名而来的上海海立(集团)股份有限公司在若干年前就开启"机器换人"的企业战略。海立集团上海工厂的钣金车间几乎看不到工人,机器人在流水生产线上紧张而有序地工作。在引入机器人以前,单条流水线上有十多名工人操作12台半自动机械,每班生产3 000个外壳,每名工人在8小时内要重复3 000次动作。如今,每条流水线上还是原来的12台机械,但串联者变成了8台机器人,它们沿着30米长的生产线排开,以大约10秒钟一个动作的节奏抓取半成品,迅捷准确地送到下一个工位,并可以连续工作几百个小时不休息。钣金车间的工人数量从原有的150名下降至如今的30人,并且工人的角色从体力劳动者转变为机器人的管理者,担负"监工"和"医生"的职责,负责照顾机器人,让其时刻处于最优状态。机器人的出现使工作效率提升而劳动强度下降。

上海兰宝传感科技股份有限公司是上海市高新技术企业,国内领先的工业自动化产品供应商,致力于向客户提供定制化、高品质的传感器产品、系统工程、解决方案以及技术服务。兰宝传感目前具备年产各类工业传感器200万只的能力,2019年完成布局的数字化车间云平台系统恰当地解决了2020年因疫情影响开工受阻的问题。先期拟定复工临时生产计划,以应对人员严重不足、物料无法采购入库、工艺工序不完整运行、多类产品无法生产等情况。同时,企业管理层以OA系统为沟通平台,由网管远程配置了VPN(虚拟专用网络),各职能主管远程登录数字化车间ERP(企业资源计划)、MES(制造执行)系统,迅速构建了有效的远程生产管理指挥系统。复工首日,立即按照已经排定计划执行生产工单,部分员工居家办公,生产运营主管远程登录到MES驾驶舱和车间电子看板系统,就像坐在办公室里一样监控和指挥生产作业。如此,在10日内企业通过把工单更多排到自动化线,避开人工密集作业工序的方法,在人员减少66%的情况下实现正常生产。2020年2月,兰宝传感每日平均出勤人数仅为45人,但生产效率却提高了将近20%。

2. 数字新制造的发展状况

中国信息通信研究院发布的《工业互联网产业经济发展报告(2020年)》显

示,2018年、2019年我国工业互联网产业经济增加值规模分别为1.42万亿元、2.13万亿元,同比增长55.7%、47.3%,占GDP比重为1.5%、2.2%,其中工业互联网的核心产业于2018年、2019年的增加值规模分别为4 386亿元和5 361亿元。赛迪顾问发布的《2022—2023年中国工业互联网市场研究年度报告》显示,预计2022年中国工业互联网市场规模总量达到8 647.5亿元,同比增长13.6%。到2025年,中国工业互联网市场规模达到12 688.4亿元,预测增长率为13.8%。

上海为加快打造工业互联网高地,计划于2022年完成上海工业互联网核心产业规模从800亿元提升至1 500亿元的目标。为完成该目标,上海市的虹口区、嘉定区、金山区、松江区、青浦区分别与致景科技、东土科技、摩贝化学、甲佳智能、海克斯康等一批工业互联网重点企业集中签约,此外包含ABB机器人、汇众汽车零部件、上汽乘用车临港基地、诺玛高端智能液压、三菱电梯智能机器人仓库等在内的一批无人工厂项目也已启动建设。目前上海已推动集成电路、生物医药、汽车、钢铁化工、航天航空等重点领域300多家企业参与工业互联网领域的应用,该举措使得成本平均降低7.3%、质量提升6.1%、效率增长9.2%,并带动10万家中小企业使用云上平台。预计到2023年,上海将新增1万台机器人,拉动新增投资300亿元,生产效率平均提高20%以上,运营成本平均降低20%以上,加快形成"新基建+新经济+新制造"的上海样板,使得全新的数字智能制造模式依托C2B和工业互联网平台在上海进行应用发展。其中上汽集团和海尔数字科技(上海)有限公司是上海数字新制造领域的代表企业。

上海汽车集团股份有限公司(简称"上汽集团")是国内A股市场最大的汽车上市公司,其在2020年《财富》中国500强排名中位列第七,其所属主要整车企业包括乘用车公司、商用车公司、上海大众、上海通用、上汽通用五菱、南京依维柯、上汽依维柯红岩、上海申沃。大众汽车集团投资170亿元,在上海已竣工投产的上汽大众全新整车基地,是大众汽车集团全球首座新建的MEB(纯电动车模块化)平台工厂。该工厂的投资额比特斯拉上海工厂一期项目还要高10亿元。在这座MEB平台工厂的背后,大众汽车集团投入约70亿美元用于研发MEB纯电动车模块化生产平台,大众方面还宣布2020年起的五年内,将投入

500亿美元推动整个集团向电动化转型。MEB,是德语"模块化电动工具"的缩写,意为在一个平台上使用同样的零部件规模化生产多款纯电动车,即为使用标准化的零件拼搭出各种满足不同市场需求的产品。上汽大众的这座MEB工厂有1 400多台机器人,整个工厂接入工业无线网络,可以实现"黑灯化"的自动生产,是大众汽车集团技术最先进的MEB工厂。其借助"模块化"智能制造技术,未来还可量产奥迪、斯柯达等大众旗下品牌的新一代纯电动车产品。

上海汽车集团股份有限公司下属全资子公司上汽大通汽车有限公司(简称"上汽大通")走上了C2B模式的"大规模定制"之路——为用户提供个性化、定制化的汽车。上汽大通主推的全民推荐版车型,是由真实用户投票推荐而来。除了推荐款车型,上汽大通还推出了"私人定制"的购车新方法:用户在线上自主下单,自由选择包括车身外观、内饰、动力、座椅在内的100多种配置,这正是上汽大通C2B智能定制模式的典型展现。"私人订制"模式的内涵来自"车企'以为的',不一定是用户'需要的',应该让用户按自己需求买车,把每一分钱花在刀刃上"的理念。因此在上汽MAXUS D60上市前一个月,上汽大通就开放了在线体验通道,有超过150万用户参与了选配定制和互动定价。"蜘蛛智选"是上汽大通"智能选配器"平台,它既是用户在线购车通道,也是上汽大通粉丝发表想法的"聚宝盆",通过这个平台,上汽大通全系产品均可在线定制购买,每一项配置对应不同的说明和价格,用户在线下单并支付定金后,25～28天内车辆即可完成交付。每个用户都有自己的实际需求,C2B智能定制模式背后的首要逻辑,就是企业相信每个用户都是与众不同的,此外,上汽大通还在售后环节提供"后悔药"服务。因此,上汽大通的C2B智能定制模式想解决的就是用户选车上的"痛点",将车企历来的低、中、高配的工程逻辑打散,突破产品开发、设计、制造、供应链的设定,把选择权真正地交还给用户。

海尔数字科技(上海)有限公司的COSMOPlat卡奥斯工业互联网平台作为海尔产城创生态圈模式的基础核心,已经率先在上海落地,其主要运营和推广工业互联网平台,业务涵盖工业互联网平台的建设和运营、工业智能技术研究和应用、智能工厂建设及软硬件集成服务(精密模具、智能装备和智能控制)、能源管理等业务板块。COSMOPlat工业互联网平台为已选择在上海松江建设的卡萨帝高端智能制造中心提供大规模定制解决方案,该中心面积超过10万平方米，主要生产双子、干衣机、护理机、叠衣机等高端卡萨帝洗衣机。该项目计划打造成集工业互联网、智能制造、研发中心为一体的综合基地，建成洗衣机、干衣机等高端智能硬件和服务的大规模定制智能制造示范基地。海尔卡奥斯COSMOPlat平台作为海尔自主研发的、自主创新的、在全球引领的工业互联网平台，发展的愿景即为助力中国企业实现从大规模制造向大规模定制的数字新制造转型发展。该平台秉承国家级工业互联网平台的使命，为用户和企业创造价值，期望建立以用户为中心的社群经济下的工业新生态。

在数字制造领域上海企业各有分布，但这些上海本土企业在其产业链中仍然普遍处于价值链较弱的地位，对价值链掌控力不强，价值链的核心部分仍旧掌握在外资企业和国内其他省市巨头企业中。

（二）数字服务与传统服务业的数字化转型

1. 生产服务业的数字化转型升级

2020年上半年，上海生产性服务业重点领域企业实现营业收入14 821亿元，同比增长4.5%，预计生产性服务业增加值将达到9 185亿元，同比增长4.2%，当前生产性服务业增加值占GDP比重已经达到45%，可见生产性服务业对上海经济发展的重要影响。

从服务业企业口径的统计数据看，2020年上海服务业企业百强榜显示，上海服务业百强企业2019年的营业收入总额达42 920.2亿元，较2018年度增长4 901.9亿元，增长率为12.89%。其中，营业收入总额超1 000亿元的有11家，交通银行、绿地集团、中国太保分别以年营业收入4 598.9亿元、4 278.2亿元、3 854.9亿元位列前三，该三家企业均属于生产性服务业领域。此外，服务业百强企业2019年的净利润总额达3 547.2亿元，较2018年增长581.7亿元，增长率为19.61%。其中，净利润总额超100亿元的8家企业中共有属于生产服务业的银行、保险、券商等金融业企业6家，该6家企业的净利润之和为2 081.9亿元。百强服务业企业2019年资产总额较2018年增长23 847.9亿元，达285 684.7亿元。资产总额排在前三的亦均属于生产性服务业中的银行业，分别为交通银行99 056亿元、浦发银行70 059.3亿元和上海银行22 370.8亿元。由此可见，银行的数字化转型对服务业整体的发展升级具有举足轻重的影响。

当前,国内主要商业银行线上化、智能化建设经过多年的发展已取得长足进步,银行数字化转型正在进入深水区。银行数字化转型已经从互联网金融业务、电子渠道等早期的焦点逐步拓展到包括组织架构、业务、渠道、营销、风险以及 IT 建设等全领域。银行数字化转型过程中面临的问题亦不容小觑,包括风险管理能力不足、客户服务能力不足等。特别是相较大型银行,中小银行数字化起步较晚、根基较弱。中小银行需要尽早通过顶层设计明确数字化转型的战略地位和目标,合理选择"技术＋金融"的路径;在战略执行层面,要明确以体验为核心、以数据为驱动、以技术为支撑的数字化发展框架,在整合客户、产品、场景、服务等关键要素的同时,全力将其转化为数字形态,打造更加适应数字经济时代的核心竞争优势。可以预见的是,商业银行数字化转型将会沿着业务数字化、数字化治理和数字业务化三个主要方向发展,并在开放平台建设、细分场景拓展两方面积极寻求突破。

除了银行业的数字化转型,上汽集团的城市移动出行服务也是生产服务业企业寻求数字化革新的代表案例。上海汽车集团有限公司正在努力从传统制造型企业向为消费者提供全方位汽车产品和出行服务的综合供应商发展。在移动出行领域,随着人们出行需求的增长,出行服务也变得复杂化和多样化。目前市场上已经有一些互联网平台的公司正在探索移动出行平台的建设,上汽集团期望充分利用在汽车产业链上的资源优势,通过整合生态构筑具有自身特色的移动出行服务平台。在移动出行服务领域,充分考虑不同出行者在不同场合的出行需求,从而为其提供无缝的移动出行体验,是数字化时代移动出行服务产品的最大特征。如何通过实时的组合服务满足复杂的场景,连接合适的服务供给方,也是这一类用户所关注的焦点。

2. 消费服务业的数字化转型升级

根据 2020 年上海服务业企业百强榜中提供数据的 63 家企业的数据,在研发投入金额上排名第一与第二位的均是互联网服务企业,与居民消费生活息息相关,其中携程以 106.7 亿元位居榜首,位居第二位的是美团点评 84.5 亿元。位于上海长宁区的携程和美团点评分别位于 2020 年上海服务业企业百强榜(以营业收入总额排名)中的第 25 位和 13 位,该两家企业均属于消费服务业。

传统服务业因其产业特性往往研发投入较少，而互联网服务企业因其面对广大消费者的特性，则天然具有运用5G、大数据和人工智能三大技术的优势，对于研发费用的投入较高。

2003年创立于上海的大众点评网是中国领先的城市生活信息及交易平台，也是全球最早建立的独立第三方消费点评网站。其主要致力于为中国消费者提供本地的餐饮、休闲、娱乐等生活服务发表评论、分享信息的平台，并为广大潜在的消费者提供客观、准确的本地化消费信息指南。大众点评除了为用户提供商户信息、消费点评及消费优惠等信息服务，亦提供团购、餐厅预订、外卖及电子会员卡等O2O(Online To Offline)交易服务。目前，大众点评网首创的第三方点评模式吸引了千万网友的积极参与，由用户点评的包括餐饮、休闲、娱乐等生活服务商户已覆盖全国2 000多个城市的100万家，且信息量和覆盖范围在不断快速增长和自主更新。其中，餐饮点评是其发展最早也是目前消费者最为喜爱并聚集信息量最多的内容之一。

成立于2010年属于上海拉扎斯信息科技有限公司的"饿了么"是中国专业的网上订餐平台，提供各类中式、日式、韩式、西式、下午茶、夜宵等优质美食，主营在线外卖、新零售、即时配送和餐饮供应链等业务。"饿了么"致力于用科技打造本地生活服务平台，推动了中国餐饮行业的数字化进程，将外卖培养成中国人继做饭、堂食后的第三种常规就餐方式。"饿了么"在线外卖平台目前已覆盖全国，包括北京、上海、杭州、广州等670个城市和逾千个县，在线餐厅340万家，用户量达2.6亿，目前其旗下"蜂鸟"即时配送平台的注册配送员达300万，公司员工超15 000人。作为中国餐饮业数字化领跑者，"饿了么"以建立全面完善的数字化餐饮生态系统为使命，为用户提供便捷服务极致体验，为餐厅提供一体化运营解决方案，推进整个餐饮行业的数字化发展进程。

2013年6月由行吟信息科技(上海)有限公司成立的小红书是一个生活方式平台和消费决策入口，也是所属消费服务领域的一个代表性互联网平台企业。截至2019年7月，小红书用户数已超过3亿；截至2019年10月，小红书月活跃用户数已经过亿，其中70%新增用户为90后。在小红书社区，用户通过文字、图片、视频笔记等形式分享、记录生活，小红书则通过大数据分析、机器学习等人工智能技术对海量信息和用户进行精准定位及高效匹配。小红书旗下设有电商业务，2017年12月，小红书电商被《人民日报》评为代表中国消费科技产业的"中国品牌奖"。2019年6月，小红书入选"2019福布斯中国最具创新力企业榜"，同年11月小红书亮相进博会，计划与全球化智库中国与全球化研究中心（Center for China and Globalization, CCG）共同举办《新消费——重塑全球消费市场的未来形态》论坛。

3. 公共服务业的数字化转型升级

数字政府作为实现国家治理体系和治理能力现代化的战略支撑，是数字中国的重要组成部分，是优化营商环境、推动社会经济高质量发展的重要抓手和引擎，是践行新发展理念、增强发展动力、增强人民福祉的必然选择。当前，各地区、各部门以习近平同志网络强国战略思想为指导，以深化党和国家机构改革为契机，开展数字政府建设，从体制机制、管理职能、基础设施建设、在线政务服务、新技术应用等方面，把握适合本地的发展方式，全方位探索政府数字化转型路径，不断创新政府治理模式。

当前，"互联网＋政务服务"成为我国政府公共服务的重要方式，也是新技术在我国政府数字化转型过程中应用最广泛、最有成效的领域。其中，各地各部门按照全国一体化在线政务服务平台统一要求，以"一网通办"为目标，以"上网是原则、不上网是例外，联网是原则、孤网是例外"为原则，广泛依托云计算、大数据和区块链技术建成区域集约化政务云、政务大数据平台和数据共享交换平台，整合对接各级网上业务办理系统、实体大厅运行系统，采用人工智能技术的智能政务机器人在办事大厅、基层社区也得到普遍应用。

上海政务"一网通办"是上海市委、市政府良好践行公共服务业数字化转型的代表性案例。上海市委、市政府从贯彻落实习近平同志关于网络强国重要思想的高度，从推进改革开放再出发的高度，从提升城市能级和核心竞争力的高度，谋划全市"一网通办"工作内容和方案，并于2018年4月发布了《全面推进"一网通办"加快建设智慧政府工作方案》，提出通过几年努力，基本实现政府政务服务工作以部门管理为中心向以用户服务为中心转变，基本实现群众和企业办事线上"一次登录、全网通办"，线下"只进一扇门、最多跑一次"，基本建成"一网通办"框架体系和运作机制，基本建成整体协同、高效运行、精准服务、科学管理的智慧政府。当前在市委、市政府主要领导的高度重视和亲自关心下，上海的"一网通办"工作推进取得了明显进展。"一网通办"总门户已经上线，基本做到统一身份认证、统一总客服、统一公共支付平台、统一物流快递，数据整合共享实现突破，建成市级数据共享交换平台，推动政务数据按需100%共享。截止到2019年3月，按照国家标准，上海市"一网通办"总门户已经接入1 274项政务服务事项，日均办理量7.5万件；统一公共支付平台累计完成缴费150万笔；统一物流平台累计寄送30万余件。

我们通过上文生产服务业、消费服务业和公共服务业中上海本土代表企业可知，当前上海的产业数字化发展迅速，数字服务业已取得了一定的发展成果，但其相关发展仍以应用端为主，基础技术的研发仍然较为薄弱。

二、上海数字基础产业的发展现状

数字新基础产业指支持数字经济的新型基础产业。数字新基础产业可以从"硬、软、联"三个方面来说明：一是数字类固定设施及其相关产业，即以数字设施、数据库、5G通信设施、新材料、新能源设施、新交通设施、云计算设备等为代表的"数字硬基础"；二是以大数据服务、人工智能、IT软件、数据处理技术、算法服务等为代表的产业发展的"数字软基础"；三是以工业互联网、智能物联网、智慧电网、云的服务网络等为代表的平台性数字经济的载体"数字互联性基础产业"。

（一）上海数字基础产业的相关政策分析

《"十四五"规划建议》中提出要"发展数字经济，推进数字产业化和产业数字化，推动数字经济和实体经济深度融合，打造具有国际竞争力的数字产业集群。加强数字社会、数字政府建设，提升公共服务、社会治理等数字化智能化水平"。上海市政府高度重视数字经济的发展，并明确数字基础产业在构建数字经济体系中的重要支撑作用，因此出台了一系列相关产业政策促进数字经济发展。本节通过上海市人民政府及各下属部门的官方网站收集梳理了4年中（2017年1月1日至2020年10月31日）上海市政府颁布的数字基础产业相关的总体政策及"硬""软"及"互联性"基础产业政策，共计12条。

1. 产业政策工具分类

根据产业政策中的内容分类,政策工具可以分为选择型和功能型两大类(见表25.1)。选择型政策工具是指政府有关职能部门表现出非市场化地选择、推动或者激励行为的政策工具,该类政策往往倾向于政府而不是企业做选择和决策,有一定的计划经济的含义。与之相反,功能型政策工具则注重考虑市场的公平性问题、商业环境的改善以及反垄断等内容,该类政策的多寡象征了市场功能的完备程度以及政府对公平性的重视。

表 25.1　　　　　　　　　　产业政策工具分类

政策工具	措施	主要方式
选择型[①]	直接干预市场	政府有关职能部门行政直接干预市场,对行业准入的管理强化,制定了严格的管理程序,政府在行业准入上除环境、安全方面的规定外,还对设备规模与工艺、企业规模、技术经济指标方面设定了一系列详细的准入条件
	直接选择判断	该选择性并不表现为对具体特定产业的选择和扶持,而是对各产业内特定技术、产品和工艺的选择和扶持;对产业组织结构、生产企业及企业规模的选择;表现在以政府对市场供需状况的判断以及对未来供需形势变化的预测来判断某个行业是否存在盲目投资或者产能过剩,并以政府的判断和预测为依据制定相应的行业产能及产能投资控制措施、控制目标
	保护扶持在位大型企业	制定有利于在位大型企业的行业发展规划;制定有利于大型企业发展和限制中小企业发展的项目审批或核准条件;制定有利于在位大型企业的准入条件或严格限制新企业进入;在项目审批和核准过程中照顾大企业的利益、优先核准大型企业集团的投资项目,对中小企业的项目进行限制等手段来实施

[①] 江飞涛,李晓萍.直接干预市场与限制竞争:中国产业政策的取向与根本缺陷[J].中国工业经济,2010(9):26—36.

续表

政策工具	措施	主要方式
功能型[①]	非专向性措施	政府避免充当"圈定赢家"(Picking Winner)的角色，政府的作用应是给产业的发展创造大环境，而不是只针对少数目标产业
	非贸易扭曲性措施	改型政策不会对自由贸易、公平竞争造成直接或间接的扭曲，因而要求政府实施的产业政策应以前期支持，例如基础设施建设、科技投入、人力资本培育等为重点，而非后期保护，例如价格补贴、出口奖励、经营亏损补贴等为主

2. 上海数字基础产业政策分析

如表25.2所示，从2017年1月1日至2020年10月31日上海市政府颁布的数字基础产业相关的12条政策中，有1条数字基础产业的总体政策，5条数字"硬"基础产业政策，1条数字"软"基础产业政策和5条数字"互联性"基础产业政策。这说明上海市政府重视硬件和互联性基础，而对算法、软件、服务类等的软基础有所忽视。

表25.2　　　　　　　　上海市产业政策工具分类

政策名称	发文字号	选择型	功能型
《上海市推进新型基础设施建设行动方案(2020—2022年)》	沪府〔2020〕27号	√	
《上海市人民政府关于加快推进本市5G网络建设和应用的实施意见》	沪府规〔2019〕27号	√	
《上海市5G移动通信基站布局规划导则》	沪经信台〔2020〕368号	√	
《上海市推进新一代信息基础设施建设助力提升城市能级和核心竞争力三年行动计划(2018—2020年)》	沪府办发〔2018〕37号	√	
《关于本市推动新一代人工智能发展的实施意见》	沪府办发〔2017〕66号	√	

---

① 黄先海，陈勇．论功能性产业政策——从WTO"绿箱"政策看我国的产业政策取向[J]．浙江社会科学，2003(2)：66—70．

续表

政策名称	发文字号	政策工具分类 选择型	政策工具分类 功能型
《上海市智能网联汽车产业创新工程实施方案》	沪府办发〔2017〕7号	√	
《关于本市进一步鼓励软件产业和集成电路产业发展的若干政策》	沪府发〔2017〕23号	√	
《推动工业互联网创新升级实施"工赋上海"三年行动计划(2020—2022年)》	沪府办〔2020〕38号	√	
《上海市"互联网＋监管"工作实施方案》	沪府办发〔2019〕21号	√	
《上海市工业互联网产业创新工程实施方案》	沪府发〔2018〕27号	√	
《上海市工业互联网创新发展应用三年行动计划(2017—2019年)》	沪府办发〔2017〕15号	√	
《上海市加快制造业与互联网融合创新发展实施意见》	沪府发〔2017〕3号	√	

资料来源：上海市政府官方网站。

按上文所述产业政策工具分类来区分，上海市政府颁布的数字基础产业政策均为选择型政策，没有功能型政策，说明在数字基础产业领域市场功能缺失，市政府对公平性、市场经济的重视程度有待提高。尽管在一些实施方案或实施意见中出现了诸如"充分发挥政府引导、市场主导和企业主体作用""激发市场主体创新活力""充分发挥市场在资源配置中的决定性作用，激发企业创新活力和动力"等语句，使得该类政策具有一定的改善产业环境和市场状态的功能型政策的因素，但其选择型政策的色彩依旧占上风。

因此，上海现阶段发展数字基础产业的发展模式仍以政府为主导，市场机制较为缺乏，企业的主动性尚未被完全激发。政策内容上，政策以行政目标规划为主，缺乏对质量的注重；政策推进方式上，仍旧以各政府部门领任务的方式进行，需要进一步激发市场运行的潜力和企业的积极性。

(二)上海的"数字硬基础"产业现状

1. 5G通信设施

当前，上海已实现全市16个区5G网络连续覆盖，2020年上海全市5G建设总投资近100亿元，未来还将新建1.2万个室外基站和3.2万个室内小站，基本实现中心城区和郊区城镇地区的全覆盖。

5G通信设施的安装项目主要由上海移动、上海电信和上海联通实施。目前，上海移动在虹口区及浦东新区各有一条5G精品路线。虹口区已全区覆盖，精品路线起终点位于5G全球创新港，贯穿北外滩、白玉兰广场等，全程约3千米。浦东新区精品路线位于新国际博览中心周边，起点为新国展N1展览馆，途经浦东嘉里城、梅花路、世纪公园地铁站，终点为上海东锦江逸林希尔顿酒店，全程约3.3千米。此外，在浦东东方明珠、南京路步行街世纪广场两地覆盖了5G。中国电信用户则可以在国家会展中心、上海世博中心、上海世博展览馆、陆家嘴"上海中心"观光层、东方明珠、浦东机场T2航站楼、徐汇智慧水岸等城市核心区域体验5G服务。上海联通已完成超2 000个5G站点部署，涵盖200多个行业业务需求点。到2022年年底，三大运营商的5G网络均已覆盖上海主城区及城镇中心。

据赛迪顾问提供的数据显示，上海在我国28省（区、市）的5G基站建设目标数量数据中排名第17位，比北京高一位。2020年上海市5G基站建设目标数量为1.4万个[①]，相比北京的5G基站建设目标为1.3万个。5G基站方面，据不完全统计，目前已有28个省（自治区、直辖市）在政府工作报告及各项专项规划中明确2020年5G基站的重点建设目标，合计超过56.6万个，其中广东、浙江、江苏计划新增基站数均超过5万个（见图25.1）。

2. 大数据中心

上海是我国批复建设的8个国家级大数据综合试验区之一，建设目标是打造国家数据科学中心、亚太数据交换中心和全球"数据经济"中心，形成集数据贸易、应用服务、先进产业为一体的大数据战略高地。

2018年4月12日，上海市大数据中心正式揭牌。该中心将构建全市数据资源共享体系，制定数据资源归集、治理、共享、开放、应用、安全等技术标准及管理办法，实现跨层级、跨部门、跨系统、跨业务的数据共享和交换。上海市大

---

① 因数据局限性，仅获得5G设施的现有数量和2020年年底目标数量数据。在实践中，使用5G设施和设施使用比例的数据则更优。

单位：万个

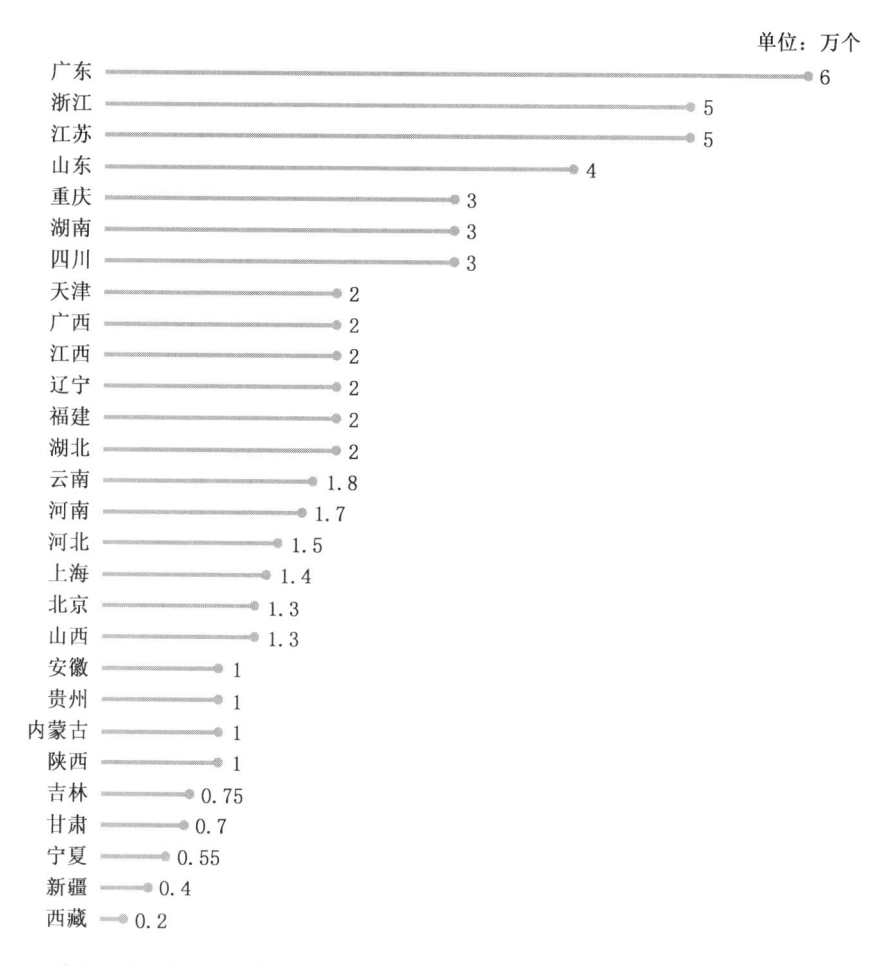

广东	6
浙江	5
江苏	5
山东	4
重庆	3
湖南	3
四川	3
天津	2
广西	2
江西	2
辽宁	2
福建	2
湖北	2
云南	1.8
河南	1.7
河北	1.5
上海	1.4
北京	1.3
山西	1.3
安徽	1
贵州	1
内蒙古	1
陕西	1
吉林	0.75
甘肃	0.7
宁夏	0.55
新疆	0.4
西藏	0.2

资料来源：赛迪研究院.2020城市新基建布局与发展白皮书[R].2020：1—35。

图 25.1　2020 年 28 个省（自治区、直辖市）5G 基站建设目标数量及区域分布[①]

数据中心的主要职责为贯彻落实国家大数据发展的方针政策，做好上海大数据发展战略、地方性法规、规章草案和政策建议的基础性工具。该中心承担制定政务数据资源归集、治理、共享、开放、应用、安全等技术标准及管理办法的具体工作。同时，推进上海政务信息系统的整合共享，贯通汇聚各行、各行政部门和各区的政务数据。在相关部门的指导下，上海市大数据中心将承担政务数据、

---

① 注：港澳台除外，且黑龙江、海南、青海未有公开数据。

行业数据、社会数据的融合工作,开展大数据挖掘、分析工作,承担全市政务云,以及上海政务网的建设和管理,指导各区、各部门数据管理工作,配合相关部门开展全市数据安全、数据管理的绩效评估和督查工作。当前,上海数据中心和计算平台规模"国内领先"。

当前,互联网数据中心已建机架数超过 12 万个,利用率、服务规模处于国内第一梯队。市大数据平台累计已汇集全市 200 多个单位 340 亿条数据,数据规模总体在国内领先。

由于我国各地区信息行业发展水平差异较大,国内机柜资源区域间分布不均衡现象较为突出。截止到 2019 年年底,国内在运营的数据中心,主要集中在京津冀城市群、长三角城市群、粤港澳大湾区等地区,共占据整体市场 50% 以上的份额。北京、上海由于土地资源、电力资源更为紧缺,政府均已出台相关规定,限制新建 IDC 机房。而珠三角地区由于机房存量规模小于京沪,政策未对新建数量进行限制,而是对数据中心的能耗提出要求。未来,中西部地区得益于电力和土地等方面的成本优势,IDC 建设或将陆续规模启动。图 25.2 为 2019 年我国大型数据中心及机架数区域分布情况。其中上海所在的长三角地区的大数据中心机架数量为 61.8 万架,而上海的大数据中心机架数量占全国总量的 13%,约为 31.8 万架,占长三角地区机架数的一半之多。

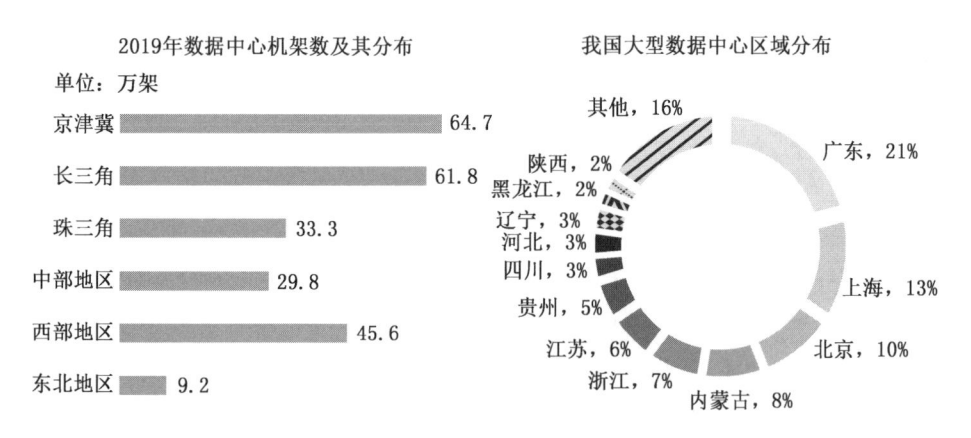

2019年数据中心机架数及其分布
单位:万架

区域	万架
京津冀	64.7
长三角	61.8
珠三角	33.3
中部地区	29.8
西部地区	45.6
东北地区	9.2

我国大型数据中心区域分布

其他,16%；广东,21%；陕西,2%；黑龙江,2%；辽宁,3%；河北,3%；四川,3%；贵州,5%；江苏,6%；浙江,7%；内蒙古,8%；北京,10%；上海,13%

资料来源:赛迪研究院.2020 城市新基建布局与发展白皮书[R].2020:1-35。

图 25.2 大数据中心机架数及区域分布

3. 新材料产业

新材料是指新出现的具有优异性能和特殊功能的材料，或是传统材料改进后性能明显提高和产生新功能的材料。新材料产业是材料工业发展的先导，是重要的战略性、基础性产业，在建设制造强国、巩固国防军工中占据重要地位。

在支持新材料产业发展上，上海出台落实了一系列政策措施，一是制定并实施上海市特色首批次政策，《上海市首批次新材料专项支持办法（试行）》于2017年10月正式发布，并于2018年年初开展首年度申报工作，明确支持重大工程、重点产业配套材料和前沿性新材料，鼓励产业链协同突破。

在《上海促进新材料发展"十三五"规划》中提出主要目标：到2020年，上海要以提升制造业能级为核心，努力建设成为国际先进、国内领先、产学研用紧密结合的新材料研发创新核心基地之一。目标一，重点新材料企业研发投入占销售收入比重努力达到2%以上；目标二，新材料产业总产值达到2 500亿元，年均增长率为4%～5%，进一步打造一批跨国大型材料企业和具有国际影响力的材料企业；目标三，打造一批创新能力显著、资源配置合理的新材料区域集群；目标四，新材料比重更加突出，占原材料工业比例达到50%。

上海在新材料产业领域创新优势丰富。从高等院校来看，上海有六所高校院系开设了新材料相关学科的专业教学，分别是上海大学材料学院、复旦大学材料学院、同济大学材料学院、华东理工大学材料学院、东华大学材料学院和上海交通大学材料学院。从科研院所来看，共有6家科研院所，分别是中国科学院上海硅酸盐研究所、中国科学院上海光学精密机械研究所、中国科学院上海有机化学研究所、上海化工研究院、中国科学院上海微系统与信息技术研究所和上海材料研究所。从功能平台来看，上海有28家新材料相关实验室和研究中心及技术平台，包括国家级产业技术基础公共服务平台（化工院）、国家先进钢铁材料技术工程研究中心南方实验室基地、国家级产业技术基础公共服务平台（材料所）、高性能陶瓷和超微结构国家重点实验室、金属基复合材料国家重点实验室、上海高分子材料研究开发中心等。从协会联盟来看，上海有四家协会，分别是上海有色金属行业协会、上海市聚氨酯工业协会、上海市新材料协会和上海市稀土协会。

上海市分布着547家新材料产业企业。主要行政区的新材料企业数量都在50家以上,其中以金山区92家分布最多,其次是青浦区73家,松江区71家,嘉定区、闵行区和浦东新区分别为66家、62家和59家(见表25.3)。此外,上海化工区仅有12家。

表25.3　　　　　　　　上海市新材料产业企业区域数量及分布

序号	行政区域	重点企业数量(家)
1	上海化工区	12
2	浦东新区	59
3	宝山区	39
4	金山区	92
5	青浦区	73
6	松江区	71
7	嘉定区	66
8	闵行区	62
9	奉贤区	51
10	其他	22

资料来源:中商产业研究院.上海新材料产业布局深度分析[R].2020。

从上海市新材料产业企业细分领域来看,先进高分子材料有320家企业,占总企业数量的六成,其次是高端金属结构材料领域的企业,数量为58家(见图25.3)。前沿新材料领域企业数量最低,为9家。从工业产值来看,先进高分子材料领域企业工业总产值已达1 400亿元,高端金属结构材料企业工业总产值接近560亿元(见图25.3)。

目前上海在全国新材料产业领域的地位有所下降。近几年国家及各省市促进新材料产业发展的相关政策密集发布,各地强势跟进态势明显并发展迅猛,上海新材料产业虽在稳步发展,但并未跟上全国增速。环渤海地区创新资源非常集中,技术创新推动产业发展势头强劲;珠三角地区在新材料方面以外向出口型为主,已形成较为完整的产业体系,深圳还把新材料列为未来五大重点发展产业之一。如图25.4所示,在近十年的发展过程中,上海新材料产值占全国比重持续下降。

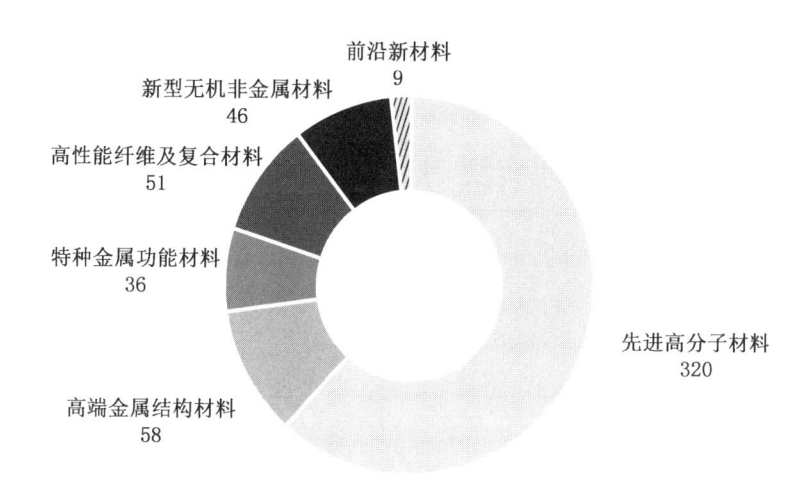

资料来源：中商产业研究院.上海新材料产业布局深度分析[R].2020:1—25。

图 25.3　上海市新材料产业细分领域企业数量

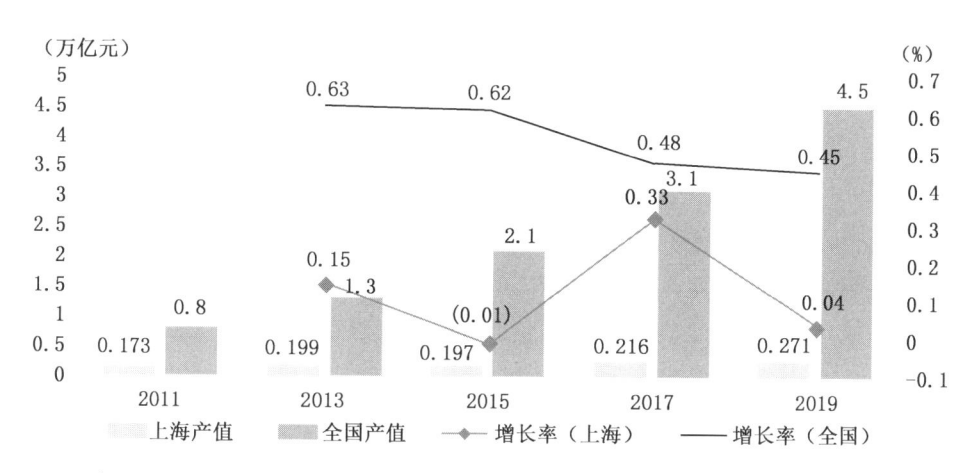

资料来源：礼森观点.上海新材料产业高质量发展的机遇与挑战[R].2019:3—5.

图 25.4　上海新材料产值及增速与全国对比

（三）上海的"数字软基础"产业现状

1. IT 软件

软件和信息技术服务业是关系国民经济和社会发展全局的基础性、战略性和先导性产业，具有技术更新快、产品附加值高、应用领域广、渗透能力强、资源消耗低、人力资源利用充分等特点,对经济社会的发展具有重要的支撑和引领作用。目前上海市的软件和信息服务企业普遍具有核心算法薄弱、独创性低和代工性质多的特征。

2019年前三季度,上海软件和信息服务业的总体营业收入为7 267.78亿元,增长率11.2%;其中,软件产业收入为4 110.61亿元,增长率为11.2%;互联网信息服务业营业收入为2 360.94亿元,增长率16.5%。

据上海市经济和信息化委员会核定,形成按2018年经营收入排名的"2019上海软件和信息技术服务业'百强'企业"(以下简称"百强")和按2016年至2018年复合增速排名的"2019上海软件和信息技术服务业高成长'百家'企业"(以下简称"百家")两份名单。2018年入围的"百强"企业营业总收入将近3 000亿元[①],比上届增长50%。其中,经营收入超100亿元的企业有2家,经营收入超10亿元的企业有56家。"百强"企业营业总收入约占上海全市软件和信息技术服务业收入的40%。入围"百家"企业2016年至2018年经营收入复合增速最低为40%,整体收入复合增速接近1倍,远高于同期软件和信息技术服务业增速。其中,复合增速超过200%的企业有19家,复合增速超过100%的企业有44家。2018年,上海"双百"企业实现利润总额超过460亿元,占营业收入比例近15%,高于全行业平均水平1个百分点。此外,2018年"双百"企业投入研发经费超过200亿元且企业平均研发强度[②]为8.5%,其中"百家"企业平均研发强度为12.3%,且有37家"双百"企业的研发强度超过20%。"双百"企业中参与研发的人员数量超过7万人,占"双百"企业总从业人数的45%。2018年,上海"双百"企业吸纳从业人员超过16万人,占全市信息服务业从业人员22%。另外,"双百"企业著作权登记量近1万件,获授权专利数量超过2 000件。2018年,"双百"企业纳税近200亿元,有力支撑了上海经济和社会发展。

上海对软件和信息服务产业的发展规划主要是打造"一中四方"的空间格局(见表25.4)。"一中"是以中心城区为主,产业定位为互联网信息服务、人工智能软件和电子商务。"四方"指的是浦东新区、闵行区、青浦区和静安区。其

---

① 本次入围"百强"企业2018年经营收入最低为5亿元。
② 研发强度为研发经费占营业收入的比例。

中浦东软件园产业定位为移动互联网、行业应用软件和金融信息服务。闵行区的紫竹科学园区产业以网络视听、数字内容为主。青浦区的市西软件信息园产业以工业软件、物联网和信息服务为主。静安区的市北高新区以基础软件、大数据和云计算为主要发展方向(见表25.4)。

表25.4　　　　　上海市软件和信息服务产业"一中四方"空间格局

序号	类型	行政区	产业定位
1	一中	中心城区	互联网信息服务、人工智能软件、电子商务
2	四方	浦东新区	移动互联网、行业应用软件、金融信息服务
3	四方	闵行区	网络视听、数字内容
4	四方	青浦区	工业软件、物联网、信息服务
5	四方	静安区	基础软件、大数据、云计算

资料来源：中商产业研究院整理。

2018年上海新评估软件企业552家,截止到2018年,上海累计认定或评估软件企业6 469家。从软件企业的数量分布来看,浦东新区企业数量最多,为127家(见图25.5),占上海市新评估软件企业总数的23%。其次是嘉定区的93家,闵行区的48家和杨浦区的45。以嘉定区、杨浦区、宝山区为代表的北部片区新评估企业数量占比持续上升。上海软件行业区域格局加速呈现"均衡化"发展趋势,东西南北中"百花齐放"的新格局进一步形成。

在2018年上海新评估软件产品区域分布中,传统的软件产品大区浦东新区、徐汇区、嘉定区、闵行区、杨浦区依然位居前五,表明大型软件企业的分布依然相对稳定(见图25.6)。

2018年上海经营收入超亿元软件企业有532家,在工信部发布的2018年中国软件业务收入百强企业名单中,上海共有中国银联等8家企业入围(见表25.5)。

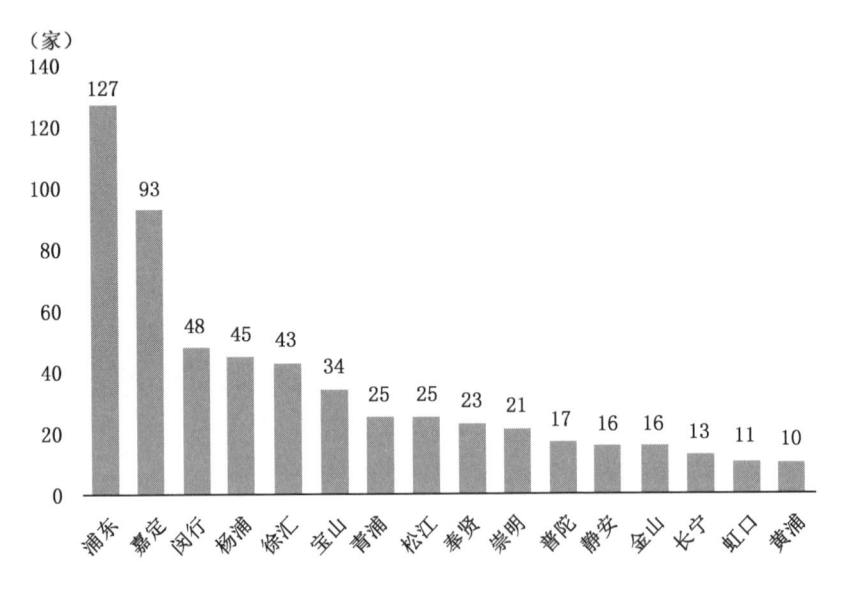

资料来源：智研咨询。

图 25.5　2018 年上海新评估软件企业区域分布

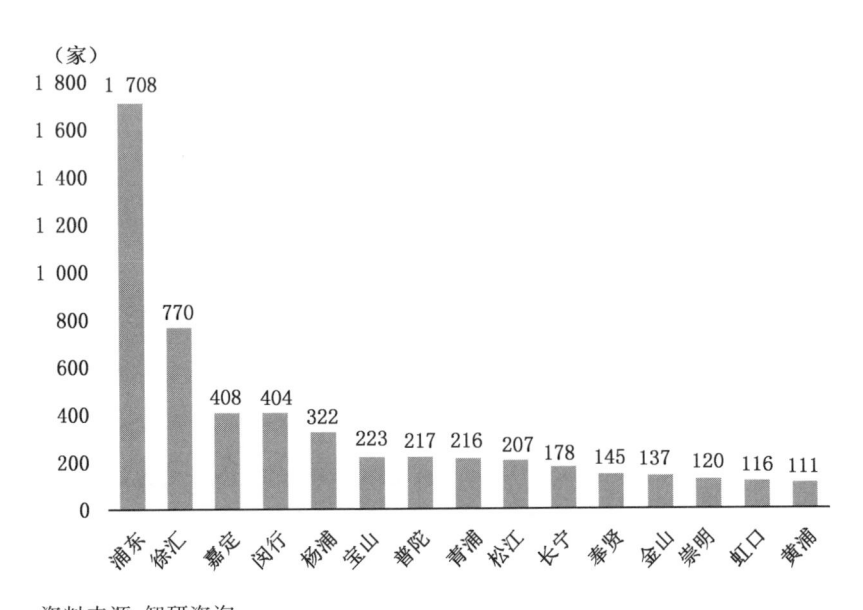

资料来源：智研咨询。

图 25.6　2018 年上海新评估软件产品区域分布

表 25.5　　2018 年上海入选中国软件业务收入百强企业名单

序号	排名	企业名称	软件业务收入(亿元)
1	4	中国银联	112
2	21	华东电脑	56
3	35	宝信软件	40
4	39	华讯网络	39.5
5	59	卡斯柯	25.4
6	65	携程网络	25
7	69	万达信息	20.8
8	88	汉得信息	14.5

资料来源:智研咨询。

2. 人工智能

随着科技领域创新加快,以人工智能为首的高新技术产业对人类社会产生了革命性的影响。其中,上海的人工智能相关企业注册数量持续攀升,从2017年年初的仅百余家迅速发展到2019年年底的千余家。截止到2019年年底,上海拥有的人工智能企业数量位居全国第二,占全国总数的20.3%,居世界第四。上海的人工智能领域重点企业有1 116家,其中183家规模以上企业2018年的总产值规模达1 339.78亿元。超过三分之一的人工智能人才集中在上海,该数量位居全国第一。如图25.7所示,企业服务领域的人工智能企业最多,达到146家,其次是硬件领域的企业,达到85家。

从成立年份来看,上海最早的人工智能企业成立于1996年,是一家教育机器人公司"能力风暴"。这家老牌机器人企业的融资总额达到6亿元,估值达60亿元,在上海人工智能企业中排名15位。人工智能企业数量的大规模增长始于2010年,并于2015年达到高峰。该年,上海成立了63家人工智能公司,2016年成立了62家。

从2019年我国人工智能企业[①]区域占比情况来看,京津冀地区人工智能企业占总数的44.8%,长三角地区企业约占28.7%,珠三角和川渝地区分别占

---

① 人工智能企业指对外提供人工智能产品、服务以及解决方案的企业。

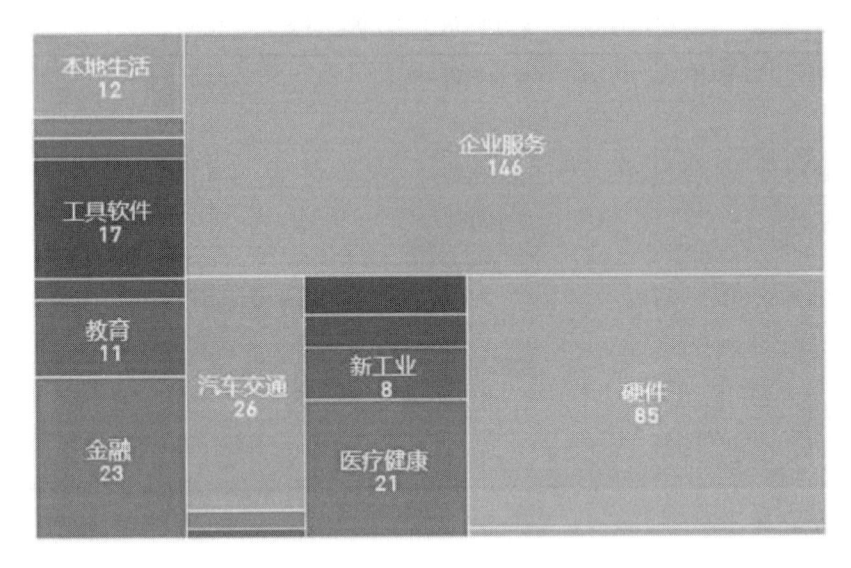

资料来源:动点科技。

图25.7 上海人工智能企业行业分布

16.9%和2.6%。其中上海是中国最早获批国家新一代人工智能创新发展试验区的城市之一,于2019年5月22日获批,仅比北京获批晚了3个月。

根据中国信息通信研究院发布的《2019年Q1全球人工智能产业数据报告》,上海位列北京、旧金山和伦敦之后,排名第四,拥有233家人工智能企业,数量仅为北京的一半(见图25.8)。

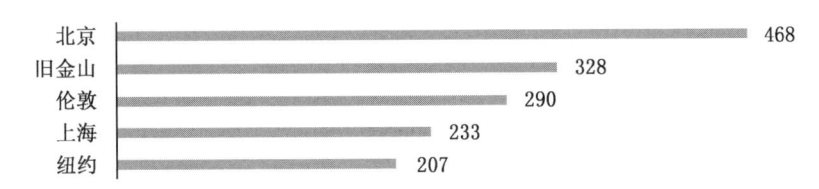

资料来源:中国信息通信研究院。

图25.8 2019年一季度全球人工智能企业城市排名

3. 数据分析技术

根据2019年统计数据,上海大数据企业已超过400家,其中主要分为应用类、技术类、资源类、衍生服务类和产业支撑类。上海市大数据产业基地(市北)

和上海市大数据创新基地(杨浦)已聚集了大量云计算和大数据企业。

从中商产业研究院的上海市大数据规划图可以了解到,上海大数据产业主要分布在五大区域,其中静安区的主要大数据产业基地有国家新型工业化大数据示范基地、上海市大数据产业基地、公共数据开放基地;其次杨浦区、徐汇区、浦东新区和闵行区涉及的大数据基地分别是上海市大数据创新基地、公共数据开放基地和长三角大数据辐射基地。从高等院校来看,上海市大数据产业高等院校有华东师范大学数据科学与工程研究院和复旦大学大数据学院。两所高等院校分别位于普陀区和杨浦区,为上海大数据产业的发展提供了人才支持。从科研院所来看,上海大数据产业科研院所主要有复旦大学大数据研究院、上海华东电信研究院、上海开源大数据研究院和上海超级计算中心。从功能平台来看,上海大数据产业科研院所主要有上海大数据中心、上海亚马逊 AWS 联合创新中心、上海数据交易中心、上海市大数据产业基地、旅游大数据联合创新实验室、上海大数据应用创新中心、城市管理大数据联合创新实验室、上海市大数据创新基地、大数据流通与交易技术国家工程实验室、同济大学 CIMS 研究中心、上海大数据金融创新中心、同济大学大数据与网络安全研究中心、上海市新能源汽车公共数据、大数据联合创新实验室、能源大数据联合创新实验室、交通大数据联合创新实验室、金融大数据联合创新实验室、医疗大数据应用技术国家工程实验室、上海交通大学大数据工程技术研究中心和医疗大数据联合创新实验室等。从协会联盟来看,上海市大数据产业主要联盟有上海大数据联盟,上海大数据联盟成立于 2016 年 4 月,并入选 2017 年度"十大最具影响力的大数据领域社会智库"。从企业来看,上海市大数据企业主要分布在上海市中心地带,并向上海市周边分散发展。上海市大数据企业目前已超 500 家,其中技术型大数据企业有 170 家、应用型大数据企业 278 家,其他类别大数据企业 58 家。

从企业分布地区发布来看,2019 年大数据企业按行政区占比排在前十的分别有静安区、浦东新区、徐汇区、杨浦区、嘉定区、闵行区、长宁区、松江区、宝山区和黄浦区。其中静安区占比将为 29%,浦东新区占比达 24%(见表 25.6)。

表 25.6　　　　　　　　　2019 年大数据企业区域数量及占比

序号	行政区	重点企业数量(家)	占比(%)
1	静安区	146	29
2	浦东新区	120	24
3	徐汇区	38	8
4	杨浦区	34	7
5	嘉定区	30	6
6	闵行区	24	5
7	长宁区	23	5
8	松江区	14	3
9	宝山区	13	3
10	黄浦区	13	3
11	其他	51	10
12	合计	506	100

资料来源:中商产业研究院整理。

从空间分布情况来看,静安区大数据中心最多,分别是国家新型工业化大数据示范基地、上海市大数据产业基地和公共数据开放基地(见表 25.7)。

表 25.7　　　　　　　2019 年上海市大数据"1+4"空间发布情况

序号	类型	行政区	产业定位
1	1中心	静安区	国家新型工业化大数据示范基地
2	2中心	静安区	上海市大数据产业基地
3	3中心	静安区	公共数据开放基地
4	4基地	杨浦区	上海市大数据创新基地
5	4基地	浦东新区	公共数据开放基地
6	4基地	徐汇区	公共数据开放基地
7	4基地	闵行区	长三角大数据辐射基地

资料来源:中商产业研究院整理。

(四) 上海的"数字互联性基础"产业现状

1. 工业互联网平台

工业互联网是满足工业智能化发展需求,具有低时延、高可靠、广覆盖特点的关键网络基础设施,是新一代信息通信技术与先进制造业深度融合所形成的新兴业态与应用模式。工业互联网日益成为新工业革命的关键支撑和深化"互联网＋先进制造业"的重要基石,对未来工业发展产生全方位、深层次、革命性影响。目前,国家在北京、上海、广州、武汉、重庆5个城市布局标识解析顶级节点,而在其他城市加快布局二级节点。[1] 国内企业的工业互联网平台在近两年集中发布,尚处于市场初级阶段,企业布局以平台类为主,正在从聚焦垂直领域向跨行业领域逐渐延伸。目前北京、江苏、上海、浙江、广东、山东具有较多工业互联网平台(见图25.9),其中上海的工业互联网平台注重依托本地核心优势产业发展,例如上海的钢铁产业平台。

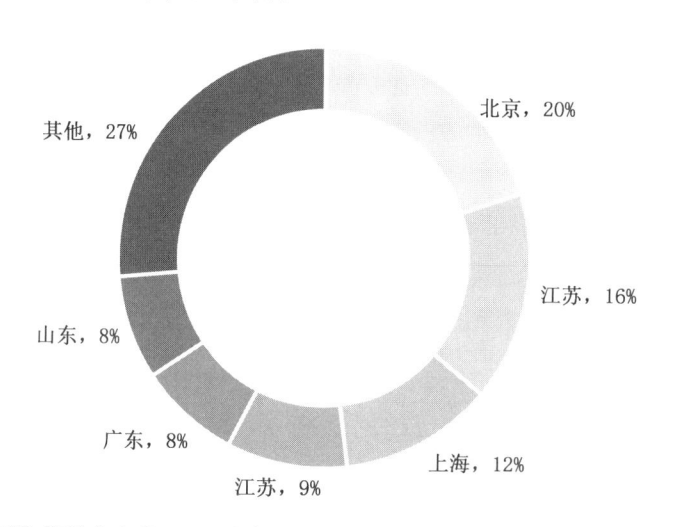

资料来源:赛迪白皮书.2020城市新基建布局与发展白皮书[R].2020:15—27。

图25.9 全国工业互联网平台区域布局

2020年4月8日,上海市政府印发了《上海市促进在线新经济发展行动方

---

[1] 二级节点为连接顶级节点和企业数字化应用的核心设施。

案（2020—2022年）》。据此方案，上海将加快发展工业互联网，支持大型龙头企业建设企业专网，建设20个具有全国影响力的工业互联网平台。其中海尔卡奥斯COSMOPlat平台是上海计划发展20个工业互联网平台目标的一个代表性平台。2020年上半年上海遇裳服饰有限公司在接到大量口罩订单后，COSMOPlat平台迅速为其成立嵊州遇裳医疗用品有限公司，并提供全自动一次性口罩生产线，并利用平台资源，在资质申请、产品检测认证方面给予支持。COSMOPlat平台还通过智慧采购，帮助其采购口罩生产原材料；以防疫智能管理平台，协助其员工有序复工。COSMOPlat平台为该企业从生产服装到快速转产口罩提供了人、机、料、法、环全方位的支持，体现了平台的生态优势。COSMOPlat平台在生态方面已吸引了众多上海区域的合作伙伴，包括上海交大、同济大学、华东师大、复旦大学等一流院校；以及鼎视、富聪康健、优也、画龙、犇数科技、音智达等在垂直领域有差异化特色的合作伙伴，共同赋能各行各业的转型升级。

除了海尔集团旗下的卡奥斯COSMOPlat工业互联网平台把华东总部落户到上海，富士康集团旗下的"工业富联"也已经在上海交易所挂牌上市，并着力发展工业互联网平台。上海松江区的紫光UNIPower工业互联网平台面向全国工业企业提供全方位的工业云服务、智能制造解决方案和工业互联网安全保障体系，并已在电子信息、钣金、注塑、钢铁、纺织、新能源等多个行业领域广泛应用。用友精智工业互联网平台是用友云在工业企业的全面应用，是面向工业企业的社会化智能云平台。精智平台基于强大的中台能力，构建企业与社会资源之间的全要素、全产业链、全价值链连接，提供社会级交易服务、协同服务、金融服务及云化管理服务，以开放的生态体系，帮助工业企业实现数字化转型。优也Thingswise iDOS平台是集云计算与微服务、大数据、机器学习与人工智能、模型和应用研发工具于一体，帮助企业在生产环境建立统一的数据平台，并以算法模型的分析计算为核心，简易建模，多处复用，使企业能够敏捷建立算法模型和开发智能应用。解决工业企业在数据、模型、应用以及在自主可控性等方面的挑战而量身定制的工业互联网平台，是面向工业企业生产场景的工业互联网平台。赛摩云协同制造平台是基于赛摩20多年制造行业经验，通过工业经验实践和总结，提炼出的一套切实可行的解决方案。可以实现订单执行流程的透明化,实现企业内部业务流程的纵向贯通,保证了企业实现信息化转型;提高社会资源的利用率,促进企业的专业化,提高制造质量,促进区域制造业的转型和发展;平台采用电商化设计,易于操作和使用;平台还提供以核心企业为主体的供应链金融贷款融资服务,解决中小企业贷款难和贷款贵的难题。平台的推广和实施必将促进中小企业的信息化和转型发展,促进区域制造业的效率提升和转型升级。

2. 智能物联网

2019年1月16日,上海市浦东新区人民政府与微软(中国)有限公司在上海浦东新区合作落地微软人工智能和物联网实验室,旨在推动在制造、零售、医疗高科技、金融、公共事务等行业的人工智能及物联网与企业数字化转型的深度融合。以微软人工智能和物联网实验室为支撑载体,双方通过在传统产业智能制造转型升级、人才培养、商业模式创新等领域不断开拓,打造产业、企业、人才集聚的创新生态系统。此次打造的微软人工智能和物联网实验室,依托政府政策、产业支持以及张江科研创新资源雄厚的良好条件,携手浦东新区政府共同打造具有全球影响力的创新生态系统和产业合作机制。

此外,智能物联网在线监控运维平台的出现帮助了工业领域各行各业的设备快速接入互联网,实现设备的网络化和智能化。同时,满足用户个性化需求,对接云端数据存储、数据分析和智能服务平台,提供资产管理、设备跟踪、故障预测、能源管理、知识管理、智能改造等创新业务,帮助用户降低成本、提高运营效率,实现商业模式的创新。在应用场景上,智能物联网可以作用于设备运维、远程服务、产线优化和经营分析。

上海的智能物联网产业发展整体较弱,大企业缺乏,现有企业的专注领域大多分布在技术的应用上,对基础技术以及技术的基础研究较少。上海孟伯智能物联网科技有限公司(简称"孟伯智能")是一家位于国家双创示范基地上海市杨浦区湾谷科技园的智能物联网行业应用解决方案与服务提供商,注册资金5 000万元。该企业不仅提供智能物联网行业的应用解决方案和服务,还是信息物理系统产品专业供应商,主要涉及钢铁冶金、石化、电力、交通、建筑、医药、烟草、物流、农业、消防、环保等行业。上海昊想智能科技有限公司是物联网公共安全解决方案的提供商。该企业创立于2014年,致力于运用物联网技术的创新,构建人与物、物与物、数据与人的关系,创造更美好的社会生活。公司成立以来已经开发多项具有自主知识产权的软件产品,以及具有专利的行业解决方案,并获得上海市经信委双软企业认证和上海市创新项目基金支持。

从上海在数字基础产业的"硬""软""联"三个方面的发展来看,上海在硬件基础设施部分具有较明显的优势,但是在高端软件和互联方面优势并不明显。在高端软件领域,上海的浦东软件园近年来在全国持续排位第三;工业互联网和物联网方面,上海的开发实力落后于北京和江苏,在人工智能算法企业方面,上海仍和北京有显著差距。

这种侧重硬件的发展格局和上海市政府出台的政策有一定的关联。在数字基础产业的相关政策规划中,与硬性基础设施相关的规划便于量化,因此率先重点发展,而软件和互联相关的规划则相对较少、较弱。

三、上海发展数字基础产业的主体分析

(一)上海从事数字基础产业建设的主体分析

1. 从企业总数量上看,上海和广东、江苏、福建、北京等地差距较大

根据亿欧智库的统计数据,全国新基建①相关企业共有 3 157 家上市企业,32 519 家高新技术企业,大部分是小微企业。其中,上海的新基建企业总数约为 10 万家,排名第七,而广东省最多,数量达到 27 万家左右(见图 25.10)。

---

① 由于数字基础产业数据缺乏,该处使用新基建相关数据作为代表,两者在统计口径上有较大重叠。

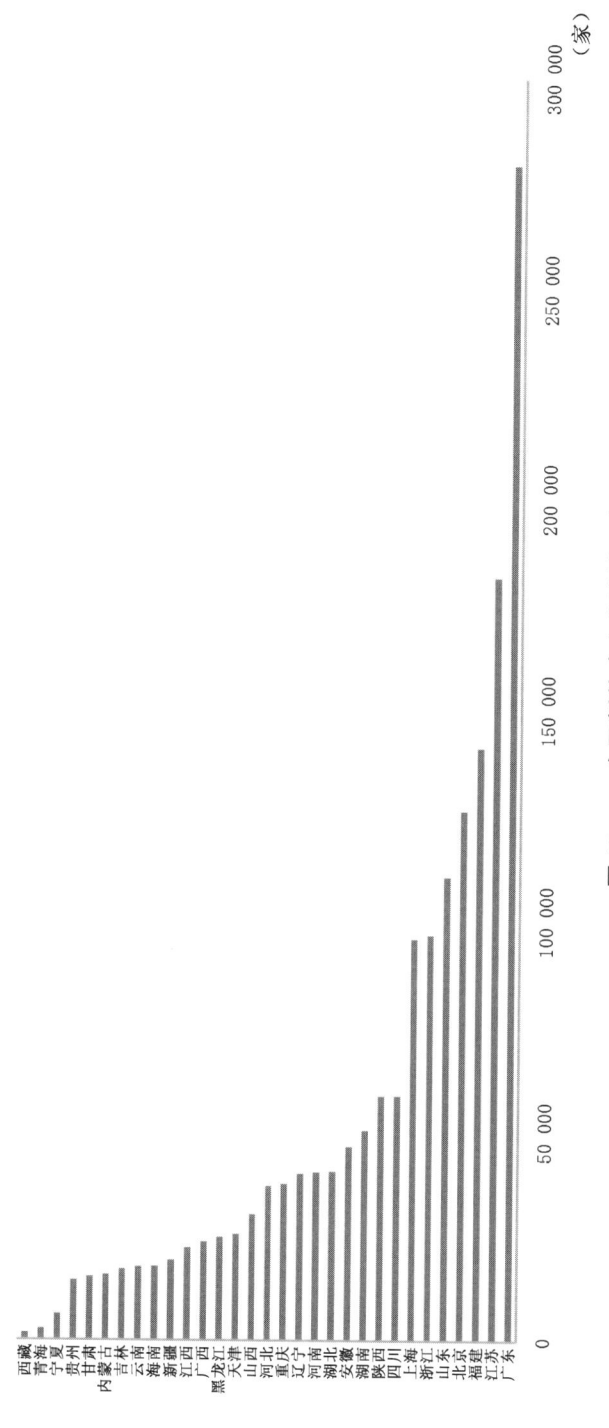

图 25.10 全国新基建企业地域分布

新基建是新型基础设施建设的简称,主要包括5G基站建设、特高压、城际高速铁路和城市轨道交通、新能源汽车充电桩、大数据中心、人工智能、工业互联网七大领域,涉及诸多产业链,是以新发展为理念、以技术创新为驱动、以信息网络为基础,面向高质量发展需要,提供数字转型、智能升级、融合创新等服务的基础设施体系。新基建的定义属于数字基础产业建设的一部分,数字基础产业的"硬""软""联"分类很好地囊括了新基建中的主要领域,而新基建的主要领域也是数字基础产业中代表性的产业领域。

2. 从成熟企业的实力来看,上海的先锋新基建企业占比较少

根据亿欧智库对全国新基建企业进行的调研(截止到2020年8月),上海的新基建企业数量在全国范围内占比较少,在全国新基建的百强名单①中,上海有8家企业入围(见图25.11),占全国总数的8%。相比之下,北京26家位列第一,广东22家位列第二,江苏和浙江11家位列第三,总计占比70%。

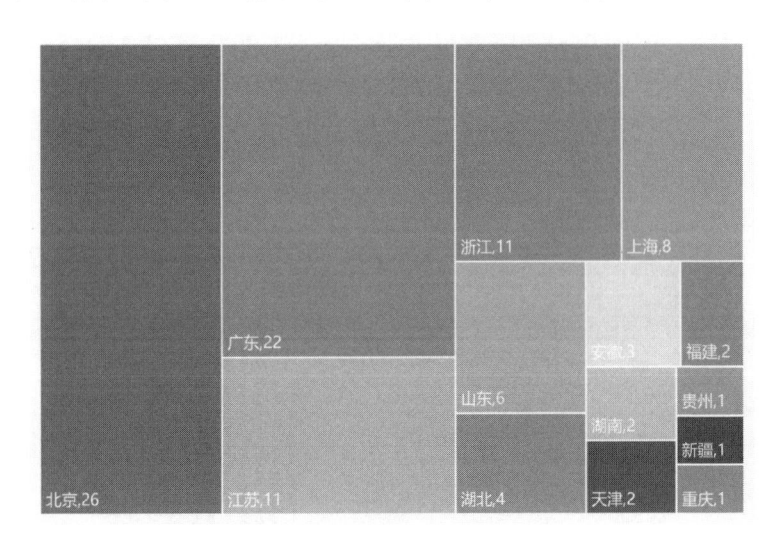

资料来源:亿欧智库。

图 25.11　新基建先锋企业 100 强地域分布

3. 从成长性企业的实力来看,上海新基建企业的近期成长性较好

从成长性企业的实力来看,上海新基建产业的发展活力全国排名第三,入

---

① 全国新基建的百强名单来源于亿欧智库自己构建的一个指标,企业以总部所在地为准。

围全国 100 强的共 15 家,占比 15%。但是距离前面两位还有一定差距,从图 25.12 可见,北京 45 家位列第一,广东 23 家位列第二,北京和广东占全国比重共计 68%。

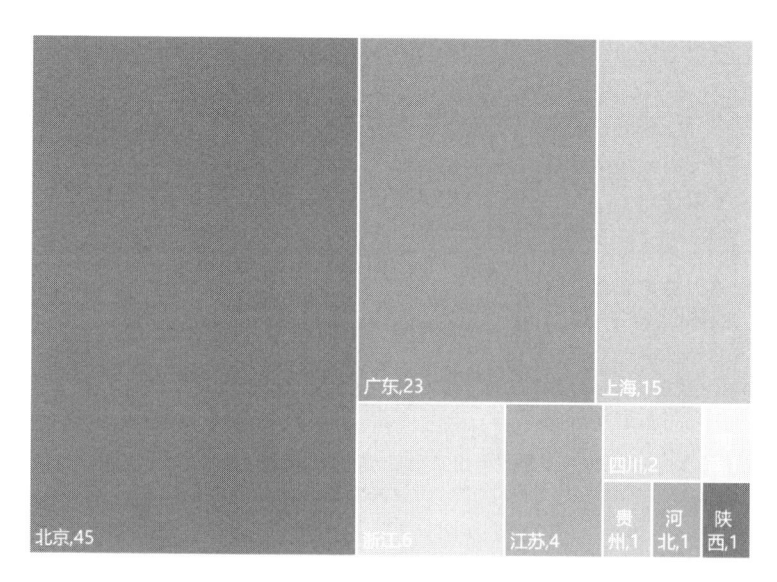

资料来源:亿欧智库。

图 25.12 新基建成长企业 100 强地域分布

4. 上海新基建企业主体代表

上文中提到的"全国新基建先锋企业百强"中上海的 8 家企业见表 25.8。除商汤科技外,其余 7 家均为上市公司。商汤科技完成 C+轮投资,当时估值超过 75 亿美元。

表 25.8 2020 年全国新基建先锋企业百强中上海的 8 家企业

品牌名称	所属公司	品牌介绍
宝信软件	上海宝信软件股份有限公司	宝信软件以软件为核心带动硬件和系统集成,为用户提供咨询、集成、开发和运维等全方位服务,产品与服务业遍及钢铁、有色金属、装备制造、医药、化工、采掘、智能交通、金融、水利水务等多个行业

续表

品牌名称	所属公司	品牌介绍
商汤科技	上海商汤智能科技有限公司	商汤科技是人工智能领域的领先公司、人工智能平台公司，专注于计算机视觉和深度学习原创技术研发。其自主研发并建立了深度学习平台和超算中心，推出了一系列人工智能技术，包括：人脸识别、图像识别、文本识别、医疗影像识别、视频分析、无人驾驶和遥感等
上海电气	上海电气集团股份有限公司	上海电气是一家大型综合性高端装备制造企业，主导产业聚焦能源装备、工业装备、集成服务三大领域，致力于为全球客户提供绿色、环保、智能、互联于一体的技术集成和系统解决方案
隧道股份	上海隧道工程股份有限公司	中国最早进行盾构隧道试验和工程应用专业工程建设单位，是全球唯一一家集建筑施工和施工装备设计制造为一体的综合性施工企业
网宿科技	网宿科技股份有限公司	网宿科技主要提供互联网内容分发与加速(CDN)、云计算、云安全、全球分布式数据中心(IDC)等服务。2019年12月10日，网宿科技"基于CDN的互联网业务欺诈检测防御系统"再度成功入选国家级试点示范项目，并在2019年中国网络安全产业高峰论坛上正式接受工信部授牌
移远通信	上海移远通信技术股份有限公司	移远通信是专业的物联网技术研发者和无线通信模组的供应商，可提供包括蜂窝通信模组、物联网应用解决方案及云平台管理在内的一站式服务。公司主要产品包括5G、LTE/LTE-A、NB-IoT/LTE-M、车载前装、安卓智能、GSM/GPRS、WCDMA/HSPA(+)和GNSS模组
中通快递	中通快递股份有限公司	中通快递是一家集快递、物流及其他业务为一体的大型集团公司。中通快递现已成为国内业务规模较大、第一方阵中发展较快的快递企业，截至2020年3月31日，中通服务网点约有30 000个，分拨中心有90个，网络合作伙伴约为4 850家，长途车辆数量超过7 700辆，干线运输线路超过2 900条
中芯国际 SMIC	中芯国际集成电路制造有限公司	中芯国际是中国内地规模最大、技术最先进的集成电路芯片制造企业。主要业务是根据客户本身或第三者的集成电路设计为客户制造集成电路芯片。中芯国际是纯商业性集成电路代工厂，提供0.35微米到14纳米制程工艺设计和制造服务

资料来源：公开资料。

上文中提到的"全国新基建成长企业百强"中上海的15家企业见表25.9。其中已成功在科创板上市的有2家，为澜起科技和优刻得，极链集团和依图目前融资均进行到C轮。

表 25.9　　　　　2020 年全国新基建成长企业百强中上海的 15 家企业

品牌名称	所属公司	品牌介绍
e 成科技	上海逸橙信息科技有限公司	e 成科技是国内首家设立算法部门,将人工智能和大数据应用于数字化人才决策解决方案的 HR TECH 企业。作为人力资本数字化平台,e 成科技是数字化人才战略领先者,开创性地将 AI 技术与人才战略升级场景深度结合,形成数字化招聘、数字化员工服务、数字化人才咨询支柱产品线,为企业招对人、用好人、助力人才战略成功创造价值
博通	BEKEN 博通集成电路(上海)股份有限公司	BEKEN 博通是国内最大的无线连接芯片公司,拥有完整的无线通信产品平台,支持丰富的无线协议和通信标准。BEKEN 博通已成为国内消费电子和工业应用无线 IC 的市场领导者,是国标 ETC 射频收发器、无线键盘鼠标芯片、FRS 对讲机芯片、无人机无线遥控芯片、蓝牙音响芯片等国内最大供应商
极链集团	上海极链网络科技有限公司	极链科技 Video++作为国内专业的视频 AI 综合服务商独角兽企业,重点布局 5G+AI 应用,以及新兴消费产业。公司将 AI+文娱产业商业化,形成了视频 AI 广告、视频电商、互动娱乐的业务矩阵
凯京科技	上海凯京信达科技集团有限公司	凯京科技是以"让物流更高效,让物流人更幸福"为使命,致力于推动物流行业的数字化和智慧化。集团成立斑马来拉数字化货运平台,旨在服务货主、中小物流公司,运用覆盖全国的互联互通运力网络,采用"互联网+大数据+人工智能"技术体系,为客户提供干线/零担运输、落地配送、仓干配一体化、电商新零售入仓等高效的物流服务解决方案,为中小物流企业提供货源、品牌、系统、支付结算、金融等全方位的一揽子服务
扩博智能	上海扩博智能技术有限公司	扩博智能经营范围包括:从事智能技术、信息科技、电子科技、网络科技、计算机科技、航空科技、航天科技领域内的技术开发、技术咨询、技术转让、技术服务,从事货物及技术的进出口业务,商务信息咨询,机电产品、计算机、软件及辅助设备的销售,计算机系统集成等
澜起	澜起科技股份有限公司	澜起科技是国际领先的高性能处理器和全互联芯片设计公司。公司致力于为云计算和人工智能领域提供高性能、低功耗的芯片解决方案,目前的产品包括内存接口芯片、PCIe Retimer 芯片、服务器 CPU 和混合安全内存模组等
乐言科技	上海乐言信息科技有限公司	乐言科技致力于将 AI 前沿技术赋能各垂直行业客户,在电商客服、金融咨询、政务问答、医疗问诊等领域进行广泛应用。乐言主要产品"乐语助人"智能客服是一款可自动应答、能训练对话、协同人机交互的 AI 客服机器人

续表

品牌名称	所属公司	品牌介绍
深兰科技	深兰科技(上海)有限公司	深兰科技是快速成长的人工智能企业,作为平台型AI Maker,致力于人工智能基础研究和应用开发,人工智能产业链智能软件输出及自主硬件设计和制造。依托自主知识产权的深度学习架构、机器视觉、生物智能识别等人工智能算法,深兰科技已在智能驾驶及整车制造、智能机器人、AI CITY、生物智能、零售升级、智能语音、安防、芯片、教育等领域布局
西井科技	上海西井信息科技有限公司	西井科技是一家人工智能行业解决方案服务商,经营范围包括计算机、网络、机电科技领域内的技术开发、技术咨询等,主要与AI芯片、自动驾驶相关
星环科技	星环信息科技(上海)有限公司	星环科技是一家高科技大数据创业公司,致力于大数据基础软件的研发,包括Apache Hadoop 2.0,并超越Hadoop,提供高于开源Hadoop版本10~100倍性能提升的大数据分析平台,可处理GB到PB级别的数据。星环科技同时提供存储、分析和挖掘大数据的高效数据平台和服务,目前处于快速成长期。星环科技针对TRANSWARP DATA HUB提供标准技术支持服务,包括7×24小时的技术支持、问题侦测、故障恢复、产品升级等服务
依图	上海依图网络科技有限公司	依图科技人工智能技术的应用领域包括:智能安防、依图医疗、智慧金融、智慧城市、智能硬件等。2017年7月,依图科技在由美国国家标准技术局(NIST)主办的全球人脸识别测试(FRVT)中夺得第一,成绩在千万分之一误报下达到识别准确率95.5%,是当时全球工业界在此项指标下的最好水平。根据2018年6月的官方报告,依图已将这一指标提升到了接近极限的水平,即在千万分之一误报下的识别准确率已经接近99%
优刻得	优刻得科技股份有限公司	优刻得(UCloud)是中立、安全的云计算服务平台,坚持中立,不涉足客户业务领域。公司自主研发IaaS、PaaS、大数据流通平台、AI服务平台等一系列云计算产品,并深入了解互联网、传统企业在不同场景下的业务需求,提供公有云、混合云、私有云、专有云在内的综合性行业解决方案
有孚网络	上海有孚网络股份有限公司	有孚网络是企业级云计算运营商,以云计算(Cloud Computing)、云计算数据中心(Data Center)等为主营业务。有孚网络拥有近20年的云计算数据中心运营管理经验,在北京、上海、深圳等一线城市拥有多个高等级云计算数据中心,可为全国中大型客户提供丰富的云计算数据中心服务。此外,遍布全国的网络传输资源和高可用的带宽接入资源,实现了国内环网的互联互通,为企业提供实时高效的点对点传输

续表

品牌名称	所属公司	品牌介绍
运去哪	上海汇航捷讯网络科技有限公司	"运去哪"是上海汇航捷讯网络科技有限公司旗下的B2B电商交易平台,是国内一站式国际物流服务平台。"运去哪"主打国际货运领域,旨在为进出口企业和货运代理企业搭建一条快捷的沟通与交易通道,可提供在线运价查询、报价、订舱、货物追踪、支付等服务,为外贸企业提供包括海运、空运、拖车、报关、仓库内装、货运保险等国际物流综合服务
竹间智能科技	竹间智能科技(上海)有限公司	竹间智能科技(Emotibot)致力于前沿的人工智能技术、自然语言理解、图像识别和语音情感辨识的技术研究开发。专注于情感机器人的研发,致力于懂人的、能记忆的机器人。竹间是以理解人类语言和情绪为目标的科技公司,团队有各类领域(人工智能、深度学习/机器学习、自然语言理解、数据挖掘、图像识别、语音情感识别及物联网)的科学家。目前已经在AI＋金融、AI＋医疗医药、AI＋教育、AI＋互联网、AI＋智能终端、AI＋传统产业等领域提供完整的解决方案

资料来源:公开资料。

上海目前拥有张江的"人工智能岛"、自贸区的"数据港"集群、"中国芯"集群以及"智能造"集群,基本涵盖了数字基础产业的"硬""软""联"各领域。但上海的数字基础产业集群中始终缺乏本土领军企业。这就导致上海企业在数字基础产业集群中普遍处于价值链较弱的环节。

此外从发展的主体来看,上海在发展数字基础性产业的过程中呈现出国企为主,民企从属的特征。上海地区数字基础产业领域民营经济实力与活力均弱于国企,且弱于全国其他省份的民营经济。在亿欧智库的"全国新基建先锋企业百强"名单中,上海新基建民企仅占4席,且排位较后,实力较低,分别是第54位的商汤科技、第72位的网宿科技、第82位的移远通信和第95位的中通快递。除此以外,上海的新基建百强民营企业的数量亦远少于北京和深圳。

(二)上海数字经济发展主体的动力机制

在《中国数字经济发展白皮书(2017)》报告中,中国信息通信研究院提出了数字经济的"两化"框架,即数字产业化和产业数字化。从"两化"的结构来看,上海数字产业化较弱而产业数字化较强。

其中，数字产业化即信息通信产业，是数字发展的先导和基础产业，为数字经济的发展提供技术、产品、服务和解决方案。具体行业包括电子信息制造业、电信业、软件和信息技术服务业、互联网行业等，其领域包括但不限于5G、集成电路、软件、人工智能、大数据、云计算、区块链等技术、产品和服务。相对的，产业数字化则是指上述数字技术、产品及服务向各个传统产业等延伸和应用，为传统产业带来生产数量和效率上的提升。其领域包括但不限于工业互联网、两化融合、智能制造、车联网、平台经济等新业态。因此，数字产业化的内涵更侧重基础核心技术，而产业数字化的内涵则更侧重应用服务和传统行业的融合。

对于上海而言，上海的产业数字化占GDP比重高达43%，说明上海接近半数的传统企业已经开始应用数字技术（见图25.13），企业数字化转型的意识较强、帮助传统企业进行数字化应用的服务也相对较完善；但是从数字产业化来看（见图25.14），上海的数字产业化占GDP比例仅为广东、江苏和北京的一半，差距较大，这意味着上海地区5G、集成电路、软件、人工智能、大数据、云计算、区块链等基础技术性企业远远少于北京、江苏和广东，这也表明上海核心基础企业弱，而应用企业较强的局面。这种数字基础产业弱而数字化应用强的态势主要来自应用企业商业收益较高、投资回收期较短、成本投入较小的商业逐利本质，而基础产业中的基础的投入则陷入只见投入、不见回报的"困境"中。作为会对全社会产生重大正向外部效应的"基础中的基础"的投入，政府部门应当多加重视。

上海数字经济应用层面稍强于数字基础产业的发展，但从整体来看，上海的数字经济发展仍显著落后于广东和北京。在赛迪顾问公布的新基建百强企业中，广东、江苏、湖北三省硬件制造类企业优势较大，且广东在50家硬件制造类企业中占据21家；而北京、浙江应用服务类企业较多，在软件和信息服务业全国领先，相比之下，上海的优势不太明显。

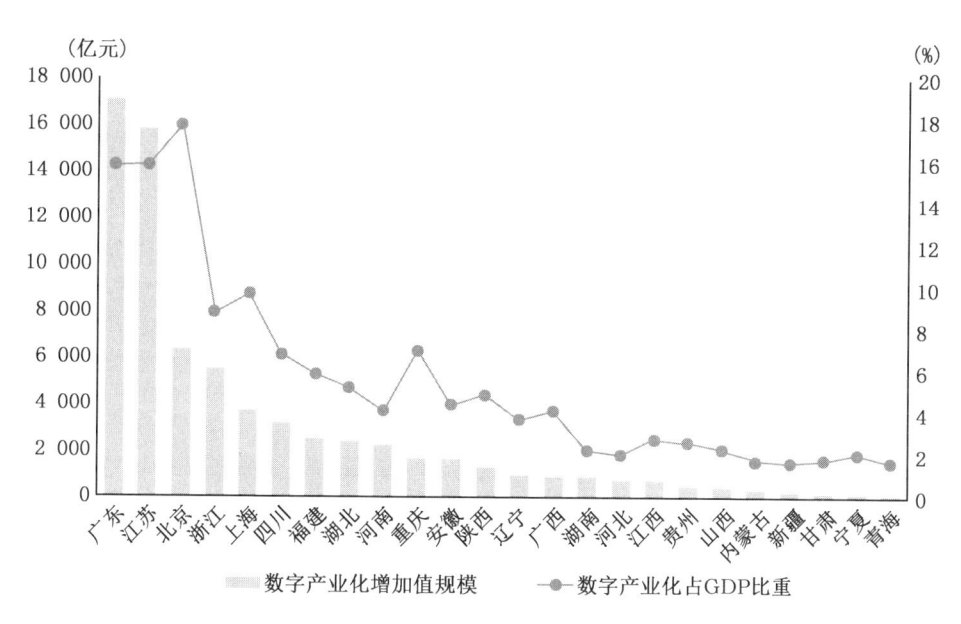

资料来源：中国信息通信研究院. 中国数字经济发展白皮书(2020年)[R]. 2020。

图 25.13　2019 年全国数字产业化状况

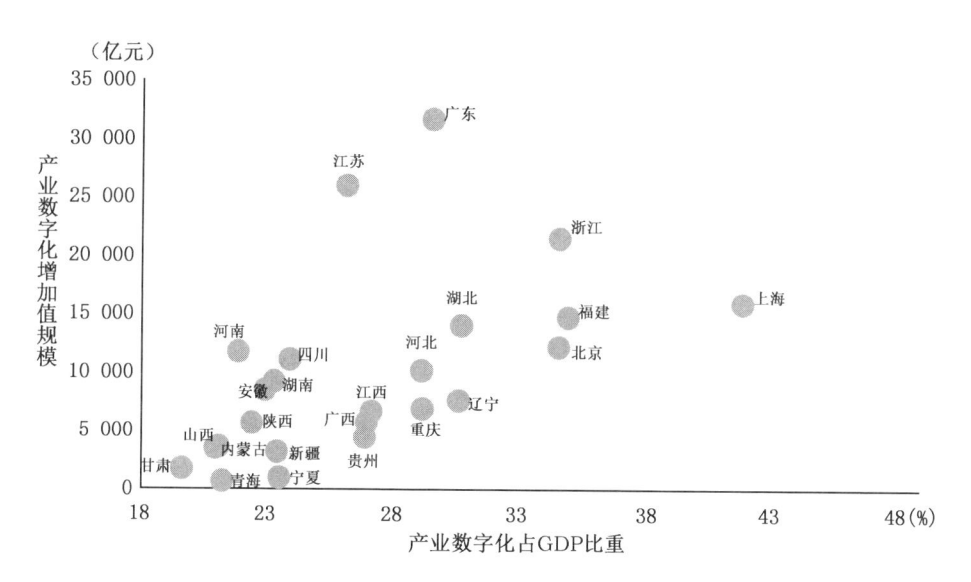

资料来源：中国信息通信研究院. 中国数字经济发展白皮书(2020年)[R]. 2020。

图 25.14　2019 年全国产业数字化状况

四、上海数字基础产业现状总结及问题分析

（一）上海数字基础产业发展现状总结

1. 相关产业均有布局，但缺乏本土领军企业

前文的数据分析可见，上海在数字基础产业的"硬""软""联"方面均有布局，但是这些集群中普遍缺少本土的领军企业，价值链掌控力不强。

一方面，上海目前拥有张江的"人工智能岛"、自贸区的"数据港"集群、"中国芯"集群以及"智能造"集群，基本涵盖了数字基础产业的"硬""软""联"各领域。并且由于上海在"硬""软""联"方面的布局和较好的营商环境，吸引了不少掌握核心技术的外资大企业和国内数字基础行业的领军企业。例如在张江的"人工智能岛"上，入驻了微软全球最大人工智能和物联网实验室、IBM中国上海新总部及研发大楼、阿里巴巴上海创新中心、英飞凌等重点项目。同时，通信领域的巨头华为、大数据及算法领域的巨头字节跳动等也纷纷在上海打造了世界级的研发中心。

但另一方面，上海的数字基础产业集群中始终缺乏本土的领军企业。这就导致上海企业在数字基础产业集群中普遍处于价值链较弱的环节，而价值链的核心部分仍掌握在外资企业和国内其他巨头企业中。

2. 基础技术研发薄弱，应用发展缺乏优势

上海在数字经济以及数字基础性产业的发展中均出现了"基础环节薄弱"的基本特征。在数字经济领域中，上海的产业数字化发展迅速，数字智造、数字服务业都已经取得了一定的发展成果，但是数字化产业基础薄弱。在数字基础产业领域中，相关发展仍以应用端为主，基础技术的研发较为薄弱。

基础技术的研发往往面向企业客户，为企业提供数字经济的相关支持技术、产品或服务，收益性和成功率都不如直接面向消费者的应用更高，因此出于逐利的本性，企业自然会先从应用端开始发展，进而通过应用实现对基础研发能力的反哺。但目前来看，上海应用端的发展规模仍旧不够，无法像阿里巴巴一样，通过强大的应用服务反过来促进基础研发能力的提高，以至于上海在数

字经济的发展中表现出"基础的基础"明显薄弱的问题。

但是相比于应用层,基础技术的研发价值更大,且具有重要的战略意义。对于数字基础产业而言,基础技术研发能力的强弱意味着能否参与标准的制定、能够构建以某些基础技术为核心的产业生态,以及是否在价值链上具有控制力。因此,在企业难以内生提高基础技术研发能力时,政府应当加大对基础技术研发的投入,吸引人才、鼓励企业资源投入、引导企业提高基础研发能力。

3. 发展侧重硬件基础设施,高端软件和互联发展较弱

从上海在数字基础产业的"硬""软""联"三个方面的发展来看,上海在硬件基础设施部分具有较明显的优势,但是在高端软件和互联方面优势不明显。根据赛迪研究发布的数据,上海在2018年5月即启动了全国首个5G示范商务区的建设,开通了5G+8K的试验网,并在2018年年底实现了"千兆宽带"的全覆盖,成为全国千兆第一城,上海的硬件设施优势明显。[1] 但是在高端软件部分,上海的浦东软件园近年来在全国持续排位第三[2],工业互联网和物联网方面,开发实力落后于北京和江苏,在人工智能算法企业方面,和北京的差距显著。

这种侧重硬件的发展格局和上海市政府出台的政策有一定的关联。在数字性基础设施的相关政策规划中,和硬性基础设施相关的规划便于量化,因此率先重点发展。在《上海市推进新型基础设施建设行动方案(2020—2022年)》中,涉及硬性规定基础设施的发展规划包括5G基础设施建设、数字工厂建设与智能设备升级、网络带宽能力提升、光缆通信建设、数据中心IDC建设、智慧道路建设、人工智能超算设施建设等。而软件和互联相关的规划则相对较少,包括互联网IPv6升级、亚太一流的超大规模人工智能计算与赋能平台与相关配套软件以及卫星通信互联网的建设。这种政策上的倾斜也导致上海目前硬件发展快于"软""联"的现状。

4. 国企扮演主要角色,民企则扮演从属角色

从发展的主体来看,上海在发展数字基础性产业的过程中呈现出国企为

---

[1] 赛迪顾问股份有限公司.2019中国首批5G试点城市通信产业发展潜力研究白皮书[R].2019年5月.

[2] 中国软件行业协会发布的目前"最具有影响力软件和信息服务企业"名单[EB/OL].2020-5-31, https://www.sohu.com/a/291097862_99901137.

主、民企从属的特征。具体来看，政府投入大量的资源设立规划，以国企为主体推进数字基础产业的发展，并希望发挥国有企业在新一轮科技革命和产业变革浪潮中的引领作用。在这种模式下，国企的确也取得了一定的发展成果。例如中国宝钢旗下的宝信软件为宝武智慧制造提供大数据、工业互联网、云计算方面的软件和技术支持。根据亿欧智库发布的2019年中国新基建成熟企业100强名单[①]，宝信软件位列全国百强第6位，具有较强的技术实力。

相比之下，上海地区数字基础产业领域民营经济实力、活力弱于国企，且弱于全国其他省份的民营经济。在亿欧智库的百强企业名单中，上海新基建民企仅占4席，且排位较后，实力较低，分别是第54位的商汤科技、第72位的网宿科技、第82位的移远通信和第95位的中通快递，且上海的新基建百强民营企业数量远少于北京和深圳。

规模优势和资源优势使得国有经济在上海数字性基础产业产值大，成果快，但由于国企体制机制根本原因，国企在创新活力上仍然存在效率不高、创新不足的问题。而相比于国企，民营企业则在自主探索、战略决策方面更加积极，对前沿的创新开发也更加敏感。但是大部分民企处于相对低端的产业领域，缺乏研发和创新的资本和实力，在财税、融资等资源方面也不如国企有优势，导致民营企业在数字性基础产业中的活力较弱。为此，政府应当加强市场机制的建设，完善制度建设，营造创新的良好环境，努力建设培育民营创新的沃土。

（二）上海数字基础产业发展面临的困难和问题

1. 发展模式以政府为主导，需要更多发挥市场机制

上海目前发展数字经济面临的首要问题是发展模式的问题，现阶段的发展仍以政府为主导，市场机制较为缺乏，企业的主动性未被完全激发。主要表现在以下两个方面：

第一，政策内容上，政策以行政目标规划为主，缺乏对质量的注重。上海政府对新基建的支持和政策的推进是非常迅速且坚决的，2020年2月，中央全面

---

① 亿欧智库.2020新基建展望[R].2019.百强榜单评价指标包括四个方面：商业化能力、科技创新、团队运营和媒体传播能力。所属行业为5G、AI、大数据、物联网、云计算、区块链、智慧城市、工业互联网、充电桩等"新基建"相关行业。

深化改革委员会提出打造集约高效、经济适用、智能绿色、安全可靠的现代化基础设施体系。2020年4月底，上海市政府便已经印发三年行动方案——《上海市推进新型基础设施建设行动方案(2020—2022年)》，快速推进相关数字基础设施的发展。但是从政策内容来看，行动方案中数量规划有很多，对质量相关的要求和发展规划较少。例如在5G基站的建设上，上海明确三年内新建3.4万个5G基站，加快5G独立组网(SA)建设，率先建成SA核心网，在互联方面，上海要求三年内实现家庭千兆接入能力和商务楼宇万兆接入能力全覆盖。移动通信网络、固定宽带网络接入能力平均达到1 000Mbps，用户感知速率平均达到50Mbps，实现IPv6活跃用户占比互联网用户超过60%。在工业互联网上，建设100家以上无人工厂、无人生产线、无人车间，加快行业智能化转型。推动相关龙头企业建设20个具有全国影响力的行业平台，带动15万企业上云上平台。这些政策的推进大多以数量建设为目标，缺少对核心能力发展的相关规划。

第二，在相关政策的推行方式上，仍旧是领任务方式的推进，需要进一步激发企业的积极性。在《上海市推进新型基础设施建设行动方案(2020—2022年)》中，相关的规划目标被分配到相关单位负责落实，例如5G和固网"双千兆"宽带网络的建设由市经济信息化委、市通信管理局、市住房城乡建设管理委、市规划资源局负责推进，工业互联网集群建设由市经济信息化委、市通信管理局负责推进，而互联网规模化部署由市委网信办、市通信管理局、市发展改革委、市经济信息化委负责推进。数字性基础建设在不少领域都有交叉合作，目前这种发展方式可能会导致不同单位之间沟通协同不畅。同时，政府对规划目标负责将会减弱企业的发展积极性，为此上海政府应当考虑转变发展模式，由政府主导的模式向激发企业积极性模式转变，引导企业成为数字基础建设发展的主体。

2. 产业创新环节存在弱项，核心瓶颈难以突破

数字性基础产业中的基础核心技术具有高技术含量的特征，是数字经济中"基础的基础"部分，也是支撑整个数字经济发展的基石，因此对于数字基础产业的发展而言，掌握基础核心技术尤为重要。

上海本身的科研基础并不差，在高校基础科研方面有复旦大学、上海交通

大学等研究主体,在各类研发创新平台及机构方面有张江综合性国家科学中心、上海微技术工业研究所,重点实验室已经基本覆盖信息通信、新材料、智能制造等领域,在部分领域也取得了一定的成果。然而,上海"硬""软""联"诸多核心环节仍然难以实现核心瓶颈的突破,例如硬基础部分的计算芯片CPU/GPU、存储器、半导体设备、半导体材料,软基础部分的AI基础算法、EDA软件、云计算,以及互联基础部分的平台底层开发技术等,这些核心环节还需要上海连同全国继续推进科学与产业前沿创新的投入。

究其原因,本研究认为主要是很多企业的产业创新能力不强。完整的产业创新共分为四个环节:产品/技术创新、工艺流程创新、组织创新和市场创新。一方面,产品技术创新需要投入大量的研发,而前文的数据分析显示,目前上海在基础产业的基础技术研发上投入仍然有限。另一方面,除了产品/技术创新之外,企业对工艺流程创新、组织创新以及市场创新上面认识不足,投入有限,在新产品实现开发以后,难以及时调整和设计价值链,导致产业创新的后续环节无法协同。这与企业对创新的理念有关,也与企业长期处在价值链低端,导致企业在研发创新上的实力较弱相关。因此基础环节"瓶颈"的突破不仅需要加大对基础性行业基础技术的投入,还需要企业转变创新理念,提高企业的产业创新能力。

3. 标准尚未统一,难以形成开放共享的产业生态

明确的标准是决定未来能否进一步大规模应用的关键。数字经济时代企业逐步趋向平台化,但由于多数行业中尚未形成统一的产业标准,导致平台与平台之间、平台与企业之间出现封闭和割裂的问题。

一方面,目前很多企业内部的数据标准并不相同,企业很难进一步挖掘数据的价值。例如在制造业领域,工厂每天会产生和利用大量数据,如经营管理数据、设备运行数据、外部市场数据等。但是工业设备种类繁多、应用场景较为复杂,在不同的环境需要遵守不同的工业协议,导致数据格式差异较大,没有统一的标准,数据之间难以兼容,最终难以将这些数据转化为有用的资源。[①]

另一方面,技术标准、网络接口在各个平台之间各不相同,缺乏一套通用的

---

① 沈恒超.制造业数字化转型的难点与对策[J].变频器世界,2019(6):44—46.

技术标准,导致一些信息采集终端和应用管理平台具有行业封闭性。例如目前发展较快的智能家居平台,智能家居及其应用方面的多元化、多样化,导致目前全球以及国内在智能家居领域的标准制定方面碎片化较为严重,难以达成统一的标准,因此很难在更大的规模上吸引企业形成合作共享的关系,不易形成开放合作生态。

4. 制度尚未健全,缺乏数据要素市场体系

发展数字经济是推动经济高质量发展的关键,而其中,数据作为一种新的生产要素,正逐步在经济社会中发挥作用,通过赋能其他行业提高生产效率,因此,完善要素市场的建设至关重要。我国现阶段对于建立健全数据要素市场体系的需求十分迫切,但在产权制度、标准规范、交易平台、治理机制四方面仍存在相应问题。

首先,在产权制度上,目前数据的产权归属尚不明晰,相关方的数据权属和利益分配尚不明确,同时数据的衍生权、使用权、排他权和处置权不明确,导致目前出现数据滥用,或是数据不敢用的问题,严重制约了数字性基础产业的发展。其次,在标准规范上,相关数据标准的缺失难以支撑数据要素市场化,阻碍了数据的流通。再次,交易平台上,尽管我国目前有了部分地方性政府平台,但是平台之间的联动性不高,相关参与方积极性不强,数据孤岛的问题广泛存在,数字交易的规模和效率都需要进一步提升。最后,在治理机制上,治理机构和治理机制均不完善,数据要素市场管理机构监管和协调能力还需完善,对数据行业的垄断行为进行适度的监管与规范,以形成良好的产业环境。

第二十六章　上海发展数字基础产业的思路及对策

一、上海发展数字基础产业的定位和目标

(一)上海发展数字基础产业的定位

在新一轮的科技革命与产业变革中,世界各国都把推进经济数字化作为实现创新发展的重要动能,中国在"十四五"规划中也提出了坚定不移建设制造强国、质量强国、网络强国、数字中国的重要目标,因此,必须认识到数字经济发展在国家现代经济体系发展与国际竞争力提升中的重要性,必须认识到支撑数字经济发展的数字基础产业先行发展的重要性。

数字基础产业是数字经济发展的基础,也是经济增长中的新型基础设施。以5G、大数据、人工智能等基础技术为核心的数字基础产业将成为未来不可逆转的发展趋势,并且这些基础数字产业中的相关技术也将不断向制造业和服务业渗透,对整个社会的经济发展、社会管理、生活形态、生态治理等产生深刻影响。未来,互联网将不仅仅服务于消费者,而且还会向生产、制造、分销、服务等领域进一步延伸,加快和传统产业融合,并助力传统产业实现转型升级。

上海是中国国际经济、金融、贸易和科技创新中心,在全国的经济发展和技术创新中都应当承担起发展的带头作用。因此,在新一轮数字经济的发展浪潮下,上海应当明确自身的产业优势与不足,明晰发展定位,构建以数字化的知识和信息为关键要素,以数字网络载体、数字技术创新为核心驱动力,面向数字经济时代高质量发展需要的数字基础设施体系,并通过赋能传统产业,为企业提

供数字转型、智能升级、融合创新等服务,最终推动上海成为数字经济发展的领军者,在全国范围内发挥数字产业引领的功能。

(二)上海发展数字基础产业的总体要求

上海发展数字基础产业的总体要求,就是要把握好两个基础性。基于前文分析的上海发展数字基础产业的自身条件,可以发现上海的数字基础产业发展基础较好,但是科研创新实力和营商环境还需要加强,以至于目前数字基础产业的发展基础并不牢固。由于数字基础产业不同于传统产业,其最大的特征就是高技术含量和高产业关联性,因此上海在发展数字基础产业时,必须把握好数字基础产业的"基础性",抓住其中的核心基础产业,提升科技创新实力,在巩固好核心技术的基础上,进一步向其他产业辐射,这样才能实现数字基础产业的持续发展。

数字基础产业的"基础性"表现在以下两个主要方面:一是数字基础产业在数字经济生活中的基础性。这些基础性产业的发展与应用将广泛影响以其为基础的数字制造业和数字服务业的发展,进而影响几乎所有居民的工作、生活等方方面面,包括高质量全社会公共卫生体系建设与运行、社区网格化管理、教育知识传播等。二是数字基础产业在现代产业体系转型升级过程中的基础性作用。数字基础产业能够对传统产业赋能,帮助传统产业向智能化、数字化转型,因此这些数字基础产业的发展对现行产业转型升级与未来新兴产业发展都将起到重大的基础性支撑作用。

因此,在这两个基础性的指导下,数字基础性产业在中长期应当具备以下两大发展目标:

第一重目标是数字基础产业应该发展成为现在与未来具有全球领先性、强大国际竞争力的产业。具体来说,我国数字基础产业发展的目标应该是培养这些产业成为我国产业结构调整与升级的技术推动性产业,成为未来产业体系中的基础性支柱产业,同时也能够在现在与未来全球数字基础产业群落中成为领先的产业门类,有比较强大的国际竞争力。例如 5G 通信方面由于华为的努力,我们已经初步实现了这个目标,下一步竞争会更加激烈。

第二重目标是对数字经济相关产业起到真正的基础支撑作用,通过高水平的数字化能力，支持和引领数字中国的建设。这不仅意味着数字基础产业需引领我们现行许多传统产业实现转型升级、实现技术进步、价值增值，同时要与目前的战略性新兴产业（如智能制造、智能装备、医疗设备、互联网信息、机器人、内容产业等）进行支撑与融合，使之不断迭代创新，领先发展。唯有这样，才能使我国摆脱工业大国而不是工业强国的尴尬状况，摆脱产业体系相对完整，许多关键产业环节、技术标准、核心部件却不能制造的尴尬，例如半导体设备、芯片制造、飞机引擎、生物医药、诊断设备等。

（三）上海发展数字基础产业的中长期目标

在上海发展数字基础产业的定位和总体要求下，本研究进一步提出上海发展数字基础产业的中长期目标：建成以数据为主要生产要素，以前沿数字技术为核心的领先数字基础产业群，并通过赋能传统产业，促进行业转型升级，最终实现上海数字基础产业和以其为基础的数字经济的两个领先（见图 26.1）。

1. 以数据为主要生产要素

在数字经济时代，数据在全球经济中的重要性将更加凸显，也将同人才、技术等一样，成为国际竞争中的重要因素。2020 年 4 月，《中共中央、国务院关于构建更加完善的要素市场化配置体制机制的意见》正式发布，数据作为一种新型的生产要素首次出现在官方的文件中。目前，随着互联网络、数字技术的发展，越来越多的数据在社会经济中产生，在消费、金融服务、物流、中上游等产业，"数据"成为重要的生产组织、产品研发、客户营销资源。

从消费需求端来看，流量相关的数据能帮助企业获取市场份额、销售收入的相关预测，便于安排生产；同时，获取大量流量的企业可以利用客户的交易数据，在大数据分析等手段下，刻画用户需求，并帮助企业前瞻性地推出消费者需要的新产品和新服务。

从生产供给端来看，一方面，生产的数据化有助于企业提高管理效率，供应链、物流、库存、生产、销售渠道、人员等相关数据是经营管理决策的必备要素，通过数据，这些环节都可以实现可视化管理，有助于企业实现全流程生产下生产效率与管理效率的提升。另一方面，数据通过挖掘以后就会形成企业的知识。在制造过程中，方方面面都会产生很多数据，这其中大量的数据都是隐性

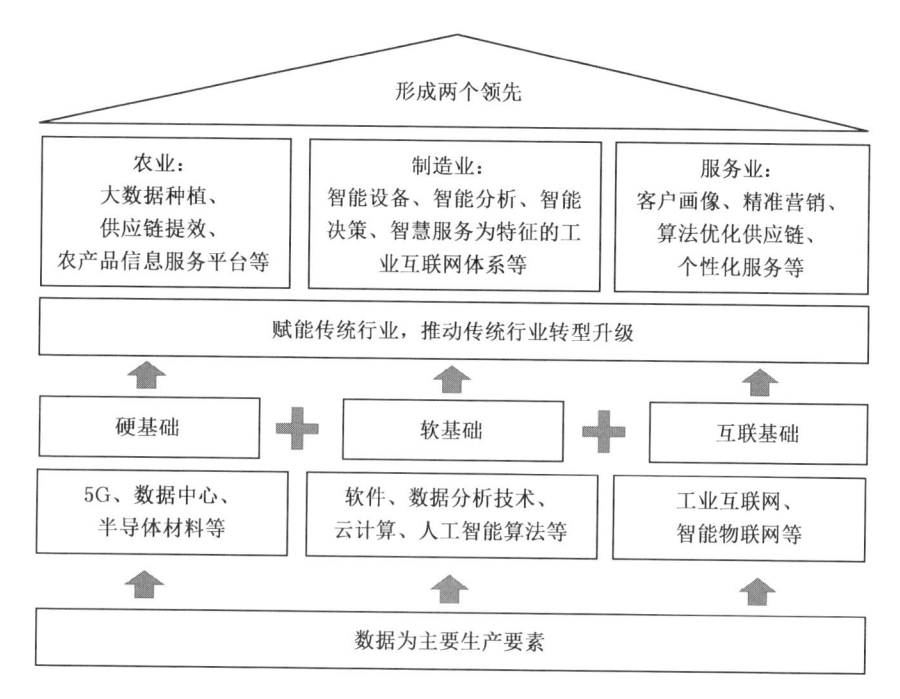

图 26.1 上海数字基础产业发展的中长期目标

资料来源：作者自绘。

存在的，通过数据挖掘等技术释放其潜在价值，使其成为企业内部知识，并在不断迭代下形成企业的知识库，实现生产制造流程的自我优化与升级。

未来，上海在发展数字基础产业时应当重视数据这一重要资产，合理推进数据进一步开放共享，不断挖掘数据的潜在价值，实现从生产要素到经济社会的变革。

2. 构建以前沿数字技术为核心的领先数字基础产业群

5G（通信技术）、人工智能、云计算以及智能硬件等已经成为数字基础产业发展的基础技术，这些前沿的数字技术以"数据"为主要生产要素，最大限度地挖掘数据中的价值并加以利用，从而促进传统产业的转型升级。

前沿数字技术按其特性及作用可分为"硬""软""联"三大部分，在数字基础产业的建设中，三大基础技术相互融合，互相协同，共同构成了数字基础产业群的核心，支撑上层平台经济和传统行业数字应用的进一步发展。其中，"硬基础"中的 5G 基站建设、半导体元件等硬件是数字技术的物理支撑要件,也是信息传输、数据存储的最基本单元,由此生产并采集了更多可交互、有价值的数据信息,支撑数据处理功能的实现;"软基础"中的云计算、人工智能算法、数据分析则通过软件和算法进行数据的处理和挖掘,赋予了数据更多的价值;"互联基础"中的工业互联网以及智能物联网等技术则将虚拟世界和物理世界相连接,承载了信息传输主体的作用,提高生产效率、改变传统产业的生产方式。因此,"硬""软""联"三个部分必须相互融合,共同发展。

在以"硬""软""联"为核心支撑下,上海如何将数字基础产业群发展成为世界领先?本研究认为有三个发展重点:

首先,形成技术领先性。领先的数字基础产业群必定在数字基础技术上具备全球领先性,这不仅意味着相关技术处于国际创新的前沿,更意味着在国际技术市场上的领导地位,能够影响未来的技术发展方向。这就需要企业以足够的人才、智力资本做支撑,开展持久且广泛的研发创新活动,不断创新和变革,实现技术的自我迭代和发展。中国的企业从低端组装代工起家,逐步切入全球产业链,因此传统的发展理念还是以模仿性创新和跟随战略为主,但是数字基础产业技术含量高,可模仿跟随的对象少,技术自主性的必要性强,且是各行业数字经济的重要基础,因此必须通过自主创新和不断变革来获得技术上的领先地位。目前我国 5G 通信技术领域的相关企业已经具备自主创新的能力,掌握部分领先全球的技术,上海作为全国的技术高地,应当以这些企业为标杆,培育出具备持续创新能力和技术领先性的企业。

其次,提高价值链控制力。领先的数字基础产业必定对价值链上下游具备较高的控制力,这是建立在技术领先性基础上,进一步掌控全球价值链的能力。较高的价值链控制力一方面意味着我们的企业在价值链上掌握了关键的价值链环节和关键核心技术,掌控了协作网络,更意味着我们的企业在全球价值链上有好的治理模式,能够通过好的商业模式和管理模式治理产业链上各个价值环节的活动。目前我国企业的全球价值链普遍不强,即便在某些领域拥有领先的技术,还是容易因为其他关键环节的缺失而被发达国家跨国企业掌控,因此产业的发展较为艰难。为此,企业不能仅仅关注技术上的全球领先,还应当注意提高自身的价值链控制力。在价值链控制力培育的过程中,上海可以通过掌握对关键某几个产业链的控制,进一步协同周围区域的优势和资源能力,实现对整体数字基础产业的价值掌控。

最后,发展开放、合作、繁荣的创新生态。开放、合作、繁荣的创新生态要求数字基础产业群在现有核心技术的基础上进一步具备自己不断繁衍发展的特点,进而加强主导企业对整个产业链的控制能力,形成持续创新的生态。具体来看,在创新生态内,主导企业通过协同多种互补性企业,扩大了资源和能力,不同的技术在集群内交汇吸收后,围绕主导企业的技术衍生出进一步的创新,进而使集群获得持续创新的能力,稳固生态内主导企业对整个产业链的掌控力。在数字性基础行业,目前世界领先的企业均在构建以自身核心技术为中心的产业创新生态,例如谷歌的人工智能开源平台 TensorFlow,已经汇聚了诸多 AI 领域的开发者,有希望成为人工智能领域的安卓操作系统,同时,IBM、亚马逊、苹果也都在构建围绕其自身技术的技术生态,这些巨头企业通过产业生态圈获得了强大的商业生态领导能力,并借助众多开发者的智慧实现自身技术的不断迭代创新。上海在本次数字基础产业发展中也要把握机会,可以现在区域内实现创新的聚集,例如以张江人工智能为核心的创新产业集群,进一步培育具有核心技术实力并能够构建自己产业生态的领军企业。

3. 赋能传统产业

数字基础性产业群的发展最终是为了赋能传统产业,实现传统产业的转型升级。以"硬""软""联"为基础,形成数字经济时代通用性的技术平台,并推动社会变革,为传统行业赋能,同时政府可以通过构建完善的制度环境,引导企业将相关数字技术向传统产业延伸并融合,即可以发展为应用场景驱动下的各行业"数字化"发展,实现数字基础产业与多行业融合创新。

从农业来看,数字基础性产业能够帮助推动城乡一体化和农业现代化。一方面,可以通过信息化技术、大数据为现代农业的各个环节提供科学依据,大大提高了农业生产环节的效率,助推了传统农业各个环节的转型。另一方面,可以借助微信、淘宝、京东等平台搭建功能齐全的农产品经营综合服务信息系统平台。目前阿里巴巴旗下的盒马鲜生品牌正在积极和上海周边的农村合作,共建"盒马村",运用大数据、移动互联、智能物联网、自动化等技术及先进设备,实现人、货、场三者之间的最优化匹配。农户通过接入盒马遍布全国的供应链网络和销售渠道，可以把地里生产出的农产品，直接上到城里的餐桌，能够面向更加广阔的市场，将村庄转型为新零售的销售单元。

从制造业来看，通过将"硬""软""联"和传统的制造业相结合，我们可以构建以智能设备、智能分析、智能决策、智慧服务为特征的工业互联网体系，实现制造业更灵活的生产模式和更高的产业效率。例如上海地区海尔的Cosmoplat平台将用户需求和整个智能制造体系连接起来，让用户可以全流程参与产品设计研发、生产制造、物流配送、迭代升级等环节，以"用户驱动"作为企业不断创新、提供产品解决方案的源动力。赋能后方的制造工厂，帮助小型制造业企业转型升级。

从服务业来看，大数据分析、人工智能算法等数字技术，能够从海量的消费数据中挖掘出有价值的信息，进而优化服务流程，提高服务的质量，更好地为消费者提供到位的服务。以餐饮企业为例，基于大数据分析提高店铺选址的科学性，降低试错成本；分析预测订单变化，合理分布堂食和外卖资源，科学安排服务人员班次，减少资源闲置；顾客可以扫码点餐，餐饮企业可节约人力成本；利用智能收单、收银，减少差错率，提升客户满意度。

4. 形成"两个"领先性

两个领先性是指在数字基础性产业，以及以其为基础的数字经济在全球范围内的领先性，这也是上海发展数字基础产业希望达到的最终状态。

第一个领先是数字基础产业的领先性。数字基础产业是各行业数字化转型的底层技术支撑，也是数字经济时代整个经济社会建设发展的新型基础设施，随着新一代信息技术、智能算法、大数据分析等数字技术在各行各业应用的增多，未来数字基础产业将会成为营商环境中的重要部分，成为企业投资决策中的重要考虑变量。一个地区的数字基础性产业越强大，越能够支撑企业的数字化转型需求，自然越能够吸引更多企业的入驻，因此数字基础产业的强弱必然决定着该地区数字经济发展的潜力。目前世界各发达国家均在推进数字基础产业的发展，抢占技术的制高点。上海作为中国技术高地，必须具备跨越与赶超的勇气与动力，以世界领先为目标，推进数字基础产业的先行发展。

第二个领先是数字经济的领先性。数字经济构建于数字基础产业之上，是数字基础产业在传统产业的应用和拓展，也是未来经济社会不断向前发展的新动能。中共十九大制定了新时代中国特色社会主义的行动纲领和发展蓝图,提出要建设网络强国、数字中国、智慧社会,推动互联网、大数据、人工智能和实体经济深度融合,发展数字经济、共享经济,培育新增长点、形成新动能。可以预见,未来以云计算、大数据、物联网和人工智能为核心的数字基础产业将会更多地渗透到各行各业,引领企业生产方式的变革和行业结构的重构,因此发展数字经济的领先性极为必要。

二、上海发展数字基础产业的原则与战略

(一)上海发展数字基础产业的原则

数字经济已成为全球经济发展最重要的引擎,也是国家核心竞争力之一,因此作为支撑整个数字经济发展的数字基础性产业,其发展更具有重要性。未来上海要发展领先的数字基础产业群,其过程中需要考虑以下五大发展原则。

1. 基础先行与应用紧跟相结合

作为数字经济发展的基石和支撑,数字基础产业的强弱决定了数字经济未来的发展空间。数字基础产业水平越是低下,未来数字经济发展的空间越受限;反之,数字基础产业水平越高,在此基础上发展起来的应用和服务多样性和复杂性越高,越有可能孕育出繁荣的产业生态。因此,必须重视数字基础产业的发展先行原则,在数字基础产业的高水平发展之上,再进一步跟进数字化应用和服务。

2. 补足短板与发挥优势相结合

要明确上海的定位,认真剖析上海的短板和优势。短板的补齐有助于上海未来数字经济的持续发展,优势的发挥则有助于上海形成自己在数字性基础产业的领先优势,进而形成集聚效应。目前上海的短板主要偏重在基础技术研发部分,需要进一步提高研发能力;而在优势方面,尽管上海的数字性应用发展取得了一定成果,但是优势并不明显,并且没能够把上海原本的制造业优势发挥出来。

3. 自主创新与学习吸收相结合

一方面努力增加数字性基础产业创新研发的投入,加快制度环境的建设,培育和吸引创新人才,提高自主创新能力;另一方面时刻保持开放的心态,紧跟世界技术前沿,学习并研究世界各国的数字性基础产业基础技术成果,积极与先进企业开展交流、消化吸收,努力提高自身的数字基础产业的发展,力争实现跨越,赶超世界先进水平。

4. 硬件发展与软件互联相结合

硬件的建设成效快,相对难度较小,因此硬件的发展一般会快于软件,上海目前也不例外,5G 基站、大数据中心的建设明显快于软件和工业互联网的建设。但是数字基础性产业的发展不只有硬件,需要硬件和软件、互联性基础设施的配套建设,因此不仅要重视 5G 通信设施、IT 设备、数据中心等硬件设施的建设,更要重视信息化及 IT 软件的开发、人工智能算法的研发、工业互联网以及物联网的搭建。

5. 政府支持与企业主导相结合

要特别重视企业在数字性基础行业的地位和作用,特别是具有基础核心技术的平台型企业,推进企业围绕核心技术形成开放创新的产业生态,实现技术和产品的不断迭代发展。同时政府要运用市场、规划、政策等手段,完善制度和营商环境,引导企业在数字基础性产业的投入和发展。

(二)上海发展数字基础产业的跨越发展战略

1. 跨越发展战略的提出

结合前文对中国及上海地区数字基础产业"硬""软""联"三个部分的技术能力分析,可以发现,上海和发达国家之间仍旧存在较大的差距。

从"硬基础"来看,上海在通信领域具有一定优势,但在数据中心及新材料领域和发达国家仍有较大差距。在硬基础方面,中国出台政策最多,扶持力度最大,涵盖全产业链,因此中国的"硬基础"发展较快,并在 5G 通信领域初步具备领先全球的优势,但是在数据中心、新材料等领域仍旧存在明显的质量短板。上海的硬基础状况同中国的整体状况较为一致,在 5G 通信方面,依靠国内华为的技术和移动等运营商的建设,上海地区已实现全市 16 个区 5G 网络连续覆盖;在数据中心的建设方面,上海已着力打造国家数据科学中心、亚太数据交换中心和全球"数据经济"中心,但是数据中心的数量和规模与美国相比仍有较大差距;在新材料领域,上海新材料产值占全国比重持续下降,并且在一些诸如半导体领域的高端材料仍旧无法实现国产,进口依赖较为严重。

从"软基础"来看,上海在人工智能、大数据和云计算、软件领域均和发达国家存在较大差距。相比于硬基础,软基础难以量化,因此政府在软基础方面的出台政策和扶持力度相对较小。目前中国的软基础专利数量较多(仅次于美国),但是布局时间、创新能力、人才储备、底层技术和标准等方面都存在较为严重的不足。上海在这一领域的劣势更加明显,在人工智能领域,尽管近年来上海人工智能领域的企业不断攀升,但是整体实力仍不如北京和深圳;在大数据和云计算领域,上海的相关企业偏重应用,底层技术和基础理论方面薄弱,且在数据安全、标准等问题上尚未有良好的解决方案;在软件领域,近年来上海市的软件和信息服务企业业务增速和规模增长均不错,但是普遍存在核心算法薄弱、独创性低和代工性质多的问题。

最后,在"互联基础"部分,上海在工业互联网和物联网领域均和发达国家存在较大差距。在国家政策的大力支持下,近两年来我国工业互联网的平台数量快速增长高达269个,超过国外工业互联网总和,上海地区也有一些诸如海尔卡奥斯COSMOPlat平台、紫光UNIPower等工业互联网平台,然而国内的工业互联网平台多而不精,往往以学习和应用为主,缺乏足够的应用场景,且缺乏类似通用电气和西门子这类能够制定标准的工业互联网平台。在智能物联网领域,上海的智能物联网产业发展整体较弱,大企业缺乏,现有企业的发展领域大多分布在技术的应用上,对基础技术以及技术的基础研究较少,现阶段仍旧是依靠和微软等国际巨头合作来共同发展。

尽管目前上海的新基础产业实力和发达国家差距较大,然而从未来的发展目标来看,上海未来的目标是实现数字基础产业和以其为基础的数字经济的两个领先,这便意味着上海的数字基础产业必须从现行的追赶状态转变为未来领先状态。由于数字基础产业以通信技术和新一代信息技术为核心,技术密集型的特征更加明显,因此,数字基础产业的发展必然不能走传统基础产业下规模投资、粗放发展的老路,必然需要高质量的发展战略支撑。

为此,上海发展数字基础产业应该采用"跨越发展战略",通过跨越式发展,实现后发先至。

2. 跨越发展战略的内涵

跨越发展战略，就是如何从现行的数字基础产业最终发展为领先的数字基础产业集群。这一战略的内涵可以具体表述为：跨越式发展的模式就是在"硬""软""联"领域，通过自主创新与协同创新的融合直接把握数字基础产业的技术前沿，掌握产业技术标准和核心技术，发展附加价值高收益大的环节，形成自己的核心竞争力，从而成为该产业价值链的控制者，同时协同产业生态圈，延伸应用领域，能够支持与引领其他产业转型发展的新模式。

这一跨越发展战略可以通过具体的发展阶段来形象表述。根据中金公司发布的研究报告[①]，到目前为止，以通信技术、新一代信息技术以及半导体技术为核心的数字技术平台共经历了五个阶段（见图26.2），第一阶段是20世纪90年代以前集中计算的主机时代，在这一时代，以IBM为代表的企业推出的软硬件一体的大型主机（Mainframe）成为算力的主流；第二阶段是20世纪末21世纪初分布式计算的PC时代，这一阶段的出现伴随着半导体价格的快速下降，此时Wintel联盟出现，以微软和英特尔为代表的个人电脑平台开始普及，取代了先前的IBM的主导地位；第三阶段是2007年智能手机iPhone推出后分布式计算的移动互联网时代，将互联网从固定的电脑端向便携移动的手机端转移，并且出现了苹果"软硬件一体化"和"谷歌＋Android"两大模式；第四阶段是2010年前后至今集中式计算的"人工智能＋云计算"时代，以亚马逊的云服务为代表，"人工智能＋云计算"也逐渐成为通用计算平台；第五阶段是未来的"分布式计算区块链＋物联网"时代，数据将成为重要的生产要素，并由此开启万物互联网的时代，这一阶段，各巨头正在激烈争夺主导地位，这也意味着上海在这一波浪潮中争取领先的发展机会（见图26.2）。

目前我们正处于"5G＋人工智能＋云计算"的第四阶段，这一阶段以亚马逊、英伟达、谷歌、华为等大公司为领军企业。上海目前在5G通信建设方面具有一定的优势，但是在云计算、软件、算法、半导体材料以及工业互联网等领域仍处于追赶状态。而未来的发展目标则是在"区块链＋物联网"阶段，上海将处

---

① 中金研究所.数字经济核心层："AI＋5G"是数字经济时代通用技术平台[R].2020-9-18.

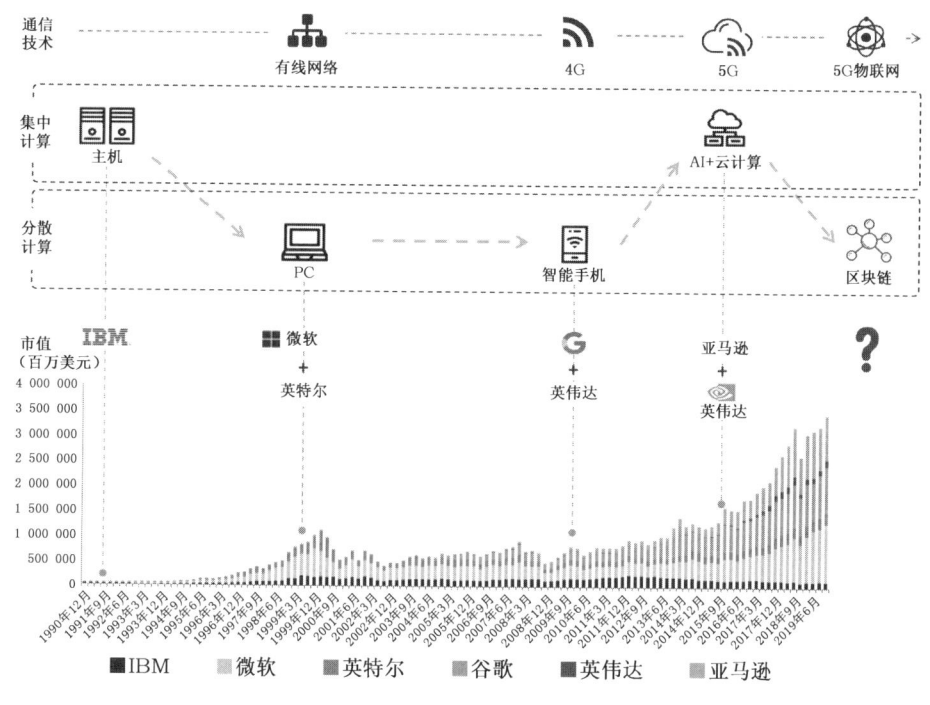

图 26.2 数字经济基础层发展的阶段

于世界领先状态。因此,跨越发展战略也可以被表述为如下:从现阶段的追赶状况,向未来的领先状态跨越(见图26.3)。目前世界各发达国家均在推进数字经济的发展,抢占技术的制高点。上海作为中国数字经济发展的领军者,必须具备跨越与赶超的勇气与动力,从现行的追赶状态一跃成为国际领先。

3. 跨越发展战略下实现领先的路径

为了实现数字基础产业从现行状态到未来领先状态的跨越,必须在发展数字基础产业时坚持"产业高新、产业高端和产业高效"三个方向,这三个方向的组合就是上海数字基础产业跨越发展、后发先至的具体实现路径(见图26.4)。

第一,产业高新。这是指领先的数字基础产业群的发展应当以"硬""软""联"中的高新技术为基础,基于这些技术所发展的产业将会代表着未来产业革命的发展方向。具体来看,这些数字基础设施未来将会具备以下三个特性:第一,所发展的数字基础产业集群在核心技术、关键工艺环节上是高新的,属于知

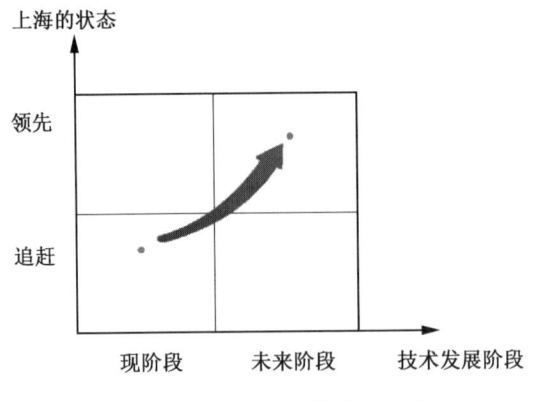

图 26.3　跨越发展模式示意图

识密集、技术密集;第二,所发展的数字基础产业具有技术与知识自主创新的能力,而且是国际领先的创造力;第三,所发展的数字基础产业具有强大的战略引领性,能够引领其他相关产业技术进步,产业调整升级,产品创新发展。

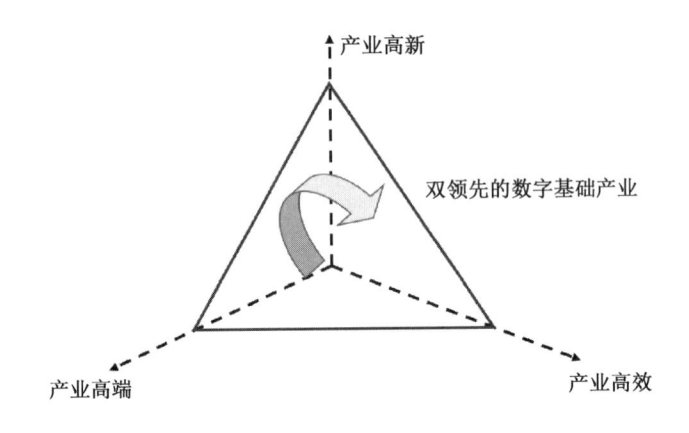

图 26.4　跨越模式的实现路径

第二,产业高端。这是指领先的数字基础产业群具有高级要素禀赋支持下的内生比较优势,因此处于有利的产业价值链竞争位置。这包含了以下三个内涵:(1)高级要素禀赋,在数据成为主要生产要素的情况下,高级的要素禀赋主要是指知识禀赋,而知识禀赋在企业多体现为在核心技术和关键工艺环节有高的技术密集度。如目前 ICT 产业中的云计算、物联网等。(2)高的价值链位势,如制造业价值链"微笑曲线"的两端,例如从芯片代工、封测环节逐步向芯片设计环节发展,从数据中心设备生产环节向大数据算法分析环节发展;从软件代工环节逐渐向操作系统研发环节发展。(3)高的价值链控制力,即价值链关键环节——核心技术专利研发或营销渠道、知名品牌等的控制力,高价值链控制力对于产业也具有高战略引领性,这需要企业持续对研发创新进行投入,发展高自主创新能力。

第三,产业高效。这是指领先的数字基础产业群资源配置效率高,具有良好的经济效益和社会效益。主要包括三个方面的内容:(1)高的产出效率,能否帮助其他行业提高生产效率,如数字农业单位面积土地产出效率、人均产出效率等。(2)高的附加价值,能否赋能传统行业,提高利润率,如数字制造业工业增加值高,税收贡献大等。(3)高的正向外部性。指产业与环境和谐友好,生产过程产生污染少,符合低碳经济要求,还有就是对就业的促进和产业链上其他企业的带动作用等。

三、上海数字基础产业跨越发展的对策建议

上海通过跨越模式,实现数字基础产业群的中长期发展目标,需要从制度、创新、人才、政策等多方面进行探索与建设。前文研究结果显示,目前上海的数字基础产业存在主体不明确、路径不清晰、产业链不平衡的问题,这也是数字基础产业在早期探索发展中的普遍问题。基于前文提出的具体发展框架,本研究将从以下五个方面提出上海数字基础产业跨越模式的发展对策。

(一)制度层面:加大数字基础产业市场开放,激发民营经济活力

政府主导的发展模式是上海在发展数字基础产业过程中面临的主要问题,目前市场机制较为缺乏,行政命令居多,国企在发展规划中能够获得更多的资源支持,但民营经济的活力偏弱,企业的主动性未被完全激发。为此,上海首先要在制度上进行完善:

一是改变政府治理方式,减少行政干预。建立有利于创新、健康和可持续的制度环境是上海发展数字基础产业的重要保障。在发达国家(特别是美国和

德国)的经验中,政府的主要职能是发挥政策的引导作用,通过制定综合性的战略规划,营造有助于企业发现创新价值的环境。目前数字技术下海量的数据被捕捉,人工智能的算法迭代千变万化,各种要素复杂转变,新模式、新业态层出不穷,政府没有能力也不应该主导相关技术的发展进程,而是应该回归到"守夜人"的角色,相应的,政府的管理体制也应当从原先的行政主导式向扁平化治理方向改变。

二是推动数字基础产业的市场开放,支持民营经济的发展。一方面,从制度上保证公有制企业尤其是国有企业的市场地位与其他所有制企业处于平等地位,各种所有制经济公平竞争,在市场进入和市场退出、资源支持等方面对国有制企业、私有制企业一视同仁,做到制度的竞争中立,这样也能够通过强化市场竞争,激发国企的活力。另一方面,完善针对民营经济的相关政策支持。改变以往以财政补贴为主的资金支持方式,而是通过建立数字基础产业的引导基金,利用专项资金来支持5G、人工智能、大数据以及工业互联网等基础数字技术领域的项目发展。可以鼓励企业利用工业互联网和智能算法改进工厂的生产制造流程,鼓励企业利用数据分析及云计算等技术,推动企业生产方式从模具制造向以互联网为基础的智能化大规模定制的生产开发方式的变革,鼓励企业利用智能硬件和智能化装备对制造工厂进行升级改造,加大对智能生产设备的投入。除了引导基金以外,还可以通过实施有利于企业数字化改造的研发费用加计扣除政策,采取鼓励企业创新的税收政策,利用这些资金、税收支持,缓解民营经济在资源上的短缺,激发民营企业的活力。

三是双循环背景下,深化数字基础产业的开放。国内国际双循环是上海在基础薄弱的情况下进一步发展数字基础产业的必要战略。一方面,坚持内循环为主,加大对相关重点产业的培育力度,努力实现关键环节的国产替代,大到现代科研仪器设备、精密机床、半导体加工设备,小到软件操作系统、电子芯片、工业设计软件等,以避免内循环时关键产业环节的空白与缺失;另一方面,坚持外循环为辅,通过进一步深化改革和开放,学习先进技术成果,促进产业的发展与升级。目前上海数字基础产业和领先国家仍有不小的差距,这些技术差距完全封闭自主研发将会耗费巨大的成本,并且可能会阻碍相关下游产业的发展。只有通过高层次的改革开放,和国外企业建立合作、共同研发,学习先进技术和经验,吸收和弥补现有的技术不足,才能不断缩小我国现有技术和国际先进技术之间的差距,提高国际竞争力。

(二)创新层面:推进基础创新和产业创新,释放创新潜力

相比于发达国家的发展,上海的数字基础产业存在基础薄弱的问题,因此推动创新体制机制改革,切实提高上海的科技创新实力,是上海在建设"科创中心"时的重要战略。未来上海在创新方面,需要重视以下几点:

一是加大在基础创新和应用研究上的投入。深化学校科研体制改革,推进科研院所的激励机制和内部的治理机制改革,适度减少行政干预,充分发挥专家的把关作用,释放人才的积极性和基础科研创新活力。同时,政府可设立大数据、通信、工业互联网、物联网等领域的专项基金,或是利用合理的财政税收手段、基金支持高校及科研院所的相关基础研究。

二是重视企业的作用,推进产业创新。基础研发是创新的第一步,产业化则是决定技术能否发挥其应用价值的关键。必须认识到目前科技创新与产业创新之间缺少衔接,科技创新成果没有充分转化为现实的生产力的问题,进一步推进科技创新成果的产业化,鼓励更多的企业家投身于产业创新。一方面,完善技术转移方面的相关制度设计,通过建立大学和企业之间的协同创新平台,引导科研成果在企业界不断进行产业化,形成科研发现和市场需求的互动,提高技术转化率。另一方面,也可以鼓励科技创新者通过创新将科技创新的成果孵化。目前大量机器人、无人机、3D打印、大数据、生物技术等新产业领域的核心技术都是小企业通过这种方式将技术商业化,有效实现新技术的潜在价值。

三是推进以龙头企业为主的创新研究平台的建设。可以通过引导大企业牵头,率先发展基于上海具有一定制造业基础和相对比较优势的相关行业开放平台。通过建立更多的开放式平台,整合创新资源和要素,建立网络化的协同创新体系,鼓励更多的开放性创新。同时,也可以鼓励跨组织的研究平台建设和研发合作。在工业互联网领域,德国政府牵头引导西门子、博世等先进制造企业联合试点智慧工厂项目,在数字制造领域,美国国防部牵头成立的数字制造与设计创新机构研究所合作研究,以此为标杆,上海也可以通过联合相关龙头企业,组建工业互联网、5G通信、人工智能方面的合作研究平台。

四是重视人才的培养。数字基础产业的发展不仅需要基础理论领域的论证和创新,也需要实践领域经验丰富的工程师,上海可以尝试探索"双元制"的培养模式。双元制发源于德国,为德国培养了诸多强有力的技术技能型人才,其精髓在于学生将会在企业培训和职业学校交替学习。数字基础产业中诸如数据分析、算法以及工业互联网等技术多偏向于工科,其实践性比理科更强,并且大多需要和行业业务的特性相结合,相关技能性人才急缺,因此上海可以尝试相关探索,培养"知识+技术"型综合人才。

(三)数据层面:健全标准和监管,提高数字资源的配置效率

数字经济时代,数据已经成为主要的生产要素,是驱动经济社会发展的新引擎,但目前数据相关的标准和监管尚未完善,数据之间的交换和合作机制也不畅通,严重影响了数字资源的配置效率。为此,上海可以在以下几个方面完善。

一是加快数据标准的确立。数据标准在"互联基础"的发展过程中极为重要,德国依靠电气电子信息技术协会率先研制"工业4.0"标准,美国则通过其国家标准技术研究院(NIST)提出工业互联网标准框架。借鉴美德的经验,上海同样可以鼓励大企业牵头,在工业互联网与物联网的实施过程中形成联盟组织,按照实际生产需要,制定统一的数据格式、设备接口、技术规格等标准,为全行业跨领域实现低成本、高效率的互联互通奠定坚实的基础。

二是完善数字监管体系。完善数据相关的法律法规,界定数据的所有权、使用权以及处置权等问题,关注数据在使用过程中出现诸如数据滥用、数字垄断等问题,切实保护用户的相关隐私数据。数字经济时代,平台经济的商业模式不断涌现,在数据精准营销给用户带来价值的同时,也容易造成企业对数据的过度采集、用户隐私的被侵犯、数据滥用、数据管理的失控以及平台利用数据对用户歧视的问题。一方面,政府可以进行合理干预,界定相关的数据使用范围,依据中国的实际情况,出台类似欧盟的GDPR(《一般资料保护规范》)数据保护条例,规范企业行为,保护用户的数据隐私。另一方面,尽早完善对垄断行为的规定、相关市场的界定以及市场支配地位的认定等问题,健全反垄断监管,

保护市场公平竞争。

三是推进数据的流通与合作。对于人工智能、大数据企业而言,更丰富的数据意味着算法训练的效果更佳,而数据流通不畅等问题则限制了这些企业在算法方面的进一步优化。因此可以考虑推动各地区各部门之间的数据共享与合作机制,加快数据要素的流通与整合,打通不同主体之间的数据壁垒。其次,加速产业链上下游层面社会数据流通与应用,例如通过政府数据、社会数据等多维数据与人工智能相结合,充分发挥海量数据分析应用在基础理论突破和重大科技创新等方面的作用。[1] 另外,引导鼓励社会各类创新主体加快数据交易流通相关技术研发应用,强化技术保障,加快5G、边缘计算、云计算、人工智能甚至区块链等技术研发应用,提升数据交易流通应用效率。

(四)政策层面:完善产业政策配置,提高现在与未来的营商环境

地区的产业政策和政务环境是地区营商环境中的重要部分,现阶段数字基础产业的相关产业政策配置不全,营商环境有待提升,为此,政府可以从以下几个方面考虑政策的完善。

一是确立综合性长期规划和顶层设计。综合性长期计划具有极大的必要性,德国在工业互联网时提出了"工业4.0"的长期规划,奥巴马政府以制造业振兴方案来推动制造业的智能化发展。结合发达国家经验,上海应当制定长期规划,明确顶层设计。一方面确立数字基础产业的发展范围、发展愿景以及发展战略,另一方面,确定具体的发展蓝图,并将研发、投入、创新、标准的制定列入发展的主要目标。通过顶层设计和战略规划,围绕"硬""软""联"三个部分,建设相关技术的实验平台、示范试点以及必要的国际合作,重视"软基础"和"互联基础"的建设,推进国家级数据中心、工业互联网产业孵化基地等国家级创新项目的建设,并在财税、金融等方面制定相应的支持政策,为数字基础产业的发展确立更高的格局。

二是完善功能性产业政策。上海目前所需要发展的数字基础性设施对研

---

[1] 杨杰.建立健全数据要素市场体系,助力数字经济发展[R]. 2020-5-24. https://www.sohu.com/a/401023639_828358.

发创新的要求高,基础性强,政府应当转变产业政策制定方式,从选择性的产业政策向注重维护公平竞争、降低社会交易成本、创造有效率的市场环境的功能性政策转变,以此来推动和促进技术创新和人力资本投资。必须完善相关知识产权制度安排,特别是知识产权的保护制度与执行,并考虑在人工智能、移动互联网、区块链等技术,协调好开放式创新和知识产权保护之间的关系,建立新业态下合适的知识产权体制。此外,完善对数字基础产业相关的鼓励发展和创新的财税政策,为企业的创新活动创设政策上的友好环境。

三是提高现有营商环境。数字基础行业技术发展迅速,创新迭代速度较快,而行政手续的繁杂则会造成一些不必要的企业运营成本,需要政府进一步简政放权,为企业运营提供便利的服务,激发市场活力。政府可以通过推进一体化在线政务服务平台建设,方便企业相关政务审批业务的查询和办理,建立政企沟通机制。在相关领域也可以推进行业综合许可证制度,做到"一业一证",优化项目审批流程和许可证、规范行政审批,简化许可申请等,为企业营造开放和便利的经营环境。

四是创新未来产业生态。未来,随着数字化在各行业渗透率的不断上升,企业的数字化转型需要诸如工业互联网、云计算、通信技术等数字技术的支撑,这就意味着大量的数字基础性相关企业将为各行业的数字化转型提供相应的服务,因此地区的数字基础行业将成为未来营商环境中的重要部分。上海通过基础先行的原则和跨越发展的战略,建设一个领先的数字性基础产业,为未来数字经济的发展营造一个智能化、数字化、有利于可持续创新的产业生态。

(五)应用层面:推动传统产业数字化转型,助力数字经济发展

以上四个方面的对策针对数字基础产业的发展,但是必须明确,数字基础产业发展的最终目标还是实现对传统行业的赋能,领先的数字基础产业必须通过推动传统产业的转型升级来实现其应用价值。

一是推动数字技术在各大产业的运用。放大数字技术在农业、工业以及服务业的价值实现,更好服务我国经济社会发展和人民生活改善。相关的赋能方式多种多样,未来数字金融、移动办公、车联网、智慧医疗等都是可以预见的应用场景,但目前企业的数字化转型过程仍旧较为缓慢。国家发改委创新和高技

术发展司的相关负责人表示,在不考虑疫情影响的情况下,数字化转型可使制造业企业成本降低17.6%、营收增加22.6%,使物流服务业企业成本降低34.2%、营收增加33.6%,使零售业企业成本降低7.8%、营收增加33.3%。但是目前我国企业数字化转型比例约25%,远低于欧洲的46%和美国的54%[①],属于起步阶段。政府可以通过加快数字基础产业先行发展、总结数字技术应用成功案例示范推广、加大应用创新和人才的培养等,进一步加快数字技术在各行业的应用。

二是特别关注中小企业在数字技术应用过程中的困难。根据《中国产业数字化报告2020》的研究,相比于大型企业,中小企业在数字化转型中更容易面临困难而难以推进,总结来看主要有五大问题:第一,自身数字转型能力不够导致"不会转";第二,数字化改造成本偏高、而自身资金储备不足造成"不能转";第三,企业数字化人才储备不足致使"不敢转";第四,企业决策层数字化转型战略不清导致"不善转";第五,企业多层组织模式不灵引致"不愿转"。

为此,政府可以从以下几个方面缓解中小企业数字化转型的推进困难:第一,在现有的推动以国有企业为主的数字性转型方案中,重视中小企业的数字化转型需求,适当加大对中小企业转型的政策支持;第二,总结推介一批数字化赋能标杆中小企业和实践案例,示范推广,并带动更多中小企业加快数字化、网络化、智能化转型;第三,在招商引资时,引进一批技术力量强、服务效果好的数字化服务商、优秀数字化产品和服务,帮助中小企业接触到更多的数字化转型资源;第四,加大对相关数字性技术职业院校的支持,为中小企业输送更多相应的人才,最终推动企业的转型升级,实现数字基础技术赋能各行业发展的目标。

本篇参考资料

[1]Acemoglu D,Restrepo P. Secular stagnation? The effect of aging on economic growth in the age of automation[J]. American Economic Review,2017,107(5).

[2]Balsmeier B,Woerter M. Is This time Different? How Digitalization Influences Job Ccreation and Destruction[J]. Research Policy,2019,48(8).

---

① 张汉青.中小企业数字化转型进入政策共振期[N].经济参考报,2020-5-8.

[3] Barefoot K, Curtis D, Jolliff W, Nicholson J R, Omohundro R. Defining and Measuring the Digital Economy[R]. US Department of Commerce Bureau of Economic Analysis, 2018.

[4] Brennen J S, Kreiss D. Digitalization[J]. The International Encyclopedia of Communication Theory and Philosophy, 2016.

[5] Bukht R, Heeks R. Defining, Conceptualizing and Measuring the Digital Economy[R]. Development Informatics Working Paper 68, 2017.

[6] Chohan U. Some Precepts of the Digital Economy. Productivity, Innovation & Technology eJournal[R]. Social Science Research Network (SSRN), 2020.

[7] Crittenden V L, Crittenden W F, Ajjan H. Empowering Women Micro-entrepreneurs in Emerging Economies: The Role of Information Communications Technology[J]. Journal of Business Research, 2019, 98.

[8] Gobble M M. Digitalization, Digitization, and Innovation[J]. Research-Technology Management, 2018, 61(4).

[9] Legner C et al. Digitalization: Opportunity and Challenge for the Business and Information Systems Engineering Community[J]. Business & Information Systems Engineering, 2017, 59.

[10] Lenka S, Parida V, Wincent J. Digitalization Capabilities as Enablers of Value Co-creation in Servitizing Firms[J]. Psychology & Marketing, 2017, 34(1).

[11] Li L F, Xiao E T. Money talks: Rebate Mechanisms in Reputation System Design[J]. Management Science, 2014, 60(8).

[12] Lundqvist B, Gal M S. Competition Law for the Digital Economy[M]. MA, USA: Edward Elgar Publishing, 2019.

[13] Luz Martín-Peña M, Díaz-Garrido E, Sánchez-López J M. The Digitalization and Servitization of Manufacturing: A Review on Digital Business Models[J]. Strategic Change, 2018, 27(2).

[14] Myovella G, Karacuka M, Haucap J. Digitalization and Economic Growth: A Comparative Analysis of Sub-Saharan Africa and OECD Economies[J]. Telecommunications Policy, 2020, 44(2).

[15] Parida V, Sjödin D, Reim W. Reviewing Literature on Digitalization, Business Model Innovation, and Sustainable Industry: Past Achievements and Future Promises[J]. Sustainability, 2019, 11(2).

[16]Rachinger M,Rauter R,Müller C,Vorraber W,Schirgi E. Digitalization and its Influence on Business Model Innovation[J]. Journal of Manufacturing Technology Management,2018,30(8).

[17]Verhoef P C,Bijmolt T H. Marketing Perspectives on Digital Business Models: A Framework and Overview of the Special Issue[J]. International Journal of Research in Marketing,2019,36(3).

[18]Wessel L,Baiyere A,Ologeanu-Taddei R,Cha J,Blegind-Jensen T. Unpacking the Difference between Digital Transformation and IT-enabled Organizational Transformation[J]. Journal of the Association for Information Systems,2021,22(1).

[19]Zhang M L,Chen M S. China's digital economy: Opportunities and risks[R]. International Monetary Fund,2019.

[20]蔡跃洲,牛新星.中国数字经济增加值规模测算及结构分析[J].中国社会科学,2021,311(11).

[21]陈鹤丽.数字经济核算的国际比较:口径界定、统计分类与测度实践[J].东北财经大学学报,2022(4).

[22]何小钢,梁权熙,王善骝.信息技术、劳动力结构与企业生产率——破解"信息技术生产率悖论"之谜[J].管理世界,2019(9).

[23]李唐,李青,陈楚霞.数据管理能力对企业生产率的影响效应——来自中国企业—劳动力匹配调查的新发现[J].中国工业经济,2020(6).

[24]马化腾等.数字经济[M].北京:中信出版集团,2017.

[25]任保平,何厚聪.中国式现代化新征程中我国数字经济创新体系的构建[J].上海经济研究,2022(12).

[26]王春云,王亚菲.数字化资本回报率的测度方法及应用[J].数量经济技术经济研究,2019,36(12).

[27]吴非,胡慧芷,林慧妍,任晓怡.企业数字化转型与资本市场表现——来自股票流动性的经验证据[J].管理世界,2021,37(7).

[28]鲜祖德,王天琪.中国数字经济核心产业规模测算与预测[J].统计研究,2022,39(1).

[29]许宪春,张美慧.中国数字经济规模测算研究——基于国际比较的视角[J].中国工业经济,2020,386(5).

[30]徐翔,赵墨非.数据资本与经济增长路径[J].经济研究,2020,55(10).

[31]杨善林,周开乐.大数据中的管理问题:基于大数据的资源观[J].管理科学学报,

2015,18(5).

[32]以拉兹·海飞门,习移山,张晓泉.数字跃迁:数字化变革的战略与战术[M].北京:机械工业出版社,2020.

[33]赵宸宇,王文春,李雪松.数字化转型如何影响企业全要素生产率[J].财贸经济,2021,42(7).

[34]中国信息通信研究院.中国数字经济白皮书(2022年)[R].2022.

[35]中国信息通信研究院.全球数字经济新图景(2020年)——大变局下的可持续发展新动能[R].2020年10月.